LE GUIDE VERT

Côte d'Azur

1 Toulon et ses environs 33

2 Hyères, le massif des Maures et Saint-Tropez 83

3 La Provence intérieure 153

4 Fréjus et le massif de l'Esterel 199

5 Cannes et le pays grassois 241

6 Nice et la Riviera 331

7 Les Alpes niçoises 427

Covid-19

Attention, les horaires et les modalités d'accueil des sites touristiques sont susceptibles de changer en fonction de l'évolution de la crise sanitaire. De nombreux musées et monuments imposent désormais la réservation en ligne. Vérifiez les conditions de visite afin d'éviter toute déconvenue.

DÉCOUPAGE GÉOGRAPHIQUE DU GUIDE SUR LA CARTE CI-CONTRE

L'équipe du Guide Vert Michelin, de gauche à droite :
Camille Bouvet, Denis Rasse, Natacha Brumard, Amaury de Valroger, Lucie Fontaine, Philippe Orain, Florence Dyan, Catherine Guégan, Hervé Dubois, Fiona Lale, Hélène Payelle, Marie-Pierre Renier, Éric Boucher, Véronique Aissani, Marie Simonet, Carole Diascorn, Jérôme Lévêque, Marion Capéra, Pascal Grougon, Dominique Auclair.

Édito

Redonner du sens au voyage en prenant son temps et dans un plus grand respect de l'environnement, voilà ce à quoi devraient ressembler nos déplacements d'aujourd'hui.

Alors, ralentissons le pas pour nous imprégner en profondeur de la richesse des lieux que nous traversons et des gens que nous rencontrons. Laissons-nous surprendre et réapprenons à nous étonner de tout ce qui se trouve sous nos yeux, en ville ou à la campagne, sur un chemin de traverse, loin de chez nous ou juste au bout de la rue.

La France est une destination magnifique, riche de milliers de sites naturels, villages, églises, châteaux, moulins... sans oublier les femmes et les hommes qui font vivre ces patrimoines et leurs terroirs d'exception. Autant de lieux incontournables ou insolites, connus ou confidentiels, que l'équipe du Guide Vert Michelin a cherchés et dénichés pour vous au cours de ses innombrables tournées sur le terrain.

Cette nouvelle édition du Guide Vert Michelin a été entièrement mise à jour. En complément des sites étoilés ★★★, nos auteurs ont également souhaité partager avec vous leurs itinéraires, leurs infos pratiques, leurs plus belles expériences de slow tourisme ainsi que leurs coups de cœur pour des adresses qui s'engagent dans une démarche écoresponsable, signalées au fil des pages par le symbole 🍃.

À votre tour de faire le plein de beau, de bon et de rencontres. Et vos meilleurs moments de voyage seront peut-être publiés dans la prochaine édition !
#coupsdecoeurGuideVertMichelin

Bon voyage !

Philippe Orain,
Directeur du Guide Vert Michelin

Sommaire

Nos incontournables ... 6

Nos coups de cœur ... 10

Nos itinéraires ... 18

Nos spots en famille ... 28

DÉCOUVRIR LA CÔTE D'AZUR

1 Toulon et ses environs

Toulon ... 34
Bandol ... 54
Saint-Cyr-sur-Mer ... 59
Le Castellet ... 63
Sanary-sur-Mer ... 66
Six-Fours-les-Plages ... 74
Le Pradet ... 80

2 Hyères, le Massif des Maures et Saint-Tropez

Hyères ... 86
Îles d'Hyères ... 101
Bormes-les-Mimosas ... 109
Le Lavandou ... 113
Massif des Maures ... 117
Domaine du Rayol ... 126
Ramatuelle ... 129
Saint-Tropez ... 134
Grimaud ... 144
Sainte-Maxime ... 147

3 La Provence intérieure

Brignoles ... 154
Massif de la Sainte-Baume ... 161
Barjols ... 167
Aups ... 171
Tourtour ... 176
Cotignac ... 178
Abbaye du Thoronet ... 181
Draguignan et la Dracénie ... 186

4 Fréjus et le Massif de l'Esterel

Fréjus ... 202
Roquebrune-sur-Argens ... 213
Saint-Raphaël ... 217
Massif de l'Esterel ... 224
Pays de Fayence ... 233

5 Cannes et le pays grassois

Cannes ... 244
Îles de Lérins ... 255
Mandelieu-la-Napoule ... 260
Grasse ... 265
Vallée du Loup ... 278
Mougins ... 284
Vallauris ... 288
Antibes - Juan-les-Pins ... 292
Biot ... 305
Vence ... 310
Saint-Paul-de-Vence ... 316
Cagnes-sur-Mer ... 321
Villeneuve-Loubet ... 326

6 Nice et la Riviera

Nice ... 332
Corniches de la Riviera ... 370
Villefranche-sur-Mer ... 380
Saint-Jean-Cap-Ferrat ... 384
Beaulieu-sur-Mer ... 388
Èze ... 391
Principauté de Monaco ... 394
Roquebrune-Cap-Martin ... 409
Menton ... 413

7 Les Alpes niçoises

Arrière-pays niçois ... 430
Lucéram ... 440
Vallée de la Vésubie ... 442
Saint-Martin-Vésubie ... 447
Forêt de Turini ... 453
Sospel ... 457
Saorge ... 462
Tende ... 466
Vallée des Merveilles ... 471

Retrouvez nos carnets d'adresses à la fin de chaque chapitre

COMPRENDRE LA CÔTE D'AZUR

Bienvenue sur la Côte d'Azur ... 478

Saveurs locales ... 480

Histoire ... 484

Art et culture ... 492

Traditions et art de vivre ... 508

Nature et paysages ... 512

saiko3p/Getty Images Plus

StevanZZ/Getty Images Plus

ORGANISER SON VOYAGE

Venir sur la Côte d'Azur ... 522

Avant de partir ... 526

Sur place de A à Z ... 528

Mémo ... 538

Index général ... 540

Cartes et plans ... 550

Légende des cartes et plans ... 2e rabat de couverture

Nos incontournables

★★

L'abbaye du Thoronet

À l'écart de la frénésie balnéaire, l'aînée des trois abbayes cisterciennes de Provence, joyau architectural niché dans un environnement naturel préservé, procure un sentiment de quiétude. **Voir p. 181.**

J. Elliott/robertharding/age fotostock

StevanZZ/Getty Images Plus

★★★

La corniche de l'Esterel

Au pied du massif de l'Esterel, sur la corniche qui longe les calanques, comment ne pas être saisi par le contraste entre la roche sanguine et la mer azur ? **Voir p. 227.**

B. Rieger/hemis.fr

★★

Le Domaine du Rayol

Conçu par le célèbre jardinier paysagiste Gilles Clément, ce « jardin planétaire » posé en balcon sur le massif des Maures, face aux îles d'Hyères, façonne un ensemble de paysages méditerranéens. **Voir p. 126.**

★★

Menton

Dans la vieille ville aux ruelles enchevêtrées et où pointe le campanile de la basilique baroque, il règne déjà une ambiance propre à l'Italie toute proche. **Voir p. 413.**

onticelllo/Getty Images Plus

M. Cavalier/hemis.fr

★★

La vallée de la Vésubie

La plus belle vallée de l'arrière-pays niçois déploie une très grande variété de paysages et constitue un véritable paradis pour les randonneurs.
Voir p. 442.

Nos incontournables

B. Rieger/hemis

★★

Le Musée océanographique de Monaco

Ce musée innovant niché dans un bâtiment conçu à flanc de roche offre une plongée fascinante dans l'univers sous-marin. **Voir p. 395.**

Jon Arnold Images/hemis

★★★

La Grande Corniche

Entre Nice et Menton, cette route mythique de 33 km, qui passe par plusieurs cols et belvédères, offre des panoramas saisissants sur la Côte d'Azur. **Voir p. 370.**

anliguori/Getty Images Plus

★★★

La promenade des Anglais

L'avenue de Nice qui ourle la baie des Anges est l'une des plus célèbres au monde. Promeneurs, coureurs ou cyclistes, elle fait l'unanimité. **Voir p. 332.**

JWackenhut/Getty Images Plus

★★

La presqu'île de Saint-Tropez

Reliant les différents caps, le sentier du littoral permet d'accéder à de petites criques baignées par les eaux claires du golfe. **Voir p. 139.**

robixy79/Getty Images Plus

★★★

Les îles d'Hyères

Trois îles, trois coins de paradis, qui vous laisseront des souvenirs impérissables avec leurs criques idylliques, leurs sentiers traversant la garrigue, et leur végétation luxuriante. Ne les surnomme-t-on pas les îles d'Or ? **Voir p. 101.**

Nos coups de cœur

Terrasse de café devant l'hôtel Le Carlton sur la Croisette de Cannes.

TOP 5
Jardins exotiques

1. Jardin d'Èze (p. 392)
2. Jardin Thuret à Antibes (p. 298)
3. Jardin du Val Rameh à Menton (p. 420)
4. Jardin exotique de Monaco (p. 405)
5. Parc Phœnix à Nice (p. 354)

Jardin d'Eze.
BEW Authors/BE&W/age fotostock

❤ **Emprunter la route sinueuse** menant au charmant village de la Garde-Freinet, dans le massif des Maures, prendre le temps de traverser le dédale de ruelles pentues et de longer les façades couvertes de lierre, puis s'immerger dans l'océan végétal qui entoure le village à l'occasion d'une randonnée. **Voir p. 122.**

❤ **Se prendre pour une star de cinéma** en arpentant la Croisette, à Cannes. Commencer par un bain de soleil étendu sur le transat d'une des plages privées qui quadrillent le bord de mer, puis se préparer pour sortir en revêtant sa tenue la plus chic. Rendez-vous ensuite dans le quartier de la jet-set internationale entre la Croisette et la rue d'Antibes. **Voir p. 244.**

❤ **Déguster le poisson pêché par Angélique**, Seb ou Jules, les pêcheurs de Cavalaire, tout en admirant la mer par la baie vitrée du restaurant Maurin des Maures, au Rayol-Canadel-sur-Mer. **Voir p. 128.**

❤ **Trouver un peu de tranquillité et de raffinement** en allant au village de Gassin au coucher du soleil. Rester dîner sous les micocouliers de la place dei-Barri, qui domine le Golfe de St-Tropez, la baie de Cavalaire, les îles d'Hyères, la chaîne des Alpes et une forêt de chênes-lièges. **Voir p. 131.**

Le village perché de Gassin.
M. Cavalier/hemis.fr

Nos coups de cœur

Opéra de Toulon, place Victor-Hugo.
W. Dieterich/Westend61 RM/age fotostock

❤ **Déambuler dans les rues** du vieux Toulon, passer entre les étals des marchés, pousser les portes des galeries et autres boutiques de créateurs dans l'ancien quartier du Petit Chicago et s'offrir un jus détox, un chocolat ou un thé dans l'un des multiples cafés du quartier de l'Équerre. **Voir p. 35.**

Le musée international de la parfumerie de Grasse.
C. Moirenc/hemis.fr

❤ **Dénicher la bible** des plantes méditerranéennes ou autre ouvrage de paysagisme, botanique, jardin ou potager dans la librairie du Domaine du Rayol, au Rayol-Canadel-sur-Mer. Ses milliers de références en font l'une des plus grandes librairies de France spécialisées nature et jardin. **Voir p. 128.**

❤ **Commander une socca** pour l'apéritif à la terrasse d'un bar niçois. Impossible de passer à Nice sans goûter cette grande galette à base de farine de pois chiche que l'on mange découpée, chaude et bien poivrée. **Voir p. 356.**

le lac Long supérieur et le Mont du Grand Capelet
B. Rieger/hemis.fr

TOP 5
Plages

1. Plage de la Paloma (p. 387)
2. Plage de Mala (p. 376)
3. Plage des Sablettes (p. 416)
4. Plages de Pampelonne (p. 139)
5. Plage des Lecques (p. 60)

Plage de Paloma, Saint-Jean-Cap-Ferrat.
S. Black/robertharding/age fotostock

❤ **Faire un saut de 4000 ans** dans l'Histoire de l'humanité en découvrant les gravures rupestres datant de l'âge du bronze dans le Parc national du Mercantour. Puis plonger dans le spectacle minéral de la vallée des Merveilles à l'occasion d'une randonnée pédestre en prévoyant de passer une nuit en refuge.
Voir p. 471.

❤ **S'enivrer de multiples fragrances** au musée international de la Parfumerie à Grasse et dans son jardin à Mouans-Sartoux, en particulier celles des fleurs encore cultivées à ce jour dans le pays de Grasse pour l'industrie du parfum : jasmin, rose, tubéreuse, violette et mimosa.
Voir p. 265 et 268.

Nos coups de cœur

Musée de l'Annonciade, Saint-Tropez.
C. Moirenc/hemis.fr

❤ **S'accorder une journée à la « Mystérieuse »...** Invisible de la route et accessible par de petits chemins, voici l'un des secrets de la Côte d'Azur. Plus connue sous le nom de Pramousquier, cette plage de sable fin est abritée par le cap Nègre. **Voir p. 114.**

❤ **Arpenter les ruelles du vieux village fortifié**, puis flâner dans les échoppes du Castellet et se faire fabriquer une ceinture en cuir sur-mesure en dix minutes, après avoir choisi la couleur du cuir, la largeur de la ceinture et la forme de la boucle. **Voir p. 63.**

Dans le village de Bargème.
D. Caviglia\hemis.fr

TOP 5
Villas Belle Époque

1. Villa Ephrussi-de-Rothschild (p. 384)
2. Villa grecque Kérylos (p. 388)
3. Villas de St-Raphaël (p. 218)
4. Villa Aurélienne (p. 208)
5. Villa Eilenroc (p. 299)

La Villa Ephrussi de Rothschild.
SurkovDimitri/Getty Images Plus

❤ **Se laisser imprégner par l'épaisseur du silence** sur les hauteurs du village de Bargème, l'un des plus beaux villages de France, aux portes du Verdon. Puis s'asseoir sur une petite terrasse et déguster une bière artisanale. **Voir p. 192.**

❤ **Se sentir pris d'un léger vertige** en s'arrêtant pour admirer la vue au niveau du col du Bel Homme, qui culmine à 915 m et domine le massif des Maures, l'Esterel et le golfe de Fréjus-St-Raphaël. **Voir p. 193.**

❤ **Déguster un cocktail** élaboré par un roi de la mixologie et élégamment servi dans un contenant original au bar-restaurant L'Obsolète, à St-Raphaël, tout en observant la lumière décliner sur le port de Santa Lucia. **Voir p. 222.**

❤ **Se laisser transporter** dans le St-Tropez du début du 20e s. en admirant les chefs-d'œuvre de la peinture de l'époque au musée de l'Annonciade. Un moment de grâce loin du tumulte du port, pourtant à deux pas de la chapelle qui abrite le musée. **Voir p. 136.**

La plage de Pramousquier.
C. Gandolphe/Office de tourisme Le Lavandou

Nos coups de cœur

Le village de Saorge.

❤ **Se perdre** dans les ruelles en dédale du vieux village de Saorge, perché au-dessus des gorges de la Roya. Observer ses maisons aux toits de lauze et aux linteaux sculptés, visiter le monastère et admirer le clocher de la Madonna del Poggio. **Voir p. 460.**

❤ **S'émerveiller** devant la beauté des jardins de la villa Ephrussi-de-Rothschild, à St-Jean-Cap-Ferrat. Surplombant la baie de l'Espalmador, ils abritent arbres centenaires, pelouses, bassins et se déclinent en plusieurs styles : jardin florentin, provençal, exotique, japonais, espagnol... **Voir p. 384.**

❤ **Pénétrer dans l'univers de Chagall** au musée qui lui est dédié à Nice. Conçu par l'architecte André Hermant avec la participation active du peintre, le bâtiment, paré de vitraux et entouré d'un jardin aux fleurs blanches et bleues, fait écho au mysticisme des toiles de Chagall. **Voir p. 351.**

❤ **S'offrir une retraite spirituelle** à l'abbaye de Lérins, sur l'île St-Honorat. Le calme et la simplicité des lieux, la beauté de la nature et les offices religieux sont autant d'éléments propices au recueillement. **Voir p. 257.**

Route littorale sur la corniche d'Esterel.
M. Cavalier/hemis.fr

TOP 5
Routes panoramiques

1. Grande corniche (p. 370)
2. Corniche de l'Esterel (p. 227)
3. Route du pic de l'Ours (p. 229)
4. Route du col du Canadel (p. 120)
5. Route du col du Bel Homme (p. 193)

Dans l'abbaye de Lérins.
B. Rieger/hemis.fr

Et vous, quels sont vos plus beaux souvenirs de voyage ?

Partagez-les nous sur Instagram ! Vous serez peut-être sélectionnés pour une publication dans une prochaine édition en mentionnant le # : **#coupsdecoeurGuideVertMichelin**

Nos itinéraires

3 jours

Le haut Var

En bref : 150 km ponctués de visites, flâneries et emplettes.

F. Chaput/hemis.fr

Draguignan et le début du Haut Var J-1

Après une promenade dans la vieille ville de Draguignan (**p. 186**), rendez-vous au musée des Arts et Traditions populaires, une bonne introduction à votre périple dans l'arrière-pays varois. Ensuite, faites une halte à Entrecasteaux pour visiter son château (**p. 173**), avant de prendre la route pour Salernes afin de découvrir Terra Rossa (**p. 191**) et de vous attarder chez les potiers.

Place du village de Tourtour.
J.-P. Degas/hemis.fr

Villages et visite de l'abbaye du Thoronet J-2

Rejoignez le village perché de Tourtour (**p. 176**) puis Aups (**p. 171**), particulièrement animé les jours de marché (mercredi et samedi). Le paisible village de Cotignac (**p. 178**) invite aussi à la flânerie. À travers des paysages vallonnés et boisés, poursuivez par la visite de l'abbaye du Thoronet (**p. 181**).

Vignoble et chapelle Ste-Roseline J-3

Pour déguster ou acheter du vin, sillonnez les routes bordées de vignes entre Le Luc-en-Provence (**p. 183**) et Les Arcs-sur-Argens (**p. 189**), et retrouvez-vous pour finir à la chapelle Ste-Roseline (**p. 189**).

Conseil : profitez des nombreux marchés pour vous ravitailler auprès des producteurs locaux.

4 jours

Littoral varois et îles d'Or

En bref : 50 km entre îles et villes, bord de mer et villages perchés.

Flavio Vallenari/Getty Images Plus

Bord de mer et villages perchés — J-1

Commencez par visiter Sanary-sur-Mer (**p. 66**) et Bandol (**p. 54**), petites cités balnéaires que prolongent les îles des Embiez (**p. 75**) et de Bendor (**p. 56**). Après la baignade, échappez-vous dans un village perché, celui du Castellet (**p. 63**) ou d'Ollioules (**p. 70**), entre autres.

Toulon — J-2

Toulon (**p. 34**) se découvre au fil des rues et des placettes, sans oublier la visite de son musée national de la Marine. Prenez le large lors d'une promenade en mer pour embrasser toute la rade. Et de la hauteur, en fin d'après-midi, en montant au mont Faron.

Virée sur une île — J-3

Impossible de résister à une escapade dans les îles d'Or : Porquerolles (**p. 101**) ou Port-Cros (**p. 105**) ?

Hyères et alentour — J-4

Retour en ville, à Hyères (**p. 86**), pour son centre ancien et ses villas du 19e s. S'il vous reste du temps, les amateurs d'exotisme opteront pour le Jardin zoologique tropical à La Londe-les-Maures (**p. 95**) et les férus d'histoire pour le fort de Brégançon (**p. 95**).

Conseils : n'oubliez pas, outre le maillot de bain, les palmes, le masque et le tuba. La réservation est obligatoire pour le fort de Brégançon, prenez vos dispositions à l'avance.

Le fort de Brégançon.
aurigadesign/Getty Images Plus

Nos itinéraires

4 jours

L'arrière-pays niçois

En bref : 175 km de corniches, vallées, gorges et villages perchés.

Ballun/Getty Images Plus

Villages perchés J-1

Engagez-vous dans la vallée du Var (**p. 434**). Les routes en corniches offrent un chapelet de villages à l'abri de l'agitation de la côte : St-Jeannet, Gattières… Mais encore Duranus et le vertigineux saut des Français, Utelle et sa Madone, si près du ciel. Reste à choisir ses haltes.

Vallées et gorges J-2

De La Bollène-Vésubie (**p. 455**), par le col de Turini, rejoignez la vallée de la Bévéra et les gorges sauvages du Piaon, pour atteindre Sospel (**p. 457**). Le conducteur appréciera la pause !

Gorges du Piaon.
R. Manin/hemis.fr

Col de Braus J-3

Par le col de Braus (**p. 455**), gagnez L'Escarène, puis Lucéram (**p. 440**), réputé pour ses retables baroques (et ses crèches à Noël). La route des églises continue avec Coaraze (**p. 436**) et Contes (**p. 434**).

Gorges du Paillon J-4

Commencez par le village perché de Berre-les-Alpes (**p. 432**) réservant un coup d'œil inoubliable, et redescendez vers la côte par les gorges du Paillon, le col de la Guerre et La Turbie (**p. 371**), connue pour son Trophée.

Conseil : combiné avec un long week-end à Nice(p. 333), cet itinéraire constitue un séjour d'une semaine.

4 jours

Menton et son haut pays

En bref : 115 km de Menton vers la vallée des Merveilles.

S. Grandadam/age fotostock

De Menton à Castillon J-1

Après la visite de Menton (**p. 413**) et ses deux musées Cocteau, ou ses jardins, dirigez-vous vers les villages de Ste-Agnès (**p. 378**) et Castillon (**p. 422**).

Vallée de la Roya J-2

De Sospel (**p. 457**) démarre la longue mais magnifique route à travers la vallée de la Roya, sauvage et tortueuse : Breil-sur-Roya (**p. 463**), Saorge (**p. 462**), La Brigue (**p. 467**), vous irez de surprise en surprise dans ces villages de montagne, jusqu'à St-Dalmas-de-Tende (**p. 467**).

Vallée des Merveilles J-3

Prévoyez de consacrer entièrement votre journée à la vallée des Merveilles (**p. 471**), que vous découvrirez à pied en visite guidée (le secteur est très réglementé).

Retour à Menton J-4

Étape à Tende (**p. 466**), pour le musée des Merveilles avant le retour à Menton, par l'Italie et la voie rapide, pour compléter la visite de la ville et de ses jardins ou une baignade.

Conseil : avant de partir, prévoyez l'équipement nécessaire pour une randonnée en montagne. Suite à la tempête Alex, de nombreuses infrastructures sont en chantier. Se renseigner sur les conditions d'accès : www.departement06.fr/point-de-situation-en-temps-reel-37588.html

Chapelle de N.-D.-des-Fontaines à La Brigue.
C. Moirenc/hemis.fr

Nos itinéraires

4 jours

Massif de l'Esterel et pays de Fayence

En bref : 100 km autour de Fréjus et du massif de l'Esterel.

C. Moirenc/hemis.fr

Fréjus J-1

La riche histoire de Fréjus (**p. 202**) vous occupera une bonne journée, sans oublier une parenthèse artistique à la chapelle N.-D.-de-Jérusalem, décorée par Cocteau, et un moment de farniente balnéaire à Port-Fréjus.

Pays de Faïence J-2

Prenez le chemin du pays de Fayence, moins touristique. Laissez-vous séduire par Seillans (**p. 234**) et Mons (**p. 235**), et impressionner par les gorges de la Siagne (**p. 236**).

Le village de Seillans.
M. Cavalier/hemis.fr

Selon la saison J-3

En été, profitez d'une journée de loisir au lac de St-Cassien (**p. 237**). Fin janvier-début février, un parcours dans le massif du Tanneron (**p. 261**) s'imposera : c'est la période de floraison du mimosa. Autrement, rendez-vous au château-musée de La Napoule (**p. 261**).

Corniche de l'Esterel J-4

Rejoignez Mandelieu pour vous engager sur la merveilleuse corniche qui longe l'Esterel (**p. 227**), le massif le plus spectaculaire de la Côte d'Azur. Vous terminerez votre journée à St-Raphaël (**p. 217**).

Conseil : la randonnée (plusieurs options dont certaines très accessibles) est la meilleure manière d'apprécier le fantastique relief rouge de l'Esterel dominant la Grande Bleue. Une expérience à vivre hors saison.

4 jours

D'Antibes à Grasse

En bref : 100 km sur la route des arts et dans les pas du loup.

RossHelen/Getty Images Plus

Antibes et Biot J-1

Déambulez dans le vieil Antibes (**p. 292**) et visitez le musée Picasso. Rendez-vous au phare de la Garoupe, au sommet du cap, pour la vue panoramique. L'après-midi, rejoignez Biot pour son musée Fernand-Léger (**p. 306**) et ses artisans verriers.

De Biot à Vence J-2

Continuez dans les pas des artistes au musée Renoir à Cagnes-sur-Mer (**p. 323**) ou à St-Paul-de-Vence et sa Fondation Maeght d'art moderne et contemporain (**p. 318**). Soufflez à Vence (**p. 310**) – allez voir cependant la chapelle de Matisse – au calme de la vieille ville lovée derrière ses remparts.

Vallée du Loup J-3

Suivez sans crainte le Loup ! Il vous mène à Tourrettes (**p. 279**), au Bar-sur-Loup (**p. 280**) et à Gourdon (**p. 273**). Engagez-vous sur le plateau de Caussols (**p. 272**), lunaire et truffé d'avens, ou descendez sous terre découvrir l'envers du décor dans les grottes de St-Cézaire (**p. 270**).

De Grasse à Mougins J-4

Enfin, rejoignez Grasse (**p. 265**). Ses effluves et surtout son musée international de la Parfumerie vous donneront envie d'aller découvrir ses jardins à Mouans-Sartoux (**p. 268**). Dans cette localité, vous pourrez aussi respirer un air d'art contemporain à Espace de l'art concret.
Le vieux Mougins (**p. 284**) sera une alternative, avec ses petites galeries et un déroutant musée d'Art classique.

Conseil : la foule se presse à Grasse et St-Paul-de-Vence... Effectuez cet itinéraire hors saison, de préférence au printemps pour apprécier les senteurs de la floraison et les couleurs de la nature exaltées par une lumière qui n'a pas échappé aux peintres.

Nos itinéraires

En 3 étapes

Le littoral varois

En bref : de Toulon à Saint-Raphaël en 119,5 km.

N. Scanella/age fotostock

De Toulon à Hyères 34,5 km

Entre Toulon (**p. 34**) et Hyères (**p. 86**), en passant par Le Pradet (**p. 80**) et Carqueiranne (**p. 80**), vous écartant un temps de la côte, ça roule sur la piste du Littoral ! Et c'est pratiquement toujours plat. La voie étant toute tracée pour accéder aux plages, le parcours est apprécié des cyclistes, à l'abri du trafic routier dense qui sévit à côté.

Conseils : À Toulon, visitez la vieille ville qui vient d'être rénovée : placettes et fontaines, petites boutiques, adresses gourmandes… Ne manquez pas le marché haut en couleur sur le cours Lafayette (tous les matins sauf le lundi). Et goûtez la cade, une galette de farine de pois chiche cuite au feu de bois.
À Hyères, une flânerie dans la vieille ville s'impose, au fil de ses portes et maisons Renaissance. Faites une pause place Massillon, bordée de maisons colorées et place St-Paul, qui offre un beau point de vue sur la ville et la presqu'île.
Sur la Presqu'île de Giens, la route du sel longe les marais et l'étang des Pesquiers. C'est aussi l'occasion d'étendre votre serviette sur la longue plage de l'Almanarre. De la route de la Madrague, vous pourrez rejoindre la Tour fondue du 17ᵉ s., point d'embarquement pour Porquerolles.

D'Hyères à Cavalaire 41 km

Passé Hyères, le parcours devient plus tranquille, longeant les anciens salins et des vignobles, puis traversant La Londe-les-Maures (**p. 94**). La montée jusqu'au vieux village de Bormes-les-Mimosas (**p. 109**) vaut la peine, avant de redescendre sur le Lavandou (pas de balisage en centre-ville - **p. 113**). L'itinéraire reprend ensuite sur le littoral avant de s'élever vers le Rayol-Canadel-sur-Mer (**p. 127**), pour culminer au belvédère du Dattier, puis de descendre vers la station de Cavalaire (**p. 131**).

Conseils : Faites une pause sur l'une des 12 plages du Lavandou : l'Anglade, La Favière, Cavalière… À Cavalaire, du sable fin sur 4 km, des clubs de plongée et de nombreux loisirs nautiques.

Pour télécharger le tracé GPX du circuit, flashez ce QR code. Ouvrez le fichier téléchargé à partir d'une application GPX et laissez-vous guider !

Infos pratiques

En basse saison (oct.-mars), l'offre d'hébergement et de restauration est plus limitée en dehors des villes. Points de ravitaillement en eau sur la piste du Littoral

LOUER/RÉPARER SON VÉLO

Toulon

Ma Bicyclette Bleue – *quai du Prés.-Pierre-Fournel - ✆ 07 82 52 59 00 - www.mabicyclettebleue.fr.* VTC et VTT (60 € w.-end 3 j.), VAE (90 € w.-end 3 j.), vélo enf. Casque et antivol inclus.

St-Raphaël

Vélo Scooter St-Raphaël – *550 bd Jacques-Baudino - ✆ 06 95 93 73 72 - velo-scooter-saint-raphael.com.* VTC et VTT (10/15 €/j), VAE (25 €/j.). Loin du centre-ville, mais possibilité de livraison.

POUR EN SAVOIR PLUS

www.lamediterraneeavelo.org

De Cavalaire à St-Raphaël 44 km

Dernier coup d'œil à la baie de Cavalaire avant la grimpette de 5 km pour atteindre La Croix-Valmer (**p. 131**). Puis, une belle descente entre chênes et pins rallie le bord de mer en parallèle de la D 559, très circulante. C'est plat et fréquenté sur la voie aménagée à partager en partie avec les piétons. Attention à la sortie des campings de Grimaud (**p. 144**). À l'entrée de Ste-Maxime, la piste emprunte le trottoir (cycliste toléré dans la limite de l'affluence des piétons...). Entre Ste-Maxime (**p. 147**) et St-Raphaël, la piste s'interrompt après la base de loisirs de Fréjus (**p. 202**). À noter : les franchissements périlleux du chenal à St-Aygulf (**p. 208**) et du pont sur l'Argens avant Fréjus, sans bande cyclable.

Conseils : À St-Raphaël (p. 217), brasse à la plage Veillat, puis glace au Mugs*, sur le Vieux-Port.*

En 2 étapes

La Riviera

En bref : de Cannes à Menton en 72,5 km.

R. Mattes/hemis.fr

De Cannes à Nice — 37 km

Une piste cyclable pratiquement en continu. Seule interruption : de l'entrée de Golfe-Juan (**p. 290**) jusqu'au port Vauban d'Antibes (7 km - **p. 292**). Attention sur cette partie de route, les automobilistes stationnés ouvrent les portes sans regarder. Le parcours est plat hormis entre Juan-les-Pins (**p. 299**)et le port Vauban d'Antibes (2 km sans difficulté). Respectez les limitations de vitesse à Cagnes-sur-Mer (**p. 321**) et à Nice (**p. 332**) et attention aux piétons qui traversent la piste pour rejoindre la promenade ou les plages.

Conseils : À Juan-les-Pins, louez un paddle ou un kayak pour voguer aux abords du cap d'Antibes. Observez les villas et le mythique Hôtel du Cap-Eden-Roc d'Antibes, le relief de l'arrière-pays et l'île Ste-Marguerite. Les plages de sable se faisant rares, ne manquez pas celle de Juan. En saison, les plages privées s'installent, mais vous aurez encore la place d'étendre votre serviette. Après Antibes, le galet règne.
À Nice, prenez une glace chez Fenocchio Fenocchio (2 pl. Rossetti). La file de gourmands s'allonge, ça laisse le temps de choisir parmi la liste infinie de parfums, du classique à l'original (tourte de blettes, olive). Posez-vous sur la place pour déguster votre glace en regardant la cathédrale Ste-Réparate et son superbe dôme polychrome de style génois du 18e s. ou reprenez votre déambulation dans le Vieux-Nice.

De Nice à Menton — 35,5 km

Bien reposé et en jambe ? Ça va grimper jusqu'au col d'Èze (507 m d'altitude – 2e étape du Tour de France en 2020 ! **p. 374**). Si vous ne pratiquez pas une activité physique régulière, le VAE s'impose. Autrement, vous aurez la satisfaction de l'effort accompli, une fois arrivé en haut, à votre rythme. Outre la dizaine de kilomètres de montée dans l'ensemble, cette partie de l'EuroVelo 8 emprunte des routes circulantes (prudence dans la descente entre La Turbie et le cap Martin). Entre le col des 4 chemins et La Turbie (**p. 371**), la route est heureusement équipée d'une bande cyclable sur 8 km environ. Cela permet de reprendre son souffle dans la montée en admirant le panorama. Arrivée à Menton (**p. 413**).

Pour télécharger le tracé GPX du circuit, flashez ce QR code. Ouvrez le fichier téléchargé à partir d'une application GPX et laissez-vous guider !

Conseils : Rien pour se restaurer avant La Turbie. Si vous avez prévu un pique-nique, au col d'Èze, suivez l'ancienne voie romaine (embranchement au niveau de l'hôtel) menant au plateau de la Justice pour manger sous les pins. L'or jaune de Menton, ce sont les citrons. Dans la boutique Au pays du citron *(24 r. St-Michel), tout tourne autour du citron, des créations gourmandes aux cosmétiques.*

Infos pratiques

En été, outre la chaleur, le trafic automobile et piétonnier dense rend la circulation éprouvante. Si la partie Cannes-Nice est familiale, la portion Nice-Menton est déconseillée avec des enfants. Parcours difficile et peu sécurisé.

LOUER/RÉPARER SON VÉLO

Cannes

Bike Trip – *10 pl. de la Gare - ✆ 04 93 99 39 93 - www.rent-bike.fr.* BMC (à partir de 25 €/j.) et VAE (30 €/j.), vélos de route (à partir de 35 €/j.) et enfant. Casque et antivol inclus.

Cannes 2 Roues – *16 r. de Mimont ✆ 09 82 34 24 04 ou 06 66 14 22 26 - cannes2roues.com.* Vélo de ville (18 €/2j.), VTT/VTC (25 €/2j.), vélo de route (30 €/2 j), VAE (35 €/2 j), modèles enfant. Antivol inclus.

Antibes

Station de réparation et de gonflage devant le Palais des Congrés (av. Georges-Gallice). Station de rechargement VAE au fort Carré.

Nice

Bike Trip – *21 r. de Rivoli - ✆ 04 93 81 09 41* - voir conditions agence de Cannes.

Booking Bikes – *9 r. Massenet - ✆ 04 93 04 15 36 - www.loca-bike.fr.* VTC/VTT (20/35 €/j), VAE (35/70 €/j), vélo route (35/70 €/j). Antivol et casque inclus

POUR EN SAVOIR PLUS

www.lamediterraneeavelo.org

Nos spots en famille

Carnaval de Nice.

> Tout au long du guide, ce symbole vous aidera à repérer les sites ou activités qui intéresseront les enfants.

▸ **Sensations fortes au circuit du Castellet.** Vous auriez rêvé de courir le Bol d'Or ou le Grand Prix de France de Formule 1 ? À défaut, goûtez aux activités de l'Xtrem Park, dans l'enceinte même du circuit Paul Ricard : karting, simulateur de pilotage, balade en quad, free jump, tyrolienne entre terre et mer, etc. Frissons garantis ! **Voir p. 63.**

▸ **Exploration sous-marine au Domaine du Rayol.** Dans le prolongement du domaine, qui fait le bonheur des promeneurs, le « jardin marin » invite à un tout autre voyage. Balade accompagnée « Les pieds dans l'eau » ou randonnée palmée le long d'un sentier marin, on découvre la richesse des fonds méditerranéens en famille et de manière ludique... **Voir p. 127.**

Si le sentier marin n'est accessible qu'à partir de 8 ans, la visite « Les pieds dans l'eau » s'adresse aux enfants dès 4 ans.

Circuit Paul Ricard, Le Castellet, FORMULA 1 PIRELLI GRAND PRIX DE FRANCE 2019

nordphoto/Bratic/age fotostock

▸ **Aventure nature au parc de l'Aoubré.** Vous êtes plutôt sportif ou méditatif ? Réponse 1 : mesurez-vous aux quelque 150 ateliers des parcours acrobranche aménagés au milieu des cèdres centenaires. Réponse 2 : profitez avec délice du « bain de forêt », du sentier des sons suspendus ou du sentier pieds nus. Un endroit unique, en pleine nature, qui amuse autant les petits que les grands et permet à tous de prendre un bon bol d'air. Vous apprécierez en outre la fraîcheur des lieux au cœur de l'été ! **Voir p. 160.**

▸ **Loisirs de plein air dans le massif de l'Esterel.** Balade aromatique dans le maquis, sentier sous-marin de la pointe de l'Aiguille, pêche en lac ou sortie à VTT électrique, tous les moyens sont bons pour profiter de la richesse et de la diversité de l'Esterel. Entre terre et mer, une multitude d'activités sportives ou ludiques pimentent la découverte de l'un des plus beaux coins de la côte. **Voir p. 232.**

AnnaBreit/Getty Images Plus

▸ **Son et lumière au Souterroscope de la Baume Obscure.** Tel un spéléologue, on s'équipe d'une lampe de sécurité pour explorer en autonomie les galeries et les salles de la grotte de la Baume Obscure, suivant un parcours agrémenté d'un spectacle audiovisuel. Crapahuter entre gours et cascatelles, coulées et draperies, stalagmites et stalactites, voilà une visite au goût d'aventure pour toute la famille. **Voir p. 272**.

Des chasses au trésor sont également proposées pour les enfants : pensez à réserver.

▸ **Ambiance de folie au carnaval de Nice.** La réputation du plus grand carnaval de France n'est plus à faire, notamment pour ses impressionnantes batailles de fleurs et ses spectaculaires corsos colorés, composés de chars animés et de figures grotesques qu'accompagnent des milliers de musiciens et de danseurs. Féerique ! **Voir p. 363**.

▸ **Défis ludiques au musée national du Sport à Nice.** Qu'ils soient individuels ou collectifs, les exploits de nos champions nous font rêver. Des expositions aux défis à relever en famille, en passant par les simulateurs et le baby-foot géant, ce musée moderne illustrant toutes les disciplines sportives fait vibrer à l'unisson « têtes blondes » et « tempes grisonnantes ». **Voir p. 357**.

▸ **Effet aquatique au Musée océanographique de Monaco.** Explorer les collections du musée, caresser ou nourrir poissons et crustacés du bassin tactile, coller son nez contre celui d'une tortue marine ou, plus effrayant, le museau d'un requin gris, plonger sans se mouiller grâce à un film à 360° en réalité virtuelle… Vos têtards vont nager dans le bonheur ! **Voir p. 395**.

▸ **Tête à tête avec les loups au parc Alpha.** La réapparition du loup dans le Parc national du Mercantour n'a pas manqué de diviser la population. Les canidés que l'on observe ici dans leur milieu naturel se révèlent plus timides et craintifs qu'inquiétants, et les explications des guides contribuent à dédiaboliser cet animal fascinant si décrié. Vos enfants ne craindront plus jamais le grand méchant loup… **Voir p. 448**.

Ne manquez pas d'assister au nourrissage à 11h15, 12h et 15h45.

Vous avez vécu une super expérience en famille ?

Partagez-la nous sur Instagram ! Vous serez peut-être sélectionnés pour une publication dans une prochaine édition en mentionnant le # : **#enfamilleGuideVertMichelin**

Loup du Parc Alpha.

P. Hauser/hemis.fr

Saint-Tropez.
R. Mattes/hemis.fr

DÉCOUVRIR LA CÔTE D'AZUR

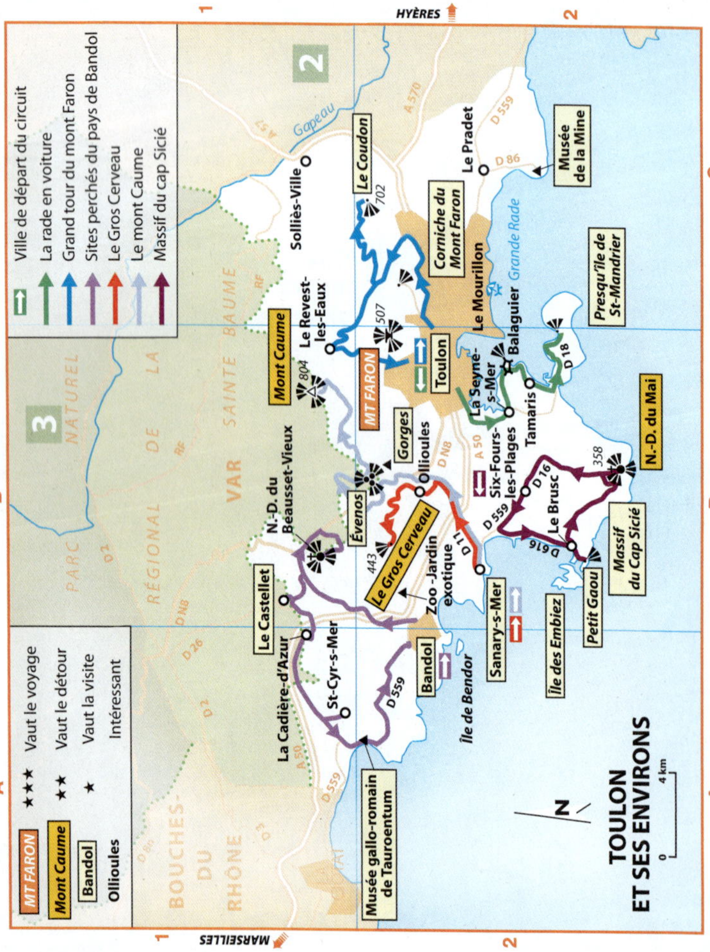

TOULON ET SES ENVIRONS
0
4 km
N
MT FARON
Mont Caume
Bandol
Ollioules
★★★ Vaut le voyage
★★ Vaut le détour
★ Vaut la visite
Intéressant
Ville de départ du circuit
La rade en voiture
Grand tour du mont Faron
Sites perchés du pays de Bandol
Le Gros Cerveau
Le mont Caume
Massif du cap Sicié
HYÈRES
MARSEILLE
BOUCHES-DU-RHÔNE
VAR
PARC NATUREL RÉGIONAL DE LA SAINTE BAUME
Gapeau
Solliès-Ville
Le Coudon
702
Le Revest-les-Eaux
507
Corniche du Mont Faron
Le Pradet
Musée de la Mine
Grande Rade
Le Mourillon
Toulon
Balaguier
La Seyne-s-Mer
Tamaris
Presqu'île de St-Mandrier
Mont Caume
804
MT FARON
Gorges
Ollioules
Évenos
N.-D. du Beausset-Vieux
Le Castellet
La Cadière-d'Azur
St-Cyr-s-Mer
Bandol
Île de Bendor
443
Le Gros Cerveau
Zoo-Jardin exotique
Sanary-s-Mer
Six-Fours-les-Plages
Le Brusc
358
N.-D. du Mai
Massif du Cap Sicié
Petit Gaou
Île des Embiez
Musée gallo-romain de Tauroentum
A 50
A 57
A 570
D 559
D 86
D 18
D 16
D 616
D 11
D 26
D 2
N 8

1

Toulon et ses environs

CARTE MICHELIN DÉPARTEMENTS 340 – VAR (83)

Toulon★ 34

17 km à l'ouest de Toulon :
Bandol★ 54

23 km à l'ouest de Toulon :
Saint-Cyr-sur-Mer 59

22 km à l'ouest de Toulon :
Le Castellet★ 63

11 km à l'ouest de Toulon :
Sanary-sur-Mer★ 66

10 km à l'ouest de Toulon :
Six-Fours-les-Plages 74

9 km à l'est de Toulon :
Le Pradet 80

Toulon ★

En pleine métamorphose, la cité natale de Raimu a rénové de fond en comble son cœur historique, qui a retrouvé ses anciens passages et sa quiétude. La paresse a droit de cité sur ses innombrables places arrosées de fontaines et le grand marché provençal invite à la flânerie. Passionnée d'ovalie, la ville du prestigieux club du RCT a deux frontières naturelles qui constituent ses deux horizons : la rade, l'une des plus belles de Méditerranée, majestueusement arrondie en une nappe bleu sombre, et le Faron, une montagne emblématique offrant un panorama spectaculaire. Si la Marine occupe encore une place prépondérante, elle cède doucement du terrain et Toulon n'a plus rien d'une ville de garnison. Pour achever de vous convaincre, faites un détour par le quartier du Mourillon aux multiples adresses gourmandes et par le sentier du littoral qui conduit à des anses des plus charmantes.

Se repérer

178 745 Toulonnais – Var (83)

CARTE BC2 (P. 32).

Le boulevard de Strasbourg et l'avenue du Général-Leclerc raccordent les tronçons de l'A 57 et de l'A 50, laissant au sud la vieille ville et le port, au nord la ville moderne. L'arsenal et le port militaire sont interdits au public.

Zone piétonne – Le secteur de la vieille ville, délimité par la rue Anatole-France, l'avenue de la République, le cours Lafayette et le boulevard de Strasbourg, est en grande partie piéton.

À ne pas manquer

La vieille ville et le port ; un tour de la rade en bateau et le beau point de vue sur la rade depuis la Tour Royale ; l'ascension du mont Faron en téléphérique.

Organiser son temps

Comptez une journée pour effectuer les deux circuits de visite dans la ville et une autre pour découvrir le mont Faron et profiter des plages.

En famille

Le musée national de la Marine ; la fauverie au mont Faron et si la météo est contre vous, le Muséum départemental du Var. À l'heure du goûter, passage obligé chez Chichi Fregi G. Toine.

Carnet pratique p. 49

Nos adresses p. 50

Se promener

PLAN DE VILLE

★ La vieille ville

Circuit **1** *tracé sur le plan de ville p. 38-39. Départ pl. Amiral-Senès.*

La vieille ville rénovée constitue une promenade agréable avec l'enchevêtrement de ses ruelles dans un rectangle formé par le port (au sud), la rue Lendrin (au nord), Anatole-France (à l'ouest), et le cours Lafayette (à l'est), soit le tracé des fortifications de l'époque Henri IV.

Prendre la rue Notre-Dame, puis à gauche la rue Louis-Jourdan.

Restaurant et bateaux sur le port, avenue de la République.
M. Colin/hemis.fr

Église St-Louis B2

Cette église achevée à la veille de la Révolution servit d'abord au culte de la Raison et de l'Être suprême. Belle façade néoclassique (fin 18e s.). À l'intérieur : trois nefs à double colonnade dorique et une coupole à lanternon, soutenue par dix colonnes corinthiennes et ornée d'une frise de rinceaux.

Continuer dans la rue Louis-Jourdan, vers la place Vatel récemment rénovée.

En hommage aux constructions navales, le bateau-sculpture est la reproduction fidèle et monumentale de l'avant d'un **navire royal** du 17e s. L'œuvre semble jaillir d'un mur au pied duquel a été créé un miroir d'eau à déversement.

Prendre à droite.

Autour de la rue des Arts B2

Rénové progressivement depuis 1985 et bénéficiant depuis 2006 d'un classement en zone franche, le vieux Toulon, avec ses placettes et ses fontaines, ses passages et ses façades jaunes, ocre ou roses, ses fresques et ses persiennes, a effacé son surnom de « Petit Chicago ». Place désormais aux adresses gourmandes, aux ateliers d'artisans et aux galeries d'art.

Prendre à droite la rue de l'Équerre.

Chocolaterie, coffee-shop, bar industriel, bar musical... Le choix est vaste pour faire une pause dans le périmètre.

Tourner à droite sur la rue P.-Sémard et poursuivre jusqu'au bout de la rue.

Rebaptisée « **rue des Arts** », cette nouvelle artère regorge de galeries et de boutiques de créateurs.

Tourner à droite rue des Riaux (avec ses passages voûtés de part et d'autre) et poursuivre jusqu'à la place Raimu (voir encadré ci-contre).

Une pause photo s'impose avec la statue de la fameuse partie de carte.

Faire le tour de la place et prendre la rue du Noyer.

Place du Globe, la sculpture centrale, une boule terrestre, fait écho au boulet des bagnards, à l'angle nord-ouest.

Le passage Baboulène mène à une belle placette à l'ombre de quatre oliviers. Revenir par le passage du Globe.

Maison de la photographie C2

R. Nicolas-Logier - pl. du Globe - ✆ 04 94 93 07 59 - www.toulon.fr - ♿ - 12h-18h - fermé dim.-lun., entre les expositions (se rens.) - possibilité de visite guidée - gratuit.
Installée dans un ancien hammam, elle accueille des expositions temporaires d'artistes régionaux et nationaux.
Revenir à la rue des Arts à droite, puis prendre à gauche la rue Richard Andrieu.

Fontaine des Trois-Dauphins C2

La place Puget, ombragée et nantie de nombreuses terrasses, s'orne depuis 1780 de cette curieuse fontaine-jardin due à deux artistes toulonnais et à mère Nature : la végétation a envahi les vasques et les fameux dauphins disparaissent sous la mousse, les fougères, un figuier, un néflier et un laurier-rose !
Revenir pl. Puget et descendre par la rue Hoche.

Rue d'Alger C2-3

La principale artère de la vieille ville débouche sur la Darse Vieille.
Tourner à gauche dans la rue Seillon, puis suivre la rue de la Fraternité.

Église St-François-de-Paule C3

Construite en 1744 par les Récollets, elle évoque le baroque niçois par sa façade rose doublement cintrée, en courbes et en contre-courbes, et son clocher génois.
Rebrousser chemin et tourner dans la première rue à droite.
De la **place à l'Huile** (jadis lieu d'un marché aux huiles), on atteint la **place de la Poissonnerie** (les dernières halles au poisson ont été détruites en 1988).
Remonter sur la droite par la rue Pressensé et prendre à droite la rue St-Andrieux.

Musée d'histoire de Toulon et de sa région C3

10 r. St-Andrieux - ✆ 04 94 62 11 07 - www.toulon.fr - ♿ - 14h-18h - fermé dim. et de mi- à fin août - gratuit.
Les passionnés d'histoire locale feront un crochet pour aller apprécier les tableaux, gravures, maquettes et autres documents évoquant l'ancien Toulon. *Revenir sur ses pas et poursuivre la remontée par la rue des Boucheries, puis tourner à droite rue É.-Zola.*

Cathédrale Ste-Marie C3

Elle se caractérise par un curieux mélange de styles dû à l'agrandissement au 17e s. de l'église romane du 11e s. La belle façade classique s'orne de détails baroques. Le clocher massif, surmonté d'un campanile en fer forgé, est encore plus récent (1740). L'intérieur, à croisée d'ogives simples, associe roman et gothique, les architectes du 17e s. ayant voulu respecter les lignes de l'édifice primitif. La chapelle du Corpus est d'influence baroque. La chapelle de la Croix renferme des objets de culte.
Continuer vers le cours Lafayette.

★ Cours Lafayette C2-3

Natif de Toulon, Gilbert Bécaud a chanté le **marché** qui se tient tous les matins *(sf lun.)* sur cette voie qu'on appelait autrefois « le pavé d'amour ». La mercerie, la fripe et les gadgets tiennent les deux extrémités, les primeurs règnent sur plusieurs centaines de mètres. Olives, herbes de Provence, avalanche de fruits et légumes, producteurs de pays *(vend. et sam.)* et verbe aussi haut que coloré.
Sortir de la vieille ville par la rue Garibaldi.

Hommages aux artistes

Raimu, le Marseillais des films de Pagnol, était toulonnais ! Jules Muraire, dit Raimu (1887-1947), est né au n° 6 rue Anatole-France. Il est dignement célébré : un buste place des Trois-Dauphins, une fresque monumentale de la partie de cartes de *Marius* place Victor-Hugo (où se trouve aussi une statue en pied du comédien) et une sculpture de cette même scène place Raimu, où deux chaises libres face à César et Panisse invitent à « taper le carton » avec eux. Quant à **Félix Mayol**, l'auteur de « Viens Poupoule », il est en médaillon sur la façade d'un bâtiment en face du stade qui porte son nom *(voir p. 41)*.

Porte d'Italie D3

Passez sous la porte bastionnée construite en 1790. C'est l'unique vestige des fortifications de Toulon.

Pour le retour, revenez sur vos pas en direction du cours Lafayette que vous suivrez à droite pour prendre, à son extrémité, la rue Jean Aicard.

Les halles municipales Biltoki C2

De forme octogonale pour s'adapter à l'étroitesse du terrain, elles affichent une architecture Art déco avec un intérieur fait de voûtes, d'arches et de grandes ouvertures. En plus des commerçants, le bâtiment de 1929 rénové depuis peu accueille aussi des restaurateurs ainsi qu'un *rooftop* *(voir « Nos adresses » p. 50)*.

1

Toulon civile et militaire

Circuit **2** *tracé sur le plan de ville p. 38-39.*

Place de la Liberté BC2

C'est le cœur du Toulon haussmannien, clair et aéré. Au sommet de l'esplanade en pente douce trône la **fontaine de la Fédération**, œuvre des frères Allar inaugurée en 1889 pour le centenaire de la République. En arrière-plan, la façade 19e s. du **Grand Hôtel**, dernier vestige des constructions de la Belle Époque toulonnaise, marque désormais l'entrée du **théâtre Liberté**, dirigé par l'acteur Charles Berling.

Opéra C2

Un peu plus loin sur le boulevard de Strasbourg apparaît l'arrière de l'Opéra de Toulon, une des plus belles salles de province inaugurée en 1862, soit treize ans avant l'Opéra Garnier. Faites le tour pour apprécier la façade principale de l'édifice *(pl. Victor-Hugo)* dessinée par l'architecte Léon Feuchère.

Prendre la rue J.-Jaurès, puis à gauche la rue A.-France.

Place d'Armes B2

Colbert l'avait conçue pour la revue des troupes. Elle s'appelait alors « Champ de Bataille ». La bourgeoisie toulonnaise et les officiers en partance en firent le lieu de rendez-vous à la mode, avec kiosque à musique, cafés, restaurants et siège de grands quotidiens locaux. Aujourd'hui, l'endroit est toujours plaisant et accueille certaines animations.

Corderie B2

Au sud de la pl. d'Armes. Domaine militaire fermé au public.

L'ancienne fabrique de cordage de la Marine, conçue par Vauban, est le plus grand bâtiment de l'arsenal. Longue de 405 m et large de seulement 20 m, en adéquation avec sa fonction, elle a été construite entre 1686 et 1701 sur des plans de Vauban. La **porte★**, ornée d'allégories de la Loi et de la Force, date de 1689, mais provient de l'ancien séminaire des Jésuites. Elle a été plaquée sur la façade en 1976.

SE RESTAURER

Comptoir des Fromages 1	Racines 4	Halles Biltoki 8
Al Dente 2	Santa Rosalia 5	Au Sourd 9
Beam! 3	Le Koï au Couvent 7	Les Têtes d'Ail 10

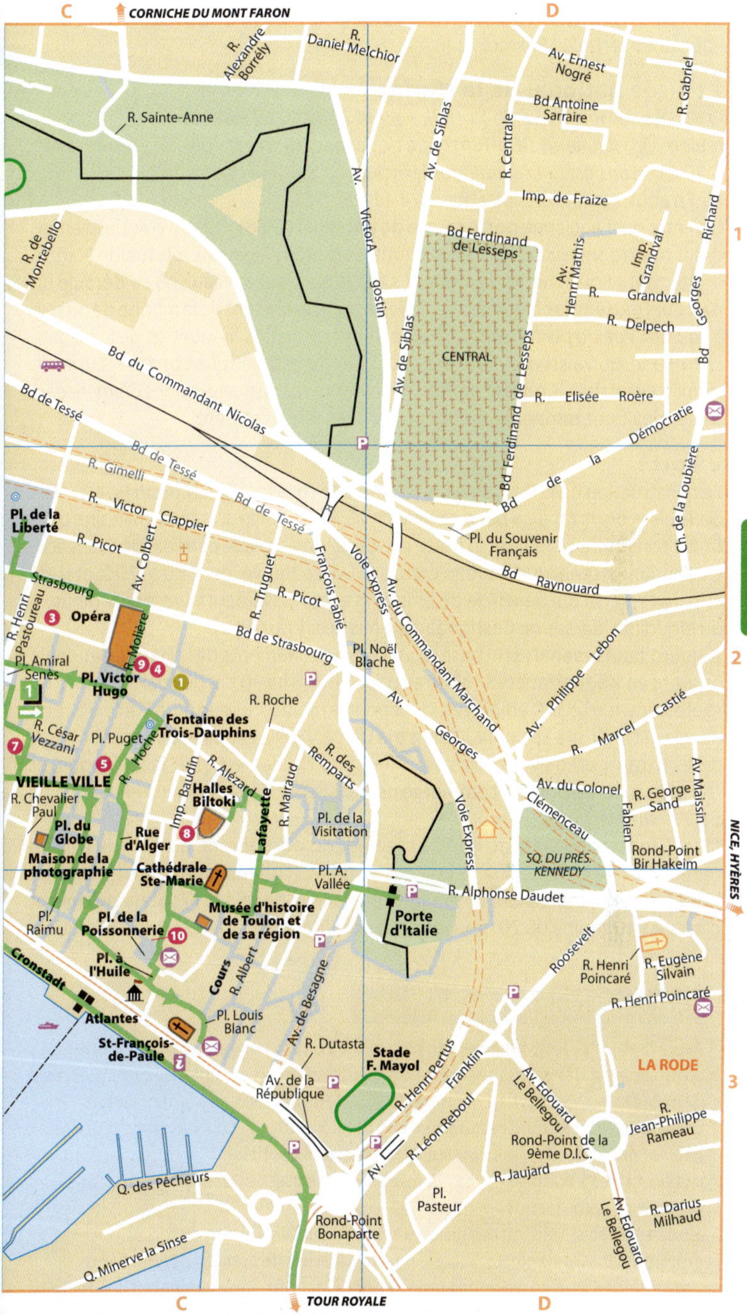

SE LOGER

Grand Hôtel du Dauphiné.... 1
L'Eautel 2
OKKO Hotels Toulon Centre .. 3

1

Poursuivre la rue A.-France.

★ Musée national de la Marine B2

Pl. Monsenergue - Quai de Norfolk - ✆ 04 22 42 02 01 - www.musee-marine.fr/toulon - ♿ - juil.-août : 10h-18h ; reste de l'année : tlj sf mar. 10h-18h - fermé janv. - 6,50 € (-18 ans gratuit) - audioguide inclus.

En août, ateliers arts plastiques *(4-14 ans, 6 €).*

On entre par l'ancienne **porte royale de l'Arsenal** (1738). Quatre colonnes encadrant des trophées d'armes supportent le fronton ; à gauche, statue de Mars, à droite, statue de Minerve. L'intérieur s'étage sur deux niveaux où se déroule un parcours muséographique retraçant le passé et le présent de la marine de guerre à Toulon : *Vue du port* d'après J. Vernet, spectaculaires maquettes de la frégate *La Sultane*, du vaisseau *Duquesne* (18e s.) et du bâtiment *La Corderie*, curieuse torpille « écorchée », rutilant tableau de manœuvres du porte-avions *Clemenceau*. Des expositions temporaires sont présentées régulièrement.

★ Port AC2-3

La construction de la **Darse Vieille** commence sous le règne d'Henri IV, aux frais de Toulon, qui la finança par une taxe de 25 % sur l'huile. L'arsenal militaire, destiné à construire et réparer la flotte royale, est créé par le cardinal de Richelieu. C'est pour l'arsenal que Vauban creuse la **Darse Neuve**, de 1680 à 1700, et c'est encore l'arsenal qui bénéficie de plusieurs agrandissements successifs (annexe du Mourillon, darses de Castigneau, de Missiessy) au 19e s.

Aujourd'hui, l'**arsenal** est la base logistique des bâtiments de la Marine nationale opérant en Méditerranée. En chiffres : plus de 268 ha, 10 km de quais et 30 km de routes, environ 12 000 employés, civils pour la moitié. La zone de la Force d'action navale est interdite au public. Quant à la Darse Vieille, elle est maintenant consacrée au transport de voyageurs (vers les îles d'Hyères, la Corse, la Sardaigne) et à la plaisance. Le **port de commerce** occupe l'anse de Brégaillon, du côté de La Seyne-sur-Mer.

Quai Cronstadt – Suite au bombardement du port durant la Seconde Guerre mondiale, une série de quatre édifices sur pilotis furent édifiés dans les années 1950 par l'architecte **Jean de Mailly** : l'ensemble, appelé la **Frontale du port** et classé « Patrimoine du 20e s. » permet de profiter du quai libéré de la circulation.

Des galériens aux bagnards...

Aux 17e et 18e s., les voyageurs de passage à Toulon ne manquent pas d'aller admirer les **galères**, majestueux bâtiments aux voiles triangulaires amarrés dans la Darse Vieille. Les milliers de galériens ont, eux, une autre vision de la chose. Il faut quatre hommes pour chacun des 25 ou 26 avirons d'une galère : malfaiteurs, esclaves turcs, condamnés politiques, huguenots, « volontaires » conduits là par la misère. Ils ne quittent leur place ni pour manger ni pour dormir.

En 1748, la suppression des galères transforme le galérien en forçat, employé à la construction navale ou à l'entretien de la rade. Enchaîné en permanence à un autre condamné, il porte un bonnet rouge (peine limitée), vert (perpétuité) ou brun (déserteur). Le **bagne** de Toulon a compté jusqu'à 4 000 forçats et ne ferma définitivement qu'en 1874. De cet endroit sinistre où Victor Hugo et Balzac ont fait évoluer les personnages de Jean Valjean et de Vautrin, il ne reste qu'un pan de mur dans l'arsenal.

Terrasse devant l'opéra de Toulon.
saiko3p/Getty Images Plus

Les célèbres **Atlantes★** de Pierre Puget, sauvés des bombes, soutiennent le balcon de la mairie d'honneur : l'un est fort, l'autre, fatigué. Sur le quai, cafés et magasins attirent la foule des promeneurs.
Aller jusqu'au rond-point du Général-Bonaparte.

Stade Mayol CD3

Signe extérieur de fierté toulonnaise, le stade-hôte de l'équipe du RCT (Rugby Club Toulonnais), triple champion d'Europe (2013, 2014 et 2015), est l'une des ultimes enceintes encore située en cœur de ville, aux portes du centre historique. Inauguré en 1920 et d'une capacité de 17 500 places, il est dédié au chanteur qui offrit à la fois le terrain et les droits de ses chansons au club ! Quant à l'hymne officiel de l'équipe entonné avant chaque match, le célèbre *Pilou pilou*, il a été inventé dans les années 1940 par l'ancien rugbyman Marcel Bodrero.
Prendre l'av. de la Tour-Royale.

Tour Royale C3 EN DIRECTION

Voir aussi la carte p. 43. Desservie par les bus 3 et 23, sur l'av. de la République, arrêt Polygone. Av. de la Tour-Royale - ✆ 04 94 36 89 16 - www.toulon.fr - ♿ P - juil.-sept. : 9h-18h ; prolongation en oct. selon les conditions météo - fermé j. fériés, oct.-juin - 2 € (-6 ans gratuit).
Ouvrage défensif (murs épais de 7 m à la base), la Grosse Tour fut construite au début du 16e s. et servit surtout de prison. C'est un exemple de site militaire rendu à la vie civile, en 2008. Du chemin de ronde, beau **panorama★** sur Toulon, le mont Faron, les rades et la côte, de la presqu'île de Giens au cap Sicié.

★★ La rade en bateau CARTE AUTOUR DE TOULON CI-CONTRE

Incontournable, la traversée de la Petite Rade permet de découvrir un univers riche et à part, avec ses frêles cabanes sur pilotis (ostréiculture et mytiliculture), ses villas cossues au bord de l'eau, ses anciens forts massifs, sans oublier ses nombreux navires militaires et ses ferries passagers géants. Effectuez la traversée

Le sabordage de la flotte de la Méditerranée

Le 27 novembre 1942, la flotte française, bloquée dans le port de Toulon par son commandement, choisit de se saborder pour ne pas tomber aux mains de l'armée allemande en train d'envahir la « zone libre ». Parmi les rescapés, plusieurs sous-marins, dont le *Casabianca*, qui assurera la liaison entre les Forces françaises libres et la Corse. Les épaves demeureront sur place pendant le restant du conflit. À la Libération, le nettoyage de la rade prendra dix années, au cours desquelles seront enlevées près de 400 000 tonnes de ferraille.

en bateau commenté, ou, mieux encore, en **bateau-bus** *(voir p. 49)*, comme les nombreux habitants qui l'empruntent quotidiennement.
Bateliers de la Rade – *Quai Cronstadt - ✆ 04 94 93 07 56 - www.bateliersdelacotedazur.com - visite guidée sur demande préalable de déb. avr. à déb. oct. : circuit commenté (1h), dép. réguliers tlj quai de la Sinse, horaires sur le site Internet et billetterie en ligne - 15,50 € (4-10 ans 10,50 €).* Si vous privilégiez la compagnie les Bateliers de la Rade, vous aurez l'occasion de longer (de loin) les installations militaires, surtout le bassin Vauban. Principale base navale avec Brest, il abrite, outre le porte-avions *Charles-de-Gaulle* et les sous-marins nucléaires d'attaque, 60 % du tonnage de la Marine française. Dans le cimetière marin, les navires en fin de carrière attendent leur « désossage » au chalumeau. Le bateau passe devant le port de commerce, l'institut Ifremer, l'ex-chantier naval de La Seyne. Les forts de l'Éguillette et de Balaguier encadrent les parcs à moules de la corniche de Tamaris. Le circuit se termine par la côte de St-Mandrier, elle aussi colonisée par l'armée, et la digue déchiquetée qui protège la Petite Rade. Tout au long de la promenade, magnifiques **vues★** sur Toulon, couché de tout son long entre la mer et les montagnes.

★ Mourillon et le cap brun CARTE AUTOUR DE TOULON CI-CONTRE

Sur les bords de la Grande Rade, vous découvrirez un tout autre Toulon, animé jusqu'au soir, et qui déploie ses plages, sa corniche et ses anses préservées.

Quartier du Mourillon

Petite cité dans la cité, le plus ancien quartier de Toulon vit autour de son marché quotidien *(sf lun.)*, place Émile-Claude, et de son artère commerçante, la rue Lamalgue. En soirée, ses nombreux restaurants et bars font le bonheur des habitants.
Le Mourillon abrite également la grande **plage** (artificielle) de Toulon, séparée de la route par un vaste jardin botanique, et constituée de quatre anses de sable fin, de galets ou d'un mélange des deux, selon les endroits. Pente douce vers la mer et baignade abritée par des digues, sous la protection du drapeau Pavillon bleu.

★ Plages des anses Méjean et Magaud

Du Mourillon, suivre la direction La Garde-Le Pradet.
À l'entrée de La Garde, le chemin de la Mer *(pédestre)* mène à deux plages rocailleuses, les anses Magaud et Méjean.
Sentier du littoral - *Voir carte ci-dessous - 1h30 AR.* De la plage du Mourillon à l'anse Méjean, en passant par le cap Brun : belles vues sur la rade.

★★★ Mont Faron CARTE AUTOUR DE TOULON CI-DESSOUS

Le massif calcaire du mont Faron (alt. 584 m) domine Toulon. On peut monter en voiture ou en téléphérique.

★ Téléphérique du mont Faron

Gare de dép. bd Amiral-Vence (fléché). En cas d'affluence, se garer à gauche en contrebas de la station. ✆ 04 94 92 68 25 - www.telepherique-faron.fr - juil.-août : 10h-19h45 ; mai-juin et sept : 10h-13h, 13h30-19h ; reste de l'année : 10h-13h, 13h30-18h - fermé déc.-janv. - 8 € (4-10 ans 6 €) - 16 € billet combiné avec la fauverie - dép. ttes les 10 à 20mn env. - fermé les j. de grand vent.

Montée (et descente !) spectaculaires : si vous n'êtes pas sujet au vertige, profitez de la vue sur la ville et la rade, et aussi sur les pentes, habitées, puis assez vertes, puis franchement caillouteuses. La terrasse de la station d'arrivée n'est ouverte qu'aux consommateurs, mais on aura une vue agréable sur la route d'accès au mont Faron, une dizaine de mètres à gauche.

Fauverie

Rte du Faron - ✆ 04 94 88 07 89 - www.zoo-toulon.fr - ♿ - juil.-août : 10h-18h30 ; mai-juin et sept. : 10h30-18h ; reste de l'année : 10h30-17h - fermé mar. et jeu. sf vac. scol., j. d'intempéries - 10 € (4-10 ans 6 €) - 16 € billet combiné avec le téléphérique.

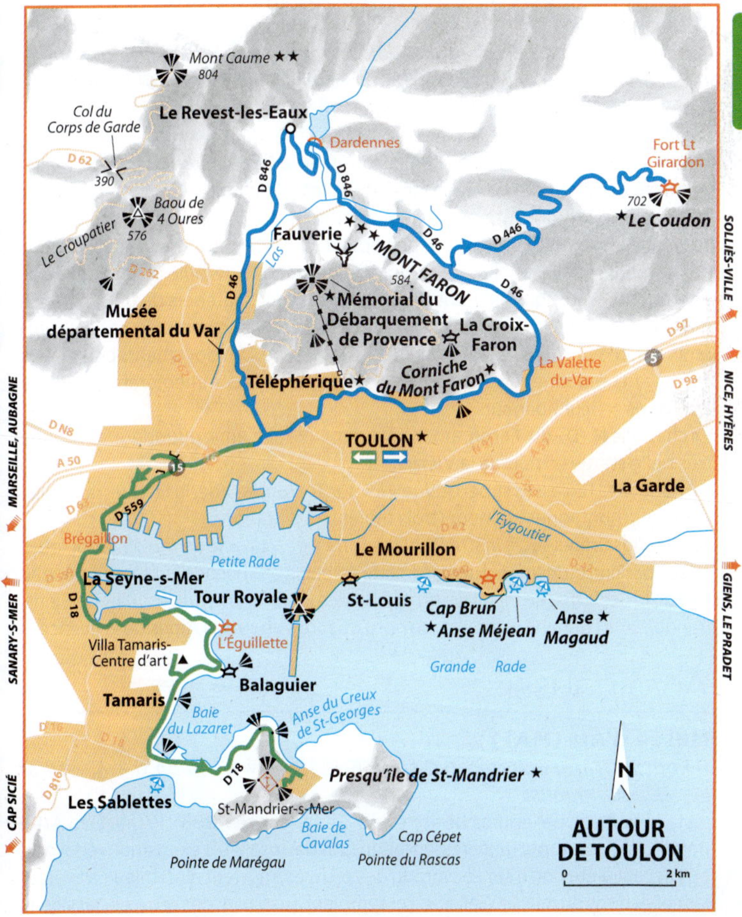

1

La Design Parade

C'est en 2016 que ce festival annuel investit Toulon, sur les traces de celui créé à Hyères en 2006 et consacré au design. Ici, il s'agit d'architecture d'intérieur sous la forme d'un concours international. Chaque année, dix candidats sont sélectionnés pour construire et aménager une pièce sur le thème de la Méditerranée. Fin juin, le jury décerne ses prix et jusqu'en octobre, les réalisations sont visibles gratuitement dans l'enceinte de l'ancien évêché. À l'occasion de cet événement, plusieurs lieux sont investis par des expositions en lien avec la Parade : ouvrez l'œil près de l'Hôtel des Arts, de l'École Camondo, sur le cours Lafayette ou dans les petites rues de la vieille ville.
Pour en savoir plus : *villanoailles.com/festivals/design-parade-toulon*

Premier centre de reproduction de fauves en Europe, participant à des programmes de réintroduction en milieu sauvage : tigre, panthère des neiges, ocelot, caracal. On y observe également singes, ours, hyènes et lémuriens.

★ Mémorial du Débarquement et de la libération de Provence

Rte du Mont-Faron - ✆ 04 94 88 08 09 - www.memorialdumontfaron.fr - ♿ - juil.-août : 10h-18h30 ; juin et sept. : 10h-12h30, 13h15-18h30 ; reste de l'année : 10h-12h30, 13h15-17h15 - visites guidées à 14h30 merc. et w.-end - fermé de mi-déc. à fin déc. - 6 € (10-17 ans 3 €).

Installé dans la **tour Beaumont** (1845), autrefois dédiée à la surveillance de la ville, le musée commémore le débarquement et la libération de la Provence par les Alliés le 15 août 1944. Entièrement rénové, le mémorial propose d'aborder l'événement dans ses deux dimensions principales. Les faits historiques sont expliqués notamment grâce à un diorama animé qui reprend le déroulé et le théâtre des opérations, tandis qu'à l'extérieur sont exposés des matériels de guerre. Cette page de l'histoire est aussi envisagée sous le prisme des hommes, ces combattants qui, chacun dans son rôle, ont mené à la victoire. Des documents personnels émouvants redonnent vie aux soldats et des plaques commémoratives ont été apposées en leur honneur.
La **chapelle N.-D.-du-Faron**, aménagée dans une ancienne poudrière, abrite une très belle statue en bois de la Vierge.
Du haut de la terrasse : superbe **vue★★★** sur Toulon, la rade, la Méditerranée, les îles et les montagnes alentour (trois tables d'orientation).
Sentier des Crêtes - *1h30 AR - plan à l'office de tourisme de Toulon.* À quelques pas du parking du Mémorial démarre cette agréable promenade balisée qui mène au **fort de la Croix-Faron** *(ne se visite pas)*. Belle vue sur la côte, la presqu'île de Giens, Bandol. Une centaine de mètres au nord du fort, vue sur les Alpes de Provence.

À voir aussi

PLAN DE VILLE P. 38

Musée d'Art (MAT) B2

113 bd du Mar.-Leclerc - ✆ 04 94 36 81 15 - www.toulon.fr - ♿ - tlj sf lun. - 12h-18h - gratuit.

Installé dans un bel édifice de style néo-Renaissance (1888), le musée d'Art a bénéficié d'une importante restauration. Ses deux salles d'exposition rénovées, où l'accent a été porté sur l'éclairage des œuvres, mettent ainsi mieux en valeur les collections du musée. Celles-ci rassemblent aussi bien des œuvres classiques

présentant les paysages provençaux du 19e s. que des œuvres contemporaines en peinture et sculpture, exposées par roulement. Modernisée, la bibliothèque a conservé son allure du du 19e s. tout en disposant désormais d'un cabinet de curiosités exposant des objets venus des quatre coins du monde.
Dans le **jardin Alexandre-Ier** qui jouxte le musée d'Art, le buste de Puget, par Injalbert, et la bien nommée fontaine du Buveur, par Hercule, se cachent parmi les cèdres, palmiers et magnolias. L'espace vert, rouvert fin 2019 après deux ans de travaux, se trouve au cœur du nouveau **quartier Chalucet**, dernier pôle de développement de la ville. Il est dédié à la créativité et à la connaissance, avec l'installation, notamment, de l'École supérieure dart et de design TPM, de l'École Camondo, d'un incubateur/pépinière d'entreprises du numérique, du Palais de la connaissance et de l'industrie créative, d'une médiathèque mais aussi de logements, le tout, dans une démarche de développement durable.

Hôtel des arts (TPM) B2

236 bd du Mar. Leclerc - ✆ 04 94 93 37 90 - www.hda-tpm.fr - ♿ - tlj sf dim.-lun. - 11h-18h - gratuit.
Baptisé « Hôtel des arts », le centre d'art Toulon Provence Méditerranée se répartit en neuf salles, étagées sur deux niveaux. Chaque année s'y déroulent cinq expositions temporaires dans le domaine des arts plastiques, parfois en relation avec le Centre Pompidou. De plus, le centre constitue au fil des expositions une collection d'œuvres d'art (peintures et photos) d'une cinquantaine d'artistes.

1

Muséum départemental du Var A1 EN DIRECTION

Voir aussi la carte p. 43. 737 chemin du Jonquet - jardin du Las - ✆ 04 83 95 44 20 - museum.var.fr - ♿ - mars-nov. : 9h-18h ; reste de l'année : 9h-17h - fermé lun. - gratuit.
Parmi les espèces exotiques des beaux jardins du Las, créés au 19e s., ce musée installé dans un pavillon présente des collections tournées vers le patrimoine naturel varois. On y verra des fossiles, des minéraux, un brin de préhistoire et des spécimens naturalisés de tous les animaux que l'on peut rencontrer sur le territoire (parfois d'ailleurs : ours, loup...). Très large inventaire de volatiles en tout genre. Mammifères, reptiles, amphibiens, insectes et papillons, le tout agrémenté de bruitages qui égayeront un jour pluvieux.

À proximité

La Garde CARTE AUTOUR DE TOULON P. 43

9 km à l'est, suivre la direction de La Valette, puis la D 559.
Musée Jean-Aicard - Paulin-Bertrand – *705 av. du 8-Mai-1945 - ✆ 04 94 14 33 78 - visite guidée sur demande préalable (1h30) au ✆ 04 94 36 33 30 - tlj sf dim.-lun. 12h-18h - gratuit.* Sis dans la maison où l'écrivain provençal Jean Aicard (1848-1921), auteur de *Maurin des Maures,* recevait disciples et amis, dont le peintre Paulin Bertrand (1852-1940). Son atelier a été aménagé et des toiles sont exposées. Au rez-de-chaussée, une salle présente des céramiques de Clément Massier (fin 19e-déb. 20e s.).

Solliès-Ville CARTE DE MICRORÉGION C1 P. 32

15 km au nord-est. Quitter Toulon par l'A 57. Sortie La Farlède, puis direction Solliès-Ville par la D 67.
3 pl. Général-de-Gaulle - ✆ 04 94 28 92 35 - www.valleegapeau-tourisme.fr.
On entre dans Solliès-Pont (grand producteur de figues) avant de monter à

On vous emmène dans un espace naturel sensible...

Avant d'y entrer, il convient de comprendre où vous mettez les pieds : un ENS est un lieu vulnérable, protégé de l'urbanisation et qui a une vocation pédagogique. L'ENS de la Garde couvre 130 ha de zone humide et de nature foisonnante. Bruit de l'eau, du vent dans les roseaux, chants des oiseaux à seulement quelques minutes de l'agitation de la ville... c'est le calme absolu ! Que vous le parcouriez en long et en large à la recherche des bisons sculptés et de la Maison de la Nature ou des jardins familiaux, que vous restiez simplement assis sur un banc, au bord de l'étang, pour observer la faune et la flore ou bien que vous passiez l'arboretum au peigne fin pour identifier toutes les essences, la parenthèse est forcément verte.
ENS du Plan – La Garde - accès depuis les parkings La Bouilla et La Foux.

Solliès-Ville, qui domine la plaine. Sur l'**esplanade de la Montjoie**, ruines du château des Forbin, seigneurs de Solliès, et **vue★** sur la vallée du Gapeau et les Maures. **Visite** - *04 94 33 72 02 - Circuit guidé (1h) tlj sf dim.-lun. et j. fériés sur réserv. - dép. du musée du Vêtement provençal, r. Marseillaise (visite du musée Jean-Aicard sur réserv.).* On découvre (ici aussi !) un **Musée Jean Aicard**, le père de *Maurin des Maures* qui fut maire de Solliès de 1919 à 1921. La maison de l'écrivain présente un mobilier typiquement provençal du 19e s. et jouit d'un point de vue remarquable, depuis le dernier étage, sur le massif des Maures. Voisin, le **musée du Vêtement provençal** est installé dans un ancien moulin à huile ; il compte plus de 200 costumes des années 1800 à 1915. Enfin, l'**église St-Michel**, ancienne salle capitulaire, abrite un buffet d'orgue de 1499 et, au maître-autel, un ciborium du 16e s.

Circuits conseillés

CARTE AUTOUR DE TOULON

La rade en voiture

Circuit tracé en vert sur la carte p. 43 – 20 km - environ 1h30. Quitter Toulon par l'A 50, puis suivre la D 559 et tourner à gauche vers La Seyne-sur-Mer.
Attention, gros bouchons à la sortie des bureaux et en été ; privilégiez le tour de la rade en bateau plutôt qu'en voiture.

La Seyne-sur-Mer

2334 corniche Georges-Pompidou - 04 98 00 25 70 - www.tourisme-ouestvar.com.
Ce port de pêche et de plaisance était autrefois connu pour ses Forges et Chantiers de la Méditerranée. Créés en 1856, ils construisaient des bâtiments pour la marine marchande et la flotte de guerre. Le **pont levant** a été transformé en belvédère d'où l'on peut admirer la rade de Toulon à 40 m de hauteur.
La petite baie, limitée par les forts de l'Éguillette et de Balaguier, construits au 17e s. pour verrouiller, avec la tour Royale, l'entrée de la Petite Rade, donne une vue d'ensemble sur Toulon, le Faron et le Coudon. C'est en fin d'après-midi que vous bénéficierez de la meilleure lumière.
En traversant l'isthme, vous découvrirez l'**anse des Sablettes**, protégée entre la pointe St-Elme à l'est et la pointe de Mar Vivo à l'ouest, et sa magnifique plage de sable fin tournée vers le large et le rocher des Deux Frères. Ce quartier, bombardé par les Allemands durant la Seconde Guerre mondiale, fut reconstruit en 1956 par l'architecte Fernand Pouillon.
Sentier du littoral – *2h du Port de St-Elme jusqu'à St-Mandrier.*

Fort Balaguier

924 corniche Bonaparte - ✆ 04 94 94 84 72 - www.la-seyne.fr - ♿ - juil.-août : 10h-12h, 15h-19h ; reste de l'année : 10h-12h, 14h-18h - fermé lun., mar. mat. - 3 € (5-18 ans 2 €).

En 1793, ce fort fut repris aux Anglais par un jeune capitaine nommé **Bonaparte**. Aujourd'hui, outre un aperçu du confort très relatif dont bénéficiait la garnison, on y trouve un **Musée naval** et, dans la chapelle (17e s.), des objets et des documents sur le bagne et les galères. Du chemin de ronde, belles **vues★** sur St-Mandrier, Toulon et la rade.

Tamaris

Agréable petite station ombragée, étalée au flanc d'une colline, avec une belle vue sur la presqu'île de St-Mandrier. Elle fut créée à partir des années 1880 sous l'impulsion du maire de Sanary, Blaise Jean Marius dit « Michel Pacha », mais ne s'est jamais imposée durablement.

Villa Tamaris Centre d'art – *295 av. de la Grande-Maison - ✆ 04 94 06 84 00 - www.villatamaris.fr - ♿ ō - 13h30-18h30 - visites guidées merc.-vend. de 9h30 à 12h sur réserv. - fermé lun.-mar.* **Michel Pacha** fit construire pour sa femme cette somptueuse demeure à l'italienne, avant d'arrêter les travaux à la mort de celle-ci, assassinée en 1893. Inhabitée pendant un siècle, la maison, située dans un beau parc, accueille des expositions d'art contemporain.

En bordure de la baie du Lazaret, une belle **villa mauresque** *(ne se visite pas)*, autre création de Michel Pacha, abrite l'Institut de biologie marine de l'université de Lyon. Côté mer, des cabanes sur pilotis jalonnent les parcs à moules, élevées depuis plus d'un siècle dans la baie.

★ Presqu'île de St-Mandrier

La côte sur la rade est largement occupée par la base aéronavale et les écoles des mécaniciens et nageurs de combat de la Marine, domaine militaire isolé de la route par un mur. Les plages et quartiers résidentiels se trouvent sur le versant tourné vers le large. Le Creux St-Georges abrite un joli petit port. À l'entrée de St-Mandrier-sur-Mer, une route à droite et en forte montée atteint le petit cimetière Franco-Italien, d'où le **panorama★★** s'étend vers Toulon, le cap Sicié, les îles d'Hyères.

Le fort Balaguier.
B. Rieger/hemis.fr

1

★ Grand tour du mont Faron

Circuit tracé en bleu sur la carte p. 43 – 40 km - environ 2h. Gagner la corniche en suivant les panneaux du téléphérique, puis la direction La Valette.

★ Corniche du mont Faron

Elle offre une **vue** d'ensemble des rades de Toulon *(à condition de sortir de la voiture)* : la Petite Rade entre le Mourillon et La Seyne, la Grande Rade, limitée au sud par la presqu'île de St-Mandrier, à l'est par le cap Carqueiranne ; plus loin encore, le golfe et la presqu'île de Giens. Sans oublier le port, la vieille ville, et les faubourgs adossés à la montagne.

Au bout de la corniche, suivre la direction le Revest. De la D 46, tourner à droite vers Tourris-Le Coudon, puis encore à droite dans la D 446, étroite et en forte montée.

★ Le Coudon

Alt. 702 m. Il apparaît d'abord tout entier, dominant la plaine de la Crau. La route traverse une pinède puis une région plantée d'oliviers, et atteint la garrigue peuplée de chênes verts. Il faut laisser la voiture 400 m avant le fort du Lieutenant-Girardon *(domaine militaire)* et terminer à pied. La **vue★** embrasse toute la côte, de la presqu'île de Giens à l'ancienne île de Gaou, près du Brusc. On peut même voir la Corse certains jours de mistral.

Revenir à la D 46 et prendre à droite. 2,5 km plus loin, la D 846 atteint Le Revest-les-Eaux, en passant à hauteur d'un barrage de retenue.

Le Revest-les-Eaux

Tenant son nom du lac de retenue qui alimente Toulon en eau, ce charmant village, oublié des touristes, a un charme fou, baigné d'ombre et de lumière. Avec ses ruelles médiévales, ses linteaux en pierre taillée et ses portes millésimées, il dévale en escaliers depuis une massive tour carrée du 13e s., dernier vestige du castrum de Revesto. Le château date de la fin 16e s. avec ses deux tours en poivrière (occupées par un bar-tabac). L'église, achevée en 1679, renferme des tableaux du 18e s.

Musée d'Art sacré – *✆ 04 94 98 19 90 - visite guidée sur demande préalable à l'office du tourisme de Toulon - fermé dim.-lun. - 2 €.* Ce petit musée rassemble une collection d'objets de la liturgie chrétienne (copte, orthodoxe et catholique)..

Carnet pratique

S'informer

Office de tourisme – PLAN C3 (P. 38-39) - *12 pl. Louis-Blanc - 04 94 18 53 00 - toulontourisme.com.*

Visites guidées de la ville – L'office de tourisme propose des visites historiques et thématiques.

Se garer

Les parkings les plus vastes se situent places d'Armes, de la Liberté/Palais Liberté et au centre Mayol.

Se déplacer

Pass 1 jour téléphérique – *www.reseaumistral.com - 7,50 €.* Billet valable toute une journée sur le Réseau Mistral (bus et bateau-bus) et donnant droit à un trajet AR au mont Faron.

Bateau-bus du Réseau Mistral – *www.reseaumistral.com - 2 € le ticket, en vente à bord des bateaux - dép. de la gare maritime quai Cronstadt.* Toute l'année des vedettes, qui font partie du réseau de transport urbain, desservent La Seyne-sur-Mer, Sablettes et St-Mandrier-sur-Mer.

Visites

Toulon City Pass –*toulontourisme.com - 34 € (4-10 ans 19,50 €).* Billet valable 1 jour pour découvrir plusieurs sites incontournables de la ville et circuler librement sur le réseau Mistral.

Train touristique – *06 20 77 44 43 - petit-train-toulon.fr - horaires variables selon la saison, se rens. - 7,50 € (3-11 ans 4 €) - achat des billets auprès du chauffeur - dép. sur le port.* Circuit commenté *(45mn)* de la vieille ville aux plages du Mourillon *(possibilité de descendre et de reprendre le train plus tard).*

Agenda

Bacchus, fête des vins et de la gastronomie – *www.bacchus-fete.com.* Fin mars-début avril, la ville s'anime pendant trois jours : exposants de vins et de produits du terroir, ateliers d'œnologie...

Festival de musique de Toulon et sa région – *www.festivalmusiquetoulon.com.* Concerts de musique classique, certains gratuits, de septembre à mai.

« Jazz à Toulon » – *www.jazzatoulon.com.* Mi-fin juillet, le centre-ville de Toulon ne pense plus qu'à swinguer au rythme des concerts gratuits donnés le soir.

Design Parade - *villanoailles.com/festivals/design-parade-toulon* - De fin juin à fin octobre, retrouvez les expositions de design d'intérieur dans plusieurs lieux de la ville.

À Solliès-Pont

Fête de la Figue – *www.ville-sollies-pont.fr.* Dernier week-end d'août, célébrez la Figue de Solliès AOP.

À La Seyne-sur-Mer

Fête de la mer et des pêcheurs – Le port est en pleine effervescence fin juin-début juillet : animations autour de la pêche et du poisson, qui sitôt pêché est aussitôt dégusté.

Festival Bayamo – *www.bayamo.fr.* Immersion dans la culture cubaine la deuxième quinzaine de juillet.

Festival Sand & Chopin en Seyne – *www.festivalsandetchopinenseyne.com.* Au Fort Napoléon, en août, concerts, lectures, conférences.

Nos adresses

PLAN P. 38-39

Restauration

Premier prix

1 **Comptoir des Fromages** – B2 - *5 r. de la Paix - 04 83 42 48 69 - 9h-13h, 16h-19h15 - fermé dim.-lun. - à la carte env. 20 €.* Vouant une véritable passion aux fromages, la propriétaire compte quelques raretés, dont un savoureux « bleu » de chèvre. Planches-repas servies généreusement et bonne sélection de vins de la région. Terrasse sur une petite rue piétonne et mezzanine à l'intérieur.

5 **Santa Rosalia** – C2 - *36 r. Charles-Poncy - 04 94 64 11 58 - www.santa-rosalia.fr - mar.-sam. 12h-14h, vend. 19h30-22h - plats 11/15 €.* Dans une ruelle du vieux Toulon, une taqueria à la carte locale, bio et végétale : tostada de chèvre frais, concombres croquants, coriandre et radis noir, sauce maison aux piments brûlés, savoureux tacos avec carottes caramélisées et crème de légumes...

Budget moyen

8 **Halles Biltoki** – C2 - *28 pl. Vincent-Raspail - 05 59 58 11 67 - www.biltoki.com - mar.-jeu. 8h30-14h30, 16h30-19h30; vend.-sam. 8h30-22h30; dim. 8h30-16h.* Que vous y passiez pour un café ou pour déjeuner, vous aurez l'embarras du choix parmi 25 artisans et commerçants de bouche qui attirent aussi bien les Toulonnais que les touristes. Choisissez vos mets et prenez place dans les halles, en terrasse ou sur le rooftop.

2 **Al Dente** – B1 - *30 r. Gimelli - 04 89 79 07 56 - www.aldente-toulon.com - 11h45-14h, 19h-22h30 (23h sam.) - fermé sam. midi et dim. - plats 14/18 €, formule déj. 13,80 € - menu 23,50 €.* Une carte de pâtes et de plats italiens aux tarifs très abordables attire une clientèle d'habitués qui apprécie également l'atmosphère créée par la déco contemporaine et colorée.

3 **Beam !** – C2 - *2 r. Hippolyte-Duprat - 06 27 54 27 06 - www.letelegraphe.org - lun.-vend. 12h-15h, jeu. et vend. 18h-23h - menu 39 €.* Ça déménage dans les cuisines du Télégraphe, haut-lieu de la vie culturelle toulonnaise ! L'énergique Arnaud Tabarec, bourguignon passé par de prestigieuses maisons, enthousiasme ses hôtes grâce à sa cuisine légère, à dominante végétale, et bien sûr locale.

7 **Le Koï au Couvent** – C2 - *31 r. Larmodieu - 04 94 09 44 45 - www.lekoiaucouvent.com - mar.-sam. 11h30-15h, 19h-0h - 18/36 €.* Une gigantesque carpe koï volante vous accueille au sein de cet ancien couvent où l'on découvre une carte bistronomique et goûteuse, des assiettes aux allures de tableau et des cocktails audacieux proposés par les trois créateurs du lieu.

Le Petit Instant – HORS PLAN - *12 r. du Castillon - 04 94 56 50 94 - mar.-sam. 12h-14h, 19h-1h - menu 34 €.* Un restaurant de poche, au cœur d'un quartier animé ! Le chef travaille avec les petits producteurs du coin, et s'approvisionne aussi au marché du Mourillon, à deux pas. Goût, fraîcheur, simplicité, prix mesurés : jolie découverte !

4 **Racines** – C2 - *9 r. Corneille - 04 22 80 27 39 - www.racines-restaurant-toulon.com - 19h-21h30 - fermé merc., sam.-dim. et de mi-juin à fin sept. lorsque le restaurant prend ses quartiers d'été dans l'arrière-pays, au Beausset - menu 35/42 €.* Dans une rue pavée du vieux Toulon, cet établissement se fait fort de défendre le local et le terroir. Le chef mitonne une bonne cuisine de saison, raffinée et

gourmande, volontiers légumière, arrosée de crus nature et bio.

10 **Les Têtes d'Ail** – C3 - *22 r. des Bonnetières - ✆ 04 94 62 07 64 - 12h-14h - plats 14/18 €.* Locavore et incontournable, ce restaurant avec terrasse qui donne l'impression d'être sur une place de village, est une bonne halte pour goûter des plats de saisons préparés avec des produits du marché de Toulon (liste des fournisseurs attitrés). La carte change évidemment au fil des saisons, voire des semaines, mais c'est toujours bon et frais.

Pour se faire plaisir

La Calanque –HORS PLAN - *367 ch. de la Mer - ✆ 04 94 01 01 02 - www.lacalanque.com - 10h-22h - plats 26/48 €.* Tout en bois et mobilier blanc, ce restaurant-bar a les pieds dans l'eau, avec vue panoramique sur l'anse Magaud. Planches à partager ou plats de poissons et de fruits de mer.

9 **Au Sourd** – C2 - *10 r. Molière - ✆ 04 94 92 28 52 - restaurantausourd.fr - 19h-21h30 (et 12h-13h30 en été) - fermé dim.-lun. - menu découverte 36/40 €.* Une institution toulonnaise, créée par un artilleur de Napoléon III, rendu sourd au combat ! Mais pas question de rester sourd aux arguments du chef : sa cuisine attire les amateurs de poisson (bouillabaisse et bourride sur commande, fritures de rougets, de girelles ou de cigalons suivant la pêche) dans une atmosphère chic et contemporaine...

Petite pause

L'Épicerie Simple – *48 cour Lafayette - ✆ 06 60 88 05 05 - merc.-jeu. 8h30-15h., vend.-sam. 8h30-15h, 18h30-23h, dim. 8h3-13h.* Épicerie, pâtisserie et cave à vins. Sert aussi de délicieux plats le midi.

Chichi Fregi - G. Toine – *8 r. Vincent-Courdouan - à côté du cours Lafayette - 9h-17h45, sam. 9h-13h - fermé dim.-lun. et j. fériés.* L'adresse incontournable depuis 1907 pour faire provision de beignets sucrés.

Le Chanteclair – *209 bd Cunéo - ✆ 04 94 36 01 60 - www.patisserie-chanteclair.fr - 7h30-12h30, 15h30-19h, dim. et j. fériés 7h-12h30 - fermé merc.* L'adresse officielle du célèbre gâteau toulonnais, le Chanteclair, à base de crème chantilly glacée.

Café Maurice – *2 pl. Camille Ledeau - ✆ 04 22 44 99 45 - www.cafesmaurice.com - lun.-sam. 9h-18h.* L'emblématique enseigne de café chère aux cœurs des Toulonnais revit grâce à Boris, le petit-fils du fondateur. Torréfaction sur place, discussions passionnées sur l'histoire de la marque et café en terrasse.

Shopping

Marchés – Tous les matins sauf le lundi cour Lafayette (centre-ville). Marché du Pont du Las (quartier ouest). Marché du Mourillon. Marché des producteurs de pays, rue Paul Lendrin.

Le Caillou du Faron – *Av. des Meuniers - ✆ 04 94 91 28 34 - www.facebook.com/Lecailloudufaron - lun.-sam. 9h-12h, 14h30-18h.* Bien connu des Toulonnais, ce chocolatier a eu la bonne idée de réinterpréter les bérets de mousse et autres boulets de Toulon en chocolat.

À proximité

Moulin à huile du Partégal – *159 chemin des Laures - La Farlède - à 12 km de Toulon par l'A 57 - ✆ 04 94 48 48 85 - www.moulindupartegal.fr - lun.-sam. 9h-12h30, 14h-18h30 (19h juil.-août) - fermé janv. - visite guidée : se rens.* Au cœur d'une oliveraie de 800 arbres, sur un site existant depuis le 14e s., ce moulin à huile travaille toujours selon les méthodes ancestrales.

1

Moulin à huile Guiol – *19 r. de la Tuilerie - La Farlède - ✆ 04 94 48 74 42 - mars-sept. : lun.-mar. et jeu-vend. 9h-12h, 14h-18h; reste de l'année : lun.-mar. et jeu.-sam. 9h-12h, 14h-18h - visite guidée, se rens.* La neuvième génération à l'œuvre a doublé l'atelier traditionnel d'un outil de production moderne.

Boire un verre

Brun-Noir – *20 r. de l'Équerre - ✆ 06 65 78 61 01 - lun. et merc. 17h30-0h, jeu.-sam. 17h30-1h.* Cet établissement invite à faire une pause café, détox (jus de fruits et légumes frais) ou cocktail.

L'Escale – *Anse Méjean - ✆ 04 94 36 06 64 - de mai à fin oct. : 9h-23h.* Une terrasse idéale pour un farniente rafraîchissant face aux eaux calmes de l'anse Méjean, loin des rumeurs de la ville.

Côte Jardin – *437 littoral F.-Mistral - ✆ 04 94 41 38 33 - 7h-2h.* Vous serez irrésistiblement attiré par la terrasse de cette adresse face à la mer, à l'ombre d'une glycine géante.

En soirée

Opéra Toulon Provence Méditerranée – *Bd Strasbourg - ✆ 04 94 93 03 76 - www.operadetoulon.fr.* Construit en 1862, l'Opéra de Toulon est la deuxième salle de France en termes de capacité et d'acoustique.

Théâtre Liberté – *9 pl. de la Liberté - ✆ 04 98 00 56 76 - www.chateauvallon-liberte.fr.* Labellisé Scène nationale, ce théâtre tourné vers la Méditerranée explore un registre à la fois populaire et avant-gardiste.

Le Télégraphe – *2 r. Hippolyte-Duprat - ✆ 04 94 24 04 04 - www.letelegraphe.org.* Installé dans le bâtiment de la première poste de la ville, ce lieu est ouvert à la création, à l'expression sous toutes ses formes et l'échange. Il s'y passe toujours quelque chose : ateliers, spectacles et expos variés, rencontres... Très bien aussi pour dîner ou prendre un verre au restaurant-bar le Beam ! *(voir p. 50).*

Hébergement

Budget moyen

1 **Grand Hôtel du Dauphiné** – C2 - *10 r. Berthelot - ✆ 04 94 92 20 28 - www.grandhoteldauphine.com - - 52 ch. 105/120 € - 14 €.* En plein cœur de la vieille ville, cet hôtel de charme à la décoration *arty* offre de belles vues sur les toits, notamment depuis sa piscine installée sur le *rooftop.* Délicieux petit-déjeuner brunch, copieux et en partie bio.

Pour se faire plaisir

2 **L'Eautel** – B2 - *15 r. Victor-Micholet - ✆ 04 89 51 90 90 - www.leautel-toulon.com - - 62 ch. 119/219 € - 22,50 €.* À deux pas du port, tout en étant dans la vieille ville, une nouvelle adresse aux chambres très marines. Son rooftop avec piscine donne sur les toits de la place de l'Équerre et sur l'arsenal : idéal pour regarder les couchers de soleil ! À **L'Équerre**, son restaurant, cuisine du terroir et de la mer inspirée.

Les Voiles – HORS PLAN - *124 r. Gubler - ✆ 04 94 41 36 23 - www.hotel-voiles.com - 16 ch. 121/161 € - 12 €.* Cet établissement situé à proximité des plages du Mourillon dispose d'une superbe terrasse sur le toit équipée de coussins confectionnés avec des toiles de voiles. Chambres contemporaines et bien tenues, la plupart avec vue mer. Service impeccable.

3 **OKKO Hotels Toulon Centre** – B2 - *20 r. Peiresc - ✆ 04 94 10 77 40 - www.okkohotels.com - 98 ch. à partir de 126 € - 7/18 €.* À l'hôtel mais à l'aise comme chez soi, tel est le credo des hôtels Okko. Petites, les chambres n'en sont pas moins stylées et confortables. L'essentiel se passe à l'extérieur !

Une bibliothèque, une salle de fitness, un Club, vaste salon au 6e étage prolongé par une grande terrasse où faire une pause *(14h30-22h30 avr.-oct.)*, notamment au moment de prendre « l'Aperitivo » *(18h30-20h)*, moment de convivialité autour de tapas et de cocktails (inclus dans le prix avec le « snacking » pour les résidents). L'occasion d'échanger avec les autres convives et les membres du personnel, considérés comme des ambassadeurs de leur ville. Le rooftop est aussi accessible aux personnes qui ne résident pas à l'hôtel.

Une folie

Best Western Plus Hôtel La Corniche – HORS PLAN - *17 littoral F.-Mistral - Le Mourillon - ✆ 04 94 41 35 12 - www.hotel-corniche.com - P - 30 ch. 144/214 € - ☕ 12 €.* À deux pas du fort St-Louis et des plages du Mourillon, cet hôtel propose des chambres ou des suites élégantes et confortables, la plupart avec vue panoramique sur la mer.

À proximité

Budget moyen

Le Cannier – *103 av. de la Jetée - La Seyne-sur-Mer - ✆ 04 94 94 82 96 - www.lecannier.com - ✕ - wifi - 7 ch. à partir de 95 € - ☕ 10 €.* Entièrement rénové, ce charmant établissement familial donnant sur la plage de la base nautique propose des chambres tout en sobriété avec vue mer et balcon.

1

Le port de St-Mandrier sur Mer.
gianliguori/Getty Images Plus

Bandol ★

Aujourd'hui paradis des sports nautiques, Bandol s'est fait connaître dès les années 1920, fréquentée alors par Thomas Mann et Aldous Huxley. Plus tard, Raimu, Fernandel, Mistinguett ou Henri Salvador y établirent leur villégiature, contribuant à la renommée de cette station balnéaire : elle ne manque en effet pas d'attrait, avec son port de plaisance verdoyant, son jardin exotique, ses plages de sable et sa petite île sous le vent. À l'intérieur des terres, vous côtoierez l'un des plus célèbres vignobles du Sud, au milieu de paysages tachetés de genêts, de cyprès et d'oliviers.

Le port de Bandol.
Musat/Getty Images Plus

Se repérer

8 722 Bandolais – Var (83)

CARTE AB2 (P. 32).

Accessible par l'A 50, Bandol est 17 km à l'ouest de Toulon.

À ne pas manquer

Le sentier du littoral ; le vignoble de Bandol, l'île de Bendor ; les villages perchés dans l'arrière-pays.

Organiser son temps

Comptez une journée pour Bandol et l'arrière-pays, 45mn pour l'excursion sur l'île de Bendor (pour le tour seul), 4h de randonnées le long du sentier du littoral rejoignant le port de la madrague de Saint-Cyr-sur-Mer avec pique-nique dans une crique sauvage.

En famille

Jardin exotique et zoo de Sanary-Bandol ; l'Aquascope.

Carnet pratique p. 57

Nos adresses p. 57

Découvrir

Le village

Port de plaisance

Aménagé dans une anse, il est bordé par les **allées Jean-Moulin★** et Alfred-Vivien, plantées de pins, de palmiers et de fleurs. Avec ses 1600 places, le 9e port de France permet de profiter des plaisirs nautiques : baptêmes de plongée, locations de bateaux, visite des calanques, îles et découverte des cétacés *(voir « Nos adresses »)*...

Église St-François-de-Sales

Face au port. Construite en plusieurs étapes (nef principale édifiée entre 1746 et 1748, les deux chapelles latérales en 1773), elle renferme des **fresques néoclassiques** du 19e s. exécutées par Siro Orsi, le décorateur du célèbre opéra de Milan. Remarquez le Christ en croix de l'école romane espagnole datant de la fin du 17e s. et les stalles d'origine. Dans la nef ouest se trouve la **statue de Notre-Dame de Grâce** en bois d'olivier, œuvre des ateliers de Pierre Puget. Elle est connue pour quatre célèbres miracles à Bandol. La statue de saint Vincent de Saragosse, patron des vignerons, veille sur la nef est. L'édifice est classé monument historique depuis 1990.

Les plages

Les **quatre** principales plages de sable sont : la Centrale et le Casino (les plus fréquentées), le Grand Vallat à l'est et l'anse de Rènecros à l'ouest. De belles villas des années 1920-1930, surplombant la baie, ajoutent un charme suranné à ce site particulièrement bien protégé des vents.

Sur le **sentier du littoral** *(en direction de St-Cyr-sur-Mer – voir p. 59)* alternent petites plages de graviers et zones rocheuses.

1

À proximité

CARTE PAYS DE BANDOL CI-DESSUS

Jardin exotique et zoo de Sanary-Bandol

3 km au nord-est, direction A 50. Au rond-point d'accès à l'autoroute, laisser à droite la bretelle d'accès. 500 m après, prendre à droite la route signalée - ☏ 04 94 29

Les vins de Bandol

Le vignoble de Bandol, une des premières AOC françaises depuis 1941, est cultivé sur près de 1400 ha, principalement sur La Cadière d'Azur, St-Cyr-sur-Mer, Le Castellet et Ollioules. Il doit son nom au port de Bandol, cité d'où étaient expédiées les barriques. L'appellation tient ses particularités du microclimat de la région : un fort ensoleillement, une bonne pluviométrie et un sol calcaire orienté vers le sud bénéficiant de l'air doux marin. Bien qu'existant en rosés et blancs, ce sont les rouges qui ont fait la réputation des vins de Bandol. Leur cépage majoritaire, le **mourvèdre**, habituellement peu planté en France, fait ici des merveilles. Ne reste plus qu'à leur faire passer dix-huit mois en fût de chêne et cinq ans ou plus de vieillissement pour révéler une personnalité généreuse, tanique et aromatique.

Avis aux amateurs – Outre l'œnothèque des vins de Bandol *(voir « Nos adresses »)*, vous pourrez vous rendre dans les caves et domaines référencés sur le site *www.vinsdebandol.com*.

40 38 - www.zoaparc.com - avr.-sept. et vac. scol. : 9h30-19h ; fév.-mars et oct. : 9h30-18h ; reste de l'année : merc. et w.-end 9h30-17h30 - 13,50 € (-10 ans 10,50 €).
Parc planté de cactées et d'espèces tropicales (certaines sous serre). Un parcours fléché permet de rencontrer singes (ouistitis, saïmiris capucins, gibbons et leur progéniture), lémuriens, coatis, fennecs, kinkajous, et autres animaux plus familiers (daims, poneys, ânes, etc.) et de croiser peut-être les paons en liberté qui toisent perroquets et flamants roses.

Île de Bendor

Embarcadère - 04 94 29 44 34 - www.lesilespaulricard.com - fermé au public pour une rénovation de plusieurs années ; réouverture prévue en 2026.
Cette minuscule île aménagée par **Paul Ricard** a des allures néoprovençales. Elle est flanquée d'une plage, d'un petit port, d'hôtels, de restaurants et de boutiques d'artisans, entre fausses vieilles pierres, sculptures d'inspiration antique, architecture vénitienne et façades colorées. Le sentier balisé en bord de mer réserve une agréable promenade – parfois ventée. Beau panorama sur le bec de l'Aigle de La Ciotat depuis la côte ouest et sur Bandol.

Circuit conseillé

CARTE PAYS DE BANDOL

★ Sites perchés du pays de Bandol

Circuit tracé en violet sur la carte ci-dessus – 40 km - environ une demi-journée. Quitter Bandol au nord-est par la D 559 et prendre à gauche la route du Beausset (D 559B). Passer sous le viaduc du chemin de fer.
Un kilomètre après **Le Beausset**, où vous pourrez vous arrêter les jours de marché *(vend. matin)*, prenez à droite la petite route qui serpente parmi les vignobles, les oliviers, les cyprès, les genêts et les arbres fruitiers.

Chapelle Notre-Dame du Beausset-Vieux

Laisser la voiture en contrebas de la chapelle - 04 94 98 61 53 - nov.-mars : 14h-17h ; avr. et oct. : 14h-18h ; mai-juin et sept. : 14h30-18h30 ; juil.-août : 15h-19h - fermé lun. de Pâques et lun. de Pentecôte.

Cette chapelle du 12e s., de style roman ogival, présente une voûte légèrement brisée et une abside en cul-de-four. Dans le chœur, Vierge à l'Enfant de 1712, provenant de l'atelier de Pierre Puget. À découvrir, la galerie d'ex-voto peints classés aux Monuments historiques, la crèche provençale et le chemin des oratoires. De la terrasse qui surplombe la chapelle, **vue★** circulaire sur Le Castellet, le massif de la Ste-Baume, le Gros Cerveau et la côte de Bandol à La Ciotat.

Revenir sur ses pas et retraverser Le Beausset pour prendre la D 226.

La Cadière-d'Azur *(voir p. 64)*

St-Cyr-sur-Mer *(voir p. 59)*

Des Lecques, empruntez au sud de La Madrague la route qui offre de jolies vues sur la côte et son arrière-pays.

Carnet pratique

S'informer

Office de tourisme – *Allée Alfred-Vivien - ☏ 04 94 29 41 35 - www.bandoltourisme.fr.*

Agenda

Fête du Millésime – *www.fetedumillesime.com.* Le 1er dimanche de décembre, rendez-vous sur le port pour commenter le dernier millésime : dégustation, ateliers initiation et animations gourmandes.

Printemps des potiers – *printempsdespotiers.com.* Le week-end de Pâques, trois jours de grand marché potier.

Nos adresses

Restauration

Budget moyen

La Chipote – *12 corniche Bonaparte - ☏ 06 27 00 25 73 - www.restaurant-lachipote.com - 8h30-18h30 (20h30 vend.-sam.) - plats 29 €, brunch 30 €, menu 45 €.* Les pieds dans l'eau de l'anse Renècros, le restaurant propose une carte méditerranéenne entre nature et tradition. Poissons, viandes, légumes : tout est frais. Sur la plage, la carte est plus accessible et tout aussi goûteuse. Brunch sur réservation.

Pour se faire plaisir

L'Espérance – *21 r. du Dr-Louis-Marçon - ☏ 04 94 05 85 29 - www.lesperance-bandol.com - 12h-13h, 19h-20h30 (21h sam.), dim. 12h-13h - fermé lun., mar. et dim. soir - menu 39/49 €.* Une table bandolaise incontournable, tenue par un jeune couple, elle en salle, lui en cuisine. Plats finement travaillés où explosent les parfums et les couleurs. Accueil attentif.

Shopping

Marchés – Quotidien en matinée devant la mairie. Hebdomadaire et plus important le mardi matin sur le port. En saison : tous les soirs, marché nocturne de créateurs sur le port.

Œnothèque des vins de Bandol – *Pl. Lucien-Artaud - ☏ 04 94 29 45 03 - www.maisondesvins-bandol.com - 10h-13h,*

15h-19h (18h30 l'hiver) - fermé dim. Regroupement d'une soixantaine de caves, domaines et châteaux, producteurs d'AOC Bandol. Achat et dégustation.

À proximité

Domaine de Vigneret - EARL Olivier Pascal – *25 allée du Dublin - Le Beausset - N 8 - ✆ 04 94 90 57 63 - www.vigneret.com - lun.-sam. 10h-12h30, 15h-18h.* À la fois producteur-récoltant de vins AOP Bandol et Cotes de Provence, et d'huile d'olive, ce domaine vous propose aussi de découvrir son patrimoine agricole.

En soirée

Tchin Tchin – *11 allée Jean-Moulin - ✆ 04 94 29 41 04 - 8h-1h - fermé merc.* Ce bar à cocktails créé en 1962 emprunte son nom à une chanson de Richard Antony. Ambiance feutrée.

Activités

Atlantide 1 – *Quai d'Honneur - ✆ 04 94 32 51 41 - www.atlantide1.com - ♿ - avr.-sept. : 9h-18h30.* Excursions vers les calanques de Cassis *(29/35 €, 4-11 ans 19/25 €)*, à l'île de Porquerolles *(44 €, 4-11 ans 29 €)* et observation des dauphins *(à partir de mi-juin - 69 €, 4-11 ans 49 €).*

Aquascope – *Avec la société Atlantide 1 - avr.-sept. : 9h-18h (juil.-août 8h45-19h15), dép. ttes les 45mn - 16 € (3-10 ans 11 €).* Bateau à vision sous-marine (10 places), spectaculaire quand les bancs de poissons frôlent les hublots.

Pêche artisanale à bord du Jo-Ghis – *Sur le port - ✆ 06 87 73 02 07 - tlj selon la météo, dép. av. le lever du soleil - durée : 3-6h - sortie limitée à 2 pers. - 50 €.* Embarquez avec un patron pêcheur qui vous fera découvrir son métier.

Hébergement

Budget moyen

Bel Ombra – *R. de la Fontaine - ✆ 04 94 29 40 90 - www.hotelbelombra.fr - fermé nov.-mars - 19 ch. à partir de 87 € - 11 € - 1/2 P possible.* Adresse conviviale dans un quartier calme. Chambres fonctionnelles, certaines dotées d'une mezzanine.

Une folie

Les Galets – *49 montée Voisin - ✆ 04 94 29 43 46 - www.restaurant-hotel-bandol.com - fermé de mi-déc. à fin janv. - 11 ch. 151/171 € - 12 €.* Bâti à flanc de colline, cet hôtel-restaurant bénéficie d'une vue imprenable sur la mer. Chambres sobres et lumineuses disposant pour la plupart d'un balcon ou d'une terrasse. Cuisine traditionnelle servie en salle ou sur la terrasse panoramique.

Saint-Cyr-sur-Mer

Entre Marseille et Toulon, St-Cyr donne dans sa partie « sur mer » un avant-goût des stations balnéaires de la Côte d'Azur avec sa longue plage des Lecques et ses multiples activités nautiques. À l'intérieur des terres, le vieux village conserve un charme provençal, non loin des vestiges de Tauroentum, unique villa romaine de bord de mer sur la côte méditerranéenne française.

Pointes des Trois Fours, Saint-Cyr-sur-mer.
C. Moirenc/hemis.fr

Se repérer

11 023 Saint-Cyriens – Var (83)

CARTE A1 (P. 32).

St-Cyr-sur-Mer se trouve 6 km au nord-ouest de Bandol. La ville compte trois quartiers principaux : au nord, la voie ferrée longe le centre-ville ; par une longue avenue flanquée de lotissements, on parvient au bord de mer avec, à l'ouest, le port des Lecques ; à l'est, celui de La Madrague.

À ne pas manquer

Le musée gallo-romain de Tauroentum.

Organiser son temps

Réservez une matinée pour parcourir le sentier du littoral.

En famille

Le sentier sous-marin à partir de 6 ans ; Aqualand et le minigolf.

Carnet pratique p. 61

Nos adresses p. 62

Découvrir

Le village

Au cœur du village, sur la place Portalis protégée par des platanes centenaires, trône une réplique miniature dorée de la **statue de la Liberté** de New York. Installée depuis 1903, cette œuvre du sculpteur Bartholdi fait la fierté des St-Cyriens !

Centre d'art Sébastien

12 bd Jean-Jaurès - ✆ 04 94 26 19 20 - www.saintcyrsurmer.fr - ♿ - été : 10h-12h, 15h-19h, hiver : 10h-12h, 14h-18h - fermé lun.-mar. - 1 €.
Installé dans une ancienne usine à câpres, il présente depuis 1993 des expositions temporaires et un ensemble d'œuvres du peintre-sculpteur **Sébastien** (1909-1990), ami de Picasso, Cocteau, Matisse et Gide. Il accueille également la Biennale internationale de l'aquarelle en mai-juin.

Les plages CARTE PAYS DE BANDOL

Voir la carte p. 56. Au creux du golfe d'Amour, elles offrent près de 2 km de baignade sécurisée et facilement accessible en voiture, avec de nombreuses places de parking. Lamartine avait comparé le grand croissant de sable des **Lecques** (1,4 km) à la « baie de Naples en miniature ». **La Madrague**, joli petit port avec un aquarium en libre accès, offre le même panorama : d'un côté les sombres collines du cap de l'Aigle, de l'autre la montagne des Baumelles. Plus à l'ouest *(10mn en voiture)*, la **calanque de Port-d'Alon**, cernée par une pinède, est nettement plus intime *(accès à pied par le sentier du littoral en voiture, parking payant l'été)*.
Sentier sous-marin – *✆ 04 42 08 07 67 - ♿ - www.cpie-coteprovencale.org - juil.-août : 9h30 et 13h30 - 28 € (enfant 25 €) - combinaisons, palmes, masques et tubas fournis - à partir de 6 ans - réserv. conseillée.* À Port-d'Alon, découverte du milieu marin, de sa faune et de sa flore en partenariat avec la mairie de St-Cyr, du Conservatoire du littoral, propriétaire de la calanque, et de l'Atelier bleu de La Ciotat.

À proximité

CARTE DE MICRORÉGION P. 32

★ Musée gallo-romain de Tauroentum A2

Voir aussi la carte p. 56. 131 rte de la Madrague - ✆ 04 94 26 30 46 - www.museedetauroentumsaintcyrsurmer.fr - fermé pour travaux jusqu'à nouvel ordre.
Au 5e s. av. J.-C., un bateau grec (dont la figure de proue était une tête de taureau) se serait échoué dans la baie actuelle des Lecques. Les navigateurs se seraient installés ici, à Taurois, renommé Tauroentum après l'arrivée des Romains à la fin du 1er s. av. J.-C. Le musée est construit sur les vestiges de la seule **Villa maritima romaine** de la région, occupée et prospère jusqu'au 3e s.
Dans la pinède, four à tuilier, utilisé jusqu'au 18e s. (vue magnifique sur le golfe de Lecques), péristyle bordé d'un *impluvium*, fossé qui recueillait les eaux de pluie évacuées dans la mer. Devant l'entrée du musée, magnifique *dolium* de 1500 l, daté du 1er s., destiné à conserver de l'huile d'olive ou du vin, sarcophage monolithe d'un militaire de 2,6 t, **tombeau-maison** unique en France qui aurait accueilli le sarcophage d'un enfant. Le musée s'organise autour de trois **mosaïques** noir et blanc dans trois anciennes pièces (une chambre, un office et une salle à manger). Les objets funéraires et familiers (outils, bijoux, pièces en laiton et en cuivre, vases lacrimatoires, amphores, céramiques, beaucoup de miniatures, et

des colonnes torsadées en marbre retrouvés sur le site ou à proximité dans les thermes) ponctuent la visite.

Randonnées

Retrouvez le détail des sentiers sur le site www.saintcyrsurmer.com.

Sentier du littoral CARTE PAYS DE BANDOL

Voir la carte p. 56. Plusieurs départs depuis la Madrague et le Port d'Alon. Prévoyez chaussures de marche et réserve d'eau. Prudence aussi avec les jeunes enfants. Renseignez-vous sur les conditions d'accès aux massifs.

Sentier Patrimonial - *1,2 km entre la Madrague et la pointe Grenier.* Il emmène au sommet de la **pointe Grenier** où s'élève une batterie Napoléon III, avec chapelle, caserne et poudrière. Vous ne pourrez pas aller jusqu'à la Pointe Fauconnière par ce chemin à cause d'un éboulement.

4 km - 3h AR - entre le Port d'Alon et la pointe Fauconnière. Pour rejoindre la **pointe Fauconnière**, partez de la **calanque de Port d'Alon**, non sans avoir piqué une tête avant dans les eaux cristallines. Le sentier suit le tracé de la côte et perd rarement la mer de vue.

Sentier des vignes

Laissez votre voiture sur le parking jouxtant les résidences des Aigues-Marines et du hameau de La Madrague. Rejoindre la rue Abbé-Dol jusqu'à l'arrêt de bus (départ du sentier en face).

4 km - environ 1h30 - de La Madrague au Port d'Alon (tables d'explication). Accédez au sous-bois par l'escalier et rejoignez les pieds de vigne de Bastide de la Nartette. Continuez jusqu'à la pelouse à orchidées, sublime en période de floraison. À gauche, ralliez la dune éolienne plaquée (la colline de Sable), puis passez devant le portail d'entrée du domaine de la Nartette pour retrouver la route. Le sentier se poursuit en face, sur l'allée d'oliviers menant à l'arbre immortel (l'Olivier). Longez à droite le grillage et pénétrez dans le sous-bois. Devant une chaîne, tournez à droite en suivant le sentier qui conduit à la table des Cultures traditionnelles. Reprenez le chemin en sens inverse.

1

Carnet pratique

S'informer

Office de tourisme - *Pl. de l'Appel-du-18-Juin - ✆ 04 94 26 73 73 - www.saintcyrsurmer.com.* Possibilité de visites guidées.

Nos adresses

Restauration

Budget moyen

Chez Henri – *738 rte de La Madrague - ✆ 04 94 26 46 15 - 12h-14h (w.-end 18h30-21h) - fermé lun. - plats 15/21 €.* On passe volontiers quelques heures sur cette petite terrasse en coin garnie de rhododendrons. Pizza, salade, viande ou poisson servis dans une ambiance familiale.

Chez Tonton Ju – *Rte de la Calanque - ✆ 04 94 26 20 08 - 9h30-18h sf en cas de vent fort ou d'intempéries - plats 12/23 €.* Déjeuner dans une calanque entre deux baignades, à l'ombre des pins ou des canisses... le rêve de tout vacancier ! Au menu : poisson fumé, coquillages, tartare de thon, salades, carpaccio de bœuf et desserts maison.

La Plage de Sophie – *Bd de la Plage - ✆ 06 82 57 89 57 - laplagedesophie.com - de mai à fin sept. : 8h-19h - plats 14/26 €.* Cette plage privée (*transat : 23 €/j serviette comprise ; parasol 11 €*) dispose d'une belle terrasse en bois où l'on peut se restaurer les pieds dans le sable. Espace presse et wifi.

Shopping

Marché de producteurs – Jeudi matin parking Gabriel-Péri.

Domaine de l'Estagnol – *1426 rte de La Cadière - RD 66 - ✆ 06 01 01 35 52 - visite gratuite de la cave sur RV - dégustation-vente : 9h-12h30, 15h-19h.* Dans ce domaine familial en restanque entouré d'oliviers, la passion vinicole se transmet de génération en génération. Sandrine Féraud est issue de la sixième. La jeune vigneronne indépendante a repris l'exploitation en 2013 et vinifie trois appellations : bandol, côtes-de-provence et vin de table.

Activités

Aqualand de St-Cyr-sur-Mer – *Zac des Pradeaux - ✆ 04 94 32 08 32 - www.aqualand.fr - de fin juin. à déb. sept. : 10h-18h (jusqu'à 19h de mi-juil. à fin août) - 29 € (4-10 ans 22,50 €).* Parc aquatique équipé de toboggans, piscine à vagues, rivière à bouée et autres activités bienvenues dans la chaleur de l'été. Restauration, bar.

Lecques Aquanaut Center – *Nouveau port de Lecques - ✆ 04 94 26 35 35 - www.lecquesaquanaut.fr - à partir de 9h - baptême 70 €.* Club de plongée.

Minigolf – *Promenade Rose - Les Lecques - ✆ 04 94 26 73 73 - juil.-août : 9h-12h, 17h-22h, w.-end 17h-22h - fermé de déb. nov. à fin janv. - à partir de 4,50 € (-12 ans à partir de 2,50 €).* En bord de plage, un parcours de 15 trous idéal pour s'initier au golf en famille.

Frégate Golf Club – *Lieu-dit Frégate - rte de Bandol - ✆ 04 94 29 38 00 - www.lefregateprovence-golfclub.com - 7h-20h30 (h. variables, se rens.) - green fee 18 trous 75/100 €.* Dessiné par le célèbre architecte américain Ronald Fream en 1992, ce golf est l'un des plus beaux d'Europe avec sa vue panoramique sur la Méditerranée et ses deux parcours.

Hébergement

Pour se faire plaisir

Grand Hôtel des Lecques – *Les Lecques - 24 av. du Port - ✆ 04 94 26 23 01 - www.grand-hotel-les-lecques.com - - 60 ch. 134/159 € - 17 €.* Palmiers, pins et fleurs volubiles bordent les allées d'un parc luxuriant : un bel écrin de verdure pour cet hôtel logé dans une bâtisse de la fin du 19e s. Chambres très calmes et joliment aménagées, tennis et terrain de pétanque.

Le Castellet ★

Juché sur un piton boisé, le village médiéval, où fut tourné La Femme du boulanger (1938) de Marcel Pagnol, a conservé son cachet malgré la forte affluence touristique. Ses remparts, son château, ses maisons des 17e et 18e s. et ses multiples échoppes d'artisans font son attrait. Entouré de domaines viticoles, Le Castellet est également célèbre pour son circuit Paul Ricard.

Se repérer

3778 Castellans – Var (83)

CARTE B1 (P. 32).

Le Castellet se trouve 9 km au nord-est de St-Cyr-sur-Mer.

Organiser son temps

Consacrez une demi-journée à la découverte du vieux village.

En famille

Xtrem Park du circuit Paul Ricard.

Carnet pratique p. 64

Nos adresses p. 64

Découvrir

Le village

Plusieurs films ont été tournés dans ce charmant village perché entre mer et montagne aujourd'hui très touristique, comme en témoignent les parkings payants obligatoires qui y fleurissent aux beaux jours.

Après les escaliers, tourner à gauche et monter au village en passant la porte du Portalet, creusée dans les remparts au 17e s. Emprunter la rue du Jeu de Paume, puis la rue de l'Église.

L'**église St-Sauveur-de-la-transfiguration** (12e s.) est surmontée d'un clocher-mur à trois arcades typique de l'architecture romane provençale.

Poursuivre sur la place du Champ-de-bataille.

Érigé au 10e s., le **château** a été démantelé en 1369, puis reconstruit dans sa physionomie actuelle au 15e s. Seule une aile munie d'une tour ronde présente encore des maçonneries médiévales. Depuis 1969, le château abrite la mairie.

Au bout de la place, une poterne ouverte dans les remparts appelée le **Trou de Madame** donne sur le chemin de ronde, offrant un remarquable **panorama★** sur le massif de la Ste-Baume, la plaine viticole du Brûlat et l'église de Ste-Anne-du-Castellet.

Le circuit Paul Ricard

Prendre la direction du Beausset, puis la N 8 direction Aubagne. 2760 rte des Hauts-du-Camp - ✆ 04 94 98 36 66 - www.circuitpaulricard.com.

Après la construction d'un aérodrome près de son vaste domaine, le chef d'entreprise marseillais Paul Ricard fait bâtir, en 1970, un circuit automobile de 5810 m de pistes et une ligne droite de 1800 m, accueillant un an plus tard son premier Grand Prix de France de Formule 1, suivi bientôt de courses mythiques telles que le Bol d'Or. À la suite de son rachat par la société Excelis, qui exécute de gros travaux, le circuit se spécialise dans les tests. Depuis 2009, il a rouvert ses portes au public et aux grandes courses.

Xtrem Park - *04 94 98 35 70 - www.xtrem-park.com - vac. scol. et juil.-sept. : mar.-dim. à partir de 14h ; reste de l'année : se rens. sur les horaires - à partir de 3 ans - activités payantes.* Le circuit s'est aussi doté d'un pôle de loisirs : initiation au moto-cross, karting, simulateurs, free jump, tyroliennes, découverte du site en segway.

À proximité

CARTE DE MICRORÉGION P. 32

La Cadière-d'Azur A1

Descendre vers la D 66 pour atteindre La Cadière-d'Azur.

11 pl. Charles-de-Gaulle - 04 94 90 12 56 - www.tourisme-lacadieredazur.fr. Ce village pittoresque domine les coteaux. Il a conservé trois portes médiévales, dont la **porte St-Jean★** (14e s.), et ses portes cloutées. Ces dernières donnent accès aux ruelles qui font l'attrait de cette très vieille cité peuplée de 4 000 habitants durant la Révolution. De la table d'orientation, belle **vue★** sur l'arrière-pays, Le Castellet et la Ste-Baume.

Carnet pratique

S'informer

Office de tourisme - *2 r. de la Poste - 04 94 32 79 13 - lecastellet-tourisme.fr.*

Agenda

Bol d'Or - *www.boldor.com -* Fin septembre, trois courses moto et plus de 500 pilotes pour 24h de compétition.

La Médiévale - *www.ville-lecastellet.fr - fin septembre.* Animations, spectacles et marché artisanal.

Nos adresses

Restauration

Premier prix

Bistrot La Souco - *9 r. de la Poste - 04 94 32 67 94 - 9h-22h - plats 14/19 €.* Ce petit établissement ouvert toute l'année est doté d'une terrasse de chaque côté : on peut s'y installer au gré du soleil. L'hiver, on se réchauffe au coin de la cheminée de la salle à manger.

Budget moyen

Le Pied de Nez - *8 montée St-Éloi - 04 94 29 72 26 - www.lepieddenez.com - tlj sf lun., mar.et merc. midi 12h-14h, 19h-21h30 - plats 24 €, menu 36 €.* Ce restaurant situé sur les remparts travaille avec de petits producteurs (brousse de chèvre de Signes, veau tigré corse Abbatucci, pêche locale, légumes du potager), souvent en bio et ça se ressent dans l'assiette. Ambiance décontractée.

Une folie

Le San Felice - *D N8 - 3001 route des Hauts du Camp - 04 94 98 37 77 - www.hotelducastellet.net - 12h30-14h, 19h30-21h30 - fermé déc.-fév. - menu 59 €, à la carte 74/116 €.* Le bistrot chic de l'hôtel du Castellet dispose des mêmes produits d'excellence que ceux utilisés au fameux

Restaurant Christophe Bacquié (étoilé). Carte courte mais efficace qui suit les saisons et s'autorise de malicieuses incursions dans le terroir méditerranéen (fraises du pays, asperges des Alpilles, retour de pêche).

À La Cadière-d'Azur

Budget moyen

Le Bistrot de Jef – *Av. Gabriel-Péri - ✆ 04 94 90 11 43 - www.hotel-berard.com - 12h-13h30, 19h-21h - fermé merc.-jeu. et nov.-mars - menu 37 €.* Ce bistrot rattaché au restaurant gastronomique Bérard jouit d'une vue exceptionnelle sur le vignoble et le piton du Castellet qui rend fort agréable le déjeuner composé de spécialités méditerranéennes.

Shopping

Maison des vins de Bandol – *238 chemin du Ferrage - ✆ 04 94 90 27 38 - www.maisondesvins-bandol.com - de déb. mai à mi-sept. : mar.-sam. 10h-13h, 15h-19h.* À l'entrée du village médiéval, la maison des vins propose une sélection de vins de Bandol. Dégustation gratuite.

La Sabotine – *3 r. de la Congrégation - ✆ 06 68 94 06 91 - la-sabotine.business.site - 10h-19h.* Cette maroquinerie fabrique des ceintures en cuir sur mesure.

À La Cadière-d'Azur

Domaines Bunan – *Moulin des Costes - 338bis chemin de Fontanieu - ✆ 04 94 98 58 98 - www.bunan.com - avr.-sept. : 9h-12h30, 14h-19h, dim. et j. fériés 10h-12h30, 16h-19h; reste de l'année : tlj sf dim. et j. fériés 9h-12h, 14h-18h.* Cette affaire familiale, l'une des plus réputées de l'AOC, donne chaque été carte blanche à un artiste pour exposer dans les chais et dans les vignes.

Moulin de St-Côme – *2690 chemin de St-Côme - quartier de St-Côme - D 266 - ✆ 04 94 90 11 51 - www.moulindesaintcome.fr - 9h-12h, 14h30-19h (14h-18h en hiver), dim. apr.-midi (en juil.-sept. et déc.).* Visite gratuite du moulin et dégustation-vente d'huiles d'olive de France et d'ailleurs. La maison propose en outre des produits provençaux.

Hébergement

Budget moyen

Chambre d'hôte La Bastide des Sources – *1307 rte des Sources - ✆ 06 85 73 42 09 - www.bastidedessources.com - 🏊 🅿 🚭 - 2 ch. 95 € ☕.* Au milieu des vignes, cette maison en pierre abrite deux très vastes chambres colorées (jusqu'à 5 pers.), équipées d'un micro-ondes et d'un réfrigérateur. Vous oublierez vite la proximité de l'autoroute en vous délassant au bord de la piscine encadrée d'un muret en pierre sèche et d'essences méditerranéennes.

À La Cadière-d'Azur

Une folie

Domaine Carpe Diem – *20 chemin des Aires de Ste-Madeleine - ✆ 04 94 46 18 69 - www.domainecarpediem.com - 🏊 ♿ 🅿 - 5 ch. 165/210 € - ✕ menu 58 € (uniquement sur réserv. le soir, fermé lun.-mar.).* Perché sur les hauteurs du village, ce très beau domaine dispose de chambres confortables à l'esprit provençal moderne donnant sur la belle piscine à débordement. Le chef Loïc Bonnafoux propose chaque jour un menu qui ravit la vue et les papilles.

1

Sanary-sur-Mer ★

Les pointus pavoisés colorant le quai d'honneur donnent au petit port de Sanary un délicieux accent rétro et un air de fête. Rues piétonnes, façades roses et blanches, placettes ombragées, palmiers ébouriffés, cette charmante station est fréquentée en toute saison. La petite cité, appelée Saint-Nazaire jusqu'en 1890, et sa baie sont agréablement protégées du mistral par les collines boisées et le Gros Cerveau.

Se repérer

175 451 Sanaryens – Var (83)

CARTE B2 (P. 32).

À 5 km de Bandol par la D 559. Sanary jouxte Six-Fours-les-Plages, à l'est.

À ne pas manquer

Les fresques de l'église St-Nazaire et la collection de pointus ; la chaîne du Gros Cerveau et les gorges d'Ollioules côté terre.

Organiser son temps

Sanary-sur-Mer se découvre tranquillement en une demi-journée. Compter un jour de plus si vous souhaitez parcourir les alentours et profiter de la plage.

En famille

Le parc animalier et exotique de Sanary-Bandol *(voir Bandol, p. 54)*.

Carnet pratique p. 72

Nos adresses p. 72

Se promener

PLAN DE VILLE P. 68

Le village

Au départ de l'office de tourisme, longer le port.

Les pointus

Ces rustiques bateaux de pêche en bois, précieux vestiges du patrimoine maritime provençal, ont trouvé à Sanary leur port d'attache. Ils doivent leur nom à leur forme galbée, effilée aux extrémités, qui n'a guère changé depuis l'Antiquité. Ils sont présents sur toutes les côtes de Méditerranée occidentale sous diverses appellations (« barquette » à Marseille), et leurs caractéristiques sont sommaires : 4,50 à 9 m (au-delà on parle de tartanons et de tartanes, jusqu'à 15 m), un mât, une longue « antenne » qui se dresse à l'oblique, une voile triangulaire dite latine, peu mobile, un bout-dehors (le capian) et un foc pour profiter du vent portant. Les pointus de Sanary étaient moins d'une trentaine en 2005, ils sont plus d'une centaine aujourd'hui. Et pour cause : cette flotte d'un autre âge, frêle et multicolore, bénéficie des faveurs de la municipalité qui lui offre le quai d'honneur avec une réduction de 45 % sur les emplacements à condition de maintenir les bateaux en excellent état.
Continuer jusqu'à la pl. Michel-Pacha, sur la droite.

Église St-Nazaire B1

L'édifice néobyzantin fut construit par **Michel Pacha**, maire de la ville de 1865 à 1871 *(voir p. 48)*. Au début des années 2000, la ville et le curé de la paroisse confièrent à l'artiste Jean-Baptise Garrigou la réalisation de **fresques** contemporaines,

Le port de Sanary-sur-Mer.
Ch. Hellier/age fotostock

Sanary sur mer
LES 3 BIQUETS,
SANARY
CANASTEL

d'inspiration orthodoxe et aux couleurs de la Provence : sur les murs et les plafonds, les douze saints apôtres, des scènes de la vie du Christ, saint Nazaire et sainte Marie-Madeleine.

Contourner l'église et à gauche remonter la rue du Moulin par la rue Louis-Blanc.

Chapelle des Pénitents-Blancs B1

Datant du 16e s., sa façade comprend une porte en plein cintre, encadrée de deux faux pilastres à linteau droit. Sa nef unique, à trois travées avec une voûte romane, se termine par une abside polygonale. Remarquez deux tableaux de la confrérie des pêcheurs et deux bustes reliquaires du 17e s. : celui de saint Nazaire (patron de la ville) et celui de saint Pierre.

Revenir au port.

Tour de Sanary B2

Pl. de la Tour - ✆ 04 94 74 01 04 - www.sanary-tourisme.com - juil.-août : 10h-12h30, 15h30-19h, w.-end 10h-12h30, 16h30-21h30 ; mai-juin : 10h-12h30, 15h30-19h ; avr.-sept. : 10h-12h30, 14h30-18h ; reste de l'année : 10h-12h30, 14h30-18h - fermé janv. et nov. - gratuit.

Cette tour de guet (fin 13e s.) offre une vue panoramique sur la ville du haut de ses 21 m. Elle abrite un musée d'archéologie sous-marine. Les pièces proviennent de fouilles menées par le *Jason Archeo Sub* dans les baies du Brusc et de Sanary. Les amateurs poursuivront la visite non loin au musée dédié à **Frédéric Dumas**, l'un des pionniers de la plongée sous-marine avec Taillez et Cousteau, les fameux « Mousquemers » *(12 rue Lauzet-Aîné, salle Maurice Fargues - ✆ 04 94 32 97 68 - www.museedumas.fr - juil.-août : 10h-12h30, 15h30-19h ; avr. et sept. : 10h-12h30, 14h30-18h ; oct.-mars : merc.-dim. 10h-12h30, 14h30-18h - gratuit).*

SE RESTAURER		
Chez Mico 1	Restaurant du Théâtre 2	Bar d'ô 4

Avant guerre, un refuge pour les artistes

Le petit port varois, déjà réputé en 1920 et habité par des artistes et écrivains étrangers (Huxley, Kisling), devint à partir de 1933 le refuge de près de 500 intellectuels allemands et autrichiens fuyant le régime d'Hitler. Parmi les plus connus, Thomas Mann, Lion Feuchtwanger, Alma Mahler et Franz Werfel, Franz Hessel... Après l'armistice de 1940, l'Américain Varian Fry, aidé par l'épouse du président Roosevelt, Eleanor, réussit à faire venir aux États-Unis près de 2 000 intellectuels réfugiés en Provence, dont un certain nombre avait été interné au camp des Milles, près d'Aix-en-Provence *(voir* Le Guide Vert Provence*)*.
À côté de l'office de tourisme, une plaque rappelle les noms des artistes réfugiés à Sanary. C'est le point de départ d'un **« parcours de mémoire »** *(dépliant à l'office de tourisme et en téléchargement sur leur site Internet).*

Continuer de longer le port et ses terrains de boules.

Chapelle Notre-Dame-de-Pitié A2

Chemin de la Colline - 04 94 74 01 04 - www.sanary-tourisme.com - été : 8h30-20h ; reste de l'année : 9h-18h.
Depuis le port, le chemin de croix mène à la montée des oratoires, quatre œuvres en pierre de taille datant du début du 19e s. Profitez du panorama qui évolue au fil de votre ascension et, arrivé en haut, admirez la **vue★** sur la baie de Sanary, les collines de Toulon, la côte jusqu'à l'archipel des Embiez, les hauteurs du cap Sicié. La chapelle de 1560 renferme des ex-voto classés et une pietà en bois polychrome du 17e s. Jadis, elle était habitée par un ermite qui prévenait du mauvais temps ou signalait l'arrivée d'une attaque ennemie. Il vivait de son petit potager, encore visible à gauche de la chapelle.
Descendre le chemin de la Colline, et prendre à droite l'escalier pour rejoindre la plage du Portissol par le sentier du littoral (30mn) ou revenir au port.

Les plages

Les plages du Lido, de la Roche Taillée et Dorée forment la plus grande plage de la commune (et la plus éloignée) avec plus de 400 m de sable blanc entre Sanary et Bandol. Plus près : plage de la Gorguette au fond de la baie de Bandol, petite plage de galets (la Baie de Cousse) dans le quartier de Beaucours, crique de sable de Portissol et plage artificielle du Levant au centre-ville. Non loin, à Six-Fours : plage de Bonnegrâce.

Circuits conseillés

CARTE ENVIRONS DE SANARY

★★ Le Gros Cerveau

Circuit tracé en rouge sur la carte p. 71 – 13 km - environ 1h15. Quitter Sanary à l'est par l'av. de l'Europe-Unie.
La D 11 traverse un bassin fertile où l'on cultive fleurs, arbres fruitiers et vigne.
À l'entrée d'Ollioules, prendre à gauche la D 20.
À travers les cultures en terrasses, la vue porte alternativement sur la butte du fort de Six-Fours et la Petite Rade de Toulon, dominée par le mont Faron. À mesure que l'on monte, le panorama s'étend vers le sud-est sur Toulon et la presqu'île du cap Sicié. Plus loin, la **vue★** est magnifique, à droite, sur les grès de

1

Ste-Anne (énormes rochers percés de grottes), la plaine du Beausset, le massif de la Ste-Baume, les collines d'Évenos, les gorges d'Ollioules, puis, à nouveau, sur la côte.
8 km après Ollioules, arrivée à une plate-forme (possibilité de faire demi-tour).
Belle **vue★** dégagée sur le littoral.
Randonnée jusqu'au sommet du Gros Cerveau – *Départ du petit parking au niveau de l'observatoire, compter une demi-journée pour la petite boucle, une journée complète pour la grande boucle.* Cette randonnée balisée, assez sportive, vous mènera au pied d'un fortin à 443 m d'altitude. Vous serez récompensé par une **vue★★** grandiose sur la côte, depuis la presqu'île de Giens jusqu'à l'île Verte au sud de La Ciotat.

★★ Le mont Caume

Circuit tracé en bleu sur la carte ci-contre – 23 km - environ 2h. Quitter Sanary à l'est par l'av. de l'Europe-Unie et suivre la D 11 jusqu'à Ollioules.

Ollioules

116 av. Philippe-de-Hautecloque - 04 94 63 11 74 - www.tourisme-ouestvar.com.
Les habitants du site exploitent le basalte noir à la Courtine dès 600 ans av. J.-C. en fabriquant meules, auges et mortiers. Vers le 11e s., la petite ville tire sa richesse de la culture de l'olivier (d'où son nom), du raisin, de l'amande et des figues. Au 19e s., elle se spécialise dans la culture florale et devient la capitale de l'immortelle jaune, grâce au **canal des Arrosants**, un réseau d'irrigation tiré d'un système de circulation d'eau souterraine (*4,5 km – 04 94 63 11 74 - www.tourisme-ouestvar.com - gratuit*). Le village vit encore de cette culture, malgré l'avancée de l'urbanisme.
Au pied des vestiges d'un château féodal, ses ruelles trouées de portiques montent à l'assaut de la colline. Elles sont bordées de vieilles maisons à arcades, où se sont installés une trentaine d'artisans d'art. La cité affiche d'ailleurs le label « Ville et Métiers d'art ». À voir aussi : l'église de style roman provençal primitif.
La Maison du Patrimoine – *20 r. Gambetta - 04 94 93 37 30 - mar.-sam. 9h30-12h, 14h-17h30 - fermé dim.-lun. - 4 € (-12 ans gratuit).* Cet ancien hôtel particulier du 17e s., aussi appelé « maison des têtes » en raison des nombreuses têtes en gypse qui ornent ses couloirs (les plus anciennes datent de 1620), abrite désormais 500 m^2 d'espace muséal réparti en sept salles. Chacune aborde un thème différent du patrimoine local : La Commedia dell' Arte, les gypseries, le cabinet des curiosités, la nature, l'histoire depuis l'Antiquité jusqu'à la Belle Époque et la villégiature... Mise en scène interactive et ludique.
À la sortie d'Ollioules, prendre à gauche la D N 8, qui s'enfonce dans des gorges.

★ Gorges d'Ollioules

Comme les a peintes Hubert Robert au 18e s. *(voir musée des Beaux-Arts de Nice p. 350)* et les a décrites avec enthousiasme Victor Hugo, les gorges sont arides, sinueuses, déchirées. Plus haut, on voit les grès de Ste-Anne, étonnants rochers sculptés par l'érosion.
À Ste-Anne-d'Évenos, tourner à droite sur la D 462.
La route remonte un ravin encaissé, dominé à gauche par l'abrupte **barre des Aiguilles**.

Petite histoire

Au 18e s., le bandit **Gaspard de Besse**, un Robin des Bois provençal, rançonnait les diligences au profit des pauvres de la région. Seuls des étrangers dépouillés témoignèrent lors de son procès.

Prendre à droite en direction d'Évenos et laisser la voiture à hauteur d'un rocher surmonté d'une croix.

★ Évenos

15mn AR. Perché sur des pentes escarpées, le vieux village constitué d'un enchevêtrement de maisons et d'une église du 13ᵉ s. au clocher à deux baies, s'élève sur une coulée de lave dont on peut encore voir les scories. Le tout est dominé par les ruines d'un château du 16ᵉ s. De la plate-forme, la **vue** s'étend sur les gorges du Destel et le Croupatier tout proches, le massif du Cap Sicié, les gorges d'Ollioules et le Gros Cerveau, la Ste-Baume à l'horizon.
Reprendre la voiture et emprunter la D 62. Au col du Corps-de-Garde, prendre à gauche la D 662.

Mont Caume

Il culmine à 801 m d'altitude. La route, en forte pente, propose de beaux points de vue et, à l'endroit où elle se termine *(monter sur la butte)*, un magnifique **panorama★★** sur la côte, du cap Bénat à la baie de La Ciotat et, à l'intérieur, sur la Ste-Baume.

Carnet pratique

S'informer

Office de tourisme – PLAN B2 (P. 68) - *1 quai du Levant - ✆ 04 94 74 01 04 - www.sanary-tourisme.com.*

Agenda

Sanary sous les étoiles – En août, festival gratuit de musique dans différents lieux de la ville.

Fête de la Libération – Le 23 août, feux d'artifice pour célébrer la libération de la ville.

À Ollioules

Corso fleuri – Tous les deux ans fin avril, défilé de chars fleuris.

Festival Jazz au château - le dimanche en juillet et en août, concerts de jazz.

Fête de l'olivier – Le 1er week-end d'octobre : animations, démonstrations et dégustations d'olives et de ses succulents dérivés.

Nos adresses

PLAN P. 68

Restauration

Budget moyen

① **Chez Mico** – B1 - *18 r. Barthélemy-de-Don - ✆ 04 94 74 16 73 - 12h15-14h, 19h15-23h - fermé lun.-mar. - plats 12/16 €, pizzas 14/18 €.* Une institution locale où l'on se régale d'une cuisine méditerranéenne dans un décor d'ustensiles de cuisine, de souvenirs de voyage... Brochettes, pâtes ou pizza, un plat vous suffira !

② **Restaurant du Théâtre** – B2 - *8 ruelle de l'Enclos, près du théâtre - ✆ 09 83 64 43 29 - tlj sf mar. 19h-23h - plats 20/35 €.* Quelques petites marches à descendre, et vous voilà installé dans une salle d'esprit rustique, disposée en U. Votre attention sera vite captée par la belle cheminée, où grillent viandes et poissons du marché. Salle climatisée.

④ **Bar d'ô** – A2 - *Plage de Portissol - ✆ 04 94 88 42 56 - www.le-bardo.com - 9h-23h, vend.-sam. 9h-3h - plats 23/36 €, formule déj. 19 €, menu 39 €.* Une terrasse avec vue imprenable sur les flots ; une carte de brasserie bien menée ; et des soirées conduites par des DJ en forme : voilà l'excellente équation de ce bar-restaurant posté en surplomb de la plage de Portissol.

À Ollioules

Budget moyen

La Villa Brignac – *1363 av. Jean-Monet - ✆ 04 94 62 45 44 - restaurant.lavillabrignac.com - 11h45-14h, 19h30-22h (23h vend.-sam.) - fermé dim.-lun. - plats 24/38 €, formule déj. (en sem.) 25 €, menu 39 €.* Dans cette bastide du 18e s., vous aurez le choix de l'ambiance entre le jardin, la terrasse, le grand salon ou encore le bar à cocktails, pour déguster boissons et mets traditionnels revisités par le chef David Tedde.

Petite pause

La Cade à Dédé – *✆ 06 09 50 74 24 - présent sur le marché de Sanary vend.-dim.* Il faut se lever tôt pour voir Dédé s'activer autour de son four à **cade** (galette de farine de pois chiche cuite au feu de bois, cousine de la socca niçoise).

Shopping

Marché – Tous les matins : marché provençal sur les allées d'Estienne d'Orves et retour de pêche sur le port. Mercredi sur le port (alimentaire et textiles). Marché artisanal nocturne en juillet-août.

À Ollioules

Maison Jonquier – *16 r. Nationale - ✆ 04 94 63 20 38 - www.nougat-jonquier.fr - lun.-vend. 9h30-12h30, 14h30-18h, sam. 9h30-12h30 - visites guidées gratuites (sur réserv.).* Depuis plus de 130 ans, la maison Jonquier fabrique en famille un nougat d'exception. Nombreux parfums et déclinaisons (violette, pastis, noix, orange...).

En soirée

À Ollioules

Châteauvallon Scène nationale – *795 chemin de Châteauvallon - 6 km au nord-est par les D 11, D N8 et D 92 - ✆ 09 80 08 40 40 - www.chateauvallon-liberte.fr - h. selon programmation, se rens.* Cette structure dispose d'un théâtre couvert de 400 places et d'un amphithéâtre en plein air de 1200 places. Programmation consacrée aux arts de la scène (danse, théâtre, cirque, musique, etc.).

Activités

Sanary est un des centres de la **pêche au gros** en France. La pêche au thon ou à l'espadon ne s'improvise pas, embarquez avec des professionnels qui vous initieront aux techniques. Renseignements à l'office de tourisme.

Sanary Parachute ascensionnel – *Port de Sanary (face à la mairie) - ✆ 06 11 55 34 08 - www.sanaryparachute.fr - de déb. mai à fin oct. : sur réserv. uniquement - vol de 10mn - 95/160 € (1-4 pers., moins de 200 kg/vol).* Une bonne idée pour qui veut admirer Sanary d'en haut.

Sanary Plongée – *Quai Wilson - port de Sanary - bateau Le Galoubet - ✆ 06 28 05 24 57 - www.sanaryplongee.com - tte l'année sur réserv - tlj sf lun.-mar. 8h30-18h - initiation et baptême l'apr.-midi seult - encadré 48/80 €.* Baptême de plongée, excursion à 20 ou 40mn encadrée ou autonome, visite des épaves, des secs et des tombants, découverte de la faune et de la flore méditerranéennes... Les amoureux de la mer n'ont que l'embarras du choix.

Randonnée – Circuits balisés dans le massif du Gros Cerveau au départ du Jardin exotique de Sanary-Bandol : rouge, familial *(6,5 km - 3h)*; bleu, pour marcheurs plus aguerris *(12,5 km - 5h)*.

1

Hébergement

Premier prix

Camping Campasun Parc Mogador – HORS PLAN - *167 chemin de Beaucours - ✆ 04 94 74 53 16 - www.campasun.eu - fermé janv.-fév. - 162 empl. 37,50/61,50 € - mobile-homes (2-6 pers.) 146/229 €.* Des mobile-homes et chalets le long des allées goudronnées complètent l'offre des emplacements. Plantation de haies, bloc sanitaire autonettoyant pour une structure très agréable (piscine, aires de jeux, boulodromes, tables ping-pong, restaurant).

Budget moyen

Chambre d'hôte La Villa – HORS PLAN - *134 imp. des Jardins du Roy - ✆ 06 83 05 43 41 - www.lavilla-sanarysurmer.com - - 3 ch. 80/95 €.* Située dans un paisible lotissement sur les hauteurs de Sanary, cette maison offre une belle vue sur la Grande Bleue, en particulier à l'occasion du petit-déjeuner servi sur la terrasse. La chambre du rez-de-chaussée dispose d'une salle de bains privative et celles de l'étage, avec vue mer, se partagent les sanitaires. Agréable piscine avec transats confortables.

Six-Fours-les-Plages

Ses plages, son littoral sauvage et ses lieux de culte antique constituent la richesse de cette vaste commune éclatée. Son nom ferait référence, non à « six fours », mais à « six farots », les feux d'observation des colons grecs de Massilia. Dernier témoin du village historique de Six-Fours, qui a fait place en 1875 à un fort militaire, la collégiale St-Pierre dévoilera aux plus curieux un polyptyque attribué à Louis Bréa. Autrement, ne manquez pas de prendre un grand bol d'air au petit Gaou ou sur l'île des Embiez, paradis des piétons et des pêcheurs.

Se repérer

35 159 Six-Fournais – Var (83)

CARTE B2 (P. 32).

Six Fours se trouve 11 km à l'ouest de Toulon. Autour du centre-ville, la commune se disperse entre hameaux et quartiers résidentiels. Mieux vaut se munir d'une carte à l'office de tourisme situé en bord de mer, plage de Bonnegrâce.

À ne pas manquer

L'exceptionnel panorama depuis le fort de Six-Fours ; l'île des Embiez, surtout hors saison, pour son allure de petit paradis ; une balade sur le sentier du littoral ; la presqu'île du Gaou, entre criques et lagune à la découverte des pins anémomorphosés (couchés par le mistral).

Organiser son temps

La vieille ville se visite en 1h. Quant à la balade que vous aurez choisie sur le sentier du littoral, elle vous prendra entre 1h30 et 4h selon l'itinéraire.

En famille

Sur l'île des Embiez : le petit train et l'Institut océanographique Paul-Ricard ; le parc de la Méditerranée ; l'Aquascope et Coudou Parc ; une croisière des îles en catamaran.

Carnet pratique p. 78

Nos adresses p. 79

Découvrir

Le vieux Six-Fours

Accès par l'av. du Maréchal-Juin (D 559 en venant de La Seyne-sur-Mer) ; prendre à gauche la petite route du fort.

La montée, très raide, alterne des perspectives sur la baie de Sanary et sur la rade de Toulon. Regroupée au sommet de la colline dès le haut Moyen Âge, la communauté villageoise était protégée par trois rangées de remparts.

★ Fort de Six-Fours

Alt. 210 m. Construit au 19e s., il ne se visite pas. La plate-forme offre un superbe **panorama★** sur la rade de Toulon, la presqu'île de St-Mandrier, le cap Sicié, la baie de Sanary, le Brusc et l'archipel des Embiez.

Collégiale St-Pierre

Montée du Fort - ✆ 04 94 34 24 75 - www.tourisme-ouestvar.com - 10h-12h, 15h-19h (14h-18h en hiver) - fermé mar. - gratuit.

Persécutés, les premiers chrétiens se réfugièrent sur le futur site de la collégiale au pied de la forteresse. Les moines de Montmajour puis de St-Victor y édifièrent un prieuré et une chapelle au 12e s. Cette église présente la particularité d'avoir deux nefs perpendiculaires, l'une romane, l'autre bâtie au 17e s. dans le style gothique pour agrandir le sanctuaire. On y remarque un magnifique polyptyque attribué à **Louis Brea** et une descente de Croix de l'école flamande (fin 16e s.).

À voir aussi

CARTE ENVIRONS DE SANARY

Notre-Dame-de-Pépiole

Voir la carte p. 71. 4 km au nord. Par la D 63 (venant de la plage de Bonnegrâce), après 2 km, tourner à gauche et suivre la petite route balisée. Laisser la voiture sur une terrasse, à 100 m de la chapelle. 1106 chemin de Pépiole - ✆ 04 94 63 38 29 - www.chapelledepepiole.fr - 15h-18h30(18h en hiver).

Cette chapelle, bâtie en pierres roses, jaunes et grises, et dotée de deux campaniles et trois absidioles, occupe un **site★** merveilleux dans un paysage de pins, cyprès, oliviers, vignes et genêts. Les enduits qui la recouvraient ont fait méconnaître pendant des siècles l'un des plus antiques monuments paléochrétiens de France. Ses trois chapelles primitives, indépendantes aux 5e-6e s., ont été réorganisées en un unique lieu de culte au 12e s. par le percement de grandes arcades latérales de pierre bleue. À l'intérieur, statue du 16e s. de la vierge à l'enfant en bois de sorbier.

Les plages

La commune en comprend plusieurs : la plus proche et la plus vaste (2 km de sable et gravillons) est celle de **Bonnegrâce**, qui jouxte Sanary. Les autres s'étendent jusqu'au **Brusc**. Ensuite, le littoral, très découpé, n'est accessible que par la mer. Seule la **plage de la Fosse** peut être atteinte par le sentier du littoral, au niveau de la Haute-Lèque.

À proximité

CARTE ENVIRONS DE SANARY P. 71

★ Île des Embiez

▶ **Accès** – *Navettes maritimes (traversée 12mn) - embarcadère du Brusc - Six-Fours-les-Plages - ✆ 04 94 10 65 20 - www.lesilespaulricard.com - de fin juin à mi-sept. : dép. Brusc 7h-0h45, dép. les Embiez 7h15-1h30 ; mars.-juin et sept.-déb. nov. : dép. Brusc 7h-22h45, dép. Les Embiez 7h15-23h30 ; reste de l'année : dép. Brusc 7h-17h40, dép. les Embiez 7h15-18h - 19,50 € (3-12 ans 11 €) - en juil.-août, des navettes à partir de Sanary : dép. quai du Gén.-de-Gaulle, face à la mairie (traversée 15-20mn) - 21,50 € (3-12 ans 13 €).*

Cette île d'1,5 km de long, exploitée pour ses salins jusqu'en 1934, ne portait rien de plus que le Fort Saint-Pierre et le château Ste-Cécile quand **Paul Ricard** (1909-1997) en fit l'acquisition en 1958. L'industriel marseillais l'a transformée en parc d'attractions naturo-provençal, paradis des loisirs familiaux dans un environnement de pinèdes, de vignes et de garrigue. Il a fait aménager une base nautique, des terrains de sport, le port, ainsi que le village, construit de toutes pièces jusqu'au clocher. On y trouve bien sûr de nombreux hébergements et restaurants. Au-delà de l'architecture un peu kitsch, avec ses références antiques, les Embiez, avec ses plages, ses criques pour les plus courageux, son sentier botanique et son musée océanographique occupe aisément une journée. Ou plus, pour les amateurs de pêche et de plongée sur ces hauts-fonds très poissonneux. L'île, toujours propriété de la famille, et non du groupe Pernod-Ricard, est réservée aux piétons et aux cyclistes *(location sur place)*.

Le caviar de la Méditerranée

Depuis l'Antiquité, l'**oursin**, appelé familièrement châtaigne de mer, est apprécié pour la finesse de ses « œufs ». La partie comestible est constituée par les organes sexuels, répartis en cinq branches, orange chez la femelle et blanchâtres chez le mâle. Mais sa récolte intense entraîne sa raréfaction sur les rivages méditerranéens, au grand dam des gourmands ! Pour assurer sa protection, des campagnes d'information sont menées par des organismes tel l'Institut océanographique Paul-Ricard aux Embiez. L'interdiction de la pêche d'avril à octobre correspond à la période où l'animal est vide.

Le petit train – *06 88 69 76 78 - visite guidée (40mn) avr.-oct. : selon conditions météorologiques, horaires (se rens.) - 9 € (6-18 ans 6 €).* Ceux qui n'aiment guère marcher ou pédaler opteront pour ce mode de déplacement : une découverte à travers les anciens salins et le domaine viticole.

★ Le sentier du littoral

7 km. Plan de l'île à l'office du tourisme de Six-Fours-les-Plages ou au point info de l'île en saison. Comptez 1h30 pour faire le tour de l'île, qui s'étend sur 95 ha d'une étonnante diversité : **plages** de fin gravier et de sable (à l'est), côtes sauvages et **criques** protégées (à l'ouest), marais salants et vignoble. Côté végétation, les paysages de garrigue alternent avec les pinèdes et les jardinsfleuris.

Les terres

Poussez la porte de la **chapelle Ste-Cécile**. Bancs en bois clair, autel sobre, crèche avec santons animés évoquant la Nativité, Christ sculpté sur des sarments et vitraux contemporains (représentation des passions de Paul Ricard : une rose, une ancre de bateau, une guitare).
Sur l'île, vous apprécierez (ou non) l'ensemble immobilier de style provençal. Les statues, bas-reliefs et colonnades façon Grèce antique des jardins prouvent l'intérêt de Paul Ricard pour les civilisations méditerranéennes.
Ne partez pas sans vous être rendu à la **tour de la Marine**, point culminant au sud de l'île, où repose l'homme du pastis.

★ Institut océanographique Paul-Ricard

04 94 34 02 49 - www.institut-paul-ricard.org - fermé pour travaux jusqu'en 2023.
Il est installé dans l'ancienne **batterie de marine** de la pointe St-Pierre et équipé de laboratoires de réputation internationale, où des chercheurs étudient la biologie marine, l'aquaculture, ainsi que les problèmes de la pollution des mers.
Le **musée** présente les principaux biotopes méditerranéens et les espèces qui y vivent, dont une grande variété de mollusques (certains géants). À l'étage, une vingtaine de grands **aquariums** permettent d'observer dans leur environnement naturel de nombreuses espèces méditerranéennes aux couleurs souvent somptueuses. On remarque des gorgones, des bernard-l'ermite, des mérous, des langoustes, des araignées de mer, des poulpes, des rascasses qui se dissimulent en faisant du mimétisme, de petites murènes et la girelle-paon qui rivalise de couleurs avec les poissons tropicaux.

Domaine viticole des Embiez

06 33 83 79 26 - www.lesilespaulricard.com/domaine-viticole - merc.-dim.et j. fériés : 11h-13h, 14h30-18h45 - visite de la cave avec dégustation - 30 €.

L'île accueille sur sa façade orientale 10 ha de vignes plantées en bord de mer, certifiées en agriculture biologique. Les vendanges sont faites à la main et 40 000 bouteilles de vin rouge, blanc et rosé sont commercialisées chaque année. Les fines papilles pourront goûter ces vins AOC côtes-de-provence dans les restaurants de l'île ou les acheter directement à la cave (à la capitainerie hors saison) et dans quelques rares points de vente de la côte varoise.

Circuit conseillé

CARTE ENVIRONS DE SANARY

★ Massif du cap Sicié

En raison des risques d'incendie, les routes du massif sont fermées aux voitures du 15 juin au 15 septembre, et des sentiers interdits à la randonnée en cas de vent violent. Renseignez-vous à l'office de tourisme avant le départ.

Circuit tracé en bordeaux sur la carte p. 71 – 25 km. Sortir de Six-Fours en longeant la côte par la D 616. Tourner à droite à la racine du cap Nègre.

Parc de la Méditerranée

Corniche de la Coudoulière - 04 94 07 02 21 - www.tourisme-ouestvar.com - -juin-août : 8h-22h ; avr.-mai 8h-20h ; reste de l'année : 8h-18h.

Parc public de 7 ha situé sur la pointe du **cap Nègre** à Six-Fours-les-Plages. Trois jardins : la pinède, la palmeraie et la rocaille. Aire de repos, jeux de boules, buvette, jeux pour les enfants. Jolie vue sur la baie de Sanary-Six-Fours.

Batterie du Cap Nègre – *Corniche de Solviou (entrée Parc de la Méditerranée) - 04 94 25 53 84 - www.tourisme-ouestvar.com - 9h-12h, 14h-17h30, w.-end 14h-17h30 (18h de mi-avr. à mi-oct.) - fermé lun. - gratuit.* Réorganisée sous Louis-Philippe, elle abrite désormais des expositions temporaires. Beau point de vue au sommet.

Revenir sur la D 616.

Le Brusc

Village de pêcheurs et station bien située qui possède un petit **port** d'où l'on peut s'embarquer pour l'île des Embiez.

★ Petit Gaou

Avec ses rivages rocheux furieusement battus par la mer, cette ancienne île rattachée à la côte rappelle, immanquablement, un paysage breton : de la pointe, la **vue** s'étend sur la côte tourmentée et l'archipel des Embiez.

Grand Gaou

Accessible par une passerelle, cette île a été aménagée afin d'en préserver l'aspect sauvage. On chemine sur un sentier botanique entre des barrières délimitant des parcelles où la végétation se régénère. Aires de pique-nique.

Revenir au Brusc et prendre à droite la D 16, qu'on laisse à gauche au lieu-dit « Roche-Blanche ».

Suivre la route circulant à 1 km environ en retrait du littoral, mais offrant quelques belles échappées sur La Ciotat, Bandol, Sanary. Cette route débouche sur celle de N.-D.-du-Mai.

Tourner à droite et aller jusqu'au parc de stationnement de la TDF. Accès en voiture interdit de mi-juin à mi-septembre.

★★ Chapelle Notre-Dame-du-Mai

Laisser la voiture au parking. 1 km sur un sentier escarpé (compter 30mn) - Rte Forestière - 04 94 25 60 49 - www.tourisme-ouestvar.com - mai : 9h-18h (en dehors des offices) ; de mi-oct. à mi-avr. : 1er et 3e dim. du mois 14h30-17h30.

Point culminant de la presqu'île (352 m), elle surplombe dans un à-pic vertigineux le **cap Sicié** dans les flots et procure un **panorama★★** splendide sur les îles d'Hyères, la presqu'île de Giens, la rade de Toulon et jusqu'aux calanques marseillaises à l'ouest. De nombreux et intéressants **ex-voto** ornent l'intérieur de ce lieu de pèlerinage.
Faire demi-tour ; au carrefour d'accès, continuer tout droit.
La route, étroite, traverse la belle **forêt de Janas**, plantée de résineux, et rejoint la D 16 qu'on prend à gauche (la route est fermée du 15 juin au 15 septembre).

Randonnées

CARTE ENVIRONS DE SANARY

Sentier du littoral

Voir la carte p. 71. Il se décompose en deux parties : la première de 6 km est facile, la seconde de 10 km est plus sportive.
1h30 - départ de la plage de Bonnegrâce. Le sentier longe les plages en passant par le **cap Nègre** pour arriver au petit port de pêche du **Brusc**, animé par les jolies embarcations de pêcheurs, les « pointus ».
4h - au départ du Brusc. Du rond-point, montez par le chemin de la Gardiole et, via le chemin de la Lèque, gagnez les Hautes-Lecques. Vous quittez le bitume au bout du chemin des Gargadoux (balisage jaune). Sur cette partie du sentier, la nature schisteuse de la roche et les sols acides, qui font exception dans la région, favorisent le développement d'une végétation mixte de résineux méditerranéens, de feuillus (chêne vert, chêne kermès et chêne-liège), d'eucalyptus, de sorbiers, d'arbousiers et de plantes aromatiques. On grimpe ainsi jusqu'à la **chapelle N.-D.-du-Mai**. La randonnée se poursuit jusqu'au **cap Sicié** et longe la face est du massif jusqu'à la plage de Fabrégas (la randonnée peut être interdite en cas de vents violents ou en raison de risques d'incendies de juin à septembre).

Carnet pratique

S'informer

Office de tourisme - *Prom. Gén.-de-Gaulle - ✆ 04 94 07 02 21 - www.tourisme-ouestvar.com.*

Agenda

Fête de la bouillabaisse - En juin, dégustations et animations à savourer au Brusc.
Les voix de la Collégiale - De mi-juin à mi-juillet, la Collégiale prend des airs classiques et fascine les amateurs de belles voix.
Foire aux santons - En nov.-déc., à la Maison du patrimoine.

Nos adresses

Restauration

Budget moyen

Ristorante Spiaggia Caffè – *302 corniche du Cros - Le Brusc - ☎ 04 94 10 60 50 - www.spiaggia-ristorante.com - midi et soir - plats 16/28 €.* Ce restaurant de plage propose de goûter à une cuisine italienne les pieds dans l'eau.

Le Saint-Pierre – *47 r. de la Citadelle - Le Brusc - ☎ 04 94 34 02 52 - ♿ - 10h30-0h30, mar. et jeu. 19h-0h30 - fermé lun. - plats 18/45, bouillabaisse 48 € (mini 2 pers.), menu 35 €.* Située près du port, cette ancienne maison de pêcheur propose un choix de préparations de poissons aux saveurs régionales. À déguster dans un espace très lumineux.

Lou Figuier – *43 r. Marius-Bondil - Le Brusc - ☎ 04 94 34 00 29 - tlj sf lun. 12h-14h, 19h-23h, dim. 12h-14h - plats 18/25 €, menu 28/38 €.* Loin de la foule, dans une ruelle en retrait du port, ce petit établissement concocte une cuisine aux influences provençales mais aussi orientales. Spécialités de poissons.

Activités

Aquascope – *Quai St-Pierre - port du Brusc - ☎ 06 23 36 39 55 - www.aquascope.eu - visite guidée (1h) - fermé nov.-janv. - 16 € (-12 ans 12 €) - réserv. fortement conseillée.* Promenade en bateau semi-submersible : une approche originale du monde sous-marin.

Coudou Parc – *34 r. de la République - Bois de la Coudoulière, près du cap Nègre - ☎ 06 63 77 02 06 - www.coudouparc.com - de mi-fév. à mi-nov. ; reste de l'année : sur réserv. - se rens. pour les horaires - 21 € (7-14 ans 17 €).* Parcours accrobranche accessible dès 2 ans grâce à un ingénieux système de sécurité.

À pied – *Rens. à l'office de tourisme.* Le long du littoral, 3 sentiers de découverte botanique ont été balisés : le sentier du Parc de la Méditerranée *(1h30)*, le sentier du cap Nègre *(1h)* et celui de la presqu'île du Gaou *(1h)*. Outre le sentier du littoral, le massif du cap Sicié (1000 ha) offre 5 itinéraires de découverte *(env. 2h)*.

Cpie 83 – *Île des Embiez - ☎ 06 87 61 03 20 - de mi-juin à déb. sept. : 9h-12h30, 14h-16h30 ; reste de l'année : sur réserv. - baptême à partir de 50 €.* Les amateurs de plongée sous-marine pourront découvrir des fonds à la faune exceptionnellement riche à travers stages et baptêmes.

Croisières des îles – *Quai St-Pierre - Le Brusc - ☎ 06 66 36 98 71 - www.croisieresdesiles.com.* Sorties en catamaran, initiation à la voile, paddle...

Hébergement

Budget moyen

.Le Clos des Pins – *101 bis r. de la République - ☎ 04 94 25 43 68 - www.hotel-leclosdespins.fr - P - 25 ch. 80/103 € - ☕ 10,50 €.* Les chambres, au style actuel, climatisées et fonctionnelles, sont d'une tenue parfaite. Une adresse sympathique.

Pour se faire plaisir

Villa Krilou – *14 r. de la Citadelle - Le Brusc - ☎ 06 06 75 74 08 - www.villakrilou.com - P - 4 ch. 150 € ☕.* Une superbe demeure, les pieds dans l'eau, ouverte toute l'année ! Chambres au décor soigné, toutes avec une vue exceptionnelle sur la baie. Pour s'endormir bercé par le bruit des vagues...

1

Le Pradet

Jolies plages entre les rochers, promenades bucoliques et musée minéralogique surprenant font de cette station balnéaire une bouffée d'oxygène pour Toulon et un agréable lieu de séjour.

Se repérer

10 106 Pradétants - Var (83)

CARTE DE MICRORÉGION C2 (P. 32).

Le Pradet est situé à la lisière est de Toulon, sur la D 559 qui mène à l'aéroport d'Hyères.

En famille

Les animations du musée de la Mine de Cap-Garonne, très instructif.

Découvrir

★ Musée de la Mine de Cap-Garonne

Après la plage de la Garonne, ne pas manquer le tournant à gauche, dans une route en montée - 1000 chemin Baou-Rouge - ✆ 04 94 08 32 46 - www.mine-capgaronne.fr - ♿ - visites libres : mar.-dim. 14h-17h - 7 € (6-18 ans 4,50 €) ; visite guidée (1h15), réserv. conseillée (+ 2 € / pers. en plus du tarif) - la température intérieure est de 15 °C, prévoir un vêtement chaud.

Coiffé d'un casque de chantier, le visiteur explore le passé de ce modeste gisement de cuivre, exploité industriellement de 1862 à 1917. Animations « son et lumière » illustrant le quotidien des mineurs prennent du relief dans le silence et l'obscurité de cette vaste caverne, creusée par les mineurs venus du Piémont italien. Une salle abrite une belle collection de **minéraux★** du monde entier. Une pause vidéo permet d'en savoir plus sur la transformation du minerai et les multiples usages du cuivre.

À l'extérieur, sentier de découverte d'1 km avec stations-étapes, tables d'orientation, etc.

Le centre-ville

Église St-Raymond

L'intérieur de cette église du 19e s. a été refait dans un style Renaissance romaine. Le chemin de croix a été ramené en 1962 de l'église St-Cyprien-de-la-Celle en Algérie. Fresques et peintures sont signées Michel Deguil et Daniel Ballay derrière un autel en marbre.

Espaces verts

Près de l'office de tourisme, le **parc Cravéro** abrite une collection de palmiers. Également en centre-ville, le **bois de Courbebaisse** offre une balade botanique (5 ha) autour d'un pavillon d'inspiration mauresque.

Le bord de mer

Plages

De remarquables **criques** ponctuent la baie de la Garonne jusqu'au cap de Carqueiranne. Certaines sont accessibles par la route, mais l'idéal est de les découvrir par le sentier du littoral.

Parmi les **5 plages**, celle de Monaco, de par son isolement, en fait un lieu discret, idéal pour ceux qui aiment la tranquillité. Pour les activités nautiques, vous choisirez celle, plus familiale, de la Garonne (plus au sud, en direction du cap).

Port (les Oursinières)

Ce joli petit port qui allie pêche et plaisance, typiquement méridional, offre en arrière-plan des maisons provençales accrochées au flanc de la colline. Les pêcheurs y font l'animation, tout comme les joueurs de boules.

Randonnées

Chemins 27 et 30

Env. 30mn AR - départ du parking du musée de la Mine. Ces deux parcours faciles cheminent dans le massif de la Colle Noire. Belles vues sur la mer.

Carnet pratique

S'informer

Office de tourisme – *Pl. du Gén.-de-Gaulle - ✆ 04 94 21 71 69 - www.lepradet-tourisme.fr.* Possibilité de visites guidées.

Nos adresses

Restauration

Pour se faire plaisir

L'Oursinado – *Chemin du Passage-dei-Garden - ✆ 04 94 21 77 06 - www.loursinado.com - 12h-13h30, 19h30-21h - fermé dim. soir, merc. et de mi-nov. à mi-fév. - plats 24/36 €, menu 65/75 €.* Ce restaurant de poisson et de coquillages fait face à la mer. Bouillabaisse sur commande *(62/96 €/pers.)*, plateau de fruits de mer (env. 29/82 €), aïoli tous les vendredis midi sur demande *(env. 24 €)*.

À proximité

Budget moyen

La Maison des Saveurs – *18 av. J.-Jaurès - Carqueiranne - 5 km à l'ouest par la D 559 - ✆ 04 94 58 62 33 - www.maisondessaveurs.fr - 12h-14h, 19h-20h - fermé mar. soir et merc. - plats 15,50/19,50 €, formules déj. 14/17 € - menu 28 €.* Cuisine de tradition française soucieuse des produits, à commencer par ceux du terroir, servie dans un cadre serein ou sur la jolie terrasse, à l'ombre du vieux platane. La maison porte bien son nom !

Activités

Vélo – Pistes reliant Le Pradet à Hyères (12 km) et à Toulon (8 km).

Hébergement

Une folie

L'Escapade – *1 r. de la Tartane - port des Oursinières - ✆ 04 94 08 39 39 - www.hotel-escapade.com - fermé janv.-fév. - 🏊 - P 18 €/j - 10 ch. 169/239 € - ☕ 18 € - 1/2 P possible.* Cet hôtel de charme établi dans une jolie maison en pierre propose aussi une cuisine provençale délicate et pleine d'arômes au sein de son restaurant La Chanterelle.

Le fort de Brégançon.
aurigadesign/Getty Images Plus

2

Hyères, le Massif des Maures et Saint-Tropez

CARTE MICHELIN DÉPARTEMENTS 340 – VAR (83)

Hyères★ 86

Îles d'Hyères★★★ 101

À l'est de Hyères :

Bormes-les-Mimosas★ 109

Le Lavandou★ 113

Massif des Maures★★ 117

Domaine du Rayol★★ 126

Ramatuelle★ 129

Saint-Tropez★★ 134

Grimaud★ 144

Sainte-Maxime★ 147

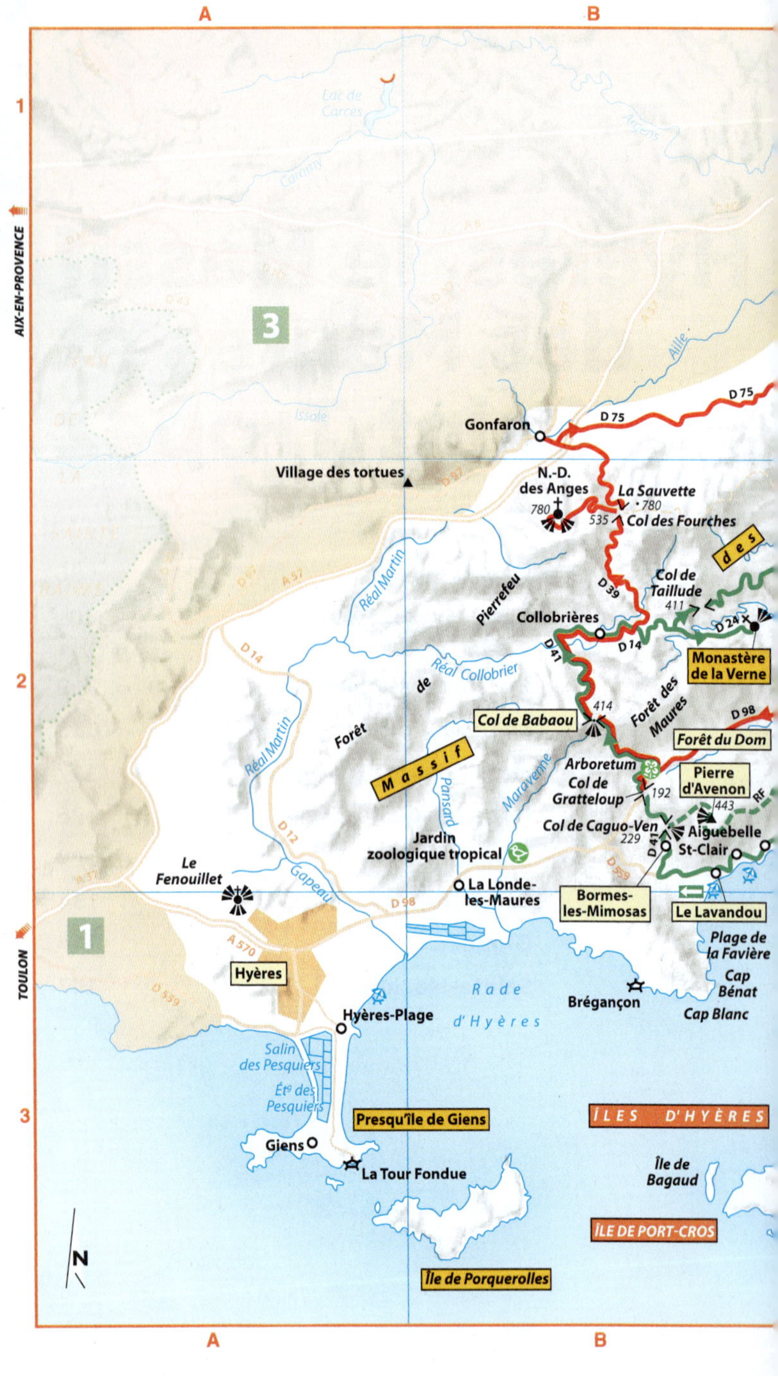
A
B
1
2
3
AIX-EN-PROVENCE
TOULON
Gonfaron
D 75
N.-D. des Anges
780
La Sauvette
780
535
Col des Fourches
Village des tortues
D 39
Col de Taillude
411
D 24
Collobrières
D 14
Pierrefeu
Monastère de la Verne
Réal Martin
Réal Collobrier
de
D 41
414
Col de Babaou
Forêt des Maures
D 98
Forêt du Dom
Forêt
Massif
Arboretum
Col de Gratteloup
192
Pierre d'Avenon
443
Col de Caguo-Ven
229
Aiguebelle
St-Clair
Jardin zoologique tropical
Pansard
Maravenne
Le Fenouillet
La Londe-les-Maures
Bormes-les-Mimosas
Le Lavandou
Plage de la Favière
Cap Bénat
Cap Blanc
Brégançon
Rade d'Hyères
Hyères
A 570
D 98
D 12
D 14
Gapeau
Hyères-Plage
Salin des Pesquiers
Étg des Pesquiers
Presqu'île de Giens
Giens
La Tour Fondue
ÎLES D'HYÈRES
Île de Bagaud
ÎLE DE PORT-CROS
Île de Porquerolles
N
3
1

DRAGUIGNAN
C
CANNES
D
4
CANNES
1
2
3
Forêt de la Garde-Freinet
Maures
Couloubrier
D 25
Parc St-Donat
Argens
Golfe de Fréjus
Préconil
La Nartelle
Cap des Sardinaux
Ste-Maxime
D 559
Golfe de St-Tropez
La Garde-Freinet
Les Roches Blanches
N.-D.-de-la-Oueste
Beauvallon
636
D 558
Garde
Port Grimaud
St-Tropez
Cap de St-Tropez
Grimaud
D 14
D 98A
Grimaud
Gisde
Les Marines de Cogolin
D 14
Cogolin
Périer
D 559
Plage de Pampelonne
Gassin
Ramatuelle
Verne
D 98
La Croix-Valmer
528
Les Pradels
D 93
129
Phare de Camarat
Col de Collebasse
D 27
Col de Barral
Col du Canadel
D 559
Baie de Cavalaire
Presqu'île de St-Tropez
372
269
Cavalaire-s-Mer
Cavalière
Domaine du Rayol
Cap Lardier
Rayol-Canadel-s-Mer
Pramousquier
Cap Nègre
Île du Levant
HYÈRES, LE MASSIF DES MAURES ET SAINT-TROPEZ
0
5 km
ÎLE DE PORT-CROS ★★★ Vaut le voyage
St-Tropez ★★ Vaut le détour
Grimaud ★ Vaut la visite
Cogolin Intéressant
Ville de départ du circuit
Route des cols
Route des sommets
C
D

Hyères ★

Populaire sur ses hauteurs, commerçante et bourgeoise le long de ses avenues 19e s., touristique en bord de mer, sauvage dans ses salins, Hyères présente de multiples visages. Mais partout ses palmiers le prouvent : le climat est aussi agréable qu'autrefois, quand la ville servait de refuge hivernal aux frileux de la haute société. Aujourd'hui, le tourisme d'été a pris le relais. Amateurs de vieilles pierres, de jardins ou de bains de soleil trouvent ici de quoi agrémenter leur séjour. Chapeautant Hyères et sa baie, la villa Noailles, l'une des premières constructions modernistes du littoral, aujourd'hui transformée en centre d'art contemporain, attire les amateurs avec ses festivals de mode, de photo et de design. L'avant-garde, sous le soleil exactement…

Se repérer

55 588 Hyérois – Var (83)

CARTE A3 (P. 84-85).

18 km à l'est de Toulon, Hyères s'étend des Borrels à Giens. La voie rapide traverse la ville, laissant au nord les Borrels et Sauvebonne, la vieille ville, le centre-ville du 19e s., les quartiers de Costebelle et Chateaubriand. L'aéroport, le port et les plages sont au sud.

À ne pas manquer

Une balade dans la vieille ville ; une autre dans les quartiers de la ville du 19e s. pour y admirer les façades des anciens hôtels et villas ; la presqu'île de Giens.

Organiser son temps

Consacrez une journée à cette jolie cité.

En famille

Les jardins Olbius-Riquier (chasse au trésor) ; observation des oiseaux et la Petite Histoire du sel dans le Salin des Pesquiers ; le sentier sous-marin Jardin des Mattes et le jardin zoologique tropical à La Londe-les-Maures.

Carnet pratique p. 96

Nos adresses p. 97

Se promener

La vieille ville PLAN II

Circuit 1 sur le plan de ville p. 88. Au départ de la pl. Georges-Clemenceau.
Passé la **porte Massillon** (14e s.), à l'arche ornée d'une horloge, on remonte la rue Massillon, ponctuée de portes Renaissance et surtout très animée par les étalages qui débordent dans l'ancienne grand-rue.

Place Massillon D2

Bordée de maisons aux façades colorées, elle invite à faire une pause.
Tour des Templiers – *09 63 53 22 36 - juil.-août : 10h-13h, 16h-19h ; reste de l'année : 10h-13h, 14h-17h - fermé dim.-lun. et j. fériés - gratuit.* Dite aussi **tour St-Blaise** (12e s.), cette ancienne chapelle des Templiers accueille des expositions temporaires.
Monter les escaliers et suivre la rue Ste-Catherine.

La villa Noailles de l'architecte Robert Mallet-Stevens.
B. Rieger/hemis.fr

Place St-Paul C2

Cette place en terrasse occupe l'emplacement de l'ancien cloître de la collégiale St-Paul. Un escalier permet d'accéder au **lavoir** récemment rénové, situé en contrebas. Beau **point de vue★** sur la ville et la presqu'île (table d'orientation).

2

Ancienne collégiale St-Paul C1-2

Les parties les plus anciennes (clocher) datent au 12e s. L'escalier monumental et la porte Renaissance introduisent dans le narthex (ancienne nef plafonnée de l'édifice roman) couvert de 430 **ex-voto** naïfs et colorés, du 17e s. à nos jours. À gauche, la nef gothique (14e s.) est perpendiculaire à l'église primitive.

Vieilles rues C1-2

La porte St-Paul, voûte étoilée percée dans une jolie **maison Renaissance** avec tour d'angle en échauguette, ouvre sur le dédale des rues et traverses de la ville haute, un régal si on aime monter (surtout) et descendre entre de petites maisons claires aux murs parfois un peu bombés. L'ambiance est calme et le sol imprévisible (bitume, cailloux, escaliers).

Ne manquez pas, rue Paradis *(à droite après la porte St-Paul)*, une **maison Renaissance** dite Peñiscola à l'angle, et au n° 6, à l'autre bout, une belle **maison romane** restaurée *(revenir sur vos pas et poursuivre rue St-Paul)*. Rue Ste-Claire *(à gauche)*, l'ogive de la « **porte des Princes** », vraisemblablement édifiée par un particulier excentrique au début du 20e s. *(au bout de la rue, accès au parc du castel Ste-Claire, voir p. 90)*.

Par la rue St-Pierre, en fait un chemin rocheux, monter au sommet de la vieille ville. Remarquez à gauche les ruines pleines de noblesse du **château St-Pierre**, villa construite par Tony Gandarillas, un ami des Noailles. Il n'en reste que les murs crénelés : restauré en 2011 à l'initiative de la villa Noailles et de l'architecte Patrick Bouchain, il fut malheureusement en partie détruit par un incendie en 2016. Un projet de rénovation est à nouveau en cours.

Continuer tout droit pour la villa Noailles ou prendre le large chemin qui mène aux ruines du château des Aires au sommet de la colline.

Ruines du château des Aires C1

Accessibles à pied mais aussi en voiture, par la montée de Noailles (parking).
Absent dans les rues de la ville, le vent se rattrape sur les hauteurs, où se dressent des ruines isolées. Construit au 11e s. par les seigneurs de Fos, sur un piton rocheux propice à la défense, le château fut remanié au cours des siècles mais offre un bel exemple de l'architecture militaire du 13e s. (pans de muraille, tours rondes ou carrées à créneaux). Il fut en partie détruit sur ordre d'Henri IV en 1596 et démantelé sous Louis XIII. Le côté nord est le plus spectaculaire. Au sommet, vaste **panorama★** sur la côte et l'intérieur (table d'orientation).
Redescendre à la Villa Noailles.

★ Villa Noailles C1

Montée Noailles - ✆ 04 98 08 01 98 - www.villanoailles.com - juil.-août : mar.-dim. 14h-20h ; reste de l'année merc.-dim. 13h-18h - possibilité de visite guidée sur demande (1h30).
Centre d'art contemporain, la villa Noailles fut avant tout une formidable aventure architecturale. En 1923, un jeune couple de mécènes, Charles et Marie-Laure de Noailles, commande à l'architecte français **Mallet-Stevens** une villa d'hiver résolument moderne, en opposition avec le pastiche triomphant sur la Côte. Achevée en 1933, la villa compte une soixantaine de pièces, dont une salle de gymnastique, et une piscine ; elle devient rapidement le rendez-vous de l'avant-garde artistique : Giacometti, Cocteau, Picasso, Dalí, Buñuel (les Noailles produisirent son *Âge d'or*, qui fit scandale en 1930) et Man Ray, qui y tourne *Les Mystères du château du Dé*. La villa abrite une exposition permanente dédiée aux Noailles, qui retrace leur parcours et leurs amitiés. Elle est aussi un lieu vivant, toujours à l'avant-garde du

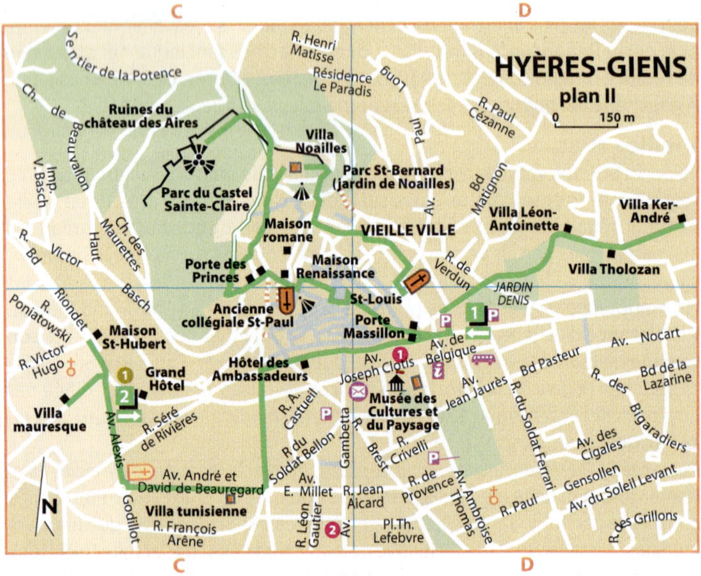

SE RESTAURER
La Salle 1
Au Pied d'Poule 2

SE LOGER
Hôtel Les Orangers 1

Une économie florissante

Dès le 19e s. le narcisse et la violette s'exportaient en Allemagne et au Royaume-Uni, où la reine Victoria s'était fait l'ambassadrice de la fleur hyéroise. Capitale nationale de la fleur coupée (40 % de la production française), Hyères cultive depuis les années 1960 roses, œillets, gerberas, tulipes, glaïeuls, iris, anémones, strelitzias et chrysanthèmes. Son marché de gros, la SICA, est le 1er marché aux fleurs de France et le 4e d'Europe, avec un peu plus de 400 horticulteurs (rens. : *www.marcheauxfleurs.fr*).

design, de la mode, de la photographie et de l'architecture, à travers ses expositions temporaires et deux temps forts reconnus : le Festival international de mode et de photo et la Design Parade *(voir « Carnet pratique »)*. Parrainées par des jurys prestigieux, ces deux manifestations ont pour objectif de révéler les talents de demain.

Parc St-Bernard (jardin de Noailles) CD1

En contrebas de la villa, une grande variété de fleurs méditerranéennes pousse sur une cascade de restanques touffues et odorantes. **Vue★** agréable sur les Maures *(à gauche)*, le mont des Oiseaux et la colline de Costebelle, la vieille ville et la collégiale St-Paul, la presqu'île de Giens et les îles d'Hyères. À l'entrée de la maison, remarquez les compositions géométriques colorées du curieux petit jardin cubiste dessiné par **Gabriel Guévrékian**.

Descendre par le parc.

Les dernières marches débouchent rue St-Esprit, à l'angle de la porte **Barruc**, porte double de la première enceinte avec son dispositif d'origine : arc brisé, rainure de la herse, feuillure des vantaux. Avancez-vous pour profiter encore un peu du charme des vieilles ruelles *(rue Barruc)* avant de descendre la rue St-Esprit et la rue Bourgneuf.

Prendre à droite rue St-François pour arriver à la place Bourgneuf, puis à gauche la rue St-Louis.

2

Église St-Louis D1-2

Pl. de la République. Il s'agit de l'ancienne église du couvent des Cordeliers. La façade à trois portes surmontées d'une rose et d'une corniche évoque l'art roman italien. L'ensemble illustre le passage du roman au gothique provençal.

Regagner la pl. Georges-Clemenceau récemment rénovée par l'architecte Rudy Ricciotti.

La ville du 19e s. PLAN II

Circuit 2 tracé sur le plan de ville p. 88.

Entre 1850 et 1880 furent construits hôtels et villas pour accueillir les riches hivernants. Aujourd'hui, le tourisme a changé de visage. Les luxueux hôtels ont fermé dans les années 1930, mais on peut encore en voir quelques-uns, ainsi que plusieurs villas très « balnéaires », en centre-ville.

Quartier « Godillot » C2

C'est l'appellation officieuse de la partie ouest du centre-ville, remodelée par **Alexis Godillot**, commanditaire à Pierre Chapoulart de l'exubérante **maison St-Hubert**. La ville doit beaucoup à ce monsieur Godillot, qui fit fortune dans la... chaussure qui porte son nom, en fournissant les armées du Second Empire. Le sellier parisien fit également édifier le **Grand Hôtel**, fleuron des palaces de la ville, avec sa grande façade ocre qui offrait 100 chambres orientées plein sud.

De la route en balcon, jetez un œil en contrebas à la **villa mauresque**, œuvre de Pierre Chapoulart, pour Godillot encore, dans le style orientaliste en vogue.

Descendre l'av. Godillot et tourner à gauche dans l'av. de Beauregard.
À l'église anglicane St Paul's Church répond à l'autre extrémité de la rue la **Villa tunisienne**, de style mauresque, domicile et bureaux de l'architecte attitré de Godillot, Chapoulart.
Rue Gallieni se dresse le lycée Jean-Aicard, ex-Grand hôtel des Palmiers (1884) ; dans l'avenue des Îles-d'Or, l'**hôtel des Ambassadeurs** élève une entrée majestueuse avec cariatides en gaine.
Reprendre Av. J. Clotis, passez devant l'hôtel de ville.

La Banque - Musée des Cultures et du Paysage D2

14 av. Joseph-Clotis - ✆ 04 83 69 19 40 - juil.-août : tlj sf lun. 16h-19h, merc. et sam. 10h-13h ; sept.-juin : tlj sf lun. 14h-18h, merc. et sam. 10h-13h, 14h-18h - 7 € (-18 ans gratuit) - gratuit 1er dim. du mois.
L'ancien siège de la Banque de France a été entièrement rénové afin d'accueillir les collections d'art de la ville. Classées Musées de France, ces dernières comptent environ 8 000 pièces allant de l'archéologie aux sciences naturelles en passant par les beaux-arts, la photographie... Leur sélection se répartit entre les anciens appartements du directeur pour l'exposition permanente et la salle des coffres pour les expositions temporaires.
Pl. Georges-Clemenceau, prendre la rue Dr-de-Seignoret, puis le bd d'Orient.

Quartier Chateaubriand D1

Il a été aménagé à partir de 1850 : les plus belles villas affichent un style classique et une touche de fantaisie. En remontant les boulevards d'Orient et Chateaubriand, vous découvrirez les villas **Léon-Antoinette**, puis **Ker-André** ; vous apercevrez la villa **Tholozan** dans la végétation, derrière son portail.

À voir aussi

Parc du Castel Sainte-Claire PLAN II C1

Av. Édith-Warthon - ✆ 04 94 00 78 65 - www.hyeres.fr - juin-août : 8h-19h ; avr.-mai et sept.-oct. : 8h-18h ; reste de l'année : 8h-17h30 - gratuit.
Charmant et touffu labyrinthe végétal semé de petits escaliers, de bancs et de terrasses, le parc est aménagé sur le domaine d'un ancien couvent de clarisses. Au sommet, des ruines entourent le tombeau du colonel Voutier, ancien propriétaire du parc (1796-1877) et découvreur de la Vénus de Milo.

Parc Olbius-Riquier PLAN I A1 P. 92

Av. Ambroise-Thomas - ✆ 04 94 00 78 65 - www.hyeres.fr - ♿ - avr.-sept. : 7h30-20h ; fév.-mars : 7h30-18h ; janv. et nov. : 7h30-17h30 ; oct. : 7h30-19h ; déc. : 7h30-17h) - gratuit.
Le jardin d'acclimatation d'Hyères, véritable morceau d'Afrique sur la Côte, a été créé en 1872. Ses 6,5 ha rassemblent aujourd'hui, en extérieur ou dans des **serres** pour les espèces fragiles, un échantillonnage luxuriant de la flore méditerranéenne, dont les inévitables palmiers, cactées en tout genre, bananiers, ficus, etc. Dans des enclos gambadent daims, émeus, singes et sur le lac évoluent des oiseaux aquatiques. Enfin, diverses activités sont proposées sur place : jeux, petit train, promenade à poney et manèges raviront les plus jeunes.

Chapelle Notre-Dame-de-Consolation PLAN I A1 P. 92

Accès depuis Hyères par la D 559, direction Carqueiranne. Au sommet de la colline de Costebelle.

Bientôt Hyères sans palmiers ?

La ville prit son nom de Hyères-les-Palmiers en 1881, cinquante ans après l'arrivée des premiers plants de palmiers. Dès 1867, les jardiniers hyérois acclimatèrent avec succès le palmier des Canaries et d'autres variétés rapportées des colonies : les pépiniéristes ont expédié jusqu'à 1 250 000 plants par an dans toute l'Europe. Ils ne sont plus que trois et produisent environ 100 000 plants. Dans la ville, on compte 7 000 individus palmés. La neige de 1985 a tué beaucoup d'arbres, mais ce sont surtout deux fléaux qui menacent les palmiers d'Hyères (comme toute la Côte d'Azur) : le *Paysandisia archon*, papillon qui détruit l'espèce en creusant des galeries dans les troncs et en grignotant les bourgeons, et le charançon rouge, coléoptère dont les larves se nourrissent des fibres de l'arbre. Les méthodes de lutte évoluent suivant l'avancée des études scientifiques.

La chapelle du Moyen Âge a été détruite en 1944. L'édifice actuel date de 1955. Les sculptures sont de Lambert-Rucki : adossée à la croix formant l'axe du clocher, grande statue polychrome de Vierge consolatrice sur la façade de ciment et pierre, scènes de la vie de la Vierge.
Les immenses **verrières★** bleu et or et vitraux en dalles de verre de Gabriel Loire, inspirés du culte marial et de l'histoire de la chapelle, illuminent l'intérieur.
De l'esplanade, **vue★** de la rade d'Hyères à celle de Toulon (table d'orientation).

Site archéologique d'Olbia PLAN I A1 P. 92

Accès d'Hyères par la D 559, direction Carqueiranne, ou autocar ligne 39. 3204 rte de l'Almanarre - ✆ 04 94 65 51 49 - www.hyeres.fr - ♿ - juil.-août : lun.-vend. 9h30-12h, 14h30-18h, w.-end 14h30-18h ; avr.-juin et sept.-oct. : tlj sf mar. 9h30-12h, 14h-17h30, w.-end 14h-17h30 - fermé nov.-mars - 3,50 € (-18 ans gratuit) - promenade ponctuée de stations audioguide (1, 50 €), support de visite disponible à l'accueil du site.
Ville défensive et comptoir maritime, Olbia « la bienheureuse » fut fondée au 4e s. av. J.-C. par les Phocéens de Marseille pour assurer des relais à leurs navires marchands. C'est l'unique site de ce type conservé sur le littoral méditerranéen. Dans le carré parfait (165 m de côté) de son enceinte fortifiée, de nombreux vestiges grecs et romains ont été mis au jour : thermes, sanctuaires, puits, éléments d'habitations... Également des vestiges de l'abbaye cistercienne St-Pierre-de-l'Almanarre (style roman tardif provençal), fondée vers 1220.
Les salins – La plage a remplacé les salines depuis longtemps déjà. L'endroit est parfois désigné comme Port-Pothuau, du nom du port de pêche.

Les plages PLAN I P. 92

Hyères propose plus de 20 km de plages, toutes bordées de restaurants et surveillées en saison, sauf celles, plus sauvages, de la presqu'île de Giens.

Tombolo ouest - L'Almanarre A2

Le long du salin des Pesquiers, non loin du site de la ville antique d'Olbia, c'est une longue plage de sable, familiale, du moins lorsque le vent n'est pas de la partie. Ces jours-là, les planches à voile et les kitesurfs y fleurissent, le site étant un « spot » de rêve pour les adeptes de la glisse. On y trouve des écoles de planche et de kite.

Tombolo est B2

En bordure d'une petite forêt de pins parasols se succèdent les plages Bona, des Pesquiers, de la Capte et de la Bergerie jusqu'à la presqu'île de Giens. Eau peu

2

profonde (on a pied jusqu'à 60 m du rivage). Embarquement pour Port-Cros et le Levant depuis le port Saint-Pierre.

Ayguade-le-Ceinturon B1

L'ancien port de Hyères, aujourd'hui station balnéaire, sépare deux plages de sable, l'une sur le boulevard du Front-de-Mer, devant les campings, l'autre avenue des Girelles, jusqu'à l'embouchure du Robaud. Une promenade a été aménagée sur le boulevard de la Marine : 1,8 km de voie piétonne et cyclable pour profiter du front de mer entre l'Ayguade et le port de Hyères.

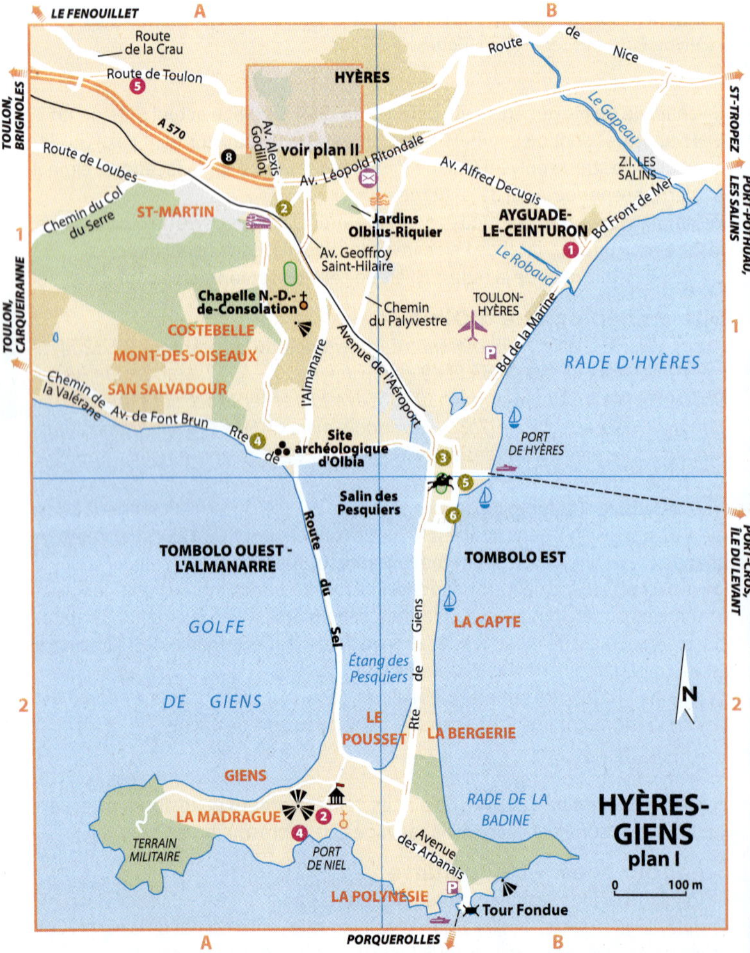

SE RESTAURER		SE LOGER			
L'Abri-Côtier	1	Ibis Styles Hyères Centre Gare	2	La Potinière	5
La Jeannette	2	Le Méditerranée	3	Hôtel BOR	6
Le Poisson rouge	4	Hôtel Almanarre Plage	4		
La Colombe	5				

L'or blanc de la lagune

Le Conservatoire du littoral a acquis les Pesquiers, à Giens, en 2001. Mais de 1848 à 1995, la lagune formée entre les deux tombolos a été en partie exploitée comme **marais salant**, produisant jusqu'à 30 000 tonnes de sel par an. Comment ? Le sel de l'eau de mer se dépose sur les tables saunantes ; le vent y accélère l'évaporation, tandis que la concentration est activée par des mouvements mécaniques giratoires. Dans la dernière semaine d'août, le détoureur arrache la croûte de sel qui s'est formée sur les tables ; c'est le sel gris avec lequel on sale les routes enneigées. Dessous se trouve le sel blanc, propre à la consommation, bientôt entassé en camelles, ces montagnes blanches qui signalent de loin un marais salant.
www.conservatoire-du-littoral.fr

★★ La presqu'île de Giens PLAN I CI-CONTRE

À l'origine, l'île de Giens était semblable à ses voisines, les îles d'Hyères *(voir p. 101)*. Jusqu'au jour où, il y a plusieurs milliers d'années, s'opéra lentement un phénomène naturel appelé **tombolo** : un cordon de sable ou de galets relia l'île au littoral (Quiberon en est un autre exemple). À Giens, la proximité des deux embouchures du Gapeau et de la Roubaud et la présence de courants marins favorables ont permis la formation de, non pas un, mais deux dépôts de sédiments entre le littoral et l'île : le rarissime double tombolo.
Le tombolo ouest diminue régulièrement depuis trente ans, suite à l'érosion éolienne et aux tempêtes d'équinoxe qui emportent les digues et dispersent le sable. Le Conservatoire du littoral travaille à la préservation du site (entre autres, repiquage d'herbiers de posidonies). En conséquence, la **route du sel**, qui longe le tombolo ouest, les marais et l'étang des Pesquiers, est fermée de la Toussaint à Pâques.
Stationnement permis aux extrémités du tombolo. À pied, n'emprunter que les passages aménagés.

2

Salin des Pesquiers AB2

1746 rte de Giens - ✆ 04 94 01 84 50 - www.hyeres-tourisme.com - ♿ - visites guidées : « Histoire du sel » (1h30), 9 € (6-12 ans 4 €) ; « observation des oiseaux » (2h), 12,50 € (6-12 ans 7 €) sur réserv. à l'office de tourisme ou en ligne.
La lagune entre les deux tombolos est le rendez-vous d'une riche faune ailée, dont flamants roses et avocettes. On peut observer les plus beaux rassemblements de flamants (jusqu'à 1 500 individus) à la mi-septembre. La végétation présente des espèces originales, voire uniques : salicorne, réséda blanc, calikier maritime, jonc piquant, panicaut maritime, plantain corne-de-cerf et 20 variétés d'orchidées.

Giens A2

Modeste station balnéaire à la jolie petite église, au centre de la presqu'île. Le poète **Saint-John Perse** (1887-1975) y séjourna et repose désormais au cimetière. Au milieu du square, un tertre intitulé « ruines du château des Pontevès » donne à voir un magnifique **panorama★★** (table d'orientation). Au sud, le petit port de Niel est entouré d'une pinède.
Quitter le village par l'est pour gagner La Tour-Fondue.

Tour Fondue B2

Construite vers 1634 puis remaniée, elle couronne un rocher en saillie sur le littoral et contrôlait, avec les forts des îlots du Grand et du Petit Ribaud *(propriétés privées)*, le goulet de la Petite Passe. Point d'embarquement courant pour

Porquerolles : gare maritime et vaste parking... Belle vue sur les îles d'Hyères et la presqu'île.

Tour de la presqu'île AB2

20 km - du port de La Madrague à la plage de la Badine - trajet balisé jaune. Giens ressemble beaucoup aux îles d'Hyères. Le paysage est assez montagneux, boisé (chênes verts, pins d'Alep, myrtes, lentisques) et la côte, très découpée entre calanques et petites plages, devient même sauvage à la pointe des Chevaliers.

Il est possible de fractionner cette longue promenade : l'office de tourisme propose plusieurs circuits de 2 à 7 km/j.

À proximité

CARTE DE MICRORÉGION P. 84-85

Sommet du Fenouillet A3

4 km au nord. Quitter Hyères par l'av. de Toulon, puis suivre à droite la route signalisée « Fenouillet ».

30mn AR. Au départ d'une chapelle néogothique, un sentier jalonné conduit aux 291 m d'altitude du Fenouillet, modeste point culminant du massif des Maurettes. De là, **panorama★** sur les Maures, la rade d'Hyères et celle de Toulon, entourée de montagnes.

La Londe-les-Maures B2

7 km à l'est d'Hyères par la D 98, puis la D 559.

60 bd du Front-de-Mer - Port Miramar - 04 94 01 53 10 - www.mpm tourisme.com.

Tout au long de l'année, l'office de tourisme organise des visites guidées sur les thèmes de la nature, du terroir et de l'histoire. Vous pourrez également voyager dans le temps grâce à des circuits en réalité virtuelle *via* l'application mobile gratuite « Archistoire ».

Village – Cet ancien hameau d'Hyères, devenu indépendant en 1901, tient son nom d'un comte normand qui y avait fait bâtir un château à la fin du 19e s. Mais pour le distinguer du La Londe d'où venait l'aristocrate, on lui a accolé cette épithète, les Maures, qui convient parfaitement à ce bourg longtemps bien plus terrien que balnéaire. On y exploitait alors des mines de zinc sur la plage de l'Argentière, non loin d'une usine Schneider qui faisait vivre un petit phalanstère ouvrier, le quartier des Bormettes. Encerclé de vignes et d'oliviers, il a conservé une forte identité agricole qui l'a préservé du développement immobilier et du tourisme de masse. La Londe a néanmoins découvert les plaisirs de la mer, avec son port de plaisance **Miramar** au bout d'une belle allée de platanes et ses grandes plages de sable ourlées d'une dense végétation, à **L'Argentière** et aux **Tamaris**. Si La Londe, moins fréquentée que Bormes ou Le Lavandou, a peu de patrimoine bâti à faire valoir, cette station familiale et viticole jouit d'un calme et d'une qualité de paysages très appréciables, en rangs de vignes soigneusement peignés, face aux îles d'Or qui tracent sa ligne d'horizon.

Les parkings de La Londe sont gratuits, alors qu'il faut payer pour avoir accès aux plages borméennes jusqu'à Brégançon.

★ **Sentier du littoral** – *18 km AR - compter la journée en prenant le temps de vous baigner et pique-niquer. Dans l'idéal, faites-vous récupérer à l'arrivée pour vous épargner le retour, ou laissez une voiture à une extrémité.* Cette portion de la plage de l'Argentière jusqu'au **fort de Brégançon** (commune de Bormes) est l'une des plus belles de la côte et vaut le petit effort même si l'aller-retour peut

L'appellation « AOC côtes-de-provence la londe »

La vigne est implantée depuis le 13e s. grâce aux moines du monastère de la Verne *(voir p. 118)*. La commune compte plus de 20 domaines, châteaux noyés dans une enivrante végétation de lauriers roses et pins parasols, genêts et chênes-lièges. Depuis 2008, un décret officiel reconnaît les spécificités géologiques et climatiques de cette langue de schiste et distingue la dénomination « terroir La Londe » au sein de l'appellation des côtes-de-provence *(www.cotesdeprovence-lalonde.com)*. Elle couvre 1800 ha de vignes du cap Bénat à la presqu'île de Giens, en débordant sur Hyères, La Crau et Bormes.
Pour vous guider dans votre découverte œnotouristique de la région : *www.mpmtourisme.com/domaines-viticoles.*

paraître long. Le sentier s'accroche aux rochers ou se déroule souplement sur des plages de sable d'aspect sauvage, peu fréquentées, bordées de vignes et de pins qui tendent leurs branches en guise de parasols. Entre embruns et parfums d'essences méditerranéennes, il traverse Léoube, avec son îlot à la Robinson Crusoé, destination privilégiée des kayaks et des paddles, puis l'Estagnol et Cabasson, en jouant avec les perspectives sur cette côte découpée, et parvient enfin au fort de Brégançon.

Sentier sous-marin Jardin des Mattes – *✆ 04 94 01 53 10 - accès libre - visites guidées juil.-août. - 8 € (-12 ans 4 €) - découverte libre du sentier sous-marin de juin à sept. au bout de la plage de l'Argentière.* À la pointe de l'éperon rocheux entre l'Argentière et le Pellegrin, il se pratique muni de palmes, masque et tuba en suivant une main courante immergée entre 0 et 4 m de profondeur. Sous l'eau, des panneaux explicatifs présentent l'écosystème que l'on rencontre dans ce milieu de mattes ou en bordure de plage.

★ **Jardin zoologique tropical** – *À 2 km sur la D 559 en direction de Bormes - 583 rte de St-Honoré - ✆ 04 94 35 02 15 - www.zootropical.com - avr.-sept. : 10h-19h ; oct. : 14h-18h ; fév.-mars : 14h-17h30 ; reste de l'année : w.-end et vac. scol. 14h-17h - 12 € (-12 ans 7 €).* Dans un grand parc de 5 ha, des volières végétalisées abritent toute une population criante, jacassante et caquetante d'aras, de cacatoès, hoccos, perroquets et la plus grande collection européenne de calaos. Des plumes et des becs de toutes les couleurs et de tous les continents, mais aussi des lémuriens et autres primates, un gang de suricates... soit quelque 200 animaux de 60 espèces différentes, assurent l'animation. Le jardin s'est aussi fait une spécialité des plantes succulentes des régions arides : ses importantes collections d'agaves et de yuccas lui valent le titre de Jardin remarquable. Aire de pique-nique et aire de jeux pour les enfants.

Les activités proposées par les soigneurs permettent de voir les animaux sous un autre jour. *Se renseigner.*

Plages – La commune compte cinq plages. D'ouest en est, la plage du Pansard, nature et sportive ; la plage Miramar, à l'ouest du port, familiale ; Tamaris, de l'autre côté du port ; l'Argentière, la plus vaste, avec une pinède très appréciée ; et la plage du Pellegrin, non surveillée, accessible à pied depuis l'Argentière *(ou en voiture mais parking payant).*

Fort de Brégançon B3

✆ 04 94 01 38 38 - www.bormeslesmimosas.com - 9h-19h - visite guidée sur demande préalable (2h30) de mi-juin à mi-juil. et de déb. sept. à mi-oct. - se

présenter devant le portail du fort, 10mn av. l'heure indiquée - 10 € (-18 ans gratuit) - parking privé au parc Capalo (10 €).
Militarisé dès le 13e s., laissé à l'abandon au 18e s. et déclassé en 1919, le fort de Brégançon est devenu la célèbre résidence estivale du chef de l'État. C'est le Général Charles de Gaulle, lors d'une visite du fort en 1964 – à l'occasion des 20 ans du débarquement de Provence – qui décida de la transformer en résidence officielle. Après 4 ans de travaux conduits par l'architecte **Pierre-Jean Guth** (lauréat du prix de Rome), la demeure est prête... mais Charles de Gaulle vient de quitter le pouvoir. Ses successeurs en profiteront. L'ameublement actuel fait la part belle à l'art contemporain. Parmi les diverses salles ornées de nombreux cadeaux de chefs d'États étrangers, le **bureau du Président**, situé à l'intérieur d'une des deux tours crénelées directement relié à sa chambre, aménagée dans la seconde tour crénelée.
Le jardin aux essences méditerranéennes a conservé quelques canons datant de Napoléon, à l'origine d'un début de réaménagement du site qui sera entièrement restauré dans l'entre-deux-guerres. Il offre de magnifiques points de **vue★★** sur le cap Bénat et les îles d'Hyères.

Carnet pratique

S'informer

Office de tourisme – PLAN II D2 (P. 88) - *Av. de Belgique - rotonde du Park-Hotel - ✆ 04 94 01 84 50 - www.hyeres-tourisme.com.*
Le Quai – *Nouveau point info pl. Clemenceau - ✆ 04 94 00 82 41.* Billetterie et point de départ du petit train touristique pour découvrir le patrimoine en 45mn : quartiers 19e s., villas victoriennes, anciens palaces.
Visites guidées – L'office de tourisme organise des visites historiques et thématiques.
Sorties nature – *Rens. à l'office du tourisme.* Journée à Porquerolles, randonnée à Port-Cros, découverte des jardins de la ville...

Se garer

Parkings gratuits sur le port et place Versin, parking Indigo du casino le week-end ; payants : parking Indigo place Clemenceau et parking Indigo du centre commercial Olbia (av. Gambetta).

Se déplacer

Bus – *Réseau mistral - dans les locaux de l'office de tourisme - av. de Belgique - ✆ 04 94 03 87 03 - www.reseaumistral.com - ticket : 1,40 €, à acheter à bord du bus ou via l'application « seamless ».* Hyères et sa presqu'île sont desservis par plusieurs lignes, en particulier à destination des plages (Almanarre, Ayguade) et en correspondance avec les bateaux ralliant les îles d'Or. L'Estivale N° 65, nouvelle ligne du bord de mer, relie les Salins à Arromanches. Le réseau Mistral s'étend sur 12 communes.

À La Londe-les-Maures

Bateliers de la Côte d'Azur – *Port Miramar - ✆ 04 94 05 21 14 - www.bateliersdelacotedazur.com - fermé de mi-nov. à fin mars.* Cette compagnie maritime assure des navettes avec les îles mais aussi St-Tropez, Toulon, ainsi que des croisières thématiques.

Agenda

Festival international de mode et de photographie – *www.*

villanoailles-hyeres.com. Oct. - à la villa Noailles et divers lieux de la ville. Expositions de talents reconnus et d'autres plus confidentiels.

Fête des vins du terroir AOC côtes-de-provence la londe – Fin avril, le rendez-vous incontournable des amateurs de vin du littoral.

Festival de l'Anche – *www. festivaldelanche.com.* Fin mai-déb. juin, rendez-vous de toutes les musiques du monde avec des instruments à anche. La canne de Provence est réputée pour en produire d'excellentes. Concerts, ateliers et visites.

Midi Festival – *www.midi-festival. com.* Fin juillet, 3 soirées electro.

Design Parade – De fin juin à fin septembre, à la villa Noailles. Ce festival attire les designers de renom à Hyères. En marge des trois premières journées, dédiées aux professionnels, nombreuses expositions design dans l'écrin moderniste de la villa.

La Londe Jazz Festival – *www. lalondejazzfestival.com.* Fin juillet-début août. Concerts sous la pinède de la plage de l'Argentière.

Nos adresses

PLAN I P. 92 ET II P. 88

Restauration

De pâques à la Toussaint, sur les plages d'Hyères et La Londe-les-Maures fleurissent des restaurants de plage proposant rafraîchissements, petite restauration ou poissons grillés, les pieds dans le sable et les yeux sur l'eau.

Premier prix

1 **La Salle** – PLAN II D2 - *21 av. Joseph-Clotis - 04 83 99 42 04 - mar.-sam. 12h-15h, jeu. et vend. 18h30-21h - plats 13/19 €; formule déj. 10 €.* Un restaurant-brocante familial où, après avoir savouré un plat de saison, on peut décider sur un coup de cœur, d'acheter une pièce de mobilier, et jusqu'aux couverts!

Gaia Natural Food – HORS PLAN - *15 pl. des Pêcheurs - 04 94 42 46 85 - 10h-15h, 18h-22h30, dim. 10h-18h - fermé merc. et oct.-avr.. - 10/17 €.* À côté de la plage des Salins, ce restaurant veggie et vegan prépare des plats colorés et frais à base d'ingrédients locaux et de saison.

Budget moyen

2 **Au Pied d'Poule** – PLAN II C2 - *46 av. Gambetta - 04 94 91 64 48 - www.aupieddepoule. com - 12h-14h, lun. 19h-22h - fermé w.-end. - plats 18/22 €, formule déj. 16 €.* Dans une ambiance bistrot, le chef Alexandre Spinelli propose une carte resserrée autour de plats simples mais goûteux : poulet mariné en salade, quinoa en taboulé, onglet de veau aux courgettes, cabillaud en croûte de chorizo....Côté bar à vins : belle sélection de bouteilles et de tapas.

1 **L'Abri-Côtier** – PLAN I B1 - *31 pl. Daviddi - plage de l'Ayguade - 04 94 66 42 58 - 8h30-23h30 - fermé merc. et oct.-mars - plats 18/22 €.* Dans un cabanon du port de l'Ayguade, face à la plage, couleurs gaies dans la salle et produits méditerranéens en cuisine tissent une ambiance à mi-chemin entre tropiques et Provence. Petits plats gourmands, boissons en terrasse et beach-volley pour les sportifs.

4 **Le Poisson rouge** – PLAN I A2 - *Port du Niel, presqu'île de Giens - 04 94 58 92 33 - www. restaurantlepoissonrouge.fr - 12h-14h, 19h-21h - fermé lun., mar.*

2

midi et de fin sept. à fin mars - plats 19/28 €, formules déj. 26 € - menus 28/38 €. L'été, le site est enchanteur : une belle bâtisse en pierre avec une terrasse ombragée d'oliviers, ouverte sur le port du Niel. Régalez-vous d'une carte tournée vers le poisson, avec les vagues en fond sonore.

② **La Jeannette** - PLAN I A2 - *1 r. du Maquis-Vallier - 06 15 97 00 23 - www.restaurant-la-jeannette.com - 12h-14h, 19h-22h. - plats 21/25 €.* Une cuisine d'inspiration provençale, mitonnée à partir de produits du cru. Côté épicerie, des produits tout aussi locaux : huiles, miel...

Pour se faire plaisir

⑤ **La Colombe** - PLAN I A1 - *663 rte de Toulon - 04 94 35 35 16 - www.restaurantlacolombe.com - 12h-13h30, 19h30-21h30 - fermé lun.-mar., sam. midi et dim. soir de sept. à juin ; lun.-mar., merc. midi et sam. midi en juil.-août - plats 28/35 €, menus 35/69 €.* Charmant restaurant au pied du massif des Maurettes. Cuisine méditerranéenne raffinée, servie avec le sourire dans une jolie salle à manger ou un patio.

Petite pause

La Biscuit'Hyères - *10 r. de Limans - 04 94 65 28 41 - www.labiscuithyeres.fr - mar.-vend. 8h30-12h30, 15h-18h, sam. 8h30-18h.* Derrière la devanture rétro, petits sablés, croquants, navettes, moelleux attirent l'attention. Difficile de choisir entre ces appétissants biscuits et gâteaux faits maison avec de produits locaux. En prime, des glaces et sorbets également artisanaux. Incontournable !

Shopping

Marchés - **Marchés paysans** toute l'année, mardi et samedi matin avenue Gambetta, mercredi matin à l'Ayguade et dimanche matin au port St-Pierre. D'avril (ou juin) à septembre, marchés jeudi matin place Clemenceau, mardi matin à Giens et vendredi matin à La Capte.

Marché bio toute l'année, samedi, avenue des îles d'or.

Domaine les Fouques - *1405 Les 1er Borrels - 04 94 65 68 19 - www.fouques-bio.com.* Sur le domaine, 22 ha de vignes cultivées en biodynamie, un élevage en plein air de volailles fermières, une boutique et 3 gîtes de vacances.

Le potager des fils du vent - *1er Borrels - Les Borrels - 07 79 59 07 01 - fermé dim.* Vente de fruits et légumes bio. Paniers sur réserv. à retirer le samedi (9h-12h).

Terres d'Hyères - *272 ch. de St-Martin - 04 94 14 35 18 - 10h-13h, 15h30-18h30, sam. 10h-18h30, dim. (seult avr.-sept.) 9h-13h - fermé lun.* Des producteurs locaux présents à tour de rôle pour proposer leurs produits : vin, fruits et légumes, viande, poisson...

À La Londe-les-Maures

Château de Maravenne - *Rte de Valcros - 04 94 66 80 20 - www.maravenne.com - ♿ - été : 9h-19h (sf dim. apr.-midi) ; hiver : 9h-12h, 14h-18h.* Un domaine viticole parmi les plus titrés des côtes-de-provence. Dégustation. Boutique avec produits du terroir.

Château Les Valentines - *807 rte de Collobrières - 04 94 15 95 50 - www.lesvalentines.com - 9h-18h (10h sam.) - fermé dim. et j. fériés - visites guidées d'avr. à sept. le vend. à 10h30, via l'OT - 13,50 €.* Les propriétaires de ce joli caveau aux couleurs provençales ont travaillé d'arrache-pied pour redonner vie à leurs 34 ha de vignes, dont une partie a plus de 80 ans. Leurs premières vendanges datent de 1997 et donnent principalement du rosé et du rouge. À goûter en priorité : la cuvée Bagnard, AOP côtes-de-provence.

Château Ste-Marguerite – *381 route de Valcros - ✆ 04 94 00 44 44 - www.chateausaintemarguerite.com - 9h-12h, 13h30-18h, fermé dim.* Cette très belle propriété cultive 168 ha de vignes donnant chaque année quelque 500 000 bouteilles qui terminent pour 75 % d'entre elles sur de grandes tables. Le caveau propose plusieurs AOC côtes-de-provence, dont les cuvées Château, Fantastique et Symphonie.

Domaine du Jasson – *680 route de Collobrières - ✆ 04 94 66 90 26 - www.domaine-du-jasson.com - juin-sept. : 9h-12h, 15h-19h ; reste de l'année : 9h-12h, 14h-18h, sam. 9h-12h - fermé dim. - vente et dégustation sur place, visite* via *l'OT.* Un verger qui produit une AOC huile d'olive de Provence, implanté sur 19 ha, où sont mises en œuvre des méthodes artisanales. On y récolte aussi des agrumes et donc des... Agrulives, huiles aromatisées.

En soirée

Casino des Palmiers – *1 av. Ambroise-Thomas - ✆ 04 94 12 80 80 - www.casino-hyeres.partouche.com - 9h-4h.* Machines à sous, roulettes (françaises et anglaises), stud poker, black-jack, boule. Hôtel, restaurant et piano-bar.

Activités

Complexe aquatique – *Av. Ambroise-Thomas - ✆ 04 94 00 46 10 - www.hyeres.fr - tlj, se rens. pour les horaires - 5 € (-26 ans 4 €).* Une belle piscine avec un bassin olympique et ludique (structures gonflables et toboggan) pour se baigner par tous les temps, et apprendre à nager aux enfants dans un bassin dédié.

Incentive Jet – *364 bd Alsace-Lorraine - ✆ 06 26 24 44 51 - www.incentive-jet.com - 9h-19h - 15/50 €.* Location de paddle ou kayak pour découvrir la presqu'île par la mer. Large éventail d'activités nautiques.

Plongée

Superbes tombants et nombreuses épaves à découvrir.

À Hyères : Espace Mer – *Chemin du Bouvet, La Tour-Fondue - ✆ 04 94 58 94 94 - www.espacemer.fr - avr.-nov. : 8h30-18h - baptême 88 €.* Plongée sous-marine, randonnée palmée, croisières en vieux gréement.

À Porquerolles : Porquerolles Plongée – *9 carré du Port - ✆ 04 98 04 62 22 - www.porquerollesdiving.com - baptême 150 €.* Plongée loisirs, plongée encadrée, formation, location de matériel.

À Port-Cros : **Sun Plongée** – *✆ 04 94 05 90 16 - sunportcros.com - baptême 90 €.* Découverte, exploration, formation et randonnée palmée.

À La-Londe-les-Maures

Aqualonde Plongée – *Port Miramar - ✆ 06 09 88 45 55 - www.aqualonde-plongee.com - baptême 92 €.* Initiations dès 8 ans, explorations. Prestations adaptées aux personnes à mobilité réduite.

Parc de la Brûlade – Jeux,tyrolienne, skatepark, parcours bicross, aire de pique-nique, parcours santé...

À pied – Trois circuits fléchés (dépliants à l'office de tourisme) serpentent dans la garrigue du versant sud du massif des Maures, dont la montée au dolmen de Gaoutabry, daté de 2500 av. J.-C. Belle vue à 360° *(7,4 km - 2h).*

À vélo – 10 km de voies vertes relient le port et le village dans une belle boucle largement ombragée.

2

Balades dans le domaine de Figuière – 605 rte de St-Honoré - *04 94 00 44 70 - www.figuiere-provence.com.* Les 125 ha du vignoble de Figuières dominent les îles d'Or. 12 km de promenade à faire à pied ou en VTT électrique ont été aménagés au milieu des vignes cultivées en agriculture biologique depuis près de 40 ans. Zones de nichoirs à mésange, à chauve-souris, ferme lombricole et maisons à insectes. La visite se termine à la boutique par une dégustation des vins du domaine.

Yacht-Club Londais – *Port Miramar - 04 94 66 82 45 - www.yclondais.com - se rens. pour h. et tarifs par activité.* Paddle, planche à voile, voile légère.

Sea Sun – *Plage de l'Argentière - Terrain de l'Asptt - 06 12 70 61 78 - mai-sept.* Location de kayak de mer à fond transparent, paddle stepper et stand up paddle.

Bateliers de la Côte d'Azur – *Port Miramar - 04 94 05 21 14 - www.bateliersdelacotedazur.com - fermé de mi-nov. à fin mars.* Promenades côtières et croisières vigneronnes autour de La Londe, le fort de Brégançon et le cap Bénat, avec dégustation de vin local.

Hébergement

Budget moyen

1 Hôtel Les Orangers – PLAN II C2 - *64 av. des Îles-d'Or - 04 94 00 55 11 - www.hotel-orangers.fr - fermé du mi-nov. à fin mars. - 16 ch. à partir de 89 € - en sus.* Cet hôtel familial occupe une maison en pierre égayée de volets rouges. Les chambres, simples et bien tenues, sont bien insonorisées. En été, possibilité de prendre le petit-déjeuner dans la cour plantée d'orangers. Bon rapport qualité-prix.

Pour se faire plaisir

3 Le Méditerranée – PLAN I B1 - *8 av. de la Méditerranée - 04 94 00 52 70 - www.hotelmed.info - P - 14 ch. à partir de 139 € - 10 €.* Un hôtel familial situé près de la plage et du port de plaisance. Chambres claires et impeccables, dont 4 avec vue sur l'hippodrome à l'arrière. Vaste terrasse sous les pins parasols.

2 Ibis Styles Hyères Centre Gare – PLAN I A1 - *45 av. E.-Cavell - 04 94 00 67 77 - www.all.accor.com - - 41 ch. 105/140 € .* Cet immeuble du 19e s. face à la gare abrite un hôtel de chaîne aux chambres rénovées et à la déco design. Localisation pratique et terrasse panoramique.

Une folie

4 Hôtel Almanarre Plage – PLAN I A1 - *Rte de l'Almanarre - 04 94 57 72 01 - www.hotel-almanarreplage.com - P 7 €/j - 15 ch. à partir de 120 € - 12,50 €.* Un petit hôtel, au milieu des pins parasols et des palmiers, entièrement rénové. Les chambres, dotées d'un balcon, profitent toutes de la vue sur la mer et certaines sont équipées d'une cuisinette. Atmosphère conviviale.

5 La Potinière – PLAN I B2 - *29 av. de Méditerranée - 04 94 00 51 60 - www.lapotiniere83.com - P - 28 ch. 145/195 € - 12 €.* Établissement de charme, avec une plage privée face aux îles d'Or. Un petit paradis à prix raisonnable.

6 Hôtel BOR – PLAN I B2 - *3 allée Émile-Gérard - 04 94 58 02 73 - www.hotel-bor.com - - 20 ch. à partir de 170 € - 15 € - tlj sf mar. - plats 25/29 €.* Proche du port, une petite adresse branchée, design et soignée. Belle vue sur les îles depuis la terrasse privée, avec transats et poufs géants pour mieux en profiter Restaurant à midi, en saison dîner également, et apéro-concert le jeudi soir.

Îles d'Hyères ★★★

En quelques mots? Trois coins de paradis! Dès la traversée, les îles d'Hyères vous laisseront des souvenirs impérissables. Bien préservés, ces bouts de terre séduisants présentent également des paysages très variés : le Levant est la plus minérale, Port-Cros, la plus montagneuse, et Porquerolles, la plus étendue. La plus charmante? C'est affaire de goût, mais le plaisir est incomparablement plus grand hors saison.

Se repérer

Var (83)

CARTE BC3 (P. 84-85). Au sud-est d'Hyères, l'île de Porquerolles n'est qu'à 20mn de mer depuis La Tour-Fondue (sur la presqu'île de Giens). Posée sur le même parallèle que le nord du cap Corse, l'île est le point le plus méridional de la côte provençale. À l'est de Porquerolles, l'île de Port-Cros se rejoint en 1h à partir d'Hyères. Le Levant, encore plus à l'est, allonge le trajet depuis la terre ferme de 30mn (liaisons entre Port-Cros et Le Levant).

À ne pas manquer

Porquerolles se visite idéalement à vélo et Port-Cros à pied (vélos interdits). Sur la première, tirez au sort l'est ou l'ouest, les promenades autour du sémaphore ou de la pointe du Grand Langoustier. Sur la seconde, vous hésiterez entre de longues randonnées et la découverte du sentier sous-marin balisé. Quant au Levant, c'est un domaine naturiste.

Organiser son temps

Comptez un ou deux jours si vous souhaitez découvrir ces îles indépendamment des formules proposées par les compagnies de transport. Prévoyez le ravitaillement en boissons avant d'embarquer pour Porquerolles et surtout Port-Cros, où les points d'eau potable sont rares et privés. La plupart des calanques ne sont accessibles qu'en bateau. Et, surtout, évitez, si vous le pouvez, la période de la mi-juillet à la fin août.

En famille

Le sentier sous-marin.

Carnet pratique p. 107

Nos adresses p. 107

2

Découvrir

★★ Porquerolles CARTE ÎLE DE PORQUEROLLES P. 102

Le village de **Porquerolles** a donné son nom à l'île entière, que les Grecs avaient appelée *Protè* (« première »). C'est la plus occidentale et la plus importante des îles d'Hyères : 1254 ha répartis sur 7 km de long et 2,5 km de large. Le vélo est le meilleur moyen pour la découvrir *(loueurs au village)*.
La côte nord est festonnée de plages de sable bordées de pins, bruyères, arbousiers et myrtes odoriférants. La côte sud est abrupte, avec cependant quelques criques d'accès facile. À l'intérieur, peu d'habitations, mais une forêt de pins et de chênes verts, des vignobles et une abondante végétation méditerranéenne.

Village

Bâti au milieu du 19e s. par l'administration militaire au fond d'une rade minuscule *(port de plaisance)*, il évoque plus un petit centre colonial d'Afrique du Nord qu'un

Quelques consignes...

À Porquerolles et à Port-Cros, il est interdit de faire du feu, de fumer (en dehors des villages), de camper et bivouaquer, de cueillir des espèces végétales, de quitter les sentiers tracés, d'abandonner ses détritus.
Sur Port-Cros, les chiens sont autorisés dans le village. La pêche est interdite. Sur Porquerolles, les chiens sont autorisés sur les chemins mais en laisse. La pêche est réglementée. En cas de risque majeur d'incendie, le **plan Alarme**, signalé à l'embarquement, interdit l'accès aux massifs forestiers, mais pas au village ni à certaines plages – celles de la Courtade, Notre-Dame et la plage d'Argent restent accessibles.

village provençal. Le noyau, entouré d'hôtels, de villas et d'une petite résidence, comprend la **place d'Armes**, une humble église avec chemin de croix exécuté au couteau par un soldat en convalescence, et quelques maisons de pêcheurs.

Fort Sainte-Agathe

☏ 04 94 58 07 24 - mai-oct. : 10h-13h, 14h-17h30 - 5 € (-18 ans gratuit) billet combiné avec le moulin du Bonheur - 13 € visite guidée du fort et du moulin du Bonheur, merc. et vend. 10h, dép. devant le fort. C'est le premier bâtiment que l'on aperçoit du large. Sur une butte dominant le port, position stratégique, son enceinte en trapèze est surmontée d'une grosse tour d'angle (20 m de diamètre, 15 m de haut, murs épais de 4 m), vestige de la première construction. À l'intérieur, le Parc national de Port-Cros présente des expositions thématiques. Grande salle circulaire haute de 6 m sous une belle charpente. De la terrasse, superbe **vue★** : à l'est, sur les plages de la Courtade et Notre-Dame, le sémaphore (point culminant à 142 m) ; à l'ouest, sur les massifs boisés.

Moulin du Bonheur

☏ 04 94 58 07 24 - visite guidée (20mn) mi-juin-sept. : merc.-vend. 10h - 13 € - billet combiné avec le fort Ste-Agathe.
À 200 m du fort Ste-Agathe, ce moulin à farine provençal du 18e s. plonge le visiteur dans les traditions agricoles de l'île.

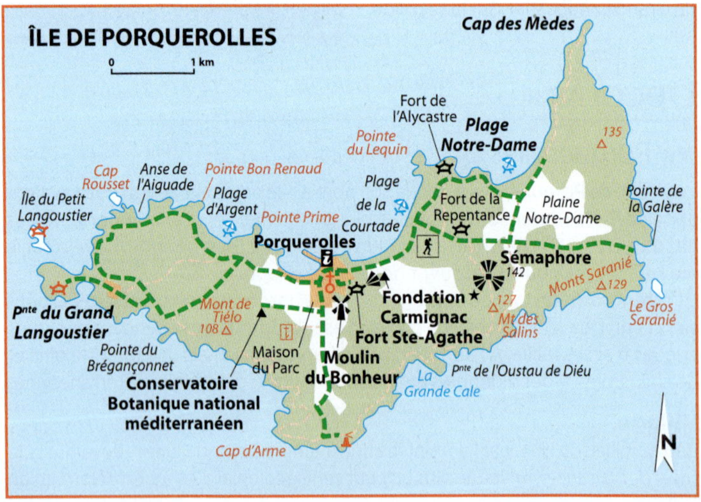

Parc national de Port-Cros.
Flavio Vallenari/Getty Images Plus

Conservatoire botanique national méditerranéen

En direction du phare, dans la plaine de Porquerolles. 34 av. Gambetta - ✆ 04 94 16 61 40 - www.cbnmed.fr. Depuis 1985, la plus grande partie de l'île est gérée par le Parc national de Port-Cros, qui en est propriétaire. Créé en 1979, le Conservatoire botanique national méditerranéen a pour but l'étude botanique et la conservation de la flore du bassin méditerranéen. Dans le prolongement de ses actions en faveur des plantes sauvages, le Conservatoire a rassemblé sur l'île des collections d'arbres fruitiers méditerranéens : près d'un millier de figuiers, oliviers, pêchers et mûriers, contribuant ainsi à préserver les variétés anciennes et rustiques.

2

★ Villa Carmignac

En dir. des plages, piste de la Courtade - ✆ 04 65 65 25 50 - www.fondationcarmignac.com - mai-oct. : tlj sf lun. 10h-18h - dernière entrée 16h30 - nocturne jeu. juil.-août - 15 €.

Ancienne ferme transformée en villa dans les années 1980, d'où cette architecture repensée dans un esprit méditerranéen où domine la pierre, le site est aujourd'hui dédié à l'art. Au fil de la visite libre, qui peut s'effectuer sans chaussures, on admire selon les expositions des œuvres d'Andy Warhol, de Basquiat ou encore de Bianca Biondi, des artistes qui constituent le fonds des collections de la Fondation Carmignac. À l'extérieur, le jardin des sculptures offre un parcours entre pins et vignes, qui dévoile une quinzaine d'œuvres au son des cigales.

★★ Promenade des plages

2h30 AR, sans la visite de la Fondation Carmignac. Un agréable parcours à l'ombre, sur des sentiers sablonneux tracés dans la forêt de pins. Le chemin longe la plage de sable fin de la Courtade. Après la pointe du Lequin, le chemin pique vers la mer et la très belle **plage Notre-Dame** (sable fin), vaste, très isolée et bordée d'une pinède. Le **sémaphore** n'est plus accessible, mais la plage d'Argent, la **pointe du Grand Langoustier** sont d'autres excellents buts de promenade. Profitez aussi des circuits tracés par le Parc national *(voir « Nos adresses, p. 108 »)*.

La saga des îles d'Or

Ce trio détaché des Maures qui ferme au sud la rade d'Hyères porte aussi, depuis la Renaissance, le nom d'**îles d'Or**. Pourquoi d'or ? Sans doute parce que les micaschistes (composés de mica et de quartz) contenus dans leurs roches se teintent parfois de reflets dorés.

Des îles malfamées...

Les pirates ont apprécié ces îles idéalement proches des côtes. Autant pour les protéger que pour les faire cultiver, **François Ier** érige Port-Cros et Le Levant en marquisat. Comme la main-d'œuvre, même exemptée d'impôts, manque, on a recours au « droit d'asile » : assurés de l'impunité, délinquants et criminels affluent, se font pirates et attaquent un navire du roi à Toulon... C'est sous **Louis XIV** que les îles seront purgées de leurs mauvais garçons.

... Militaires...

L'armée aussi reconnut la valeur stratégique des îles d'Hyères, où s'élèvent encore de nombreux forts. À Porquerolles, le fort Ste-Agathe, construit en 1531, fut détruit par les Anglais en 1793 : oublié sur son île, et peu au fait des événements, le commandant du fort Ste-Agathe se rendit sans méfiance à bord d'un navire anglais mouillé à Porquerolles... Le pauvre homme fut aussitôt fait prisonnier, tandis que les marins anglais prenaient le fort pour le faire sauter. Le fort fut reconstruit en 1810. En août 1944, les Américains devront neutraliser les batteries allemandes de Port-Cros et du Levant pour protéger le débarquement allié.

... Mais si belles !

Les moines de Lérins, arrivés au 5e s., firent du Levant le jardin d'abondance et le grenier de leur abbaye. Porquerolles fut la plus cultivée (vergers et vignobles). Les propriétaires privés de Port-Cros y cultivèrent plutôt les belles-lettres, en invitant des écrivains, avant de léguer l'île à l'État en 1963. Aujourd'hui, les îles d'Hyères symbolisent la préservation de la nature, face à des côtes, hélas, bien bétonnées.

Mexico-sur-Mer

Porquerolles fut durant soixante ans une propriété privée. En 1911, l'ingénieur belge **F.-Joseph Fournier** rentre du Mexique, fortune faite. Il offre à sa femme l'île de Porquerolles et s'y installe en famille. Aidé d'une armée de jardiniers, il va recréer la végétation d'une hacienda sud-américaine, en important des espèces exotiques, tel le bellombra aux énormes racines, toujours présent, et sera le premier à cultiver pamplemousses et kumquats, alors inconnus en France. Il aménage l'île avec attention en ouvrant de nouvelles pistes et sentiers et façonne les paysages d'aujourd'hui en plantant de nombreux arbres d'agrément (eucalyptus, pins pignons) ou des cyprès utilisés comme brise-vent. Le **vignoble** de Porquerolles date de la même époque. L'un de ses héritiers gère l'un des deux domaines en activité (de l'Île et Courtade).

★★★ Port-Cros CARTE ÎLE DE PORT-CROS CI-DESSOUS

Maison du Parc national - *Sur le port - ✆ 04 94 01 40 70 - www.portcros-parcnational.fr.*

Port-Cros, la *Mesè* (« île du milieu ») des Grecs, doit son nom actuel à la forme en creux de son petit port. L'île, véritable éden, est plus accidentée, plus escarpée, plus haute sur l'eau que ses voisines, mais sa parure de verdure est sans rivale. Longue de 4 km et large de 2,5 km, Port-Cros culmine au mont Vinaigre (alt. 194 m). Le **Parc national** de Port-Cros, créé en 1963, fait partie des neuf Parcs nationaux français. Outre Port-Cros, il comprend l'île de Porquerolles, celle de Bagaud, les îlots du Rascas et de la Gabinière et une zone de 650 m autour des rivages, soit une surface terrestre de 700 ha et marine de 1800 ha.

Quelques commerces et maisons de pêcheurs, une petite église garnissent le pourtour de la baie que domine le fort du Moulin (dit « le château »). Et la mer oscille entre l'émeraude et le turquoise.

Face à l'embarcadère, des panneaux indiquent les principaux itinéraires.

★ Plage de la Palud

1h15 AR - sentier balisé. Monter d'abord au château : belle vue sur l'île de Bagaud. Un **sentier botanique** planté d'espèces méditerranéennes surplombe l'anse de la Palud avant d'arriver à la plage.

Fort de l'Estissac – *mai-sept. : 10h30-13h.* Construit sous Richelieu, il abrite une exposition présentée par le Parc national.

★ **Sentier sous-marin** – *Des bouées signalent les principaux points d'observation ; plus leur numéro est élevé, plus vous devrez être attentif. La Maison du Parc vend des aquaguides plastifiés à attacher au poignet.* Promenade originale et mouillée, entre l'îlot du Rascas et la plage de la Palud, dans une zone balisée de bouées jaunes, à 10 m de profondeur au plus. Il suffit de savoir nager avec palmes, masque et tuba pour découvrir une grande variété de biotopes typiques de la

2

Une faune et une flore exceptionnelles

Port-Cros est un site de plongée renommé, où évoluent les amateurs et les scientifiques. Ces derniers ont mis en place un comptage annuel des **mérous**, espèce menacée dans les années 1970. D'une dizaine d'individus, la population est passée à plus de 500 grâce aux mesures prises par le Parc national. Parmi les autres espèces, on peut observer : barracudas, liches, sars, dentis, daurades de grande taille... La rade abrite aussi l'un des plus beaux **herbiers de posidonie** de la région. Cette plante à fleurs n'est pas une algue mais forme sous la surface une vraie prairie sous-marine, abritant plus de 70 espèces de poissons. Sur terre, la faune est aussi protégée, avec entre autres le **puffin de Méditerranée**, un oiseau marin nicheur. Mal connu, son comportement est actuellement étudié par les scientifiques.

Méditerranée, notamment l'évolution d'un **herbier de posidonie** *(voir encadré ci-dessus)* et la faune qu'il abrite.
Revenir vers le village en passant entre les forts de l'Éminence et de l'Estissac.

★ Vallon de la Solitude

2h sentier balisé. C'est la promenade classique, à faire si l'on dispose d'un peu de temps. À l'entrée du vallon, contourner le « manoir d'Hélène », devenu hôtel. Une ombre épaisse règne sur presque tout le parcours. Le silence et la fraîcheur vous enveloppent... En vue du fort de la Vigie, revenir par le sentier des crêtes (vues plongeantes sur la mer) en passant par le mont Vinaigre.

★ Port-Man

10 km - route et sentier balisés, ombragés et peu accidentés. Agréable excursion avec, au col de Port-Man, une jolie **vue** sur l'île du Levant et la côte des Maures. Elle aboutit à la **baie de Port-Man**, magnifique amphithéâtre de verdure. Retour par la pointe de la Galère, la bordure du plateau de la Marma et la plage de la Palud.

Autres promenades possibles

La plage du Sud (sable) et ses impressionnantes falaises, le Vallon Noir, le col des Quatre-Chemins *(en pointillé orange sur la carte)* et la route des Forts.

Le Levant CARTE DE MICRORÉGION C3 P. 84-85

C'est une étroite arête rocheuse (8 km de long sur 1,2 km de large), entourée de falaises inaccessibles avec de prodigieux à-pics, sauf en deux points : les calanques de l'Avis et de l'Estable. À savoir : la Marine nationale occupe 90 % des lieux *(zone interdite)*. D'autre part, l'île est naturiste. Au nord, chenal réservé aux sports

On vous emmène en balade naturaliste sur l'île...

C'est encore en suivant Vincent Blondel, guide naturaliste depuis 21 ans, que l'on appréhende le mieux Port-Cros. Déjà, parce qu'il partage l'histoire de l'île et celle de la famille Henry, liée à la création du Parc national. Ensuite, parce qu'à ses côtés, le sentier des plantes rejoignant la plage de la Palud devient initiation botanique, et les refuges pour espèces sauvages et protégées, l'occasion de faire le lien entre la nature et l'humain. Grâce à lui, entre la découverte des plantes et des insectes, l'observation des oiseaux ou des espèces marines qui évoluent dans l'eau cristalline, on repart respectueux et conquis par cet écosystème aussi précieux que fragile.
04 94 01 84 50.

nautiques et zone pour planches à voile. On aborde habituellement à l'ouest, au débarcadère de l'Ayguade, en bas du chemin d'Héliopolis.

Héliopolis

Le village d'Héliopolis et le secteur des Grottes attirent chaque saison estivale une importante clientèle de naturistes. C'est l'un des premiers sites où ont été mis en pratique, en 1931, les principes des docteurs Durville.

Carnet pratique

S'informer

Maison du Parc national de Port-Cros – *Porquerolles - ✆ 04 94 58 07 24 - www.portcros-parcnational.fr.* Dans la maison du Palmier, à la sortie du village en direction du phare. Visite libre du jardin Emmanuel-Lopez. Accueil, informations, vente de documents et calendrier des visites guidées du fort Ste-Agathe *(4 €, -18 ans 2 €).*

Office du tourisme d'Hyères – *Port de Porquerolles - Hyères - ✆ 04 94 58 33 76 - www.hyeres-tourisme.com.*

Se déplacer

Les îles d'Hyères sont accessibles au départ de plusieurs ports. La plupart des compagnies proposent, outre les navettes, des formules à la journée ou à la demi-journée (circuits, excursions...). Réserv. obligatoire en juil.-août.

TLV-TVM – **au départ d'Hyères pour Port-Cros et le Levant** - *Port St-Pierre - ✆ 04 94 57 44 07 - www.tlv-tvm.com - horaires se rens. sur le site - dép. 8h-14h45 selon saison - 29 € AR.* Traversée Port-Cros (1h), Le Levant (1h30).

Au départ de la presqu'île de Giens pour Porquerolles - *✆ 04 94 58 21 81 - www.tlv-tvm.com - h se rens. sur le site - dép. 6h45-19h selon la saison. 24 € AR.* Traversée Porquerolles (15mn).

Des départs également de La Londe-les-Maures *(voir p. 94)* et du Lavandou *(voir p. 113)*.

Agenda

À Porquerolles

Porquerolles'Cup – En juin. Régate de voile.

Jazz à Porquerolles – *www.jazzaporquerolles.org.* En juillet, concerts dans divers lieux de l'île, fort Ste-Agathe (payant), Fondation Carmignac, plage d'Argent ou place d'Armes. Le soir, bateau retour pour les non-résidents.

2

Nos adresses

Restauration

À Porquerolles

Budget moyen

L'orangeraie – *Pl. d'Armes - ✆ 04 94 57 54 22 - www.orangeraie-porquerolles.fr - 8h-23h - plats 16/24 €.* Réservation conseillée pour avoir une place avec vue sur le soleil couchant. Côté assiette, le choix réduit assure la fraîcheur. Bons plats du jour.

Une folie

Villa Ste-Anne – *Pl. d'Armes - ✆ 04 98 04 63 00 - www.*

sainteanne.com - fermé de mi-nov. à fin mars - plats 30/40 € - 25 ch. à partir de 180 € - ☕ 15 €. Cette terrasse ombragée, proche de l'église, permet de déguster une cuisine de la mer tout en observant l'animation du village.

À Port-Cros

Budget moyen

Sun Bistro – *Au port - ✆ 04 94 05 90 16 - sunportcros.com - 8h-0h - fermé nov.-mars - plats 18/32 €.* Ambiance jeune et plats de petite brasserie (salades, poissons, tapas...). Ce bar-restaurant est aussi le QG des plongeurs en stage à Port-Cros – le propriétaire s'occupe du club « Sun Plongée ».

Shopping

À Porquerolles

La Courtade – *✆ 04 94 58 31 44 - www.lacourtade.com - avr.-oct. : 10h-18h; reste de l'année : se rens. - fermé 25 déc.-1er janv. - visite et dégustation sur réserv.* En plus de ses 800 oliviers, le domaine compte 35 ha de vignes plantées en mourvèdre et en rolle, produisant rouges, blancs ou rosés.

Domaine de l'Île – *✆ 04 98 04 62 30 - www.domainedelile.com - dégustation sur réserv.* Le Domaine de l'Île vend son vin « Chemin de la Pépinière » sur place et dans son magasin de la place d'Armes *(avr.-sept. : 10h-13h, 15h-18h30).*

Activités

À Porquerolles

Sentiers d'interprétation – *Itinéraires sur www.portcros-parcnational.fr.* Autour du village (1/2 j.) : découverte des paysages façonnés de longue date par la main de l'homme. Itinéraires de pierre, parcours Ouest (1 j.). Circuit de l'eau (1/2 j.), découverte du circuit de l'eau sur l'île et de sa gestion raisonnée.

Itinéraires pédestres et VTT – Carte en vente à l'office de tourisme. Trois itinéraires de l'île sont proposés : le circuit du Levant (2h), le circuit du Midi (45mn-2h), le circuit du Couchant (2h-3h).

Le Cycle Porquerollais – *1 r. de la Ferme - ✆ 04 94 58 30 32 - www.velo-porquerolles.fr.* Location de vélos et VTT classiques ou électriques. Possibilité de balades avec un guide naturaliste.

Hébergement

À Porquerolles

Une folie

L'Auberge des Glycines – *22 pl. d'Armes - ✆ 04 94 58 30 36 - www.auberge-glycines.com - 11 ch. à partir de 223 € ☕.* Cette délicieuse auberge justifie à elle seule une escapade à Porquerolles. Chambres très agréables, ouvrant sur le patio ombragé ou sur la place du village. Au restaurant (le soir), décor et cuisine célèbrent la Provence.

Le Mas du Langoustier – *3,5 km à l'ouest du port - ✆ 04 94 58 30 09 - www.langoustier.com - 🏊 - fermé oct.-avr. - 48 ch. à partir de 550 €/2 pers. en 1/2 P.* À la pointe du Grand Langoustier, belle demeure de style provençal au décor bourgeois, abritant de grandes chambres soignées. Navette régulière au départ du port. Au restaurant gastronomique L'Olivier, cuisine ensoleillée revisitée avec brio face à la mer.

À Port-Cros

Une folie

Le Manoir – *✆ 04 94 05 90 52 - www.hotel-lemanoirportcros.com - 🏊 - fermé nov.-avr. - 23 ch. 260/395 € - 1/2 P possible - ✕ menu 70 €.* Pour les amoureux de calme et de nature, une jolie maison du 19e s. entourée d'un parc. Restaurant et terrasse regardent les voiliers ancrés dans la rade de Port-Cros; cuisine régionale.

Bormes-les-Mimosas

★

Dans un site enchanteur, proche de la mer et à l'entrée de la forêt du Dom, Bormes-les-Mimosas conjugue plaisir des sens et farniente. Eucalyptus, cyprès, lauriers-roses et surtout mimosas embaument le vieux village étagé sur le flanc des Maures. La Provence y est en fête, comme en février lors du corso fleuri qui exhale le parfum des célèbres pompons jaunes.

Se repérer

8 357 Borméens – Var (83)

CARTE B2 (P. 84-85).

Dans les terres, 19 km à l'est d'Hyères par la D 98, mais non loin de la côte, à 6 km du Lavandou. Bormes est très étendu : le vieux village se perche sur une colline tandis que la ville moderne s'organise plus bas, autour du quartier du Pin. La station balnéaire s'étend sur 22 km de littoral.

À ne pas manquer

Le vieux village médiéval ; la visite guidée du fort de Brégançon, le Corso fleuri fin février.

Organiser son temps

Comptez une demi-journée pour le village.

Carnet pratique p. 111

Nos adresses p. 112

Découvrir

Le village

★ Vieilles rues

En contrebas de l'**église** s'étend le vieux Bormes, qui a conservé son caractère merveilleusement provençal. Plusieurs passages couverts du 12e et du 16e s. (appelés ici *cuberts*), où se tenaient, abritées du soleil, les réunions de voisinage, ponctuent la promenade. De nombreuses venelles en pente dévalent du **château** : particulièrement raide, la ruelle du Rompi-Cuou, offrant un dénivelé de 150 m, porte bien son nom. De nombreuses placettes de caractère, dont la plus célèbre et la plus photographiée, la **place Lou-Poulid-Cantoun**.

Chapelle St-François

Entourée de noirs cyprès, elle fut érigée au 16e s. en l'honneur de saint François de Paule, moine calabrais qui aurait délivré le village de la peste en 1481. À droite de la chapelle, le vieux cimetière est envahi par une végétation exotique : parmi des tombes du 18e s. s'élève un monument à la mémoire du peintre et graveur Cazin *(voir le musée Arts et Histoire, p. 110)*, qui affectionnait particulièrement ce site.

Place St-François

C'est ici, sur cette place située devant la chapelle, que se déroule le marché et que se jouent les parties de boules. À l'extrémité se trouve la tour ronde d'un vieux moulin. De là, belle **vue** sur la rade de Bormes et le cap Bénat.

Bormes-les-Mimosas et l'Amérique du Sud

Deux Borméens jouèrent un rôle au 19e s. lors des guerres d'indépendance en Amérique du Sud : il s'agit de **H. Mourdeille** (1758-1807), qui chassa les Espagnols de Montevideo, et de **H. Bouchard** (1780-1837), qui organisa la marine de guerre argentine. En leur mémoire, Bormes célèbre chaque année, le 9 juillet, la fête nationale argentine.

Église St-Trophyme

Elle s'élève à 200 m de l'hôtel de ville. C'est un robuste édifice du 18e s. à trois nefs, d'inspiration romane. Sur la façade, le cadran solaire porte la devise *« Ab hora diei ad horam Dei »*, qui signifie « De l'heure du jour à l'heure de Dieu ». À l'intérieur, les piliers portent six bustes reliquaires en bois doré, de la même époque.

Château

Près de l'église, on longe les vestiges (partiellement restaurés et habités) du vieux château (13e-14e s.) des seigneurs de Fos, qui domine le village de ses 104 m d'altitude. Une terrasse offre un superbe point de **vue★** sur Bormes, sa rade, le cap Bénat, les îles de Port-Cros et du Levant.

35mn - départ du château. Vous pouvez prolonger votre balade en direction de **N.-D.-de-Constance**. Cette ascension vous mène à 324 m d'altitude à la chapelle éponyme, érigée au 12e s. De là, vous contemplerez le superbe **panorama★** (table d'orientation).

Musée Arts et Histoire

103 r. Carnot - ✆ 04 94 71 56 60 - musee-bormes.com - fermé pour travaux.

Créé par le peintre Charles Bénézit qui s'installa dans le village en 1915, ce musée rassemble, dans le cadre d'une maison du 17e s., au cœur du village médiéval, des peintures et sculptures (19e-20e s.), dont des œuvres de **Jean-Charles Cazin** (1841-1901), peintre paysagiste et décorateur, Henri Rivière, etc. Les expositions temporaires retracent les traditions et le patrimoine régional ou célèbrent des artistes renommés.

Espaces verts

Outre les ruelles verdoyantes, au bas de la vieille ville se trouve le **parc du Cigalou** pour se reposer à l'ombre des cèdres centenaires et des eucalyptus, et en face, le **parc Gonzalez**, labellisé « jardin remarquable », pour admirer l'exceptionnelle collection de plantes australiennes (250 espèces) et d'essences tropicales.

Fort de Brégançon *(voir p. 95)*

Les plages

La commune possède 22 km de littoral (dont 19 km de sable fin), du Lavandou à la Londe. Vous pourrez rejoindre **la Favière** depuis Le Lavandou en cheminant sur une promenade en bois : passé la pointe de Gouron apparaît le port de plaisance, puis la longue plage de sable familiale où vous pourrez également pratiquer des activités nautiques. De là part le **sentier du littoral** bordé de petites criques. Plus à l'ouest, l'accès aux plages de l'Estagnol, de Cabasson et du Pellegrin est payant.

Bormes-les-Mimosas, place Gambetta.
R. Mattes/hemis.fr

Carnet pratique

S'informer

Office de tourisme – *1 pl. Gambetta - ✆ 04 94 01 38 38 - www.bormeslesmimosas.com.*

Visites guidées – L'office de tourisme organise des visites historiques et thématiques

Se garer

Les parkings du haut de St-François sont souvent complets ; préférez ceux du bas et poursuivez à pied, l'accès est fléché.

Agenda

Mimosalia – Dernier week-end de janvier, les plantes de collections sont à l'honneur avec plus de 70 exposants. Ateliers enfants, conférences, marché aux plantes et aux mimosas…

Corso fleuri – Fin février, défilé de chars décorés de fleurs fraîches, en particulier… de mimosas.

Bormes médiéval – Le week-end de la Pentecôte, kermesse, ateliers enfants, tournois équestres, retraite aux flambeaux, transhumance, marché médiéval.

Escapade gourmande – Fin septembre, à la Favière, entre plage de sable fin et pins ombragés, salon de producteurs, démonstration de cuisine de chefs locaux, apéritifs en musique…

Foire aux santons – Dans le vieux village, le premier week-end de décembre, petits et grands pourront admirer les crèches d'argile et élargir une éventuelle collection.

Nos adresses

Restauration

Premier prix

Pâtes et pâtes – *1 r. Pierre-Toesca - 09 81 42 75 07* - lun.-merc. 12h-15h, *vend.-sam. 18h30-23h - plats 10/15,50 €*. L'une des tables les plus raisonnables de Bormes, avec des spécialités italiennes. Petite terrasse ombragée.

Budget moyen

Le Zèbre Vert – *826 chemin des Catalanes - 09 53 98 80 99 - 12h-13h30 et 19h-21h30 - fermé dim.-mar. - plats 18/29 €*. Un jeune couple engagé dans une démarche écologique marquée par une cuisine toujours plus locale avec un penchant pour des assiettes végétales. Labellisé 3 écotables et Maîtres restaurateurs.

Le Jardin – *1 rue du Moulin - 04 94 71 14 86 - www.lejardinrestaurant-bormes.com - merc.-sam. 12h-13h30, 19h-22h, dim. 12h-13h30 - fermé nov.-janv. - menus 40/43 €*. Salle voûtée ou terrasse fleurie selon la saison. La carte évolue régulièrement en fonction des productions locales.

Pour se faire plaisir

La Rastègue – *48 bd du Levant - 04 94 15 19 41 - www.larastegue.com - tlj sf lun. 19h30-22h30, jeu. et dim. 12h-13h30 - fermé de fin nov. à déb. avr. - menu 50 €*. Dans cet établissement, entre le vieux village et la mer, priorité au goût. Dans les cuisines, ouvertes sur la salle, le chef accommode de bons produits locaux. Beaucoup de simplicité et surtout de saveurs, au gré d'un menu unique régulièrement renouvelé.

Shopping

Marchés – Mercredi matin au village médiéval et samedi matin en saison à la Favière.

Activités

Latitude Verte – *Bd du Port - Quai du Cap Blanc - 06 51 08 30 04 - www.latitudeverte.fr*. Balades vers les îles d'Hyères sans bruit et sans pollution à bord d'un bateau à propulsion hybride.

Château Malherbe – *1 rte du Bout du Monde - 04 94 64 80 11 - www.chateau-malherbe.com - sur réserv.* Découvrez le vignoble du domaine en vélo électrique et profitez du terroir local.

Château Léoube – *2387 Rte de Léoube - 04 94 64 80 03 - www.leoube.com*. En plus du vignoble, promenade en paddle ou à cheval, yoga, brunch au café Léoube ou soirée cinéma sur la plage…

Hébergement

Pour se faire plaisir

Hôtel-restaurant de la Plage – *352 bd de la Plage - La Favière - 04 89 51 33 57 - www.hdlp.fr - fermé nov.-mars - 47 ch. 122/195 € - menu 29 €*. La grande terrasse, avec ses platanes et sa fontaine, a des airs de place de village. On y savoure une cuisine locale copieuse. Les chambres standards sont simples mais offrent une solution de demi-pension très intéressante.

Hostellerie du Cigalou – *Pl. Gambetta, dans le vieux village - 04 94 41 51 27 - www.hostellerieducigalou.com - 20 ch. 133/183 € - menu 29 €*. Un intérieur décoré avec raffinement, mêlant styles provençal et baroque. Certaines chambres ont une terrasse. Recettes régionales au Café du Progrès, dans une ambiance bistrot décontractée.

Une folie

Les Palmiers – *240 chemin du Petit-Fort - 04 94 64 81 94 - www.hotellespalmiers.com - fermé du déb. nov. à mi-fév. - 17 ch. 168/205 €*. À deux pas du fort de Brégançon et de la plage.

Les balcons des chambres donnent

Le Lavandou ★

À l'abri du cap Bénat, Le Lavandou est une station balnéaire familiale, dite « aux douze sables » : l'expression désigne un cortège de douze plages de toutes tailles, de couleur et de granulométrie différentes. Elles sont ourlées de boutiques de souvenirs, bars et restaurants, dont certains réputés pour leur poisson pêché du jour et leur aïoli. Le port, premier du Var pour la pêche jusque dans les années 1930, accueille aujourd'hui les plaisanciers.

Se repérer

6 439 Lavandourais – Var (83)

CARTE B2 (P. 84-85).

Sur la corniche des Maures *(voir massif des Maures, p. 117)*, au sud-est de Bormes-les-Mimosas. Le centre-ville donne sur le port, mais les résidences de vacances, presque toutes rassemblées au sud-ouest de l'agglomération, ouvrent sur les équipements sportifs et de loisirs, ainsi que sur les plages.

À ne pas manquer

Le port de pêche, les plages et criques sauvages ; l'église St-Louis aux couleurs de Provence et le chemin des peintres à St-Clair.

Organiser son temps

Pour le chemin des peintres, comptez 1h de marche ou 1h30 avec un guide. Le village se visite en une demi-journée avec bien sûr une pause sur une terrasse de café ou sur la plage. Le Lavandou, très fréquenté en été, est plus agréable au printemps et à l'automne.

En famille

Le Seascope et le petit train du Lavandou.

Carnet pratique p. 115

Nos adresses p. 115

Découvrir

Le village

Au petit matin, ne manquez pas sur le port le spectacle des « pescadous » lavandourains revenant de la mer sur leurs pointus, les filets pleins de rascasses, loups, congres et autres saint-pierre. Passez par la halle non loin du quai, puis laissez-vous aller à la découverte d'un village aux accents provençaux très prononcés.

Les 14 fontaines

Dépliant de l'itinéraire à l'office de tourisme. Tout en visitant la ville, repérez ces points d'eau qui offrent une atmosphère unique à chaque place et placette. Sur le rond-point de Verdun, à l'ouest, trône la **fontaine des Trois-Dauphins**, complétée d'un lion, constituant les blasons de la ville. Quai Gabriel-Péri, la **borne-fontaine du Jeu de Boules**, symbolisée par un lion, est un hymne amical à la ville voisine de Bormes-les-Mimosas. Profitez-en pour observer les parties de pétanque sur les terrains de terre battue à l'abri des platanes. Déambulez entre les **fontaines-lavoirs** de la place de Mado et du square des Héros. Avant de pénétrer dans la charmante église St-Louis (où repose l'abbé Hélin, curé doyen et célèbre résistant du Lavandou), arrêtez-vous devant la **fontaine murale**, parée d'anciens carreaux qui soufflent des filets d'eau. Le **bassin à jets** du rond-point de Kronberg, le discret **Miroir aux oiseaux**, posé entre fleurs et verdure, et la fontaine aux caudales de dauphins et de baleines au rond-point du Grand-Bleu constituent d'autres curiosités de cette balade.

Les jardins

Les 3 jardinets du centre-ville sont des refuges pour les amoureux d'essences rares et de vivaces. Le **jardin du Cadran**, rue des Pierres-Précieuses, arbore un aphorisme fréquemment apposé sur les cadrans solaires « Je ne compte que les belles heures ». Un palmier géant maintenu par de gros câbles veille au bon développement des plants de lavande et de santoline et aux nombreuses variétés de cactées. Rue de la Rigourette, le **jardin du Grand-Bleu** est un hommage aux senteurs du Sud. L'immense jacaranda et ses fleurs mauves, originaire d'Amérique tropicale, surveille les myrtes d'Europe méridionale, l'escallomia du Chili, l'hosta du Chili et du Japon, le chèvrefeuille de Chine... Enfin, plus isolé, le **Grand Jardin**, avenue de la Grande-Bastide, est un lieu idéal de balade tranquille entre verte végétation, jaune mimosa d'hiver et rose tamaris.

Le chemin des peintres à Saint-Clair

2,5 km. Dépliant de l'itinéraire à l'office de tourisme et à la Villa Théo. Partez sur les traces des peintres néo-impressionnistes et écrivains inspirés par St-Clair, où ils séjournèrent entre 1892 et 1926. Parmi eux, **Henri-Edmond Cross** *(La Plage de St-Clair)*, **Théo van Rysselberghe** *(Les Anthémis)*, tous deux inhumés au cimetière du Lavandou, **Paul Signac** *(Le Lavandou)*. L'itinéraire est ponctué de pupitres représentant les toiles réalisées au Lavandou, en empruntant des voies aux noms très évocateurs (la place des Pins-Penchés, le boulevard de la Baleine, le chemin des Naïades...).

Faites un arrêt à la **Villa Théo** datant de 1910 où vécu Théo Van Rysselberghe (1862-1926). Restaurée, elle est devenue un centre d'art et accueille expositions et manifestations culturelles (*✆ 04 22 18 01 71 - www.villa-theo.fr - mar.-sam. 10h-12h, 14h-17h - gratuit)*.

Les plages

Douze au total qui s'étendent sur 12 km de côte ponctuée de criques. Toutes de sable, surveillées, entretenues quotidiennement en saison et équipées de bornes d'appel d'urgence. Activités sportives et confort *(sanitaires et douches)* varient selon les sites.

Au **Lavandou**, la plage de l'Anglade (qui jouxte La Favière à Bormes-les Mimosas) prolonge celle de Lavandou-centre. Vous entrez ensuite à **St-Clair**, belle et vaste plage, un peu à l'écart de la route. Puis viennent La Fossette et **Aiguebelle**, plage aimable et tranquille au fond d'une petite anse. Après d'autres petites plages dont celle du Rossignol, et celle du Layet, fréquentée par les naturistes, voici **Cavalière**, plage bien abritée du mistral, avec vue sur le cap Nègre et la rade de Bormes jusqu'aux îles du Levant et de Port-Cros. Outre sa très belle plage de sable fin, elle offre un florilège d'activités nautiques. Enfin, vous atteindrez **Pramousquier**, plage abritée bordée de jolies villas.

Carnet pratique

S'informer

Office de tourisme – *Quai Gabriel-Péri - ✆ 04 94 00 40 50 - www.ot-lelavandou.fr.*

Se déplacer

Vedettes Îles d'Or – *Gare Maritime - ✆ 04 94 71 01 02 - www.vedettesilesdor.fr.* Les vedettes desservent Port-Cros et Le Levant *(tte l'année)*, Porquerolles *(de mi-avr. aux vac. de la Toussaint)*. Visites de la rade en bateau et croisières commentées.

Visiter

Petit train du Lavandou – *✆ 06 62 07 65 09 - www.petit-train-lelavandou.fr - 7,50 € (-12 ans 4 €) - dép. face à l'office de tourisme, quai Gabriel-Péri - juil.-août : 5 trajets/j. ; avr.-juin et sept : 4 trajets/j ; reste de l'année : 3 trajets/j.* Il dessert toutes les plages jusqu'à celle de Pramousquier.

Nos adresses

Restauration

Budget moyen

Chez Zète – *41 av. du Gén.-de-Gaulle - ✆ 04 94 71 18 45 - 10h-23h, sam. 17h-23h - fermé oct.-mars, sam. midi et lun. - plats 12/24 €.* Dans la rue commerçante de la station, ce restaurant connaît un vrai succès toute l'année avec des habitués qui apprécient la simplicité du lieu, la cuisine provençale et la terrasse ombragée sur l'arrière de la maison. Salles climatisées.

Auberge Provençale – *11 r. Patron-Ravello - ✆ 04 94 71 00 44 - www.laubergeprovencale.fr - mar.-dim. 19h-23h - fermé lun.et déc.-mi-fév. - plats 18,50/22 €, formule 26 €, menu 39 €.* Dans une ruelle piétonne, auberge vouée à la Provence. Le cadre est agrémenté d'une vis de pressoir à huile, tandis que la cuisine prend l'accent du Midi.

Tamaris Plage – *Plage de Pramousquier - ✆ 04 94 62 09 87 - 10h-19h, mar. 9h-19h - plats 23/28 €.* Dans le cadre paradisiaque de la jolie crique de Pramousquier, le restaurant de cette plage privée sert une cuisine méditerranéenne ou des plats asiatiques sur la belle terrasse en bois.

Une folie

L'Arbre au Soleil – *Nouveau Port - ✆ 04 94 24 06 04 - www.larbreausoleil.com - juin-sept. : le soir lun.-sam. et aussi midi vend.-sam. ; oct.-mai : merc.-sam. midi et soir - 59/109 €.* Yorann Vandriessche s'est installé au soleil, face aux bateaux du port. Avec son ami (et MOF 2000) Didier Anies, il met en valeur des produits de qualité, dans une cuisine dédiée aux poissons et aux crustacés. Fraîcheur, relief et maîtrise sont les maîtres mots du duo, une étoile au Michelin en 2020, 2021 et 2022.

Shopping

Marchés

Marchés provençaux – Jeudi matin avenue du Prés.-Vincent-Auriol et le lundi matin à Cavalière de juin à septembre.

Marché bio – Dimanche matin de juil. à sept. et le 1er dimanche du mois le reste de l'année, place Ernest-Reyer (parvis de la mairie).

Marché aux puces – Dimanche toute la journée avenue du Cap Nègre à Cavalière.

Domaine de l'Anglade – *Av. Vincent-Auriol - ✆ 04 94 71 10 89 - www.domainedelanglade.fr - juil.-août : 9h-13h, 16h-19h30 (fermé dim. apr.-midi) ; avr.-juin et*

2

sept. : lun.-sam. 9h30-12h30, 16h-19h30 ; reste de l'année : mar.-sam. 10h-12h30, 15h30-18h30. L'unique domaine viticole du Lavandou. Vente et dégustation sur place.

En soirée

Bars et discothèques – La vie nocturne animée est l'un des atouts de la station. Les établissements de nuit sont situés sur le port.

Théâtre de verdure - cinéma plein air – *Av. du Grand-Jardin - 04 94 94 54 44 - juin-août : se rens. pour le calendrier des spectacles.* Concerts, projections, pièces de théâtre.

Activités

Seascope – *Gare maritime - 04 94 71 01 02 - www.vedettesilesdor.fr - h. variables, se rens. - 14,80 € (-12 ans 10,40 €).* Un bateau à coque transparente pour explorer les fonds marins.

Randonnées – La promenade familiale du bord de plage va du Lavandou à la pointe de Gouron *(4 km AR).* Pour les sportifs, la randonnée des Balcons de Cavalière offre des paysages saisissants *(boucle 12 km, dénivelé 550 m).*

Vélo – La piste cyclable du Lavandou à Pramousquier *(8 km)*, est ouverte aux piétons.

Lavandou Plongée – *Quai du Labbé - nouveau port - 04 94 71 83 65 - www.lavandou-plongee.com - avr.-oct. : 8h-11h30, 14h-17h30 - baptême 57/85 € - réserv. conseillée.* Stages de tous niveaux (du baptême au brevet) et sorties pour découvrir les sites du Parc national de Port-Cros ou explorer des épaves.

Vedettes Îles d'Or – *Quai des Îles-d'Or - 04 94 71 01 02 - www.vedettesilesdor.fr - 8h-19h - 27 €.* Sortie en mer en fin de journée accompagnée d'un apéritif provençal.

École de voile de Cavalière – *Av. du Cap-Nègre - plage de la Cavalière - 04 94 05 86 78 - www.lavoilecavaliere.com - avr.-oct. : à partir de 9h.* Stages de voile et location de bateaux, de planches à voile et pédalos. Sorties encadrées en kayak et stand-up paddle.

Hébergement

Budget moyen

La Petite Bohème – *5 av. F.-Roosevelt - 07 50 14 64 58 - www.hotel-la-petite-boheme.fr - P - 18 ch. à partir de 95 € - 10 €.* Une maison orange et jaune proposant des chambres simples, dont la moitié avec vue mer. Agréable terrasse s'ouvrant sur le petit jardin planté de poivriers.

Pour se faire plaisir

Les Alcyons – *Av. des Trois-Dauphins - à Aiguebelle - 04 94 05 84 18 - www.hotellesalcyons.com - P - fermé nov.-mars - 24 ch. 133/158 €.* La rencontre des alcyons serait un présage de calme et de paix : l'accueil attentionné et la bonne tenue de cet établissement tendraient à accréditer la légende.

Une folie

Roc Hôtel – *5 r.des Dryades - à St-Clair - 04 94 01 33 66 - www.roc-hotel.com - - P places limitées - fermé de mi-oct. à fin avr. - 29 ch. 164/216 €.* Hôtel moderne, bâti sur un roc léché par les flots. Chambres lumineuses, toutes dotées d'une terrasse ; préférez celles tournées vers le large. Plage privée *(29 €/j pour 2 pers.).*

Villa Thalassa – *Chemin de la Fouasse - St Clair - 06 49 98 23 18 - www.villathalassa-lavandou.fr - - fermé nov.-mars - 2 suites 190/210 €, 1 roulotte 170/180 €.* Une chambre d'hôte confortable sur un site privilégié. À l'écart, la roulotte-sauna bien aménagée offre encore plus de calme. Vue sur mer au milieu des pins.

Massif des Maures ★★

Cette parure végétale émeraude qui s'étend d'Hyères à Fréjus vous séduira par la beauté de son littoral, desservi par une admirable corniche : saillants trapus du cap Bénat et de la presqu'île de St-Tropez, pointes effilées du cap Nègre et de la Pointe des Sardinaux, rentrants de la rade de Bormes et de la baie de Cavalaire... Les stations s'égrènent de part et d'autre de la presqu'île de St-Tropez, idéales pour séjourner au bord de l'eau ou pour une balade en forêt le long de la Grande Bleue. Si vous vous enfoncez à l'intérieur du massif, longtemps isolé et peu fréquenté, vous contemplerez des paysages demeurés sauvages.

Se repérer

Var (83)

CARTE BC1-2 (P. 84-85). Accès du Lavandou à l'ouest ou de Cogolin à l'est.

À ne pas manquer

Le monastère de la Verne ; la vue depuis le col du Canadel ; une halte dans une station balnéaire ; le Domaine de Rayol *(voir p. 126)*.

Organiser son temps

Les différents circuits proposés, entre mer et forêts, s'effectuent en une demi-journée ou une journée.

En famille

Le Village des tortues à Carnoules.

Carnet pratique p. 123

Nos adresses p. 124

Circuits conseillés

CARTE DE MICRORÉGION

★★ Route des cols

Circuit tracé en vert sur la carte p. 84-85 - 109 km au départ du Lavandou - environ une journée.

Ce beau circuit, qui emprunte des routes souvent désertes, est très accidenté (un peu éprouvant pour le conducteur !). Il pénètre à l'intérieur des Maures.

★ Le Lavandou *(voir p. 113)*

Quitter Le Lavandou à l'ouest par la D 559 puis, à la hauteur du Pin, prendre la D 41 à droite, direction Collobrières.

La route s'élève en lacets parmi cyprès, eucalyptus, mimosas, lauriers blancs, roses et rouges. Belle **vue** en avant sur Bormes, dominé par son château.

★ Bormes-les-Mimosas *(voir p. 109)*

Poursuivre la D 41.

Col de Caguo-Ven B2

Alt. 239 m. **Vue** sur les rades d'Hyères et de Bormes, et sur Porquerolles.

Au col, prendre la route forestière vers l'est en direction du col de Barral et du col du Canadel. Après 45mn de marche, vous serez surpris par l'entassement de roches dit **Pierre-d'Avenon** (alt. 443 m). De là, **vue★** étendue sur tout le littoral des Maures, du cap Lardier à Hyères.

Après une descente très sinueuse, la D 41 atteint le **col de Gratteloup** (alt. 192 m).

Maurin des Maures

Contrairement au bandit Gaspard de Besse qui sévissait également dans l'Esterel, ce héros picaresque et facétieux n'a jamais existé que sous la plume de **Jean Aicard** (1848-1921), grand homme de lettres toulonnais et académicien oublié. Le roman (1906) raconte sur un ton héroïco-comique les aventures du braconnier Maurin qui fait tourner en bourrique les gendarmes dans le massif des Maures. Le livre, adapté au cinéma en 1932 par André Hugon, est à la fois le portrait d'un homme et celui d'un pays, lequel se revendique aujourd'hui fièrement de Maurin, faisant de son nom un argument touristique.

Arboretum de Gratteloup B2

Parking situé le long de la D 98, à hauteur de la maison forestière de Gratteloup - Vallée du Dom - Bormes-les-Mimosas - ✆ 04 94 71 06 07 - fermé pour travaux jusqu'à nouvel ordre.

Créé en 1935, il s'étend sur près de 3 ha. La première partie, la plus ancienne, est plantée pour l'essentiel d'essences méditerranéennes (cyprès, pins, genévriers, charmes et ostryas). Les autres secteurs sont plus variés : cèdres métaséquoias, eucalyptus, érables, aulnes et bouleaux. Un secteur est réservé au châtaignier.

Poursuivre sur la D 41, avec beaucoup de prudence.

On s'élève dans un paysage de chênes-lièges et de châtaigniers, tandis que, à droite et à gauche, alternent des vallons profonds et des échappées sur la mer et les montagnes qui dominent Toulon.

★ Col de Babaou B2

Alt. 414 m. En s'avançant à pied sur un bout de piste, belle **vue★** sur les marais salants d'Hyères, la presqu'île de Giens et les îles d'Hyères.

La route descend vers la vallée du Réal Collobrier, qui s'élargit pour former le bassin de Collobrières, bien cultivé, et rejoint la D 14 que l'on prend à droite.

Collobrières B2

ℹ Bd Charles-Caminat - ✆ 04 94 48 08 00 - www.mpmtourisme.com.

Ce bourg très ombragé, capitale des Maures, a gardé de pittoresques maisons qui dominent, près d'un vieux pont en dos-d'âne, la rivière au courant rapide. On y exploite le liège des forêts voisines, on y cultive la vigne (vin rosé) et surtout, on entretient jalousement 1000 hectares de châtaigneraies pour tirer les marrons... du bois. Interdiction formelle de ramasser, même au sol, les fruits dont le village s'est fait une spécialité *(voir « Nos adresses »)*. On parle de châtaigne pour un fruit cloisonné, de marron pour un fruit entier dans sa bogue. Le châtaignier produit les deux, en proportion variable d'un arbre à l'autre.

Poursuivre sur la D 41.

À 6 km, au lieu-dit la Croix d'Anselme, prenez à droite la D 214. Cette belle route longe un ruisseau puis s'attaque à la forêt des Maures, en serpentant parfois à flanc de roche. Au sommet de ces 6 km, vous découvrirez le monumental **monastère de la Verne**, bâti dans un très beau **site★** sauvage, entre châtaigniers et chênes verts.

★★ Monastère de la Verne B2

Collobrières - ✆ 04 94 43 45 41 - juin-sept. : 11h-18h ; reste de l'année : 11h-17h - fermé janv., le mar. en déc. et fév.-mars, et fêtes religieuses - 7 € (12-18 ans 3 €).

Avant d'entrer dans la chartreuse aux murs en schiste brun, dont les bâtiments datent pour la plupart des 17e et 18e s., vous pourrez admirer sur la droite, le superbe

portail en serpentine, flanqué de deux colonnes annelées soutenant un fronton triangulaire. L'entrée se fait par la **porterie** *(à gauche de l'édifice)* aujourd'hui salle d'accueil et boutique de l'atelier monastique (statues, icônes religieuses, faïences...).
Elle donne accès à de vastes salles constituant l'ancienne **hospitalité** : la grange, où l'on stockait le grain, contient une cheminée. Depuis la fenêtre du fond, vous avez une vue plongeante sur les cellules et l'église romane, dont le clocher est recouvert de tuiles écailles vernissées (propre à l'art roman provençal). Un escalier descend à la boulangerie avec son **four à pain** de très grande dimension. La **maquette** du monastère, réalisée dans les années 1930, restitue son état avant la Révolution française. Une vidéo présente les étapes des remarquables travaux de restauration *(20mn)*.
L'escalier en colimaçon mène à la **chapelle d'adoration**. Passage sur les remparts puis vous verrez les arcades en serpentine du **petit cloître** du 17e s. Vous accédez aux tribunes de l'église romane reconstituée avec sa voûte en grès, comme à l'origine. Depuis une fenêtre dans l'une des chapelles latérales, vous apercevez le grand cloître de la solitude, cœur du monastère (90 m de galeries). Vous rejoignez la **cellule « témoin »** reconstituée, humble « ermitage » où le moine vivait, priait et travaillait.
À l'**huilerie**, il reste une des deux « marres » principales où étaient écrasées les olives, et deux pressoirs sont encore encastrés dans le mur. Dernière étape : le **cellier**, grande salle voûtée, orné d'un Christ en bois d'inspiration espagnole.
Autour du monastère, sentier « feuilles de chêne » aménagé par l'ONF.
Revenir à la D 14.
Après le **col de Taillude**, la route domine un vallon et, au-dessus, le monastère de la Verne ; puis, après le hameau de Capelude, situé en contrebas, elle longe le ruisseau du Périer au-delà duquel la **vue** porte sur la plaine de Grimaud et le golfe de St-Tropez. Brusquement, la route traverse la **vallée de la Giscle**, le ruisseau de Grimaud, d'où l'on distingue Grimaud et les belles ruines de son château.

2

★ Grimaud *(voir p. 144)*

Piquant au sud par la D 558, on traverse la plaine de Grimaud.

Cogolin C2

Pl. de la République - 04 94 55 01 10 - www.cogolin-provence.com - 2e bureau en été : Les Marines de Cogolin - La Plage.

Une chartreuse ressuscitée

Fondé en 1170, le couvent fut incendié en 1214, 1271 et 1318. Chaque fois, il se releva de ses cendres. Il fut aussi souvent pillé jusqu'à sa mise sous séquestre à la Révolution française. Devait alors commencer une longue hibernation pendant laquelle la nature allait investir les lieux. Quand ils furent classés monument historique en 1921, ce fut au titre de « vestiges dans la forêt ».
La chartreuse était promise à une disparition certaine quand, en 1968, une association baptisée « Les amis de la Verne » s'attela à cette tâche immense de la rénovation du site. Tant et si bien qu'il retrouva en 1982 sa vocation initiale en accueillant des moines puis, à partir de 1986, des moniales de la famille de Bethléem, de l'assomption de la Vierge et de saint Bruno. Débutèrent ensuite des travaux beaucoup plus importants qui verront notamment renaître l'église romane et le grand cloître. Patiemment, le site retrouve sa magnifique sobriété.

L'industrie du chêne-liège

Exigeant chaleur et humidité, le chêne-liège, facilement reconnaissable à son écorce crevassée et à son feuillage persistant, s'est implanté au bord de la mer jusqu'à 500 m d'altitude environ. Il résiste particulièrement bien au feu. Le prélèvement de l'écorce, le **démasclage**, s'effectue la première fois lorsque l'arbre atteint l'âge de 25 ans. Le temps de reconstituer une nouvelle assise de liège (tous les 9 à 10 ans), et on le découpe à nouveau, toujours en juillet et août, quand l'arbre est en sève. C'est alors l'écorce femelle, la plus prisée par l'industrie (fabrication d'agglomérés au Muy) et l'artisanat (plats, objets d'ornement et articles pour céramistes), qui est prélevée. La récolte est surtout exportée, notamment vers la Sardaigne.

La partie haute du village, avec ses nombreuses placettes et ruelles communiquant par des passages voûtés, a conservé son caractère médiéval. De l'office de tourisme, rejoignez l'hôtel de ville et prenez à gauche la rue du 11-Novembre-1918 pour arriver à l'**église St-Sauveur-St-Étienne**. Elle conserve des parties du 11e s., un joli portail Renaissance en serpentine et une double nef. À l'intérieur, une chapelle latérale abrite un beau retable d'Hurlupin (1540, classé monument historique) représentant saint Antoine accompagné de saint Éloi et de saint Pons. En sortant, remarquez sur la place Abbé-Toti l'originale fontaine. **Rue Nationale**, admirez les remarquables encadrements de porte en serpentine, dont certains datent du 12e s., et, au n° 46, la très belle demeure bourgeoise du 17e s. Poursuivez jusqu'à la place Bellevue, où se trouve la **chapelle St-Roch**, décorée d'œuvres contemporaines. Au sommet de la butte, par la montée Aloes, se dresse la **tour de l'Horloge** (14e s.), unique vestige du château fort.
Les Marines de Cogolin – *Accès par la D 98 puis la D 98A. Navette de bus régulière en été.* À 5 km au nord-est du bourg, belle plage de sable et port de plaisance, composé de quatre bassins et entourés d'un ensemble de résidences et restaurants.
La N 98 remonte la vallée de la Môle *(voir ci-contre)*. À 8 km de Cogolin, juste avant La Môle, la D 27, sinueuse, quitte la vallée pour traverser la chaîne littorale.

★★ Col du Canadel C2

Alt. 269 m. Superbe **vue★★** sur Canadel-sur-Mer, la plage de Pramousquier, le cap Nègre, la rade de Bormes, le cap Bénat, et, à l'horizon, l'île de Porquerolles.
Du parking au col du Canadel, suivre la route forestière vers l'ouest. Une marche d'une heure donne droit à une restauration *(en saison)* au lieu-dit du Vieux-Sauvaire avant de redescendre vers le col de Barral (372 m). Si vous n'êtes pas fatigué, gagnez le col de Caguo-Ven en marchant encore deux heures.
Rentrer au Lavandou par la D 559, sur l'une des plus belles portions de la corniche des Maures.

★ Route des sommets

Circuit tracé en rouge sur la carte p. 84-85 – 120 km au départ de St-Tropez - environ une journée.
Ce circuit traverse des régions boisées et offre de belles vues. Par des routes peu fréquentées, il conduit au pied des sommets jumeaux du massif : N.-D.-des-Anges et la Sauvette.

★★ St-Tropez *(voir p. 134)*

Quitter St-Tropez par le sud-ouest, D 98A. La route longe le sud du golfe de St-Tropez. À la Foux, prendre la D 98 pour Cogolin.

Cogolin *(voir ci-contre)*

La route remonte la **vallée de la Môle**. Peu avant le village, on aperçoit, à droite, le château, cantonné de deux tours rondes à poivrières, où **Antoine de St-Exupéry** (1900-1944) passa une partie de sa jeunesse. Le village du *Petit Prince* est équipé d'un aérodrome : comme le désert, l'avion inspirait la méditation chez cet humaniste de l'action.

La D 98 traverse de grandes exploitations de vignobles avant de s'enfoncer dans la **forêt du Dom★**. C'est dans un beau massif forestier (pins, chênes-lièges et châtaigniers) que Jean Aicard a placé les exploits de son héros *Maurin des Maures*.

Poursuivre sur la D 98. Au col de Gratteloup, prendre à droite la D 41, puis après La Rivière, la D 14 sur la droite. 3 km après Collobrières, prendre à gauche la D 39.

Cette route sinueuse surplombe un ruisseau encaissé et permet d'apercevoir le sommet de la Sauvette à droite. Au col des Fourches s'embranche à gauche une petite route pour N.-D.-des-Anges.

Notre-Dame-des-Anges B2

Perchée sur le deuxième sommet des Maures à 768 m, la chapelle N.-D.-des-Anges accueille visiteurs, marcheurs et pèlerins. À l'entrée, un cloître qui date de 1900, renferme des chambres destinées aux pèlerins. Dans l'unique nef, on découvre une vierge en noyer (19e s.) et de nombreux ex-voto, peints sur toile, bois ou tôle. Le plus ancien date de 1685 et le plus original est un crocodile, don de Jules Gérard, natif de Pignans, surnommé « le tueur de lions ». Une « Figure » du 19e s. aurait servi de modèle à Alphonse Daudet pour écrire son *Tartarin de Tarascon*.

Ce site est admirable pour les **vues★** qu'il procure, au-delà du rideau d'arbres entourant la chapelle : les Alpes dans le prolongement de l'Argens ; la mer, les îles d'Hyères, la presqu'île de Giens et Toulon, par-delà les Maures ; la Ste-Baume à l'ouest.

Revenir au col des Fourches et tourner à gauche vers Gonfaron.

La route passe à proximité du point culminant des Maures, **la Sauvette** (alt. 780 m), et descend vers la plaine du Luc.

Gonfaron B1

Ce village, adossé au massif des Maures, est un centre actif de l'industrie bouchonnière. À la sortie nord, une chapelle consacrée à saint Quinis coiffe une butte isolée. L'important incendie de l'été 2021 a laissé sa trace sur la plaine des Maures, mais tous les chemins et les accès au massif ont été rapidement sécurisés et réouverts.

Prendre la D 75 vers l'est, puis la D 558.

Sur la route, le village typique des **Mayons**, puis montée vers La Garde-Freinet, dominée par les ruines de son château.

Les plus vieilles terres de Provence

Les Maures, constitués surtout de schistes cristallins, et l'Esterel, deux contemporains de l'Auvergne volcanique, ont tous deux émergé du plissement hercynien en un seul vaste massif, la Tyrrhénide, qui englobait la Corse et la Sardaigne. Des poussées successives, pyrénéenne et alpine, ont morcelé le tout, partageant les Maures en quatre chaînes parallèles : les îles d'Hyères, crête en partie immergée ; une seconde chaîne culminant aux Pradels (alt. 528 m) ; la chaîne de la Verne ; et la chaîne de la Sauvette, qui porte les plus hauts sommets des Maures (la Sauvette, alt. 779 m, et Notre-Dames-des-Anges, alt. 780 m).

Les Sarrasins dans le massif des Maures

Au 9e s., les Sarrasins, chassés plusieurs fois de la région de La Garde-Freinet, réussissent à se maintenir sur ce territoire, d'où ils lancent des raids sur la Provence intérieure. C'est seulement en 974 que le comte Guillaume le Libérateur parvient à les expulser. Au cours de cette période mouvementée, les Sarrasins ont appris aux Provençaux à utiliser l'écorce du chêne-liège et à extraire la résine du pin. L'exploitation du chêne-liège, qui fit la prospérité du village du 17e s. à la fin du 19e s., connaît aujourd'hui un petit renouveau. Les châtaigniers, eux, produisent les « marrons de Luc ».

La Garde-Freinet C1

Chapelle St-Jean - RD 558 - 04 94 56 04 93 - www.la-garde-freinet-tourisme.fr.

Maisons colorées, fontaines vénérables et calme souverain, l'ancienne position stratégique entre la plaine d'Argens et le Golfe de St-Tropez est devenue un centre de randonnées à pied, à cheval et à VTT, qui laisse découvrir les forêts alentour de chênes-lièges et de châtaigniers. La visite de ce village perché s'impose. Veillez à être bien chaussé ! Les rues de La Garde-Freinet sont très pentues. L'une d'elles est appelée *Rompi-Cuou* que l'on traduira sagement par « casse-cou ». Complétez cette promenade par les ruines du fort Freinet.

Ruines du fort Freinet – *1 km. Suivre la route de Grimaud, juste avant la sortie du village (après le terrain de boules), monter à droite en direction de la Croix. Laisser la voiture sur le terre-plein et suivre la flèche peinte sur un rocher. Le sentier, encombré de roches et de branches est déconseillé aux tout-petits et aux personnes âgées. Plan disponible à l'office de tourisme - déconseillé par intempéries. 1h AR.* De la croix des Maures, belle vue sur les toits de La Garde-Freinet. Une montée assez raide conduit aux ruines entourées de douves taillées dans la roche : un village fortifié (12e-16e s.) avec chapelle, citerne, four et logis seigneurial.

De retour au terre-plein, poursuivre à pied la route forestière sur 5 km jusqu'au panneau des Roches Blanches.

★ **Panorama des Roches Blanches** – Du haut de ces 638 m, le panorama coupe le souffle : à gauche, forêt de La Garde-Freinet et dépression de l'Argens ; à droite, maquis des pentes nord des Maures ; à l'avant, golfe de St-Tropez.

Quitter La Garde-Freinet au sud, par la D 558.

La route descend à travers chênes-lièges et châtaigniers, avec de beaux aperçus sur le golfe et la presqu'île de St-Tropez.

★ Grimaud *(voir p. 144)*

Rentrer à St-Tropez par les D 14, N 98 et D 98 à La Foux.

À proximité

CARTE DE MICRORÉGION P. 84-85

Village des tortues à Carnoules B2

9,4 km au sud-ouest de Gonfaron par la D 97. Le site se situe sur la D 97- 1065 rte du Luc - 83660 Carnoules - 04 89 29 14 10 - www.villagedestortues.fr - - de mi-mars à mi-oct. : 10h-18h ; reste de l'année : 10h-17h, fermé fév.-mars - 15 € (3-10 ans 10 €).

Dans cet espace naturel de 2 ha, plus de 50 espèces du monde entier sont représentées, dont la fameuse **tortue d'Hermann**, qui se caractérise par sa jolie carapace bombée couleur olive et noir. Également appelée tortue des Maures, elle est la seule espèce terrestre autochtone, vieille d'un million d'années. Victime en particulier des incendies, mais aussi des machines à débroussailler et du ramassage intempestif des promeneurs, elle est désormais protégée. À l'entrée du village, un centre de soin lui est dédié, ainsi qu'à la cistude d'Europe.

Carnet pratique

S'informer

Office de tourisme – *2, rue Blaise Pascal - Cogolin - ✆ 04 94 55 22 00 - www.golfe-saint-tropez-information.com. Voir aussi www.visitvar.fr.*

Réglementation

Circulation – Les voies de DFCI (Défense forestière contre l'incendie) sont interdites à la circulation publique motorisée : ne pas y pénétrer avec un véhicule, même si la barrière est ouverte ; ne pas stationner devant ces barrières ; sur les chaussées étroites, bien se ranger sur les bas-côtés afin de ne pas gêner les véhicules d'intervention. L'accès pédestre est toujours permis, sauf en cas de plan Alarme.

Animaux – Tenir son chien en laisse. Ne pas déranger les animaux sauvages.

Châtaignes – Dans l'ensemble des Maures, le ramassage non autorisé de châtaignes est assimilable au vol et passible d'une amende proportionnelle au poids de fruits. En général, ne pas cueillir d'espèces protégées.

Détritus – Utiliser les poubelles ou remporter ses déchets avec soi.

VTT – Respecter les itinéraires et balisages prévus.

Agenda

Festival Terre-Mer – En juillet-août, à Cogolin, spectacles et concerts en plein air.

Foire provençale – À Cogolin, en septembre, un rendez-vous incontournable et festif. Nombreuses animations.

Fèsto dou Vin Cue – Au Plan-de-la-Tour, fin septembre. Fête du vin cuit avec pressage du raisin, danses folkloriques...

Fêtes de la châtaigne – À Collobrières, les trois derniers dimanches d'octobre. À Gonfaron, avant-dernier week-end d'octobre, pl. de la Victoire. À La Garde-Freinet, dernier dimanche d'octobre. Grand marché, animations et dégustations.

Nos adresses

Restauration

Budget moyen

Hôtel-restaurant des Maures – *19 bd Lazare-Carnot - Collobrières - 04 94 48 07 10 - www.hoteldesmaures.fr - 15 ch. 65 € - 15 € - midi et soir - plats 13,50/23 €, menu 20,50/27,50 €.* Cette auberge de village connaît un vrai succès tout au long de l'année. Il faut dire que le très bon rapport qualité-prix du menu et la chaleur de l'accueil entretiennent les fidélités. Service sur la terrasse ombragée de platanes en été. Chambres entièrement rénovées.

Côté Jardin – *1 r. Gambetta - Cogolin - 04 94 54 10 36 - - 10h-22h - fermé nov.-mars - plats 18/25 €.* Cet établissement est une oasis de fraîcheur au centre du village, entre la place des boules et la place de la mairie. Grillades, petite restauration, glaces et autres douceurs servies dans un jardin ombragé. L'après-midi, salon de thé.

Shopping

Confiserie Azuréenne – *Bd Gén.-Koenig - Collobrières - 04 94 48 07 20 - www.confiserieazureenne.com - 10h-12h30, 13h30-18h30.* Fabrication de marrons glacés, marrons au naturel, crème de marron... Visite du musée.

Les pipes de Cogolin - Courrieu Fils – *58 av. Georges-Clemenceau - 04 94 54 63 82 - www.courrieu-pipes.com - - 9h-12h, 14h-19h - visite de l'atelier : lun.-sam. 14h-18h.* La proximité de la forêt des Maures fournit les racines de bruyère pour la confection des pipes. Labellisée « entreprise du patrimoine vivant », la maison Courrieu y est installée depuis plus de deux siècles et se visite. Elle a d'ailleurs approvisionné des célébrités telles que Simenon, Brassens, Vanel, Bernard Blier ou Raymond Devos.

Domaine Borrely-Martin – *Grande route des Mayons - Les Mayons - 06 80 13 03 80 - www.borrely-martin.fr - sur RV.* Situé dans la plaine des Maures, ce domaine viticole indépendant produit une AOC côte-de-provence en rouge et en rosé.

Les Ruchers des Maures – *Quartier Les Jardins - Les Mayons - 04 98 11 49 52 - tlj sur RV.* Produits de la ruche, nougat, pollen, mais aussi pain d'épice, confiture de châtaigne...

Activités

Randonnée – Pour découvrir la réserve naturelle nationale de la plaine des Maures, deux sentiers de niveau moyen (départ sur la D 75 entre Les Mayons et la D 558) : La dernière plaine sauvage *(env. 4h)* et Les vallons des Escarcets *(env. 2h)*.Infos *Cœur du Var Tourisme 04 89 26 03 80*. Topoguide en téléchargement sur *www.coeurduvartourisme.com*.

Les Chemins de la Vigne – *06 58 62 54 66 - location de 2h à 1 j - 28/70 €.* Pour découvrir le massif, réservez vos vélos électriques et suivez les circuits proposés en autonomie ou avec un guide. 2 boutiques : à Collobrières et La Londe les Maures.

Hébergement

Budget moyen

Le Coq'Hôtel – *Pl. de la République - Cogolin - 04 94 54 13 71 - www.coqhotel.com - P 8 €/j - fermé janv. - 24 ch. 98/152 € - 11 €.* Enseigne à la gloire du roi de la basse-cour. Les chambres, diversement meublées, sont dotées du double vitrage côté place ou donnent sur une cour tranquille à l'arrière, où l'on sert le café et les croissants en été.

La Maison de Nathalie – *993 chemin de la Fouquette - Les Mayons - ✆ 06 80 99 53 57 - www.chambresdhotes-casteldesmaures.org - 3 ch. 80/95 € et 1 gîte 800 € en haute saison - table d'hôte (sur réserv.) 28 €.* Cette bâtisse en pierre est la garantie d'un dépaysement total. Jolies chambres spacieuses au confort exemplaire qui offrent d'imprenables vues sur la forêt des Maures, et belle piscine. Accueil charmant.

Chambre d'hôte Le Mas des Oliviers – *12 Chemin les Ferrières - Puget-Ville - ✆ 04 94 48 30 89 ou 06 16 82 60 32 - www.chambre-d-hote-le-mas-des-oliviers.com - 3 ch. 97/109 € - repas 32 €.* Joli mas provençal planté au milieu de trois hectares de vignes et d'oliviers. Chambres spacieuses et bien tenues, climatisées, décorées aux couleurs du Midi. Salle de musculation et sauna ; possibilités de promenades à vélo.

Chambre d'hôte L'Amandari – *Vallat d'Emponse - Plan-de-la-Tour - ✆ 04 94 43 79 20 - www.provence-holidays.com - 5 ch. 100/190 € - roulotte 120 € - table d'hôtes 35 €.* De cette ancienne bergerie, cachée au bord d'un ruisseau, se dégage une atmosphère de calme et de convivialité. Les petites chambres, très coquettes, se répartissent autour d'un patio. Pour un séjour différent, on peut tester les nuits en roulotte. La piscine (chauffée), le jardin et les terrasses incitent à la paresse.

Pour se faire plaisir

Au Mas Saint Pierre – *201 chemin de Valcros - Pignans - ✆ 04 94 27 20 77 - www.aumassaintpierre.net - 2 ch. et 2 suites 115/165 € - table d'hôte (sur réserv.) 25 €.* Dans un parc de 8 000 m², au milieu du vignoble, un havre de paix aux chambres spacieuses et lumineuses, avec terrasse privative.

Une folie

Bliss Hotel – *Pl. de la République - Cogolin - ✆ 04 94 54 15 17 - www.bliss-hotel.com - 24 ch. 170/335 € - 14/15 €.* Résolument contemporain, cet hôtel cache son jeu derrière une façade typique de maison de village provençal. À l'intérieur, les tons sobres soulignent les lignes minimalistes du mobilier. Chambres spacieuses.

Domaine du Rayol ★★

S'étageant en amphithéâtre sur les pentes boisées de chênes-lièges, de mimosas et de pins, l'un des plus beaux sites du littoral varois doit son nom au ruisseau qui y serpente. Propriété du Conservatoire du littoral, ce jardin d'ambiances paysagères imaginé par Gilles Clément et entretenu de manière écologique est en floraison toute l'année.

Se repérer

Var (83)

CARTE C2 (P. 84-85).

Sur la route littorale entre le Lavandou et St-Tropez, le Domaine du Rayol se situe en contrebas du village du Rayol-Canadel-sur-Mer.

À ne pas manquer

La visite guidée quotidienne du jardin; les balades thématiques *(le vend. sur inscription)*.

Organiser son temps

Prévoyez 2h minimum pour visiter le domaine. Pour les horaires des visites guidées, consultez le site Internet. Sachez aussi que le jardin austral dévoile tous ses charmes en hiver, et le jardin marin en été.

En famille

Les découvertes de la vie sous-marine au jardin marin.

Carnet pratique p. 127

Nos adresses p. 128

Découvrir

★★ Le domaine

Av. Jacques-Chirac - Rayol-Canadel-sur-Mer - ✆ 04 98 04 44 00 - www.domainedurayol.org - ♿ - juil.-août : 9h30-19h30; avr.-juin et sept.-oct. : 9h30-18h30; reste de l'année : 9h30-17h30 - 12 € (-18 ans 9 €).

Un banquier parisien, **Courmes**, ayant visité de nombreux pays, y fit construire en 1910 une résidence entourée d'un jardin exotique. Le krach de 1929 interrompit brutalement le développement du domaine.

Le constructeur aéronautique **Henri Potez**, contraint en 1940 de se réfugier sur le littoral, met à nouveau en valeur le domaine et son jardin. Une majestueuse volée d'escaliers raccorde le belvédère du Patek, garni d'une pergola circulaire, au littoral et le jardin atteint sa plus grande splendeur. Après plusieurs décennies d'abandon, le Conservatoire du littoral rachète en 1989 l'ensemble du domaine (20 ha) afin de préserver un des derniers rivages sauvages de la corniche des Maures.

Derrière le comptoir d'accueil, la fresque de Nicolas Ponceau (1997) est à l'image du Domaine; l'hémisphère Sud... à l'envers! Vous débutez la visite par une exposition sur le climat méditerranéen avant de vous immerger dans le jardin. Le paysagiste Gilles Clément réalisa sur ces lieux une mosaïque de jardins présentant les végétations associées aux climats méditerranéens dans le monde : dragonniers des Canaries, agaves d'Amérique centrale, rarissimes palmiers à miel chiliens ou araucarias des Andes, eucalyptus centenaires, bottle-brush et gommiers bleus d'Australie, strelitzias sud-africains, bambouseraies chinoises. Entre chaque continent, au détour des allées ou de la pinède, la végétation ménage de belles échappées sur la mer turquoise, les îles d'Hyère et les caps. Ça et là, des bancs coupés dans des troncs d'arbre et des hamacs suspendus aux arbres invitent à la contemplation.

Les mains vertes profiteront des nombreux ateliers formation différents pour s'initier ou approfondir des sujets variés en compagnie de professionnels et de spécialistes (jardinage, ethnobotanique, plantes médicinales et aromatiques...).

★ Le jardin marin

La petite plage du Domaine, accessible uniquement dans le cadre des activités, est le point de départ d'originales et passionnantes découvertes de la vie sous-marine en Méditerranée.

★ **Sentier marin** – *visite guidée sur demande préalable (2h) de mi-juin à mi-sept. : plusieurs dép./j., sur réserv. au ✆ 04 98 04 44 00 - 35 € (8-17 ans 26 €) - billet donnant accès aux jardins du domaine. Tout l'équipement est fourni (combinaison, masque, palmes et tuba).* Cette visite sous-marine, accompagnée par un guide animateur diplômé d'État, spécialiste des fonds méditerranéens, est précédée d'une présentation des principales espèces marines susceptibles d'être rencontrées, de leurs spécificités et de la meilleure façon de les reconnaître dans leur milieu lié à l'**herbier de posidonie** *(voir p. 516)*. On découvre ainsi la vie étonnante du concombre de mer (holothurie) ou la curiosité inlassable des gobies. On pourra déceler la présence de bancs de saupes et espérer déjouer la vigilance d'un jeune mérou à l'affût dans une anfractuosité des rochers qui parsèment la baie.

Les pieds dans l'eau – *Visite guidée sur demande préalable juil.-août : tlj sf w.-end 10h - 15 € - durée 2h.* Cette visite s'adresse particulièrement aux familles avec de jeunes enfants, à partir de 4 ans. Elle se pratique les pieds dans l'eau, mais pas la tête sous l'eau. Nul besoin de savoir nager pour découvrir la faune et la flore de manière ludique et rafraîchissante.

À voir aussi

Rayol-Canadel-sur-Mer

Pl. Michel-Goy - ✆ 04 94 05 65 69 - www.lerayolcanadel.fr.

Les **plages** du Canadel, bordées de superbes pinèdes, sont parmi les mieux abritées de la côte des Maures, au pied des dernières pentes de la chaîne des Pradels. C'est sur cette plage qu'eut lieu le **débarquement de Provence** le 14 août 1944 à minuit. Deux stèles le rappellent, au bord de la plage et de la route.

De l'office de tourisme, possibilité de rejoindre le **col du Canadel★★** en une petite heure en passant par les escaliers monumentaux, Patec, l'église et le drapeau. Possibilité de rejoindre Cavalaire ou Le Lavandou par l'ancienne voie de chemin de fer pour ceux qui aiment le plat et les longues balades faciles avec de beaux points de vue.

Carnet pratique

Agenda

Concerts – *En été - sur réserv. au ✆ 04 98 04 44 00 - www.domainedurayol.org/evenements.* Concerts de musique classique et méditerranéenne en nocturne dans le domaine.

Fêtes de saison – Différentes animations au fil des quatre saisons.

Nos adresses

Restauration

Budget moyen

Le Café des Jardiniers – *Au Domaine du Rayol, av. Jacques Chirac, accessible seult aux visiteurs du jardin. - ✆ 04 98 04 44 05 - www.domainedurayol.org - à partir de 10h30 - plats 17/25 €.* À l'ombre des pins et avec vue sur mer, le café des jardiniers propose une cuisine de saison axée sur le végétal et les produits frais, de préférence bio ou issus du commerce équitable.

Maurin des Maures – *29 av. du Touring-Club - ✆ 04 94 05 60 11 - www.maurin-des-maures.com - 12h-14h, 19h-21h - plats 16,50/29,50 €, menu 39 €.* Ce grand bar-restaurant est une véritable institution depuis... 1920 ! Cet ancien bar-tabac est devenu un restaurant de poisson de qualité. Le service chaleureux et la grande baie vitrée qui ouvre sur la mer achèvent de nous convaincre.

Shopping

La Librairie des Jardiniers – *Entrée indépendante - Av. Jacques-Chirac - ✆ 04 98 04 44 00 - www.domainedurayol.org - à partir de 9h30.* Elle ravira les pouces verts, avec plus de 3000 références liées au jardin, à la nature, au voyage et au bien-être. Également un comptoir de saveurs avec produits régionaux écoresponsables.

La Pépinière du Domaine – *Entrée indépendante - Av. Jacques-Chirac - ✆ 04 98 04 44 00 - www.domainedurayol.org - à partir de 9h30.* Pépinière écologique pour se procurer les plantes emblématiques du Jardin des Méditerranées.

Hébergement

Budget moyen

Chambre d'hôte Villa Louisette – *21 Corniche de la Louve - ✆ 04 94 05 52 84 ou 06 03 20 50 00 - 🏊 - 4 ch. 105 € ☕.* Cette bastide avec vue sur le cap Nègre, piscine et terrasse abrite des chambres sobres et spacieuses.

Une folie

Le Bailli de Suffren – *15 Av. des Américains - ✆ 04 98 04 47 00 - www.lebaillidesuffren.com - ✕ 🏊 P - de mai à mi-oct. - 55 ch. 385/520 € ☕ - 1/2 P possible.* Entièrement rénové avec des couleurs jaune et bleu, ce très bel établissement fait l'effet d'un navire flottant sur la mer face aux îles d'Or. Belle piscine et snack-bar surplombant la plage, spa, location de bateau, jet-ski...

Ramatuelle ★

Isolées sur leur colline de maquis et de vignes, les maisons de Ramatuelle, blotties en colimaçon, forment une architecture défensive typique des vieux bourgs provençaux. En été, le village se métamorphose en station prisée, grâce à sa plage de Pampelonne située à deux pas et à ses festivals.

Se repérer

2117 Ramatuellois - Var (83)

CARTE C2 (P. 84-85).

Ramatuelle est situé 11 km à l'est de La Croix-Valmer *(voir massif des Maures, p. 117)* et 11 km au sud de St-Tropez par la D 93.

Organiser son temps

Consacrez une demi-journée à cette jolie cité ensoleillée.

Carnet pratique p. 132

Nos adresses p. 132

Découvrir

Le village

Les ruelles sinueuses, étroites, enjambées de voûtes et d'arceaux, invitent à une balade agréable et paisible. Le linteau des maisons restaurées et serrées contre l'**église** romane à chevet plat, qui renferme deux retables baroques (17e s.) aux splendides boiseries dorées, rappelle que le village fut reconstruit en 1620, après sa destruction pendant les guerres de Religion. Remarquez, rue du Moulin-Roux *(en bas du village)*, les **prisons** construites par Napoléon III dans un style si arabisant qu'on les attribue aux Sarrasins.

Face au cimetière du village, où reposent l'acteur **Gérard Philipe** et son épouse, un monument aux morts des Services spéciaux de la Défense nationale rappelle que sur la côte, à la Roche-Escudelier (accès par la plage de l'Escalet), venaient accoster les sous-marins qui assuraient la liaison avec la Résistance de la France occupée.

Moulins de Paillas

3 km au nord de Ramatuelle. ✆ 04 98 12 64 00 - www.ramatuelle-tourisme.com - mars-oct. : w.-end 10h30-12h30 - possibilité de visite guidée (30mn) - gratuit.
À 325 m d'altitude se trouvent trois moulins en activité jusqu'au 19e s., puis laissés à l'abandon. L'un d'eux a été restauré.

Les plages CARTE PRESQU'ÎLE DE SAINT-TROPEZ P. 139

La plage paradisiaque de **Pampelonne**, qui s'étend sur 5 km entre la plage de Tahiti et la pointe de la Bonne-Terrasse, se trouve sur la commune de Ramatuelle, bien qu'on l'associe à St-Tropez. Ses plages publiques et privées sont accessibles par la route des plages D 93, ponctuée de parkings payants *(forfait à la journée)*.

À proximité CARTE DE MICRORÉGION P. 84-85

Gassin C2

5,5 km au nord de Ramatuelle.

Fièrement campé à 201 m d'altitude, Gassin a préservé le caractère typiquement provençal de ses maisons et entrelacs de ruelles reliées parfois d'escaliers.
De la **terrasse des Barri**, plantée de micocouliers, et qui fleure l'ambiance méridionale, admirable **vue★** sur le Golfe de St-Tropez, la baie de Cavalaire, les îles d'Hyères, la chaîne des Alpes à l'est par mistral et, au-dessous, la forêt de chênes-lièges restée vierge.

La Croix-Valmer C2

11 km à l'ouest de Ramatuelle par la D 93.
287 r. Louis-Martin - ✆ 04 94 55 12 12 - www.lacroixvalmertourisme.com.
Le village tire son nom de la vision de **Constantin** : en route pour l'Italie, le futur empereur romain vit apparaître dans le ciel une croix avec la phrase *In hoc signo vinces* (« Par ce signe, tu vaincras »), annonce de son prochain triomphe et de celui du christianisme ; d'où la croix en pierre, érigée au **col de la Croix**.
Station climatique, comme en témoignent ses villas 1900, qui dominent la baie de Cavalaire, La Croix -Valmer est un écrin de verdure.
Sur ses 12 km de plages et de côtes alternent plages de sable fin bercées d'eaux turquoise (le Débarquement, Sylvabelle, Gigaro), corniches rocheuses et criques préservées (le Vergeron, Les Brouis). De nombreux itinéraires pédestres et cyclables permettent de découvrir ses paysages naturels, comme le Domaine du Cap Lardier, espace protégé du Parc national de Port-Cros *(voir p. 105)*.

Cavalaire-sur-Mer C2

17 km à l'ouest de Ramatuelle par la D 93 et la D 559.
Maison de la Mer - ✆ 04 94 01 92 10 - www.cavalairesurmer.fr.
Station familiale nichée au cœur de la ville avec de belles résidences de vacances. De superbes plages de sable fin s'étendent sur 4 km, clubs de plongée (le site est réputé), nombreux loisirs nautiques (jet ski, flyboard) et port de plaisance de plus de 1200 places. Départ vers les **îles d'Or** (Porquerolles, Port-Cros et Le levant) pour observer les cétacés.
Après une promenade pédestre (vélos autorisés) en pente douce à travers les pins, eucalyptus et tamaris, la très belle **plage de Bonporteau**, bordée de rochers, s'offre à vous. Sable fin, ambiance familiale, tables de pique-nique.

Le village de Ramatuelle.
F. Chaput/hemis.fr

Carnet pratique

S'informer

Office de tourisme – *Pl. de l'Ormeau - ✆ 04 98 12 64 00 - www.ramatuelle-tourisme.com.*

Se garer

Parkings près de l'église, du cimetière et de la mairie.

Agenda

Festival des Anches d'Azur – Fin juin, au village et plage du Débarquement en journée, au Forum Constantin en soirée, à La Croix-Valmer, festival de musique classique dont tous les concerts sont gratuits.

Nuits classiques – *www.festivalderamatuelle.com.* Fin juillet, concerts de musique classique.

Festival de Ramatuelle – *www.festivalderamatuelle.com.* 1re quinzaine d'août : théâtre et variétés.

Jazz Festival Ramatuelle – *jazzaramatuelle.com.* Mi-août au théâtre de Verdure.

Festival de folklore portugais – Autour de la Pentecôte, à La Croix Valmer.

Nos adresses

Restauration

Budget moyen

Saveurs Sincères – *31 av. G.-Clemenceau - ✆ 04 94 79 18 68 - 11h-14h30, 19h-23h - fermé nov.-fév. et dim. soir et lun. de mars à juin et oct. - plats 16/20 €.* Cuisine provençale raffinée avec produits frais de saison. Patio en pierre.

L'Estable – *6 r Victor-Léon - ✆ 04 94 79 10 76 - 12h-14h30, 19h-22h30, fermé lun. - plats 19/27 €.* Ce restaurant de village vous accueille de belle manière, sur sa terrasse ombragée ou dans l'une de ses deux chaleureuses salles où le bois est très présent. Côté cuisine, les plats font honneur à la Provence, mais aussi à l'Italie dans des pizzas généreuses, sans oublier les desserts maison.

À proximité

Budget moyen

Au Vieux Gassin – *Pl. Deï-Barri - Gassin - ✆ 04 94 56 14 26 - www.auvieuxgassin.com - 12h-14h, 18h30-21h - fermé de fin oct. à mi-fév. - plats 19/26,50 €, menu 36,50 €.* Un repaire gourmand dont la terrasse panoramique, partiellement protégée et chauffée durant l'arrière-saison, colonise un peu la place Deï-Barri. Carte régionale, menu « Provence », plats du jour et salades géantes pour le déjeuner. Service charmant.

Petite pause

La Tarte tropézienne – *R. du Centre - ✆ 04 94 79 20 23 - www.latartetropezienne.fr - mar.-dim. 7h-13h.* À l'entrée du vieux village, une boulangerie-pâtisserie idéale pour la pause : tartes tropéziennes, bien sûr, mais aussi pissaladières, pizzas ou viennoiseries. *Autre boutique à Cavalaire, 318 av. des Alliés - ✆ 04 94 64 08 62 - avr.-oct.*

Shopping

Marchés – Jeudi et dimanche matin place de l'Ormeau.

Maîtres vignerons de la presqu'île de Saint-Tropez – *270 route départementale 98 - Gassin - ✆ 04 94 56 40 17 - www.vignerons-saint-tropez.com - été : 9h-19h, dim. 9h-13h ; reste de l'année : tlj sf dim. 9h-18h30.* Cette grande boutique commercialise la production d'un groupement de domaines viticoles – dont le prestigieux Château de Pampelonne. Dégustation gratuite et vente de produits du terroir.

Activités

Team Water Sports – *Plage de Pampelonne - ✆ 06 09 21 19 80 - www.teamwatersport.fr - avr.-oct. : 9h-20h30.* Ski nautique, parachute ascensionnel, bouée tamponneuse ou tractée, jet-ski et scooter des mers.

Pep's Spirit – *Plages de Pampelonne et de l'Escalet - ✆ 06 22 72 69 36 - www.peps-spirit.fr.* Kayak, pirogue polynésienne, paddle et même paddle géant.

Hébergement

Pour se faire plaisir

Chambre d'hôte Leï Souco – *167 chemin du Plan - rte des plages - quartier Le Plan - ✆ 04 94 79 80 22 - www.leisouco.com - - 5 ch. 155/180 € - 4 studios 168/182 € - 11 €.* Au cœur des vignes, entouré d'oliviers et de mûriers, ce mas est un havre de paix. Chambres avec tomettes, boiseries et faïences de Salernes. Terrasse privative pour toutes, où il fait bon savourer un copieux petit-déjeuner. Piscine privée à disposition et tennis.

Une folie

La Vigne de Ramatuelle – *1436 rte de Collebasse - ✆ 04 94 79 12 50 - www.lavignederamatuelle.com - - fermé de mi-oct. à fin avr. - 18 ch. à partir de 320 € - 18/22 €.* Au milieu des vignes, villa conciliant charme, tranquillité et atmosphère de maison privée. Chambres d'esprit contemporain avec terrasse, salon d'été. Piscine dans la verdure.

À proximité

Budget moyen

La Rotonde – *2 r. Frédéric Mistral - La Croix-Valmer - ✆ 04 94 54 21 21 - www.hotel-la-rotonde.com - - 15 ch. 95/160 € - 10,50 €.* Au cœur du village et à quelques minutes de la plage de Gigaro, cet hôtel abrite des chambres rénovées, sobres mais colorées.

Pour se faire plaisir

Hôtel Bello Visto – *Pl. Dei-Barri - Gassin - ✆ 04 94 56 17 30 - www.bellovisto.eu - fermé de fin oct. à déb avr. - 7 ch. 135/245 € - 15 € - menu 43/65 €.* Enseigne-vérité pour cet hôtel-restaurant familial posté sur la place des Remparts, au sommet de Gassin : la plupart des chambres, comme la terrasse, ménagent en effet une belle vue sur le pays des Maures et le golfe de St-Tropez. Côté restauration, très belle terrasse ombragée surplombant la vallée où l'on goûte une cuisine semi-gastronomique. Très belle carte des vins.

Une folie

Hôtel du Parc – *7 av. du Fleuriste - Cavalaire-sur-Mer - ✆ 04 94 64 08 29 - www.hotelduparc-cavalaire.com - - fermé de fin oct. à déb. avr. - 39 ch. 160/218 € - 15 €.* À 350 m de la plage, cet hôtel à l'esprit familial est propice à la détente : atmosphère calme, aquabike, tennis, salle de fitness, snack chic en bordure de piscine. L'ensemble des chambres doit être rénové pour l'été 2023.

2

Saint-Tropez ★★

Indémodable « Saint-Trop' », toujours aussi séduisante, quoi qu'on en dise, et toujours aussi couru des stars et des paparazzi, des étrangers et des Parisiens. À quoi tient son succès ? Admirablement ancrées au bout du golfe de St-Tropez, ses élégantes maisons ocre et roses, adossées à la citadelle, semblent observer l'agitation estivale autour de son vieux port bondé de yachts de luxe. Derrière les festivités, St-Tropez dissimule une seconde vie secrète qui persiste au rythme des sorties des tartanes de pêcheurs. On y retrouve alors l'incroyable lumière d'un village qui a séduit au début du 20e s. les plus grands artistes présents au musée de l'Annonciade. St-Tropez plaît ainsi au monde entier, associant un charme provençal authentique à une ambiance internationale, avec ses adresses chics et snobs propices à la fête de jour comme de nuit.

Se repérer

3558 Tropéziens – Var (83)

CARTE D2 (P. 84-85).

8,5 km à l'est de Cogolin, sur le rivage opposé à Ste-Maxime. L'arrivée depuis La Foux est un cauchemar l'été. Mieux vaut préférer les autres saisons, circuler tôt le matin ou pas du tout et rester entre l'est et le sud de la presqu'île.

À ne pas manquer

Les ruelles étroites et le port ; le musée de l'Annonciade ; la citadelle ; la visite de la presqu'île par les caps.

Organiser son temps

En été, si vous voulez visiter St-Tropez au calme, privilégiez le matin, entre 8h et 10h. Venez de préférence hors saison pour profiter du décor fabuleux en toute quiétude. Pendant les bravades, les musées sont fermés… les habitants sont tous de la fête !

En famille

Le musée d'Histoire maritime de St-Tropez ; La Maison des papillons.

Carnet pratique p. 141

Nos adresses p. 142

Se promener

Le village PLAN DE VILLE

Circuit tracé sur le plan de ville p. 136.

★★ Port A1-2

Bercé par le cliquetis des haubans, vous vous mêlerez à la population cosmopolite dans le cœur grouillant de la vie tropézienne. Les yachts les plus clinquants s'y amarrent pour l'été, l'arrière tourné non vers le large mais vers les quais : c'est qu'il s'agit avant tout de montrer qui on est ! Un théâtre où chacun se pavane, sur les quais et dans les rues voisines, devant les vitrines des cafés, glaciers, restaurants, boutiques de nippes ou de luxe, au pied des façades jaunes et roses des maisons traditionnelles, que couronne l'altier clocher vivement coloré de l'église.

Môle Jean-Réveille A1

Réaménagée en vaste promenade, cette jetée qui ferme le port ménage l'une des meilleures **vues★** sur St-Tropez (côté ville et côté citadelle), le fond du golfe,

La plage de la Glaye, Saint-Tropez.
LaraBelova/Getty Images Plus

Grimaud et les ruines de son château, Beauvallon, Ste-Maxime, la pointe des Sardinaux, la pointe des Issambres, le Dramont, l'Esterel avec le sommet du Cap-Roux, les Alpes par temps clair.

Quartier de la Ponche B1

Serré entre le port et la citadelle, c'est le plus ancien, le plus charmant des quartiers, où vivaient pêcheurs et artisans. Du quai Jean-Jaurès, on atteint la place de l'Hôtel-de-Ville où se trouve, en face, la belle porte sculptée de Zanzibar et, à gauche, la tour de l'ancien **château de Suffren** des seigneurs de St-Tropez au 16e s. Après l'hôtel de ville, prenez à gauche l'anse de la Glaye, crique entre deux tours de l'ancienne fortification. Puis la rue de la Ponche, passant sous une porte ancienne, mène à une grève, ancien port de pêche.
Suivre la rue des Remparts pour rejoindre ensuite la rue du Cdt-Guichard.

Église Notre-Dame-de-l'Assomption B1

Du début du 19e s., imbriquée dans le tissu serré de la vieille ville, elle se repère à son clocher surmonté d'un petit campanile et à son style baroque italien. À l'intérieur, belles statues et boiseries sculptées datant de la Restauration. Le **buste de saint Tropez**, pièce maîtresse de la bravade des 16-18 mai, repose dans la chapelle de gauche, entouré de vieux tromblons dont les pétarades accompagnent les processions. En période calendale, magnifique crèche provençale du 19e s.
Descendre la rue du Clocher, puis prendre à gauche la rue des Commerçants, et à droite la rue du Marché.
L'adorable **place aux Herbes** est le cadre rêvé de l'ancien petit marché, qui a toujours lieu le matin. On passe devant les étals des pêcheurs sous la porte de la Poissonnerie pour retomber sur le quai J.-Jaurès et le port.

Place des Lices B2

Du port, empruntez l'une des ruelles commerçantes : Gambetta, F.-Sibilli, ou G.-Clemenceau pour rejoindre l'incontournable place ombragée des Lices, balayée par la brise marine et animée toute l'année avec ses cafés, marché provençal et parties de pétanque dans lesquelles les vedettes consentent à se mêler aux Tropéziens lorsque les photographes de presse sont là.

À voir aussi

PLAN DE VILLE CI-DESSOUS

★★ L'Annonciade, musée de St-Tropez A2

Pl. Grammont - ✆ 04 94 17 84 10 - www.saint-tropez.fr - juil.-sept. : tlj 10h-19h ; avr., mai, juin et oct. : tlj sf lun. 10h-18h ; reste de l'année : tlj sf lun. 10h-17h - fermé du 15 janv. au 10 fév. et 2 sem. en nov. - 4/6 € (-12 ans gratuit).

À deux pas du port agité et pourtant loin des frasques de la ville, cette chapelle du 16e s. accueille des chefs-d'œuvre de la peinture de la fin du 19e s. et du début du 20e s., pour la plupart interprétations merveilleuses du site tel qu'il se présentait alors. Paul Signac, installé à St-Tropez depuis 1892, y attire par sa forte personnalité Matisse, Bonnard, Marquet, Camoin, Dunoyer de Segonzac... La lumière exceptionnelle de la région va révolutionner leur palette et leur technique, générant les grands mouvements du post-impressionnisme : pointillisme, fauvisme, nabi et expressionnisme, révélés par le Salon des indépendants et le Salon d'automne. La touche **pointilliste** de Signac rayonne d'emblée avec le bleu scintillant de son *Orage*. Éblouissante aussi, la nature méridionale vue par ses disciples H.-E. Cross *(Plage de St-Clair)*, T. Van Rysselberghe, Maximilien Luce et Picabia. Le **fauvisme**, qui simplifie les formes et les transfigure par la couleur, s'exprime avec Matisse *(La Gitane)*, Van Dongen et Manguin, Braque *(L'Estaque)*, Vlaminck, Camoin, Derain, Friesz, Marquet. La peinture des **nabis** décrit une atmosphère intimiste

SE RESTAURER
To Share 1
Le Canastel 2
Le BanH Hoï 3
Au Caprice des Deux 4

SE LOGER
Hôtel Lou Cagnard 1
Hôtel La Ponche 2

St-Tropez et les artistes, une histoire d'amour

À bord de son yacht le *Bel-Ami*, en 1888, **Maupassant** découvre St-Tropez, alors charmant petit village isolé. Dans le port se balancent pointus des pêcheurs et tartanes chargées d'huile, de liège, de sable et de vin. Dans les années 1890, **Paul Signac** et ses amis peintres immortalisent St-Tropez de leur célèbre touche. Au début du 20e s., **Matisse** y prépare la toile *Luxe, calme et volupté*, et peint *Mme Matisse en kimono*, une *Vue de St-Tropez, Place des Lices*. **Colette** passe l'hiver à St-Tropez dans sa villa « La Treille Muscate ». Après la guerre, qui détruit le port, elle se bat pour que ce dernier soit reconstruit à l'ancienne. St-Tropez accueille encore Anaïs Nin, Errol Flynn, le couturier Paul Poiret, et, plus tard, Jean Cocteau. À partir des années 1950, St-Tropez connaît l'engouement des milieux littéraires de St-Germain-des-Prés, puis du monde du cinéma. Parmi les Tropéziens célèbres, **Roger Vadim**, qui épousa Brigitte Bardot, Hamilton et ses flous artistiques, Barclay et ses soirées en blanc. Pour retrouver le St-Trop' des années 1960, mythique avec B.B., cocasse avec de Funès, revoyez *Et Dieu créa la femme* et *Les Gendarmes de Saint-Tropez*.

et subjective, aplanissant la réalité de ses couleurs franches : celles fondues de Bonnard irradient ses œuvres *(Paysage du Cannet)*. Plus sombres et mystérieuses, celles de Vuillard et Vallotton. Plus noires, les toiles des **expressionnistes** Rouault, Chabaud *(Hôtel-Hôtel)*, Utrillo, Suzanne Valadon. Enfin, des sculptures de Maillol et Despiau, des vases de grès d'E. Decœur finissent d'illustrer l'époque.

2

★ Citadelle - Musée d'Histoire maritime B1

1 montée de la Citadelle - ✆ 04 94 55 90 30 - www.saint-tropez.fr - ♿ - avr.-sept. : 10h-18h30 ; reste de l'année : 10h-17h30 - 4 € (-12 ans gratuit).

Sentinelle du golfe, la citadelle domine la ville à l'est de son beau donjon et de ses trois tours rondes datant du 16e s. Avec ses remparts dissimulés en partie par de majestueux pins parasols, celle qui joua un rôle militaire jusqu'à la Seconde Guerre mondiale, offre aujourd'hui aux visiteurs une **vue★** superbe sur St-Tropez, son golfe, Ste-Maxime, les Maures et l'Esterel.

À l'intérieur, le **musée d'Histoire maritime★** illustre, à l'aide d'une belle muséographie, une facette assez méconnue de la ville : aujourd'hui associé à la plaisance, St-Tropez était au 18e s. le troisième port français ! Un plan-relief montre la cité à l'époque, moment où les chantiers navals prennent leur essor (plus de 3 000 unités construites jusqu'à la fin du 19e s.). La pêche artisanale, toujours vivace malgré la raréfaction des espèces, est évoquée à travers la reproduction d'une cave de pêcheur. Une impressionnante torpille de plus de 3 m vient prouver le savoir-faire de St-Tropez en matière militaire, la presqu'île abritant toujours une usine de production de la DCNS. À l'étage, ne manquez pas la maquette en os d'un vaisseau de ponton (début du 19e s.) et la canne de cap-hornier en vertèbre de requin (début du 20e s.) offerte au capitaine tropézien Léon Ignace Gardanne pour son record de traversé du Cap Horn durant l'année 1903.

Maison des papillons B2

17 r. Étienne-Berny - ✆ 04 94 55 90 10 - www.saint-tropez.fr - ♿ - juil.-août et vac. de Noël : tlj 14h-18h ; reste de l'année : tlj sf jeu.-vend. 14h-18h - fermé nov.-mars - 2 € (-12 ans gratuit).

Dans une venelle à l'écart de la cohue se cache une superbe collection de 4 500 papillons. Dans la maison de famille du photographe J. H. Lartigue, son fils

Les bravades

Deux bravades ont lieu chaque année. La première est à l'origine (13e s.) une simple procession religieuse en l'honneur de saint Tropez. Elle est devenue une fête municipale, en souvenir des temps heureux où, génoise, St-Tropez était une ville franche. À cette occasion, un capitaine de ville est élu et escorte le buste du saint avec le conseil municipal, ainsi que le corps de bravade, les 16, 17 et 18 mai. Un spectacle en rouge et blanc, aux couleurs des corsaires. La Bravade des Espagnols, le 15 juin, commémore la victoire du 15 juin 1637, grâce à la défense énergique de la milice tropézienne, sur 22 galères espagnoles qui tentaient de surprendre la ville et d'enlever quatre vaisseaux du roi mouillés dans le port.

Dany, peintre et entomologiste, présente les fruits de sa chasse en France ou les donations de spécimens du monde entier. Les espèces exotiques les plus remarquables sont disposées avec esthétisme : les ornithoptères de Nouvelle-Guinée (les plus grands papillons diurnes du monde) côtoient les morphos d'Amérique du Sud aux magnifiques ailes irisées de chatoiements bleus (mâles). Peintures illustrant les fêtes tropéziennes dans le patio, photos de famille de J. H. Lartigue (petit-fils du compositeur A. Messager) conduisent à l'étage, où des compositions artistiques permettent d'apprécier les capacités de mimétisme des insectes placés dans leur biotope. Également des espèces rares dont le fameux apollon noir du Mercantour, le parnassius et le zerynthia.

Chapelle Ste-Anne B2 EN DIRECTION

Au sud du village - ✆ 04 94 97 45 21 - www.sainttropeztourisme.com - ouv. le jour de la Ste-Anne, le 26 juillet.
Bâtie en 1620 sur un piton volcanique à l'ombre de grands arbres, cette jolie chapelle provençale parée d'ex-voto, est dédiée à la patronne des gens de la mer. **Vue** étendue sur le golfe et la mer, le pays des Maures et même le début de la chaîne des Alpes du Sud.

Musée de la Gendarmerie et du Cinéma A2

2 pl. Blanqui - ✆ 04 94 55 90 20 - www.saint-tropez.fr - juil.-août : 10h-19h (jeu. 21h) ; avr.-juin et sept.-oct. : 10h-18h ; reste de l'année : 10h-17h - fermé 1 sem. en janv. et j. fériés - 5 € (-12 ans gratuit).
Établi dans le bâtiment qui accueillit la brigade de St-Tropez de 1879 à 2003, devenu emblématique avec les tournages des « Gendarmes », ce musée gai et ludique nous plonge dans le St-Tropez authentique et les débuts du cinéma.

Les plages CARTE PRESQU'ÎLE DE ST-TROPEZ P. 139

Elles sont divines, nappées de sable fin, entrecoupées de rochers formant parfois de délicieuses criques sous des pins parasols gorgés de pignons l'été. Vous n'aurez que l'embarras du choix sur 10 km. Les plus courageux les dénicheront à pied par le **sentier du littoral** qui fait le tour de la presqu'île jusqu'à la baie de Cavalaire *(voir « Randonnées », ci-contre)*. On peut aussi suivre la route de la Belle-Isnarde qui mène à la plage Tahiti (Pampelonne), en passant à travers la campagne.
Pas d'embouteillage pour atteindre les plages proches et assez tranquilles : la **Bouillabaisse** (idéal pour la planche à voile par temps de mistral), à l'ouest ; la plage ombragée des **Graniers** *(accès par la rue Cavaillon)*, à l'est, avant la baie des Cannebiers, plage privilégiée entre la citadelle et les rochers. Le long de la **baie des Cannebiers**, vous apercevrez les villas « La Hune » de Paul Signac, « La Treille

Muscate » de Colette et « La Madrague » de B.B. Plus à l'est encore se trouve la **plage des Salins** *(accès par l'av. Foch)*.
Sur la commune de Ramatuelle, bien protégées du mistral, les **plages de Pampelonne**, souvent privées, affichent toutes les tendances.

Circuit conseillé

★ Route des sommets

Voir « Massif des Maures » p. 120.

Randonnées

★★ Presqu'île par les caps CARTE PRESQU'ÎLE DE ST-TROPEZ

Voir la carte p. 139. Les 40 km du littoral de la presqu'île, préservés de l'emprise du béton par la politique d'acquisitions du Conservatoire du littoral, se répartissent entre les à-pics rocheux et sauvages des caps Camarat, Taillat et Lardier, et les longs rubans de sable fin de l'anse de Pampelonne et de la baie de Cavalaire. Plages de sable à Gigaro, Briande et l'Escalet, mais multitude de criques sinueuses que le sentier épouse, comme autant d'invites à une baignade privilégiée dans une nature préservée comme par miracle.
Prévoyez de bonnes chaussures de marche et de l'eau. Évitez les heures les plus chaudes de la journée : outre le coup de chaleur, la visibilité est réduite par les brumes de chaleur. Certaines parties de ces sentiers ont été touchées par les incendies de juillet 2017. Renseignez-vous auprès de l'office de tourisme. Enfin, ces parcours ne forment pas de boucles ! Pensez au retour à pied ou prévoyez une voiture ou un taxi à l'arrivée.

De St-Tropez à la plage de Tahiti

Environ 3h. Le sentier part de la plage des Graniers à l'extrémité ouest du port. Il épouse les sinuosités du rivage en offrant de superbes belvédères sur les contreforts des Maures et les premières avancées de roches rouges de l'Esterel. Par la pointe des Rabiou et le cap de St-Tropez, on accède à la plage des Salins, première étape où l'on peut trouver des guinguettes ouvertes en saison estivale. En contournant le cap du Pinet, on débouche sur la plage de Tahiti qui ferme le nord de l'anse de Pampelonne.

De la plage de Tahiti au cap Camarat

Environ 2h. Jusqu'à la pointe de la Bonne-Terrasse, le sentier se confond sur 5 km avec le chemin parallèle à l'immense plage de sable de **Pampelonne**. En abordant la baie de la Bonne-Terrasse, le sentier escalade les premiers rochers au milieu d'une végétation plus dense. À proximité du rocher des Portes, un sentier s'engage à droite en direction du phare de Camarat, qui émerge d'une forêt d'arbousiers et de fougères arborescentes.

★ Phare de Camarat

En voiture, depuis la D 93 de Ramatuelle, prendre la route fléchée « Route du phare » qui serpente sur la crête du promontoire au-delà du camping.
Ce noble phare de 129,80 m est l'un des plus hauts de France par rapport au niveau de la mer et a une portée lumineuse de 60 km. Mis en service en 1831, il fut électrifié après la Seconde Guerre mondiale et entièrement automatisé en 1977. Il domine l'anse de Pampelonne, l'ensemble de la presqu'île et le golfe de St-Tropez.

2

Du cap Camarat à L'Escalet

Environ 2h30. Restauration uniquement à l'Escalet. Promenade sportive déconseillée avec de jeunes enfants. Après avoir contourné le rocher des Portes et la pointe Moussure, le sentier mène à la Baie des Roches bleues où l'on s'accordera une petite pause aquatique. En poursuivant sur le sentier du littoral, la vision du majestueux **château de Volterra** *(ne se visite pas)* qui domine la baie est pour le moins inattendue. Acheté en 1926 par la directrice de théâtre Simone Volterra, il accueillit de nombreuses réceptions auxquelles participèrent Raimu, Colette, Joséphine Baker ou encore Jean Cocteau. Après Sèche de Gassin, la roche et la végétation changent. Des amoncellements granitiques apparaissent, offrant au marcheur des criques d'eau claire où il fait bon se baigner ; griffes de sorcières, plumeaux et salicorne succèdent aux pins marins. La plage de sable fin de l'Escalet, entourée de rochers, propose tout un panel de loisirs nautiques.

Possibilité de rejoindre la route depuis la cabane de douaniers qui marque l'entrée du parking de l'Escalet.

De L'Escalet au cap Taillat

Environ 30mn. Le sentier s'enfonce dans une végétation de maquis dominée par les chênes verts à la base du cap. Le **cap Taillat**, le plus beau du golfe selon certains, est en fait un **tombolo** en formation qui rattache l'écueil rocheux au littoral, le transformant en presqu'île. Ici, des espèces rares fleurissent, comme la barbe de Jupiter ou le palmier nain. Ne manquez pas le **dolmen de la baie de Briande** datant de 2000 ans avant J.-C.

Du cap Taillat à Gigaro par le cap Lardier

Environ 2h. Le **site★★** du cap Lardier présente une belle unité d'essences forestières, protégé par le Conservatoire du littoral. Au-delà de la forêt, les domaines viticoles occupent la totalité de l'espace. De la baie de Briande à Gigaro en passant par le cap, le sentier longe une suite ininterrompue de falaises abruptes.

À la Belle Époque, un remarquable vignoble s'étendait à l'emplacement des lotissements et du mas de Gigaro; ce dernier date des années 1950 lorsque le domaine fut vendu et transformé en camping. Au début des années 1970, un établissement bancaire racheta l'ensemble, y incluant de nouvelles parcelles jusqu'à la plage de Brouis en vue d'y aménager un port de plaisance. La mobilisation des riverains, puis l'acquisition en 1976 de l'ensemble par le Conservatoire du littoral ont permis de conserver à cette portion de la côte varoise son aspect primitif.

À Gigaro, parking sur le front de mer ou à gauche juste avant la pinède. En saison, un poste d'information est installé à proximité du panneau de situation à l'entrée de la pinède.

Carnet pratique

S'informer

Office de tourisme – PLAN B1 (P. 136) - *Quai Jean-Jaurès (sur le Vieux-Port) - ✆ 04 94 97 45 21 - www.sainttropeztourisme.com.*

Se déplacer

Transports maritimes Les Bateaux verts – *✆ 04 94 49 29 39 - www.bateauxverts.com.* Navettes régulières au départ de St-Tropez à destination de : **Ste-Maxime** - *déb. avr.-fin sept. : 14,50 € AR (enf. 8 €)*; **Port-Grimaud** - *déb. avr.- fin sept. : à partir de 13,30 € (enf. 7,50 €)*; **Marines de Cogolin** – *déb. avr.- fin sept. : 13,30 € (enf. 7,50 €) AR*; **des Issambres** – *de fin mai. à fin sept. : 16,20 € AR (enf. 9,20 €).*

Agenda

Les Nuits du château de la Moutte – *lesnuitsduchateaudelamoutte.com.* Première quinzaine d'août, au cœur d'une superbe palmeraie centenaire, festival de musique sous la direction générale et artistique du violoniste Jean-Philippe Audoli.

Les Voiles de Saint-Tropez – *www.lesvoilesdesaint-tropez.fr.* De fin septembre à début octobre. Rassemblement prestigieux de voiliers modernes et de tradition. Un des événements nautiques les plus importants de la Côte d'Azur.

Nos adresses

PLAN P. 136

Restauration

Budget moyen

2 **Le Canastel** – B1 - *12 r. de la Citadelle - ✆ 04 94 97 26 60 - www.canastelsainttropez.com - 9h-1h - plats 14/31 €.* Sympathique restaurant italien dans une ruelle de la citadelle. Pizzas, pâtes fraîches, viande et poisson. Service honnête et efficace.

Pour se faire plaisir

1 **To Share** – B2 - *Pl. des Lices - ✆ 04 94 45 50 50 - 10h-23h, fermé mi-oct.-mi-mai - plats 22/42 €.* Quand le chanteur américain Pharell Williams et le top chef Jean Imbert se mettent derrière leurs platines gourmandes, ça donne une street food aux accents asiatiques et latinos, ludique et percutante, à partager en terrasse dans une ambiance cool au déjeuner et électrique le soir. Happy, non ?

3 **Le BanH Hoï** – B1 - *12 r. Petit-St-Jean - ✆ 04 94 97 36 29 - www.banh-hoi.com - 19h30-23h30 - fermé nov.-mars - plats 18/33 €.* Lumière tamisée, murs et plafonds laqués de noir et objets décoratifs asiatiques composent le cadre de cette maison où l'on propose une cuisine vietnamienne et thaïlandaise.

4 **Au Caprice des Deux** – B1 - *40 r. du Portail-Neuf - ✆ 04 94 97 76 78 - www.aucapricedesdeux.com - 19h30-0h - plats 35/48 €.* Le caprice de Stéphane et Sonia Avelin, frère et sœur, est simple et honnête : faire partager leur amour de la cuisine dans ce restaurant situé dans une ruelle non loin de la citadelle.

Petite pause

La Tarte tropézienne – *Pl. des Lices - ✆ 04 94 97 94 25 - www.latartetropezienne.fr - 6h30-19h30.* Pâtissier, traiteur salon de thé et espace de restauration, cet établissement est le lieu incontournable pour se procurer la célèbre tarte tropézienne. Cette spécialité, créée en 1955 par Alexandre Micka, se présente sous la forme d'une brioche fourrée d'une crème moelleuse et riche à souhait.

Sénéquier – *4 pl. aux Herbes - ✆ 04 94 97 20 20 - www.senequier.com - 7h30-3h.* La terrasse et les chaises rouges de ce salon de thé-pâtisserie sont mondialement connues. Bien des célébrités y passèrent pour boire un café glacé ou déguster un nougat maison (fabriqué ici depuis 1887, année de création de l'entreprise). L'établissement fait désormais aussi brasserie et glacier. Et, ô sacrilège, l'intérieur a été relooké par un jeune designer.

Barbarac – *2 r. Gén.-Allard - ✆ 04 94 97 67 83 - www.barbarac.fr - à partir de 9h.* Plutôt que de commander un dessert au restaurant, optez pour une glace artisanale à déguster en déambulant sur le port.

Shopping

Grande braderie des commerçants – Fin octobre. Une foire aux affaires des plus courues.

Marchés – Samedi matin, place des Lices.

Les Sandales Tropéziennes Rondini – *18 r. Georges-Clemenceau - ✆ 04 94 97 19 55 - www.rondini.fr - 9h30-13h, 14h30-18h - fermé dim.-lun.* L'atelier Rondini fabrique la sandale tropézienne depuis 1927.

K.Jacques – *39 bis r. Allard et 28 r. Seillon - ✆ 04 94 97 41 50 - www.kjacques.fr - 10h-13h, 14h30-19h - boutiques fermées de nov. à mars, se rens. au ✆ 04 94 97 41 50.* L'autre marque emblématique de sandales tropéziennes, depuis 1933…

En soirée

Bar 1904 – *2 rte de Tahiti - 04 94 56 76 00 - www.airelles.com - de mi-avr. à mi-oct. : 10h-0h30.* Ce bar de standing est celui de l'un des plus prestigieux hôtels méditerranéens. Atmosphère feutrée dans le bar de cette ancienne demeure familiale du 19e s. De la terrasse, vue sur le golfe de St-Tropez.

Bar Sube – *23 quai du Bailli-Suffren - 04 94 97 30 04 - www.hotelsubesainttropez.com - de mi-mars à mi-nov.* C'est l'un des plus beaux bars de la ville. La cheminée et les fauteuils en cuir en font un lieu chaleureux et confortable. De petites tables sont installées sur le balcon, offrant une belle vue sur le vieux port.

Les Toits lounge – *Hôtel de Paris - 1 traverse de la Gendarmerie - 04 83 09 60 29 - www.hoteldeparis-sainttropez.com - 12h30-15h, 19h30-22h.* Le toit de cet hôtel *arty* permet de siroter un cocktail confortablement installé sur des canapés, loin des terrasses bruyantes, en admirant la piscine à débordement *(non accessible aux pers. extérieures à l'hôtel).*

Hébergement

Budget moyen

1 **Hôtel Lou Cagnard** – A2 - *Av. P.-Roussel - 04 94 97 04 24 - www.hotel-lou-cagnard.com - P - fermé nov.-mars - 18 ch. 88/193 € - 12 €.* Maison tropézienne ancienne à deux pas du centre proposant des chambres colorées d'esprit provençal avec quelques touches plus contemporaines. Aux beaux jours, petit-déjeuner servi en terrasse à l'ombre des mûriers.

Pour se faire plaisir

Chambre d'hôte Les Amandiers – HORS PLAN - *11 vieux chemin de Ste-Anne - à prox. de la chapelle Ste-Anne - 04 94 97 79 25 - www.lesamandiers.net - P - fermé nov.-mars - 5 ch. 155/220 €.* Perdue sur les hauteurs boisées de St-Tropez, cette propriété recèle de confortables chambres climatisées avec entrée indépendante, coffre-fort et réfrigérateur, avec terrasse face à la pinède. Petit-déjeuner à l'ombre d'un grand laurier-rose. Accueil soigné.

Une folie

2 **Hôtel La Ponche** – B1 - *5 r. des Remparts - 04 94 97 02 53 - www.laponche.com - P 30 €/j - fermé de déb. nov. à mi-avr. - 20 ch. 1180/1389 € - plats 28/68 €.* Romy Schneider, entre autres personnalités, a séjourné dans ce charmant hôtel composé d'anciennes maisons de pêcheurs colorées du pittoresque quartier de La Ponche. L'esprit provençal s'épanouit dans le décor et dans l'assiette du restaurant. Agréable terrasse.

2

Grimaud ★

Grimaud est le village perché tel qu'on en rêve : pimpant, fleuri, ensoleillé. On y trouve d'anciennes maisons provençales, de charmantes placettes, des ruelles entrelacées, ponctuées par une volée de marches, une fontaine ou un micocoulier. À l'opposé, Port-Grimaud, sorti tout droit de l'imagination d'un architecte au milieu des années 1960, n'en attire pas moins la foule en été.

Se repérer

4 479 Grimaudois – Var (83)

CARTE C2 (P. 84-85).

Le vieux village est 10 km à l'ouest de St-Tropez par la D 98A et la D 61.

À ne pas manquer

L'église St-Michel ; le château féodal ; la cité lacustre de Port-Grimaud.

Organiser son temps

Comptez au moins une demi-journée pour Grimaud et sa « petite Venise ».

En famille

Le petit train touristique ; une balade sur les canaux de Port-Grimaud.

Carnet pratique p. 145

Nos adresses p. 146

Se promener

★ Le vieux village

L'**église St-Michel** est un édifice roman (fin 12e s.-déb. 13e s.) en croix latine. La nef centrale, en pierres apparentes, est d'une austérité toute médiévale. Les étroits vitraux contemporains ont été réalisés par le célèbre bijoutier Jacques Gautier. Avant de monter au **château**, faites un détour par la **place de la Mairie,** qui offre une belle vue sur le golfe de St-Tropez. À l'origine (début du 11e s.), le château comprenait une seule tour. À la suite des troubles du 14e s. fut érigée une enceinte, pour protéger le village. L'ultime agrandissement (17e s.) vit la construction d'un grand corps de bâtiment flanqué de deux tours aux décors de serpentinite. Détruit à la Révolution, il reste des ruines imposantes, où l'on distingue encore quelques pans de murs et d'escaliers. Du haut des remparts, **vues★** sur les Maures, le golfe de St-Tropez, les eaux bleues de Port-Grimaud et, plus proche, sur le moulin de Grimaud. Descendez à la **chapelle des Pénitents** (à l'est), qui abrite les reliques de saint Théodore, puis rejoignez la Place Neuve.

Musée du Patrimoine – *591 rte Nationale - ✆ 04 94 55 57 34 - mar. et jeu.-sam. 9h30-13h - fermé nov.-avr. et j. fériés - gratuit.* Installé dans un ancien moulin à huile, il retrace l'histoire du village photos à l'appui. Une collection d'outils illustre les activités traditionnelles : bouchonnerie, viticulture, sylviculture. Enfin, la reconstitution d'une maison de village, sur deux étages, évoque la vie quotidienne (vaisselle, costumes...).

Passez devant l'office de tourisme, remontez vers la place Neuve, où une **fontaine** commémore l'installation de l'eau courante à Grimaud en 1886. Dans la **rue des Templiers** *(qui mène à l'église),* admirez, sur la maison du même nom, les arcades en basalte et les portails en serpentine.

Un bijou d'urbanisme balnéaire, les maisons colorées de Port-Grimaud.
Flavio Vallenari/Getty Images Plus

★ Port-Grimaud

La cité lacustre de Port-Grimaud fait partie des monuments labellisés Patrimoine du 20e s.

À 5 km. Parking visiteurs obligatoire à l'extérieur de la cité (payant).

L'architecte **François Spoerry** (1912-1999) créa en 1966, sur une zone marécageuse, une cité lacustre destinée aux marins (un anneau d'amarrage pour chaque maison). Les maisons s'inspirent des villages méditerranéens, et les portes de la cité ont des allures fortifiées. Du haut de la tour de l'**église St-François d'Assise** (moderne et sobre, vitraux de Vasarely), belle **vue★** sur la cité, le golfe de St-Tropez et les Maures.

Petit train touristique – *06 62 07 65 09 - www.petit-train-grimaud.fr - de fév. à déb. nov. : 10h-17h - 7,50 € (3-12 ans 4 €).* Il circule dans les deux sens entre Grimaud *(dép. pl. Neuve)* et Port-Grimaud *(dép. à l'entrée principale).*

Coches d'eau de Port-Grimaud – *12 pl. du Marché - 06 73 87 76 84 - www.hpco.fr - visite (20mn) de mi-fév. à mi-nov. : horaires en fonction de la saison, se rens. - 6 € (3-12 ans 3 €).* Visite par voie d'eau de la copropriété, avec des fiches descriptives.

2

Carnet pratique

S'informer

Office de tourisme – *679 r. Nationale - 04 94 55 43 83 - www.grimaud-provence.com.*

Se garer

À Grimaud Village, l'esplanade St-Roch derrière le château est gratuite ; parking souterrain des Terrasses payant en saison.

Agenda

Les Grimaldines – *les-grimaldines.com.* De mi-juillet à début août, tous les mardis de 19h à 22h, festival de musiques du monde et des arts de la rue.

Truffe en fête – En février, grand marché gastronomique autour de la truffe noire *Tuber Melanosporum*.

Nos adresses

Restauration

Budget moyen

La Spaghetta – *1 montée St-Joseph - ✆ 04 94 43 28 59 - www.spaghetta.fr - 12h-14h, 19h-22h30 - fermé janv., lun., sam. midi et mar. midi - plats 17/27 €.* En arrivant au village, la petite terrasse de ce restaurant italien invite à partager une pizza ou à faire son choix parmi les spécialités de pâtes fraîches.

Pour se faire plaisir

Apopino – *Pl. des Pénitents - ✆ 04 94 43 25 26 - www.apopinorestaurant.com - 19h-22h - fermé dim. - à la carte 62/70 €, menu 36 €.* Une bien belle découverte que ce restaurant de Grimaud, avec aux fourneaux un duo de chefs originaires l'un du Piémont, l'autre de Roubaix. Leur cuisine moderne, aux accents méditerranéens, fait mouche : les préparations sont soignées. Service charmant.

Fleur de sel – *4 pl. du Cros - ✆ 04 94 43 21 54 - www.fleur-de-sel-restaurant-grimaud.com - 11h30-14h30, 18h30-23h - fermé oct.-janv. et merc.-jeu. - plats 25/29 €, formule déj. 19/23 €, menus 70/90 €.* Belle terrasse à l'ombre d'un olivier et cuisine semi-gastronomique créative élaborée à base de produits frais de saison.

Shopping

Marchés – Jeudi, place Neuve à Grimaud Village ; jeudi et dimanche à Port-Grimaud, place du marché.

Activités

Golf-up – *39 carraire d'Aigo Puto - rte des Blaquières - ✆ 04 94 43 08 08 - www.golfup.fr.* École de golf accessible à tous publics : practice de 40 postes, 3 box d'enseignement, zone d'approche et 2 puttings green.

Hébergement

Pour se faire plaisir

Maison du Prince – *22 r. des Templiers - ✆ 04 94 56 81 32 ou 06 99 90 19 68 - www.maisonduprince.com - P - 5 ch. à partir de 132 € ☕.* Dans cette charmante maison d'hôte située dans une des ruelles principales du village, la décoration est raffinée et l'accueil familial. Grandes chambres confortables.

Chambre d'hôte La Bastide de l'Avelan – *496 rte du Plan-de-la-Tour - quartier Robert - 2 km de Grimaud Village par D 44 - ✆ 04 94 56 99 22 - www.bastideavelan.com - - 4 ch. 130/160 € ☕ - 1 studio 200 € ☕.* Maison typique où vous serez hébergé dans des chambres simples mais mignonnes, distribuées en rez-de-jardin. Accueil avenant, bons conseils touristiques, tranquillité d'un quartier résidentiel et piscine environnée de platanes et de pins.

Sainte-Maxime ★

Loin de la mondanité de sa voisine St-Tropez, cette station familiale s'avère idéale pour un séjour au bord de la mer : site superbe, vieille ville restaurée avec goût, port de pêche et de plaisance... Sans oublier, abritées du mistral par des collines boisées, ses belles plages de sable fin.

Se repérer

14 708 Maximois – Var (83)

CARTE CD1 (P. 84-85).

Ste-Maxime se trouve en lisière du massif des Maures et face à St-Tropez, à 14 km par la D 559.

À ne pas manquer

Le musée des Traditions locales installé dans le tour Carrée ; l'église ; le front de mer et le port de plaisance.

Organiser son temps

Après le marché couvert, baladez-vous entre la mer et le village.

Carnet pratique p. 150

Nos adresses p. 150

Se promener

Ste-Maxime figure dans une charte de l'abbaye de St-Victor à Marseille, datée du 11e s., comme une chapelle rurale dédiée à la sainte, au titre de l'une de ses nombreuses possessions dans les Maures. On sait que la peste noire ravagea la région au 14e s. et que les moines du Thoronet, devenus seigneurs des lieux, tentèrent sans succès de la repeupler au 16e s. Ce n'est qu'au 18e s. qu'un embryon de village se dessina autour d'un petit port. Mais il faudra attendre la construction du chemin de fer pour que Ste-Maxime devienne une station balnéaire réputée dans l'entre-deux-guerres.

Le village

Dép. de l'office de tourisme, muni du dépliant « Architecture du 20e s. ».

Le **Casino** (1929) ne ressemble plus guère aux plans de **René Darde** (1883-1960), mais il reste un bas-relief côté nord, « Les Nageurs ». L'architecte, né à Chatou, marié en 1913 à une jeune fille du cru, a laissé une centaine de réalisations à Ste-Maxime. Il a aussi œuvré à Giens, Roquebrune et St-Raphaël.

Prendre en face l'avenue Jean-Jaurès.

Au n° 1, le **palais des Sirènes** (1929) attire le regard avec son fronton arrondi d'inspiration japonisante et ses claustras en terre cuite.

Prendre à droite rue de Verdun. Place Louis-Blanc, enfilade de beaux hôtels bourgeois de la fin du 19e s. Poursuivre rue Gambetta.

L'atmosphère du **vieux village**, refuge quand le soleil inonde les plages avoisinantes, saisit immédiatement le visiteur : ruelles pavées, placettes, fontaines, petits commerces, savoureux marché en matinée, architecture provençale aux façades colorées... mais pas seulement. À Ste-Maxime, l'**Art déco** se mêle intimement à l'habitat traditionnel.

Remonter à gauche rue Courbet, tourner à gauche rue du Marché pour arriver place Colbert.

Remarquez la **maison Olivier** (1925, par René Darde), du nom de son propriétaire, un marchand de vin.

2

Par la rue Fabre, monter jusqu'à la mairie annexe place Pasteur.
Ce bel édifice un peu maniéré répond au goût de l'époque.
Par la rue des Maures, monter au boulevard des Mimosas.
La **villa Aimé** *(face à la montée de la Résistance)* ne manque pas d'audace formelle. C'est la plus belle représentante de cette époque (1932), mais bien mal en point. Le fronton monumental couronnant la façade principale rappelle une calandre de voiture, tandis que les génoises évoquent la toiture d'une pagode.
Descendre la montée de la Résistance, passer sous le porche et tourner à droite dans la rue Paul-Bert.
Le **n° 16** date de 1926. René Darde réussit dans cet empilement de formes simples, à la manière d'un jeu de construction, un très bel immeuble Art déco parfaitement intégré au village : garde-corps en fer forgé ouvragé, frises et motifs de mosaïques.
Retourner en arrière, continuer vers la place Victor-Hugo et tourner à droite rue Gabriel-Péri.

Tour Carrée

Face au port - Pl. Mireille-de-Germond - ne se visite pas.
Cette tour défensive érigée vers 1520 a servi de prison, de grenier, d'école, de mairie, de musée avant d'être aujourd'hui fermée au public en raison de sa vétusté.

Église

Construite en 1672, elle a connu plusieurs agrandissements, jamais suffisants (le dernier par René Darde, en 1938). Notez à l'extérieur l'élégant campanile en fer forgé et le portail décoré d'un tympan moderne en céramique. À l'intérieur, bel autel baroque en marbre ocre et vert provenant du monastère de la Verne (17e s.) et stalles du 15e s. Angelots de l'école de Puget et vitraux contemporains.
Remonter la rue Jean-Aicard et tourner à droite dans l'avenue Berthie-Albrecht.
Impossible de manquer l'immaculée façade du **Grand Hôtel**, édifié en 1890. Le bâtiment, réquisitionné par les troupes italiennes, allemandes puis franco-américaines pendant la guerre, a été transformé en immeuble d'habitation.
Au-delà du Grand Hôtel, l'élégante avenue parallèle au front de mer se transforme en jeu de piste *(avec le dépliant de l'office de tourisme)* pour retrouver sur les façades une dizaine de motifs architecturaux *(regardez notamment les nos 37, 56, 72, 78, 79, 85, 87, 91).*

Le bord de mer

La **promenade Aymeric-Simon-Lorière** (du port au pont du Préconil), ombragée de platanes, pins parasols et palmiers, offre une belle vue sur St-Tropez. La **promenade de la Croisette**, à l'ouest, mène au **jardin botanique** des Myrtes.

Le port

Véritable lieu de vie animé, le port de Ste-Maxime est le royaume des amoureux de la voile. Sa capitainerie, dont l'architecture évoque la silhouette d'un navire, son **quai Léon-Condroyer**, entièrement rénové en 2013, et son étal des pêcheurs qui fleure bon le terroir maritime font la joie des promeneurs.

Pointe des Sardinaux

À quelques pas du centre-ville, la Pointe des Sardinaux est une presqu'île naturelle surnommée « la petite Corse ». Deux sites remarquables peuvent y être observés : un bunker datant de la Seconde Guerre mondiale et un vivier datant de l'époque romaine, découvert suite à un important travail de fouille.

Vue aérienne de Sainte-Maxime.
JackF/Getty Images Plus

Plages

Ste-Maxime totalise 10 km de plages de sable. En ville, de part et d'autre de la plage du Casino, vous trouverez la Croisette (à l'ouest) et La Madrague (à l'est), qui n'est pas surveillée. Après la pointe des **Sardinaux** (*sentier littoral 20mn - zone naturelle protégée)* se succèdent **La Nartelle**, dont la belle plage fut l'un des points du débarquement en août 1944, la **plage des Éléphants** et enfin celle de La Garonnette.

À proximité

CARTE DE MICRORÉGION P. 84-85

Parc St-Donat C1

10 km au nord. Quitter Ste-Maxime par le bd G.-Clemenceau, D 25.

Musée du Phonographe et de la Musique mécanique – *Parc St-Donat - rte du Muy - 04 94 96 50 52 - www.sainte-maxime.com - - juil.-août : 10h-12h, 16h-18h ; mai-juin : merc.-dim. 10h-12h, 15h-18h ; sept.-oct. : sur demande préalable - fermé nov.-avr. - 4 € (-17 ans 1,50 €).* Sa façade évoque un orgue mécanique (limonaire) des années 1900. À l'intérieur, étonnante collection de 350 instruments de musique et appareils à reproduire le son. Des pièces rares comme le mélophone de 1780 (ancêtre de l'accordéon), une série de phonographes de 1878 (Edison) à nos jours, un pathégraphe pour l'étude des langues étrangères (premier appareil audiovisuel), et même un oiseau chanteur (Bontemps, 1860).

Carnet pratique

S'informer

Office de tourisme – *21 place Louis Blanc - ✆ 0 826 20 83 83 - www.sainte-maxime.com.*

Se déplacer

Les Bateaux Verts – *14 quai Léon-Condroyer - ✆ 04 94 49 29 39 - www.bateauxverts.com - ♿ - Navettes vers St-Tropez (15mn - dép. ttes les 15-20mn - 24h/24 en juil.-août - 13,90 € AR).* La compagnie propose aussi des excursions côtières d'avr. à oct. : golfe de St-Tropez, calanques de l'Esterel, les îles d'Or...

Agenda

Corso du mimosa – Le 1er week-end de février. Défilés de chars fleuris et animations.

Fête de Ste-Maxime – Fête votive, bravade le 15 mai. Fête populaire et religieuse en costume. Défilés.

Fête des vendanges – Premier w.-end de septembre.

Fête de l'huile – Mi-novembre. Animations, dégustations, marchés autour de l'huile d'olive...

Nos adresses

Restauration

Budget moyen

La Maison Bleue – *48 r. Paul-Bert - ✆ 04 94 96 51 92 - 12h-14h, 19h-22h - fermé lun., mar. et de déb. nov. à mi-déc. - plats 25/37 €, formule déj. 21 €, menu 29/37 €.* Vieilles affiches publicitaires, plaques en émail et anciens paquets de pâtes ornent les murs : les pâtes tiennent aussi une bonne place sur la carte. Belle terrasse sous les platanes.

L'Amiral – *Quai Léon-Condroyer - ✆ 04 94 43 99 36 - www.amiral-restaurant.com - 12h-14h, 19h-22h - fermé dim.-lun. - formule déj. 21 €, plat du jour 18 €.* Sur le port, cette institution fait office de brasserie à midi, avec spécialité de fruits de mer, et restaurant gastronomique le soir.

Petite pause

Pâtisserie Charles Pierrugues – *6 pl. Victor-Hugo - ✆ 04 94 96 17 64 - www.charlespierrugues.com - 8h-19h - fermé nov. et lun. de déc. à mars.* La famille Pierrugues régale les gourmands depuis 1920. Vaste terrasse, sur le front de mer, pratique pour boire un verre, grignoter quelques douceurs et, en été, déguster une glace et profiter du salon de thé.

Géo Glacier – *16 r. Théodore-Blanc - ✆ 04 94 96 03 85 - 9h30-12h30, 16h-19h ; roulotte ambulante - Prom. Aymeric-Simon-Lorière - avr.-oct.* Une institution gourmande depuis... 1946 !

Shopping

Marchés

Marché couvert – Rue Fernand-Bessy, très animé tous les matins *(sf lun. en hiver)* mais aussi en été de 7h à 14h et de 17h30 à 19h30 *(sf dim. soir).*

Marché alimentaire – Le lundi matin avenue G.-Pompidou, le jeudi matin place du Marché.

Marché des artisans – De mi-juin à mi-septembre de 16h à 23h, dans les rues piétonnes du centre.

Domaine La Pierre Plantée – *Rte du Muy - ✆ 04 94 96 65 65 - www.domainelapierreplantee.com - visite guidée de l'oliveraie en avr.-sept. : se rens. - boutique : avr.-sept. : mar.-vend. 10h-12h, 14h30-18h ; reste de l'année : mar. 14h30-17h.* Depuis plusieurs générations, la famille Olivier perpétue son savoir-faire. Surplombant le golfe de St-Tropez, le domaine est l'une des plus grandes plantations d'oliviers du Var. L'huile produite entre dans la catégorie « fruité vert », avec ses arômes de tomate verte, d'artichaut cru et sa note poivrée.

Domaine des Beaucas – *CD 44 - lieu-dit Beaucas - 04 94 40 73 76 - www.domainedesbeaucas.com - tlj sf dim. 10h-18h - visite de la cave possible.* Un domaine familial AOP côtes-de-provence sur les hauteurs. Les vignes sont cultivées dans le respect de l'environnement.

En soirée

Café de France – *2 pl. Victor-Hugo - 04 94 96 18 16 - www.lecafedefrance.fr - avr.-sept. : 6h30-2h; oct.-mars : 6h30-23h.* Miroirs d'origine, clichés d'antan, lustres et appliques façon « 1900 » confèrent un charme « rétro » à cette brasserie fondée en 1852. En haute saison, grande animation en soirée sur la vaste terrasse, en face de la marina. En hiver soirées jazz vend. et sam. *(de mi-sept. à fin juin)* et festival de jazz *(en mars)*.

Théâtre de la Mer – *1 prom. Simon-Lorière - 08 26 20 83 83 - www.sainte-maxime.com - juin-sept. : à partir de 21h30* - Ce théâtre en plein air à l'entrée du port propose chaque été des spectacles variés : chanteurs et humoristes...

Casino – *23 av. Charles-de-Gaulle - 04 94 55 07 00 - www.casinosbarriere.com - 9h-3h, vend.-sam. 9h-4h.* Machines à sous, jeux de tables, restaurant Côté Plage avec vue mer, plage privée, concerts.

Carré Léon-Gaumont – *107 rte du Plan-de-la-Tour - 04 94 56 77 77 - www.carre-sainte-maxime.fr - lun. 9h-13h, 13h30-18h, mar.-vend. 9h-18h, sam. 9h-12h, 13h-18h.* Une ambitieuse architecture accueille le pôle culturel de la ville, avec médiathèque, cinéma, salle de spectacle et auditorium.

Activités

Water Glisse Passion – *Plage de la Nartelle - 06 58 03 26 05 - www.sportsnautiquesvar.com - 9h30-18h30 (19h w.-end).* Palette de jeux nautiques plus ou moins communs : bouées, wakeboard, kayak, paddle... Des sensations fortes pour tous les goûts et tous les âges.

Golf Bluegreen de Ste-Maxime – *Rte du Débarquement - 04 94 55 02 02 - www.bluegreen.fr - 8h-18h30 - green-fee 18 trous avec voiturette env. 98 €.* Un golf magnifique et spectaculaire, situé sur les contreforts du massif des Maures. Club-house avec restaurant, bar et boutique.

Centre de plongée Ketos – *112 av. Charles-de-Gaulle - 06 11 52 40 50 - www.ketos.fr - avr. à oct. - 45/80 €.* Snorkeling, plongée (baptême ou en autonomie).

2

Hébergement

Pour se faire plaisir

Hôtel Le Chardon Bleu – *7 traverse des Lauriers-Roses - 04 94 55 52 22 - www.aubergeduchardon-bleu.com - 24 ch. 110/175 € - 12 €.* Situation intéressante au centre de la station et à 500 m de la plage. Chambres climatisées, la plupart dotées d'un balcon; deux ont une grande terrasse. Agréable jardin pour le petit-déjeuner.

Une folie

Matisse Hôtel – *11 bd F.-Mistral - 04 94 96 18 33 - www.hotel-matisse.com - 28 ch. à partir de 229 € - 1/2 P possible.* Ici, la couleur est le maître-mot avec des motifs qui rappellent le peintre dès l'accueil. Chambres climatisées de tailles diverses, certaines avec vue sur mer, chaleureuses et modernes. Jolie terrasse côté piscine et bar cosy pour se rafraîchir le soir.

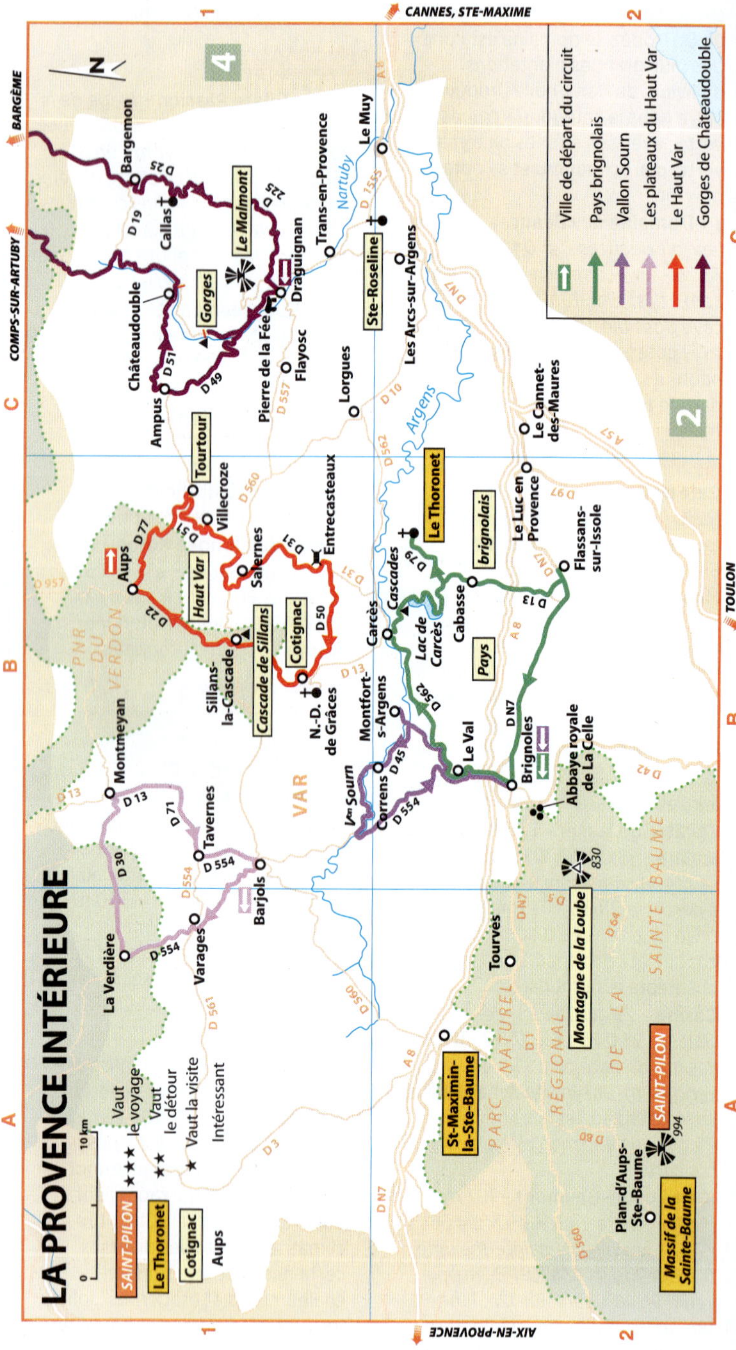
LA PROVENCE INTÉRIEURE
SAINT-PILON ★★★ Vaut le voyage
Le Thoronet ★★ Vaut le détour
Cotignac ★ Vaut la visite
Aups Intéressant
0
10 km
N
Ville de départ du circuit
Pays brignolais
Vallon Sourn
Les plateaux du Haut Var
Le Haut Var
Gorges de Châteaudouble
BARGÈME
COMPS-SUR-ARTUBY
CANNES, STE-MAXIME
TOULON
AIX-EN-PROVENCE
Bargemon
Callas
Le Malmont
Châteaudouble
Gorges
Ampus
Draguignan
Trans-en-Provence
Le Muy
Nartuby
Pierre de la Fée
Flayosc
Ste-Roseline
Les Arcs-sur-Argens
Lorgues
Argens
Le Cannet-des-Maures
Tourtour
Villecroze
Entrecasteaux
Salernes
Aups
Haut Var
Sillans-la-Cascade
Cascade de Sillans
Cotignac
N.-D. de Grâces
Carcès
Cascades
Lac de Carcès
Le Thoronet
Cabasse
brignolais
Pays
Le Luc en Provence
Flassans-sur-Issole
Montfort-s-Argens
Le Val
Brignoles
Abbaye royale de La Celle
Vallon Sourn
Correns
VAR
Montmeyan
Tavernes
La Verdière
Varages
Barjols
PNR DU VERDON
Tourves
Montagne de la Loube
830
St-Maximin-la-Ste-Baume
PARC NATUREL RÉGIONAL DE LA SAINTE BAUME
SAINT-PILON
994
Plan-d'Aups-Ste-Baume
Massif de la Sainte-Baume
D 25
D 19
D 225
D 51
D 49
D 557
D 10
D 1555
D 560
D 562
D 77
D 51
D 31
D 22
D 50
D 13
D 79
D 13
D 97
A 8
A 57
DN 7
D 45
D 554
D 13
D 71
D 30
D 554
D 561
D 560
D 957
D 3
D 80
D 1
D 5
D 64
D 42
1
2
A
B
C
4

3

La Provence intérieure

CARTE MICHELIN DÉPARTEMENTS 340 – VAR (83)

Brignoles 154

À l'ouest de Brignoles :
Massif de la Sainte-Baume★★ 161

Au nord de Brignoles :
Barjols 167

Aups 171

Tourtour★ 176

Cotignac★ 178

À l'est de Brignoles :
Abbaye du Thoronet★★ 181

Draguignan et la Dracénie 186

Brignoles

Les rues du vieux Brignoles forment un charmant labyrinthe de venelles étroites, tortueuses et pentues, où il est agréable de déambuler. Prospère grâce à son importante foire et à l'exploitation de la bauxite jusqu'à la fin des années 1980, cette sous-préfecture du Var, qui a depuis longtemps débordé du tracé des remparts, invite à explorer son pays agricole et verdoyant, entre flâneries villageoises, randonnées et visites de recueillement.

Se repérer

17 895 Brignolais – Var (83)

CARTE B2 (P. 152).

À 50 km de Toulon et 22 km de Barjols. Le vieux Brignoles occupe le versant nord d'une petite colline surmontée de l'ancien palais des comtes de Provence. La ville nouvelle se développe dans la plaine.

Organiser son temps

Accordez 1h à la visite du vieux Brignoles, prévoyez 1h pour la visite de l'abbaye de La Celle. Poursuivez en voiture par la découverte du pays brignolais.

En famille

Le musée des Gueules rouges à Tourves et le musée du Jouet ancien et de la Figurine historique au Val ; Aoubré, l'aventure nature.

Carnet pratique p. 159

Nos adresses p. 159

Découvrir

Le vieux Brignoles

Au sud de la **place Carami**, la rue du Grand-Escalier et ses voûtes, la rue St-Esprit, la rue des Lanciers, où se trouve une maison romane à fenêtres géminées, pénètrent dans le vieux Brignoles.

Église St-Sauveur

Elle présente à l'extérieur un beau portail du 12e s. encadré de colonnes ioniennes. À l'intérieur, nef de style gothique provençal, et jolie porte de sacristie (16e s.). Le maître-autel est entouré de bois doré du 15e s. (sacrifice d'Abraham et distribution de la manne). Dans la chapelle de droite, *Descente de croix* de Barthélemy Parrocel (mort à Brignoles en 1660).

Musée des Comtes de Provence

Pl. des Comtes-de-Provence - ✆ 04 98 05 92 88 - www.caprovenceverte.fr - ♿ - mai- 4 € (-6 ans gratuit).

Il est établi dans l'ancien **palais des comtes de Provence** (en partie du 12e s.), dont la tour domine la ville (table d'orientation). Dans la salle des Gardes, le **sarcophage de la Gayolle★** (2e s.) serait le plus ancien monument chrétien de Gaule, mais l'iconographie (pêcheur, ancre, berger ramenant une brebis, arbres du jardin céleste, soleil personnifié) est encore marquée par la tradition polythéiste gréco-romaine. À l'opposé, la barque en ciment est due à Joseph Lambot, inventeur du ciment armé ! Art religieux (dans l'ancienne chapelle), reconstitutions d'une cuisine provençale du 19e s. et d'une galerie de mine de bauxite ; **crèche animée** (1952) fabriquée selon la tradition provençale ; peinture religieuse et profane des **peintres brignolais** Joseph Parrocel (1704-1781) et Frédéric Montenard (1849-1926).

À proximité

CARTE DE MICRORÉGION P. 152

Abbaye de La Celle B2

2,5 km au sud-ouest de Brignoles par la D 554, puis prendre à droite la D 405. Pl. des Ormeaux - ✆ 04 98 05 05 05 - www.abbayedelacelle.fr - mai-août : 10h30-18h30 ; mars-avr. et sept.-déc. : 10h30-17h30 - gratuit..

Monastère fondé au 6e s., érigé en abbaye au 11e s., ce couvent de bénédictines attire les filles de la haute noblesse provençale. En 1268, il compte une centaine de moniales (dont Gersande de Sabran en 1225 comme prieure). À partir du 14e s., de longues querelles et un certain relâchement des mœurs mettent en péril le monastère. Des scandales causent en 1658 le transfert à Aix-en-Provence de la communauté, sur ordre du cardinal Mazarin, abbé commendataire. Le couvent déclinera jusqu'en 1770.

Cet **édifice roman** (11e-12e s.) est vendu à la Révolution et transformé en exploitation agricole, puis en hôtellerie de luxe. Il est aujourd'hui propriété du département du Var, qui a terminé sa restauration en 2021. Le parcours mène dans le cloître et son préau, ainsi que dans les différentes salles de vie des moniales. Depuis les terrasses, on peut admirer la beauté et le calme du village. Avec sa nef unique en cul-de-four, l'austère chapelle Ste-Marie a une allure de forteresse. Son mobilier liturgique provient de l'ancienne église Ste-Perpétue, qui servait d'église paroissiale jusqu'à la Révolution.

Dans les anciens réfectoire et dortoir rénovés se tiennent des expositions temporaires renouvelées plusieurs fois par an.

Tourves A2

12 km à l'ouest de Brignoles par la D N7.

★ **Musée des Gueules rouges** – *Av. de la Libération - quartier du Laou - ✆ 04 94 86 19 63 - www.tourves.fr - ♿ - visite guidée (40mn) mai-sept. : merc. et w.-end 14h-18h, dép. galerie 14h30, 15h30 et 16h30 ; reste de l'année : merc. et w.-end 14h-17h, dép. galerie 14h30 et 15h30 (vac. scol. : ouv. merc.-dim.) - fermé de mi-déc. à déb. fév. - 6 € (-18 ans 4 €).*

Entre la fin du 19e s. et les années 1980, le Var a constitué le principal gisement de **bauxite** français, minerai de base de l'aluminium exploité à ciel ouvert ou dans des mines souterraines. Le musée des Gueules rouges, surnom donné aux mineurs qui rentraient chez eux couverts de poussière rouge, retrace l'histoire de cette activité qui a perduré à Tourves jusqu'en 1989. Importante collection de machines et d'outils, bornes interactives. Accompagné d'un guide, vous plongerez au cœur d'une galerie reconstituée.

Randonnées

CARTE AUTOUR DE BRIGNOLES P. 156

À Brignoles

3 km. Un sentier mène au **dolmen des Adrets** situé au nord du centre-ville.

8 km - 3h30 - départ au sud-est du centre-ville. Le circuit **Font de Bardel** traverse les collines : table d'orientation découvrant le Pays brignolais.

3

★ Montagne de la Loube

14 km au sud-ouest – environ 3h. Quitter Brignoles par la D 554. À La Celle, la D 405 conduit à la D 5, qu'on descend vers le sud. 1 km avant la Roquebrussanne, laisser la voiture sur la gauche.

2h AR, par la petite route interdite aux véhicules. Très verte et fleurie au printemps, cette route longe ou surplombe des roches dolomitiques où l'érosion a parfois sculpté d'étranges silhouettes d'apparence animale ou humaine.

Au sommet (alt. 830 m), intéressant **panorama★** : dans les plaines, les cultures découpent des rectangles multicolores sertis de chaînons arides, et au flanc des collines, au milieu des pins et des chênes, apparaît le rouge des carrières de bauxite. L'extraction de cette roche, baptisée d'après les Baux-de-Provence et source du minerai d'aluminium, fut jusque dans les années 1980 une activité majeure de la région.

Au nord, au-delà de la vallée du Caramy, on découvre les collines de la Provence intérieure ; à l'est, les Alpes ; au sud, les montagnes qui dominent Toulon et à l'ouest, la longue chaîne de la Ste-Baume.

Rentrer à Brignoles par la D 5 et la D N7.

Circuits conseillés

CARTE AUTOUR DE BRIGNOLES

★ Pays brignolais

Circuit tracé en vert sur la carte ci-dessous – 56 km - environ 3h. Quitter Brignoles au nord par la D 554.

Le Val

En bordure de l'ancienne voie Aurélienne, Le Val regroupe ses maisons étroites au caractère provençal préservé, autour du délicat campanile en fer forgé (18e s.)

Le lac de Carcès, Sainte Suzanne.
C. Moirenc/hemis.fr

de la **tour de l'Horloge**. L'église romane du village conserve de belles fresques du 18e s. Rue Niel, remarquez la façade romane de la « maison de ville ». Poursuivant cette rue, vous arrivez à l'ancien moulin à huile et à la **Maison de l'olivier**. À voir également, les peintures qui ornent la façade de l'Hôtel des vins et la sculpture du mur de scène du jardin-théâtre, des œuvres de Le Couëdic, élève de Dalí.

Musée d'Art sacré – *Pl. des Pénitents - ✆ 04 94 37 02 20 - ; - visite guidée tlj sur demande préalable - 2 € (-12 ans 1,50 €).* Dans la chapelle des Pénitents noirs (16e s.) sont exposés des ex-voto, statues et vêtements sacerdotaux brodés.

Musée du Jouet ancien et de la Figurine historique – *Chemin du Marteau - ✆ 04 94 37 02 21 - ; - visite guidée tlj sur demande préalable - 2 € (-12 ans 1,50 €).* Il présente des jouets allant de la fin 19e s. au 20e s., ainsi que des figurines et personnages historiques en costumes.

Prendre la D 562 au nord-est.

3

Carcès

Ses maisons aux longs toits plats couvrent une petite colline dominée au loin par le sommet du Gros Bessillon. Certaines façades sont couvertes d'écailles en faïence de Salernes *(voir p. 190)*, une rareté très varoise. Ces tuiles servent à protéger les maisons du vent d'est apportant la pluie et dégradant les façades. Carcès produit de l'huile et du miel et possède de grandes caves de vinification. Promenez-vous dans les ruelles jusqu'en haut du village où le soleil couchant apporte une belle lumière, et découvrez les peintures ornant les maisons.

À la sortie de Carcès, la D 13 *(direction Cabasse)* longe la rive du Carami qui court sous les arbres.

8 km - 2h30. Se garer près du pont de Caramy. Un sentier balisé mène aux **chutes du Caramy**. Cette fraîche cascade franchit deux fois 7 m.

Lac de Sainte Suzanne à Carcès

Rendez-vous des pêcheurs *(baignade interdite)* et de la fraîcheur, ce plan d'eau de 60 ha, créé en 1936, retient 8 millions de m^3 destinés à alimenter en eau potable Toulon et d'autres communes de la côte. Abords boisés de pins. À l'extrémité sud, **vue** sur les collines avoisinantes.

Après le lac de Sainte-Suzanne, la D 79 conduit à l'**abbaye du Thoronet★★** *(voir p. 181)*.

Revenir à la D 13 et à la vallée de l'Issole à gauche.

Cabasse

Sur la Route des vins des côtes-de-provence, menhirs et dolmens avoisinent ce village *(à l'ouest accès par la D 79)* à la place ombragée, dotée d'une fontaine en forme de vasque. La nef latérale de l'**église St-Pons** (16e s.) présente des culs-de-lampe en forme de visages grotesques ou empreints de douceur. Le **maître-autel★** en bois doré est d'inspiration Renaissance espagnole.

Continuer sur la D 13, puis prendre la D 39.

Flassans-sur-Issole

Suivre le chemin de la Chapelle dans le quartier de Haute-Ville. Parking à proximité du site (le vieux village est interdit aux véhicules). Montée par l'ancien chemin de Croix caladé qui part du hameau du Pigeonnier.

À l'entrée du site, veille la **chapelle de N.-D.-de-Consolation** (15e s.). Construit au début du 13e s., le vieux village de Flassans fut abandonné au 15e s. au profit d'un nouveau village établi en plaine. Les habitations adossées à la roche s'enroulent sur la colline. Au sommet, trône le **château féodal** de la famille des Pontevès. Perché à 323 m, on y découvre notamment une citerne semi-enterrée, les vestiges du donjon, l'ancien four et une tour circulaire utilisée comme pigeonnier. La **vue** est imprenable sur le village moderne et la vallée de l'Issole. Ne manquez pas la petite **chapelle St-Joseph** située à l'ouest de la colline.

Plusieurs randonnées pédestres partent de Flassans, dont une vers le lac Redon, connu pour sa grande diversité biologique *(8,8 km - 2h50 - dép. parking du Pigeonnier)*. Itinéraires à télécharger sur *www.coeurduvartourisme.com*.

Prendre la N 7 pour rentrer à Brignoles.

Vallon Sourn

Circuit tracé en violet sur la carte p. 156 – 39 km - environ 1h. Quitter Brignoles par le nord (D 554). Au Val, prendre à droite la D 562, puis à gauche la D 22.

Montfort-sur-Argens

Ancienne commanderie de Templiers, le village a gardé ses remparts et un château templier : deux tours carrées percées de fenêtres à meneaux et un bel escalier à vis (15e s.). Le terroir produit d'excellentes pêches et du raisin.

Rebrousser chemin jusqu'au carrefour de la D 45 et remonter la vallée de l'Argens (à droite).

Correns

Ce charmant village à cheval sur l'Argens compte de nombreuses fontaines et un vieux château dont le donjon a conservé ses gargouilles. On y produit un bon **vin blanc**. Tous les viticulteurs de Correns ont opté pour l'agriculture biologique et ont été pionniers en ce domaine. À peu près tout le village s'y est d'ailleurs converti : producteurs, agriculteurs, artisans... Retrouvez-les lors de la **Fête de la bio et du naturel** *(le 3e w.-end d'août)*.

Vallon Sourn

Sourn signifie « obscur » en provençal. La haute vallée de l'Argens s'encaisse entre de belles falaises : ombragée et fraîche en été, elle est sombre en hiver. Les grottes servirent de refuge durant les guerres de Religion. Aujourd'hui, c'est un lieu idéal de repos, de promenade et de baignade. Vous pouvez aussi y faire du canoë et de l'escalade. Les falaises du vallon sont devenues un site de référence pour les adeptes de la varappe.

À Châteauvert, la D 554 (à gauche) ramène à Brignoles.

Carnet pratique

S'informer

Provence Verte & Verdon – *Carrefour de l'Europe - Brignoles - ✆ 04 94 72 04 21 - www.la-provence-verte.net/ot_brignoles..*

Se garer

Grand parking place des Augustins.

Agenda

Foire de l'agriculture – *foiredebrignoles.fr.* Durant une dizaine de jours au mois d'avril. Foire-exposition consacrée aux vins du Var et de la Provence, au miel, à l'huile d'olive, etc.

Les Soirées musicales de l'abbaye royale de La Celle – *www.soireesmusicales-lacelle.com.* De mi-juillet à mi-août, concerts classiques et expositions de peintures sont à l'honneur.

Foire à la saucisse au Val – *www.foirealasaucisse.fr.* En hommage à Louis XIII et saint Antoine, elle se déroule le 1er week-end de septembre. Nombreux métiers de bouche, défilés de confréries et groupes folkloriques.

Nos adresses

Restauration

À proximité

Budget moyen

Les Chineurs – *62 av. Ferrandin - Carcès - 18 km au nord-est par la D 562 - ✆ 04 94 04 31 99 - 12h-13h30, 19h-21h30 (21h mar.) - fermé dim.-lun. - plats 17/18 €.* Le restaurant propose des pizzas cuites au feu de bois et des spécialités de moules. Cadre simple et rustique, agréable terrasse dans le jardin.

La Remise – *4 av. de la Libération - Besse-sur-Issole - 16 km à l'est par la D N7 - ✆ 04 94 59 66 93 - 12h-14h, 19h30-21h - fermé lun. - formule déj. 14 € - menu 25/29 €.* Petite adresse sans prétention derrière une discrète façade postée au centre du village. Cour-terrasse ombragée. En cuisine, on prépare des plats simples à tendance régionale.

Le Goût des mets – *91 av. du Gén.-de-Gaulle - Flassans-sur-Issole - ✆ 06 78 03 41 36 - 12h-13h30, (w.-end 19h30-21h30) fermé lun. (et dim. hors saison) et nov.-mars - formule déj. 14,50 €.* Un restaurant de la même veine que La Remise : une adresse simple mais gourmande au cœur du village pour une cuisine de saison bien préparée.

Shopping

Marchés – Mercredi matin et samedi matin pl. Caramy, samedi matin pl. du Gén.-de-Gaulle.

À proximité

Maison des Vins des varois – *Pl. du Gén.- de-Gaulle - La Celle - ✆ 04 94 69 33 18 - www.coteaux-varois.com - juil.-août : lun.-vend. 9h30-13h, 14h-18h30 et sam. 10h-13h-14h-19h ; reste de l'année lun.-vend. 9h30-12h30, 14h-18h et sam. 10h-13h, 14h-18h30.* La boutique est située dans l'enceinte même de l'abbaye de La Celle. 80 vignerons y proposent leurs vins auxquels s'ajoute la petite production de l'abbaye.

Atelier des métiers d'art – *Rte du Lac - Carcès - ✆ 06 32 46 68 33 - ♿ - tte l'année, sur réserv.* Jean Debuisson, l'un des derniers potiers d'étain, a transmis son

3

art à sa fille. Elle utilise deux techniques traditionnelles de coulée, l'une avec des moules déjà existants, l'autre avec des moules de sable argileux pour reproduire un modèle par empreinte. Timbale ou plat gravé à vos initiales, louches, soupières...

Domaine Gavoty – *Le grand Campdumy - Cabasse - ✆ 04 94 69 72 39 - www.gavoty.com - mai-août : 9h-12h, 14h-19h, sam. 10h-12h, 14h-19h ; reste de l'année : lun.-vend.9h-12h, 14h-18h - fermé dim.* Ce magnifique domaine situé sur la Via Aurelia est tenu par la même famille depuis huit générations. On y produit notamment d'excellents vins AOP. Le domaine abrite aussi un gîte superbe (12-20 pers.) au milieu des vignes et organise chaque année de nombreuses manifestations : concerts, salons gastronomiques...

La Commanderie de Peyrassol – *Chemin de Peyrassol - RN 7 Flassans-sur-Issole - ✆ 04 94 69 71 02 - www.peyrassol.com - tlj 10h-18h.* Fondée au 13e s. par les Templiers, la commanderie est aujourd'hui un grand domaine viticole ainsi qu'une galerie d'art à ciel ouvert. Buren, Dubuffet, Kapoor sont des noms que vous pourrez croiser dans le parc, entre le restaurant et le bistrot.

Activités

Aoubré, l'aventure nature – *Quartier Rouvière - Flassans-sur-Issole - ✆ 06 12 58 02 26 - www.aoubre.fr - juil.-août : 9h-19h30 ; reste de l'année : w.-end, j. fériés et vac. scol. 9h30-18h30 ou 17h30 - fermé des vac. de Noël aux vac. de fév. - 10/22 € (8-11 ans 8/18,50 €) - accrobranche sur réserv.* Ce parc de cèdres de 30 ha comprend plusieurs parcours d'accrobranche (à partir de 4 ans et 1,05 m), un parcours découverte pour les petits (3-5 ans), mais aussi : un parc animalier, un jardin des papillons, un sentier des sons suspendus, un sentier pieds nus... Petite restauration au Bistrot des forêts.

Hébergement

Budget moyen

Chambre d'hôte La Cordeline – *14 r. des Cordeliers - ✆ 04 94 59 18 66 - Wi-Fi - 3 ch. 96/130 € ☕.* Havre de bien-être en plein centre-ville, cette ravissante maison de notable du 17e s. abrite d'immenses chambres. Dès les premiers rayons du soleil, les petits-déjeuners sont servis sur la terrasse, à l'ombre de la treille.

À proximité

Budget moyen

Chambre d'hôte Château de Vins – *Les Prés-du-Château - Vins-sur-Caramy - 8,5 km au nord-est par la D 24 - ✆ 04 94 72 50 40 - www.chateaudevins.fr - fermé nov.-avr. - 🏊 P - 5 ch. 90/150 € ☕.* Ce bel édifice du 16e s. cantonné de quatre tours abrite des chambres sobrement aménagées. Rénové avec passion par un dynamique propriétaire, il accueille activités culturelles, stages de musique, expositions, concerts estivaux et séminaires en juillet et août.

Massif de la Sainte-Baume ★★

Si l'on n'est pas tout à fait au paradis, on a vraiment l'impression de s'en approcher en gravissant le Saint-Pilon. Ce sont sans doute la beauté et la configuration exceptionnelles du massif qui en ont fait un lieu sacré depuis l'Antiquité et aujourd'hui un Parc naturel régional. Mais c'est à sainte Madeleine, la célèbre pécheresse repentie, que l'on doit ce nom qui signifie « grotte sainte ». Pour mieux comprendre, pourquoi ne pas suivre les nombreux pèlerins et randonneurs qui montent vers la grotte sanctuaire ? Une chapelle y a été aménagée, avec de nombreuses représentations de la sainte, et le petit effort est récompensé sur la terrasse par la très belle vue qui invite à prolonger la découverte de cette montagne mythique. Les amoureux de la nature seront à coup sûr comblés par la diversité des reliefs abrupts, les multiples promenades et l'écosystème original, remarquable pour les essences nordiques qui peuplent la forêt et lui donnent un caractère unique en Provence.

Se repérer

Bouches-du-Rhône (13) – Var (83)

CARTE A2 (P. 152).

Le massif, le plus étendu et le plus élevé des chaînons provençaux, atteint 1147 m au signal de la Sainte-Baume. Le versant sud, aride et dénudé, monte en pente douce du bassin de Cuges à la ligne de crête, longue de 12 km, dont l'un des points culminants est le Saint-Pilon (alt. 994 m). Une falaise verticale, haute de 300 m environ, donne sa physionomie si particulière au versant nord qui abrite la grotte ; en contrebas s'étale la forêt domaniale, près du plateau de Plan-d'Aups évoquant les Causses.

À ne pas manquer

La randonnée au col du St-Pilon et sa récompense : un panorama époustouflant ; la visite de St-Maximin-la-Ste-Baume.

Carnet pratique p. 165

Nos adresses p. 165

3

Découvrir

CARTE DE MICRORÉGION P. 152

Plan-d'Aups-Sainte-Baume A2

Une présence monastique et religieuse est avérée depuis le 5e s., quand le futur **saint Cassien**, fondateur de l'abbaye de St-Victor à Marseille, construit un premier prieuré au pied du pic des Béguines. La grotte, déjà très renommée, attire d'innombrables pèlerins : des rois de France (dont Saint Louis), plusieurs papes, des milliers de grands seigneurs et des millions de fidèles feront le voyage. Un des premiers actes publics du **roi René** en Provence sera de se rendre à la grotte en compagnie de son neveu, le futur Louis XI. En 1295, les **moines dominicains** s'installent à la Sainte-Baume dont ils assurent la garde. Leur hôtellerie, pillée et brûlée à la Révolution (traces encore visibles sur la paroi rocheuse), sera reconstruite en 1859, en bas du plateau, par le père Lacordaire.

En traversant le village, vous verrez, en bordure de la D 80, l'**espace Trouin-Le Corbusier**. Il s'agit de l'ancien garage-atelier d'Édouard Trouin, construit selon les plans de son ami Le Corbusier en 1960. Aujourd'hui réhabilité, il abrite un centre culturel et sportif.

Hôtellerie de la Sainte-Baume – Dans le hall, portail d'entrée à la grotte réalisé au 16e s. par Jean Guiramand. Une chapelle a été aménagée en 1972 dans une belle salle voûtée, l'ancien abri des pèlerins. Sur la gauche de l'hôtellerie, humble cimetière des dominicains décédés durant leur séjour au couvent *(pour loger à l'hôtellerie, voir « Nos adresses »).*

Croyances

Dans ce lieu où l'on vénérait les déesses de la fécondité, la tradition a perduré sous le christianisme : chaque couple de promis, sur le chemin de la grotte, élevait un tas de pierres. Autant de cailloux, autant d'enfants désirés dans le futur foyer...

Grotte Sainte-Marie-Madeleine – *Env. 3 km à l'est du village de Plan-d'Aups-Sainte-Baume. Parking à l'hôtellerie ou au carrefour des « Trois-Chênes », au croisement des rtes de Nans-les-Pins (D 80) et de Mazaugues (D 95).* La montée à la grotte s'effectue par le **« chemin du Canapé »** (GR 9), à partir de l'hôtellerie de la Sainte-Baume, ou par le **« chemin des Roys »**, à partir du parking des « Trois-Chênes » *(2 km - 45mn, 250 m de dénivelé)*. Ces deux chemins se rejoignent au **carrefour de l'Oratoire** après un agréable parcours sous la magnifique futaie de la Sainte-Baume. Du carrefour, à droite, un large sentier jalonné d'oratoires rejoint un escalier taillé dans le roc et barré, à mi-côte, par une porte décorée de l'écu fleurdelisé de France ; à gauche, une niche sous roche protège un calvaire en bronze. L'escalier *(150 marches)* aboutit à une **terrasse** au parapet surmonté d'une croix de pierre (pietà en bronze, treizième station du chemin de Croix). Belle **vue★** sur la montagne Sainte-Victoire que semblent prolonger, à droite, le mont Aurélien et, en contrebas sur Plan-d'Aups, l'hôtellerie et la forêt touffue.
La **grotte**, en forme d'hémicycle, s'ouvre au nord de la terrasse, à 946 m d'altitude. C'est là que Marie-Madeleine se serait retirée du monde dans les 33 dernières années de sa vie. Un reliquaire, à droite du maître-autel, contient les reliques de la sainte provenant de Saint-Maximin. Derrière le maître-autel, dans une anfractuosité surélevée de 3 m, seul lieu sec de la grotte, se trouve une statue de Marie-Madeleine allongée ; cet endroit serait le « lieu de pénitence » de la pécheresse repentie.

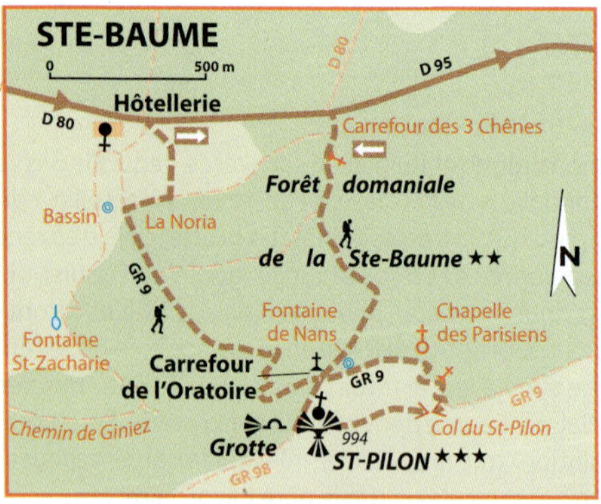

Massif de la Sainte-Baume, barre rocheuse et chapelle du Saint-Pilon.
H. Lenain/hemis.fr

★★★ Saint-Pilon CARTE STE-BAUME CI-CONTRE

2h AR. Au carrefour de l'Oratoire des quatre chemins, passer devant ce dernier, puis prendre à droite le GR 9 (balisage rouge et blanc). Il longe une chapelle abandonnée, dite « des Parisiens », grimpe en lacet jusqu'au col du Saint-Pilon, d'où le GR 98 rejoint une petite chapelle.

Au sommet se trouvait une colonne (d'où le nom de Saint-Pilon), remplacée par une petite chapelle. En ce lieu, selon la légende, sept fois par jour, les anges portaient sainte Marie-Madeleine qui écoutait avec ravissement les « concerts du Paradis ». Du Saint-Pilon (alt. 994 m), magnifique **panorama★★★** (table d'orientation) : au nord, sur l'hôtellerie de la Sainte-Baume au premier plan, le mont Ventoux que l'on devine au loin, le Luberon, la montagne de Lure, le Briançonnais, le mont Olympe et, plus près, le mont Aurélien ; au sud-est, sur le massif des Maures ; au

Un espace forestier classé

D'une superficie d'environ 140 ha, la **forêt★★** (altitude comprise entre 680 et 1 000 m) doit à son originalité d'être classée en Réserve biologique domaniale. En effet, elle est peuplée surtout de hêtres géants et d'énormes tilleuls entremêlés d'érables dont les hautes voûtes de feuillages légers se ferment sur l'épaisse et sombre ramure des ifs, des fusains, des lierres et des houx. Pourquoi rencontre-t-on, en pleine Provence, des arbres qui ne dépareraient pas les forêts d'Île-de-France ? Simplement à cause de l'ombre portée par la haute falaise qui, au sud, domine la région boisée : elle y entretient une fraîcheur et une humidité septentrionales, fort appréciées l'été, comme on s'en doute, par les populations locales. Dès que cette muraille s'abaisse, les chênes méditerranéens resurgissent. Depuis un temps immémorial, la « forêt-relique » est quasiment « hors de coupe » : on veille essentiellement à assurer une régénération de ce patrimoine unique en Provence et à prévenir la chute des arbres dangereux.

sud-ouest, sur la chaîne de la Sainte-Baume et le golfe de La Ciotat ; au nord-ouest, sur les Alpilles et la montagne Sainte-Victoire.

★★ Saint-Maximin-la-Sainte-Baume A2

Dans cette ancienne « ville neuve », au plan en damier, placettes ombragées et fontaines incitent à la flânerie. Au sud de la basilique s'étire le quartier médiéval, autrefois fortifié, dont subsistent quelques témoignages. Un passage couvert rejoint la **rue Colbert**. Celle-ci, bordée d'arcades du 14e s., signale l'emplacement de l'ancien ghetto ; de l'autre côté, maison de Lucien Bonaparte et ancien hôtel-Dieu. En revenant en arrière, on aboutit à une petite place dominée par la **tour de l'Horloge** et son campanile. Sur la droite, en direction de la rue du Général-de-Gaulle, jolie maison du 16e s. (tourelle en encorbellement).

★★ **Basilique** – *Pl. de l'Hôtel-de-Ville - ✆ 04 94 78 00 19 - www.lesamisdelabasilique.fr - 10h-12h, 13h-18h - concerts d'orgue mai-oct. : dim. à 17h (gratuit).* À l'emplacement d'une église mérovingienne, on découvrit en 1279 les tombeaux de sainte Marie-Madeleine et de saint Maximin, cachés en 716 par crainte des Sarrasins qui dévastaient la région. En 1295, le pape Boniface VIII reconnut les saintes reliques et, sur le lieu de la découverte, Charles d'Anjou, roi de Sicile et comte de Provence, fit bâtir une basilique et un couvent accolé, vaste bâtiment à 3 étages en forme de U. Il y installa les dominicains, gardiens du tombeau et animateurs du très célèbre pèlerinage.

L'extérieur de l'édifice, le plus important exemple de **style gothique** en Provence, mêle des influences du Nord (Bourges en particulier) aux traditions locales ; l'absence de clocher, la façade inachevée et les contreforts massifs qui soutiennent, en s'élevant très haut, les murs de la nef contribuent à lui donner un aspect trapu. Il n'y a ni déambulatoire ni transept.

L'**intérieur** comprend une nef, un chœur et deux bas-côtés d'une remarquable élévation. La nef, haute de 29 m, à deux étages, est voûtée d'ogives dont les clefs de voûte portent des blasons des comtes de Provence et des rois de France ; une abside à cinq pans clôture le chœur. Les bas-côtés, hauts de 18 m seulement pour permettre l'éclairage de la nef par ses fenêtres hautes, s'achèvent par une absidiole à quatre pans.

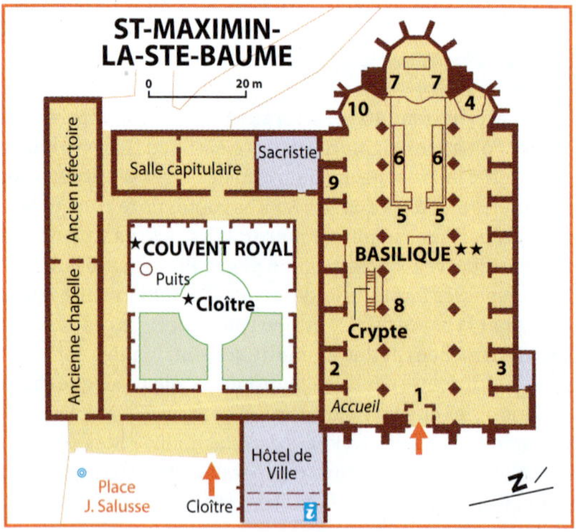

Remarquez successivement le double buffet des **grandes orgues** (1), œuvre du frère Isnard de Tarascon, un des plus beaux qui nous restent du 18e s. ; une belle statue en bois doré de saint Jean-Baptiste (**2**) ; le retable des Quatre Saints, du 15e s. (**3**) ; l'autel du Rosaire (**4**) ; la clôture du chœur (17e s.) aux découpures garnies de grillages en fer forgé, aux armes de France (**5**) ; les 94 stalles exécutées au 17e s. par le frère convers dominicain Vincent Funel (**6**) ; la décoration en stuc de J. Lombard (**7**) ; la chaire, véritable chef-d'œuvre de travail du bois, dont les sculptures représentent diverses phases de la vie de Marie-Madeleine (**8**) ; la base d'un retable du 15e s. de l'école provençale où l'on voit la décollation de saint Jean-Baptiste, sainte Marthe arrêtant la Tarasque sur le pont de Tarascon et le Christ apparaissant à Marie-Madeleine (**9**) ; et surtout, un **retable★** en bois peint (16e s.) d'Antoine Ronzen, dont le tableau central *(Crucifixion)* est entouré de 18 médaillons (**10**).

La **crypte**, ancien oratoire paléochrétien, renferme des sarcophages du 4e s. : ceux de sainte Marie-Madeleine, saintes Marcelle et Suzanne, saints Maximin et Sidoine. Au fond, reliquaire du 19e s. contenant un crâne, vénéré comme étant celui de sainte Marie-Madeleine. Quatre plaques de marbre ou de pierre comportent des figures gravées au trait de la Vierge, Abraham et Daniel (an 500 environ).

★ **Couvent royal** – *Pl. Jean-Salusse - ☎ 04 94 59 25 89 - se rens. à l'office de tourisme.* Commencé au 13e s. en même temps que la basilique à laquelle il s'adosse, il fut achevé au 15e s. Le **cloître★**, d'une grande pureté de lignes, compte 32 travées. Autour des galeries se répartissent une ancienne chapelle aux belles voûtes surbaissées et l'ancien réfectoire des religieux.

3

Carnet pratique

S'informer

Provence Verte et Verdon – *Pl. Jean-Salusse (couvent royal) - St-Maximin-la-Ste-Baume - ☎ 04 94 59 84 59 - www.la-provence-verte.net/ot_stmaximin.*

Agenda

Pèlerinage de Provence à la Ste-Baume – Pentecôte. Marche-pèlerinage au départ de la basilique de Saint-Maximin-la-Sainte-Baume le dimanche, et procession à la grotte le lundi.

Fête de Sainte-Marie-Madeleine – Dimanche suivant le 22 juillet, à la basilique de Saint-Maximin-la-Sainte-Baume. Une messe est célébrée, avec une procession des reliques de la sainte l'après-midi.

Foire aux santons et à l'artisanat d'art – Mi-novembre au Couvent royal, à l'hôtel de ville et place Jean-Salusse.

Nos adresses

Restauration

Budget moyen

Côté Sud – *50 r. du Gén.de Gaulle - St-Maximin-la-Ste-Baume - ☎ 04 94 59 84 61 - merc.-dim. midi et vend.-sam. soir - plats 14,50/16 €.* Avec sa terrasse face à la basilique et sa carte goûteuse et locale, ce restaurant régalera vos papilles comme vos pupilles. Légumes, poissons ou viandes...

Pour se faire plaisir

La Table de Bruno – *32 av. Mar.-Foch - St-Maximin-la-Ste-Baume - ✆ 04 94 80 50 39 - 12h-13h30, 19h30-21h30 - fermé lun.-mar. - menu midi 29 € - menu 52/78 €.* Après avoir fait les beaux jours de maisons provençales de qualité, Bruno Gazagnaire a créé cette table avec son épouse, elle-même pâtissière. Fleurs de courgettes farcies et risotto Arborio aux champignons de saison, etc. : la carte cultive avec délicatesse les codes de la gastronomie d'aujourd'hui.

Shopping

Marché – Grand marché de St-Maximin-la-Ste-Baume, le mercredi matin.

Activités

Vélorail de la Sainte-Baume – *R. de la Gare (face à la coopérative Vignerons du Baou) - Pourcieux - ✆ 06 33 81 50 87 - veloraildefrance.com - juil.-août : tlj sf lun. ; sept. et oct. tlj sf lun.-mar., nov.-déc. : selon la météo - sur réserv. téléphonique - 40 € vélorail (5 pers. maxi).* Embarquez pour une balade amusante *(15 km AR, comptez 1h30 à 2h)* en suivant le tracé d'une ancienne voie ferrée jalonnée de viaducs, de ponts et de tunnels. Pour le retour, n'hésitez pas à demander l'option assistance électrique (env. 10 €).

Hébergement

Premier prix

Hôtellerie de la Sainte-Baume – *Plan-d'Aups - ✆ 04 42 04 54 84 - www.saintebaume.org - ♿ 📶 🅿 - 67 ch. 29/41 €- ☕ 7,50 € - ✕ déj. 17 € - dîner 13 €.* Gérée par une communauté de dominicains, cette hôtellerie accueille pèlerins, touristes et randonneurs recherchant le calme. Chambres sobres. Repas servis à 7h45, 12h45 et 19h15 (menu unique).

Budget moyen

Maison Rouge – *1020 rte de Nans - Plan-d'Aups-Ste-Baume - 2 km à l'est du village - ✆ 06 72 74 70 47 - www.mamaisonrouge.fr - 📶 🅿 - 5 ch. 90/109 € ☕.* Impossible de manquer cette bâtisse rouge au bord de la route. À l'intérieur, le bois naturel règne en maître, créant une ambiance chaleureuse. Chambres, spacieuses et lumineuses, jouissant d'une belle vue sur la Sainte-Baume.

Sous les Oliviers – *1105 ancien chemin de Tourves - St-Maximim-la-Ste-Baume - ✆ 06 51 46 46 63 - www.souslesoliviersenprovence.com - 📶 🅿 🏊 - 4 studios. 120 €.* À 2 km du centre-ville, des studios tout équipés avec vue sur les oliviers. Piscine, jacuzzi, balades et repas maison sont au programme. Une halte agréable en pleine nature.

Barjols

La magie de Barjols tient en un mot : l'eau. Elle est la musique de la ville, sa fraîcheur, son passé. Elle jaillit de trente fontaines depuis les trois rivières qui forment cascade autour de la ville et irriguent ses vertes collines. Barjols a exploité très tôt ce trésor pour tanner le cuir qui fit sa renommée au 19e s. L'âme provençale du village se renouvelle chaque année lors de la fête, originale, de Saint-Marcel.

Se repérer

2975 Barjolais - Var (83)

CARTE B1 (P. 152).

22 km au nord de Brignoles par la D 554.

Organiser son temps

Comptez une demi-journée pour apprécier le village et parcourir tranquillement le circuit des hauts plateaux du Var.

En famille

Ferme naturaliste à Tourves.

Carnet pratique p. 170

Nos adresses p. 170

Se promener

Le village

Parmi les douze lavoirs et la trentaine de **fontaines** du village, on remarque près de l'hôtel de ville la bien-nommée « Champignon », formée d'un dépôt de calcaire recouvert de mousse. Le majestueux platane de la place de la Mairie passe pour être le plus gros de Provence avec ses 12 m de circonférence. Le bas du bourg abrite l'ancien **hôtel des Pontevès**, vieille famille provençale originaire d'un village voisin, qui possède une belle porte Renaissance.

3

Collégiale

Av. de la République. Fondée au 11e s., c'est l'une des plus anciennes églises de la région. À droite en entrant, derrière de superbes fonts baptismaux du 12e s., se trouve l'ancien tympan roman du portail, illustrant le Christ en majesté entouré d'anges et des symboles des évangélistes. La belle nef gothique date du 16e s. On pourra admirer les boiseries et les stalles aux miséricordes sculptées (17e s.) dans le chœur et le buffet d'orgue (16e s.). Les **vitraux** du chœur (19e s.) sont l'œuvre du peintre Van Loo.

★ Réal

Ainsi nommé, le plus ancien quartier de Barjols est installé sur le flanc de la colline juste au-dessus de la collégiale. Habité dès le 12e s. et occupé principalement par des tanneurs, pour qui l'eau était un outil de travail primordial, il s'étage sur trois niveaux de bassins de trempage et de rinçage partiellement troglodytiques. Près des chutes du Réal, une voûte de l'ancien moulin à huile abrite le texte intégral de la Déclaration des droits de l'homme et du citoyen.

Poussez votre balade en suivant les flèches menant au sommet du village, au **vallon des Carmes**. Le chemin rafraîchissant laisse alterner rivières et cascades en offrant un très joli panorama.

Circuit conseillé

CARTE DE MICRORÉGION

Les plateaux du Haut Var

Circuit tracé en rose sur la carte p. 152 – 38,5 km - environ 2h. Quitter Barjols peu avant la piscine, par une petite route qui conduit à Varages, par le nord-ouest.

Varages A1

L'eau fait aussi la richesse de ce village situé aux portes du Verdon. L'abondante source de la Foux a sculpté la falaise qui porte le village ; elle vivifie ses gigantesques platanes et modèle les céramiques de ce rival de Moustiers *(voir Le Guide Vert Alpes du Sud)*. La **faïence** de Varages, tradition depuis 1695, d'une décoration souvent similaire aux créations moustériennes (les artisans décorateurs exerçaient parfois dans plusieurs centres), continue à être produite sur place de façon artisanale ou industrielle. Une grande partie est exportée et les plus belles pièces du 18e s. conservées dans des musées de l'Hexagone.

Musée des Faïences – *12 pl. de la Libération - ✆ 04 94 77 60 39 - www.musee-faience-varages.fr - juil.-août : tlj 10h-12h, 15h-19h ; reste de l'année : merc.-jeu. et w.-end 14h-17h (18h juin et sept.) - fermé 31 mai-8 juin et 24 déc.-2 fév. - 2,50 € (-12 ans gratuit) - avr.-sept. atelier modelage (gratuit) à 14h30.* Installé dans la maison du général d'Empire Gassendi, le musée présente la belle production faïencière locale depuis la fin du 17e s. Intéressante présentation des techniques mises au point par les dynasties de faïenciers tels Armand, Clérissy et Niel : décoration à la main, au tampon, émaillage... À l'étage, remarquable fontaine en faïence du 19e s. du peintre Mazières.

Église – Bâtie au 17e s. en style gothique provençal, elle possède un beau clocher couvert de tuiles polychromes vernissées. À l'intérieur, l'autel de St-Claude, orné de médaillons et de croix, témoigne de la reconnaissance de faïenciers prospères envers leur saint patron. Remarquez également la Vierge à l'Enfant du 14e s.

Au nord de Varages, la D 554 traverse des collines où des terrasses de vignes et d'oliviers côtoient les chênes verts et les pins.

La fête de Saint-Marcel ou des tripettes

Le 17 janvier 1350, les reliques de saint Marcel (évêque du 5e s.) furent enlevées de l'abbaye en ruine de Montmeyan pour être transportées à Barjols. Le cortège rencontra des gens en train de laver les tripes d'un bœuf. Ces derniers commémoraient une famine enrayée grâce à la présence d'un bœuf dans la ville assiégée. Joignant le profane au sacré, les barjolais entrèrent tous allégrement dans l'église et chantèrent pour la première fois leur fameux refrain « Saint Marcel, saint Marcel, les tripettes, les tripettes » *(« Sant Marceu Sant Marceu lei tripetos vendran leu »)*. Depuis, chaque dimanche le plus proche du 17 janvier, on célèbre le saint patron de Barjols par une procession dans les rues du village. Tous les trois ans, devant le saint patron de Barjols, un bœuf décoré, entouré des bouchers et des charcutiers, est solennellement béni puis, après un tour de ville, conduit à l'abattoir. Le lendemain, après la messe, la procession gagne la place de la Rouguière, où le bœuf est rôti en public sur un gigantesque tournebroche, et distribué ensuite à la population.

Vue sur le village de Barjols.
C. Moirenc/hemis.fr

La Verdière A1

À l'entrée du Parc naturel régional du Verdon, ce village à flanc de colline est dominé par son **château** *(www.chateau-delaverdiere.fr - juil.-sept. : visite guidée tlj sf vend.-sam. 10h30, 15h30 et 17h30 - 15 € (-12 ans 10 €) - visite guidée aux chandelles sam. soir suivie d'un cocktail dînatoire - 30 €/pers, réserv. obligatoire.)*. Cette forteresse, construite au 10ᵉ s. par les Castellane, passa par mariage à la riche famille des Forbin d'Oppède au 17ᵉ s. Vaste et austère, elle semble n'avoir pas changé depuis les aménagements de Louis-Roch de Forbin au 18ᵉ s. L'**église**, entièrement restaurée en 1959, renferme une fresque de Paul Blanc, peintre et graveur originaire du village. Autour, les venelles abritent des maisons du 16ᵉ-17ᵉ s. Poussez la visite jusqu'à l'**aqueduc** amputé d'un tiers de sa longueur.

Prendre à l'est de La Verdière la D 30 en direction de Montmeyan.

La route traverse un plateau calcaire désertique recouvert d'une maigre végétation. Outre les genévriers, chênes verts et buissons d'aubépine, les pins matérialisent la progression vers le nord. Cette forêt rabougrie est parsemée de tas de pierres, vestiges des tentatives de mise en valeur lors de l'extension rurale du 19ᵉ s.

Montmeyan B1

Dressé sur une hauteur, ce **bourg médiéval** domine l'entrée des gorges du Verdon. Belle vue au seuil du village (côté sud) sur la barre rocheuse des Préalpes de Castellane vers l'est. Panorama sur la plaine à contempler depuis le **belvédère** situé après la tour Charlemagne, vestige du château du 14ᵉ s. L'église (12ᵉ s.) restaurée et les maisons à arcades ajoutent au charme des lieux.

De Montmeyan, prendre au sud la D 13, puis la D 71 jusqu'à Tavernes.

Tavernes B1

Entre oliviers, vignes et collines, cet agréable village à l'architecture typiquement provençale conserve de beaux restes de son passé : un **beffroi** carré coiffé d'un campanile très ouvragé du 18ᵉ s., des vestiges d'enceintes médiévales.

2h. Au nord du village, au point culminant se dresse la **chapelle N.-D.-de-Bellevue**, édifiée en 1642 par un moine dominicain.

La D 554 qui ramène à Barjols traverse puis longe le ruisseau des Écrevisses.

Carnet pratique

S'informer

Provence Verte et Verdon – *Bd Grisolle - ✆ 04 94 77 20 01 - www.la-provence-verte.net/ot_barjols -* Possibilité de télécharger le circuit des fontaines et lavoirs sur le site Internet, ainsi que des fichiers MP3 vous contant l'histoire du village.

Se garer

Parkings à l'ouest de la ville, près de l'office de tourisme, place du 8-Mai près de la salle des fêtes, rue du Four-Neuf à côté de la Collégiale.

Agenda

À Varages

Fête de la céramique – Le 2e dimanche d'août. Expositions, ateliers, marché, avec une trentaine d'artisans spécialisés dans les différentes techniques, faïences, grès, raku.

Nos adresses

Hébergement-restauration

Premier prix

Logis Hôtel du Pont d'Or – *2 r. Eugène-Payan - rte de St-Maximin - ✆ 04 94 77 05 23 - www.hotel-barjols.com - fermé de mi-déc. à mi-janv. - P 7 €/j.- 12 ch. 68/73 € - ☕ 10 € - ✕ menu 29/42 €.* Dans cet ancien relais de poste, chaque chambre est décorée dans un style « classique moderne ». Ambiance douce et feutrée. On y sert une cuisine traditionnelle agrémentée de spécialités provençales.

À proximité

Budget moyen

Chambre d'hôte Au Bois de Lune – *La Serre - Varages - ✆ 04 94 77 82 58 - www.au-bois-de-lune.com - P - 1 ch 80 € ☕, repas. 30 €.* Un endroit particulièrement reposant, au milieu des pinèdes : dans le gîte bien équipé ou la belle chambre décorée avec goût et dotée d'un balcon-terrasse ombragé, on profite de la douceur provençale. Piscine écologique.

Shopping

Découvrez les artisans qui se sont installés dans l'ancienne tannerie à l'est du bourg.

Marché – Dimanche matin place Rouguière.

Activités

Ferme Naturaliste – *La Petite Ferme des 3.6.9 - 1803 RD 64 - Tourves - ✆ 06 26 18 61 99 - tte l'année sur réserv. - paniers 85/100 € pour 2 à 4 pers.* Passez quelques heures à la ferme pour découvrir la vie de Maïka Chenel et de ses animaux au cours d'ateliers et de balades. Tout public.

Aups

Avec son cours ombragé de platanes, le paisible et secret Aups, porte sud du parc naturel régional du Verdon, s'anime les jours de marché en un festival de couleurs et d'odeurs de la haute Provence : olives, truffes, fromages de chèvre, thym, miel, vins. Ses placettes, les ruines de son château fort et ses vieilles artères, comme la rue de l'Horloge avec son campanile de fer forgé, sont une invitation permanente à la flânerie et à la douceur de vivre.

Se repérer

2 275 Aupsois – Var (83)

CARTE B1 (P. 152).

Aux portes du pays du Verdon, 23 km au sud d'Aiguines *(voir Le Guide Vert Alpes du Sud)*, Aups est bâti entre la montagne des Espiguières et une plaine fertile, arrosée de sources qui coulent dans les fontaines du village. Vous pourrez ensuite rejoindre sur la côte Ste-Maxime *via* Draguignan (29 km au sud-est) ou Hyères *via* Brignoles (39 km au sud).

À ne pas manquer

La collégiale St-Pancrace ; le musée municipal d'art moderne Simon-Segal et, si vous êtes amateur, le marché de la truffe. Sans oublier les charmants villages du Haut Var.

Organiser son temps

Entre la collégiale et le musée, comptez 1h30. Le circuit du Haut Var vous prendra une journée si vous flânez dans les villages.

En famille

La maison de la truffe d'Aups et du Verdon.

Carnet pratique p. 174

Nos adresses p. 174

3

Découvrir

Collégiale St-Pancrace

De style gothique provençal, elle est dotée d'un portail Renaissance. Outre d'intéressantes toiles, l'église renferme de belles pièces d'orfèvrerie du 15e s. au 18e s. dans son trésor. L'une des cloches de la collégiale, datant de 1475, a été restaurée en 2006. Sa douce note, le sol dièse, retentit de nouveau dans la commune. Pendant trois jours, à la mi-mai, les habitants fêtent la St-Pancrace.

Musée municipal Simon-Segal

R. Albert-1er - ✆ 04 94 70 01 95 - juin-août : 11h-13h, 16h-19h ; sept. : 11h-13h, 16h-18h - fermé mar., oct.-mai - gratuit.

Bonnes vieilles branches

À Aups, on chouchoute les **platanes**, et pour cause ! Sur la place du bar Chez Ju trône fièrement un arbre quatre fois centenaire planté sous le règne d'Henri IV. Il cohabite avec ses 60 camarades feuillus tous au moins centenaires, ornant les places Frédéric-Mistral et Martin-Bidouré. Les boulistes et les badauds y sont particulièrement heureux d'y trouver la fraîcheur !

Installé dans l'ancienne chapelle du couvent des ursulines, ce musée d'art moderne expose 280 toiles, dont 175 de l'**école de Paris**. Des expositions temporaires d'artistes locaux y sont organisées chaque été : sculpture, peinture, photos, etc. Au fond, une porte ouvre sur le **musée de la Résistance**.

Musée de Faykod

3366 rte de Tourtour - ✆ 04 94 70 03 94 - www.musee-de-faykod.com - juil.-sept : tlj sf mar. 15h-19h ; oct.-juin : merc., w.-end et j. fériés 14h-18h - 10 € (enf. 3,50 €).
Ce musée en plein air présente, au milieu d'un jardin méditerranéen, les sculptures en marbre et en bronze de Maria de Faykod.

Maison de la truffe d'Aups et du Verdon

Pl. Martin-Bidouré - ✆ 07 49 95 46 42 - www.maisondelatruffe-verdon.fr - ♿ - tlj sf dim. 9h-12h, 14h-17h (sept.-juin fermé aussi merc. apr.-midi, sam. apr.-midi et j. fériés) - 3,50 € avec audioguide (6-17 ans 2,50 €) - visite avec dégustation 7 €.
Installée dans l'ancien **hospice St-Jacques** (18e s.), la Maison de la truffe offre une plongée ludique dans l'atmosphère souterraine et mystérieuse du diamant noir d'Aups, avec notamment un escape-game « La caverne de la truffe d'or » *(sur réserv. 18 €, enf. 15 €)*. Et bien sûr, un espace boutique.

Circuit conseillé

CARTE DE MICRORÉGION

★ Le Haut Var B1

Circuit tracé en rouge sur la carte p. 152 – 53 km - environ une demi-journée. Sortir d'Aups à l'est par la D 77.
Cette très belle départementale serpente le long des flancs assez abrupts de la montagne des Espiguières. Perchés ou blottis au pied des falaises, les villages se découvrent tout le long du parcours au détour de petites routes bordées d'oliviers, de pins, de chênes et de vignes qui prospèrent dans une terre rouge. Avant Tourtour, l'impressionnant château de Taurenne jaillit sur la droite au sommet de ses terrasses d'oliviers. Perchée sur la crête, une tour, comme fait exprès, annonce le village.

★ Tourtour *(voir p. 176)*

Repartir par la D 51.
Dans un virage, 1 km avant Villecroze *(sentier fléché, parking en face)*, beau **panorama★** circulaire *(table d'orientation)* : Tourtour, les Plans de Provence, Villecroze, Salernes, le Gros Bessillon et, plus à l'est, les Maures et la Ste-Baume.

Villecroze

12 r. Ambroise-Croizat - ✆ 04 94 67 50 00 - www.mairie-villecroze.fr.
Ce village de caractère, qui s'annonce coquettement à l'entrée comme Villecroze-les-Grottes, est adossé aux premiers contreforts des Alpes de Provence. Le **vieux village**, enserré dans d'anciennes murailles reconverties en murs de soutènement, a conservé ses rues étroites. Non loin se dresse l'église Notre-Dame, du 17e s. De la **tour de l'Horloge** (15e s.), on atteint la rue de France, qui a conservé son charme médiéval, puis la surprenante **rue des Arcades**. Un savant itinéraire de canaux capte les eaux de ruissellement sur la colline argileuse et alimente **sept fontaines** *(brochure disponible à l'office de tourisme)*.
Parc municipal – Une cascade de 35 m de haut dévale de la falaise de tuf et coule en ruisseau dans le jardin. Deux escaliers montent aux grottes.

Villecroze, les grottes.
B. Rieger/hemis.fr

Les grottes troglodytiques - *Bd Charles-Bernard - ✆ 04 94 70 63 06 - www.grottes-villecroze.fr - ♿ - avr.-sept. : tlj 10h-18h - fermé le reste de l'année - 4 € (-10 ans gratuit).* Ce sont les seigneurs de Villecroze qui aménagèrent une partie des grottes en repaire, au 16e s. Du dehors, on aperçoit d'insolites fenêtres à meneaux encastrées dans la roche. Dedans, plusieurs petites salles avec de jolies concrétions, des bassins et des stalactites. Depuis 1924, les grottes sont classées sur la liste des sites et monuments naturels.
Poursuivre la D 51, puis prendre à droite la D 560.

Salernes *(voir p. 190)*
Prendre au sud de la ville la D 31 qui descend la vallée de la Bresque.

Entrecasteaux
Surplombant la vallée verdoyante de la Bresque, le château protège Entrecasteaux de sa haute façade. Les vieilles rues de guingois se blottissent autour d'une petite église fortifiée dont un contrefort enjambe une rue. Du parvis, descendez vers le pont St-Pierre et le lavoir, remarquez au passage la **glacière** en rotonde (18e s.) du château. Passez sous le porche et contournez la forteresse par l'arrière pour la découvrir sous son profil le plus étroit, à peine réduit à une arête. Là se trouve l'ancienne porte d'entrée. Traversez ensuite le **jardin à la française** inspiré par Le Nôtre, et ressortez par le bel escalier en fer à cheval pour rejoindre la chapelle des Pénitents *(actuelle mairie)*, puis suivez le sentier qui grimpe à la chapelle Ste-Anne, d'où s'ouvre un point de vue sur le village.
Château – *2 r. le Courtil - ✆ 04 94 04 43 95 - www.chateau-entrecasteaux.com - - visite guidée (1h) août : tlj sf sam. 11h30 et 16h ; juil. et sept. : tlj sf sam. 16h ; du dim. de Pâques à fin juin : dim. et j. fériés 16h - 10 € (-6 ans 5 €).* Cette austère bâtisse du 17e s., édifiée sur les fondations d'une forteresse du 11e s., a pour unique fantaisie un toit en génoise à double rangée de tuiles et des balustrades en fer forgé. Le château fut le fief des Castellane puis des Grignan, avec François Monteil, comte de Grignan, qui épousa Françoise de Sévigné (1646-1705), fille de la célèbre

marquise. Vint ensuite la famille des Bruni, dont l'**amiral Bruni d'Entrecasteaux** (1737-1793), brillant navigateur, qui périt au cours de l'expédition lancée à la recherche de l'explorateur La Pérouse. L'actuel propriétaire fait partager l'histoire mouvementée du lieu. Vous visiterez l'ancienne cuisine monumentale et ses dépendances, les salles de garde, le salon Louis XIV décoré de représentations allégoriques du Roi-Soleil, la chambre de la marquise d'Entrecasteaux où se trouve une tapisserie d'Aubusson du 17e s. *Narcisse se mirant dans l'eau*, une suite orientale, un salon de musique baroque et une bibliothèque.
Sortir d'Entrecasteaux par le sud, D 31, puis prendre à droite la D 50.

★ Cotignac *(voir p. 178)*

En remontant vers Aups par la D 13, superbe vue sur la falaise en gruyère de Cotignac. Au sommet, tournez dans la D 22, bordée de vieux murets éboulés.

Sillans-la-Cascade *(voir p. 191)*

Poursuivre la D 22 pour rentrer à Aups.

Carnet pratique

S'informer

Office de tourisme – *Pl. Martin-Bidouré - ✆ 04 94 84 00 69 - www.lacs-gorges-verdon.fr/aups*

Agenda

Fête de la St-Pancrace – Le week-end et le lundi suivant le 12 mai : procession, fête foraine et bal.

À Entrecasteaux

Fêtes patronales – Fête de la Ste-Anne le 26 juillet et fête de la St-Sauveur le 1er week-end d'août.

Nos adresses

Restauration

Budget moyen

Restaurant des Gourmets – *5 r. Voltaire - ✆ 04 94 70 14 97 - www.restaurantdesgourmets.fr - 12h-12h30, 19h-21h, dim. 12h-14h - fermé lun., mar. midi et dim. soir, 15 j. fin juin et 15 j. après la Toussaint - menu 29,50/39,50 €.* Agréable petite adresse familiale dans ce village célèbre pour son marché aux truffes. Cadre coloré (fresques évoquant la Provence), goûteuse cuisine traditionnelle où la « perle noire » est à l'honneur en saison.

À Entrecasteaux

Pour se faire plaisir

La Bastide de Fangouse – *284 chemin de la Marouine - ✆ 06 08 27 44 64 - www.labastidedefangouse.fr - fermé lun.-merc. et dim. soir - formule 36 € - menu 46 €.* Une carte resserrée pour une cuisine qui revisite les classiques (escargots craquants, gaufres de pommes de terre en accompagnement d'un chateaubriand...). À la belle saison, l'adresse ouvre au milieu des vignes **La Petite Fangouse**, pour des barbecues gastronomiques à base de produits frais et locaux *(juin-sept).*

Shopping

Spécialités - Dans les salades, les omelettes... la truffe est partout. Sa foire a lieu le quatrième dimanche de janvier. Autres valeurs sûres : le miel et le chèvre fermier de la région du Haut Var.

Marchés

Mercredi et samedi matin, place Frédéric-Mistral.

Marché aux truffes - Le jeudi matin de fin novembre à fin février.

Marché de la truffe blanche d'été - Le mercredi de juin à août.

Marchés artisanaux - Nocturnes jeudi de mi-juillet à mi-août.

Moulin à huile Gervasoni - *91 montée des Moulins - ✆ 04 94 70 04 66 - www.moulingervasoni.com - juil.-août : tlj sf dim. 9h30-19h ; avr.-juin et sept. : tlj sf dim. 9h30-12h, 14h30-18h30.* Moulin du 18e s. où, depuis trois générations, on fabrique de l'huile d'olive vierge extra, plusieurs fois primée – médaille d'or 2017 au Salon international de l'Agriculture de Paris – et une sélection de produits régionaux (tapenade, anchoïade, savons à l'ancienne, tissus provençaux, etc.). Dégustations, film et visite guidée.

Activités

À Entrecasteaux

Nature Évasion - *Sur la D 562 entre Lorgues et Carcès - le plan de Pardigon - ✆ 04 94 80 28 44 - www.naturevasion.com - P - tte l'année sur réserv.* Partez à la découverte de l'Argens, rivière encore sauvage, quel que soit votre niveau en canoë ou en kayak. Location de VTT et VTC (à assistance électrique ou non) et de paddle. Parcours aventure dans les arbres.

Hébergement

Premier prix

Hôtel Le Provençal - *Pl. Martin-Bidouré - ✆ 04 94 70 00 24 - www.hotelrestaurantleprovencal.fr - Wi-Fi P ♿ - 10 ch. à partir de 67 € - ☕ 8 €- ✕ menu midi 20 €.* Cet établissement traditionnel officiant au centre d'Aups tombe à point nommé pour faire étape dans « le » village de la truffe varoise. Chambres d'un niveau de confort correct. La salle du restaurant possède un décor provençal déclinant le thème du coquelicot. On s'y attable autour de plats régionaux. La terrasse agrémentée d'un mûrier est très agréable.

Tourtour ★

À Tourtour, il fait bon humer l'air frais depuis la crête boisée de chênes et de pins. Le « village dans le ciel », qui a conservé tout son caractère médiéval, possède deux châteaux, des vestiges de fortifications et une place où l'on contemple le panorama infini sur la côte. Bref, Tourtour est l'un de ces bouts du monde où le temps semble s'être arrêté… à condition d'y venir hors saison !

Se repérer

583 Tourtourains – Var (83)

CARTE B1 (P. 152).

14 km au sud-est d'Aups.

À ne pas manquer

Le panorama depuis la place de l'église.

Organiser son temps

Prévoyez environ 2h.

Carnet pratique ci-contre

Nos adresses ci-contre

Se promener

★ Le village

Ses ruelles étroites en pente se rejoignent sur la place centrale. Les ormeaux semés par Anne d'Autriche en 1638 ont aujourd'hui fait place à deux oliviers et à des platanes qui, avec les restaurants et la terrasse où se disputent des parties de boules, font toute l'animation du village.

Depuis la place centrale, le passage sous voûte conduit à la **tour de l'Horloge** puis au musée des Fossiles, en face du moulin. À gauche, on atteint le **vieux château** du 12e s., restauré, qui abrite une galerie d'art. En poursuivant sur 1 km, on rejoint une tour médiévale de deux étages, la **tour Grimaldi**. Au bord de la route en montée, remarquez, à droite, un charmant lavoir. De l'autre côté de la place centrale, la mairie occupe l'ancien **château des Raphelis**, solide bâtisse du 17e s. cantonnée de tours en poivrière. Plus haut, isolée à l'extrémité sud-est de la crête, se trouve l'**église St-Denis**, qui date du 11e s. mais a été très remaniée au siècle dernier.

Point de vue

De l'esplanade devant l'église, on découvre un splendide **panorama**★ (table d'orientation) sur les dépressions de l'Argens et de la plaine du Var. La vue s'étend jusqu'aux Maures à l'est et à la Ste-Baume, à la montagne Ste-Victoire et au Luberon à l'ouest.

Moulin à huile

R. des Moulins - ✆ 04 98 10 25 25 - www.mairie-tourtour.fr - fermé oct.-nov. et janv. - se rens. pour les horaires - libre accès aux expositions d'artistes.

Ce moulin communal en activité depuis le 17e s. possède la dernière presse à bras en fonctionnement et une meule à eau, alimentée par la source du Saint-Rosaire. Il ouvre ses portes vers le 15 décembre pour 1 ou 2 mois en fonction de l'importance de la récolte (autour de 50 t, traitées à l'ancienne). L'été, le moulin accueille des expositions de peintures.

Carnet pratique

S'informer

Office de tourisme – *Château Communal - ✆ 04 94 70 59 47 - www.lacs-gorges-verdon.fr/tourtour.*

Se garer

Possibilité de laisser son véhicule au parking à l'entrée du village, au stade et sous l'église St-Denis.

Nos adresses

Restauration

Pour se faire plaisir

La Table – *1 traverse du Jas les Ribas - ✆ 04 94 70 55 95 - www.latable.fr - 12h15-13h15, 19h30-21h - fermé mar. (lun.-mar. en hiver) - plats 34/39 €, menu 39/79 € - réserv. conseillée.* Une petite table discrète et talentueuse, tenue par un jeune couple. Elle accueille en salle, il crée en cuisine, mixant la Méditerranée à des influences exotiques. Agréable terrasse en été.

Shopping

Marchés – Mercredi et samedi matin.

Hébergement

Budget moyen

Campagne St-Pierre – *3 km à l'est de Tourtour par D 51 et rte secondaire - ✆ 09 67 19 17 77 - www.campagnesaintpierre.com - fermé oct.-avr. - piscine - P - 5 ch. 90/100 € - petit-déj. 11 €.* Séjour nature dans cette demeure régionale isolée sur un domaine de 90 ha. Non loin du joli village, vous goûterez au calme de la campagne dans des chambres d'hôte sobrement meublées. Pour les adeptes de sport : piscine, tennis, jacuzzi, remise en forme...

Pour se faire plaisir

Le Mas des Collines – *Chemin des Collines - Quartier Camp-Fournier - ✆ 04 94 70 59 30 - www.lemasdescollines.fr - piscine P - 7 ch. 95/140 € - petit-déj. 10 € - 1/2 P possible - restaurant (fermé en hiver, sur réserv. le soir) menu 27 €.* Au cœur d'un grand jardin, voici un endroit privilégié pour se ressourcer ! Toutes les chambres disposent d'un balcon ou d'une terrasse avec vue sur la campagne environnante. Le restaurant, ouvert à tous, pioche dans les produits du jardin pour concocter ses plats provençaux. Possibilité de paniers pique-nique.

Cotignac ★

Dans un site impressionnant, Cotignac, paisible village provençal, semble s'écouler d'une longue falaise de tuf de 80 m, aux couleurs changeantes. Le doux murmure des fontaines attend le visiteur au détour des calades; quant au marché provençal le mardi, il invite à la gourmandise. C'est également un haut-lieu spirituel, qui attire de nombreux pèlerinages mariaux tout au long de l'année.

Se repérer

2136 Cotignacéens - Var (83)

CARTE B1 (P. 152).

15 km au sud d'Aups par la D 22, qui offre un beau point de vue sur le site.

Organiser son temps

Débutez votre journée par une visite (guidée) à N.-D.-de-Grâces et poursuivez par la visite du village.

Carnet pratique p. 180

Nos adresses p. 180

Se promener

Le village

Sous les platanes et les belles façades 16e-18e s., le **cours central** invite à vivre à l'heure provençale, en sirotant un pastis et en écoutant la jolie fontaine des Quatre Saisons. L'église, bâtie au 13e s., a été très remaniée depuis, jusqu'à la façade, du 18e s. La **Grande-Rue** (levez les yeux pour apercevoir trois cariatides au no 7) mène à la place de la Mairie, charmante avec sa fontaine, son hôtel de ville (18e s.) et son beffroi (15e s.). Traversez-le pour rejoindre le **théâtre de verdure**, où se déroule chaque été un festival de musique et de théâtre.
Suivez le chemin en direction du rocher qui domine le site. Deux **tours** du 14e s., vestiges du château des Castellane, en coiffent le sommet.
Habitations troglodytiques – *R. du Rocher - ☎ 04 94 04 61 87 - www.la-provence-verte.net/ot_cotignac - ♿ - juil.-août : 10h-13h, 15h-19h ; reste de l'année : se rens. à l'office de tourisme - fermé nov.-mars - 2 € (-10 ans gratuit).* Façonnée par le cours de la Cassole, la falaise est creusée de multiples grottes qui ont servi d'abris. Ce sont en effet d'anciens habitats troglodytiques, pigeonniers et greniers où les habitants cachaient leurs vivres en prévision des attaques. Certains gouffres plongent à plus de 50 m de profondeur. Le sentier permet d'atteindre une grotte à deux étages. La jolie **vue** vaut l'effort *(déconseillé aux personnes sujettes au vertige).*
En redescendant vers la place de la Mairie, vous passez devant l'ancien moulin à huile.

Vallon Gué

30mn AR. Au sud du village, après le pont. Le chemin sous bois qui longe la Cassole conduit à une **cascade**. Le lieu est paisible et la promenade rafraîchissante.

Cotignac, place de la Mairie.
M. Cavalier/hemis.fr

À proximité

CARTE DE MICRORÉGION P. 152

Notre-Dame-de-Grâces B1

1 km au sud par la D 13, puis une petite route à droite.

Pour être aussi beau, ce lieu ne pouvait être que sacré et miraculeux ! La Vierge y serait apparue au 16e s. Une chapelle a été élevée ensuite, sur ce mont Verdaille qui domine au sud la vallée de l'Argens, Carcès et la région de Brignoles. En 1638, Louis XIII et Anne d'Autriche, désespérant d'avoir un héritier, envoyèrent le frère Fiacre jusqu'ici dire des prières. Exaucée, la reine y revint avec son fils, le jeune Louis XIV, pour rendre grâce en 1660, comme le rappelle l'**ex-voto** en marbre noir. La même année, saint Joseph aurait fait son apparition sur la colline.

Détruite par la Révolution et reconstruite en 1810, N.-D.-de-Grâces, à l'intérieur relativement dépouillé, est aujourd'hui occupée par les moines de la communauté de St-Jean.

50mn. Une belle allée boisée conduit au **monastère de St-Joseph**. Il ne se visite pas mais la chapelle est accessible.

Carnet pratique

S'informer

Office de tourisme – *Pont de la Cassole - Cotignac - ✆ 04 94 04 61 87 - www.la-provence-verte.net/ot_cotignac.*

Se garer

Parking près du cours et à la sortie du village en direction de Carcès.

Agenda

Les Toiles du Sud, Festival du Rocher de Cotignac – *les-toiles-du-sud.com.* De mi-juillet à mi-août, 10 soirées de projections de films en plein air au théâtre du Rocher.

Nos adresses

Restauration

Pour se faire plaisir

Picotte Provence – *8 rue St Jean - ✆ 09 85 06 09 21 - www.picotte-provence.fr - lun. et vend.-sam. 12h-14h, 19h-22; mar. et dim. 12h-14h30; fermé merc.-jeu. - menu déj. 25/30 €, plats 28/34 €.* Si le temps le permet, réservez une table sur la superbe terrasse pour déguster les spécialités provençales de la maison. La carte évolue selon les saisons et l'inspiration des chefs.

Shopping

Spécialités – Le village est réputé pour son vin, son huile et son miel.

Marchés – Marché provençal le mardi matin cours Gambetta et place Joseph-Sigaud. Marché paysan et d'artisanat d'art le vendredi matin de mi-juin à mi-septembre.

Les Ruchers du Bessillon – *Magasin cours Gambetta - ✆ 04 94 77 75 69 - www.lesruchersdubessillon.com - été : mar.-sam. 9h30-12h30, dim. 10h-12h30 ; hiver : mar.-jeu. 9h-12h30, vend-sam. 9h-12h30, 15h30-18h30.* Miels d'acacia, de châtaignier, de sapin, de tilleul, de romarin, de lavande, de thym, d'arbousier... Les miels de Provence et de lavande affichent le Label rouge. Également, vente de gelée royale, pollen, cire, confiseries au miel, produits provençaux...

Hébergement

Budget moyen

Chambre d'hôte Domaine de Nestuby – *4540 rte de Montfort - 5 km au sud de Cotignac dir. Brignoles - ✆ 04 94 04 60 02 - www.nestuby.com - P - fermé de mi-déc. à mi-janv. - 5 ch. 99/190 €.* Au cœur d'un domaine viticole, cette avenante bastide dispose de belles chambres garnies de meubles chinés, complétées d'une piscine et d'un petit centre de remise en forme (sauna, spa, équipement sportif).

Abbaye du Thoronet ★★

Joyau architectural de l'ordre de Cîteaux, la plus ancienne des trois abbayes cisterciennes de Provence (avec Sénanque et Silvacane) se cache parmi les chênes, posée au milieu d'une rivière et d'une source. Son site sauvage et isolé résonne d'un accord parfait avec la règle de saint Benoît (6e s.). Les lieux offrent immanquablement, à qui vient la découvrir, un moment de sérénité.

Se repérer

Var (83)

CARTE B2 (P. 152).

Entre Lorgues et le lac de Carcès *(voir « Brignoles », circuit p. 156)*. De l'A 8, suivez la sortie Le Cannet-Le Luc.

Organiser son temps

La visite est libre (documentation fournie) mais des visites guidées sont proposées *(1h - sans supplément tarifaire)*. Messe chantée tous les dimanches à midi, organisée par le diocèse.

Carnet pratique p. 184

Nos adresses p. 184

Découvrir

D 79 - ✆ 04 94 60 43 96 - www.le-thoronet.fr - P - avr.-sept. : 10h-18h30 ; reste de l'année : 10h-13h, 14h-17h - 8 € (-18 ans gratuit) - possibilité de visite guidée (45mn) sur réserv. préalable.

Des expositions temporaires et différents festivals (musique, livre...) ont régulièrement lieu dans l'abbaye. Consulter le site Internet.

★ Église

La pureté des lignes de l'édifice éblouit d'emblée. La belle pierre orangée, finement taillée, contribue à atténuer l'austérité de l'architecture cistercienne. La façade occidentale est percée symétriquement de petites ouvertures : sous l'oculus, quatre baies et deux portes latérales. Les frères convers entraient dans l'église par la porte de gauche. Sur le flanc droit, on voit un des rares « **enfeus** » extérieurs de Provence : il s'agit d'un « dépositoire » pour les morts du village.
La présence d'un petit clocher carré en pierre constitue une exception dans les prescriptions architecturales de l'ordre cistercien, qui ne tolérait que de modestes ouvrages en bois. Il est justifié ici par la violence des vents et les risques d'incendie.
La beauté de l'espace intérieur coupe le souffle. Le plan, en forme de croix latine, ressemble étonnamment à celui de Sénanque. Les trois travées de la nef se terminent à l'est par le chœur entouré de deux chapelles. Le chœur, en cul-de-four, comme à Sénanque, est percé de trois baies, symbole de la Trinité. L'oculus qui le surmonte appelle le regard vers la magnifique voûte, en berceau légèrement brisé. Le décor sculpté est quasiment absent de l'église, soulignant la majesté des formes. On remarque simplement l'arrondi des impostes des piliers et celui des demi-colonnes qui reçoivent les doubleaux et s'interrompent à 2,90 m du sol selon l'usage adopté par les cisterciens. La hauteur, le dénuement, la pénombre,

tout ici invite au silence de la méditation, à l'élévation de l'âme, loin du monde et de ses futilités.

L'église est bien connue des spécialistes du chant sacré, car elle offre une acoustique exceptionnelle : toute note émise s'éteint dix secondes après sa diction.

★ Cloître

Une étonnante sérénité se dégage de ce monde clos qui s'ouvre sur le ciel par les toits roses et les collines de chênes verts. Dépouillement et proportions puissantes apportent ce sentiment d'équilibre. La forme trapézoïdale est justifiée par le dénivelé du terrain, compensé par 12 marches. Voûtées en parfaits berceaux sur doubleaux, les galeries offrent leur ombre et leur fraîcheur. Les murs épais sont percés en plein cintre par d'austères arcades géminées, simplement ajourées d'un oculus au tympan. Face à la porte du réfectoire (disparu depuis), comme il se doit, le lavabo ou fontaine servait aux ablutions.

Bâtiments conventuels

Ils s'ouvrent au nord de l'église. Au rez-de-chaussée, on trouve l'*armarium* ou bibliothèque, dont la porte est surmontée d'un linteau en bâtière.

La **salle capitulaire★** était consacrée à la lecture de la règle de saint Benoît, réaffirmée par saint Bernard. Les moines s'y réunissaient tous les matins pour la lecture d'un chapitre. Dans cet unique lieu non dévolu à la prière, on décèle une architecture plus ornementée, influencée par le premier art gothique. On y découvre les seules sculptures de l'abbaye sur les chapiteaux des colonnes qui soutiennent les voûtes d'ogives. Feuilles d'eau (roseau ou cistel d'où vient le nom de Cîteaux), pommes de pin (vérité), branches de palmiers, main refermée sur une crosse (l'abbé est un guide comme le berger) sont autant de messages dans ce lieu où le père abbé était élu démocratiquement.

À côté, le **parloir** (seul lieu où l'on pouvait discuter) forme passage entre le cloître et le jardin extérieur : on y distribuait les tâches avant les travaux des champs.

Un escalier voûté dessert le **dortoir**, couvert d'un berceau brisé sur doubleaux. Il offre un accès direct à l'église, permettant aux moines de se rendre facilement aux offices de nuit et de jour. Les portes au nord donnaient sur la salle des moines, le chauffoir, le réfectoire et la cuisine.

Des origines à nos jours

D'abord installés en 1136 à Floriège, près de Tourtour, des moines venus de l'abbaye de Mazan (Ardèche) s'établirent définitivement au Thoronet, sur un domaine que leur céda **Raymond Bérenger V**, comte de Barcelone et marquis de Provence. L'abbaye ne tarda pas à connaître la prospérité, à la suite des nombreuses donations qui affluèrent, notamment de la part des seigneurs de Castellane. L'église, le cloître et les bâtiments monastiques virent le jour entre 1160 et 1190. Au 14e s., le Thoronet, comme bien d'autres abbayes cisterciennes, connut peu à peu le déclin. Les révoltes internes, puis les guerres de Religion entraînèrent la défection des moines de l'abbaye qui, en 1787, fut rattachée à l'évêché de Digne. Vendue à la Révolution, puis de nouveau délaissée, elle fut rachetée par l'État en 1854. Grâce à l'intervention de **Prosper Mérimée**, elle échappa à la ruine. Depuis, les travaux de consolidation et de restauration se sont succédé. Ils étaient devenus d'autant plus indispensables que l'abbaye souffrait de l'exploitation de la bauxite à proximité.

Abbaye du Thoronet, le cloître.
J. C. Muñoz/age fotostock

À l'ouest du cloître, dans le **cellier**, on produisait le vin (cuves du 18e s.) et l'huile d'olive de l'abbaye. Une belle voûte en berceau brisé le recouvre. On peut y voir un pressoir à raisin en châtaignier du 15e s.
Le **bâtiment des frères convers** ou « lais » (hommes d'origine paysanne, car au 12e s., il fallait savoir lire et écrire pour devenir moine) comprend le réfectoire au rez-de-chaussée et le dortoir au 1er étage. Les lais déchargeaient les moines des travaux les plus contraignants et suivaient une règle de vie plus souple. Ce statut était considéré comme une promotion sociale. Les frères convers ne devaient pas rencontrer les moines pour les laisser à la contemplation et au silence.

Bâtiments annexes

En bordure du torrent, les bases de l'ancienne **hôtellerie** ont été dégagées. Dans la **grange dîmière**, située au sud de l'église et transformée par la suite en moulin à huile, on peut voir des meules et un mortier.

À proximité

CARTE DE MICRORÉGION P. 152

Le Luc-en-Provence B2

11 km au sud par la D 17 et la D N7.

D N7 - Bd Charles-Gaudin - 04 89 26 03 80 - www.coeurduvartourisme.com.

Le village est dominé par une **tour hexagonale** (début 16e s.), haute de 27 m. Édifiée à la mode des campaniles italiens, elle servit de clocher. La Tour de l'Horloge marque l'emplacement de la porte à herse du village moyenâgeux du **Castellas**, dont les ruines ont été conservées. Les ruelles en escalier s'étiraient jusqu'au sommet de la colline occupé par la demeure du seigneur. Les derniers vestiges furent détruits en 1971, lors de la construction de l'autoroute. D'en haut, panorama sur le village et la plaine des Maures.

Veillez à respecter la signalétique car certains secteurs sont interdits et dangereux.

Musée communal du Timbre – *3 bis r. du Ravelet - ✆ 04 94 39 04 54 - www.mairie-leluc.com - juil.-août : merc.-vend. 9h-12h, 14h-18h, sam. 9h-12h, 14h-17h ; reste de l'année : merc.-vend. 9h-12h, 13h30-17h30 - gratuit.* Ce musée présente une exposition consacrée à l'histoire du timbre et de la philatélie. La fabrication du timbre-poste est mise en valeur dans ses différentes étapes. L'atelier de gravures d'**Albert Decaris** a été reconstitué. Expositions temporaires renouvelées tous les trimestres.

★ **Point de vue de l'oppidum de Fouirette** – *1h10 AR. Dép. tour Hexagonale (pl. Pasteur), puis itinéraire balisé en jaune. Itinéraire disponible sur www.coeurduvartourisme.com.* Au sommet de la butte (alt. 300 m), vaste **panorama★** sur le massif des Maures, de Gonfaron au rocher de Roquebrune. Quant à l'oppidum, du 4e s. av. J.-C., c'est l'un des plus beaux du Var.

Le vieux Cannet-des-Maures C2

11 km au sud-est par la D 17.

Ce village médiéval classé est bâti sur un piton qui domine la plaine des Maures *(vue panoramique et table d'orientation)*. Au fil des vieilles ruelles, on découvre les portes de l'enceinte, la place du village avec sa citerne, le moulin à huile banal et les ruines du château. Au cœur du village, l'église St-Michel, à l'architecture romane provençale, date du 11e s. Dernier vestige de l'ancien castrum de Caneto, on y trouve une belle statue de la Vierge en bois (15e s.).

Carnet pratique

Se garer

Parking sur place *(buvette avr.-sept.)*.

Agenda

Les Nuits blanches du Thoronet – *www.lesnuitsblanches.org.* Fin juillet au cœur du village, concerts rock et musiques actuelles.

Festival du Chien Rouge – *lechienrouge.fr.* Au centre du village du Cannet-des-Maures de mi-juillet, concerts de musiques actuelles.

Les Musicales – En août. Concerts dans l'abbatiale du Thoronet.

Grand marché annuel des produits d'abbayes – Dates variables selon les années, consulter *www.tourisme-lethoronet.com.* En provenance d'une douzaine d'abbayes et de monastères du Sud de la France.

Nos adresses

Restauration

Budget moyen

La Table Saint-Roux – *D 17, rte de La Garde-Freinet - Le Cannet des Maures - ✆ 04 83 11 02 68 - www.chateausaintroux.com - 12h-14h, 19h-21h - formule 27 €, menu 35/40 € - sur réserv.* Vignoble réputé, le château Saint-Roux est ouvert à la visite et propose à la vente ses produits (vins, fromages, légumes). On peut aussi y savourer un excellent repas (brunch le dim.) préparé dans le respect des saisons avec des produits locaux. Pour prolonger le plaisir de la table, 5 chambres et 6 appart vous promettent un séjour dans un cadre idyllique.

Shopping

Marché – Marché provençal au Luc en Provence le vendredi matin au centre-ville.

Château Lauzade – *3423 rte de Toulon - D 97 - Le Luc en Provence - ✆ 04 94 60 72 51 - 9h-12h, 14h-18h - fermé w.-end et j. fériés.* Les 50 ha de vignes du domaine sont cultivés en agriculture raisonnée et ne produisent qu'une seule cuvée par couleur (un blanc, un rouge, un rosé) de côtes-de-provence. Visites, dégustation et vente sur place.

Château Demonpère – *Rte des Mayons - Le Luc en Provence - ✆ 04 94 60 07 78 - www.chateau.demonpere.com - tlj. sf dim. 10h-12h30, 14h-18h30, lun. 10h-12h30, 14h-17h30.* Superbe vue sur le massif des Maures depuis cette propriété familiale entourée de vignes (32 ha) et de champs d'oliviers (17 ha d'espèces différentes) exploités en agriculture biologique. Vente d'huiles d'olive et d'olives, ainsi que de vins (côtes-de-provence rouge, rosé et blanc AOC) produits sur le domaine.

Cave Vignerons du Luc – *R. de l'Ormeau - Le Luc en Provence - ✆ 04 94 60 70 25 - www.lesvigneronsduluc.com - été : 9h-12h15, 14h30-18h3; hiver : 9h-12h15, 14h-18h - fermé dim.* La cave coopérative du Luc en Provence est une bonne introduction pour déguster et acheter les vins de la région. Large panel de productions.

Hébergement

Premier prix

Chambre d'hôte Bastide St-Bernard – *370 chemin de la Gourgue de Blanc - Le Thoronet - ✆ 06 74 35 63 00 - www.bastide-saint-bernard.com - 5 ch. 85/88 €.* Au cœur de la verdure, profitez du calme des lieux dans l'une des cinq chambres climatisées. Cuisine extérieure et piscine. Terrasse avec vue.

Budget moyen

Chambre d'hôte La Haute Verrerie – *La Haute-Verrerie - rte de St-Tropez - Le Cannet-des-Maures - 6 km à l'est du Luc en Provence par D 558, dir. St-Tropez - ✆ 06 19 02 48 88 - 4 ch. 92 €.* Un ruisseau coule au pied de cette charmante demeure provençale de 1839, où jadis on travaillait le verre. Chambres personnalisées, logées dans diverses dépendances ; la plus réussie, aménagée dans l'ancien grenier mansardé, possède un solarium privé.

Pour se faire plaisir

Chambre d'hôte La Grande Lauzade – *Route de Toulon - Le Luc en Provence - ✆ 04 94 60 74 35 - www.lagrandelauzade.com - 5 ch. 135/185 €.* Dans une bastide familiale du 18e s., des chambres confortables et une foule de « petits plus » appréciables : piscines intérieure et extérieure, jacuzzi, sauna, massage... Mention spéciale pour l'hébergement insolite dans un ancien bus scolaire jaune venu des États-Unis, avec sa terrasse et son jacuzzi privatif.

3

Draguignan et la Dracénie

En dépit d'un nom aux évidentes résonances, il n'y a point de dragon dans l'ancien chef-lieu du Var. Draguignan est une ville paisible, qui s'anime au rythme des fêtes et des marchés. Tout a commencé autour d'une forteresse ligure, puis d'une villa romaine, puis de la tour de l'Horloge. Hors de la ville, la Dracénie, qui a récemment obtenu le label Vignobles et découvertes, présente des paysages escarpés dominés par quelques jolis villages.

Se repérer

39106 Dracénois – Var (83)

CARTE C1 (P. 152).

26 km au nord-ouest de Fréjus par la D N7, puis la D 1555.

Organiser son temps

Comptez 1h en visite libre (ou 1h30 en visite guidée) pour le musée des Arts et Traditions populaires. Rejoignez ensuite le point de vue du Malmont en 10mn. Le dolmen de la pierre de la Fée n'est qu'à 5mn de Draguignan.

En famille

Le musée des Arts et Traditions populaires ; le musée de l'Artillerie ; le musée des Fossiles et Minéraux à Bargemon.

Carnet pratique p. 194

Nos adresses p. 194

Se promener

PLAN DE VILLE

La vieille ville

Circuit tracé sur le plan ci-contre. Au départ de la pl. du Marché.

Au bout de la rue des Marchands, la **porte Romaine** (13e s.) ouvre sur le vieux Draguignan, ensemble de petites maisons serrées, dressées de guingois sous leur toit de tuiles canal. Poursuivez dans la rue de l'Observance, l'une des plus anciennes. Les maisons abritèrent aux 15e et 16e s. nobles et bourgeois. Certaines sont aujourd'hui rénovées avec de jolies couleurs pastel. Par la montée de l'Horloge *(à gauche)*, vous accédez à la tour.

Tour de l'Horloge B1

R. de l'Horloge - 04 94 84 54 31 - tourisme.dracenie.com - de mi-juin à mi-sept. : mar.-sam. 10h-12h30, 16h-18h ; reste de l'année : mar.-sam. 10h-17h sur réserv. - gratuit.

Cette tour à échauguettes surmontée d'un campanile en fer forgé remplace le donjon détruit en 1660. Du sommet, **vue** sur toute la ville et la vallée de la Nartuby, avec les Maures à l'horizon.

Le tour du **théâtre de verdure** est l'occasion d'une vue plus rapprochée sur les toits de la vieille ville.

Revenez sur vos pas et continuez rue des Tanneurs pour atteindre la **porte de Portaiguières**, percée dans une tour carrée du 13e s. Dans la rue Juiverie, la façade restaurée d'une synagogue du 13e s. Au bout de la rue, prenez à droite pour arriver à l'église et rejoindre la place du Marché.

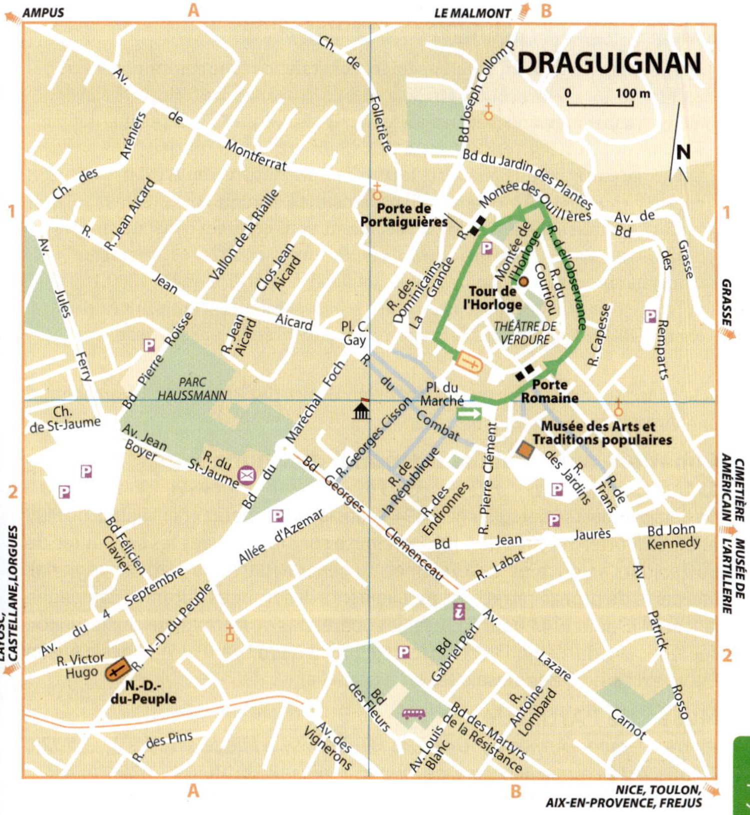

3

À voir aussi

PLAN DE VILLE

★ Musée des Arts et Traditions populaires B2

75 pl. G.-Brassens - ✆ 04 94 47 05 72 - culture.dracenie.com - 9h-12h, 14h-18h - fermé dim.-lun.et j. fériés - 3,50 € (-18 ans gratuit).

À plusieurs reprises dans l'année, des expositions, des ateliers et un programme spécial sont entièrement dédiés aux enfants.

Dans les grandes salles de ce musée, les poutres rustiques et les dalles de pierre au sol s'accordent à la thématique rurale. Outils, maquettes et objets anciens dépeignent les activités traditionnelles du haut pays varois, des Plans de Provence, des Maures et de l'Esterel (1800-1950) : le vin et les céréales, la fabrication de l'huile d'olive, l'exploitation du liège (atelier de bouchonnier), mais aussi la chasse, l'apiculture, l'élevage des moutons et des vers à soie, l'artisanat, la vie quotidienne et les fêtes. Une galerie extérieure rassemble des machines agricoles. Au dernier étage, une bibliothèque et des expositions temporaires.

Profitez de l'audioguide gratuit pour une visite complète.

Église Notre-Dame-du-Peuple A2

Cette chapelle construite au 16ᵉ s. dans le style gothique flamboyant fut agrandie par la suite et reçut sa façade au 19ᵉ s. Dédiée à la Vierge, qui aurait préservé la ville de la peste (pèlerinage le 8 septembre), elle renferme de nombreux ex-voto

Draguignan : quelques jalons historiques

Draguignan a connu un développement constant, de ville comtale en ville royale. Au 15e s., elle est la quatrième ville de Provence. De l'enceinte élevée au 13e s. subsistent encore deux portes sur trois. **Louis XIV** fit raser le donjon à l'issue de la lutte qui opposa en 1649 les Sabreurs aux Canivets. Draguignan obtint de Bonaparte le titre de « préfecture » en 1797 et le conserva jusqu'en 1974, avant qu'il ne revienne à Toulon. Au 19e s., les préfets Azémar et, brièvement, Haussmann, conjuguèrent constructions de prestige (comme le théâtre, hélas « modernisé » en 1974) et urbanisme moderne : promenades ombragées et boulevards rectilignes. En 1860, la ville, lasse de tant de modernité, refusa le passage d'une grande ligne de chemin de fer ; aujourd'hui, le train venant de Marseille s'arrête aux Arcs.

et le panneau central d'un retable de l'école niçoise des Brea (16e s.) représentant une Vierge au rosaire *(mur de gauche)*.

Cimetière américain et mémorial du Rhône B2 EN DIRECTION

553 bd John-Kennedy - ✆ 04 94 68 03 62 - www.abmc.gov - ♿ P - 9h-17h.
De durs combats se déroulèrent en 1944 dans la région, notamment autour du Muy et de La Motte. Sur près de 5 ha de pelouse sont regroupées les sépultures de 860 soldats américains de la 7e armée du général Patch. Au pied du mémorial, une carte de bronze retrace les mouvements des troupes durant la campagne lancée le 15 août 1944 pour appuyer les opérations de Normandie. Sur le mur de soutènement du mémorial sont inscrits les noms des disparus. L'Américain Austin Purve est l'auteur des mosaïques de la chapelle.

Musée de l'Artillerie B2 EN DIRECTION

Av. de la Grande-Armée - ✆ 04 83 08 13 86 - www.artillerie.asso.fr - ♿ - 9h-12h, 13h30-17h30 - fermé jeu.-sam., de mi-déc. à mi-janv. - gratuit.
Dans une architecture conçue par Rudy Ricciotti, le circuit allie chronologie et approche thématique. Avec 70 pièces d'exception, dont un bon nombre provient du musée de l'Armée, le musée de l'Artillerie présente l'évolution des techniques industrielles et des savoir-faire des artilleurs du 12e s. à nos jours (matériel lourd, uniformes, petits calibres et un montage audiovisuel retraçant l'histoire de l'artillerie française à travers les grandes batailles).

À proximité

CARTE DE MICRORÉGION P. 152

★ Table d'orientation du Malmont C1

6 km au nord. Sortir de Draguignan par le bd Joseph-Collomp. Arrivé à un col, prendre à gauche une petite route menant 300 m plus loin à une table d'orientation.
La **vue★** très étendue embrasse le mont Vinaigre (Esterel), la rade d'Agay, la dépression de l'Argens, le massif des Maures, les environs de Toulon.

Trans-en-Provence C1

5 km au sud. Quitter Draguignan par la D 1555.
Village réputé jusqu'à la dernière guerre mondiale pour ses filatures de soie qui tiraient leur énergie de la vingtaine de moulins installés sur la Nartuby. L'hôtel de ville, avec **façade** en trompe-l'œil (1779), est un rare exemple d'architecture civile du 18e s. L'église St-Victor (14e s.) abrite un beau retable. De la place de la Mairie, descendez vers les gorges de la Nartuby pour contempler le **site★** entre le pont Vieux et le pont Bertrand.

Le **puits aérien** de 1930 *(suivre les panneaux, à gauche en entrant dans le village ; le chemin passe par-dessus la D 1555)* est l'œuvre d'un ingénieur belge. Il devait permettre de récupérer l'humidité nocturne par condensation pour irriguer les cultures. Mais, conçu pour l'Afrique, il ne fonctionna jamais à Trans.

★ Chapelle Ste-Roseline C2

10 km au sud. Quitter Draguignan par la D 1555 et tourner à droite dans la D 91. 04 94 73 37 30 - tourisme.dracenie.com - juin-sept. : 14h30-18h ; reste de l'année : 14h30-17h - fermé lun. et de mi-déc. à fin janv.

Dans les vignobles autour des Arcs *(voir « Nos adresses »)*, la chapelle Ste-Roseline fut occupée par les chartreuses dès le 13e s., puis les franciscains à partir de 1504. De cette abbaye ne subsistent que le cloître du 12e s. et la chapelle, de style roman provençal. À l'**intérieur★**, nombreux trésors : un maître-autel baroque (1635) encadre un superbe retable en bois, la *Descente de croix* (1514) ; un rare jubé provençal (1638), surmonté d'une statue polychrome de sainte Catherine d'Alexandrie, se termine en clôture de chœur avec des stalles finement sculptées (17e s.). En bas de la nef, un autel baroque porte un autre très beau retable Renaissance : *La Nativité* ; à gauche du chœur est accrochée une précieuse prédelle (fin 15e s.), œuvre de la **famille Brea**. La châsse de sainte Roseline fait l'objet de pèlerinages cinq fois par an, les plus fréquentés se situant le dimanche de la Trinité et le 1er dimanche d'août. On doit à Marguerite Maeght l'illustration de la légende de la sainte par des artistes contemporains : une grande mosaïque de **Chagall**, *Le Repas des anges (ogive du bas-côté droit)* ; un bas-relief en bronze et un lutrin en forme d'arbuste de **Diego Giacometti** ; un grand vitrail de **Bazaine** aux tons chatoyants, et quatre de **Raoul Ubac**, qui éclairent la chapelle.

Les Arcs-sur-Argens C2

10 km au sud de Draguignan par la D 1555, puis la D 555.
Pl. du Gén.-de-Gaulle - 04 94 73 37 30 - tourisme.dracenie.com.

En pleine zone viticole, ce gros bourg dispute à Brignoles le titre envié de capitale des côtes-de-provence : ses environs produisent en effet d'excellents crus. Dominant le village, le vieux quartier du Parage et les ruines du château de Villeneuve, qui constitue le kilomètre zéro de la Route des vins, vous attendent.

Église – Bâtie au milieu du 19e s., elle est très visitée pour sa curieuse **crèche animée** *(à gauche en entrant)*, dont le décor reconstitue le vieux village des Arcs. Les chapelles latérales sont peintes à fresque : dans celle de gauche, une peinture de Baboulaine évoque le miracle des roses de sainte Roseline. Sur le côté droit, un admirable **polyptyque★** à 16 compartiments de 1501 de **Louis Brea**.

3

On vous emmène sur le chemin des cascades...

Quoi de plus apaisant que de se promener au bord de l'eau, d'en suivre le cours et d'en apprécier les plus belles vues ? À Trans-en-Provence, il est possible de faire tout cela à la fois grâce à la boucle du Calant, aussi appelée chemin des cascades en raison du tracé accidenté de la rivière Nartuby. Celle-ci a creusé au fil du temps des gorges d'une profondeur unique en Dracénie. Différents ponts marquant l'histoire du village enjambent le cours d'eau, dont une nouvelle passerelle himalayenne de 70 m de long à 30 m de hauteur. Autant dire qu'elle offre une vue à 360 degrès, jusque sous vos pieds !

Boucle du Calant – *1,5 km - dép. au centre du village.*

Le Parage – *Monter jusqu'au donjon par la rue de la Paix, qui s'amorce sur la pl. de l'Église.* Ce vieux quartier, bien restauré, mérite une flânerie dans ses ruelles tortueuses, coupées d'escaliers et de voûtes. Il est blotti autour du **donjon** de l'ancien château médiéval, d'où son nom occitan de *parage* désignant la partie castrale située sur les hauteurs d'une cité.

Le Muy C2

14 km au sud-est de Draguignan par la D 1555.

L'important marché du dimanche matin *(plus petit le jeudi)* attire les foules alléchées par les bons produits du terroir, à accompagner d'un côtes-de-provence du cru ! Il se tient autour de l'**église** (16e s.) surmontée d'un élégant campanile en fer forgé. La **tour Charles-Quint** *(à l'entrée du village sur la D N 7)* accueille des expositions temporaires.

Flayosc C1

7 km à l'ouest de Draguignan par la D 557.

Village varois typique, perché au-dessus de vignes, oliveraies et vergers. Portes fortifiées du 14e s., **église** romane à l'origine, au massif clocher carré à campanile, et place on ne peut plus provençale : platanes, fontaine moussue et petit lavoir. Réputé pour sa production oléicole, le village possède encore un ancien **moulin à huile** en activité *(voir « Nos adresses »).*

Monastère St-Michel-du-Var – *818 rte de Lorgues - 04 94 73 12 40 - www.eof.fr/st-michel-du-var - 9h30-11h, 14h30-17h15, dim. 14h30-17h15 - fermé lun. - gratuit.* Ce monastère d'architecture byzantine abrite une communauté de moines orthodoxes.

Lorgues C1

13 km au sud-ouest de Draguignan par la D 557, puis la D 562.

12 r. du 8-Mai 1945 - 04 94 73 92 37 - tourisme.dracenie.com.

L'office de tourisme a balisé un circuit dans le vieux Lorgues et installé des plaques sur les principaux monuments.

Lorgues est une jolie cité médiévale, au cœur d'une région de vignes et d'oliviers, qui vous réserve une plaisante promenade dans un dédale de ruelles ponctué de fontaines, beffroi, tours et portes fortifiées (14e s.), le tout en terrain (presque) plat. Par la rue de l'église, on arrive devant la **collégiale St-Martin**, imposante église en pierre blanche, construite au 18e s. par Fleury, évêque de Fréjus et futur ministre de Louis XV. Remarquable orgue. La rue de la Bourgade conduit à la **Font-Couverte**, du 13e s., qui recueille les eaux de la nappe phréatique. Vestige cistercien, ce bassin de rétention d'eau est particulièrement rare (seulement deux modèles en Europe) et reste visible à travers des grilles.

Salernes B1

22 km à l'ouest de Draguignan par la D 557.

1 Pl. Gabriel-Péri - 04 94 70 69 02 - tourisme.dracenie.com.

L'office de tourisme propose un dépliant de découverte du village et un topo-guide de 7 randonnées aux environs.

Ce gros bourg, où se tient un superbe marché provençal le dimanche matin, a connu ses grandes heures avec la fabrication des fameuses **tomettes** hexagonales (ou malon) qui pavent le sol des maisons provençales. Les premiers fragments de céramiques trouvés dans la région, dans la baume de Fontbrégoua, remontent à 7 000 ans, mais c'est au 18e s. que démarre cette production industrielle, grâce à une argile très pure – et très rouge, riche en oxyde de fer – et à l'eau de la Bresque. C'est à un faïencier de Moustier que l'on doit d'avoir lancé l'activité, qui culminera

Cascade de Sillans-la-Cascade.
thierry64/Getty Images Plus

au début du 20e s. avec 53 fabriques en 1913. Puis, l'activité décline malgré les tentatives des céramistes, dans les années 1950, de s'adapter au goût du jour en proposant des carreaux décorés de motifs variés. Une quinzaine d'artisans perpétuent ce savoir-faire, tandis que le musée Terra Rossa célèbre la mémoire industrielle et l'esprit de la création contemporaine.

À voir aussi dans le village l'originale **église** dotée d'un campanile et d'un clocher.

★ **Terra Rossa, Maison de la céramique architecturale** – *Quartier des Launes - ✆ 04 98 10 43 93 - www.terrarossasalernes.fr - ♿ - lun. 15h-18h, mar.-vend. 10h-12h30, 15h-18h, sam. 10h-12h30, 15h-17h, dim.-lun. mat. sur réserv. - fermé oct.-mars - 5 € (-12 ans gratuit).* Occupant une ancienne fabrique réhabilitée par l'architecte J.-M. Wilmotte, ce vaste ensemble replonge le visiteur dans l'activité de l'usine en faisant appel aux témoignages des derniers ouvriers. Le parcours longe les fours, les bassins de lavage, de décantation et d'évaporation, travaux de force réalisés par les hommes, jusqu'aux ateliers de façonnage à l'emporte-pièce, peu à peu remplacé par la machine, effectué par les femmes. La fabrication des tomettes était une activité saisonnière, d'avril à la Ste-Catherine. La cuisson, opération particulièrement éprouvante pour les ouvriers, durait 40 jours. Une salle abrite la **collection Benoit Faÿ** : 2 000 carreaux décoratifs anciens, du Moyen Âge au 19e s. On voit alors se généraliser la couleur dans les motifs jusque-là très bleus, teinte la mieux maîtrisée, et le dessin au pochoir, industrialisation oblige (quand ce ne sont pas des enfants à qui on fait tenir le pinceau). Une aile est consacrée aux œuvres des potiers de Salernes, invitation à leur rendre visite, et à des expositions temporaires dédiées aux créateurs contemporains ou aux grands noms de la céramique.

3

Sillans-la-Cascade B1

29 km à l'ouest de Draguignan par la D 557, puis la D 560.

Entouré de forêts et perché sur la Bresque, ce village charme avec ses remparts et ses ruelles authentiques. La Poste est surmontée d'un clocheton. Le château du 18e s. accueille des expositions d'art et d'artisanat *(un point d'information touristique ✆ 04 94 60 34 90).*

★ **Cascade de Sillans** – *30mn AR. Prendre, à l'entrée du village, face aux remparts, un chemin signalisé à droite « Panorama de la Cascade » (parking* *sur la gauche).* Dans un beau site verdoyant classé Naturel sensible, la Bresque bondit d'une hauteur de 42 m dans un petit lac couleur émeraude ; elle est très abondante en dehors de l'été *(du parking, petit sentier pour la chapelle St-Laurent à 400 m).*

Circuit conseillé

CARTE DE MICRORÉGION

★ Gorges de Châteaudouble et Artuby C1

Circuit tracé en bordeaux sur la carte p. 152 – 56 km - environ 2h. Quitter Draguignan par l'av. de Montferrat, puis la D 955.

Pierre de la Fée

À 1 km, au bout d'un petit chemin (à gauche). Ce beau **dolmen** de 40 t étale ses 6 m de long sur trois pierres levées de plus de 2 m.
Poursuivre sur la D 955.

★ Gorges

Profondes, très sinueuses et verdoyantes, ces murailles de calcaire sont creusées par la Nartuby, affluent de l'Argens.
Route coupée après 4 km, faire demi-tour et reprendre la route vers Ampus (D 49).

Ampus

Passé la porte sarrasine, vous monterez à la petite église romane (11e s.) bien restaurée. Derrière part un chemin de croix qui s'élève sur un piton rocheux (ruines de l'ancien château). Un « chemin de l'eau » balisé permet de faire le tour des fontaines et lavoirs de ce village de caractère.
Quitter Ampus par la D 51.
La route traverse un plateau occupé par le bois des Prannes.

Châteaudouble

Ce village au charme médiéval et aux nombreuses calades entrecoupées de placettes à fontaine occupe un **site★** exceptionnel au sommet d'une falaise surplombant d'une centaine de mètres les gorges de la Nartuby. L'église N.-D.-de-l'Assomption (16e s.) présente un clocher-tour roman et un portail clouté. De la tour sarrasine, point de **vue★** sur l'ensemble du village et le relief tourmenté des gorges.
Quitter Châteaudouble vers Montferrat.
Vous retrouvez les **gorges★** de Châteaudouble le long de la Nartuby, sur 3 km.
Après Montferrat, prendre à gauche la D 955.

Comps-sur-Artuby

Cette ancienne seigneurie des templiers, puis des hospitaliers de St-Jean-de-Jérusalem se tasse au pied d'un rocher. Au sommet, l'**église St-André**, édifice gothique du 13e s., était leur chapelle *(☎ 04 94 50 24 00 ou 04 94 50 87 82 - tourisme.dracenie.com - tte l'année : se rens. à l'office de tourisme - gratuit.*
De là, **vue** sur les Plans-de-Provence et, surtout, sur les gorges de l'Artuby où l'on remarque l'entrée de plusieurs grottes.
Prendre la D 21 pour rejoindre Bargème.

★ Bargème

Perché à 1097 m d'altitude, le plus haut village du Var est surtout l'un des plus beaux de France. On voit de loin les ruines de son **château** dont les hautes tours blanches, juchées sur un piton rocheux, resplendissent sous le soleil du Midi. De

ses abords, la **vue★** porte sur les montagnes de Malay et de Lachens, les Préalpes de Grasse, le plateau de Canjuers et, au loin, le massif des Maures. Derrière les remparts, les passages et les ruelles habilement restaurés plongent le visiteur dans une atmosphère hors du temps. Au bout de l'esplanade du château, se dresse la **chapelle N.-D.-des-Sept-Douleurs**, construite par les hommes du village sur ordre du parlement de Provence suite à une série de meurtres perpétrés par les habitants.
Reprendre la D 21 pour traverser La Roque-Esclapon en direction du mont Lachens.

Mont Lachens

Le plus haut sommet du Var culmine à 1715 m. Que vous y montiez en voiture ou à vélo, la vue dévoile le massif de la Ste-Baume à l'ouest et le Mercantour à l'est. Certains assurent même que l'on aperçoit la Corse par temps clair.
Emprunter la D 25 vers Bargemon.
La route traverse Canjuers, le plus grand camp militaire d'Europe et passe à côté de Brovès, village fantôme évacué lors de l'installation du camp. Elle franchit ensuite le **col du Bel Homme** (915 m), qui offre une vue stupéfiante sur le massif des Maures, l'Esterel et le golfe de Fréjus-St-Raphaël.

Bargemon

Av. Pasteur - - 04 94 47 81 73 - www.ot-bargemon.fr.
Possibilité de louer des VTT à l'office de tourisme - *se rens.*
Nichée parmi les chênes, Bargemon offre l'été ses vastes places ombragées de platanes et rafraîchies par des fontaines et des lavoirs. Cette ancienne place forte recèle des vieilles rues, des remparts, un château seigneurial et des portes fortifiées du 12e s. (porte dite « romaine », place de la Mairie).
Église – Du 15e s., elle est insérée dans le système défensif de la ville. Son clocher-tour carré date du 17e s. On entre par un beau portail flamboyant. Têtes d'anges du maître-autel attribuées à l'école de Pierre Puget. Superbe triptyque du 16e s. : saint Antoine entre saint Raphaël et saint Honorat.
Chapelle N.-D.-de-Montaigu – Son clocher à flèche domine le village. Cette chapelle du 17e s. contient trois beaux retables à colonnes torses et une miraculeuse statuette de la Vierge, exposée aux fidèles lors des fêtes de Notre-Dame. Elle est taillée dans un arbre provenant de la forêt de Montaigu en Belgique, où serait apparue la Vierge.
Musée-galerie Honoré-Camos - *Pl. St-Étienne - 04 94 76 72 88 - www.ot-bargemon.fr - mai-sept. : merc.-sam. 10h-12h30, 14h-18h30 et dim. 10h-12h30, 14h-18h ; reste de l'année : merc.-sam. 10h-12h30, 14h-18h, dim. 14h-18h - gratuit.* Situé dans l'ancienne chapelle St-Étienne, il évoque l'histoire locale et les activités traditionnelles. La vie du peintre **Honoré Camos** (1906-1991) et quelques-unes de ses toiles sont présentées dans l'abside. Le musée accueille également des expositions temporaires.
Musée des Fossiles et Minéraux - *8 r. de la Résistance - 04 94 67 61 44 - www.ot-bargemon.fr - lun. et merc.-vend. 10h-12h, mar. 10h-12h - gratuit.* Le musée rassemble près de 3 000 pièces, issues en grande partie de la région. L'une des trois salles est réservée aux ammonites (famille de mollusques invertébrés).
Musée du Garde Champêtre - *Pl. de la Mairie - 04 94 67 61 44 - www.ot-bargemon.fr - ♿ - lun. et merc.-vend. 10h-12h, mar. 10h-12h - gratuit.* Uniforme, armes, estampes et objets divers évoquent cette fonction créée sous la Révolution pour assurer l'ordre public en milieu rural. En 2013, la France en comptait encore 1 500.
Quitter Bargemon au sud par la D 25.

3

Callas

ℹ *25 chemin des Frayères - les résidences de Callas - ✆ 04 94 47 89 89 - www.callas.fr.*

Au flanc d'une colline couverte d'oliviers, de chênes et de pins, serré autour des ruines de son château, ce village typique du Haut Var a gardé beaucoup de caractère : beffroi à campanile du 17e s., porches, places et placettes, pigeonnier... Son **église romane**, remaniée au 19e s., possède un grand retable du 17e s., sous lequel on voit neuf pénitents en cagoule agenouillés. Dans l'ancien moulin restauré, un écomusée est dédié à la culture de l'olivier.

La D 225, puis la D 562 ramènent à Draguignan.

Carnet pratique

S'informer

Office de tourisme – PLAN B2 P. 187 - *2 av. Carnot - ✆ 04 98 10 51 05 - tourisme-dracenie.com.*

Visite de la ville – Une signalétique fléchée permet de suivre le circuit médiéval et le circuit de l'eau en visite libre, ce dernier disponible également en application mobile.

Se garer

Le parking le plus commode, proche de la vieille ville et de l'office de tourisme, est celui des allées d'Azémar *(première heure gratuite).*

Se déplacer

Bus – *Gare routière - pl. Angelin German - ✆ 04 94 50 94 05 - tlj sf w.-end et j. fériés 9h-12h30, 14h-17h30 - tedbus.dracenie.com - ticket à l'unité vendu par le conducteur (1,30 €).* Le réseau Ted bus dessert Draguignan et les communes alentour. La ligne 5 dessert la gare SNCF des Arcs.

Cars –*zou.maregionsud.fr.* Depuis la gare routière, des cars assurent la liaison avec Fréjus (45mn), St-Raphaël (55mn), Toulon (2h).

Agenda

Nuitées artisanales et musicales – En juillet et en août, dans le vieux village de Lorgues. Festivités folkloriques et concerts.

Foire de Pâques – En avril à Sillans.

Nos adresses

PLAN P. 187

Restauration

En Dracénie

Premier prix

La Cascade – *3 Grand-Rue - Sillans-la-Cascade - ✆ 04 94 04 77 00 - 8h-14h30, 17h30-20h - fermé merc. (et le soir les lun., mar., jeu. et dim. de sept. à avr.) - plats 14,50/19,50 €.* Une adresse sympathique, à la fois bar, tabac et restaurant. Vins bio, salades, pizzas et plats régionaux. Vous y trouverez aussi quelques plats exotiques car la chef est originaire de l'île de La Réunion.

Budget moyen

Le Tandem – *1 r. Jean-Jaurès - Bargemon - ✆ 04 94 76 70 69 -*

www.restaurantletandem-83.fr - 12h-14h, 19h-20h30 - fermé mar. et sam. et de déb. déc. à mi-janv. - plats 18/26 €, formule 16 (déj.)/22 €, menu 38 €. Adresse discrète à l'arrière de la place principale, disposant d'une petite terrasse. Cuisine de marché soignée et cuissons maîtrisées.

L'Oustaou – *5 pl. Joseph-Bremond - Flayosc - ✆ 04 94 70 42 69 - juil.-août : tlj 19h-20h45 ; reste de l'année : 12h-13h30, 19h-20h45 et fermé mar.-merc. et dim. soir - plats 25/44 €, menu 34 €.* Un ancien relais de poste de 1732, une atmosphère méridionale, un couple sympathique, et une cuisine de saison généreuse et bien troussée, à l'instar de ce pavé d'espadon, guacamole et quinoa : que demander de plus ? Peut-être de penser à prendre son temps sur la terrasse, face à la place du village...

Pour se faire plaisir

Le Nid – *37 bd Jean-Moulin - Flayosc - ✆ 04 98 09 57 62 - www.restaurantlenid-flayosc.fr - 12h15-13h15, 19h15-20h45 - fermé dim.-mar. - plats 21/32 €, menu 24 (déj.)/60 €.* Une adresse tenue par des gens charmants : Émilie est aux petits soins avec ses clients, et le chef réalise une cuisine de saison, pleine de fraîcheur et de goût. Il privilégie les circuits courts, et les producteurs locaux. Une adresse qui fait le plein tous les jours. Un nid de gourmandise, à l'excellent rapport qualité-plaisir-prix...

Une folie

Le Relais des Moines – *Rte de Ste-Roseline - Les Arcs-sur-Argens - ✆ 04 94 47 40 93 - www.lerelaisdesmoines.com - 12h-13h, 19h30-21h - fermé lun.-mar., déb. nov.-déb. déc., 1 sem. en mars - menu midi 59 € - menus 88/118 €.* Une cuisine colorée et imaginative : voici la proposition du chef, Sébastien Sanjou, dans cette ancienne bergerie (16e s.) élégante et chaleureuse. Dans chaque assiette trône un beau produit, travaillé avec soin dans le respect du goût ! La terrasse ajoute au plaisir. Excellent rapport qualité-prix du menu déjeuner.

Hostellerie Les Gorges de Pennafort – *8660 RD 25 - Callas - ✆ 04 94 76 66 51 - www.hostellerie-pennafort.com - fermé lun., merc. midi, dim. soir et de mi-déc. à mi-fév. - menu déj. sem. 68 € - menus 89/99 €.* Un élégant décor contemporain, une terrasse sous les tilleuls... Le cadre séduit, la cuisine plus encore : fleurs, épices, herbes et touches personnelles du chef composent un subtil mariage entre tradition et générosité.

Petite pause

Maya Kafée - *Montée de l'Église - Bargème - ✆ 07 78 04 51 85 - 10h-19h, fermé lun.-mar.* Boutique de produits du terroir disposant de deux terrasses pour boire un verre sur les hauteurs du village.

Shopping

Marchés de Draguignan – Mercredi et samedi le matin, place du Marché et bd Jean-Jaurès. **Marché artisanal** tous les jeudis matin bd Clemenceau.

Marché de Callas – Grand marché le mardi et le samedi matin.

Marché de Lorgues – Le mardi matin dans les rues piétonnes du centre. De mi-juin à mi-septembre, marché paysan le vendredi matin sur la place d'Entrechaux.

Marché de Bargemon – Place St-Étienne le jeudi.

Marché de Flayosc – le lundi matin.

Marchés de Salernes et de Le Muy - le dimanche.

Vins

Maison des vins Côtes-de-Provence – *RN 7 - Les Arcs-sur-Argens - ✆ 04 94 99 50 20 - maison-des-vins.fr - avr.-sept. : tlj 10h-13h, 14h-19h ; oct.-mars :*

3

tlj sf dim. 10h-13h, 14h-17h. Outre la présentation et la vente de 800 vins d'appellation côtes-de-provence, la Maison des vins propose tous les jours une dégustation. Stage deux samedis par mois. Boutique d'art de la table et produits régionaux.

Domaine Rabiega – *516 chemin du Cros d'Aimar - Draguignan - ✆ 04 94 68 44 22 - www.rabiega.com - visites guidées lun.-vend. de 14h à 17h.* Cette belle propriété au milieu des vignes et des oliviers est exploitée depuis 1986 par des Suédois. Caveau de vente et dégustation.

Château Ste-Roseline – *Les Arcs-sur-Argens - ✆ 04 94 99 50 30 - www.sainte-roseline.com - mai-sept. : 10h-19h, w.-end. 10h-18h; oct.-avr. : 10h-13h, 14h-18h30 (18h w.-end).* Superbe domaine viticole (cru classé) dans une ancienne abbaye (11e s.), abritant la chapelle Ste-Roseline *(voir p. 189)*. Vente et dégustation de vins.

Domaine de l'Estello – *838 chemin de Bélinarde - Lorgues - ✆ 04 94 73 22 22 - domaine-estello.com - mai-sept. : lun.-sam. 9h30-12h30, 13h30-18h; oct.-avr. : mar.-vend. 9h-17h et sam. 9h30-12h30.* Ce petit domaine (23 ha) élabore d'excellents côtes-de-provence bio AOC. Caveau de dégustation et vente.

Huile

Moulin traditionnel « Lou Calen » – *1 r. de l'Observance - Draguignan - ✆ 04 94 47 21 87 -* mars.-oct. : *merc. et sam. 9h-12h; nov.-fév. : tlj 8h-12h, 14h-18h.* Dans ce moulin du début du 20e s. situé sur les hauteurs de Draguignan, les olives provenant de petits récoltants locaux sont aujourd'hui encore pressées avec la vieille roue en pierre traditionnelle. Vente sur place.

Moulin du Flayosquet – *1227 ch. de Coulombe (rte d'Ampus) - Le Bastidon - Flayosc - ✆ 04 94 70 41 45 - juil.-août : tlj sf dim. 9h30-12h30, 14h30-19h; nov.-janv. (période de fabrication) : tlj sf dim. 9h-12h, 14h-18h30; reste de l'année : mar. et vend. 10h-12h, 14h-18h30.* Ce superbe moulin du 13e s. fonctionne encore en partie avec sa roue à augets d'origine. L'huile d'olive maison est réputée et connue pour ses qualités gustatives. À découvrir dans la boutique ainsi que les olives, tapenades, pâte d'olive et une sélection de spécialités régionales.

Activités

La vigne à vélo – *Rens. à l'office du tourisme de Draguignan (voir p. 194).* Ouvert aux vélos, rollers, trottinettes, joggers et marcheurs, le circuit relie Les Arcs, Ste-Roseline, Trans-en-Provence et Draguignan.

Parc de loisirs Dracénie Provence – *Av. Prés.-Wilson, Vidauban - ✆ 06 82 23 74 96 - www.dropinwaterjump.fr/fr/dracenie - horaires variables, se rens. - 10 €/h.* Une zone de 8 ha en bordure de l'Argens consacrée aux loisirs (jeux pour enfants, trampolines, jeux gonflables...).

Hébergement

À Draguignan

Budget moyen

Hôtel du Parc – *21 bd de la Liberté - ✆ 04 98 10 14 50 - www.hotel-duparc.fr - ♿ 🅿 - 19 ch. 100/122 € - ☕ 9 € - ✕ formule déj. 19 €.* Ancien cloître franciscain, cette bâtisse provençale propose aujourd'hui chambres et restaurant dans un univers moderne et coloré. Jardin de ville avec oliviers et palmiers. Au restaurant, plats ou snacking.

Pour se faire plaisir

La Source Saint-Michel – *Chemin du Seyran - ✆ 04 94 84 59 05 - www.sourcesaintmichel.com - 🏊 🅿 - 4 ch. à partir de 145/195 € ☕ - ✕ menu 39 €.* Cette très belle demeure entourée d'oliviers renferme des chambres luxueuses et une grande terrasse sous treille pour dîner. Le maître des lieux, Christian Lallier, met à disposition la carte des vins de son club œnologique et propose même un « forfait œnologique ». Service de conciergerie.

En Dracénie

Premier prix

Hôtel de l'Auberge du Grand Chêne – *Rte de Barjols - D 560 - 1 Le Plan - Sillans-la-Cascade - 04 94 04 63 65 - www.legrandchene.eu - - 4 ch. à partir de 67 € - 8 € - plats 17/26 €.* Un peu perdue sur une route où il ne passe pas grand monde, cette petite auberge possède des chambres tout confort et un séduisant restaurant aux couleurs provençales.

Chambre d'hôte Le Mas des Oliviers – *1133 rte de Sillans - Salernes - 06 80 24 27 42 - www.masdesoliviers-salernes.com - - 4 ch. 85 € - repas 28 €.* Dans un mas de 8 000 m², quatre chambres avec de multiples à-côtés : billard, bibliothèque, tennis de table, vélos. Belle terrasse et un hôte également accompagnateur de balades nature.

Budget moyen

Chambre d'hôte Le Mas de Peycavier – *832 rte de Grasse - Callas - 06 25 28 45 51 - www.masdepeycavier.com - - 4 ch. 115 € - 1 gîte (4 pers.) 1200 €/sem. - repas 25 €.* Les hôtes vous accueillent dans leur vaste maison, en lisière de bois. Les chambres se répartissent autour d'un immense salon à la charpente apparente. Côté déco et équipement, travertin superbe au sol, douches ouvertes et toilettes fermées. En saison, petit-déjeuner gourmand face à la piscine. Spa et vélos à disposition.

Chambre d'hôte Domaine de St-Amour – *986 rte de la Motte - Trans-en-Provence - 06 81 33 43 80 - www.domainedesaintamour.com - - 65 gîtes (base 2/8 pers.) 483/1695 €/sem. selon le nombre des pers.* Cette bâtisse du 18ᵉ s. est entourée d'un parc de 2 ha agrémenté d'une étonnante piscine et d'un lac. Le domaine compte six gîtes dont un ravissant studio décoré à la façon d'une cabine de bateau.

Le château d'Argens – *Pl. du Château - Les Arcs-sur-Argens - 04 94 99 51 10 - logisduguetteur.com - - 13 ch. 90/150 € - 15 € - menus 49/79 €.* Cet hôtel-restaurant, aménagé dans un château médiéval rénové, a fière allure perché sur un promontoire dominant le village. Les chambres et les suites ouvrent sur une vue magnifique.

3

Saint-Raphaël, la corniche d'Or.
F. Guiziou/hemis.fr

4

Fréjus et le Massif de l'Esterel

CARTE MICHELIN DÉPARTEMENTS 340 – VAR (83)

Fréjus★ 202

12 km à l'ouest de Fréjus :
Roquebrune-sur-Argens★ 213

3 km à l'est de Fréjus :
Saint-Raphaël★ 217

Entre Saint-Raphaël et la Napoule :
Massif de l'Esterel★★★ 224

36 km au nord de Fréjus :
Pays de Fayence★ 233

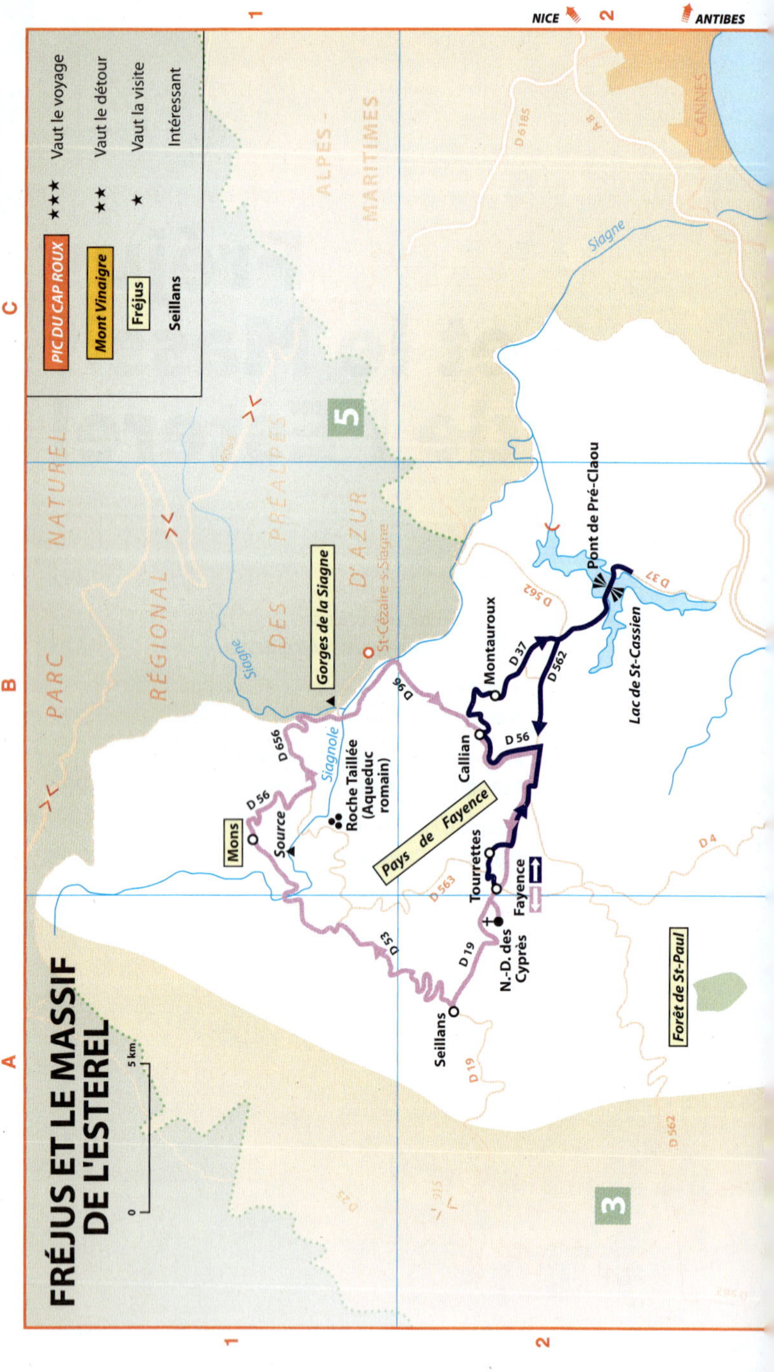

FRÉJUS ET LE MASSIF DE L'ESTEREL
0
5 km
PIC DU CAP ROUX ★★★ Vaut le voyage
Mont Vinaigre ★★ Vaut le détour
Fréjus ★ Vaut la visite
Seillans Intéressant
NICE
ANTIBES
CANNES
PARC NATUREL RÉGIONAL DES PRÉALPES D'AZUR
ALPES-MARITIMES
Gorges de la Siagne
St-Cézaire-s-Siagne
Siagne
Siagnole
Mons
Source
Roche Taillée (Aqueduc romain)
Pays de Fayence
Callian
Montauroux
Pont de Pré-Claou
Lac de St-Cassien
Tourrettes
Fayence
N.-D. des Cyprès
Seillans
Forêt de St-Paul
D 56
D 656
D 96
D 37
D 562
D 563
D 53
D 19
D 4
D 6185
A 8
5
3
A
B
C
1
2

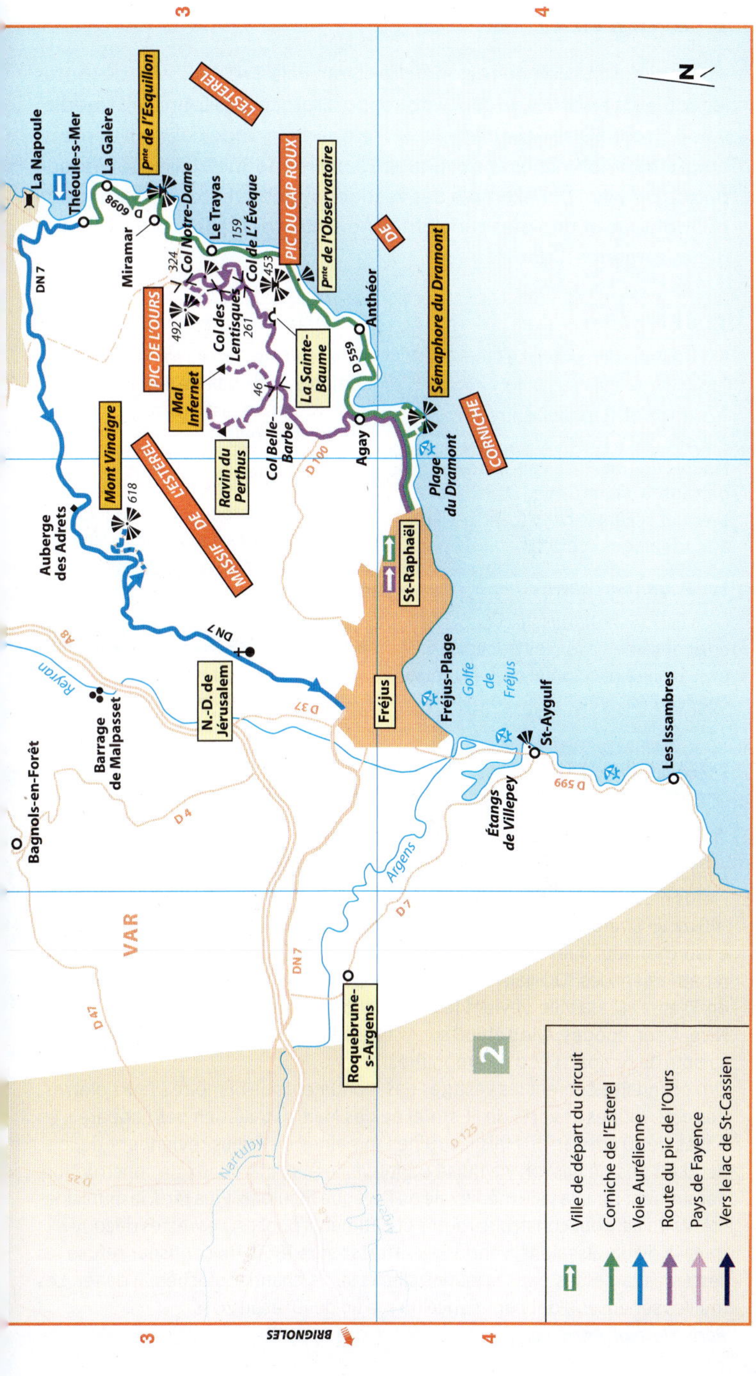
La Napoule
Théoule-s-Mer
La Galère
Pnte de l'Esquillon
L'ESTEREL
Miramar
D 6098
Col Notre-Dame
324
Le Trayas
159
Col de L'Évêque
453
PIC DU CAP ROUX
Pnte de l'Observatoire
DE
Anthéor
D 559
Sémaphore du Dramont
CORNICHE
DN 7
492
PIC DE L'OURS
Col des Lentisques
261
La Sainte-Baume
Mal Infernet
46
Col Belle-Barbe
Ravin du Perthus
Agay
D 100
Plage du Dramont
Mont Vinaigre
618
MASSIF DE L'ESTEREL
Auberge des Adrets
St-Raphaël
A8
Reyran
Barrage de Malpasset
N.-D. de Jérusalem
D 37
Fréjus
Fréjus-Plage
Golfe de Fréjus
St-Aygulf
Les Issambres
D 559
Étangs de Villepey
Bagnols-en-Forêt
D 4
Argens
D 7
VAR
DN 7
D 47
Roquebrune-s-Argens
2
Nartuby
D 125
D 25
BRIGNOLES
3
4
A
B
C
N
Ville de départ du circuit
Corniche de l'Esterel
Voie Aurélienne
Route du pic de l'Ours
Pays de Fayence
Vers le lac de St-Cassien

Fréjus ★

Aujourd'hui cité balnéaire populaire et familiale, Fréjus en a vu de toutes les couleurs au cours de son histoire : port romain prospère, ville médiévale épiscopale abritée derrière ses remparts, grande base militaire aux empreintes coloniales et exotiques. Chaque époque a laissé sa marque puisqu'on y voit par exemple des vestiges antiques côtoyer une pagode bouddhique et une mosquée africaine. Entre les Maures et l'Esterel, le dépaysement est assuré !

Se repérer

55 028 Fréjusiens – Var (83)

CARTE B3-4 (P. 200-201).

À 5 km de St-Raphaël, entre les massifs de l'Esterel, à l'est, et des Maures, à l'ouest. La voie ferrée partage la ville en deux. De larges avenues relient le nord (centre-ville) au sud (plages et port).

À ne pas manquer

Les vestiges antiques ; le groupe épiscopal médiéval ; les traces du passé militaire colonial de Fréjus et la chapelle Cocteau.

Organiser son temps

Pour suivre les traces romaines, comptez 2h de balade. Pour découvrir les 2 000 ans d'histoire, prévoir une journée complète.

En famille

Le musée d'Histoire locale ; la Base nature ; les parcs d'attractions ; le parc zoologique ; Fréjus en trottinette électrique.

Carnet pratique p. 210

Nos adresses p. 210

Découvrir

★ La ville romaine PLAN II

Plan ci-contre. La visite à pied prend 1h30 à 2h, les ruines étant très dispersées.
Fréjus n'est qu'un petit village de pêcheurs jusqu'au passage de Jules César en -49 av. J.-C., en route pour Massilia (Marseille) dont il s'en va mater la révolte. C'est en son honneur que le site est rebaptisé. **Forum Julii** doit son développement au rapatriement des 300 galères prises à Cléopâtre et Antoine lors du siège d'Actium en 31 av. J.-C. : la ville devient le principal port militaire antique de Marseille à Nice. À son apogée, elle s'étend sur 47 ha et, élevée au rang de **colonie romaine**, se dote de remparts et d'un amphithéâtre.
On reconnaît aisément les vestiges des monuments de l'Empire à leurs pierres : des grès rouges et verts de l'Esterel ou des Maures taillés en petit appareil, en pavés de 10 cm par 15. Mais les ruines romaines de Fréjus reviennent de loin. Pendant des siècles, on y a puisé « antiquailles » et matériaux de construction, notamment pour la ville médiévale de l'évêque Riculphe. Plus tard, la municipalité les utilisa pour construire routes et bâtiments publics. Les restes découverts ici et là disparaissaient, vendus ou offerts : vers 1860, un confiseur refuse les sesterces ramassés par ses jeunes clients sur le chantier du chemin de fer. Les fouilles sérieuses n'ont commencé qu'à la fin du 19e et au 20e s.
Partir de la pl. Agricola.

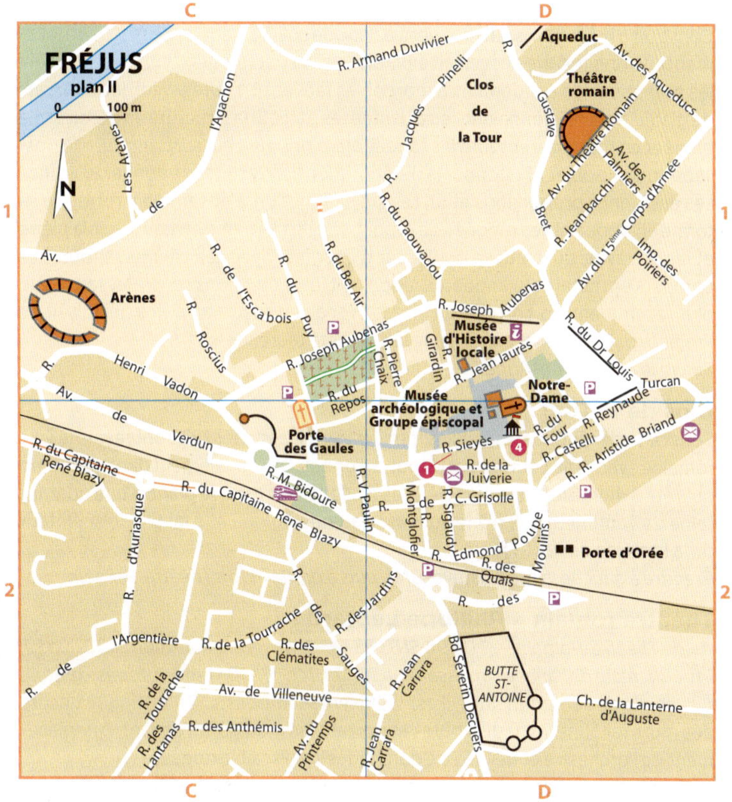

SE RESTAURER
Le Palais du Fromager ...... 1 L'Amandier 4

Remarquez la statue : le Jules en toge en fer forgé, sujet de cartes postales, n'est pas César mais **Agricola**, conquérant de la Grande-Bretagne et natif de Fréjus.
Descendre sur la rue du Gén.-de-Gaulle et s'engager à droite dans la rue Henri-Vadon (en contrebas de la pl. Agricola).

Porte des Gaules C2

Cette imposante demi-lune dominée par une tour sur la droite (il y en avait à l'origine une seconde) est un reste des remparts romains qui fermaient les 47 ha de la cité. Même si elle a été bouchée au 19e s., on devine au centre la Porte des Gaules. Monumentale, c'est la plus grande de France.
Poursuivre rue Vadon.

★ Amphithéâtre (arènes) C1

R. Henri-Vadon - ✆ 04 94 51 83 83 - www.frejus.fr - avr.-sept. : mar.-dim. 9h30-12h30, 14h-18h ; reste de l'année : mar.-sam. 9h30-12h, 14h-16h30 - fermé j. fériés - 3 € (-12 ans gratuit) - l'amphithéâtre romain, la chapelle N.-D.-de-Jérusalem et le musée d'Histoire locale sont ouverts aux mêmes horaires.

Construit à la fin du 1er s. en grès vert, à flanc de colline, haut de 28 m (13 actuellement), l'amphithéâtre accueillait environ 12 000 spectateurs venus voir, le matin, les exécutions de condamnés à mort et les fauves et, l'après-midi, les combats de gladiateurs qui donnaient lieu à d'intenses paris. Si la structure en béton armé blanc et en métal qui entoure les fondations d'origine peut surprendre, elle possède un triple objectif : stopper la détérioration des vestiges, redonner à l'édifice ses anciennes proportions et lui rendre sa fonction. L'ensemble a retrouvé sa forme elliptique et ses rangées de gradin, sauf le troisième niveau, pour la plèbe et les esclaves, qu'il faut se contenter d'imaginer avec ses vélums tendus. Les parapets en métal et talanquères rappellent les protections contre les fauves et, plus récemment, les corridas où Picasso venait en spectateur..., ce qui faisait de Fréjus le point oriental extrême de la « planète taureaux ».
Suivre la rue Joseph-Aubenas.

Clos de la Tour D1

Sous ce jardin public, des fouilles menées dans les années 1970 ont révélé la ville romaine avec l'eau courante et le tout-à-l'égout. C'est également dans ce champ qu'a été exhumé le buste d'un Hermès bicéphale en marbre blanc d'une quarantaine de centimètres. Il trône au Musée archéologique et a inspiré le sculpteur de la fontaine de Port-Fréjus.
Prendre à gauche la rue Gustave-Bret, puis à droite av. du Théâtre-Romain.

Théâtre romain « Philippe Léotard » D1

Av. du Théâtre-Romain - ✆ 04 94 51 83 83 - ♿ - avr.-sept. : mar.-dim. 9h30-12h30, 14h-18h ; reste de l'année : mar.-sam. 9h30-12h, 14h-16h30 - fermé j. fériés - gratuit.
À l'échelle de l'amphithéâtre, il est relativement modeste. On distingue encore des murs rayonnants, jadis voûtés et portant les gradins, et, devant, l'emplacement de l'orchestre et de la fosse dans laquelle glissait le rideau.
Depuis le théâtre, poursuivre et prendre à droite l'avenue des Aqueducs, puis à gauche l'avenue du XVe-Corps-d'armée.

Aqueduc D1

L'eau de Fréjus était captée à **Mons** *(voir p. 235)*, distant de 42 km. Parvenu au niveau des remparts, l'aqueduc contournait la ville jusqu'au château d'eau, d'où partait le réseau de distribution. Quelques piliers et arcades sont toujours debout. Non loin de l'aqueduc se trouve la plate-forme. Ce *Prætorium*, ou quartier général romain, était équipé de greniers, bureaux, habitations et thermes.
Redescendre l'av. du XVe-Corps-d'armée jusqu'à la pl. Paul-Vernet, qui domine le site de l'ancien port. Prendre à droite la rue Raynaude, puis à gauche. Pl. Castelli, aller en face dans le passage voûté de la rue du Portalet puis dans la rue des Moulins.

Porte d'Orée D2

La porte d'Orée n'en est pas une : cette belle arcade solitaire revêtue de verdure romantique est sans doute un arc des thermes portuaires. Le Fréjus romain était avant tout un **port** (environ 17 ha), au bassin aménagé dans une lagune. Bordé de 2 km de quais, il communiquait avec la mer, grâce à un canal protégé du mistral par un mur. Deux tours symétriques en marquaient l'entrée. Il a été comblé à la veille de la Révolution française.
Après le pont de la voie ferrée, le chemin de la lanterne d'Auguste, sur la gauche, mène à la fameuse **lanterne**. Ces ruines romaines rénovées au 19e s. ont servi d'amer aux navigateurs cherchant l'entrée du bassin.

Port Fréjus, le canal.
R. Mattes/hemis.fr

La ville médiévale PLAN II P. 203

De la pl. Calvini et prendre la rue du Beausset.
Après la chute de Rome, Fréjus est déserté par sa population fuyant les Sarrasins. Elle se réfugie dans les villages perchés de Roquebrune, les Arcs-sur-Argens... La ville médiévale se réduit à 4,5 ha, dix fois moins que la ville romaine. Elle ne survit que grâce à la présence d'un évêque (dès 374) et entre en léthargie durant cinq siècles. On ne retrouve de traces qu'en 990, après un sac des Sarrasins : un nouvel évêque, Riculphe, s'emploie à restaurer les possessions de son église. Une petite agglomération médiévale repliée derrière des remparts renaît aux 12e et 13e s. autour des bâtiments religieux édifiés par les premiers chrétiens, le baptistère et la cathédrale primitive du 5e s. L'**ancien palais épiscopal** (devenu hôtel de ville) présente toujours sur l'arrière une façade du 14e s. en grès rose de l'Esterel. Faites-en le tour pour accéder à la place Formigé, où il présente une façade néoclassique remaniée au 19e s.

★★ Groupe épiscopal D1-2

48 r. du Cardinal-Fleury - ✆ 04 94 51 26 30 - www.cloitre-frejus.fr - mai-août : 10h-18h ; reste de l'année : tlj sf lun. 10h-13h, 14h-17h - fermé j. fériés - 6 € (-18 ans gratuit).
Portail – Les deux **vantaux★** en noyer, sculptés au 16e s., s'ouvrent sous un arc en accolade. Ils représentent des scènes de la vie de la Vierge, des images de saint Pierre et saint Paul et des armoiries.
★★ **Baptistère** – L'un des plus anciens de France, il date de fin 4e-début 5e s. Sa coupole a été reconstruite au début du 20e s. On y pénètre par une grille en fer forgé, encadrée de deux portes. À l'origine, le catéchumène entrait humblement par la petite porte ; puis, nouveau baptisé, il sortait triomphalement par la grande et n'avait plus qu'un couloir à traverser pour suivre la messe et communier.
D'extérieur carré, le baptistère est octogonal à l'intérieur ; colonnes et chapiteaux seraient des réemplois des arènes romaines. Les fouilles ont restitué le sol en marbre. Dans le bassin en terre cuite *(dolium)*, l'évêque lavait, croit-on, les pieds du candidat au baptême avant l'immersion dans la cuve centrale (pudiquement dissimulée par un rideau).
★ **Cathédrale** – Intérieur inhabituel avec deux nefs accolées, reliées au 13e s. par trois arcades : au sud, la nef cathédrale Notre-Dame, et au nord, la nef paroissiale St-Étienne, dont certaines parties remonteraient à la basilique primitive.

SE RESTAURER
Autres Ray'Son ... 2
Le Mérou Ardent ... 3
Kazaar Klub ... 5

SE LOGER
Camping Domaine du Colombier ... 1
Atoll Hôtel ... 2
Oasis Hôtel ... 3

Le clocher roman (13e -16e s.) surmonte le narthex. L'abside est coiffée de la tour crénelée qui servait de défense fortifiée au palais épiscopal. L'ensemble, largement reconstruit et remanié, conserve un côté austère. Remarquez le retable de sainte Marguerite, par le Niçois Durandi, maître de Brea (1454).

★ **Cloître** – C'était en fait un chapitre. Construit aux 12e et 13e s., il est surmonté d'un étage dont ne restent que les arcs en plein cintre de la galerie nord. Le plafond en bois est décoré de curieux petits **panneaux peints**★ du 14e s. (animaux, saints, chimères, etc.). Sur les 1200 répertoriés, 400 sont encore lisibles.

À côté de l'entrée du cloître, la **maison du Prévôt** (aussi appelée Capitou, « chapitre ») possède une façade en bossage et une porte percée dans une tour fortifiée. Elle abrite le point d'accueil du groupe épiscopal. Au no 92 rue de Fleury, belle porte en serpentine verte des Maures.

Prendre la rue Jean-Jaurès vers la gauche.

Le no 112 est l'**ancien hôtel de ville** du 18e s. : jolie façade au balcon surmonté d'une loggia à colonnes. Au niveau du no 66, rejoignez à droite la place du Couvent où se trouve un **olivier** millénaire.

Par la droite, accès à la rue Sieyès.
Au n° 53, deux atlantes en pierre aux traits épais encadrent un portail : il s'agit d'un des restes de l'hôtel (17e s.) du lieutenant d'amirauté Vaissière, qui choisit d'afficher par ces statues d'indigènes ses voyages en pays lointains.
De la pl. de la Liberté, sur la droite, s'engager dans la rue Grisolle.
Celle-ci dessine l'emplacement de l'**enceinte médiévale** ; au n° 71, belle tour ronde. Au bout de la rue, le passage du Portalet conduit à une succession de placettes à traverser pour rejoindre la place Formigé.

Fréjus et son passé colonial PLAN I CI-CONTRE

Au 19e s., Fréjus souhaite devenir ville de garnison, mais le ministère de la Guerre fait la sourde oreille. Tout change au 20e s. Pendant la guerre de 1914-1918, pour accueillir les troupes coloniales, on organise à Fréjus des camps de transition, entre les chaleurs de l'Afrique et de l'Indochine et les pluies hivernales du nord de la France. Hier, plaque tournante des troupes de marine, Fréjus en est aujourd'hui la mémoire.

Pagode bouddhique Hông Hiên B1

13 r. Henri-Giraud - ✆ 09 77 45 02 11 - avr.-oct. : tlj 9h-19h ; reste de l'année : merc. et w.-end 9h30-17h - 3 €.
De grandes fêtes sont organisées lors du Nouvel An Chinois *(fév.)* et de l'anniversaire de la naissance de Bouddha *(mai)*.
Édifiée en 1917 par les soldats indochinois de l'armée française, la pagode bouddhique Hông Hiên se dresse au cœur d'un petit parc aménagé en jardin asiatique. Les constructions sont inspirées de l'architecture traditionnelle vietnamienne et la disposition des statues dans le jardin respecte les préceptes du bouddhisme. À l'ombre des pins, Bouddha naît, reçoit l'éveil, prêche et enfin rejoint le nirvana. Une promenade inattendue et apaisante pour qui sort du mémorial.

Mémorial des guerres en Indochine B1

862 av. du Gén.-d'Armée-Jean-Calliès - ✆ 04 94 44 42 90 - ♿ - lun.-vend. 10h-16h - gratuit.
Depuis 1987, les dépouilles des militaires et civils morts en service commandé dans l'ancienne Indochine sont rapatriées dans cette nécropole semi-circulaire, symboliquement tournée vers la mer. Dans l'espace cultuel ont été inscrits des extraits des livres saints chrétiens, musulmans et bouddhiques.

4

Mosquée Missiri A1 EN DIRECTION

3 km au nord - quitter Fréjus par l'av. de Verdun, puis direction Fayence par la D 4. Ne se visite pas.
Réplique en béton rose foncé de la mosquée malienne de Djenné, elle fut construite dans les années 1930 pour les **tirailleurs sénégalais**. Au premier étage, une galerie fait le tour du patio central. À proximité, deux fausses termitières, pour la couleur locale...

Musée des Troupes de marine A1 EN DIRECTION

Même direction que pour la mosquée Missiri, 1 km après le pont sur l'autoroute A 8. Av. du Musée-des-Troupes-de-Marine - ✆ 04 94 40 81 75 - www.aamtdm.net - Fermé pour travaux jusqu'à une date inconnue, se rens.
Tout sur le rôle des troupes de marine depuis 1622, notamment pendant les expéditions coloniales du Second Empire à 1914 : uniformes, armes, décorations, affiches, photos, maquettes. Vous pourrez y dénicher des objets insolites : liste d'esclaves rachetés à Alger en 1719, brevet de danse délivré par l'infanterie de marine, voiture de Gallieni. Au rez-de-chaussée, crypte où reposent des soldats français tombés dans les Ardennes en 1870.

À voir aussi

PLAN II P. 203

Musée archéologique D1-2

Pl. Calvini - ✆ 04 94 52 15 78 - avr.-sept. : mar.-dim. 9h30-12h30, 14h-18h ; reste de l'année : mar.-sam. 9h30-12h, 14h-16h30 - 3 € (-12 ans gratuit).

Le Musée rassemble le produit des fouilles menées à Fréjus depuis le début du 20e s. : le buste bicéphale en marbre devenu l'emblème de la ville, belle mosaïque de sol (l'une des rares conservées en totalité), céramiques, statuettes en bronze, etc. Quatre salles accueillent des collections gallo-romaines.

La visite du Musée permet également de découvrir le résultat des fouilles menées entre 2010-2012 au sein de la **crypte archéologique du vivier romain** située avenue Aristide Briand : un vivier à poissons, son système d'adduction d'eau, les arches d'un aqueduc ou encore un grand collecteur.

Musée d'Histoire locale D1

153 r. Jean-Jaurès - ✆ 04 94 51 64 01 - avr.-sept. : mar.-dim. 9h30-12h30, 14h-18h ; reste de l'année : mar.-sam. 9h30-12h, 14h-16h30 - 3 € (-12 ans gratuit) - 9 € billet combiné avec l'amphithéâtre et le cloître.

Cette vieille demeure bourgeoise est habitée de mannequins en cire vêtus de leurs plus beaux atours provençaux. Elle abrite une reconstitution des pièces de la maison (linge, céramique, mobilier, objets du quotidien et des grands jours...) et des commerces de la fin du 19e s. au début du 20e s. (échoppe du cordonnier, épicerie, salle de classe, mercerie...). Projection d'un film sur le drame de Malpasset dans une salle au rez-de-chaussée.

Villa Aurélienne PLAN I A1 P. 206

85 av. du Gén.-Callies - ✆ 04 94 52 90 49 - ouv. uniquement lors des expositions 14h-17h - fermé mar.

Au cœur d'un parc de 24 ha, la Villa Aurélienne, ainsi nommée en raison de sa proximité avec la via Aurelia, voie antique qui reliait Rome à l'Espagne, est représentative des nombreuses résidences de villégiature qui furent construites à Fréjus et St-Raphaël à la fin du 19e s. et au début du 20e s. Acquise par la ville en 1988, elle accueille désormais de nombreuses manifestations culturelles (expositions photographiques, concerts et représentations théâtrales).

Le bord de mer

PLAN I P. 206

Port-Fréjus A2

Depuis 1989, Fréjus a retrouvé la Méditerranée grâce à la création d'un port de plaisance. Une passerelle enjambe les eaux bleues entre les quais Cléopâtre et Agrippa et on se promène d'une placette à l'autre, chacune baptisée à la provençale. En 2013, la seconde partie du port est inaugurée, elle s'articule autour d'un canal et d'un mail piétonnier.

Plages B2

Fréjus-Plage – ⓘ *Bd de la Libération - ✆ 04 94 51 83 83- www.frejus.fr.*

Plus d'un kilomètre d'une belle et large plage de sable fin, entre le pont du Pédégal et Port-Fréjus, le long de la promenade du bord de mer. À l'ouest, la **Base nature** *(voir « Nos adresses »)* et la plage de l'Aviation.

St-Aygulf CARTE DE MICRORÉGION B4 P. 200-201

ⓘ *Pl. de la Poste - ✆ 04 94 81 22 09 - www.frejus.fr.*

Station ombragée de bois de pins, d'eucalyptus, de chênes verts et de chênes-lièges. De la plage de sable fin (longue de 3 km, parmi les plus grandes de la Côte d'Azur), entourée de rochers, belle vue sur Les Issambres *(voir Roquebrune-sur-Argens p. 213)* et le golfe de Fréjus. Petit port de plaisance protégé.

Sentier du littoral – *8 km – De la plage de la Galiote à la pointe de l'Arpillon aux Issambres.* Il permet d'accéder à des criques et calanques en eau peu profonde.

À proximité

CARTE DE MICRORÉGION P. 200-201

★ Chapelle Notre-Dame-de-Jérusalem, dite chapelle Cocteau B3

Quartier La Tour de Mare - sortir de Fréjus direction Cannes par la DN 7. Rte de Cannes - 04 94 53 82 47 - www.ville-frejus.fr - - avr.-sept. : mar.-dim. 9h30-12h30, 14h-18h ; reste de l'année : mar.-sam. 9h30-12h, 14h-16h30 - 3 € (-12 ans gratuit) - 6 € billet combiné avec le musée Archéologique, le musée d'Histoire locale, l'amphithéâtre et le théâtre romain.

À la fin des années 1950, un banquier niçois pensait édifier à La Tour de Mare une petite cité d'artistes. Le projet traîna, mais **Cocteau** dessina la chapelle, dédiée aux chevaliers du Saint-Sépulcre et achevée, après sa mort en 1963, par son fils adoptif Édouard Dermit. Fresques à la craie grasse restaurées en 1990 ; mosaïques extérieures exécutées en 1992. L'autel est une pierre de meule, le sol est du céramiste Roger Pellissier. Superbes vitraux de Raymond Moretti.

Vestiges du barrage de Malpasset B3

10 km au nord. Depuis Fréjus, direction Nice par l'A 8. Au dernier rond-point av. l'accès à l'autoroute, suivre la D 7 fléchée « barrage de Malpasset » sur 5 km.

1h AR - à pratiquer par temps sec : deux gués à traverser. Le décor : des collines plantées de touffes de thym, où brillent les éclats de mica ; le Reyran paresse entre d'étranges blocs de béton hérissés de ferraille. Dans cette nature redevenue paisible apparaît soudain, au détour du chemin ou en haut du belvédère *(chemin en montée à gauche du sentier principal)*, ce qui reste du barrage : une brèche monstrueuse, témoin de la colère du torrent, ce jour de décembre 1959.

Étangs de Villepey B4

5 km au sud de Fréjus par la D 559, direction St-Tropez, parking obligatoire payant (contribution à l'entretien du site).

Ces 255 ha d'étangs, de bois et de prairies, se sont développés sur des bras morts de l'Argens et du Reyran. Faune et flore (21 variétés d'orchidées et plus de 2 000 espèces d'oiseaux) y sont caractéristiques des zones d'échange entre eaux douces et eaux salées. Au printemps, envols de flamants roses, aigrettes et hérons cendrés. En été, efflorescences salines des sansouires. En toutes saisons, pinèdes et roselières.

4

Le drame de Malpasset

2 décembre 1959 : il pleut depuis un mois, comme il sait pleuvoir dans la région. La cote d'alerte du barrage de 49 millions de m^3 construit sur le Reyran, torrent dont les Fréjusiens se méfient depuis toujours, est atteinte. Soudain, un craquement, terrible : les points d'ancrage de la voûte cèdent ; en 20mn, une vague haute de 55 m déferle sur Fréjus, emportant cultures, maisons, routes et voies ferrées. Le bilan, terrible, fut de 423 morts.

Carnet pratique

S'informer

Office de tourisme – PLAN II D1 (P. 203) - *249 r. J.-Jaurès - Fréjus - ✆ 04 94 51 83 83 - www.frejus.fr.* Visites guidées.

Se garer

Le centre-ville est entouré de parkings payants et de deux gratuits *(Porte d'Orée, av. Aristide-Briand et parking Pinelli).*

Se déplacer

Bus – *Information et billetterie : gare routière rue Gustave-Bret - ✆ 04 94 53 78 46 - www.agglobus-cavem.com - ticket : 1,50 €, ticket 10 voyages : 10 €.* 16 lignes urbaines (plus 2 lignes en période estivale et 1 navette gratuite faisant une boucle en passant par le centre et le bord de mer) desservent Fréjus et St-Raphaël en convergeant vers la gare routière.

Agenda

Bravade St-François – Le 3e dimanche après Pâques, procession religieuse et traditionnelle dans la ville pavoisée de rouge et blanc en l'honneur de saint François de Paule qui chassa la peste de Fréjus en 1482.

Nuits auréliennes – En juillet, au théâtre romain, musique et théâtre.

Les Nuits de Port-Fréjus – En juillet-août, chaque lundi soir, feu d'artifice.

Festival International de l'air - Ballet de cerfs-volants le dernier week-end d'octobre.

Fête du raisin – Célébration des premiers raisins le 1er week-end d'août, dégustation des vins des domaines et châteaux de Fréjus dans le cœur historique de la ville.

Nos adresses

PLAN I (P. 206) ET PLAN II (P.. 203)

Restauration

Budget moyen

① **Le Palais du Fromager** – PLAN II D2 - *38 r. Sieyès - ✆ 04 94 40 67 99 - 9h-19h - fermé dim.-lun. - plats env. 15 €.* Le fromager a métamorphosé avec succès sa boutique en bar à fromages, qu'il propose en planches et qui peuvent s'accompagner de charcuterie. Vins régionaux. Glace au lait de brebis convaincante.

② **Autres Ray'Son** – PLAN I A2 - *Résidence Bleu Marine - Port-Fréjus - ✆ 04 94 17 11 21 - ♿ - 12h-14h, 19h-22h - fermé de mi-déc. à mi-janv. et lun. sf juil.-août - menu 29/39 €.* Agréablement tourné vers les coques blanches des voiliers de Port-Fréjus, ce restaurant se distingue par sa longévité et une qualité régulière assurée hiver comme été. Cuisine régionale sans esbroufe, qui privilégie la fraîcheur des produits, et accueil souriant. Plaisante salle à manger et grande terrasse dressée sur les quais.

③ **Le Mérou Ardent** – PLAN I B2 - *155 bd de la Libération - Fréjus-Plage - ✆ 04 94 17 30 58 - ♿ - 12h-14h, 19h-21h - fermé mar.-merc. - plats 13,50/29,50 €, menu 28/39 €.* Ce restaurant du front de mer privilégie les recettes de poisson. En saison, service en terrasse, face à la plage.

④ **L'Amandier** – PLAN II D2 - *19 r. Marc-Antoine-Desaugiers - ✆ 04 94 53 48 77 - www.*

restaurant-lamandier-frejus.com - 12h-13h15, 19h30-21h15 - fermé lun. midi, merc. midi, vend. midi et dim. - plats 18/21 €, formule déj. 23 € - menu 33/45 €. Une adresse sympathique à deux pas de la mairie. Deux salles sobrement rustiques, dont une voûtée. Cuisine méridionale tout simplement bonne et belle sélection de vins.

5 **Kazaar Klub** – PLAN I B2 - *Bd de la Libération - ✆ 04 94 19 22 45 - 10h-1h - fermé dim. - plats 22/45 €.* Cette plage privée sert toute la journée des plats issus d'une cuisine traditionnelle et du monde. Possibilité de manger sur la terrasse en bois, sur les canapés ou sur les transats. Carte de cocktail et cave à cigares.

Shopping

Marchés – Mercredi et samedi, dans le centre historique ; dimanche bd d'Alger et bd de la Libération ; mardi et vendredi place de la République à Fréjus-Plage ; mardi et vendredi place de la Poste à St-Aygulf ; jeudi place deï Galoubet à Port-Fréjus, jeudi terre-plein des Arènes.

Au Marché de la Vallée Rose – *202 chemin des Baïsses - ✆ 06 14 25 89 72 - mar.-sam. 8h-12h30 et vend. 15h-19h.* Ce groupement de producteurs propose viande, fruits et légumes, fromage, huile et autres spécialités régionales.

Circuit des Métiers d'Art – *Dépliant à télécharger sur www.ville-frejus.fr - plan et actualités sur www.art-frejus.fr.* Fréjus a favorisé l'installation d'artisans d'art dans les ruelles de son cœur historique. Lithographie, maroquinerie, céramique, fondeur de bronze..., n'hésitez pas à pousser la porte des ateliers.

La Cave des Cariatides – *53 r. Sieyes - ✆ 04 94 53 99 67 - 10h-13h, 13h30-19h et dim.9h30-13h.* Dans le cœur historique, derrière la célèbre porte aux Atlantes datant du 17e s., se tient depuis 1953, cette cave qui propose un choix de 800 vins et alcools.

Activités

Base nature – *1196 bd de la Mer - ✆ 04 94 51 91 10 - P (payant en juil.-août) - 7h30-23h (0h en juil.-août).* L'ancienne base aéronavale offre 135 ha d'espaces verts : promenades, pistes cyclables, zone bicross, roller, skateboard, aire de cerf-volant, terrains de sport, jeux d'enfants... Et 2 km de plage.

Aqualand – *Quartier Le Capou - D 559 - ✆ 04 94 51 82 51 - www.aqualand.fr - de mi-juin à déb. sept. - 10h-18h (19h en juil.-août) - 29 € (4-10 ans 22,50 €).* Ici, impossible de s'ennuyer : plus de trente activités, bars et restaurant.

Luna Park – *D 559 -* www. *lunaparkfrejus.fr - de déb. juin à déb. sept. - 20h-2h (19h en juin).* Diverses attractions payantes à l'unité (manèges, toboggans, etc.).

Fun City – *Zac de St-Pons - ✆ 04 94 83 65 53 - www.fun-city.fr - merc. et dim. 10h19h, vend. 17h-22h, sam. 10h-20h (tlj pendant les vac. scol. et j. fériés) - 3-12 ans 11 € (-3 ans 7 €).* Seul parc d'attractions couvert, idéal en cas de pluie : jeux, toboggans, labyrinthe...

Parc zoologique – *240 r. Hubert-Masquefa - Le Capitou - ✆ 04 98 11 37 37 - www.zoo-frejus.com - ♿ - juin-août : 10h-18h ; mars-mai et sept.-oct. : 10h-17h ; reste de l'année : 10h30-16h30 - 17 € (3-9 ans 12 €).* Étagé sur la colline, il présente plus de 250 espèces dont les stars sont bien sûr le lion, l'éléphant, l'hippopotame... Mais on appréciera tout autant les autruches, singes, etc. Le parcours s'effectue à pied ou en voiture.

Aquatic Rando – *Quai Cléopâtre - Port-Fréjus - ✆ 06 64 28 10 56 - www.aquatic-rando.fr - tte l'année sur*

4

réserv. - baptême de plongée 60/73 €, rando palmée 25/30 €, chasse au trésor aquatique 35 €. Plongée, sortie au Dramont ou au Lion de Mer en randonnée palmée avec des tubas aquaphoniques dans lesquels parviennent les commentaires du moniteur.

Scoot location – *11 av. Castillon - 06 26 41 29 51 - www.location-scooter-frejus.fr - à partir de 30 € la 1/2 j.* Visitez la ville en trottinette électrique en famille, dès 12 ans.

CIP Port-Fréjus – *Aire de Carénage - Port-Fréjus Est - 04 94 52 34 99 - www.cip-frejus.com - tte l'année - baptême 65 €, randonnée palmée 38 €.* Centre pour tous les niveaux : baptême, initiation, formation et exploration.

À proximité

Ranch du Cheval Blanc – *Chemin de Claviers - 83480 Puget-sur-Argens - 6 km au nord-ouest par la D N7 - 06 60 72 58 55 - enf. à partir de 7 ans - se rens. pour les horaires et tarifs.* Promenades à cheval, d'une heure à une demi-journée, avec possibilité de pause baignade dans un lac.

En soirée

Le Mas des Escaravatiers – *514 chemin de St-Tropez - 83480 Puget-sur-Argens - 6 km au nord-ouest par la D N7 - 04 94 81 56 83 - www.lemas-concert.com - - horaire selon programmation.* Ce mas branché sur la prise electro, vibrant d'ondes musicales, accueille une programmation de concerts éclectiques et de soirées dansantes jusqu'au bout de la nuit !

Hébergement

Premier prix

1 **Camping Domaine du Colombier** – PLAN I A1 - *1052 r. des Combattants-d'Afrique-du-Nord - 04 94 51 56 01 - www.domaine-du-colombier.com - - fermé de fin sept. à déb. avr. - 17 empl. tente à partir de 74 € et 298 mobile-homes (à partir de 4 pers.) à partir de 1255 €/sem.* Le paradis des vacances en famille : parc verdoyant à la flore exotique et méditerranéenne, immense « lagon » d'eau chauffée, toboggans, balnéothérapie.

Budget moyen

2 **Atoll Hôtel** – PLAN I A2 - *923 bd de la Mer - 04 94 51 53 77 - www.atollhotel-frejus.com - - 32 ch. 117/123 € - 9,50 € - menu 22,50 €.* Près des plages et de la marina, un établissement familial tout simple aux chambres bien tenues et fonctionnelles, décorées dans des styles différents). Restaurant italien.

Pour se faire plaisir

3 **Oasis Hôtel** – PLAN I B2 - *71 imp. Jean-Baptiste-Charcot - 04 94 51 50 44 - www.hotel-oasis.net - - fermé de mi-oct. à mi-avr. - 28 ch. 117/153 € - 9,50 €.* Il règne une ambiance calme dans cet hôtel des années 1950 situé dans un quartier calme. Chambres entièrement rénovées. En saison, petit-déjeuner sur la terrasse en bois.

À proximité

Budget moyen

Chambre d'hôte Le Mas du Centaure – *1821 imp. du Gabron - Puget-sur-Argens - 6 km au nord-ouest par la DN 7 - 04 94 81 58 25 ou 06 72 55 14 98 - www.le-mas-du-centaure.com - fermé sept.-avr. - - 4 ch. 200/600 €/sem.* Isolée dans la garrigue, cette maison en pierre abrite de grandes pièces garnies de quelques meubles anciens. Les appartements trouvent leur place dans les dépendances, sans oublier la cabane au fond du jardin. Espace piscine.

Roquebrune-sur-Argens ★

Remarquablement conservé, en surplomb de l'Argens qui marque la frontière des Maures, le village, fondé au 11e s., se niche dans un superbe site au pied du rocher de Roquebrune. La cité aux sept chapelles s'est en outre taillée une réputation gourmande avec ses chocolatiers. Avis aux amateurs.

Se repérer

14 626 Roquebrunois – Var (83)

CARTE A3 (P. 200-201).

12 km à l'ouest de Fréjus par la D 8, puis la D 7. De l'A 8, sortir à Puget-sur-Argens, prendre la D N7 vers l'ouest puis à gauche la D 7.

Organiser son temps

Une demi-journée suffit pour découvrir ce village et s'approcher du rocher de Roquebrune. Les gourmands prévoiront sans doute un peu plus de temps !

En famille

La Maison du patrimoine ; la Maison de la préhistoire ; la Maison du chocolat et cacao et ses ateliers.

Carnet pratique p. 215

Nos adresses p. 216

Découvrir

Le village

En contrebas de l'église, sur le boulevard de la Liberté, on peut deviner les traces d'anciens **remparts** sous les maisons : avec le beffroi, ils marquent l'emplacement du *castrum* élargi à partir de la simple maison forte de départ. L'enceinte a été détruite en 1592 lors des guerres de Religion. Au pied de la **tour de l'Horloge** (beffroi) se dressent la fontaine Vieille et, en face, des maisons à portique remontant pour certaines au 16e s. Les ruelles étroites et sinueuses ainsi que de vieux portails évoquent le passé médiéval de Roquebrune.

4

Église St-Pierre-St-Paul

Construite au 16e s. dans le style gothique, elle est dotée d'une curieuse façade ajoutée au 19e s. Elle conserve de l'église primitive (12e s.) deux chapelles *(côté gauche)* couvertes de remarquables croisées d'ogives, épaisses et à section rectangulaire. La première de ces chapelles contient un retable en bois de 1557 avec un saint Jean-Baptiste en haut relief entouré de saint Claude et sainte Brigitte, la seconde un retable de même époque figurant les âmes du Purgatoire. Dans la nef, un autre retable du 16e s. comprend six panneaux sculptés représentant des scènes de la Passion. À voir : deux autres panneaux peints du 16e s. *(tribune)* et d'importantes peintures ajoutées au 19e s.

Maison du patrimoine

Imp. Barbacane - ✆ 04 98 11 36 85 - www.roquebrunesurargens-tourisme.fr - ♿ - juil.-sept. : mar.-sam. 9h30-12h30, 14h-18h30 ; mai.-juin et déc. : mar.-sam. 9h-12h, 14h-18h ; janv.-avr. et nov. : lun.-vend 8h30-12h30, 13h30-17h. Installé dans une ancienne écurie datant de 1883, ce petit musée fait revivre l'histoire de Roquebrune avec de magnifiques ex-voto du 18e s. des objets de l'ère gallo-romaine, ainsi qu'une véritable glacière datant du 17e s.

Maison de la Préhistoire

Place des Félibres - la Bouverie ✆ 04 98 11 36 85 - www.roquebrunesurargens-tourisme.fr - ♿ - juil.-août : mar.-sam. 9h30-12h30, 14h30-18h ; reste de l'année : tlj sf dim.-lun. 13h30-17h, sam. 8h30-12h.

Ce musée, inauguré en 2021, rassemble des vestiges préhistoriques dont la plupart proviennent des grottes de la Bouverie (situées sur le territoire de Roquebrune) habitées de façon continue de 30 000 à 8 000 ans avant notre ère. Le matériel trouvé permet de définir une culture propre au sud-est de la France : le **bouvérien** (environ 15 000 à 10 000 av. J.-C.), correspondant ailleurs au magdalénien. Autres beaux vestiges du néolithique et témoignages de la présence romaine (reconstitution d'une tombe sous *tegulae*). À noter également l'intéressante collection d'ex-voto (17e-18e s.) et les documents d'archives retraçant l'histoire du village.

Chapelle St-Pierre

À la sortie sud-est de Roquebrune sur la D 7. ✆ 04 94 19 89 89 - www.roquebrunesurargens-tourisme.fr - horaires, se rens. au ✆ 04 94 19 59 59.

Elle conserve une abside carolingienne, mais fut reconstruite en roman au 11e s. après les invasions sarrasines *(voir massif des Maures)*. Un enfeu d'époque Renaissance a été aménagé sur la façade. Le chevet est entouré d'un cimetière primitif, dont les tombes ont été creusées dans le roc, peut-être à l'emplacement du premier village. Elle sert de cadre à des expositions.

La chapelle St-Michel du 12e s. *(pl. Perrin)* accueille elle aussi des expositions temporaires.

Maison du Chocolat et Cacao

Chapelle St-Jacques - r. de l'Hospice - ✆ 04 94 45 42 65 - www.roquebrunesurargens-tourisme.fr - des vac. de Pâques à fin des vac. de la Toussaint : 9h30-12h30, 14h30-18h - fermé dim.-lun. et de nov. aux vac. de Pâques sf vac. Noël (mar.-sam. 9h-12h30, 13h30-17h).

Ateliers numériques pour les enfants.

Cette chapelle du 18e s. avait initialement été prêtée à l'ancien chocolatier du village, Gérard Courreau, afin qu'il expose sa collection privée. Elle a finalement été réaménagée en musée, présentant plus de 1 000 objets sur le cacao, ses vertus et sa popularisation *via* la publicité. Les enfants apprécieront l'espace Choco-Mômes. Et chacun en ressortira avec une furieuse envie de chocolat – à assouvir dans l'une des trois chocolateries du village.

Autour du rocher de Roquebrune

Le rocher de Roquebrune est une propriété privée. Quatre circuits de randonnée sont autorisés : un départ est prévu de la commune du Muy et un autre de la commune de Roquebrune *(se rens. auprès des offices de tourisme, possibilité de recevoir une carte de topographie. S'informer également sur les risques d'incendie avant de se promener dans les massifs : www.roquebrunesurargens-tourisme.fr.)*. Partiellement boisé de chênes-lièges et de résineux, le rocher forme, avec sa fière silhouette en avant-garde des Maures, un petit massif isolé, dont les rochers déchiquetés de grès rouge s'apparentent plutôt à l'Esterel et dominent de façon spectaculaire la vallée de l'Argens.

Notre-Dame-de-Pitié

Quitter Roquebrune-sur-Argens par la petite route au sud, face au cimetière (se rens. à l'office de tourisme car fermée en période de risque d'incendie).
La chapelle couronne l'une des premières éminences des Maures parmi les eucalyptus et les pins. Des abords de la chapelle, **vue★** sur la plaine de l'Argens, Fréjus, St-Raphaël et le massif de l'Esterel. À travers la grille, on aperçoit au maître-autel un retable du 17e s. encadrant une **pietà** apparentée à une œuvre d'Annibal Carrache *(collections du Louvre)*.
Revenir à Roquebrune et tourner à gauche dans la D 7. À 500 m, dans le virage où se trouve la chapelle St-Roch, prendre à gauche direction La Roquette/La Maurette. À l'intersection, prendre à gauche direction Les Pétignons. À 5 km, parking.
Le **rocher de Roquebrune★** apparaît sur la droite. Il est surmonté de trois croix de formes différentes, œuvres du sculpteur Bernar Venet. Elles ont été placées là en hommage à trois célèbres crucifixions peintes par Giotto, Grünewald et le Greco, le sommet du rocher symbolisant le Golgotha.
Les 3 Croix – *3h AR - balisé en jaune.* Un sentier pour le touriste sportif (300 m de dénivelé).
Revenir à l'intersection et prendre à gauche. La petite route suit de près le Rocher en offrant des vues renouvelées (puis l'autoroute). À la D 25, revenir vers Roquebrune.

Le bord de mer B4

Les Issambres

Pl. San-Peïre - 04 94 19 89 89 - www.roquebrunesurargens-tourisme.fr.
Partie littorale de la commune de Roquebrune-sur-Argens, son nom vient sans doute de sa situation à l'entrée du golfe de St-Tropez, autrefois *sinus Sambracitanus* ou « golfe des Cimbres », nom de la tribu qui occupait la région. Cette jolie station familiale labellisée « Station nautique » s'étend sur 8 km où se mêlent criques sauvages à l'ombre des pins parasols et plages de sable fin. Villas et maisons provençales, disséminées dans les collines, respectent le site. Son petit port San Peïre est le point de départ de nombreuses balades en mer. et activités nautiques.
Sentier du littoral – *11,6 km.* Il permet de rejoindre St-Aygulf *(voir p. 209)*.

4

Carnet pratique

S'informer

Office de tourisme – *Gallery ZAC des Garillans - r. de la Magnanerie - Roquebrune-sur-Argens - 04 94 19 89 89 - www.roquebrunesurargens-tourisme.fr.*
Visites guidées – L'office du tourisme organise des visites guidées thématiques.

Se garer

Parkings gratuits en contrebas du village.

Nos adresses

Restauration

Budget moyen

Restaurant du Lac – *Lac Perrin - CD 7 - ✆ 04 94 45 33 74 - www.restaurant-du-lac.fr - mars à fin oct. : 12h-14h30, 19h-22h - formule déj. 19 €, menu 30 €.* Bon rapport qualité-prix pour ce restaurant qui dispose d'une grande terrasse au bord du lac avec vue sur le Rocher de Roquebrune.

Shopping

Marchés – Vendredi matin, place Alfred-Perrin à Roquebrune-Village ; lundi matin place San-Peïre aux Issambres ; samedi matin à La Bouverie.

Maison du terroir – *4 pl. Alfred-Perrin - ✆ 04 94 81 14 47 - juil.-août : mar.-sam. 9h30-12h30, 15h-19h, dim.9h-13h ; reste de l'année : mar.-sam.10h-12h30, 14h30-18h.* Produits du terroir roquebrunois au prix producteur : miels, nougats, huiles d'olive, olives de table, confitures, confits d'oignons, vins AOC...

Chocolaterie du Rocher – *15 pl. Alfred-Perrin - ✆ 04 94 79 17 26 - www.lachocolateriedurocher.fr - tlj sf dim. 10h-12h30, 14h30-18h.* Comment ne pas fondre pour cette bouchée de nougat tendre au miel de lavande et d'amandes de Provence, enrobée d'une fine couche de chocolat délicatement parfumé à l'orange... Un bar à chocolat sert le breuvage, chaud ou froid.

Chocolat et gourmandise – *1 pl. St-Pierre - ✆ 04 94 56 44 26 - chocolatsetgourmandises.com - juin-août : lun.-sam. 9h-12h30, 15h-19h30 ; reste de l'année : mar.-sam. 9h30-13h, 14h30-18h.* La jeune Melissa Ouvry fabrique un chocolat unique au monde nommé « Tendre rêve ».

L'Amie Ailée – *19 r. Jean-Aicard - ✆ 04 94 81 22 54 - www.lamieailee.fr - juin-oct. : lun.-mar. et jeu.-vend.10h-12h, 15h30-18h30, merc. et sam. 10h-12 ; nov.-mai. mar.-vend. 10h-12, 15h-18h, merc. et sam. 10h-12h.* Vente de miel, pollen, gelée royale, propolis et produits de la ruche. Nougats de Provence, pains d'épice. Cosmétiques.

Rucher de la Bouverie – *Av. des Grands-Pins-Parasols - ✆ 04 94 40 01 69 - www.rucherdelabouverie.com - 10h-12h, 15h-18h - fermé mar., dim. et j. fériés.* C'est sous le rocher de l'Esterel et entouré par les vignes que François Laponche produit son miel en apiculture bio, certifiée Miel de Provence. La passion a été transmise de père en fils depuis quatre générations. Miel d'arbousier, d'acacia, de châtaignier, de pin, de tilleul, de lavande... Dégustation est offerte.

Domaine des Planes – *RD 7 - Quartier Planes - ✆ 04 98 11 49 00 - www.dom-planes.com - mar.-sam. 9h-12h, 14h30-18h.* Domaine certifié Agriculture biologique depuis 2009. Visite de la cave et dégustation de ses vins plusieurs fois médaillés.

Ô Panier Bio – *2906 ch. de l'Homède - ✆ 06 09 01 04 34.* Maraîchage en agriculture biologique. On peut venir chercher chaque semaine son panier de produits de saison.

Hébergement

Une folie

Aux Issambres

Chambre d'hôte Mer du Mer – *34 av. de la Gaillarde - ✆ 06 60 19 80 28 - www.merdumer.com - P - 4 ch. 150/200 € - ☕ 10 €.* Un panorama splendide sur le golfe de Fréjus et, au loin, l'Esterel : située au-dessus de la route littorale, cette maison décorée de pastiches de sculptures romaines dissimule au rez-de-chaussée des chambres chaleureuses avec vue mer. Petit-déjeuner sur la terrasse de l'étage. Sauna et Jacuzzi.

Saint-Raphaël ★

Couché sur les dernières pentes de l'Esterel, St-Raphaël épouse l'anse est du golfe de Fréjus, sa voisine. Ses 36 km de littoral ourlé de nombreuses plages et son front de mer animé en font une station appréciée. Le chemin de fer a créé la cité balnéaire de la IIIe République devenue aujourd'hui une ville moderne.

Promenade en front de mer, Saint-Raphaël.
JWackenhut/Getty Images Plus

Se repérer

36 321 Raphaëlois – Var (83)

CARTE B4 (P. 200-201). La commune s'étend au pied du massif de l'Esterel.

À ne pas manquer

Les belles villas aux styles variés et les ruelles étroites de la vieille ville; le front de mer et ses plages.

Organiser son temps

Comptez une journée pour profiter de la ville et de son littoral.

En famille

Musée de Préhistoire et d'Archéologie sous-marine.

Carnet pratique p. 220

Nos adresses p. 221

Découvrir

PLAN DE VILLE CI-CONTRE

Front de mer AB2

Bordant le vieux port, le cours Jean-Bart et le quai Albert-Ier concentrent l'animation sur leurs larges trottoirs où s'alignent commerces et restaurants. Le **jardin Bonaparte**, en face au-dessus du parking, offre un **belvédère★** dominant la baie avec l'impression d'embarquer sur un paquebot solidement ancré au port, sous l'œil protecteur d'une statue monumentale de l'archange Raphaël. La promenade René-Coty et le boulevard du Général-de-Gaulle, plantés de platanes et de palmiers, proposent également une belle **vue** sur la mer et les rochers jumeaux rouges appelés : le Lion de Terre et le Lion de Mer. Ils mènent au port de plaisance de **Santa-Lucia**, bordé de terrasses, de restaurants, de boutiques. Au-delà, se trouvent les plages.

Plages – St-Raphaël s'étire le long de la côte sur 36 km de littoral dentelé au pied de l'Esterel. Après le port Santa-Lucia, se trouve le quartier de **Boulouris**, où se succèdent 9 petites criques, puis le petit port de Boulouris. Ensuite, la grande plage du Débarquement marque l'entrée dans le **Dramont** *(voir p. 227)*. Le petit port du Poussaï fait face à l'**Île d'Or**, reconnaissable à sa tour carrée. Puis se découvre la **rade d'Agay**, au bout de laquelle commence la **corniche d'Or**, qui mène aux **calanques d'Anthéor**.

Sentier littoral – *4h30 AS - retour en transport en commun (bus n°5 et 8, 2 ou TER 03). Se garer au parking du Port Santa Lucia et se rendre au chantier naval, où se trouve le départ. Suivre le balisage jaune.* Un sentier de 11 km relie Santa-Lucia à Agay en passant par Boulouris et le Cap Dramont, dominé par le sémaphore. Après 6 km, à la plage de Pierre Blave, le sentier s'interrompt, avant de reprendre à la plage du Débarquement. Il se termine à la plage de Camp long.

Villas AB2

Le réaménagement du quartier résidentiel compris entre la promenade René-Coty et la rue Alphonse-Karr a entraîné la disparition de nombreuses façades de maisons de villégiature aux décorations exotiques ou aux allures de chalet normand. De très belles villas restent à découvrir : sur la promenade René-Coty, la façade Art nouveau de la **villa Roquerousse** (1900) ; bd Félix-Martin, face à face, le **Winter Palace** et la **villa Ste-Anne** (hôtel Excelsior – *voir « Nos adresses »*), ou, avenue Paul Doumer, la demeure de charme **Les Palmiers**, qui mêle les éléments gothiques, Renaissance et classiques.

C'est sur le plateau Notre-Dame *(à l'est de la ville)* que les villas ont conservé le mieux leur panache, notamment boulevard du Maréchal-Lyautey, où se succèdent

St-Raphaël, fille de Rome

Une villégiature gallo-romaine était installée sur l'emplacement occupé aujourd'hui par le casino. Les riches familles de Fréjus y venaient en cure. Au haut Moyen Âge, les villas gallo-romaines sont ravagées par les pirates sarrasins. Après leur expulsion (fin 10e s.), le comte de Provence abandonne ces territoires désertés aux abbayes de Lérins et de St-Victor (à Marseille). Les moines créent un village autour de l'église. Au 18e s., les pêcheurs et les paysans occupent les vieux quartiers actuels. Le paludisme y anémie les habitants : on leur donne le nom de « visages pâles ». Après le rattachement de la Corse à la France en 1768, le port devient la tête de ligne d'une éphémère liaison maritime avec l'île de Beauté.

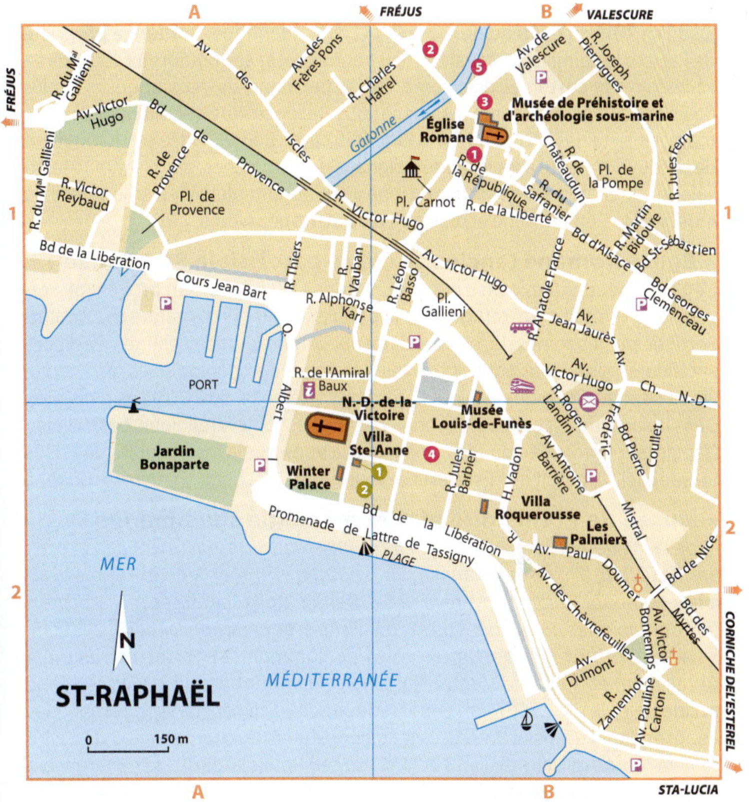

SE RESTAURER		SE LOGER
Le Bouchon provençal 1	La Brasserie Tradition et gourmandise 3	Excelsior 2
Café Paradis 2	Le Bishop 4	Hotel Provençal 1
	Happy Green Food 5	

demeures aristocratiques et hôtels de luxe de 1880 à 1915. Remarquez la **villa Aublé** *(n° 152)*, maison du plus illustre architecte de St-Raphaël à cette époque, et l'ancien Grand Hôtel *(n° 107)*. En direction de Santa Lucia *(à l'est)*, avenue du Touring-Club, l'ombre de Gounod hante encore l'**Oustalet dou Capelan**, où il composa son opéra *Roméo et Juliette*.

Basilique Notre-Dame-de-la-Victoire A2

Emblème de Saint-Raphaël avec ses murs en grès rose de l'Esterel et son dôme néobyzantin, cet édifice original a été construit en 1883 par **Pierre Aublé**, architecte de nombreuses villas raphaëloises. À l'intérieur, la peinture orientale de la voûte du chœur rappelle la décoration de la basilique Ste-Sophie d'Istanbul ; remarquez également les ouvertures de la nef de type mauresque.

Musée Louis-de-Funès B1

R. Jules-Barbier - ✆ 04 98 11 25 80 - www.museedefunes.fr - juil.-août : 10h-19h (21h le jeu.) ; mai-juin et sept : mar.-sam. 10h-18h, dim. 10h-12h, 14h-17h ; oct.-avr. : mar.-sam. 10h-17h, dim. 10h-12h, 14h-17h - 6 € (-18 ans gratuit).

Depuis la fermeture du musée consacré à Louis de Funès (1914-1983), situé jusqu'en 2016 au château de Clermont (Loire-Atlantique), ancienne propriété de l'acteur, sa famille cherchait un lieu pour exposer ses nombreux souvenirs – accessoires et costumes de cinéma, lettres personnelles, récompenses... (plus de 350 documents présentés). Dans ce nouvel espace situé dans la ville où furent tournées certaines scènes du *Corniaud* (1965), avec Bourvil, l'idée est notamment de découvrir l'artiste à travers le témoignage de ses proches, dans l'intimité familiale de son château et de son jardin. Une visite qui complète idéalement celle du musée de la Gendarmerie et du Cinéma de St-Tropez *(voir p. 138)*.

★ Église Romane (ancienne église paroissiale St-Raphaël) B1

L'église à nef unique, construite au 12e s. dans le style roman provençal, servait de forteresse et de refuge pour la population en cas d'attaque des pirates. Fortifiée par les remparts, elle présente une imbrication de vestiges d'édifices antérieurs, mis au jour par des fouilles. Les cryptes archéologiques offrent une vision spectaculaire de ces ajouts progressifs, témoins de 2000 ans d'histoire. Dans la sacristie est exposé le produit des fouilles : objets religieux, bas-reliefs. Depuis la tour fortifiée du 14e s., magnifique **vue★** sur la mer, le golfe de Fréjus St-Raphaël, le massif de l'Esterel et ses contreforts rocheux en rhyolite rouge.

★ Musée de Préhistoire et d'Archéologie sous-marine B1

R. de la Vieille-Église - ✆ 04 94 19 25 75 - juil.-sept. : 10h-18h ; mars-juin et oct. : 9h-12h30, 14h-17h ; reste de l'année : 9h-12h30, 14h-17h, mar. 14h-17h - fermé dim.-lun. (et sam. apr.-midi en nov.-fév.) - 2 € (-18 ans gratuit) - Le musée met à disposition des tablettes numériques d'aide à la visite avec deux applications.

Au carrefour d'importantes voies de communication terrestres (voie Aurélienne) et maritimes (entre Massalia et les comptoirs de la Méditerranée occidentale), le site de St-Raphaël possède un riche gisement de vestiges antiques déposés dans ce musée : intéressante reconstitution du chargement d'un navire romain ; borne milliaire de l'an 3 av. J.-C. du cap Roux (jardin). Une remarquable collection d'**amphores★** du 5e s. av. J.-C. au 5e s. apr. J.-C. rend ce musée incontournable sur le plan de l'archéologie marine. Séquence technologique avec des prototypes d'appareils de plongée et de photographie sous-marine, ou avec la technique de conservation des bois immergés. Retour à la préhistoire de l'Esterel à travers le produit des fouilles, et les dolmens et menhirs de l'est varois. On peut voir dans le jardin du musée, ainsi que dans la rue Allongue, des vestiges des remparts qui entouraient jadis la vieille ville.

Carnet pratique

S'informer

Office de tourisme – PLAN A1 (P. 219) - *99 quai Albert-1er - St-Raphaël - ✆ 04 94 19 52 52 - www.saint-raphael.com.*

Visites guidées – L'office du tourisme organise des visites thématiques.

Se déplacer

Les Bateaux de Saint-Raphaël – *✆ 04 94 95 17 46 - www.bateauxsaintraphael.com - Dép. du vieux-port (gare maritime) pour St-Tropez, 1h - de mi-avr. à fin oct., horaires variables selon les saisons ; juil.-août : à 9h30, 11h30, 14h30, 17h, 19h (sf dim.) - 32 € AR (-9 ans 16 € AR).* En haute saison, la compagnie assure également des excursions vers St-Tropez, l'île Ste-Marguerite, les îles de Lérins ou les Calanques de l'Esterel, des sorties nocturnes Son et Lumière, des promenades en bateaux à fond de verre pour découvrir la flore et la faune marines de la réserve du cap Dramont.

Agenda

Route du Mimosa – *routedumimosa.com* - De début février à fin mars, balades dans le massif de l'Esterel et corso fleuri.

Fête traditionnelle de la St-Pierre – Début août : procession, joutes, feu d'artifice.

Festival des Jazz – En juillet, concerts en ville.

Mômes en fête – En juillet et août, le mercredi, nombreuses animations gratuites pour les enfants.

Noël à St-Raphaël – En décembre, jardin de Lumières, sons et lumières, marché de Noël, chemin de glace.

Nos adresses

PLAN P. 219

Restauration

Premier prix

1 **Happy Green Food** – B1 - *37 av. de Valescure - 06 17 41 46 86 - lun.-vend. 9h-15h. - plat du jour 13 €.* Chaque semaine le menu change en fonction des saisons et des arrivages du marché. Cuisine 100 % végétale, crue et éthique.

Budget moyen

1 **Le Bouchon provençal** – B1 - *59 r. de la Vieille-Église - 04 94 53 89 18 - 12h-14h, 19h-22h30 - fermé w.-end et lun.-mar. apr.-midi - formules déj. 22/32 €.* Ce couple de voyageurs vient de s'installer à St-Raphaël après avoir fait ses armes sur le port de Fréjus pendant de nombreuses années. Ici, les amateurs de cuisine fraîche et inventive seront comblés. Service souriant et plein d'entrain.

2 **Café Paradis** – B1 - *56 av. du Gén.-Leclerc - 04 94 83 68 91 - www.cafeparadis-restaurant.com - 12h-15h, 19h-23h - fermé dim.-lun. - plats 16/24 €, menu midi 21 €.* En retrait du bord de mer, ce bar à vin-restaurant cache un charmant patio aux guirlandes lumineuses. Carte à l'ardoise, cuisine fine et fraîche.

3 **La Brasserie Tradition et gourmandise** – B1 - *4 av. de Valescure - 04 94 95 25 00 - www.labrasserietg83.fr - 12h-14h30, 19h-22h15 - fermé dim.-lun. - plats 16/27 €, formule déj. 19 €, menu dîner 33 €.* La bonne table du centre de St-Raphaël dotée d'une agréable terrasse. Décor moderne en salle et tendance néobistrot dans l'assiette. Le chef concocte des plats du terroir mais aussi pâtes et risotto.

4 **Le Bishop** – B2 - *84 r. Jean-Aicard - 04 94 95 04 63 - 12h-13h30, 18h-21h30 - fermé dim. soir-lun. - plats 14/30 €.* Une institution qui propose des plats simples et copieux, souvent couleur locale et toujours préparés à base de produits frais : farcis niçois, aïoli… Très fréquenté.

Une folie

Récif – HORS PLAN - *90 bd de la 36e-Division-du-Texas - 7 km au sud-est par la D 558 - 04 89 81 40 60 - www.beaumier.com - merc.-dim. 19h15-21h15 - fermé de mi-oct. à mi-mai - menu 128/152 €.* Le restaurant de l'hôtel Les Roches Rouges est un lieu unique pour une partition gastronomique inspirée de la cuisine provençale. Le chef *José Bailly* puise dans le terroir en

4

élaborant des recettes modernes, parfois inventives, goûteuses et aux dressages précis. Tout cela avec l'horizon et la grande bleue en ligne de mire...

Petite pause

Le Mugs – *84 r. A. Karr - ✆ 04 94 95 10 19 - www.le-mugs.com - juin-oct. : 8h-0h; hors saison : 8h-20h, jeu.-sam. 8h-0h.* Ce salon de thé situé sur le Vieux-Port cache un grand patio fleuri et coloré où vient se détendre la jeunesse locale. Ici, on prône le bien-manger et le bien-boire : les salades sont élaborées avec les produits du marché, les glaces maison, les cocktails détox et la carte des thés bien fournie.

Shopping

Marchés – Place de la République et Victor-Hugo tous les matins, excepté le lundi. Marché aux poissons sur le Vieux-Port tous les matins. *Marché forain place Victor-Hugo jeudi matin.*

Brocante – Mardi place Coullet.

En soirée

L'Obsolète – *Port Santa-Lucia - ✆ 09 67 49 46 06 - 18h30-1h - fermé dim.-lun. et fév.* Une adresse incontournable pour les amateurs de cocktails : la carte en propose une trentaine, tous servis dans un contenant différent.

Casino – *Sq. Gand - ✆ 04 98 11 17 77 - www.casinosbarriere.com - 9h-3h, sam. 9h-4h.* Il fut construit en 1881 sur l'emplacement d'une villa romaine et a été rénové en 2021. Restaurant, machines à sous et jeux traditionnels.

La Kémia – *130 quai Amiral-Nomy - ✆ 06 50 58 70 70 - 10h-15h, jeu.-sam. 18h-0h - fermé merc.* Planches de tapas à partager, bons cocktails, ambiance sympathique et soirées musicales *(tlj. en haute saison, vend. et sam. hors saison).* À partir de l'été 2020, cuisine provençale autour du poisson.

Activités

Sentier du littoral – *11 km aller - compter 4h30 - fléchage jaune - retour possible en bus, lignes 5 ou 8, ou en TER.* Le sentier, au départ du parking du port de Santa-Lucia, serpente entre la mer et l'Esterel jusqu'à la plage du Pourrousset.

Rand'eau aventure – *Port du Poussai - St-Raphaël - ✆ 06 08 01 66 38 - www.randeau83.com.* Balade littorale « Marche et nage » pour découvrir criques, grotte et plage secrète de manière originale : marche, plongeons, nage... Idéal en famille ou entre amis.

Golf de Valescure – *Av. des Golfs - ✆ 04 94 82 40 46 - www.golfdevalescure.com.* Beau golf de 18 trous aussi doté d'un restaurant.

Plongée

La baie de St-Raphaël recèle nombre d'épaves faisant le bonheur des plongeurs et des clubs qui proposent des baptêmes et des randonnées palmées.

Club sous l'eau – *Port Santa-Lucia - ✆ 04 94 95 90 33- www.clubsousleau.com.*

Euro-Plongée – *Port de Boulouris - ✆ 04 94 19 03 26 - www.europlongee.com.*

Hébergement

PLAN P. 219

Premier prix

Sandaya Douce Quiétude – HORS PLAN - *3436 bd Jacques-Baudino - sortie nord-est vers Valescure puis 3 km par bd Jacques-Baudino - ✆ 04 94 44 30 00 - www.sandaya.fr - fermé de mi-sept. à déb. juin. - réserv. obligatoire - 82 empl. tentes à partir de 50 € - 350 locations.* Sur les hauteurs de St-Raphaël et à quelques minutes de la plage, ce camping bénéficie d'emplacements confortables au cœur de la pinède. Deux piscines, multiples activités sportives.

Budget moyen

La Bergerie de Vaulongue – HORS PLAN - *1520 bd Jacques-Baudino - ✆ 06 09 33 16 44 - www.bergerie-vaulongue.com - õ- 3 ch. 79/84 € - 8,50 €.* Située dans le quartier résidentiel de Valescure, cette maison d'hôte simple et rustique dispose de 3 chambres spacieuses. Accueil chaleureux et petit-déjeuner copieux.

Le Thimothée – HORS PLAN - *375 bd Christian Lafon - quartier des Plaines - ✆ 04 94 40 49 49 - www.hotel-thimothee.com - Î P - 12 ch. 75/116 € - 10 €.* À une dizaine de minutes du centre-ville, cet hôtel propose des chambres propres et bien aménagées. Jardin fleuri qui entoure l'établissement et piscine. Une bonne option d'hébergement.

Chambre d'hôte Côté Jardin – HORS PLAN - *154 av. des Arènes - ✆ 04 89 99 40 80 - www.cotejardin-saintraphael.fr - P - fermé de mi-oct. à fin mars - 3 ch. à partir de 100 €.* En plein centre-ville, une maison de maître classée (années 1800), à la belle façade de pierre et de brique doublée d'une verrière en ferronnerie abrite de coquettes chambres de style Empire. Décoration élégante, avec mobilier chiné, et accueil charmant.

1 **Hôtel Provençal** – A2 - *195 r. de la Garonne - ✆ 04 98 11 80 00 - www.hotel-provencal.com - - 27 ch. 103/124 € - 12 €.* En retrait du port et de son animation, cet hôtel contemporain tout simple dispose de chambres fonctionnelles, climatisées, parfaitement tenues et agrémentées de touches colorées. Possède également un gîte.

Pour se faire plaisir

2 **Excelsior** – A2- *Prom. du Prés. René-Coty - ✆ 04 94 95 02 42 - www.excelsior-hotel.com - - 30 ch. à partir de 90 €.* Idéalement situé sur la promenade des Bains, cette maison de villégiature (1882)devenue hôtel de voyageurs, dotée d'un pub et de deux salles de restaurant se remarque pour son élégance.

Une folie

Villa Mauresque – HORS PLAN - *1792 rte de la Corniche - Boulouris - ✆ 04 94 83 02 42 - villa-mauresque.com - P - ch. à partir de 470 €.* Après complète rénovation, cet ancien hôtel particulier a rouvert ses portes en 2017. Palais oriental les pieds dans l'eau, il dispose de chambres de luxe, d'un espace bien-être et relaxation, d'équipements nautiques et d'un restaurant gastronomique, Le Bougainvillier.

Hôtel Les Roches Rouges – HORS PLAN - *90 bd 36e-Division-Texas - ✆ 04 89 81 40 60 - www.beaumier.com - P - fermé de mi-oct. à mi-mai - 49 ch. à partir de 618 € - (voir « Restauration »).* Cet hôtel a été entièrement rénové en 2017. Les chambres à la décoration sobre et design bénéficient toutes d'une vue mer. Grand bassin naturel d'eau de mer et couloir en eau douce, plage privée de galets, deux restaurants – l'un traditionnel sur la plage et l'autre, gastronomique, sur la terrasse *(voir « Restauration »)* –, trois bars et un jardin méditerranéen.

Massif de l'Esterel

★★★

Entre St-Raphaël et La Napoule, l'Esterel déploie son décor spectaculaire, avec ses grands rochers pourpres dénudés et ses versants couverts de pins, digne d'un paysage du Far West. Le bleu de la Méditerranée et le rouge du massif s'unissent ici admirablement : promontoires et pointes escarpées alternent avec des baies minuscules, d'étroites grèves, de petites plages ombragées, des calanques aux murailles verticales. En avant de la côte émergent des milliers de rochers et d'îlots colorés en vert par les lichens, tandis que les récifs transparaissent sous l'eau. L'un des plus beaux sites de baignade de la Côte d'Azur, mais aussi une invitation à de belles promenades sur des sentiers peu fréquentés.

Se repérer

Var (83)

CARTE BC3 (P. 200-201).

Sur les cartes routières, les routes portant la mention « RF » (routes forestières) sont ouvertes à la circulation motorisée avec les restrictions suivantes : vitesse limitée à 40 km et circulation interdite de 21h à 6h. La route du col de Belle Barbe au col du Perthus, celle du rocher de St-Barthélemy (au-delà d'1,5 km) et celle de la maison du Malpey au mont Vinaigre, sont désormais strictement fermées aux véhicules, tout comme les routes en pointillés rouges, sous peine d'amende.

À ne pas manquer

Le mont Vinaigre culminant à 618 m ; la corniche de l'Esterel et ses panoramas vertigineux ; les criques intimes et villages perchés ; la route de la Ste-Baume et la route de St-Barthélémy.

Organiser son temps

Pour relier Cannes à Fréjus, n'hésitez plus entre la route de la Corniche et la DN 7 : faites les deux, en boucle. Comptez une demi-journée pour la randonnée qui vous mènera jusqu'au pic de l'Ours.

En famille

Une balade aromatique ; le sentier sous-marin de la pointe de l'Aiguille ; une randonnée à VTT électrique dans le massif.

Carnet pratique p. 231

Nos adresses p. 231

Le littoral

CARTE DE MICRORÉGION P. 200-201

Cette région, l'une des plus belles de Provence, est ouverte au grand tourisme depuis 1903 grâce à la création par le Touring-Club de la route de la Corniche ou « **corniche d'Or** », qui s'étend sur 40 km et présente un paysage magnifique, plongeant abruptement dans la mer. Elle est parsemée d'agréables petites stations balnéaires dont les premières, d'Agay au Trayas, dépendent de St-Raphaël.

Agay C3

Pl. Charles-Gianetti - 04 94 82 01 85 - www.saint-raphael.com.

La station est dominée par les splendides versants de porphyre rouge du **Rastel d'Agay**, au bord de la plus belle rade de l'Esterel. Ligures, Grecs et Romains l'ont fréquentée ; on a retrouvé sous l'eau des amphores romaines provenant sans doute d'un naufrage, il y a 2000 ans. La grande plage (base nautique) se prolonge jusqu'à la pointe de la Baumette, qui marque l'entrée dans le massif de l'Esterel.

Anthéor C3

Les sommets du **cap Roux** surplombent cette station coquette connue pour son **viaduc ferroviaire**. Anthéor-Plage se situe en amont, en aval se trouvent les calanques.

Avant de descendre à pied au creux des calanques, prévoyez le pique-nique ainsi que palmes, masque et tuba... vous ne le regretterez pas !

Sur le plateau d'Anthéor, le **rocher St-Barthélemy**, accessible en 30mn à pied, offre une **vue★** époustouflante sur la mer.

Le Trayas C3

Criques et calanques festonnent la côte et abritent plusieurs plages. Le Trayas fut au 17e s. un grand centre de pêche au thon. Des filets posés au large restaient en place pendant quatre mois. Pour les surveiller, une tour avait été élevée sur le rivage.

20mn AR. L'autre partie du village s'étage sur les pentes : cheminez sur la route bordée de villas fleuries et suivez la direction « Gare SNCF » *(sur la gauche)* pour accéder au belvédère. Là, vous apprécierez le beau **panorama★**.

Théoule-sur-Mer C3

2 corniche-d'Or - 04 93 49 28 28 - www.theoule-sur-mer.org.

Cette station, abritée par le promontoire du rocher de Théoule, possède trois petites plages publiques accessibles par la **promenade André-Pradeyrol**, entièrement piétonne et appréciée des pêcheurs à la ligne. Vue sur les villas perchées, parfaitement assorties au décor dont un bâtiment crénelé et flanqué de tourelles, une ancienne savonnerie (18e s.) transformée en **château**.

Les amateurs de criques préféreront le parc départemental de la **pointe de l'Aiguille** qui s'étend sur 7 ha et qui offre également aux randonneurs de beaux panoramas dans sa partie haute.

Miramar C3

Station élégante avec port privé dans l'**anse de la Figueirette**. En janvier 1942, le Special Operations Executive des Anglais y débarqua son premier officier, **Peter Churchill**, pour y prendre contact, notamment avec le réseau « Carte ».

4

Un massif en technicolor

L'Esterel est un massif bas (618 m au mont Vinaigre), raboté par l'érosion mais profondément raviné, si bien qu'on a parfois l'impression d'être en haute montagne. Sa physionomie caractéristique (relief heurté, déchiqueté, de couleur rouge feu) apparaît dans toute sa beauté au massif du **cap Roux**, en contraste saisissant avec le bleu indigo de la mer. Dans la région du Dramont pointent les porphyres bleus dont les Romains ont tiré les colonnes de leurs monuments de Provence. Par endroits, la couleur devient verte, jaune, violette ou grise.

La vallée de l'Argens sépare l'Esterel du **massif des Maures** *(voir p. 117)*. Les deux massifs, nés des plissements hercyniens il y a plus de 200 millions d'années, sont constitués de roches différentes : schistes cristallins pour les Maures, roches éruptives (porphyres durs) pour l'Esterel.

La Galère C3

Station boisée sur les pentes de l'Esterel qui ferment de ce côté le golfe de La Napoule. En contrebas de la route, l'étonnante cité marine de **Port-la-Galère** *(port privé)*, conçue par l'architecte Jacques Couelle, se fond dans l'environnement rocheux. Maisons aux façades curieusement creusées comme des alvéoles.

Circuits conseillés

CARTE DE MICRORÉGION

★★★ Corniche de l'Esterel

Circuit tracé en vert sur la carte p. 200-201 - 29 km au départ de St-Raphaël - 2h avec la balade au sémaphore. Quitter St-Raphaël par la D 559 (direction Cannes). La route longe le port de plaisance de St-Raphaël. Ensuite, les villas masquent la mer que l'on retrouve au Dramont.

Le Dramont C4

Sa grande plage fut l'un des principaux sites du **débarquement de Provence** : 20 000 GI's de la 36e division du Texas de l'armée américaine débarquèrent le 15 août 1944, comme le rappelle une stèle.

Au large se trouve un minuscule îlot de porphyre rouge, l'**île d'Or**, dont l'histoire appartient à la mythologie de la Côte d'Azur. En 1897, un architecte du nom de Léon Sergent l'acheta aux enchères. L'histoire dit qu'il la perdit aux cartes au profit d'Auguste Lutaud, excentrique médecin parisien qui y fit construire une tour pseudo-médiévale de quatre étages en pierre rouge de l'Esterel, avant de s'autoproclamer roi de l'île sous le nom d'Auguste Ier. Ses réceptions fastueuses attirèrent toute la société mondaine de la Côte, dont des célébrités de la Belle Époque. Décédé en 1925, le monarque repose dans son royaume qui, toujours privé, a changé, depuis, plusieurs fois de propriétaire.

Sémaphore du Dramont – *1h AR. Sur la D 559, tourner à droite dans un rd-pt vers le port de Poussaï, parking. Sentier balisé en jaune. Départ à gauche du port au niveau d'un escalier en bois.* En contrebas du phare construit en 1860, **panorama★★** sur les Maures, le Lion de Mer et le Lion de Terre à l'entrée du golfe de Fréjus, l'île d'Or ; légèrement à droite, derrière le Rastel d'Agay, le pic du Cap-Roux et le pic de l'Ours. *Reprendre la D 559.*

La route longe la **plage de Camp-Long**. Le massif de l'Esterel se dévoile enfin. À la sortie d'Agay, accès signalé dans un virage à la calanque de St-Barthélemy. À partir d'Anthéor, la route dispute sa place à la voie ferrée sur les escarpements de la corniche, de plus en plus sauvage et spectaculaire : finies les villas qui bouchent le paysage, de nombreux points de vue sont aménagés sur les bas-côtés.

★ Pointe de l'Observatoire - Cap Roux C3

Belle **vue★** depuis les vestiges d'un blockhaus aménagé en belvédère. On distingue à l'ouest la colline d'Anthéor, à l'est la pointe de l'Esquillon et le golfe de La Napoule. Le massif de l'Esterel se jette brutalement dans la mer par des escarpements grandioses de roches rouges.

Dépasser Le Trayas et Miramar. Dans un virage à hauteur de l'hôtel Tour de l'Esquillon, laisser la voiture sur le petit parking à gauche.

★★ Pointe de l'Esquillon C3

15mn AR - sentier balisé. Très belle **vue★★** sur l'Esterel et sur la côte, du cap Roux au cap d'Antibes, et sur les îles de Lérins (table d'orientation).

Sentier le long de la corniche de l'Esterel.
N. Scanella/age fotostock

Au retour, remarquez au-dessus de l'hôtel de l'Esquillon les rondeurs terracotta du **palais Bulle** de Pierre Cardin : au milieu des villas, un gargouillis de béton bourgeonnant, œuvre expérimentale d'Antti Lovag construite en 1975. Selon le maître de l'architecture « organique », l'homme produit des cercles. Or, les angles droits et les arêtes de sa maison brisent inutilement le mouvement naturel. Le couturier, qui avait lancé la robe-bulle en 1954, n'a pas résisté devant ses formes sensuelles : il a mené à son terme le chantier de Lovag après avoir racheté ce Spoutnik truffé de monocles et de lunettes, inachevé, en 1989.
Dépassant La Galère, la route contourne la **pointe de l'Aiguille** : belle **vue★** sur le golfe de La Napoule, le site de Cannes, les îles de Lérins, le cap d'Antibes.
Poursuivre jusqu'à Théoule-sur-Mer.

★ Voie Aurélienne

Circuit tracé en bleu sur la carte p. 200-201 – 33 km de Théoule-sur-Mer à St-Raphaël - 1h, 2h30 avec l'ascension du mont Vinaigre. Cet itinéraire s'effectue en grande partie à travers la forêt de l'Esterel. Quitter Théoule-sur-Mer par la D 6098. À l'entrée de la Napoule, tourner à gauche au 1er rond-point direction A 8, puis encore à gauche au 2e rond-point direction Fréjus par D N7.
L'ancienne **voie Aurélienne** (*camin aurélian* en provençal), l'une des plus importantes de l'Empire romain, contournait l'Esterel au nord. Une borne marquait chaque mille (1478 m) et servait de marchepied aux cavaliers. Des relais permettaient aux courriers impériaux de dormir, changer de cheval ou effectuer une réparation.

Auberge des Adrets B3

Datant de 1653, cet ancien relais de poste devenu un 4* fut l'un des repaires d'un bandit du 18e s., **Gaspard de Besse**, dont les exploits défrayèrent la chronique locale. Il fréquentait aussi une grotte du mont Vinaigre, que contourne la route après le carrefour du Logis-de-Paris. Ce brigand coquet, vêtu de rouge et boutonné d'argent, détroussait avec sa bande diligences et cavaliers. Il termina sa carrière roué vif sur la place d'Aix en 1781, à 24 ans. Sa tête fut clouée à un arbre de la grand-route, théâtre de ses exploits.
Au carrefour du Testannier, bordé de parkings, prendre à gauche la route forestière du Malpey sur 1,5 km. Se garer à la maison forestière du Malpey et prendre à pied la direction « mont Vinaigre ».

★★ Mont Vinaigre B3

1h30 AR - sur GR. Après quelques centaines de mètres sur une route goudronnée, un sentier bifurque à gauche vers le sommet culminant du massif (618 m). Splendide **panorama★★** : de gauche à droite, face à la mer, le cap d'Antibes, la pointe de la Croisette, Cannes, une partie du golfe de La Napoule ; devant vous, le pic de l'Ours, coiffé de sa tour et de son antenne de télévision, le pic du Cap-Roux, le golfe de Fréjus ; vers l'intérieur, les Maures, la plaine du bas Argens, les hauteurs calcaires de la Provence intérieure, l'extrémité sud du lac de St-Cassien. Par temps clair, on voit les Alpes italiennes et, de l'autre côté, la Ste-Baume.
Ce décor impressionnant l'était plus encore jadis, car des brigands, tels **Gaspard de Besse** *(voir p. 70)*, hantaient la route de l'Esterel vers l'Italie. « Passer le pas de l'Esterel » était une expression proverbiale. L'endroit le plus dangereux se trouvait sur le chemin qui mène du carrefour du Logis-de-Paris à la maison forestière du Malpey, qui signifie en provençal « mauvaise montagne ». En 1787, il fallait encore du courage au naturaliste de Saussure pour parcourir la région à pied.

Les pins de la Côte d'Azur

Pin maritime – Peuplement endémique et autrefois dense du littoral méditerranéen (aujourd'hui, 60 % des essences forestières). Très combustible, il se régénère vite, mais depuis 1958 un insecte parasite bloque sa maturité, d'où son aspect « mité ».
Pin parasol – Apprécié pour son allure et son ombrage, il permet de repeupler les maquis.
Pin d'Alep – Amateur de sols secs, fréquent dans l'arrière-pays jusqu'à 500 m d'altitude, dans les restanques en friche et sur les versants isolés à l'adret. Écorce brun-rouge et tronc sinueux.
Pin sylvestre – En altitude, sur les plateaux du haut Var et les reliefs du nord des Alpes-Maritimes, sapins et pins sylvestres forment de superbes forêts.

Jusqu'à la fin du 19e s., l'Esterel fut un excellent refuge pour les forçats évadés du bagne de Toulon.
Revenir à la DN 7.
Dans ce secteur qui longe le vallon de la Moure, l'antique voie Aurélienne suivait, sur l'autre rive, le tracé approximatif de la route forestière.

★ **Fréjus** *(voir p. 202)*
Gagner St-Raphaël par le bd Séverin-Decuers.

★★ Route du pic de l'Ours

Circuit tracé en violet sur la carte p. 200-201 – 57 km de routes étroites. Quitter St-Raphaël par le sud-est, D 559. À la sortie d'Agay, prendre la route de Valescure, D 100, puis à droite, direction massif de l'Esterel. Après la maison forestière du Gratadis, à la fourche, prendre à droite direction pic de l'Ours, franchir le gué. À l'intersection suivante, laisser à droite le rocher St-Barthélemy et le plateau d'Anthéor et continuer vers le pic de l'Ours.
La route s'élève à travers un paysage varié : chênes verts, terrains dénudés, cascades de grès rouges et verts, vues lointaines sur le ravin du Mal Infernet. Elle serpente en contournant par le nord les sommets du St-Pilon et du Cap-Roux pour atteindre, après le parking de la Ste-Baume, le **col de l'Évêque** où la vue change brutalement en plongeant vers la mer. La route se sépare en deux jusqu'au **col des Lentisques** *(sens unique entre ces deux points, tout autour du pic d'Aurelle : aller côté mer, et retour par la route intérieure).*
Le parcours en corniche du col des Lentisques au **col Notre-Dame** est l'un des plus beaux du massif : saisissantes **vues**★★ sur les griffures rouge sang de l'Esterel dans le bleu flamboyant de la mer, soulignées de traits d'écumes. Splendides perspectives sur le rivage : le golfe de la Napoule, Cannes, les îles de Lérins, jusqu'au cap d'Antibes.
La route s'arrête ici. Avant de faire demi-tour pour regagner St-Raphaël, prenez le temps de faire une randonnée.

4

Randonnées

CARTE DE MICRORÉGION C3 P. 200-201

C'est à pied que l'on prend la pleine mesure des pentes écarlates de l'Esterel et de leur chute vertigineuse dans la mer, de ses roches déchiquetées, de ses sommets dentelés et de sa végétation variée (chênes-lièges, chênes verts, pins maritimes, bruyères, arbousiers…). La route du pic de l'Ours dessert de nombreux départs de balades fléchées. Si vous le pouvez, grimpez sur l'un des deux pics et

On vous emmène goûter la nature de l'Esterel...

Nul besoin d'être randonneur aguerri pour suivre Thibaud, accompagnateur en montagne, à la découverte de la flore de l'Esterel. Sac au dos, bonnes chaussures aux pieds et eau à portée de la main – la liste minimale à compléter selon la saison –, vous lui emboîtez le pas pour une randonnée d'environ six kilomètres au cours de laquelle il pointe les plantes comestibles et médicinales, explique comment les prélever et sous quelle forme les consommer. Entre la magnificence des paysages et ce vrai moment d'échange, vous ressortez de l'expérience à la fois serein et enrichi.
Voir « Nos adresses » p. 232.

descendez dans l'un des deux ravins : c'est possible dans la journée. N'oubliez pas d'emporter de bonnes chaussures, un casse-croûte et de l'eau !

★★★ Pic de l'Ours

2,5 km - 1h30 en boucle - départ du parking au col Notre-Dame. En légère montée, le chemin en lacet offre de belles vues renouvelées sur le massif boisé de l'Esterel et les indentations du littoral ; il domine de plusieurs centaines de mètres la mer où affleurent d'immenses rochers. Au rocher de la **Dent de l'Ours**, vue imprenable sur la baie de Cannes. Au sommet (492 m), où se dresse un émetteur de télévision, **panorama★★★** exceptionnel sur la côte des Maures aux Alpes, l'ensemble du massif de l'Esterel dominé par le mont Vinaigre et sur une partie du pays varois. Un sentier escarpé redescend en fermant la boucle. Le retour par le chemin goudronné est plus doux mais plus long.

★★★ Pic du Cap-Roux

5 km - 2h30 en boucle - départ du parking de la Ste-Baume. Un escalier mène au départ du sentier fléché, près d'une fontaine (eau potable). Après une première portion, il laisse sur la droite la direction Plateau d'Anthéor. La montée ménage une ombre salutaire et la surprise de la vue en débouchant au col du **St-Pilon**. Au sommet, ce n'est pas l'altitude (453 m) mais l'amplitude de la vue qui donne le tournis : elle s'ouvre à 360° sur un merveilleux **panorama★★★** qu'une table d'orientation vous aidera à décrypter. D'un côté, elle s'étend par-delà le cap d'Antibes jusqu'à Nice, le tout crénelé par la scie des Alpes. De l'autre, les vagues noires du massif des Maures et le cap Camarat, au bout de la presqu'île de St-Tropez. Et vers l'intérieur, le pic de l'Ours qui toise celui du Cap-Roux de quelques mètres, sous la suprématie du mont Vinaigre qui referme le triangle. Redescendez sur vos pas et bifurquez à gauche à une centaine de mètres : le chemin revient au point de départ à travers des éboulis de grès, carrières à ciel ouvert. Attention, à l'embranchement suivant, tout droit. À l'arrivée, la fraîcheur de la **source de la Ste-Baume** paraît paradisiaque !

★ Grotte de la Sainte-Baume

2 km - 1h AR - départ du parking de la Ste-Baume. Montez l'escalier jusqu'à la fontaine. Empruntez le chemin sur la gauche sur 100 m. À l'intersection, prenez à droite et montez le sentier, assez raide, pour atteindre la grotte où vécut l'ermite saint Honorat au 4e s., avant de fonder l'abbaye de Lérins sur l'île qui porte son nom au large de Cannes.

★★ Ravin du Mal Infernet

8 km - 2h30 AR - départ du col de Belle-Barbe (à gauche à la fourche après la maison forestière du Gratadis). Le chemin longe d'abord le ruisseau du Grenouillet, tantôt sur la rive gauche, tantôt sur la rive droite (deux passages à gué). Il s'engage ensuite dans le ravin boisé, plus encaissé, site grandiose dominé par des rochers hérissés. Le **canyon** tire son nom de l'époque où l'on jetait les malades de la peste (le « mal infernal ») au fond de ce ravin. Les marcheurs courageux continueront vers le col Notre-Dame *(environ 3 km de plus)* en contournant par le nord le pic et la dent de l'Ours.

★ Ravin du Perthus

2h15 AR - départ du col de Belle-Barbe (voir ci-contre ravin du Mal Infernet). La randonnée commence sur une route goudronnée fermée à la circulation. Au pont du Perthus, un sentier non balisé s'engage au nord dans le joli ravin du Perthus, cadre de promenades faciles. À droite se profile le pic du Perthus occidental.

Carnet pratique

S'informer

Office du tourisme de St-Raphaël – *Voir p. 220.*

Balades pédestres – *Toute l'année, sur réserv. à l'office de tourisme (à partir de 25 €).* Promenades accompagnées dans l'Estérel, en journée ou au crépuscule.

Accès au massif – Le massif est fermé toute l'année entre 21h et 6h et son accès est réglementé. Avant de partir en balade, informez-vous des risques, notamment concernant les incendies : *www.risque-prevention-incendie.fr/var.*

Nos adresses

Restauration

Budget moyen

Côté Jardin – *1 r. du 11-nov.-1943 - Agay - ✆ 04 94 40 46 75 - www.cote-jardin-agay.com - 12h-14h30, 19h-23h - plats 27/32 € menu 32 €.* Situé à quelques pas de la grande plage de sable d'Agay, le restaurant dispose d'une belle terrasse à l'ombre des platanes. Le chef travaille avec les pêcheurs et les producteurs locaux.

Le Marco Polo – *47 av. de Lérins - Théoule-sur-Mer - ✆ 04 93 49 96 59 - www.marcopolo-plage.com - 9h-17h30 - fermé de mi-nov. à fin-déc. - plats 20/46 € - réserv. conseillée.* Restaurant de plage : salades à midi et menu plus consistant en soirée. Service décontracté. De la terrasse, la vue s'étend jusqu'à la baie de Cannes. Location à la journée de transat et sofas sur le ponton.

Pour se faire plaisir

Villa Matuzia – *15 imp. Ste-Guitte - Agay - ✆ 04 94 82 79 95 - www.restaurant-saint-raphael.com - 12h-13h30, 19h-21h30 - fermé lun.-mar. - plats 24/30 €, menu déj. 30 €.* Un décor de bonbonnière, un petit jardin noyé sous la verdure, une terrasse éclairée le soir à la bougie… et des assiettes tout en fraîcheur au parfum du Sud, qui font plaisir aux yeux autant qu'aux papilles.

La Marea – *16 av. du Trayas - 06590 Théoule-sur-Mer - ✆ 04 93 75 19 03 - www.lamarea.fr - 12h-14h, 19h-21h - fermé lun.- menu 49/79 €.* Face à la mer, avec une grande terrasse verdoyante. Les poissons issus de la pêche locale s'invitent à la carte, cuisinés sans chichis et avec beaucoup de fraîcheur : une simplicité appréciable dans la région.

Activités

Découverte de l'Esterel – *Agay - 06 09 09 73 90 - www.decouvertedelesterel.com - ♿ - possibilité de visite guidée sur demande - 45 € (-13 ans 35 €).* Yoann, partenaire de l'ONF, propose une découverte originale de la forêt de l'Esterel à bord d'un minibus. En fin de balade, dégustation de produits du terroir et photos souvenirs.

Passion Estérel - *Av. du Cap Roux - Agay - 06 12 29 47 67 - www.passion-esterel.com - 45 € (3-12 ans 35 €).* Découverte de l'Esterel sur des Mountains Bikes électriques ou randonnée pédestre avec transport en minibus.

Randonnées - *Agay - 06 32 71 26 07 - www.randonnee-paca.fr - tte l'année - à partir de 30 €.* Thibaud, accompagnateur en montagne, organise des randonnées thématiques dans le massif de l'Estérel. Pour tous les âges et niveaux de difficulté (mimosa, raquette, coucher de soleil...).

Sentier sous-marin de la pointe de l'Aiguille – *Accessible de mi-juin à mi-sept. - fiche descriptive étanche disponible à l'office du tourisme de Théoule-sur-Mer.* Un masque et un tuba vous seront nécessaires pour observer les herbiers de posidonie, les parois verticales et les rochers affleurant, ainsi que tous leurs aquatiques habitants.

Buggy – *Agay-massif de l'Esterel - Expérience Côte d'Azur - 04 94 19 10 60 - www.experiencecotedazur.com - 85 € la location du véhicule pour 2 pers. pour 1h30.* Cette petite voiture tout-terrain est un moyen original de découvrir l'Esterel et la Corniche d'Or. Un arrêt baignade est prévu en saison.

MoovBike – *Piste de Pont-Freye - Fréjus - 06 51 22 66 34 - www.moovbike.fr - à partir de 45 €/j. - sur réserv.* Neuf circuits accompagnés possibles pour découvrir le massif sur des vélos électriques Moustache et selon son niveau.

Hébergement

Pour se faire plaisir

Les Flots bleus – *83 rte St-Barthélemy - Agay - 04 94 44 80 21 - www.hotel-cote-azur.com - 17 ch. 145/160 € - plats 12/25 €.* Juste après le viaduc, sous le Massif de l'Esterel, l'hôtel surplombe la baie d'Anthéor. Accueil chaleureux, chambres personnalisées. Le restaurant, qui offre une vue panoramique, a bonne réputation.

Pays de Fayence ★

Avec sa tour de l'Horloge coiffée de son campanile qui veille depuis des siècles sur les environs, Fayence forme une charmante station estivale dont le dédale de ruelles pentues enchantera les amoureux d'architecture provençale. Le village est au cœur d'un pays qui a aussi conservé toute sa quiétude : ses nombreux bourgs perchés, ses paysages à l'orée des montagnes, son lac et ses rivières ne demandent qu'à être explorés.

Se repérer

Var (83)

CARTE B1-2 (P. 200-201).

Le pays de Fayence se situe entre Draguignan (à 35 km) et Grasse (à 27 km). Limitrophe, le joli village de Tourrettes.

À ne pas manquer

La visite du vieux village de Fayence et de son église ; son four à pain et la chapelle N.-D.-des-Cyprès.

Organiser son temps

Comptez une demi-journée pour les deux circuits à travers le pays de Fayence.

En famille

Le lac de St-Cassien.

Carnet pratique p. 238

Nos adresses p. 238

Découvrir

Fayence

Vieux quartier

En contrebas de la pl. de l'Église. Au détour de rues escarpées, vous admirerez un portail du 17e s., de belles portes d'enceinte, notamment la porte Sarrasine et ses mâchicoulis parfaitement conservés (14e s.). À voir aussi les vestiges d'une tour de guet rue Grande-du-Château, le porche de la mairie (19e s.) et la chapelle St-Roch édifiée pour se protéger des épidémies, sans oublier les nombreuses fontaines baroques et les lavoirs, places G.-Péri et de la République, et rue de la Bonnefont.

Église

Elle fut construite au milieu du 18e s. pour accueillir une population toujours plus importante. Intérieur très classique avec ses hauts pilastres montant jusqu'à une tribune qui fait le tour de la nef. Maître-autel d'inspiration baroque du marbrier provençal Dominique Fossatti (1757). Dans la nef latérale droite, un beau retable en bois doré (16e s.) représente le géant saint Christophe portant l'Enfant Jésus. De la terrasse à droite de l'église, belle **vue★** sur le centre de vol à voile et, au loin, les Maures et l'Estérel.

Panorama de l'ancien château

Du sommet de la colline où était érigé l'ancien château, se dresse la tour de l'Horloge couronnée d'un campanile en fer forgé. D'ici, vous contemplerez le panorama : le massif de l'Esterel et le mont Vinaigre, les Préalpes et le mont Lachens, point culminant du Var (1715 m), sans oublier les Maures *(table d'orientation)*.

Four du Mitan

5 r. du Four-du-Mitan - ✆ 04 94 76 19 85 - www.four-du-mitan.fr - 10h30-19h - gratuit - diaporama sur l'histoire des fours à pain et du four du Mitan.

Dans le haut du village, le four du Mitan (1522) a été sauvé de la démolition par une association locale. Il aura suffi de quelques vieux outils et de mannequins en costumes d'époque pour le faire revivre.

À proximité

CARTE DE MICRORÉGION P. 200-201

Bagnols-en-Forêt B3

14 km au sud par la D 563 et D 4.

575 Grand-Rue - ✆ 04 94 76 01 02- www.paysdefayence.com.

Village – Une place ombragée de platanes et des ruelles fortement pentues, parfois couvertes, composent cette localité d'allure très provençale qui, après avoir été abandonnée par ses habitants au 14e s., fut repeuplée en 1447 par des familles italiennes originaires de Ligurie. Si l'**église St-Antonin** (18e s.), située presque au sommet du village sur une place ombragée de marronniers, ne présente, comme intérêt principal, qu'une pietà en bois polychrome (1659), sculptée dirait-on par un précurseur de Botero, ne manquez pas la **chapelle romane St-Denis** *(au bas du village par la route de Draguignan, puis, après la cave coopérative, à droite dans le chemin des Combes et, enfin, encore à droite dans le chemin de St-Denis)*, qui conserve dans le chœur des fresques du 11e s. Autrefois, le village était spécialisé dans la taille de meules à huile ou à grains.

Circuit des anciennes tailleries de meules – *✆ 04 94 76 01 02 - montée assez rude de 10mn sur le début du parcours.* D'anciennes tailleries de meules sont visibles au sud du village (après la chapelle Notre-Dame).

Bagnols-en-Forêt est également un point de départ de randonnées pédestres, dans la **forêt domaniale de St-Paul★** où abondent les chênes-lièges.

Circuits conseillés

CARTE DE MICRORÉGION

Pays de Fayence

Circuit tracé en rose sur la carte p. 200-201 – 91 km - environ 4h. Quitter Fayence par la D 19. Aussitôt à droite, puis à gauche (itinéraire fléché), la route se perd dans les vignes.

Notre-Dame-des-Cyprès A2

De superbes cyprès situent l'emplacement de cette jolie chapelle romane du 12e s. De là, vue agréable sur Fayence et Tourrettes.

Revenir à la D 19.

Seillans A2

Maison Waldberg - pl. du Thouron - ✆ 04 94 76 01 02 - www.paysdefayence.com.

Bâti incroyablement en pente, bien plus que ses voisins, ce village fut élu par Max Ernst pour y vivre ses dernières années.

Depuis son château médiéval, on descend avec plaisir des ruelles pavées de galets, ponctuées par les étages de maisons ocre, roses et fleuries. La petite place perchée du **Thouron**, à l'ombre des platanes, est rafraîchie agréablement par une jolie fontaine. Remontez la promenade Max Ernst jusqu'à la placette du Jeu-de-Ballon.

Au bout, la **porte Sarrasine** (12e s.) clôturait la première enceinte du village, constituée de maisons médiévales qui se sont toutes écroulées dans les années 1960. Seuls subsistent aujourd'hui les « deux rocs ». Dans le prolongement, la rue du Valat suit les anciens fossés du château. La mairie a été bâtie au 12e s. Contournez l'église pour accéder à la **placette Font-Jordany** située sur une partie du second rempart constitué d'habitations très élevées et accolées. L'accès se faisait autrefois par un pont-levis, aujourd'hui par des pavés classés ! La **rue de la Boucherie** rend hommage à ce métier que seuls les nobles pouvaient exercer au 15e s. (en vendant la viande et le cuir aux tanneurs de Grasse). Par la rue de l'église et la route de la Parfumerie, rejoignez la **fontaine Font d'Amont**, autrefois « Font d'Amour », un des points d'eau les plus anciens du village qui porte les armes de Seillans.

Église – Rebâtie en 1477, elle a gardé quelques parties du 11e s. Elle abrite, sur le côté droit, deux beaux triptyques dont un Couronnement de la Vierge, peint sur bois au 16e s., et un bénitier en marbre de 1491.

Collection Max Ernst, Dorothea Tanning et Stan Appenzeller – *Maison Waldberg - pl. Thouron - ✆ 04 94 76 01 02 - www.paysdefayence.com - mai-sept. : tlj 9h30-13h, 14h30-17h45 ; reste de l'année : jeu. 9h-12h30, 14h-17h15 et mar.-sam. pdt vac. scol. - 5 € (-18 ans gratuit).* Max Ernst (1891-1976) fut, avec Johannes Theodor Baargeld, le fondateur du mouvement dada. Il participa ensuite activement au surréalisme. Il s'installa à Seillans en 1964, avec son épouse peintre, Dorothea Tanning. Ce petit musée expose une centaine de lithographies de ce peintre de l'imaginaire, de l'humour et du rêve.

N.-D.-de-l'Ormeau – *2 km au sud-est sur la route de Fayence - ✆ 04 94 76 01 02 - www.paysdefayence.com - visite guidée sur demande préalable le jeu. 16h30 - fermé j. fériés - 5 € (-18 ans gratuit).* Les hauts cyprès de cette chapelle romane rivalisent avec son clocher en pierre de taille. Ultérieur, le porche dépare un peu avec le lieu, mais l'ensemble reste harmonieux. À l'intérieur, on est saisi par la profusion décorative des œuvres, en particulier de l'exubérant **retable★★** en bois taillé dans la masse et peint au 16e s. Richement ouvragé dans un cadre Renaissance, il est dédié à la Vierge : la prédelle représente sa vie, le fronton, l'Ascension. Au centre, l'arbre de Jessé (19 personnages) présente la généalogie du Christ. À gauche, l'adoration des bergers, à droite l'adoration des Mages. Également, un beau bas-relief de l'Assomption (17e s.), une pierre tombale romaine avec inscription, de nombreux ex-voto de l'époque 1800.

À la sortie du village, prendre à gauche la D 53, puis à nouveau à gauche (D 563).

★ Mons B1

Pl. St-Sébastien - ✆ 04 94 76 01 02 - www.paysdefayence.com.

Mons est un petit coin de paradis entre ciel et terre. Le site, sauvage et ensoleillé, présente tous les aspects du haut Var : maisons en pierres sèches, charmantes ruelles, placettes ornées de vieilles fontaines... Jadis, bien au-delà des portes seigneuriales, l'authentique **vieux village** ne se résumait pas qu'au cœur actuel de Mons *(circuit balisé)* que l'on arpente aujourd'hui par ses vieilles rues jusqu'aux ruines du Château vieux. Il s'étendait en fait sur tout l'ancien domaine du seigneur de Mons, vaste de 7 663 ha.

Place St-Sébastien – Agrémentée d'une jolie fontaine du 18e s., du monument aux Morts et de l'ancienne chapelle des Pénitents, investie en partie par la mairie, la terrasse, depuis ses 814 m d'altitude, offre une **vue★★** exceptionnelle, des vallées de la Siagne et de la Siagnole jusqu'aux îles de Lérins et à la Corse (par temps très clair !), et de Coudon (près de Toulon) jusqu'aux Alpes de la frontière italienne *(table d'orientation)*.

4

Callian.
ermess/Getty Images Plus

Église – De style roman haut provençal à l'origine, elle fut transformée aux 15e et 17e s. Elle renferme un mobilier religieux d'une rare homogénéité : cinq beaux retables baroques dont un triptyque monumental de 1680 au maître-autel dédié à l'Assomption de la Vierge, à saint Pierre et saint Paul. À droite du maître-autel, belle croix processionnelle en argent (15e s.). Le clocher carré abrite trois cloches dont une de 1438.

Les fontaines et lavoirs – Véritable préoccupation régionale, l'eau ne manque pas à Mons, qui possède plusieurs sources et cascades très enviées. La fontaine la plus ancienne (1790) est la plus belle fontaine en pierre et prend le nom provençal de « Plu Louancho Fouan ». Le lavoir de la Rouguière et celui dit Sous la Barre, tout comme la fontaine de la place Frédéric-Mistral, datent du 19e s.

Les dolmens – La commune possède 11 dolmens dont 3 sont classés monuments historiques datant de la fin du néolithique. Mais plus aucun ne se visite *(propriétés privées).*

Prendre la D 56, direction St-Cézaire-sur-Siagne puis tourner à droite sur la D 96, direction Montauroux.

Beau panorama sur les **gorges de la Siagne**, dans un cadre boisé, avec une jolie **vue** du village de St-Cézaire-sur-Siagne, accroché au-dessus des gorges.

Tourner à gauche sur la D 37 puis à droite, sur la D 56.

Callian B2

1 chemin E.-Goerg - ✆ 04 94 76 01 02 - www.paysdefayence.com.

Ravissant village labellisé « de caractère », coiffant une colline. Ses rues, bordées de vieilles demeures, s'enroulent en spirale autour du noble château. Sur la place ombragée, on contemplera, au doux murmure d'une fontaine, la vue qui s'étend sur la campagne, le Tanneron, l'Esterel et les Maures. Ce petit village a attiré de nombreuses personnalités des arts et des lettres : parmi elles, Juliette Adam, Anthony Burgess, Édouard Goerg, Fernand Léger, Maurice Thorez et Franquin, qui y avaient élu domicile. Au cimetière se trouvent les **tombes** de Christian Dior (discrète mais repérable aux deux cyprès qui l'entourent) et de Nadia, épouse de Fernand Léger. Sœur Emmanuelle, qui s'était retirée à Callian, repose dans le caveau des Sœurs de Notre-Dame de Sion.

Continuer sur la D 56 puis tourner à droite sur la D 256, à droite au rond-point de la D 562, et encore à droite sur la D 19 jusqu'à Fayence.

Vers le lac de St-Cassien B2

Circuit tracé en bleu nuit sur la carte p. 200-201 – 29 km - environ 2h. Sortir de Fayence au sud-est par la route de Tourrettes.

Tourrettes

Office de tourisme et Musée d'Art et d'Essais – *4 r. de la Jetterie - 04 94 76 01 02.* Les jolies maisons fleuries bordent les ruelles pentues de ce village au premier abord paisible. À bien y regarder, plus de 60 **œuvres d'art** ornent les murs, portes et fenêtres du cœur de bourg, qui abrite des résidences d'artistes. Peintures et sculptures forment un étonnant musée à ciel ouvert. Le **château** *(ne se visite pas)*, copie de l'école des Cadets de St-Pétersbourg qu'un natif de Tourrettes, Alexandre Fabre, avait réalisé vers 1830 en tant que général d'Empire de Napoléon, domine la plaine. Beau panorama sur les massifs des Maures et de l'Esterel depuis la **place de l'Horloge** *(table d'orientation).*

Rejoindre la D 19 et, par les D 562 et D 56, prendre la direction de Callian.

Callian *(voir ci-contre)*

À l'est du village, rejoindre la D 37 pour Montauroux.

Montauroux

Pl. du Clos - 04 94 76 01 02 - www.montauroux.fr.

Les vieilles maisons aux linteaux datés des 17e et 18e s. *(rue Eugène-Segond)* et les 13 fontaines animent ce village cher à Christian Dior qui y habitait une belle maison bourgeoise, en contrebas de Montauroux, non loin de l'actuelle départementale (aujourd'hui château de la Colle Noire, propriété privée). Également propriétaire de la chapelle St-Barthélemy, il en fit don en 1953 à la commune. Construite au 17e s., elle recèle des peintures sur bois effectuées par plusieurs peintres anonymes : apôtres, instruments de musique, mystères du rosaire. De la place du Clos, jolie **vue** sur le Tanneron, l'Estérel et une partie des Maures.

Les Bambous du Mandarin – *Pont de Siagne - 5600 rte de Draguignan - 04 93 66 12 94 - avr.-oct. : w.-end 9h-18h - 5 €.* Plus de 80 variétés de bambous se développent dans une jolie nature.

Reprendre la D 37, traverser la D 562 en direction de Grasse.

Lac de St-Cassien

Situé au pied du Tanneron *(p. 261)* et mis en eau en 1965 après la rupture du barrage de Malpasset *(p. 209)*, il est entouré de beaux rivages boisés et découpés que vous pourrez parcourir en suivant les sentiers. Ne manquez pas de faire un arrêt à la **Maison du lac** *(10h-17h30)*, point d'informations touristiques qui abrite une boutique de produits régionaux (30 producteurs locaux y ont un rayon) et un espace-découverte présentant l'histoire de l'eau en pays de Fayence. Le **pont de Pré-Claou** procure une vue d'ensemble sur ce lac de retenue (60 millions de m^2) destiné principalement à l'irrigation, à l'hydroélectricité et aux loisirs (baignade, canoë, pédalo).

À l'ouest, une roselière abrite 150 espèces d'oiseaux d'eau de passage dans le **biotope de Fondurane**.

Revenir à Fayence par la D 37, la D 562 à gauche et la D 19 à droite.

4

Carnet pratique

S'informer

Office de tourisme – *Pl. Léon-Roux - Fayence - ✆ 04 94 76 01 02 - www.paysdefayence.com.*

Agenda

Festival Cello Fan – *cello-fan.com.* Début juillet, des concerts de musique baroque, classique et contemporaine pour violoncelle.

Les Arts au cœur du village – *www.facebook.com/acvtourrettes.* En été, à Tourrettes, les artistes exposent leurs créations dans le village et ouvrent leurs ateliers au public.

Festival des quatuors à cordes en pays de Fayence – *quatuors-fayence.com.* En septembre, dans toutes les églises.

Nos adresses

Hébergement-restauration

À Fayence

Budget moyen

La Farigoulette – *1 pl. du Château - ✆ 04 94 84 10 49 - ; - fermé mar.-merc. et de mi-janv. à mi-fév. - formule déj. 22,50 €.* Cette vieille bergerie offre un agréable cadre rustique qui sied à une cuisine traditionnelle actualisée.

Pour se faire plaisir

Le Temps des Cerises – *Pl. de la République - ✆ 04 94 76 01 19 -* www.restaurantletempsdescerises.fr *- 12h-14h, 19h-21h30 - fermé mar., merc. et de mi-nov. à mi-déc. - plats 21,50/31,50 €.* Coquette salle décorée de tableaux peints par le père du chef. Ce dernier, d'origine néerlandaise, revisite à sa façon les petits plats traditionnels. Terrasse, tonnelle.

Moulin de la Camandoule – *Chemin de Notre-Dame - ✆ 04 94 76 00 84 - www.moulindelacamandoule.com - P - 10 ch. 108/178 € - ☕ 10,50 € - ✕ menu 40/58 €.* Au cœur d'un parc traversé par un aqueduc romain, moulin à huile du 17e s. abritant de jolies chambres. Le restaurant, doté d'une belle terrasse bordée par un charmant jardin-verger, met en valeur recettes et produits du terroir.

À Seillans

Budget moyen

Chambre d'hôte Le Mas des Combes Longues – *Les Hautes Combes Longues - 4 km au nord par D 53, rte de Mons et chemin à gauche - ✆ 09 61 62 87 55 - www.combeslongues.com - 4 ch. 90/150 € ☕ - repas 40 € bc.* Cette ferme en pierre du 18e s. perdue dans la forêt ravira les amateurs de calme. Parmi les 4 chambres, celle aménagée dans l'écurie offre une superbe vue sur la vallée. Cuisine bio du jardin.

Pour se faire plaisir

Hôtel-restaurant Les Deux Rocs – *1 pl. Font-d'Amont - ✆ 04 94 76 87 32 - www.hoteldeuxrocs.com - fermé de mi-nov. à déb. mars - 14 ch. 120/165 € - ☕ 15 € - ✕ formule déj. 27 € - plats 18/24 €.* Cette bastide située sur les hauteurs abrite une hostellerie de caractère. Le vieil escalier mène aux chambres personnalisées, garnies de meubles anciens. Repas servis dans la salle aux vieilles pierres, ou, l'été, sur la terrasse ombragée face à la fontaine du village.

À Tourrettes

Budget moyen

La Pause tourrettane – *Pl. de la Mairie - ✆ 04 94 84 04 35 - ouv. mar.-dim. à midi et vend.-sam. soir - plats 16/18 €.* Une petite place accessible uniquement à pied, ombragée par de vieux platanes et s'ouvrant sur le château de Fayence et sur l'Esterel à l'horizon : vous n'aurez plus envie de repartir de la terrasse de la Pause, après avoir dégusté une des recettes provençales de la carte.

Auberge des Pins – *1391 chemin du Vieux-Moulin - domaine Le Chevalier - Tourrettes - ✆ 04 94 76 06 36 - www.aubergedespins.com - ♿ - 8 ch. à partir de 81 € et 7 studios à partir de 108 € - menu 18 €.* Dans un domaine disposant de nombreux équipements de loisirs, chambres actuelles et studios en duplex répartis dans trois pavillons. Cuisine locale.

Shopping

Marché de Fayence – Place de l'Église le mardi, jeudi et samedi matin.

Marché des potiers de Seillans – *www.potiers-seillans.com.* Le 15 août, grand rassemblement d'artisans-créateurs sur la place de la République.

Marché paysan de la ferme du Laquet – *562 quartier Tirebœuf - Tourrettes - ✆ 04 94 47 68 07 - juin-sept. : mar.-jeu. 8h-12h30, 16h-19h30, vend.-sam. 8h-19h30, dim. 8h-12h30 ; reste de l'année : merc. et vend. 8h-12h30, 16h-19h30, sam. 8h-19h, dim. 8h-13h.* Vente directe d'une quarantaine de producteurs des environs : fruits, légumes, volailles, herbes aromatiques, foies gras, confitures...

Ferme Orgasmique – *719 rte de Draguignan - Seillans - ✆ 06 03 87 30 60 - www.vivres.org.* Cette structure, lancée en 2017, produits des légumes « Grands Crus » en maraîchage bio. Vente directe. Possibilité de paniers à venir chercher. Formations à la permaculture.

Domaine Viticole Val d'Iris – *341 chemin de la Combe - Seillans - ✆ 04 94 76 97 66 - www.valdiris.com - lun.-vend. 11h-18h, sam. 11h-17h.* Sur les 8,5 ha du domaine, une agriculture raisonnée pour une production viticole manuelle et transparente. Visite de la cave et dégustation.

La Ferme de Cairns – *360 chemin de Notre-Dame - Seillans - ✆ 04 94 84 11 49 - www.lafermedescairns.fr - merc. et dim. 9h30-13h.* La famille Faur élève des chèvres anglo-nubiennes. Produits laitiers bio de chèvre et de vache, fruits et légumes en agro-écologie.

Activités

Aviron St-Cassien – *250 imp. de la Base-Nautique - Montauroux - ✆ 06 89 32 39 72 - www.avironstcassien.com - tlj accueil à 9h.* Pour s'initier et s'entraîner à l'aviron sur le lac de St-Cassien.

Centre de vol à voile de Fayence – *Aérodrome - ✆ 04 94 76 00 68 - www.aapca.net - tte l'année - 9h-17h.* Vol d'initiation en planeur de 30mn.

Abbaye de Lérins.
B. Rieger/hemis.fr

5

Cannes et le pays grassois

CARTE MICHELIN DÉPARTEMENTS 341 – ALPES-MARITIMES (06)

Cannes★★ 244

Au large de Cannes :
Îles de Lérins★★ 255

À l'ouest de Cannes :
Mandelieu-la Napoule 260

Au nord de Cannes :
Grasse★ 265

Vallée du Loup★★ 278

Mougins★ 284

À l'est de Cannes :
Vallauris 288

Antibes – Juan-les-Pins★★ 292

Biot★ 305

Vence★ 310

Saint-Paul-de-Vence★★ 316

Cagnes-sur-Mer★ 321

Villeneuve-Loubet 326

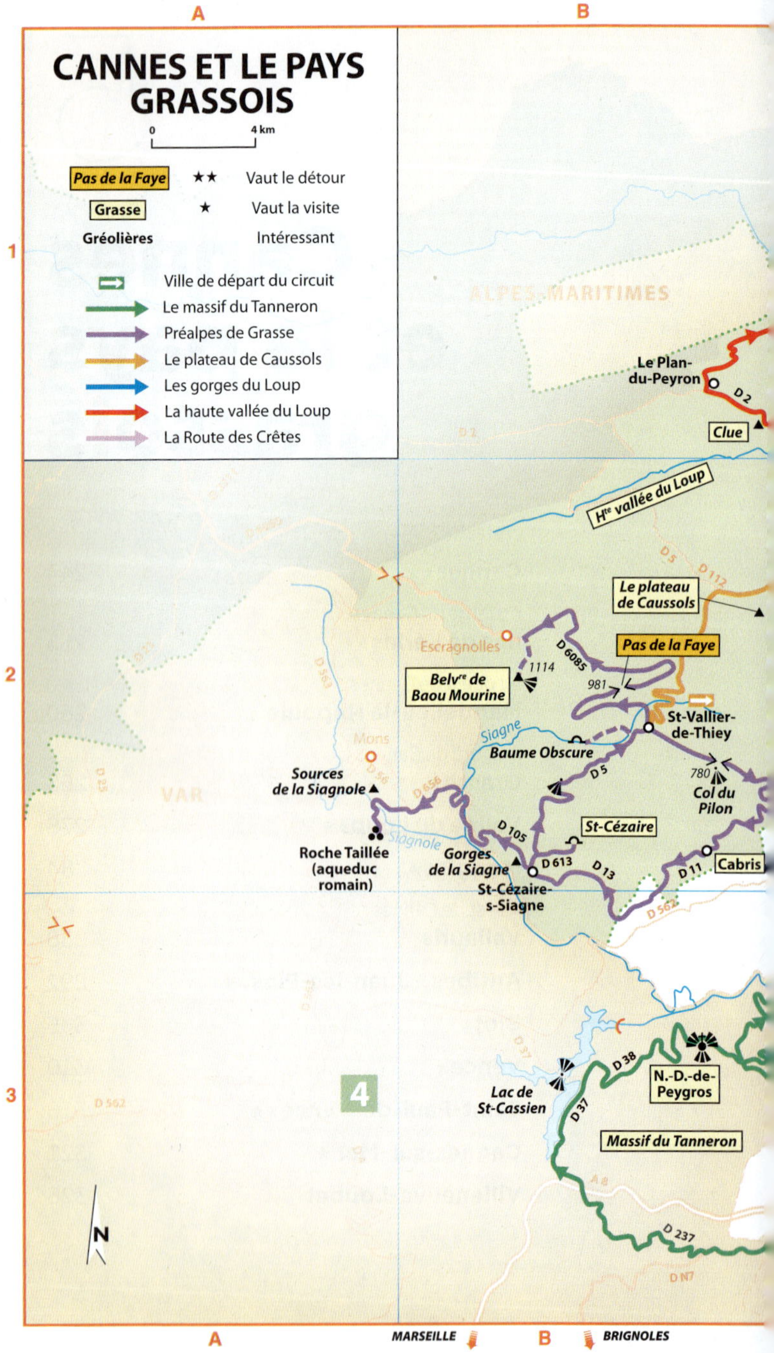
A
B
CANNES ET LE PAYS GRASSOIS
0
4 km
Pas de la Faye ★★ Vaut le détour
Grasse ★ Vaut la visite
Gréolières Intéressant
Ville de départ du circuit
Le massif du Tanneron
Préalpes de Grasse
Le plateau de Caussols
Les gorges du Loup
La haute vallée du Loup
La Route des Crêtes
1
2
3
ALPES-MARITIMES
VAR
Le Plan-du-Peyron
D 2
Clue
Hte vallée du Loup
D 5
D 112
Le plateau de Caussols
Escragnolles
D 6085
Pas de la Faye
1114
981
Belvre de Baou Mourine
St-Vallier-de-Thiey
Siagne
Baume Obscure
780
Col du Pilon
D 5
Sources de la Siagnole
D 656
D 563
Mons
D 105
St-Cézaire
Roche Taillée (aqueduc romain)
Gorges de la Siagne
D 613
D 13
D 11
Cabris
St-Cézaire-s-Siagne
D 562
D 38
N.-D.-de-Peygros
Lac de St-Cassien
D 37
Massif du Tanneron
A 8
D 237
D N7
4
N
A
MARSEILLE
B
BRIGNOLES

C
VILLARS-SUR-VAR
D
PARC
NATUREL
RÉGIONAL
DES PRÉALPES
D'AZUR
7
6
1
2
3
Esteron
Gréolières-les-Neiges
D 802
Bouyon
M 1
Route des Crêtes
Le Broc
Carros Village
Var
Coursegoules
D 8
Gréolières
D 2
GR 51
M 2209
Pont de Bramafan
963
Col de Vence
Baou de St-Jeannet
Gattières
Vallée
Observatoire de la Côte d'Azur
D 12
D 3
800
St-Jeannet
M 2210
Gorges du Loup
du
Tourrettes-sur-Loup
Vence
Cagne
NICE
Gourdon
Pont-du-Loup
D 2210
Saint-Paul-de-Vence
Le Bar-s-Loup
D 6
La Colle-sur-Loup
Loup
Magagnosc
D 6085
Châteauneuf-Grasse
D 7
D 2085
Cagnes-s-Mer
M 6097
Villeneuve-Loubet
Grasse
Valbonne
D 4
Biot
Mouans-Sartoux
D 6185
A 8
Marineland
Mougins
Baie des Anges
Auribeau-s-Siagne
Fontmerle
Fondation Hartung-Bergman
N.-D.- de-Vie
D 135
Antibes
D 309
Siagne
Vallauris
D 138
D 109
D 6007
Golfe-Juan
Route de Mandelieu
Juan-les-Pins
D 92
Cannes
Mandelieu-la-Napoule
Golfe de la Napoule
Golfe de Juan
Cap d'Antibes
La Napoule
D 6007
D 6098
Îles de Lérins
ST-RAPHAËL
C
D

Cannes ★★

Star de la Côte, la Croisette place Cannes en haut de l'affiche. À l'ouest, l'Esterel découpe ses roches rouges; en face, les îles de Lérins invitent à prendre le large. Depuis 1834 se succèdent dans ce site enchanteur les noms prestigieux qui contribuent à sa renommée : hier, ceux de l'aristocratie qui en firent une douce villégiature d'hiver, aujourd'hui, des célébrités du cinéma dont Cannes est l'une des capitales mondiales.

Se repérer

75 027 Cannois – Alpes-Maritimes (06)

CARTE C3 (P. 242-243).

Depuis la colline du Cannet (au nord), la ville s'étend en terrasses jusqu'à la mer. De l'A 8, la D 6285 vous mène au centre-ville par le boulevard Carnot (au nord). Venant de la D 6098 qui longe l'Esterel (à l'ouest), vous traversez La Napoule et abordez Cannes par le Suquet. Venant de la D 6007 (à l'est), vous arrivez par le quartier de la Californie.

À ne pas manquer

L'animation du vieux port et de la Croisette; le Suquet, quartier historique.

Organiser son temps

Comptez une demi-journée pour découvrir la ville. La nuit Cannes brille aussi de mille feux avec le plan lumière qui lui donne un autre relief. Pendant le Festival, circulation difficile voire impossible.

En famille

Le musée des Explorations du monde qui donne à voyager et à rêver.

Carnet pratique p. 251

Nos adresses p. 251

Se promener

★ La Croisette PLAN II DE-2 P. 247

4,5 km du Palais des Festivals à la pointe de la Croisette.

Qu'il fait bon flâner entre les architectures élégantes, les palmiers exotiques et la bande de sable fin, bigarrée de transats et parasols en location sur les plages privées (n'espérez pas étaler votre serviette sans verser votre écot...). Vous croiserez des têtes argentées, retraités dans leurs quartiers d'hiver, plus rarement des stars, plus ou moins avérées, en attente de leur palme. Vous serez transporté dans un monde irréel, celui des boutiques de luxe, des belles voitures au pied de palaces renommés. Entre le boulevard de la Croisette et la rue d'Antibes, parallèle, vous êtes dans le carré de la jet-set internationale, à fréquenter pour ses prestigieuses boîtes de nuit, ses bars branchés et sa cuisine gastronomique.

Palais des Festivals et des Congrès – *1 bd de la Croisette - ✆ 04 92 99 84 00 - www.palaisdesfestivals.com - visite guidée plusieurs fois par mois (1h30) 6 € (-16 ans gratuit) - rens. et rés. à l'office de tourisme ou ✆ 04 92 99 84 22 ou via tourisme@palaisdesfestivals.com.* À l'est du vieux port, il intègre l'office de tourisme et le casino Croisette (l'un des trois de la ville). Inauguré en 1982 après quatre ans de travaux dirigés par sir Hubert Bennet, Pierre Braslawsky et François Druet, ce vaisseau s'étend jusqu'à la mer.

Comme nombre de visiteurs vous vous amuserez à immortaliser en un cliché

Hôtel Carlton, à Cannes.
saiko3p/Getty Images Plus

votre montée des marches, avant de poursuivre en direction de l'esplanade G.-Pompidou, où sur le **chemin des Étoiles** vous mettrez cette fois vos mains dans les empreintes des vedettes de cinéma ou simplement déchiffrerez les signatures sur les moulages en terre cuite tant foulée (vous aurez peut-être remarqué d'autres moulages plus récents, en matériau plus résistant, aux abords du Palais). Suivez ensuite les magnifiques palmiers de l'esplanade, ils vous conduiront jusqu'à la pointe de la Croisette.

Sur le chemin, vous contemplerez les témoins grandioses de l'essor de la station aux 19e et 20e s. (dans l'ordre d'apparition de votre déambulation) : le Majestic de style Art déco ; le Noga-Hilton, ex-Palais des Festivals de 1949 à 1983 ; le **Carlton**, Belle Époque, qui a fêté en 2013 ses 100 ans. Ce fut le tout premier palace aux salles de bains privatives, créé par un émigré russe, le grand-duc Michel, qui avait besoin d'un certain standing pour recevoir ses visiteurs. Dessiné par l'architecte niçois Charles Delmas et surmonté de deux coupoles en hommage à la poitrine de la Belle Otéro, l'hôtel a accueilli la première réunion de la Société des Nations en 1922 (ancêtre de l'ONU) et les stars les plus capricieuses qui soient. Plus loin, le **Martinez**, Art déco, est un fringant octogénaire de la fin des années 1920. Vous pourrez faire deux arrêts culturels.

La Malmaison – *47 bd de la Croisette - ✆ 04 97 06 45 21 - www.cannes.com - juil.-sept. : 10h-19h ; oct.-avr. : 10h-13h, 14h-18h - fermé lun. et mai-juin - tarif selon expo (-18 ans gratuit).* Cette demeure accueille quatre grandes expositions d'art moderne et contemporain par an.

L'Espace Miramar – *35 r. Pasteur - ✆ 04 93 43 86 26 - www.cannes.com - ♿ - tarif et horaires selon activité.* Cet espace culturel comprend une

Plages

Les plages ne sont pas toutes payantes *(prestations affichées à l'entrée des escaliers)* ou privées (hôtels en regard). La plus centrale des plages publiques est située derrière le Palais des Festivals, les autres se trouvent à l'ouest du vieux port *(jusqu'à La Bocca)* et au bout de la Croisette *(vers le port Canto).*

Le Festival international du film

Créé à la veille de la guerre par **Jean Zay**, ministre des Beaux-Arts du Front populaire, le Festival international du film est véritablement lancé en 1946. Sa notoriété se confirme au fil des ans par le prestige de son jury qu'ont présidé J. Romains, M. Pagnol, J. Cocteau, J. Giono ou R. Clair, ou plus récemment D. Lynch, Q. Tarantino ou S. Penn, et qui a su couronner (non sans polémique, parfois) la plupart des talents du 7e art, de Bergman à Moretti, en passant par Antonioni, Coppola et Almodóvar...

salle réservée aux expositions temporaires de photographies ou d'art plastique. Avant d'arriver au moderne **port Canto**, vous traverserez un parc de jeux et de manèges qui fera la joie des enfants, puis une roseraie. Jusqu'au **casino Palm Beach** construit en 1929, vous profiterez du panorama sur Cannes, le golfe de La Napoule et l'Esterel. La **pointe de la Croisette** doit son nom à une petite croix située à la pointe du cap. De l'autre côté de la pointe, d'où l'île Ste-Marguerite *(voir îles de Lérins)* semble si proche, vous découvrirez une **vue★** sur le golfe Juan, le cap d'Antibes et les Préalpes.

Vous pourrez revenir au port en montant dans le bus n° 8.

Le vieux Cannes PLAN II

Circuit tracé sur le plan de ville ci-contre. Compter 2 à 3h avec la visite du musée.

Le vieux port CD2

Entre le Palais des Festivals et le Suquet, il est l'épicentre de l'activité cannoise. Les bateaux de pêche vendent leurs loups et leurs rougets aux restaurants du quai St-Pierre ou de la rue Félix-Faure. En rangs serrés, les deux-mâts anciens et les yachts les plus sophistiqués attendent le touriste fortuné qui les fera voguer. Si tel n'est pas votre cas, vous pourrez toujours vous offrir une belle escapade avec les vedettes qui assurent la liaison avec les îles de Lérins *(voir p. 255)* au départ du quai Laubeuf.

La promenade sur le **quai St-Pierre** est instructive pour qui se penche sur les bornes de rechargement électrique. Sur les côtés de chacune d'elles, des photos légendées relatent l'histoire du port.

Allées de la Liberté C1

Les boulistes se retrouvent ici pour des parties sportives, soutenus dans leur concentration par des spectateurs attentifs. Ombragée par de beaux platanes, cette place provençale est agrémentée d'un kiosque à musique. Le **marché aux fleurs** prend ses quartiers le matin, un bonheur, notamment en février quand les mimosas sont en fleur. Et le week-end, on vient chiner parmi les stands de brocante *(8h-18h)*. Non loin trône la statue de lord Brougham, ainsi que l'hôtel de ville, qui se révèle le soir quand sa belle façade s'illumine.

Détour – Vous pourrez vous rendre directement rue Meynadier, mais pour saisir les différentes facettes de la ville, cheminez sur la Croisette jusqu'à la **rue du Commandant-André**, bordée de boutiques de luxes et d'établissements chic, pour traverser ensuite la rue d'Antibes et arriver au **marché Gambetta** *(voir « Nos adresses »)*. Si les étals vous ont ouvert l'appétit, profitez de votre passage dans la **rue Hoche**, piétonne, pour vous attabler à l'une des terrasses de restaurant. Les amateurs de lèche-vitrines seront aussi comblés avant de retrouver la **rue d'Antibes**, puis de bifurquer...

SE RESTAURER

- Le Caveau 30 1
- Aux Bons Enfants 2
- La Cave 3
- Noväa Social Food 5
- Bistro Les Canailles 6
- L'Affable 7
- Vertigo 8
- 3.14 Le Restaurant 10

SE LOGER

- Hôtel Le Chanteclair ... 1
- Hôtel Lutetia 2
- Hôtel Le Florian........ 3
- Le Mistral.............. 5
- Hôtel L'Esterel 6
- Hotel Molière.......... 8

5

Rue Meynadier C1

Très populaire et sympathique, ce trait d'union entre la ville moderne et le Suquet était déjà au 18e s. l'artère principale de la cité, comme le prouvent quelques demeures aux vieilles portes.

Au terme de la rue, poursuivre en face pour monter au Suquet par les ruelles en lacet bordées de restaurants.

★ Le Suquet C1-2

Ancien *castrum* ou « citadelle », la vieille ville groupée sur les pentes de son rocher attire les amoureux de pierres chargées d'histoire. En haut, la place de la Castre, bordée d'un vieux mur d'enceinte, est dominée par l'**église N.-D.-d'Espérance** : bâtie aux 16e et 17e s., elle appartient au style gothique provençal. Passé le vieux clocher, une terrasse ombragée permet d'admirer la **vue★** plongeante sur la ville, la Croisette, les îles de Lérins et une partie de la baie. Au bout se trouve l'**ancien château de Cannes** des 11e et 12e s. qui accueille aujourd'hui un musée.

★★ Musée des explorations du monde – *1 pl. de la Castre - ✆ 04 89 82 26 26 - www.cannes.com - juil.-août : 10h-19h ; avr.-juin et sept. : tlj sf lun. 10h-13h, 14h-18h - juin-sept. : nocturne merc. 21h - 6 € (-18 ans gratuit).* Ce musée de l'homme, ouvert en 1877, précède d'un an celui du Trocadéro à Paris. Il abrite d'importantes collections d'archéologie et d'ethnographie, qui couvrent les cinq continents. Vous y trouverez aussi un bel ensemble de marines et de paysages méditerranéens. Dans la chapelle cistercienne Ste-Anne, se trouve une fabuleuse collection d'**instruments de musique du monde★**.

Depuis le sommet de l'ancienne tour de guet du château, la tour carrée du Suquet (109 marches), vous découvrirez une beau **panorama★** sur la Croisette, le golfe de La Napoule et les îles de Lérins, l'Esterel et les collines au nord de Cannes.

Descendre la rue Perrissol pour rejoindre le boulevard J.-Hibert qui mène au quai St-Pierre.

Cannes, naissance d'une station

Cannes était encore un village de pêcheurs lorsqu'en 1834, un chancelier d'Angleterre, **lord Brougham**, s'y arrêta, refoulé dans son périple vers Nice par les douaniers de l'État sarde qui tentait ainsi de contenir le choléra sévissant en Provence. Charmé par le site, il choisit d'y passer tous ses hivers, ce qu'il fit durant trente-quatre ans jusqu'à sa mort. Son exemple sera suivi par l'aristocratie anglaise, puis russe, qui fera de Cannes l'une des reines balnéaires de la Côte à l'aube du 20e s. Le **château Éléonore**, du nom de la fille de lord Brougham, se trouve avenue du Dr-Picaud. Toujours dans le secteur ouest de la ville, vous pourrez voir la **villa Marie-Thérèse**, demeure de la baronne douairière Rothschild, qui abrite aujourd'hui la médiathèque municipale au sein d'un agréable parc. Non loin, se dresse l'imposant **palais Vallombrosa** de style néogothique, racheté en 1893 et agrandi pour devenir un palace (l'hôtel du Parc) très prisé dans la première décennie du 20e s. À l'est de la ville (quartier Californie), quelques demeures de rêve témoignent également du faste d'antan : avenue du Roi-Albert-Ier, la villa Kazbeck (no 18) fut réputée pour les fêtes données par le Grand-duc de Russie ; la **villa Champfleuri** (no 44-48) est restée célèbre pour ses jardins exotiques (que l'on voit dans *Macao, l'enfer du jeu*, de J. Delannoy). C'est dans le château Scott, de style néogothique flamboyant, avenue du Maréchal-Juin, que Maurice L'Herbier tourna *Le Mystère de la chambre jaune* en 1930.

SE RESTAURER
Fred L'Écailler 4
Bistrot des Anges 9

SE LOGER
Chambre d'hôte L'Églantier 7

À voir aussi

PLAN I CI-DESSUS

Se rendre sur ces sites en voiture.

★ La Croix des Gardes A1

Quitter Cannes en voiture par l'av. du Dr-Picaud. À un feu de signalisation, tourner à droite bd Leader. 100 m après l'entrée du pavillon de la Croix-des-Gardes, tourner à droite dans l'av. J.-de-Noailles.

15mn AR depuis le parking. Le sommet de la colline est surmonté d'une grande croix de 12 m de haut. Lieu stratégique, il fut dès le 16e s. un poste permanent d'observation, d'où le nom de la colline.

Le **parc** de la Croix des Gardes est le poumon vert de Cannes. Outre le sentier botanique comprenant un arboretum de mimosa, le sentier des Belvédères offre de beaux panoramas sur le site de Cannes, les îles de Lérins, l'Esterel et par temps clair la presqu'île de St-Tropez.

Église orthodoxe St-Michel-Archange B2

40 bd Alexandre-III. Construite par l'architecte cannois Nouveau, l'église date de 1894. Elle était destinée à l'impératrice Maria Alexandrovna, épouse du tsar

5

Alexandre III, qui passait régulièrement l'hiver à Cannes avec sa cour. L'intérieur est décoré de bannières et d'**icônes** remarquables. En face de l'église se trouve la **chapelle Tripet-Skryptine** qui fut le premier édifice orthodoxe à Cannes.

Chapelle Bellini B1

67 bis av. de Vallauris - ☏ 04 93 38 61 80 - www.museechapellebellini.com - lun.-vend. 14h-17h.

Cette chapelle néobaroque faisait partie de la « villa Fiorentina » construite en 1880 pour le comte Vitali. Il reste les somptueux arbres du parc, les armoiries du comte sur la face ouest et l'atelier du peintre cannois Bellini (1904-1989).

À proximité

PLAN I P. 249

Le Cannet

Quitter Cannes en voiture par le bd Carnot qui mène au Cannet. La ligne n° 4 du Palm Bus (voir ci-contre) au départ de l'hôtel de ville dessert Le Cannet (arrêt au musée Bonnard).

Pl. Benidorm - 73 av. Campon - ☏ 04 93 45 34 27 - www.lecannet-tourisme.fr.

À 110 m d'altitude, l'amphithéâtre de collines boisées qui protège Le Cannet du vent est un panorama à lui tout seul. Il inspira des peintres tels que Pierre Bonnard ou Auguste Renoir, qui y vécurent.

★ Musée Bonnard B1

16 bd Sadi-Carnot - ☏ 04 93 94 06 06 - www.museebonnard.fr - juil.-août : 10h-20h - sept.-juin : tlj sf lun. 10h-18h - 5/7 € (-12 ans gratuit).

Sis dans un hôtel particulier Belle Époque auquel a été ajoutée une extension contemporaine, ce musée dédié à **Pierre Bonnard** (1867-1947) présente sur trois niveaux une collection axée sur les séjours réguliers du peintre au Cannet, à sa maturité entre 1922 et 1947. Elle se compose majoritairement de paysages. Des expositions temporaires thématiques de qualité viennent mettre en perspective les œuvres de l'artiste.

« Sur les pas de Bonnard » - *2h - 4,5 km avec du dénivelé (parcours partiel 1h - 3 km)*. L'artiste a rendu la ville célèbre à travers ses peintures réalisées depuis la villa **Le Bosquet**, avenue Victoria, où il passa les dernières années de sa vie. À la sortie du musée, possibilité de suivre le **sentier** pédestre qui rejoint sa maison-atelier à travers les collines et en longeant le canal de la Siagne.

Au départ de l'hôtel de ville, la rue piétonne Cavasse mène aux **jardins de Tivoli** bordés de quelques villas 1900.

Vieux-Cannet AB1

Après le musée Bonnard, longer le boulevard Sadi-Carnot sur la gauche jusqu'à la rue St-Sauveur.

La rue St-Sauveur est bordée d'ateliers d'artisans d'art. Sur la droite, se trouve la petite **chapelle St-Sauveur** du 15e s., dont le fronton est orné d'une mosaïque polychrome. À l'intérieur, vitraux aux couleurs vives dessinés par **Tobiasse**, mosaïques, panneaux de bois historiés et différents objets. Un peu plus loin, remarquez la fresque représentant *Les Amoureux* de Peynet. En face part le sentier « Sur les pas de Bonnard » *(voir ci-dessus)*. Au milieu de la rue St-Sauveur, la petite **place Bellevue**, envahie par les terrasses de restaurant, domine la tour carrée de l'église Ste-Philomène et offre un point de vue sur la baie de Cannes et les îles de Lérins. Sur l'un des murs de la place, notez une amusante fresque dédiée aux familles fondatrices du Cannet. Les calades alentour sont empreintes d'un charme paisible.

Carnet pratique

S'informer

Office de tourisme – PLAN II D1-2 (P. 247) - *1 bd de la Croisette - ✆ 04 92 99 84 22 - www.cannes-destination.fr.* Visites guidées thématiques.

Visiter

Trans Côte d'Azur – *✆ 04 92 98 71 30 - www.trans-cote-azur.com.* Au départ du quai Laubeuf, promenades en mer à destination de Monaco, St-Tropez, la Corniche-d'Or, les îles de Lérins et Ste-Marguerite. Horaires et calendrier variables selon les saisons.

Se garer

Parkings payants notamment au port et aux abords du Palais des Festivals, parking gratuit à la pointe de la Croisette (Palm Beach).

Se déplacer

Arriver/partir

Train – *www.sncf-connect.com/ter-sud-provence-alpes-cote-azur.* Le TER Mandelieu-Vintimille s'arrête à Cannes.

Lignes d'Azur – *✆ 0810 06 01 06 - www.lignesdazur.com - billets en vente à bord, 1,50 €.* La ligne 200 relie Cannes *(gare SNCF)* à Nice (parc Phoenix) et la ligne 210 relie Cannes *(dép. hôtel de ville - service express - 22 €)* à l'aéroport Nice-Côte d'Azur.

Palm Bus – *Gare routière à côté de l'hôtel de ville - ✆ 04 92 19 56 10 - www.palmbus.fr - billets en vente à bord, 1,50 €.* Une trentaine de lignes relient Cannes au Cannet, à La Bocca et Mandelieu-La Napoule.

Agenda

Festival de Cannes – *www.festival-cannes.com.* En mai, les projections sont réservées aux professionnels, mais le spectacle est autant à l'extérieur où l'on se presse pour les montées des marches.

Festival d'art pyrotechnique – *www.festival-pyrotechnique-cannes.com.* Juillet-août. Feu d'artifice gratuit au-dessus de la baie de Cannes.

Nuits musicales du Suquet – *www.cannes.com.* 2e quinzaine de juillet. Concerts classiques sur le parvis de l'église du Suquet.

Jazz à Domergue – *www.cannes.com.* Début août, concerts dans les jardins de la villa Domergue.

5

Nos adresses

PLAN I (P. 249) ET PLAN II (P. 247)

Restauration

Premier prix

5 **Noväa Social Food** – PLAN II D1 - *3 r. des Frères Casanova - ✆ 04 93 38 99 35 - www.novaafood.com - lun.-sam. 11h-15h, 18h30-21h30 - plats 10/12 €.* Un décor de bois et de briques et une cuisine du monde végétarienne. On compose soi-même son assiette (tacos, lasagne, salade...) à moins d'opter pour un burger à la carte. Il y en a pour tous les goûts.

Budget moyen

1 **Le Caveau 30** – PLAN II C1 - *45 r. F.-Faure - ✆ 04 93 39 06 33 -* www.lecaveau30.fr - *plats 16/46 €, menu 31,50 €.* Vous êtes accueilli dans deux grandes salles à manger façon brasserie des années 1930. Banc d'écailler et terrasse donnant sur une place ombragée. Au menu, poissons, coquillages et plats traditionnels.

2 Aux Bons Enfants – PLAN II C1 - *80 r. Meynadier - ✆ 06 18 81 37 47 - www.aux-bons-enfants-cannes.com - tlj sf dim. hors sais. 12h-14h, 19h-22h - plats 19 €, menu 35 €.* Cette petite adresse familiale au look rétro cultive avec bonheur l'art de recevoir. Belle cuisine provençale et plats canailles bien gourmands.

3 La Cave – PLAN II D1 - *9 bd de la République - ✆ 04 93 99 79 87 - www.lacavecannes.com - 12h-15h, 19h30-23h - fermé lun. midi, sam. midi et dim. sf périodes de congrès - plats 33/52 €.* Un vrai petit bistrot convivial – banquettes en skaï et repas au coude-à-coude compris – avec ses classiques immuables, ses suggestions du jour à l'ardoise et sa carte des vins hexagonale vraiment bien ficelée.

4 Fred L'Écailler – PLAN I B2 - *12 pl. de l'Étang - ✆ 04 93 43 15 85 - www.fredlecailler.com - ♿ - plats 22/52 €.* On ne peut pas rater cette large enseigne lumineuse dressée sur une charmante placette à l'ambiance villageoise. Intérieur provençal décoré de photos de Cannes. La terrasse offre le spectacle des parties animées des joueurs de pétanque. Beau choix de produits de la mer selon la pêche du jour.

6 Bistro Les Canailles – PLAN II E1 - *12 r. Jean-Daumas - ✆ 04 93 68 12 10 - www.bistrolescanailles.com - mar.-sam. 12h-14h30, 19h-1h - plats 19/29 €.* C'est ici que se retrouvent les « vrais » Cannois, dans ce bistrot chic... mais décontracté. Au comptoir, atmosphère bar à vins autour de jolis nectars proposés au verre. Sur l'ardoise, des plats bistrotiers, ainsi qu'une jolie cuisine du marché, fraîche et savoureuse.

Pour se faire plaisir

7 L'Affable – PLAN II D1 - *5 r. Lafontaine - ✆ 04 93 68 02 09 - www.restaurant-laffable.fr - fermé août, sam. midi et dim. - plats 42/44 €, formule déj. 27 €, menu 30(déj.)/50 €.* Une excellente table agrémentée d'une belle cave. Dans une décoration contemporaine et chaleureuse, qui combine cuir, bois, verre et marbre, vous dégusterez de bons plats concoctés à partir de produits frais. Le nom du restaurant joue sur son adresse. On vous laisse comprendre...

10 3.14 Le Restaurant – PLAN II E2 - *63 bd de la Croisette - ✆ 04 93 94 25 43 - www.314plage.com - tlj sf mauvais temps - plats 24/52 €, menu déj. 32 €.* Ce restaurant de plage se dédie aux produits locaux bio et de saison et propose aussi des plats sans gluten. Poisson, poke bowl ou tartare, les deux chefs revisitent la cuisine méditerranéenne avec le souci de prendre en compte la situation environnementale actuelle.

8 Vertigo– PLAN II C2 - *2 bd Jean-Hibert - ✆ 04 92 99 73 10 - www.radissonhotels.com - 18h-0h - plats 25/32 €.* Un cadre zen et épuré, une salle panoramique et un rooftop de 300 m² au dernier étage de l'hôtel Radison Blu 1835 offrant une vue époustouflante sur la baie de Cannes et le massif de l'Esterel... Une situation de choix pour apprécier une savoureuse cuisine, dans l'air du temps, qui marie habilement produits de la région et des pays méditerranéens. On peut aussi se contenter d'y prendre un verre... DJ en fin de semaine en saison.

Au Cannet

Pour se faire plaisir

9 Bistrot des Anges – PLAN I A1 - *R. de l'Ouest - ✆ 04 92 18 18 28 - www.bruno-oger.com - fermé dim.-lun. - plats 24/46 € - menu 35/60 €.* Le bistrot du chef Bruno Oger, doublement étoilé, à l'étage de la belle villa Archange. Au rez-de-chaussée, esprit loft, brasserie chic et conviviale, option verrière ou terrasse, formules à bon rapport qualité-prix autour de plats traditionnels et chariot de desserts d'une douceur... angélique.

Shopping

Marchés – Celui de Forville, tous les matins, compte de beaux étals de primeurs et de produits régionaux, sauf le lundi qui cède la place aux brocanteurs *(7h-17h30)*. Celui de Gambetta, tous les matins sauf lundi, s'ouvre aussi aux vêtements...

Rues commerçantes – Rue Meynadier : quelques vitrines alléchantes d'alimentation et d'artisanat dans une ambiance piétonne méridionale.

Rue d'Antibes : de l'enseigne classique vestimentaire à la boutique de mode chic, les accros du shopping viennent défiler ici. On trouve aussi la Fnac pour qui chercherait un peu de lecture pour la plage.

Cannolive – *16 r. Venizelos - ✆ 04 93 39 08 19 - www.cannolive.com - 9h-17h30 - fermé dim. sf juil.-août.* Une maison ouverte en 1880, qui propose un grand choix de spécialités gastronomiques à base d'olives, et pour ceux qui souffrent du mal de mer, la liqueur de Lérina. Au nº 20, deuxième boutique dédiée à l'artisanat provençal.

Boire un verre

Martinez Bar – *73 bd de la Croisette - ✆ 04 92 90 12 34 - www.hyatt.com - 18h-1h.* La réputation du bar de l'hôtel Martinez repose sur le savoir-faire de ses barmen, as du shaker. Très fréquenté.

En soirée

Palais des Festivals et des Congrès – *Espl. Georges-Pompidou - bd de la Croisette - www.palaisdesfestivals.com - ✆ 04 92 98 62 77 (billetterie).* Le Grand Auditorium et le théâtre Debussy accueillent une programmation culturelle toute l'année, en dehors des festivals.

Activités

Nautisme

Clubs de voile et de plongée se trouvent vers la pointe de la Croisette.

Majestic Ski Club – *Bd de la Croisette - face à l'hôtel Majestic - ✆ 04 92 98 77 47 - majesticskiclub.online.fr.* Ski nautique, parachute ascensionnel, pédalo... Possibilité également de promenades en bateau (taxi de mer) vers les îles de Lérins.

Hébergement

Cannes accueille, outre le Festival, nombre de congrès ; il devient alors difficile de se loger et les prix s'envolent.

Premier prix

1 Hôtel Le Chanteclair – PLAN II C1 - *12 r. Forville - ✆ 04 93 39 68 88 - www.hotelchanteclair.fr - wifi - 15 ch. à partir de 63 € - petit-déj. 8 €.* Il faut traverser un premier immeuble pour accéder à cet hôtel calme, à l'écart de la circulation automobile. Agréable courette intérieure où, dès les beaux jours, on sert le petit-déjeuner. Chambres de différents niveaux de confort, et donc de prix. Ambiance sympathique.

Budget moyen

2 Hôtel Lutetia – PLAN II CD1 - *6 r. Michel-Ange - ✆ 04 93 39 35 74 - hotel-lutetia-cannes.com - wifi P payant - 8 ch. 70/140 € - petit-déj. 8,50 €.* Cette maison accueillante et sans prétention située dans une ruelle bien calme la nuit est vite adoptée. Les chambres sont meublées avec simplicité.

3 Hôtel Le Florian – PLAN II D1 - *8 r. Cdt-André - ✆ 04 93 39 24 82 - www.hotel-leflorian.*

5

com - *20 ch. et 20 appart. à partir de 79 €* - *8 €*. Deux atouts : sa proximité avec la Croisette et ses prix mini. Accueil tout sourires dans cet hôtel familial doté de chambres simples et rénovées. Trois possèdent un balcon.

Pour se faire plaisir

5 **Le Mistral** – PLAN II D1 - *13 r. des Belges* - *04 93 39 91 46* - *mistral-hotel.com* - *10 ch. 119/141 €* - *11 €*. Un hôtel de poche récent, situé derrière le Palais des Festivals (à 50 m de la Croisette donc !). Les jolies chambres contemporaines sont plus ou moins spacieuses. Accueil familial et prévenant.

6 **Hôtel L'Esterel** – PLAN II D1 - *15 r. du 24-Août* - *04 93 38 82 82* - *www.hotellesterel.com* - *55 ch. à partir de 110 €* - *8 €*. Cet hôtel propose des chambres fonctionnelles sans charme particulier, avec un avantage toutefois : une terrasse panoramique au dernier étage.

7 **Chambre d'hôte L'Églantier** – PLAN I A1 - *14 r. Campestra* - *04 93 68 22 43* - *2 ch. 120 €*. Sur les hauts de Cannes, grande villa de 1920 paressant au milieu d'un jardin planté de palmiers et autres essences exotiques. Les chambres, spacieuses, sont prolongées par un balcon ou une terrasse.

8 **Hôtel Molière** – PLAN II D1 - *5 r. Molière* - *04 97 38 16 16* - *hotel-moliere.com* - *24 ch. à partir de 110 €* - *15 €*. Trois catégories de chambres - certaines avec balcon - de bonne taille et de grand confort dans un établissement bien placé et calme, avec un joli jardin et une véranda très agréable.

Îles de Lérins ★★

Quoi de plus agréable que de s'échapper de la Côte agitée pour se ressourcer dans des îlots de verdure? La courte traversée offre une place de choix pour admirer la vue, du cap Roux au cap d'Antibes. L'île boisée de Ste-Marguerite procure un vrai dépaysement. L'ambiance monastique de St-Honorat invite au recueillement.

Se repérer

Alpes-Maritimes (06)

CARTE C3 (P. 242-243).

Vous pouvez vous y rendre en vedette de Cannes et Juan-les-Pins, ou en voilier, et jeter l'ancre dans une crique.

Organiser son temps

Pour découvrir l'île Ste-Marguerite à pied, comptez 2h, et ajoutez le même temps pour la visite de son fort.
Faire le tour de l'île de St-Honorat vous prendra environ 1h.

En famille

La visite du fort Royal sur l'île Ste-Marguerite.

Carnet pratique p. 259

Nos adresses p. 259

Découvrir

★★ Île Sainte-Marguerite

La plus proche et la plus étendue des deux îles avec ses 3 km de long et 900 m de large. L'île (réserve biologique) est en majeure partie boisée d'admirables bois d'eucalyptus et de pins qui parfument de grandes allées. Elle est mentionnée dès l'Antiquité par les historiens. Pline parlait d'une cité romaine comprenant un port. De fait, les fouilles entreprises autour du fort Royal ont révélé d'importants vestiges : maisons, peintures murales, mosaïques, céramiques datées du 3e s. av. J.-C. au 1er s. de notre ère. En outre, les fondations d'un port et les épaves découvertes à l'ouest de l'île semblent prouver que les navires romains faisaient escale à Lero.

Env. 2h. Il est possible de faire le tour complet de l'île par le chemin de ceinture. La côte est souvent assez abrupte, mais plusieurs criques autorisent la baignade. En revanche, les vélos sont interdits.

Forêt

Partout, la forêt est un enchantement. Depuis l'embarcadère, le **chemin botanique** dans les sous-bois vous conduit jusqu'au fort, d'espèce en espèce méditerranéenne. Ensuite, l'allée des Eucalyptus – ils sont géants – traverse l'île du nord au sud. Là, vous pourrez contempler l'île St-Honorat aux allures plus civilisées avec son clocher et son abbaye. L'allée Ste-Marguerite vous ramène à l'embarcadère.

Fort Royal

04 89 82 26 26 - www.cannes.fr - juin-sept. : 10h-17h45 ; avr.-mai : tlj sf lun. 10h30-13h15, 14h15-17h45 ; reste de l'année : tlj sf lun. 10h-130-13h15, 14h15-16h45 - 6 € (-18 ans gratuit).

Bâti par Richelieu, il a été renforcé par **Vauban** en 1712. On entre par une porte monumentale, à l'ouest. Par la gauche, on arrive au bâtiment, plutôt confortable, occupé par Bazaine pendant sa détention ; depuis la terrasse, la **vue**★ s'étend

5

largement sur la côte toute proche. En passant derrière le logement de Bazaine, on aboutit aux bâtiments mitoyens des prisons et de l'ancien château qui abrite à présent le musée de la Mer.

Prisons – Jusqu'au 19e s., le couloir desservant les cellules ouvrait directement sur la cour ; à présent, une porte située dans la salle d'entrée de l'ancien château permet d'y accéder. À droite se trouve la cellule du Masque de Fer. Le **mémorial huguenot** rappelle que six pasteurs protestants, condamnés au secret absolu, furent incarcérés ici *(cellules de gauche)* après la révocation de l'édit de Nantes (1685). Divers documents sur la Réforme protestante, les guerres de Religion, l'édit de Nantes et sa révocation sont présentés dans cette salle.

Musée de la Mer – Dans la citerne romaine restée intacte sont exposées les découvertes archéologiques faites dans le fort et autour de l'île : épave romaine du 1er s. av. J.-C., épave sarrasine du 10e s. À l'étage, les riches cargaisons que transportaient les navires échoués attirent l'œil : belle collection d'amphores, verres, céramiques romaines, céramiques arabes au décor raffiné... Fragments de peintures murales retrouvées lors des fouilles sur l'île. Les aquariums du Méditerranoscope, espace destiné à promouvoir les connaissances scientifiques et sensibiliser le public à richesse du littoral, sa fragilité et la nécessité d'agir pour sa préservation, complètent la visite.

Les illustres prisonniers de Ste-Marguerite

En 1687, le château fort de Ste-Marguerite est prison d'État quand un mystérieux personnage y est enfermé, le **Masque de Fer**.

Aujourd'hui, la plupart des historiens s'accordent pour reconnaître le Masque de Fer en la personne d'Eustache Dauger, valet de son état, emprisonné pour avoir été dans le secret de la correspondance entre Louis XIV et Charles II d'Angleterre. La légende commence avec l'orgueil de M. de Saint-Mars, gouverneur de la Bastille qui, fâché d'avoir perdu ses deux plus grands prisonniers, décide d'utiliser Eustache Dauger pour se valoriser aux yeux de tous. Il fait croire que celui-ci reste encore l'un des détenteurs des secrets de l'État. Ce dont on est sûr, c'est que le Masque de Fer meurt en 1703 à la Bastille.

Le **maréchal Bazaine** (1811-1888), accusé de trahison pendant la guerre franco-allemande de 1870, est le second illustre prisonnier. Célèbre pour s'être évadé un an après sa détention, soi-disant au moyen d'une corde le long des rochers, il serait en fait sorti par la grande porte en achetant ses gardiens. Il a fini tranquillement ses jours en Espagne.

Le monastère sur l'île de St-Honorat.
L. Giraudou/hemis.fr

★★ Île Saint-Honorat

À la fin du 4e s., saint Honorat se fixe dans la plus petite des deux îles, Lérina, mais sa retraite est vite connue et les disciples accourent. Le saint fonde un monastère qui comptera parmi les plus illustres de la chrétienté. L'île est alors interdite aux femmes. Marguerite, la sœur d'Honorat, voulant rester proche de lui, aurait fondé son propre couvent dans l'île voisine... mais, pour continuer à voir son frère, n'y interdit pas les hommes !

La popularité de St-Honorat, moitié plus petite que Ste-Marguerite, est également moins grande. L'île est un domaine privé appartenant au monastère. Actuellement, 25 moines y résident et gèrent, à côté de leurs activités spirituelles, une petite entreprise touristique avec le restaurant, la boutique et la compagnie maritime. Producteurs d'une liqueur réputée, Lérina, ils ont aussi réhabilité le vignoble présent depuis le Moyen Âge. Leur vin (rouge et blanc, 35 000 bouteilles) est très apprécié. Le reste de l'île est couvert par une belle forêt de pins, d'eucalyptus et de cyprès. On peut se promener et se baigner librement, notamment entre les deux îles, dans l'étroit chenal dit « plateau du Milieu ». Une tenue correcte est demandée. Les vélos sont interdits.

★★ Tour de l'île

Partant de l'embarcadère, un joli chemin ombragé permet de faire le tour de l'île. Tantôt se rapprochant de la mer, tantôt s'en éloignant, il donne des aperçus très variés sur l'île elle-même, ses cultures, ses nombreuses essences, ses belles allées boisées, ainsi que sur l'île Ste-Marguerite et le continent.

5

★ Ancien monastère fortifié

04 92 99 54 00 - fermé pour travaux jusqu'à nouvel ordre.

Ce remarquable édifice, dont les murs baignent dans la mer sur trois côtés et dont la silhouette altière s'aperçoit de loin, est situé sur une pointe avancée de la côte sud. On l'appelle aussi « donjon » ou « château ». Il fut élevé en 1073 par **Aldebert**, abbé de Lérins, sur des soubassements gallo-romains, pour mettre les moines à l'abri des pirates.

Un escalier de pierre remplace l'échelle qui donnait accès à la porte, à 4 m du sol. En face de l'entrée, un escalier mène au cellier. À gauche, quelques marches conduisent au 1er étage où se trouve le **cloître** dont les arcades ogivales et les voûtes datent des 14e et 17e s. (l'une des colonnes est une borne milliaire romaine). Il entoure une cour carrée recouvrant une citerne d'origine romaine, dallée de marbre, destinée à recevoir les eaux de pluie. La galerie supérieure, à colonnettes de marbre blanc, conduit à la chapelle de la Ste-Croix, haute salle voûtée

Un imbroglio juridique

Les moines de St-Honorat, propriétaires du monastère, se sont vu accorder en 1989 une concession du domaine public, à charge pour eux d'entretenir les pontons permettant aux navires d'accéder à l'île. Or, jugeant que l'accès de nombreux visiteurs en été troublait la spiritualité des lieux, et arguant d'un édit signé en 1178 par le comte de Provence Raymond Béranger, ils n'ont laissé en état de marche qu'un seul des pontons, celui desservi par leur propre compagnie maritime, au grand dam de la concurrence. Depuis lors, juristes et avocats se plongent dans les vieux grimoires à la recherche du texte qui confirmerait ou infirmerait la position des moines, selon qui, du fait du legs de la Provence à Louis XI, l'État français est tenu, en tant qu'héritier, de respecter les dispositions testamentaires de Charles d'Anjou.

d'ogives appelée encore « le saint des saints » en raison des nombreuses reliques qu'elle renfermait.
La **vue★★** depuis le sommet du vieux donjon garni de créneaux et de mâchicoulis du 15e s., s'étend sur les îles de Lérins et la côte avec, à l'arrière-plan, les cimes souvent enneigées de la chaîne alpine.

Monastère moderne

✆ 04 92 99 54 00 - www.abbayedelerins.com - 8h30-18h (messes en sem. : mar.-sam. 11h25, j. de fête 11h, dim. et solennités 9h50) - accès à l'église uniquement.
Les constructions du 19e s. encadrent les anciens bâtiments occupés par les moines (certaines parties remontent aux 11e et 12e s.).
Église – L'église abbatiale fut construite au 19e s. en style néoroman. Dans le croisillon gauche subsiste une chapelle des morts datant du 11e s. Les **offices religieux**, ouverts au public, offrent une très belle liturgie, chantée en français sur des modes byzantins.

Chapelles

Sept chapelles réparties dans l'île complétaient le monastère ; elles étaient destinées aux anachorètes. Deux d'entre elles ont gardé leur physionomie ancienne.
La Trinité – À la pointe est de l'île, la chapelle de la Trinité, restaurée par J. Formigé, est antérieure au 11e s. D'inspiration byzantine (ce qui la fait dater par certains du 5e s.), elle est bâtie sur un plan tréflé avec une coupole ovale sur pendentifs.
Saint-Sauveur – Située au nord-ouest de l'île, la chapelle St-Sauveur est aussi ancienne que la précédente mais de plan octogonal. Elle a été restaurée au 17e s. et de nos jours.

Carnet pratique

S'informer

Île Ste-Marguerite – *Voir l'office du tourisme de Cannes, p. 251.*
Île St-Honorat – *www.abbaye delerins.com (site du monastère).*

Au départ de Cannes

L'île Ste-Marguerite

Embarcadère quai Laubeuf (possibilité de se garer à proximité au parking Laubeuf); 15-20mn de trajet.

Cie Trans Côte d'Azur – *✆ 04 92 98 71 30 - www.trans-cote-azur.com - horaires variables selon la saison- 16 € AR (5-10 ans 10 €) - réserv. en ligne tarif réduit.*

Riviera Lines – *✆ 04 92 98 71 31 - www.riviera-lines.com - horaires variables selon la saison - 16 € AR (5-10 ans 10 €)) - réserv. en ligne tarif réduit.*

L'île St-Honorat

Société Planaria - Abbaye de Lérins – *✆ 04 92 98 71 38 - www.cannes-ilesdelerins.com - horaires variables selon la saison - 15,50 € AR (8-13 ans 10 €) - réserv. en ligne tarif réduit.*

Au départ de Golf-Juan

L'île Ste-Marguerite

Riviera Lines – *Quai St-Pierre - ✆ 06 27 96 66 81 - www.riviera-lines.com - avr.-sept., horaires variables selon le mois - 19,50 € (4-10 ans 14 €).*

Nos adresses

Restauration

Île Ste-Marguerite

Pas d'hôtels mais des restaurants et cafés. Dans l'île, le visiteur trouvera de nombreux points d'eau mais en haute saison, il est conseillé d'apporter ses provisions et ses boissons pour la journée.

Budget moyen

L'Escale – *À côté de l'embarcadère - ✆ 04 93 43 49 25 - 9h30-18h - fermé de mi-nov. à mi-mars et le soir - plats 22/38 €.* Pas de chichis dans cet établissement qui étend sa terrasse de l'autre côté de la rue, avec une vue magnifique sur la baie de Cannes. Bons poissons grillés.

Île St-Honorat

Elle ne dispose que d'un seul restaurant. Les points d'eau sont rares et la distribution peut être réglementée en été.

Budget moyen

La Tonnelle – *✆ 04 92 99 54 08 - www.tonnelle-abbayedelerins.fr - 12h-14h - fermé le soir et de nov. à mi-mars - plats 24/38 €.* Cuisine méditerranéenne et bar pour goûter le vin local.

Shopping

Boutique de l'abbaye de Lérins – *À l'entrée de l'abbaye - ✆ 04 92 99 54 32 - www.excellencedelerins.com.* Vous pourrez acheter des articles religieux, livres, CD et de nombreux produits fabriqués sur place : vin, lavandin, miel, ainsi que la célèbre liqueur Lérina concoctée à partir de 45 plantes aromatiques… et ses petites sœurs, liqueurs de verveine, de mandarine, et, la dernière née, la Lérincello à base de citron

Mandelieu-La Napoule

Rafraîchie agréablement par la Siagne, cette petite ville se compose de deux sites : à l'intérieur des terres, Mandelieu, située au pied du Tanneron et cernée par les massifs de mimosas ; sur le bord de mer, La Napoule, à l'entrée de l'Esterel, signalée par son château qui se fond avec les roches rouges environnantes. Loin des fastes de sa voisine cannoise, cette station balnéaire ravira les familles, avec ses petites plages de sable, son grand choix d'activités nautiques et son ravissant corso fleuri.

Se repérer

21582 habitants – Alpes-Maritimes (06)

CARTE C3 (P. 242-243).

La Napoule est 8 km à l'ouest de Cannes par la D 6098.

À ne pas manquer

Le château-musée « les pieds dans l'eau » ; les plages de La Napoule ; la balade panoramique depuis le San Peyre.

Organiser son temps

Comptez 1h pour faire le tour du château, de ses jardins et de la galerie en visite guidée.

En famille

Jeu de piste au château-musée et sur les bords de la Siagne.

Mandelieu propose pendant les vacances scolaires des programmes hebdomadaires à destination des enfants.

Carnet pratique p. 263

Nos adresses p. 263

Découvrir

La Napoule

Située face à la baie de Cannes, La Napoule, loin du faste de sa voisine, affiche sa singularité et propose à ses vacanciers bon nombre d'activités.

Avec la première capacité portuaire de la Côte d'Azur, Mandelieu-La-Napoule est particulièrement appréciée pour son **port de plaisance** (1140 postes), auquel s'ajoute celui de la Rague (688 postes), les deux étant reliés par un sentier côtier *(1 km)*. Au total, la ville compte 7 ports et 5 000 anneaux.

Ses petites **plages** de sable blond (trois, dont deux privées) et ses criques couleur terre battue sont aussi très prisées des passionnés de sports nautiques (voile, ski nautique, aviron, kayak des mers, plongée...).

Berges de la Siagne – *3,5 km - 45mn à plat.* Un sentier longe la Siagne du centre de Mandelieu *(derrière la salle Olympie)* jusqu'à la mer. L'office de tourisme y propose trois jeux de pistes pour les enfants *(voir « Nos adresses »).*

★ Balade panoramique

45mn AR - chemin fléché - départ de la Poste, par la rue des Hautes-Roches.
Cette promenade à l'ascension de la colline de **San Peyre** permet d'apprécier un

Mandelieu-La Napoule.
F. Guiziou/hemis.fr

superbe point de vue sur le Tanneron, le golfe de La Napoule, Cannes et le cap d'Antibes (table d'orientation). Empruntez le sentier botanique en pente douce. Coup d'œil sur les ruines du château d'Avignon et sur la flore naturelle et fragile.

Château-musée

Bd Henry-Clews - ✆ 04 93 49 95 05 - www.chateau-lanapoule.com - visite guidée sur demande préalable (45mn) de déb. fév. à déb. nov. : 11h30, 14h30, 15h30 et 16h30 ; reste de l'année : se rens. - 6 € (-7 ans gratuit).

Seules deux tours subsistent du château fort du 14e s., transformé par le sculpteur américain **Henry Clews** (1876-1937). Ce curieux mélange de roman, gothique et motifs orientalisants s'inscrit dans un **site★** admirable donnant sur la mer, au départ de la corniche de l'Esterel.

On vous guidera dans le salon, la salle à manger gothique, l'atelier de l'artiste et la crypte. Les personnages ou animaux fabuleux du sculpteur animent l'architecture.

Les beaux **jardins** agrémentés de bassins et fontaines dessinés par Mme Clews (classés « Jardin Remarquable »), et la **galerie** qui accueille des expositions temporaires, se visitent librement. Les enfants pourront se lancer dans une chasse au trésor !

5

Circuit conseillé

CARTE DE MICRORÉGION P. 242-243

★ Le massif du Tanneron

Pl. de la Mairie - Tanneron - ✆ 04 94 76 01 02 - www.paysdefayence.com.

Prolongeant l'Esterel au nord, il s'apparente davantage aux Maures par ses formes massives et arrondies, la nature de ses roches (gneiss) et sa végétation. Ce beau tapis de verdure se transforme en or de mi-janvier à mi-mars par la magie du mimosa. En dehors de cette période, l'intérêt est moindre, sinon de permettre d'accéder en toute tranquillité au lac de St-Cassien (autrement que par l'autoroute ou les départementales circulantes).

Le royaume du mimosa

Jadis, le massif était couvert essentiellement de pins maritimes et de châtaigniers. La forêt a reculé sous la triple agression des hommes (un « droit d'usage à culture » existe depuis le Moyen Âge), de la cochenille (insecte parasite, ennemi mortel du pin maritime) et des incendies. À partir de 1839, le mimosa est importé d'Australie en Europe méditerranéenne ; on signale sa présence autour de Cannes dès 1864. La forêt de mimosas du Tanneron est l'une des plus importantes d'Europe. Le mimosa fait vivre une soixantaine d'exploitations. Sa production est exportée à 80 %, vers les Pays-Bas, les États-Unis et le Canada.
Le mimosa appartient au genre acacia (ne pas confondre avec l'acacia commun ou robinier, qui est un « faux acacia »). Il existe de nombreuses espèces qui se présentent sous forme d'arbustes ou d'arbres pouvant atteindre 12 m de hauteur, et qui fleurissent à des époques différentes entre novembre et mars (celle dite « des quatre saisons » fleurit même toute l'année). Le mimosa le plus répandu vit pratiquement à l'état sauvage par massifs étendus. On peut avancer ou améliorer la floraison par la technique du **forçage** : les branches coupées prématurément sont enfermées dans une chambre close (la « forcerie ») où elles passent deux ou trois jours dans l'obscurité, à une température de 22 à 25 °C, avec une hygrométrie très forte. Les rameaux de mimosa peuvent aussi être coupés en bouton et expédiés non fleuris avec une poudre spéciale qui, diluée dans de l'eau chaude, provoque l'éclosion.

Circuit tracé en vert sur la carte p. 242-243 – 65 km au départ de Cannes - environ 1/2 journée. Quitter Cannes par l'ouest, en direction de Fréjus, D 6007 sur 16 km. Prendre ensuite à droite la D 237 à l'Escaillon.
La D 237 offre de belles échappées sur le golfe de La Napoule et le mont Vinaigre. Après les Adrets-de-l'Esterel, on aperçoit les Préalpes de Grasse. On traverse le bois de Montauroux et on passe au-dessus de l'autoroute la Provençale avant de longer le lac de St-Cassien.
Avant le pont de Pré-Claou, tourner à droite dans la D 38.

Lac de St-Cassien *(voir p. 237)*

La route s'élève dans un bois de pins, offrant d'agréables coups d'œil sur le lac, le barrage et les crêtes à l'horizon. Autour du hameau des Marjoris, le parcours sinueux s'effectue sur les versants chargés de mimosas du vallon de la Verrerie.
Avant l'entrée du village de Tanneron, prendre à droite une route étroite en forte montée.

★ Notre-Dame-de-Peygros B3

Alt. 411 m. Depuis la terrasse de cette petite église romane, superbe **panorama★** sur le lac de St-Cassien, la vallée de la Siagne et Grasse ; à l'est, le mont Agel et les Alpes franco-italiennes ; au sud, la vue porte sur l'Esterel et les Maures.
Traverser le village de Tanneron et tourner à gauche au carrefour.
Au cours de la descente, de belles **vues** se révèlent sur Auribeau et ses abords, Grasse et la vaste dépression de la Siagne.

★ Auribeau-sur-Siagne C3

R. du Portail - 04 93 40 79 56 - www.auribeausursiagne.fr.
Fondé au 12e s., Auribeau fut reconstruit en 1490 par une colonie génoise. La **porte Soubran**, c'est-à-dire supérieure (16e s.), mène aux ruelles en escalier qu'il faut

prendre le temps de parcourir. Les vieilles maisons restaurées se groupent autour de l'**église**, où l'on voit un reliquaire du 15e s. en vermeil avec émaux et un calice du 16e s. De la place de l'église, la **vue** porte sur les collines boisées de la Siagne, la ville de Grasse et ses montagnes, le pic de Courmettes et le plateau de Valbonne. Les degrés descendent ensuite vers la **porte Soutran**, c'est-à-dire inférieure, fortifiée en plein cintre (15e s.).

Si vous en avez le temps, remontez le cours de la **Siagne** en direction de ses gorges par le sentier qui s'amorce sur la rive gauche au nord d'Auribeau, en bordure de la D 38.

Rejoindre la D 9 (direction Pegomas), puis brièvement la D 109 en direction de Mandelieu-La Napoule. Prendre à droite la D 309 (direction Tanneron), au carrefour, tourner à gauche sur la D 138.

★★ Route de Mandelieu C3

La D 92 grimpe sur les pentes du massif occupées par un maquis. La descente rapide sur Mandelieu-La Napoule, parmi les mimosas, est merveilleuse, offrant à plusieurs reprises des **vues★★** sur l'Esterel, la ville, le golfe de La Napoule, Cannes et les îles de Lérins, la vallée de la Siagne, Grasse et les Préalpes ; au loin les cimes des Alpes franco-italiennes.

La forêt du Grand Duc – *Dép. sur la route de Mandelieu à Tanneron, se garer sur le parking à env. 3 km, et prendre à pied la piste à droite jusqu'à l'aire de pique-nique (1 km).* Trois itinéraires en boucle et balisés, des panneaux vous indiqueront la marche à suivre...

Carnet pratique

S'informer

Office de tourisme – *806 av. de Cannes - ✆ 04 93 93 64 64 - www.mandelieu-tourisme.com* - Visites guidées, notamment pendant la saison du mimosa.

Se garer

Parkings gratuits près du casino, le long du bord de mer.

Agenda

Fête du mimosa – En février. Une semaine d'animation : corsos fleuris, groupes folkloriques, marché Provence et traditions...

Nos adresses

Restauration

Budget moyen

Les Bartavelles – *1 pl. du Château - ✆ 04 93 49 95 15 - www.restaurantlesbartavelles.com - 12h15-13h30, 19h-21h - fermé mar.-merc. - plats 18/34 €, formules déj. 24 € - menu 34 €.* Le restaurant fait face au château de La Napoule. Derrière les fourneaux, le chef propose une généreuse cuisine traditionnelle. Côté atmosphère, vous choisirez entre la bonne ambiance de bistrot de l'intérieur ou le calme de la terrasse sous les platanes. Bon choix de vins au verre.

5

Shopping

À proximité

Vial Bernard – *Les Carreiros - Tanneron - 06 10 29 5 80 - www.vial-tanneron.com - 10h30-12h, 14h-18h - fermé dim., nov. et j. fériés.* La visite de cette exploitation de 10 ha (mimosas, eucalyptus, serre d'agrumes) est un enchantement : la vue sur les alentours est superbe. Les ruches installées sur le site, dans les Alpes et le Mercantour, produisent un miel que l'on peut déguster et acheter sur place, ainsi que des produits dérivés (pollen, gelée royale...).

En soirée

Joa Royal Casino – *605 av. du Gén.-de-Gaulle - 04 92 97 70 00 - www.joa.fr* - 10h-4h. Ce palace, dont la terrasse et la piscine donnent sur la baie de Cannes, possède également un casino, deux restaurants.

Activités

Fiches Randoland – *À l'office de tourisme ou en téléchargement sur le site www.randoland.fr/accueil.php.* Sur les rives de la Siagne et en bord de mer près du château, plusieurs jeux de piste par tranches d'âge (4-6 ans, 7-9 ans et 9-12 ans), avec petit cadeau en prime.

Mandelieu Fun Spot – *Av. du Gén.-de-Gaulle - plage de Robinson - 06 15 78 28 63 - www.mandelieu-fun-spot.fr* - juil.-août : 7h30-20h ; juin et sept. : 8h-19h. C'est de ce ponton que s'élancent les mordus de ski nautique et de wakeboard.

Au fil de l'eau – *Embarcadère situé au niveau de l'Esplanade Pinéa et du Parc Robinson - 06 81 77 50 00 - merc.-dim. 10h-19h.* Six bateaux électriques sans permis, fabriqués en France, pour une balade bucolique sur la Siagne.

Electric Boat – *Berges de la Siagne, au niveau du parking avant la base de Jet Ski - 06 34 31 04 02 - tte l'année, se rens.* Deux petits bateaux en bois et électriques sans permis, fabriqués en France.

Solar Boat – *Port de la Rague – 06 51 05 28 02 - www.bateausanspermis.fr - juil.-août.* Location de bateau à énergie solaire et propulsion électrique pour naviguer entre Mandelieu et la plage de la Figueirette.

Riviera Golf de Barbossi – *802 av. des Amazones - 04 92 97 49 49 - www.domainedebarbossi.fr - 8h-18h30.* Au pied de l'Esterel, parcours de 18 trous avec compact (3 trous), putting green et practice ; club-house *(restaurant)*.

Hébergement

Budget moyen

La Corniche d'Or – *Pl. de la Fontaine - 04 93 49 92 51 - www.cornichedor.com - - 12 ch. à partir de 74 € - 8,50 €.* Cet hôtel dans le quartier de La Napoule dispose de chambres simples, toutes avec balcon et climatisation. Jolie terrasse et accueil très aimable.

Villa Parisiana – *152 r. Argentière - 04 93 49 93 02 - www.villaparisiana.com - 3 appart. à partir de 550 €/sem.* Cette villa 1900 à proximité du golf ne manque pas de charme. Rénovées, les chambres d'hôte sont accueillantes. Jolie terrasse d'été sous une treille. Adresse non-fumeurs et sans animaux.

Grasse ★

Adossée à un plateau qui lui ménage une vue imprenable sur la côte, la capitale du parfum voit défiler les visiteurs venus s'enivrer de fragrances. Son centre ancien recèle une dizaine de maisons médiévales, témoins d'un passé florissant, disséminées parmi son dédale de ruelles pentues et colorées. Hors les murs, le pays de Grasse dévoile un chapelet de villages perchés, entre plateaux d'altitude et vallées verdoyantes.

Se repérer

47 952 Grassois – Alpes-Maritimes (06)

CARTE C2 (P. 242-243).

17 km au nord-ouest de Cannes par la D 6285 qui conduit au cœur de Grasse *(cours Honoré-Cresp et bd du Jeu-de-Ballon)*. Grasse est aussi accessible par la pénétrante qui la relie à l'autoroute A8 et à Cannes.

Organiser son temps

Prévoyez 1h pour la vieille ville et 2h pour le musée de la Parfumerie. Comptez une journée de plus pour profiter des Préalpes de Grasse.

En famille

Le MIP pour découvrir la parfumerie et le petit train pour parcourir le centre ancien. Dans les environs, les grottes de St-Cézaire; le Souterroscope de la Baume Obscure à St-Vallier-de-Thiey; le parc de la Moulière et sa via souterrata.

Carnet pratique p. 274

Nos adresses p. 274

Découvrir

PLAN DE VILLE P. 267

★★ Musée international de la Parfumerie (MIP) A2

2 bd du Jeux-de-Ballons - ✆ 04 97 05 58 00 - www.museesdegrasse.com - ♿ - juil.-août : 10h-19h; sept.-juin : 10h-18h; fév. : 10h-17h30 - 6 € (-18 ans gratuit).

Le MIP est un conservatoire des techniques et des savoir-faire du pays de Grasse en matière de parfumerie. On y entre par la cour d'honneur de l'hôtel Pontevès (18e s.), qui abritait le musée initial créé en 1989, réuni par l'architecte Frédéric Jung à l'immeuble Pélissier par une grande nef transparente. Le MIP est également un lieu unique proposant une approche multisensorielle pour comprendre la fabrication des parfums et des arômes, mais aussi l'utilisation des odeurs à des fins religieuses, thérapeutiques ou de séduction. Une extraordinaire collection provenant de tous les continents donne l'opportunité de connaître l'histoire humaine à travers l'usage des parfums de l'Antiquité à nos jours. Quelque 55 000 objets y sont conservés.

Remarquez particulièrement le *Nécessaire de voyage de Marie-Antoinette* (1791); un *Kô Dô* ou « voie de l'encens », jeu reposant sur l'identification de mélanges de bois aromatiques qui se consument (20e s., Japon); un étonnant agitateur à rotation du début du 20e s.; un orgue à parfums qui appartenait au parfumeur Jean Carlès. Arrêtez-vous aussi devant l'impressionnante collection de flacons. Sachez enfin que le musée organise des expositions temporaires d'exception.

Pour compléter ce tour d'horizon, rendez-vous dans les **jardins**★★ du MIP, à Mouans-Sartoux *(12 km au sud-est, voir p. 269)*.

5

Pour visiter une parfumerie, consultez « Nos adresses ».

Se promener

★ La vieille ville PLAN DE VILLE

La ville propose de parcourir la cité en suivant les écussons en laiton au sol; des panneaux explicatifs sont apposés sur les façades.

Circuit tracé sur le plan de ville ci-contre – environ 1h. Partir de la pl. du Cours. Cette esplanade offre un point de vue sur la plaine au pied de la vieille ville et, à l'horizon, sur la côte cannoise.

Pénétrer dans la rue Jean-Ossola.

Musée provençal du Costume et du Bijou A2

2 r. Jean-Ossola - 04 93 36 44 65 - usines-parfum.fragonard.com - 10h-13h, 14h-18h30 - visite guidée juin-sept. sur réserv. préalable - gratuit.

Installée dans les salons d'une demeure du 18e s., cette collection privée *(dépendant de la parfumerie Fragonard)* présente l'univers délicat du costume féminin au 18e s. Croix provençales « badines », « dévotes » ou « Maintenon », « Étoiles de Digne » (fossiles marins transformés en bijoux), « clavier » (cadeau traditionnel de la belle-mère à sa bru, qui y suspendait ses ciseaux et autres menus objets), vêtements de paysannes, etc. Tout est élégant, coloré et joliment conservé.

Musée Fragonard - Collection Hélène et Jean-François Costa A2

14 r. Jean-Ossola - 04 93 36 02 07 - usines-parfum.fragonard.com - fermé jusqu'à nouvel ordre, se rens.

La famille Costa, qui a fondé la parfumerie Fragonard, n'a pas seulement emprunté son nom au peintre grassois Jean-Honoré Fragonard (1732-1806), elle a aussi acquis une quinzaine de ses œuvres, exposées dans ce musée privé sis dans le très bel hôtel de Villeneuve (18e s.). Deux autres peintres grassois sont exposés : **Marguerite Gérard** (1761-1837) et **Jean-Baptiste Mallet** (1759-1835).

Poursuivre dans la rue Jean-Ossola, puis tourner à droite dans la rue Gazan qui aboutit à la pl. du Petit-Puy.

Cathédrale Notre-Dame-du-Puy B2

Elle arbore un curieux mélange de Moyen Âge (deux petites portes murées encadrant la grande porte) mâtiné d'Italie du Nord (arcatures lombardes) et de baroque tardif 18e s. (escalier extérieur).

À l'intérieur, orgue de 1855 dû au facteur Junk de Toulouse. Dans le collatéral droit : beau triptyque attribué à l'**école de Louis Brea**, représentant saint Honorat entre saint Clément et saint Lambert. Enfin, et surtout, **trois œuvres★ de Rubens** (*Le Couronnement d'épines, La Crucifixion, L'Invention de la croix par sainte Hélène*) qu'un Grassois offrit à sa cathédrale.

Le passé à travers les rues de Grasse

La « rue de la Rève-Vieille » évoque une taxe municipale, la rève, prélevée sur le blé et les légumes secs; la « rue du Miel » serait un doux euphémisme pour la boue collante qui salissait les rues du Moyen Âge; la « place des Huguenots » recouvre un ancien cimetière protestant. Enfin, que la « rue Droite » soit une des plus sinueuses n'est qu'à première vue un paradoxe : c'est la « rue *dereta* », celle qui conduit directement à la sortie de la ville.

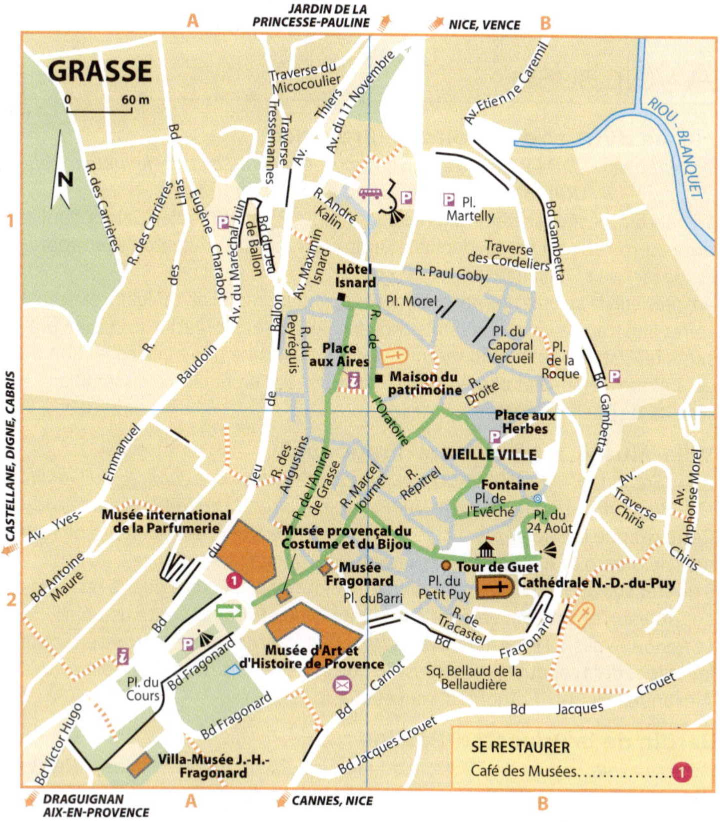

Remarquez la **tour** de l'hôtel de ville (13e s.).

Tourner à gauche dans la rue de l'Évêché.

Cours de l'Évêché, une **fontaine** est aménagée devant les voûtes d'anciennes caves. Parvenu à la petite place de la Poissonnerie, empruntez la rue du même nom qui mène à la **place aux Herbes**, lieu d'un petit marché *(mar.-dim. matin)*. *Enchaîner par la rue Courte (maison médiévale à l'angle), puis tourner à gauche dans la rue Droite et à droite dans la rue de l'Oratoire.*

Maison du patrimoine B1

22 r. de l'Oratoire - ✆ 04 97 05 58 70 - www.ville-grasse.fr - ♿ - lun.-vend. 14h-16h30 et merc. 9h-12h - vac. scolaires lun.-vend. 8h30-12h - gratuit.

Elle accueille le public pour lui livrer les clés du patrimoine grassois dans le cadre du label Pays d'art et d'histoire. Sur place, expositions permanentes et temporaires, et ateliers pour les enfants.

Au bout de la rue de l'Oratoire, prendre à droite.

La rue débouche sur la **place aux Aires**, bordée de restaurants, autrefois réservée aux tanneurs (le canal qui la traversait a été recouvert). Le samedi matin, elle accueille le marché provençal. Au n° 33 de la place, remarquez l'**hôtel Isnard** de 1781.

Quittant la place, poursuivre rue Amiral-de-Grasse pour retrouver la rue Ossola.

À voir aussi

PLAN DE VILLE P. 267

Musée d'Art et d'Histoire de Provence A2

2 r. Mirabeau - ☏ 04 93 36 80 20 - www.museesdegrasse.com - juil.-août : 10h-19h ; sept.-juin : 10h-18h ; fév. : 10h-17h30 - 2 € (-18 ans gratuit).

Ce paisible musée est établi dans l'ancien hôtel (18e s.) de Clapier-Cabris, famille du beau-frère de Mirabeau ; depuis le jardin à la française, vous pourrez en apprécier la façade à l'italienne.

À l'intérieur, le salon et les appartements dévoilent mobilier, tableaux et accessoires illustrant la vie quotidienne provençale. Au rez-de-jardin, la cuisine présente les ustensiles traditionnels. On trouve aussi une très belle collection de céramiques régionales et des espaces consacrés à l'archéologie rassemblant le résultat de fouilles locales.

Villa-Musée Jean-Honoré-Fragonard A2

23 bd Fragonard - ☏ 04 97 05 50 49 - www.museesdegrasse.com - ♿ - juil.-août : 13h-18h45 ; mai-juin : w.-end 13h-17h45 ; vac. scolaires : 13h-17h45 - gratuit.

Cette grande bastide provençale fut un temps habitée par le célèbre peintre natif de Grasse **Jean-Honoré Fragonard**, alors que sa santé chancelante l'oblige à quitter son atelier parisien. La villa sert aujourd'hui d'écrin à quatre répliques de tableaux offerts par l'artiste à la comtesse du Barry, favorite de Louis XV. *Le Rendez-Vous*, *La Poursuite*, *Les Lettres* et *L'Amant couronné* mettent en scène les étapes de la conquête amoureuse. D'autres peintres de la famille, dont son fils Alexandre-Évariste Fragonard, sont aussi exposés.

Jardin de la Princesse-Pauline B1 EN DIRECTION

Accès en voiture par l'av. Thiers, le bd Alice-de-Rothschild et celui de la Reine-Jeanne. Serrer à gauche et guetter le panneau indicateur.

Fâchée avec son frère Napoléon Ier, Pauline passa l'hiver 1807-1808 à Grasse. Le bosquet de chênes verts qu'elle affectionnait est devenu un grand jardin d'agrément d'où la **vue★** s'étend sur le Tanneron, l'Esterel et le littoral.

À proximité

CARTE DE MICRORÉGION P. 242-243

Magagnosc C2

5 km au nord-est de Grasse par la D 2085. Sur l'av. Auguste-Renoir, en direction de Nice, prendre à droite la route menant vers l'église St-Laurent.

L'église St-Laurent est l'un des deux sanctuaires de l'endroit, décorés par le peintre contemporain **R. Savary** : vitraux et copie de fresque byzantine ; à la chapelle St-Michel (dite des Pénitents-Blancs), peintures sur les murs et la voûte romane. Du cimetière derrière l'église St-Laurent, **vue★** sur la mer autour de Cannes et sur l'Esterel.

Mouans-Sartoux C3

7 km au sud-est de Grasse par la route de Cannes.

Voir office du tourisme de Grasse p. 274.

Le village réunit les communes de Sartoux, village médiéval ruiné par les Sarrasins, et de Mouans, ancienne forteresse protégeant la route de Grasse. En 1588, Suzanne de Villeneuve, veuve d'un huguenot, défendit son village contre les troupes du

Des effluves enfuis

Dans la première partie du 20e s., les industriels grassois traitent la matière première cultivée dans les champs alentour : l'oranger sauvage, les lavandes, le cassier (de la famille du mimosa), le myrte et le lentisque pistachier, mais surtout les trois plantes emblématiques de cet âge d'or florissant : le jasmin, la rose et la tubéreuse.
Cette suprématie s'étiole dans les années 1960 avec l'arrivée des arômes de synthèse et la délocalisation des cultures, due au coût de la cueillette. Ce sont alors les immeubles qui poussent dans les champs, tandis que le jasmin se déporte en Égypte, la rose Damascena en Turquie et Bulgarie, la tubéreuse en Inde, l'oranger en Tunisie. Des milliers de tonnes de fleurs traitées au début du 20e s., il n'en reste que quelques dizaines sur 40 ha de cultures (jasmin, rose, tubéreuse, violette, mimosa).
Domaine de Manon – *À 7 km du centre-ville - 36 chemin du Servan - ✆ 06 12 18 02 69 - ♿.* Cette exploitation horticole privée ouvre sa roseraie *(mai : mar. 9h)* et son champ de jasmin *(de déb. août à déb.-oct. : mar. 9h) - 6 € (-12 ans gratuit).* La visite permet aussi de découvrir l'histoire de l'une de ces familles grassoises spécialisées dans la plante à parfum depuis trois générations.

duc de Savoie. Après avoir rasé le château malgré l'accord passé, celui-ci fut pourchassé par Suzanne jusqu'à Cagnes où il dut indemniser lourdement les habitants.
★ **Espace de l'art concret** – *Château de Mouans - ✆ 04 93 75 71 50 - www.espacedelartconcret.fr - juil.-août : 11h-19h ; mai-juin : tlj 11h-18h ; reste de l'année tlj sf mar.-merc. 13h-18h - 7 € (-18 ans gratuit) - ateliers pédagogiques pour les enf. sur réserv.*
Dans un beau parc, le château de Mouans (19e s., assises 16e s.) accueille les expositions temporaires d'art contemporain tandis que la **donation Albers-Honegger** se trouve dans un bâtiment carré en béton vert-jaune encastré dans une pente boisée. Avis aux amateurs d'art abstrait, géométrique, minimaliste ou de design : ils apprécieront la collection exceptionnelle répartie dans 15 salles.
Jardins du musée international de la Parfumerie – *979 chemin des Gourettes - ✆ 04 92 98 92 69 - www.museesdegrasse.com - ♿ - juil.-août : 9h-19h ; mai-juin : 10h-19h ; avr. et sept.-oct. : 10h-17h30 - fermé mi-nov.-fin mars - 4 € (-18 ans gratuit).* Annexe du musée international du Parfum à Grasse *(voir p. 265)*, ils ont pour vocation de sensibiliser le public à la mémoire de la culture horticole dans la région. Le site, articulé autour d'un vieux canal, se compose d'une serre, d'un jardin conservatoire de plantes et de fleurs cultivées à l'ancienne, et d'un parcours olfactif où les visiteurs sont invités à passer la main dans les feuillages odorants et à plonger le nez dans les buissons.

5

Châteauneuf-Grasse C2

▶ *8 km à l'est de Grasse par la D 2085, puis la D 3.*
☺ *Visite guidée gratuite du village toute l'année, sur réservation - ✆ 04 89 87 73 30.*
Bâti sur une colline plantée d'oliviers centenaires dominant la plaine d'Opio, voilà un village perché typique de la région. Vieilles maisons regroupées le long d'étroites ruelles, église à campanile du 17e s. Ne manquez pas le point de vue depuis l'ancien cimetière (table d'orientation).

Circuits conseillés

CARTE DE MICRORÉGION

★★ Préalpes de Grasse B2

▶ *Circuit tracé en violet sur la carte p. 242-243 – 90 km - environ 1/2 journée sans les arrêts.*

Ce circuit vous conduira à emprunter des routes en corniche avec vues sur la campagne entre Grasse et St-Cézaire, assez plates dans les environs des grottes, étroites et vertigineuses dans les gorges. Vous finirez votre parcours sur la majestueuse route Napoléon, à flanc de montagne, qui redescend vers Grasse.

Quitter Grasse par le bd Clemenceau, direction Cabris.

★ Cabris

Voir office du tourisme de Grasse p. 274.

Ce charmant village perché du haut pays grassois s'inscrit dans un admirable site : sur le rebord de la haute Provence naissante, il regarde le bleu du lac de St-Cassien et celui de la mer à 20 km.

Cabris est dérivé du latin *capra* qui signifie « chèvre ». Mais ce nom évoque surtout celui de la marquise de Cabris, la sœur de Mirabeau. La Révolution fut pour elle l'occasion de renforcer ses droits seigneuriaux, ce qui provoqua, quatre ans plus tard, la destruction du château par les habitants révoltés. On le sait moins, mais la mère de **Saint-Exupéry** vécut à Cabris et Antoine y a écrit une partie de *Terre des hommes*. Le souvenir de l'écrivain est célébré chaque 1er dimanche d'août.

Ruines du château – Il en reste un mur d'enceinte et une plate-forme, d'où la **vue★★** est sublime (table d'orientation) : à gauche sur Mougins et les collines qui se prolongent jusqu'au Cannet, le golfe de La Napoule et les îles de Lérins ; en face, sur Peymeinade, les croupes du Tanneron et de l'Esterel ; plus à droite, sur le lac de St-Cassien avec les Maures au loin.

Chapelles – Le petit village compte plusieurs chapelles : la chapelle St-Sébastien du 16e s., la chapelle primitive St-Jean-Baptiste (5e s.) restaurée au 16e s. Sur la route de Grasse, la chapelle Ste-Marguerite (16e s.) accueille des expositions temporaires *(mai-sept.)*.

Vers St-Cézaire, une petite route en boucle *(à droite)* passe près des **9 puits de la Vierge** (sans doute romains).

★ Grottes de St-Cézaire

1481 rte des Grottes - ✆ 04 93 60 22 35 - www.grotte-saintcezaire.com - P - [illegible] un vêtement chaud (température constante de 15 °C) - les animaux ne sont pas autorisés à l'intérieur de la grotte.

Ces grottes, émergées de la mer à la fin de l'ère tertiaire (6 millions d'années), ont été découvertes en 1888. Rougies par l'oxyde de fer, elles descendent à 40 m sous terre. Les eaux d'écoulement ont sculpté des formes étranges que vous découvrirez tout au long des 200 m de parcours. Dans le haut de la grotte, le balcon abrite de remarquables concrétions calcaires dont une établie dans une tête de mort et une stalactite de 1,5 m de haut datant de 150 000 ans !

Sentier découverte – *✆ 04 93 60 22 35 - juin-août : 10h-18h ; reste de l'année : 10h-12h, 14h-17h - 30-45mn - plan-guide fourni à l'entrée du site.* Cheminez librement sur ce parcours ponctué de 14 points d'intérêt botaniques.

St-Cézaire-sur-Siagne

Voir office du tourisme de Grasse p. 274.

Posé sur le rebord d'un plateau, St-Cézaire domine les gorges de la Siagne, que l'on contemple depuis la **place du Point-de-Vue**.

À St-Cézaire, prendre à gauche la D 105 (dir. Mons). Attention, route très étroite.

Le pont romain des Tuves près de St-Cézaire-sur-Siagne
bbsferrari/Getty Images Plus

Gorges de la Siagne

La route descend au fond des gorges, franchit la Siagne (du pont, **vue** en enfilade sur le canyon) et remonte sur l'autre versant, plus boisé, par la raide D 656. Arrivé sur le plateau, le parcours devient nettement plus facile dans un décor de murets de pierre sèche, figuiers, oliviers et chênes verts.

Juste avant le pont sur la rivière, un sentier gagne les **sources de la Siagnole** (*30mn AR*). Un peu plus loin à gauche, un panneau signale l'aqueduc romain de **Roche Taillée. Vue★** vers Grasse.

Au pont de la Siagne, faire demi-tour, revenir sur la D 105 et tourner à gauche, en direction de St-Vallier-de-Thiey (si vous désirez prolonger ce circuit jusqu'à Mons, consultez le chapitre « Pays de Fayence »).

St-Vallier-de-Thiey

Voir office du tourisme de Grasse p. 274.

Au milieu d'un plateau verdoyant, le dernier avant les Préalpes, cette villégiature des Grassois comblera les randonneurs amateurs de nature « lunaire » ou souterraine. Ancien château seigneurial (mairie), enceinte avec belle porte à archères (sous l'alignement des maisons voisines) et église témoignent d'un passé important, d'abord romain, puis médiéval. **Napoléon Bonaparte** passa à St-Vallier le 2 mars 1815 comme le rappelle la colonne portant son buste sur la place *(voir encadré ci-dessus)*. La route n'était alors qu'un chemin muletier.

Église – Romane (12e s.), puis remaniée au 17e, elle possède une belle nef du 13e s. voûtée en berceau brisé et abrite deux retables baroques. Son clocher, avec sa tour (de 17 m) à arcatures lombardes, autrefois utilisé comme tour de guet, est coiffé d'un gracieux campanile du 19e s.

Souterroscope de la Baume Obscure – *À la sortie sud de St-Vallier-de-Thiey en direction de St-Cézaire, prendre à droite la route du cimetière signalée « Grotte Baume Obscure ». Après le cimetière, la route non revêtue se poursuit sur 2 km avant d'atteindre un vaste parking en face d'une construction abritant la billetterie de la grotte. S'équiper de chaussures à semelles antidérapantes. Prévoir un pull :*

la température y est constante à 15 °C - 2600 chemin de Ste-Anne - ✆ 04 93 42 61 63 - www.baumeobscure.com - juin-août : tlj 10h-18h ; avr.-mai et sept.-nov. : tlj sf lun. 10h-17h ; fév.-mars : tlj sf lun. 10h-16h - fermé mi-nov.-janv. - 14 € (3-15 ans 11 €).
Équipé d'une lampe de sécurité confiée à l'entrée, suivez le fil bleu qui part du chalet pour accéder à la grotte. Ce véritable réseau souterrain a été mis en évidence en 1958 seulement, à cause des longs et étroits boyaux d'accès aux salles qui découragèrent les premiers découvreurs. Le parcours sécurisé (700 m) qui descend à 56 m de profondeur est ponctué de six animations et son et lumière. Le visiteur découvre dans les salles successives les vastes dômes, des multitudes de stalactites filiformes et les gours cascadants, issus de l'assèchement de petits lacs formés par les rivières souterraines.
Visite jeu type « chasse au trésor » *(13 €, 3-15 ans 10 €)*. Animations nocturnes *(juil.-août : départs de 16h à 19h, se rens. - 14 €, 3-15 ans 11 €).*

★★ Pas de la Faye

À 984 m d'altitude, **vue★★** splendide à l'ouest vers Grasse, le lac de St-Cassien, au sud vers les massifs de l'Esterel et des Maures et les îles de Lérins.

★ Belvédère de Baou Mourine

30mn AR - chemin fléché - départ parking de la Colette. On arrive à une terrasse d'où se découvre un beau **point de vue★** sur la vallée de la Siagne, le golfe de La Napoule, l'Esterel et les Maures.
Revenir à la D 6085 jusqu'à St-Vallier-de-Thiey et continuer en direction de Grasse.

Col du Pilon

Vue★★ aussi belle qu'au Pas de la Faye vers Grasse et la Méditerranée.

★ Le plateau de Caussols

Circuit tracé en orange sur la carte p. 242-243 - 30 km de St-Vallier-de-Thiey à Gourdon - 1h. Sortir au nord du village par la D 6085, puis prendre à droite la D 5.
La route s'élève à flanc de montagne en livrant une vue spectaculaire sur le bassin de St-Vallier. Après le **col de Ferrier**, changement de décor en basculant dans les Préalpes et le vallon boisé de Nans.
Laisser la route principale qui contourne la montagne de l'Audibergue et prendre à droite la D 12 signalée « Caussols ».
À une altitude moyenne de 1 000 m, le plateau est un rare exemple de **relief karstique** en France. Le côté nord présente un paysage de culture et de prairies grâce à l'apport de terre fertile ; en revanche, au sud, dans un secteur plus chaotique, une succession de dolines, gouffres ou avens offre un incroyable panorama de formes dissolues de calcaire. À proximité des cavités, le promeneur devra faire attention de ne pas glisser, particulièrement par temps de pluie. On peut d'ailleurs en observer un exemple impressionnant en empruntant la petite route à droite (au niveau du GR4) à la sortie du village de **Caussols**, à l'habitat très dispersé. Elle traverse le plateau pour atteindre les **claps★** (« pierres » en provençal), un remarquable chaos, dont l'absence de végétation aux alentours renforce le caractère minéral. Quelques cabanes en pierres sèches marquent la présence de l'homme.
Poursuivre vers Gourdon. Après 1,5 km à gauche un panneau indique « Observatoire de la Côte d'Azur » (route interdite la nuit pour ne pas perturber les observations).

Observatoire de la Côte d'Azur C2

2130 rte de l'Observatoire - station de Calern - ✆ 04 93 40 54 54 - www.oca.eu - juin-sept. - possibilité de visite guidée sur réserv. en ligne (2h) - 6 € (6-18 ans

Plateau de Caussols.
V. Trillaud/age fotostock

3 €) - pas de visite par temps d'orage.
Situé à 1200 m d'altitude, le **plateau de Calern** est un site unique du point de vue géologique, classé Natura 2000. Sa population se partage entre les moutons et les astronomes de l'observatoire, enfermés dans les installations qui occupent une partie du site. Il est accessible aux « amis-promeneurs » qui laisseront leur voiture sur le parking et pourront à loisir arpenter le plateau pour se gorger d'air frais et de vues sur la mer, les montagnes et la dépression de Caussols en contrebas. Ils ont plus de chances de croiser des cerfs ou des chevreuils qu'un scientifique. Créé en 1974, ce centre d'études et de recherches géodynamiques et astronomiques (d'où son ancien nom CERGA) est spécialisé dans le développement d'instruments modernes pour l'astronomie et l'observation des mouvements de la Terre.
Revenir à la D 12 et prendre la direction de Gourdon.
À 800 m environ, accès facile au chaos rocheux depuis le bord de la route. Plus loin, peu avant la fin du plateau et le col de l'Ecle, la route croise l'ancienne **voie romaine** sur laquelle il est aussi possible de s'avancer à pied pour s'engager dans le relief karstique.
La route redescend ensuite vers Gourdon en serpentant sérieusement, face à la mer, avec les voiles de la Marina-Baie-des-Anges, à Villeneuve-Loubet, en ligne de mire.

★ Gourdon C2

Pl. Victoria - 04 89 87 73 31 - www.gourdon06.fr.
Visite guidée gratuite du village toute l'année, sur réservation.
Dans un site exceptionnel, Gourdon « la **Sarrasine** », perchée sur son rocher contre l'abrupt plan de Caussols, surplombe de plus de 500 m le cours du Loup. À l'entrée du village, près des parkings *(stationnement gratuit)*, la **chapelle St-Pons** (12e s.) se dresse devant l'ancienne aire de foulage du blé réaménagée en jardin d'inspiration médiévale. Une légère montée mène au village auquel on accédait autrefois par une porte détruite à la fin du 19e s. Les ruelles sont bordées de vieilles maisons restaurées et animées par les ateliers d'artisans et les boutiques.

Prenez la rue de l'école qui mène à la **chapelle Ste-Catherine** et à la plus vieille maison de Gourdon (la maison du Chevalier), dont la porte est ornée de rinceaux sculptés dans le bois et la façade d'un beau cadran solaire. **L'église St-Vincent**, bâtie entre le 10e et le 12e s., renferme un bénitier d'origine et des reliques. Sous le maître-autel, des tombeaux de plusieurs seigneurs de Gourdon. Le **château** *(ne se visite pas)* a été bâti au 12e s. sur les soubassements d'une étonnante forteresse sarrasine. Restauré au 17e s., cet édifice massif est ceint de tours d'angle, plus basses que le corps du logis. Enfin, le clou du spectacle reste le **panorama★** sur la Riviera depuis la place Victoria.

Chemin du Paradis – *Dépliant disponible à l'office de tourisme.* Cet ancien chemin muletier relie Gourdon à Pont-du-Loup en 45mn, et Bar-sur-Loup en 1h15 par une portion du GR 51. Les paysages de falaises succèdent aux ressauts abrupts boisés et aux nombreux lacets qui mènent à l'ancienne route du chemin de fer de Provence.

Carnet pratique

S'informer

Office de tourisme – PLAN A1 (P. 267) - *18 place aux Aires - Grasse - ✆ 04 93 36 66 66 - www.paysdegrassetourisme.fr.*

Visiter

Visites guidées – La Maison du patrimoine organise des visites dans le cadre du label Ville d'art et d'histoire *(voir p. 267).*

Petit train – *Cours Honoré-Cresp - 06130 Grasse - ✆ 06 25 47 11 68 - ♿ - horaires variables selon la saison, consulter l'office de tourisme - fermé nov.-janv. - 6,50 € (-12 ans 3,50 €).* Parcours dans le centre durant env. 35mn avec audioguides scénarisés.

Se garer

Pour ne pas perdre votre temps, stationnez dans l'un des quatre parkings payants du centre-ville.

Se déplacer

Bus – *Pôle intermodal de Grasse (PIG) - rte de la Marigade - ✆ 04 97 01 12 98 - navette ttes les 15mn pour le centre-ville.* Les lignes Sillages *(sillages.paysdegrasse.fr)* circulent dans l'agglomération (Mouans-Sartoux, St-Vallier-de-Thiey...) ; les lignes ZOU assurent les liaisons interurbaines (Nice, Cannes...).

Nos adresses

Restauration

Premier prix

1 Café des Musées – PLAN A2 P. 267 - *1 r. Ossola - ✆ 04 92 60 99 00 - 9h-18h30 - plats 12/21 €.* Jolie petite terrasse à la sortie du musée international de la Parfumerie, ombragée sous la treille, idéale pour un déjeuner ou une pause gourmande. Petite salle rénovée dans un esprit déco.

Plats du jour, salades copieuses, bons gâteaux.

À proximité

Budget moyen

Le Petit Prince – *15 r. Frédéric-Mistral - Cabris - à 7 km de Grasse par la D 4 - ✆ 04 93 60 63 14 - www.lepetitprince-cabris.fr - fermé merc. soir et jeu. hors saison - plats 19/38 €, formule déj. 20 €, menu 30 € - réserv. conseillée.* Dissimulé derrière les platanes face au grand pré, ce restaurant possède une agréable salle intérieure, rustique et chaleureuse. Cuisine soignée aux saveurs provençales. Grande terrasse ombragée en saison.

La Cave – *20 r. de la Liberté - Mouans-Sartoux - 7 km au sud-est de Grasse par la rte de Cannes - ✆ 07 77 94 95 37 - 10h-23h - menu 30 € - réserv. conseillée.* Dans une petite rue paisible du village de Mouans, la propriétaire en cuisine travaille les légumes bio du potager, concocte avec passion ses plats aux accents régionaux et se fait toujours un plaisir de vous servir.

Au Vieux Four – *4 r. Basse - Gourdon - 15 km au nord de Grasse par la D 2085 et la D 3 - ✆ 04 93 09 68 60 - 12h-14h et aussi vend.-sam. 19h-21h - fermé merc.-jeu. - menu 38 €.* Charmante petite maison nichée dans le village. L'accueil est d'une rare gentillesse et l'ardoise du jour révèle une généreuse cuisine à l'accent du Sud, inspirée et parfumée.

Parfumerie

À Grasse

Fragonard - Usine historique – *20 bd Fragonard - ✆ 04 93 36 44 65 - www.fragonard.com - 9h-18h15.* Fondée en 1926, l'Usine historique crée parfums, savons, cosmétiques en associant respect de la tradition et techniques modernes : à découvrir lors de la visite guidée gratuite. Le **musée** retrace 5 000 ans d'histoire des parfums et expose de superbes objets. Vente à prix d'usine.

Fragonard - La Fabrique des Fleurs – *17 rte de Cannes - carrefour des Quatre-Chemins - ✆ 04 93 77 94 30 - www.fragonard.com - 9h-18h.* À 2 km de Grasse, cette usine dédiée aux parfums, savons et plantes aromatiques dévoile les secrets de la distillation. Superbe jardin. Visite guidée gratuite. Vente à prix d'usine.

Usine Galimard – *73 rte de Cannes - ✆ 04 93 09 20 00 - www.galimard.com - visite guidée (1h) - tlj à partir de 9h - gratuit.* Musée, laboratoire, atelier de conditionnement et boutique sont au programme de la visite de cette parfumerie créée en 1747.

Galimard - Studio des Fragrances – *5 rte de Pégomas - rd-pt des 4-Chemins - ✆ 04 93 09 20 00 - www.galimard.com - ♿ -* tlj sur réserv. préalable à 10h, 14h et 16h - *55 € cours de 1h30 à 2h, eau de parfum de 100 ml inclus (10 € pour un accompagnant).* Stages de création de parfums : durant deux heures, vous pourrez composer votre parfum (dont la formule est conservée en vue d'une nouvelle commande) et de repartir avec le flacon et un diplôme signé du maître parfumeur.

Parfumerie Molinard – *60 bd Victor-Hugo - ✆ 04 93 36 01 62 - www.molinard.com - 10h-18h - fermé 1er janv., 25 déc. - possibilité de visite guidée, dép. ttes les 30mn.* Cette parfumerie fondée en 1849 propose, en plus de la visite, des ateliers de découverte ou de fabrication de votre propre jus : le Bar des fragrances *(sans réserv., 20mn, 30 ml, 30 €)* ou l'Atelier des parfums, plus approfondi *(sur réserv., 1h, 50 ml, 69 €).*

À Gourdon

La Source parfumée – *Rue Principale - ✆ 04 93 09 68 23 - 10h-18h.* Grand choix de bougies parfumées et décorées de fleurs naturelles. Les parfums et eaux de toilette sont aussi conçus dans le cadre rustique de sa vieille distillerie, où les plus fines essences sont recueillies. Vente à prix de fabrique. Le **jardin** de 3 ha *(à 3 km du village, en descendant vers Le Bar-sur-Loup - tte l'année : possibilité de visite guidée sur réserv. - gratuit)* présente environ 350 plantes à parfum, médicinales et arbres méditerranéens.

Shopping

Espace Terroirs – *45 chemin des Castors (quartier St-Antoine, à la sortie de l'autoroute Cannes-Grasse) - ✆ 04 93 77 83 23 - www.espaceterroirs.com - tlj sf dim. 9h30-19h.* Un espace dédié aux productions locales et de qualité : miels Label rouge, huiles d'olive AOC, produits gourmands aux fleurs de la région (sirops, bonbons...).

À proximité

Le Moulin d'Opio – *2 rte de Châteauneuf - Opio - 8 km à l'est de Grasse par la D 7 - ✆ 04 93 77 23 03 - www.moulin-dopio.com - été : tlj sf lun. mat. 10h30-12h30, 15h-18h; reste de l'année : tlj sf dim.-lun. 9h30-11h30, 14h-17h - fermé j. fériés.* Depuis six générations, la famille Michel s'attache à préserver le passé de ce moulin (une partie du matériel date du 15e s.), tout en le modernisant. Boutique et visite.

Florihana – *Distillerie Les Grands Prés - Caussols - 24 km au nord de Grasse par la D 6085 et la D 12 - ✆ 04 93 09 06 09 - www.florihana.com - 9h-17h - fermé w.-end.* Sur le plateau de Caussols, ce fabricant vend les huiles essentielles issues de son domaine de 1000 ha, recouvert de lavandes sauvages, de thyms, de sarriettes...

Ste-Catherine – *R. de l'École - Gourdon - ✆ 04 93 09 68 89 - www.sainte-catherine.com - 10h-18h.* Dans cette boutique aux allures d'épicerie de village, on trouve des produits faits maison : confitures, fruits confits, herbes de Provence, objets en bois, vinaigres et moutardes aromatisés.

Activités

À Caille

Parc de la Moulière – *À Caille - 41 km au nord-ouest de Grasse, par la D 6085 - avr.-juin et sept.-oct. : w.-end; juil.-août : tlj.* Sur les pentes de la montagne de l'Audibergue, sur la commune de Caille, ce parc propose plusieurs activités de pleine nature *(payantes)* : parcours aventure, VTT, via souterrata *(voir ci-dessous).* Un snack et un télésiège pour monter au sommet de la piste de VTT complètent l'ensemble, idéal pour une journée en famille.

Via souterrata – *Parc de la Moulière - 2509 rte de la Plaine - Caille - ✆ 04 93 40 89 16 - www.nature-eveil.fr - tte l'année sur réserv. - 25 € (-12 ans 20 €) casque, combinaison, baudrier - enf. à partir 8 ans et d'1,35 m.* Cette via ferrata souterraine *(350 m, 2h)* initie à la spéléologie, à 45 m de profondeur, au milieu des galeries piquées de concrétions.

Hébergement

Pour se faire plaisir

La Vieille Ferme de Grasse – HORS PLAN - *45 chemin des Campanettes - ✆ 07 54 36 27 27 - www.lavieillefermedegrasse.com - fermé mi-sept.-mars - 3 ch. 150/200 €.* Cette maison d'hôtes occupe une ancienne bâtisse agricole du 18e s. Mobilier chiné, un minimum de contenants plastique, des produits d'entretien naturels, des matériaux du cru... La démarche écologique se retrouve jusque dans l'assiette et la décoration, car les propriétaires veillent à travailler avec des producteurs et artisans locaux.

À proximité

Premier prix

Chambre d'hôte L'Oustau de l'Agachon – *14 r. de l'Agachon - Cabris - 8 km à l'est de Grasse par D 11 - 04 93 60 52 36 - - 5 ch. à partir de 78 € (3 nuits mini).* Faites étape dans cette maison ancienne. Vous y trouverez des chambres sobres, au calme. Certaines d'entre elles, ainsi que le salon disposent d'une jolie vue sur le massif de l'Esterel et le lac de St-Cassien.

Budget moyen

Casabella – *45 av. de Cannes - Mouans-Sartoux - 7 km au sud-est de Grasse par la rte de Cannes - 04 92 98 63 43 - www.hotel-casabella.com - - 20 ch. 95/120 € - : 12 €.* Un excellent accueil, des chambres spacieuses à la tonalité contemporaine et à la propreté irréprochable. Vaste terrasse pour le petit-déjeuner, qui s'ouvre sur les collines environnantes. Bon rapport qualité-prix. Dans le même bâtiment, la **Table de Laurent** *(lun.-vend. 8h-22h, sam. 9h-15h - www.facebook.com/latabledelaurentmouanssartoux)* est un endroit agréable pour faire une pause autour d'un verre de vin local et prendre un bon repas composé d'une grande salade ou d'un plat du jour maison.

Pour se faire plaisir

Le Domaine des Tilleuls d'Or – *359 ch. des Traillières - St-Cézaire-sur-Siagne - 20 km à l'ouest de Grasse par D 13 - 06 76 73 28 27 - www.domainedestilleulsdor.com - - 2 ch. 125/145 € (2 nuits mini).* Engagée dans une démarche Nature & Progrès, cette ancienne bergerie du 18e s. située dans une oliveraie multi-centenaire propose des produits et des services 100 % naturels. La piscine offre une vue imprenable sur le massif des Maures et de l'Esterel. Un lieu intimiste et ressourçant, en pleine nature.

Une folie

Château de la Bégude – *Opio - 8 km à l'est de Grasse par la D 7 - 04 93 12 37 00 - www.chateau-begude.com - - 41 ch. à partir de 151 € - 29 €.* Cette bastide du 17e s. s'avère un lieu de séjour idéal pour les adeptes du golf ou du farniente au bord de la piscine. Chambres spacieuses dans la demeure ancienne, plus contemporaines dans la bergerie.

Vallée du Loup ★★

De la montagne de l'Audibergue où il prend naissance jusqu'à la Méditerranée, le Loup a taillé, dans son court trajet, l'une des plus belles gorges de la haute Provence. En remontant son cours, vous découvrirez l'une des vallées les mieux préservées de la région, avec ses routes en corniche, ses villages perchés et ses paysages très variés, entre vergers, pinèdes et hauts plateaux solitaires.

Tourrettes-sur-Loup.
aprott/Getty Images Plus

Se repérer

Alpes-Maritimes (06)

CARTE BD1-2 (P. 242-243). En remontant le cours du Loup, on traverse le pays de l'olivier puis celui de la neige, en passant par celui de l'oranger. Nous décrivons ici les circuits au départ de Vence vers les vallées supérieures et inférieures du Loup.

Organiser son temps

Accordez-vous une journée (pour les gorges) ou 2h (pour la haute vallée) pour profiter d'un cadre splendide qui évolue au fil de la route et de l'altitude.

En famille

La visite de la confiserie Florian au Pont-du-Loup.

Carnet pratique p. 282

Nos adresses p. 282

Circuits conseillés

CARTE DE MICRORÉGION

★★ Les gorges du Loup

Circuit tracé en bleu sur la carte p. 242-243 - 58 km au départ de Vence - environ une journée. Quitter Vence par la D 2210, direction Tourrettes-sur-Loup.
Dans un site verdoyant, la route longe de jolies maisons adossées aux *baous* sur des terrasses d'oliviers. Elle permet d'apprécier d'étonnantes vues sur Tourrettes, en surplomb sur son vallon.

★ Tourrettes-sur-Loup C2

2 pl. de la Libération - 04 89 87 73 30 - www.villagesvalleesdazur-tourisme.fr.
Visite guidée gratuite du village toute l'année, sur réservation.
Restauré et habité par des artisans, artistes et restaurateurs, Tourrettes-sur-Loup, le pays des violettes *(voir encadré p. 280)*, présente une succession de ruelles, de passages parfois voûtés, de petits escaliers où somnolent des chats. La **Grand'Rue**, bordée d'ateliers d'artisanat et de galeries d'art, traverse le village en arc de cercle et aboutit de l'autre côté de la place. En cours de route, un passage voûté permet de rejoindre une table d'orientation pour profiter d'un large **panorama★** sur la mer. De là partent de nombreuses randonnées *(dépliant disponible à l'office de tourisme)* mais également le chemin de ronde planté de figuiers de Barbarie. Au sommet du village, le château accueille la mairie et des expositions *(au 2e étage.)*
Sur la place de la Libération, l'**église** abrite un beau triptyque du 15e s. dont la facture évoque l'école des Brea : saint Antoine entre saint Pancrace et saint Claude. Remarquez également l'autel en bois doré de saint Antoine et l'autel de Mercure, gros bloc de calcaire gravé et datant du 3e s.
Traversez la route de Grasse, l'artère principale de Tourrettes-sur-Loup pour une pause rafraîchissante, près du **lavoir**. Adossé à une demi-cavité sous roche, il est alimenté par une source.
Chapelle St-Jean – *Rte de St-Jean - 04 93 24 18 93 - www.tourrettessurloup.com.* Au nord du village, la route St-Jean conduit à cette chapelle décorée en 1959 de fresques naïves par **Ralph Soupault**, représentant les Tourrettans dans leur quotidien. La cueillette de la violette se mêle aux scènes religieuses.
La Bastide aux violettes – *Chemin de la Ferrage - 04 93 59 06 97 - ♿ P - juin-sept. : 10h-12h30, 14h-18h ; oct.-mai : 10h-12h30, 13h30-17h30 - fermé dim. sf juil.*
Ce musée présente les méthodes de culture de la violette Victoria et les différents produits réalisés à partir de cette fleur délicate. Serre, boutique et atelier de confection de bouquets *(nov.-mars : sur réserv. - 3 €).*
Continuer sur la D 2210.
La route court en corniche sur la vallée du Loup, agrippée à des calcaires fissurés. On aperçoit le village perché du Bar-sur-Loup, puis le nid d'aigle de Gourdon.

5

Pont-du-Loup C2

La ligne de chemin de fer Nice – Meyrargues traversait ici l'entrée des gorges du Loup supérieur, sur un viaduc détruit en 1944, dont subsistent les ruines des piliers.
À l'entrée du village, prendre à droite la D 6.
La route s'engage dans les très belles **gorges du Loup★★**, taillées verticalement dans les montagnes et creusées d'énormes « marmites ». De tunnel en pont, vues saisissantes et différentes à chaque virage.

Bienvenue au pays de la violette

Depuis 1880, la violette a élu domicile sur les sols fertiles de Tourrettes-sur-Loup. L'ex super-star des violettes, la « Parme », a laissé place à la « Victoria », seule variété aujourd'hui cultivée. Il est très agréable de longer les parcelles colorées et odorantes, entre les mois d'octobre et de mars. Trois exploitations, réparties sur 6 ha, cultivent la violette, en plein air ou sous abri. Du 15 octobre au 15 mars, les fleurs sont récoltées en bouquets de 25 ; en fin de saison, quand la floraison est plus abondante, la fleur est cueillie sans la tige pour la confiserie (7 600 fleurs au kilogramme !). Début mai et fin juillet, la feuille est fauchée et livrée le jour même dans les usines de Grasse pour y être transformée et entrer dans la composition de nombreux parfums.

Dans un renforcement hémisphérique, avant le 2e tunnel, la **cascade de Courmes★**, discrète mais puissante, tombe entre deux blocs rocheux de 40 m sur un lit de mousse *(pas d'arrêt possible)*.
« **Saut du Loup** » – *Parking gratuit pour les visiteurs. 588 rte des Gorges - ☏ 04 93 70 51 55 - 10h-19h - 1 € (-11 ans gratuit).* Au milieu d'une abondante végétation, une énorme pierre mégalithique signale l'entrée du site privé. Vous pourrez y admirer depuis un promontoire la « grande marmite », magnifique excavation résultant d'érosions marines et glaciaires du tertiaire et du quaternaire, où tournoient furieusement les eaux du Loup au printemps ; les **cascades des Demoiselles**, dont les embruns fortement imprégnés de carbonate de chaux calcifient les mousses et les végétaux avoisinants.
Peu avant le **pont de Bramafan**, prenez à gauche à angle aigu la D 3 qui, jusqu'à Gourdon, offre des **vues★** remarquables sur le fond des gorges et le village de Courmes. À mesure que l'on s'élève, on s'approche du plan de Caussols et la végétation se raréfie.
Du surplomb aménagé dans un lacet à droite *(signalé par un panneau)*, la **vue★★** sur les gorges encaissées est de toute beauté ; un peu plus loin, elle s'élargit jusqu'à la mer.

★ Gourdon *(voir p. 273)*

Descente surprenante sur le flanc du plan de Caussols par la D 3 vers **le Pré-du-Lac**, avec, en arrière-plan, de superbes vues sur la Méditerranée. La route (D 2210) offre des virages serrés et un émerveillement différent à chaque tournant : vue plongeante sur les gorges du Loup et les montagnes aux flancs abrupts.
Après Gourdon, tourner à gauche dans la D 2210.

★ Le Bar-sur-Loup C2

ⓘ Pl. de La Tour, dans l'hôtel de ville - ☏ 04 93 48 72 21 - www.lebarsurloup.fr - www.villagesvalleesdazur-tourisme.fr.
Regardant la vallée du Loup du haut de sa colline, ce vieux bourg est entouré de terrasses d'orangers. Les rues étroites du vieux village s'enroulent autour du **château** des comtes de Grasse (16e s.), massivement cantonné de tours rondes et portant les restes d'un donjon. En 1722, l'**amiral de Grasse** y naquit. Il s'illustrera comme l'un des hommes forts de l'indépendance des États-Unis d'Amérique en 1781, en remportant la célèbre bataille navale de la baie de Chesapeake.
Les **remparts** du 10e s. (ancienne place fortifiée de la rue de Santoun à la rue du Ribas) et du 15e s. (rue Estrabary) sont encore visibles, tout comme une poterne

percée dans la muraille, la « porte Sarrasine ». Place de l'église, la **vue★** porte en enfilade sur les gorges du Loup et le massif du Cheiron.

Église St-Jacques-le-Majeur – *Clefs de l'église disponible à l'office de tourisme.* Encastrée au pied du clocher se trouve une pierre funéraire venant d'un tombeau romain. Remarquez en entrant les magnifiques **vantaux** du portail gothique, sculptés, pense-t-on, par Jacotin Bellot, l'auteur des stalles de Vence *(voir p. 312).* Au maître-autel se déploie un grand **retable★** de **Louis Brea** : très bel ensemble composé de 14 tableaux peints sur fond d'or. La tribune abrite une étonnante peinture sur bois du 15e s., la **Danse macabre★**. Selon la légende, un comte de Bar aurait donné un bal en plein carême, et, châtiment céleste, les invités sont morts au cours de leurs ébats.

En dépassant le village, accroché à la colline et qui domine de ses 350 m d'altitude la moyenne vallée du Loup, prenez à droite la D 6 qui longe parfaitement le cours inférieur du fleuve. En atteignant le vallon de la Miagne (affluent du Loup), beau **point de vue** sur le Loup qui décrit un méandre encaissé et sur l'abrupt des Préalpes de Grasse se profilant au dernier plan. Après un passage en corniche, la route descend au fond de la vallée.

La Colle-sur-Loup D2

10 av. de Provence - 04 93 32 68 36 - www.lacollesurloup-tourisme.com.

Agréable villégiature dans une plaine consacrée à la culture des fleurs et aux vergers, au pied des collines de St-Paul. Le nom du village est tout simplement issu du latin *collis*, « colline ». Celle-ci fut peuplée par les « banlieusards » de St-Paul lors du resserrement de la ville dans ses remparts par François Ier. Depuis, ils sont devenus antiquaires *(rue principale Y.-Klein, rues Foch, Clemenceau, Joffre, Leclerc et sur le chemin des Allègres)*. Beau point de vue sur St-Paul depuis l'avenue de l'ancienne gare.

Rive du Loup – *Chemin de la Fuontsanta - 04 93 32 68 36 - - 45mn AR - brochure gratuite disponible à l'office de tourisme avec 4 autres itinéraires de balades.* Belle promenade au bord du Loup offrant un superbe panorama sur les gorges profondes et spectaculaires (appelées ici canyon de St-Donat).

Prendre la D 7 vers St-Paul-de-Vence.

★★ St-Paul-de-Vence *(voir p. 316)*

Par la D 2, puis la D 236, rentrer à Vence.

Entre St-Paul-de-Vence et Vence, on retrouve les parois abruptes des *baous*, laissant à l'ouest les Préalpes de Grasse.

★ La haute vallée du Loup

Circuit tracé en rouge sur la carte p. 242-243 – 25 km - environ 2h.

Du **pont de Bramafan**, la D 3 remonte la haute vallée du Loup, promettant un parcours splendide et réservant de superbes perspectives sur Gréolières *(D 2 à gauche).*

Gréolières C1

Route de Font Rougière – 04 89 87 73 34 – www.greolieres.fr.

Visite guidée gratuite du village toute l'année, sur réservation.

Village perché au pied des barres du Cheiron ; au nord, on voit les ruines de Haut-Gréolières, et au sud, les restes d'un important château fort (pans de murs). Ruelles très étroites, particulièrement « l'Androne » qui n'excède pas 70 cm de large, qui mènent toutes sur des placettes ensoleillées. L'église présente une façade romane et un clocher trapu.

5

Suivre la D 2, en direction de Gréolières-les-Neiges (à 18 km).
La route remonte la vallée taillée en gorge et traverse, sous de courts tunnels, de fantastiques rochers : elle surplombe alors le Loup de plus de 400 m.
La **clue de Gréolières★**, très prisée des amoureux de canyoning, a été ouverte par un torrent affluent du Loup : sur ses versants arides et troués de marmites de géants, se dressent de curieux rochers dolomitiques.
La route débouche ensuite sur le **Plan-du-Peyron**, large plateau alluvionnaire.
À Plan-du-Peyron, prendre à droite la D 802, bonne route qui escalade les flancs de la montagne du Cheiron jusqu'à la station de ski de Gréolières-les-Neiges (voir « Nos adresses »).
Superbes **vues** vers l'ouest et le nord.
Redescendre par le col de Vence (voir p. 314) ou par les gorges du Loup.

Carnet pratique

S'informer

Tourrettes-sur-Loup, Gourdon, Le Bar-sur-Loup et La Colle-sur-Loup sont dotés d'un office de tourisme *(voir ci-avant)*.

Agenda

Fête des violettes – Week-end fin février ou début mars (selon la floraison) à Tourrettes-sur-Loup. Marché provençal, visite d'exploitations, corso fleuri, ateliers de bouquets de violettes...

Fête de l'oranger – Chaque lundi de Pâques, Le Bar-sur-Loup perpétue la fête qui clôturait la cueillette de la fleur d'oranger, culture principale du village autrefois : marché, distillations...

Nos adresses

Restauration

Premier prix

Crêpe par'Tea – *14 av. Georges-Clemenceau - La Colle-sur-Loup - ℘ 04 92 11 05 27 - fermé dim. soir, lun.et mar. soir - moins de 15 €.*
Dans cette crêperie située au centre du bourg, on préférera la première salle, plus animée et plus claire. Une adresse décontractée, qui reste ouverte tout l'après-midi.

Budget moyen

Auberge des Gorges du Loup – *Le Pont-du-Loup - Tourrettes-sur-Loup - ℘ 04 93 59 38 01 - www.auberge-gorgesduloup.com - fermé dim. soir, lun., de mi-nov. à mi-déc. et de mi-janv. à mi-fév. - plats 17/35, menu 26/41 €.*
Joliment flanquée de palmiers et de cyprès, cette auberge vous accueille dans une grande salle à manger qui fleure bon la tradition. Cuisine simple, pour des prix très abordables. Agréable terrasse aux beaux jours.

Shopping

Confiserie des Gorges du Loup (Florian) – *Le Pont-du-Loup - Tourrettes-sur-Loup - ℘ 04 93 59 32 91 - www.confiserieflorian.com - été 9h-19h, reste de l'année : lun.-sam. 9h-13h, 14h-18h et dim. 10h-13h, 14h-18h.*
Cette confiserie artisanale, fondée en 1949, propose la visite guidée de ses ateliers de fabrication où s'élaborent fruits confits, fleurs cristallisées et bonbons

acidulés *(visite 15mn suivie d'une dégustation).*
Le Travail du Bois d'Olivier, Dubosq & Fils – *4 et 8 Grand-Rue - Tourrettes-sur-Loup - ✆ 06 24 34 29 35 - www.boisdolivier.eu - tte l'année : 14h-17h30.* Guillaume Dubosq perpétue la tradition familiale, façonnant ses pièces de vaisselle en bois d'olivier dans un esprit contemporain.

Activités

Canyoning

Destination Nature – *Tourrettes-sur-Loup - ✆ 06 86 66 35 49 - www.canyoning06.com.* Ce spécialiste des gorges installe sa base en juillet-août au camping des Rives du Loup *(9h-18h - reste de l'année sur réserv.).*

Ski

Gréolières-les-Neiges – *www.greolieres.fr.* La plus méridionale des stations alpines de sports d'hiver (1800 m en haut des pistes) est facilement accessible. Elle réunit 10 remontées dont 1 télésiège, 30 km de pistes et 30 km de parcours de fond.

Hébergement

Premier prix

Chambre d'hôte La Cascade – *635 chemin de la Cascade - Courmes - 17 km de Tourrettes-sur-Loup par la D 2210 et la D 6 - ✆ 04 93 09 65 85 ou 06 14 16 15 65 - www.cascade06.fr - 5 ch. à partir de 75 € - repas 27 €.* Près de la cascade de Courmes, au milieu d'un terrain de 4 ha agrémenté d'une belle piscine, ancienne bergerie restaurée, aux chambres simples et propres. Les amoureux de calme et de nature apprécieront.

Chambre d'hôte La Bastide de St-Donat – *1179 rte du Pont-de-Pierre, parc St-Donat - La Colle-sur-Loup - ✆ 04 93 32 93 41 - www.bastide-saint-donat.com - 2 ch. 65/95 €.* La façade en pierre de cette bergerie de 1850 ne laisse rien soupçonner des richesses décoratives intérieures. Tons pastel, poutres et beaux meubles dans les chambres restaurées à l'ancienne. Terrasse bercée par le doux murmure d'une rivière.

Budget moyen

Chambre d'hôte Le Clos de St-Paul – *71 chemin de la Rouguière - La Colle-sur-Loup - ✆ 04 93 32 56 81 - www.leclossaintpaul.com - 3 ch. 85/130 € - petite villa 115/140 €.* La villa, située dans un quartier résidentiel au pied du village de St-Paul, est un véritable havre de paix. Chambres classiques en rez-de-jardin. Copieux petits-déjeuners. Coin cuisine à disposition.

Pour se faire plaisir

Chambre d'hôte Le Mas des Cigales – *1673 rte des Quenières - Tourrettes-sur-Loup - ✆ 04 93 59 25 73 - www.lemasdescigales.com - 5 ch. 155 € - repas sur réserv. 35 € bc.* Le plus dur est de quitter cette belle villa entourée d'un jardin. De la terrasse qui borde la piscine, vous découvrirez en contrebas une petite cascade et la mer au loin. Chambres confortables et bien aménagées. Tennis.

Mougins ★

Dans un site extraordinaire de verdure, Mougins, juché sur sa colline, s'aperçoit de loin. Son visage provençal et médiéval n'a pas changé depuis le temps où le village était plus important que Cannes : ses rues étroites, aux maisons qui s'enroulent en colimaçon, abritent aujourd'hui galeries et ateliers. Les artistes furent nombreux à succomber, dont le plus célèbre fut Picasso, qui passa ici les douze dernières années de sa vie, et y mourut le 8 avril 1973.

Se repérer

19 945Mouginois – Alpes-Maritimes (06)

CARTE C3 (P. 242-243).

Entre Cannes (à 6 km) et Grasse (à 11 km) par la D 6285.

À ne pas manquer

Le centre de la Photographie.

Organiser son temps

Consacrez une demi-journée à Mougins avant d'apprécier le site de l'ermitage Notre-Dame- de-Vie.

Carnet pratique p. 287

Nos adresses p. 287

Se promener

Le vieux Mougins

Des vestiges de remparts, qui datent de l'ancien fief des abbés de Lérins, marquent la limite piétonne du village.

Partez de la place du Commandant-Lamy repérable à sa fontaine et surtout à l'animation des terrasses de restaurants, et terminez votre promenade place des Patriotes qui offre un beau **panorama★** sur les montagnes de l'arrière-pays (table d'orientation).

Espace culturel

Pl. du Cdt-Lamy - ✆ 04 92 92 50 42 - www.mougins.fr - fermé pour travaux en 2022. L'ancienne chapelle St-Bernardin des Pénitents blancs abrite les salles du conseil municipal, des mariages et des expositions temporaires.

Centre de la Photographie

43 r. de l'Église - ✆ 04 22 21 52 12 - www.centrephotographiemougins.com - avr.-oct. : tlj sf mar. 10h-20h ; nov.-mars : tlj sauf lun.-mar. : 13h-18h - 6 €, -18 ans gratuit. Ce nouveau centre dédié à la photographie contemporaine, dans la lignée de l'ancien musée de la Photographie, occupe aujourd'hui l'ancien presbytère dont l'enceinte extérieure a été préservée. À l'intérieur, trois niveaux, modulables selon les besoins, accueillent des expositions temporaires renouvelées plusieurs fois dans l'année. Résidence d'artistes. Ateliers possibles *(se rens.)*.

Musée d'Art classique de Mougins (MACM)

32 r. Commandeur - ✆ 04 93 75 18 22 - www.mouginsmusee.com - ♿ - de fin juin à fin sept. : 10h-20h ; reste de l'année : 10h-18h - 14 € (-10 ans gratuit).
C'est un homme d'affaires britannique, résidant à Mougins, qui est à l'origine de ce musée installé dans une maison rénovée à l'entrée du village. Passionné d'art

Vue aérienne de Mougins.
fotodrone-mouginstourisme/Ville de Mougins

antique, il expose une partie de ses collections : un impressionnant ensemble d'armures et de casques, des pièces de monnaie, des vases, des bustes, des sarcophages… Le tout ambitionnant de dresser un panorama du monde antique égyptien, grec et romain et de montrer son influence sur l'art moderne et contemporain illustré par des peintures, dessins et sculptures (Picasso, Matisse, Chagall, Dufy, Cézanne, Rodin, Dalí, Andy Warhol ou Damien Hirst). Surprenant en un mot.

À proximité

CARTE DE MICRORÉGION P. 242-243

Ermitage Notre-Dame-de-Vie C3

Quitter Mougins au nord-est par la D 235, puis prendre à droite la D 35 ; 400 m plus loin prendre à gauche le chemin de la chapelle (voie étroite en sens unique). Chemin de la Chapelle - ✆ 04 92 92 14 00 - www.mougins.fr - juil.-août : 10h-12h30, 14h-19h ; mai-juin et sept. : w.-end 10h-12h30, 14h-19h ; reste de l'année : dim. 10h-16h - gratuit - pique-nique interdit.

La beauté du **site★** est frappante : l'ermitage, du haut de sa prairie, laisse échapper entre ses gigantesques cyprès une **vue★** divine sur Mougins et un paysage à l'allure toscane. Belle croix de pierre du 15e s. sous les arbres, à droite de l'ermitage. On comprend que Picasso ait choisi ce lieu pour y vivre ses dernières années (de 1961 à 1973), avec sa femme Jacqueline. Cachée dans la verdure et jouxtant l'ermitage, sa propriété, « l'antre du minotaure », devint un lieu de création et de rencontres artistiques.

La **chapelle** date du 17e s. ; sa tour est surmontée d'un clocheton de tuiles vernissées. Notre-Dame-de-Vie était « sanctuaire de répit ». On y amenait, parfois de fort loin, des enfants mort-nés : pendant la messe, ceux-ci étaient censés ressusciter provisoirement, le temps d'être baptisés. La collection d'ex-voto naïfs et le beau retable de l'Assomption, sculpté bleu et or, sont visibles à travers une paroi vitrée. L'ermitage (1613) abrite aujourd'hui un espace muséographique : « Le Trésor de Notre-Dame-de-Vie » qui retrace l'histoire singulière de la chapelle. Les étages

On vous emmène au fil du canal de la Siagne...

Le canal de la Siagne reliant le barrage de St-Cézaire à Cannes offre l'occasion d'une balade bucolique et rafraîchissante à Mougins. Guère plus large qu'un gros ruisseau, il est bordé d'un sentier qu'on peut rejoindre entre autres à partir de la chapelle Notre-Dame-de-Vie *(voir p. 285)* dont l'allée de cyprès dispense un agréable ombrage. Pour l'anecdote, le mas où Picasso finit ses jours se trouve entre le site et le canal, que l'on rejoint en prenant le chemin en contrebas de la chapelle. On se dirige ensuite vers le hameau du Guillet tout en profitant du calme ambiant, du bruissement des feuilles, du chant de l'eau et de beaux points de vue. Après une vingtaine de minutes de marche, près du petit pont, on bifurque et on monte en direction de l'étang de Fontmerle, l'endroit parfait pour une pause pique-nique ou une petite sieste *(voir ci-dessous)*.

Départ parking de la chapelle, 501-869 chemin de la Chapelle.

Tous les itinéraires : mouginstourisme.com.

présentent une collection de photographies de Picasso prises à Notre-Dame-de-Vie par son ami et photographe Lucien Clergue.

Étang de Fontmerle C3

À 3 km par la D 35 en direction du golf, puis, au rond-point, suivre l'avenue de Grasse et, à droite, la promenade de l'Étang.

Cet étang de 5 ha, en bordure du **parc départemental de la Valmasque** *(voir p. 308)*, a été réaménagé, protégé et peuplé de lotus *(Nelumbo nucifera)*. Occupant la moitié de sa superficie, ils constituent la plus importante colonie européenne de cette plante sacrée qui fleurit entre juillet et mi-septembre. Les oiseaux migrateurs (aigrettes, hérons cendrés, canards) font escale ici. Un point d'observation a été aménagé pour les amateurs.

Carnet pratique

S'informer

Office de tourisme – *39 pl. des Patriotes - Mougins - ✆ 04 92 92 14 00 - mouginstourisme.com.* Balade audioguidée, et plusieurs visites guidées thématiques.

Se garer

Parkings à l'extérieur du village.

Nos adresses

Restauration

Budget moyen

L'IKI. T – *1028 av. N.-D.-de-Vie - ✆ 04 93 90 02 77 - 10h-19h (21h jeu.-sam.) - fermé dim. - plats 20/23 €.* La Bastide du Moulin de Mougins abrite cette petite adresse concept-store qui propose une cuisine, essentiellement bio, soucieuse de s'approvisionner en circuit court tout en jouant sur des saveurs exotiques puisque Bali est à l'honneur. À la belle saison, on déguste planches, tartines, poke bowl et autres les pieds dans l'herbe.

Pour se faire plaisir

L'Amandier de Mougins – *48 av. Jean-Charles-Mallet - ✆ 04 93 90 00 91 - www.amandier.fr - 12h-14h, 19h-22h - plats 28/38 €, formule déj. 25 € - menu 38/60 €.* Aux portes du village, le restaurant s'est installé dans un ancien pressoir du 14e s. qui constitue une halte plaisante, dans un esprit campagne chic. Appétissante cuisine niçoise. Charmante terrasse.

Une folie

La Place de Mougins – *41 pl. du Cdt-Lamy - ✆ 04 93 90 15 78 - www.laplacedemougins.fr - fermé mar.-merc. - menu 75 €.* Sur la place du village, évidemment ! Dans ce charmant restaurant règne une atmosphère chic et cosy, tandis qu'en cuisine, c'est l'ébullition autour d'un chef créatif et passionné ; chaque mois, il met en valeur un produit de saison, magnifiant la truffe, l'asperge, etc.

Petite pause

Un moment chez Mémé – *461 av. St-Basile - ✆ 09 81 86 69 75 - www.unmomentchezmeme.fr - 8h-19h, sam. 10h-19h - fermé dim.-lun.* Un café-librairie au charme anglo-saxon, lancé par une Française et un Canadien, où l'on prend le temps de vivre. Idéal pour un thé accompagné d'une part de tarte ou encore un verre avec une planche à picorer.

En soirée

La Réserve – *28 av. de la Victoire - ✆ 04 93 75 50 69 - www.mougins luxuryretreats.com - 17h-23h.* Regardez le coucher de soleil depuis la terrasse ou la piscine de ce boutique-hôtel en dégustant cocktails et tapas.

Vallauris

À deux pas de la mer, cette commune s'étend largement sur ses douces collines. Rasée en 1390, la vieille ville fut reconstruite en damier au 16e s. et repeuplée de familles génoises. L'activité traditionnelle de la ville, la poterie, déclinait lorsque Picasso lui insuffla un sang nouveau. La vogue qui en découla contribua à une urbanisation accélérée. Fière de sa Biennale internationale qui a plus d'un demi-siècle d'existence, Vallauris s'affiche sans conteste comme la « Ville française de la céramique ».

Se repérer

26 038 Vallauriens – Alpes-Maritimes (06)

CARTE C3 (P. 242-243).

Vallauris et Golfe-Juan, qui forment une seule et même commune, sont distants de 2 km par la D 135.

À ne pas manquer

Le musée Magnelli, musée de la Céramique et les ateliers de poterie.

Organiser son temps

Accordez la matinée à la visite du village. En saison, poursuivez par un après-midi dédié au farniente ou aux sports nautiques à Golfe-Juan.

Carnet pratique p. 291

Nos adresses p. 291

Découvrir

★ Musée Magnelli, musée de la Céramique

Pl. de la Libération - ✆ 04 93 64 71 83 - www.vallauris-golfe-juan.fr - juil.-août : 10h-12h30, 14h-18h ; reste de l'année : tlj sf mar. 10h-12h15, 14h-17h - 6 € (-18 ans gratuit).

Avec ses quatre tours rondes coiffées en poivrière, le château, reconstruit au 16e s., est un rare exemple d'architecture Renaissance en Provence. De son ancêtre, l'ancien prieuré des moines de Lérins qui possédaient la ville, ne reste que la chapelle du 12e s. Le château est devenu un espace muséal.

Musée Magnelli – *Dans le château.* L'importante **donation Alberto Magnelli** (1888-1971), peintre né à Florence mais français d'adoption, retrace l'évolution de son œuvre : depuis ses larges aplats figuratifs aux couleurs pures, à l'abstraction *(Explosion lyrique)* qu'il abandonne dans les années 1920 pour y revenir définitivement en 1931 *(Attention naissante, Rien d'autre, Volontaire n° 3).*

Musée de la Céramique – *Dans le château.* Les créations contemporaines, issues des Biennales internationales de la céramique d'art ou liées à des expositions temporaires, sont présentées dans les étages.

Un bel escalier à balustres mène aux étages où vous verrez des céramiques de **Picasso**. L'artiste se passionna pour cet art en 1946, alors qu'il habitait Golfe-Juan où il rencontra les Ramié, propriétaires de l'atelier Madoura, chez qui il alla décorer ses propres pièces. Parmi les 4 000 œuvres originales qu'il créa en vingt ans, quelques-unes sont exposées dans les salles voûtées : superbes ou fantaisistes, elles sont la géniale synthèse de son art de la peinture et de la sculpture à travers des formes humaines ou animales.

Céramiques.
stocknshares/Getty Images Plus

La production culinaire traditionnelle de Vallauris, jadis appelée terraille, composée de pignates et de poêlons, est présentée dans l'ancienne cuisine des moines de Lérins. Enfin, vous découvrirez la céramique Art nouveau avec l'œuvre superbe des **Massier**, ainsi que quelques pièces Art déco *(en dehors des expositions temporaires)*.
Musée national « La Guerre et la Paix » – *Dans la chapelle.* Réalisée par **Picasso** en 1952 et donnée à l'État en 1956, cette unique composition *La Guerre et la Paix* remplit de son intensité le vestibule de la chapelle romane. Dans un cheminement narratif puissant, deux panneaux se confrontent : dans l'un, dominé de noir, des envahisseurs foulent les symboles de la civilisation, juste (balance) et pacifique (colombe). L'autre est une explosion de couleurs vives où les personnages savourent les joies innocentes de la paix et s'adonnent aux travaux féconds. *Les Quatre Parties du monde* occupe le mur du fond.

Au commencement était l'argile

Les Romains, les moines, puis les Génois exploitent la riche terre argileuse des environs et font de Vallauris un centre de céramique culinaire. Aux 18e et 19e s., de grandes familles font la réputation de la ville avec le fameux décor provençal uni de belles couleurs vernissées ou orné de magnifiques jaspures. La poterie est alors exportée par dos de mulet et par mer.
La céramique d'art apparaît au 19e s. avec les **Massier**, brillants façonneurs Art nouveau, et la vogue des modèles naturalistes représentant des animaux ou des fleurs. Au 20e s., c'est l'âge d'or d'une riche production décorative incarnée par des céramistes tels les Ramié, Derval, Capron, Picault... bientôt rejoints par Picasso et, avec lui, d'artistes qui s'essayèrent à cette technique : Matisse, Chagall, Brauner, Jean Marais pour ne citer que les plus connus.

Espace Jean-Marais

3 av. des Martyrs-de-la-Résistance - www.vallauris-golf-juan.fr - ouvert à l'occasion d'expositions temporaires et des Journées du patrimoine.

Dans l'ancienne galerie de l'artiste, vous découvrirez une autre facette de Jean Marais à travers ses sculptures, peintures et céramiques (une centaine d'œuvres originales), qui rappellent l'univers des films de Jean Cocteau dans lesquels l'acteur joua *(La Belle et la Bête, Orphée)*.

À proximité

CARTE DE MICRORÉGION P. 242-243

Golfe-Juan CD3

Av. des Frères-Roustan - ✆ 04 93 63 73 12 - www.vallaurisgolfejuan-tourisme.fr.

Ce petit port de pêche se développa durant la seconde moitié du 19e s. en exportant les céramiques culinaires faites dans la région.

Avec ses 3 km de sable fin et ses activités nautiques, Golfe-Juan est devenue une station très fréquentée. Les plages (publiques et privées) s'étendent de part et d'autre du Vieux Port, où sont ancrés les « pointus » à la proue surmontée d'une roue pour remonter les filets, et du complexe Camille-Royon réservé exclusivement à la plaisance. Sa rade, bien abritée par les collines fleuries de Vallauris, le cap d'Antibes et les îles de Lérins forme un excellent mouillage.

Carnet pratique

S'informer

Office de tourisme – *4 av. Georges-Clemenceau - Vallauris - ✆ 04 93 63 18 38 - www.vallaurisgolfejuan-tourisme.fr.*

Se garer

Parking en haut de la ville (au-dessus du château) ou en bas (à côté de la maison du tourisme).

Agenda

Biennale internationale des céramistes d'art– *www.vallaurisgolfejuan-tourisme.fr.* De juillet à novembre les années paires, dans différentes salles d'exposition de la ville. Axée sur l'art contemporain, elle culmine lors du concours de créateurs.

Fête de la St-Pierre et de la Marine – Le 1er week-end de juillet, la pêche et les pêcheurs sont en fête à Golfe-Juan.

Festival Jean Marais – En juillet, au théâtre de la Mer (Golfe-Juan) entièrement dédié au théâtre.

Fête de la St-Sauveur – Le 1er week-end d'août. Défilé, procession aux flambeaux, corso, messe solennelle... Les festivités s'achèvent sur l'embrasement du pin de la St-Sauveur.

Fête de la poterie – 2e dimanche d'août. Démonstrations de tournage, portes ouvertes dans les ateliers d'art, stands de fabrication et de décoration pour les enfants, cuisson raku.

Nos adresses

Restauration

Budget moyen

Café du Coin – *16 pl. Jules-Lisnard - ✆ 04 92 90 27 79 - 12h-14h, 19h-22h - fermé lun., dim. soir et de mi-nov. à mi-déc. - plats env. 16/26 €.* Une charmante adresse où se nourrir l'esprit en regardant la chapelle de la Miséricorde, agréablement installé à la terrasse, et le corps, après avoir étudié l'ardoise des plats du jour renouvelés selon le marché.

Le Clos Cosette – *1 av. du Tapis-Vert - ✆ 04 93 64 30 64 - www.lecloscosette.com - 12h-14h, 19h30-22h30 - plats 15/24 €, formule déj. 17,50 €.* En dépit d'un extérieur assez banal, ce restaurant du centre-ville abrite un salon d'accueil spacieux. À côté, la salle à manger offre le charme des murs en pierres sèches rehaussés de dessins et de tableaux. Cuisine traditionnelle, variant au gré des produits du marché, mais de qualité constante.

Hébergement

Une folie

Hôtel de la Mer – *226 av. de la Liberté - ✆ 04 93 63 80 83 - www.hotelmer.com - ✕ P ≋ - 34 ch. 190/200 € - ☕ 12 €.* Pour pallier la proximité de la route, les chambres, sobres et actuelles, sont bien insonorisées et tournées sur l'arrière du bâtiment ; certaines ont un balcon côté piscine ou mer.

Blanc Sable Hôtel – *6 imp. Beau-Soleil - ✆ 04 93 63 63 63 - www.blancsablehotel.com - ≋ ᯤ - 30 ch. à partir de 160 €.* Un boutique hôtel très épuré aux chambres claires et contemporaines. Certaines ont vue sur mer. Vous pourrez aussi troquer l'eau salée et le sable contre l'eau douce et la terrasse aménagée de la piscine. Bar

5

Antibes - Juan-les-Pins ★★

Antibes est bâti entre deux anses : St-Roch, où vous déambulerez sur le port de plaisance, et la Salis, où vous lézarderez sur la plage, après une flânerie dans les ruelles de la vieille ville. Mais vous ne résisterez pas longtemps à l'appel du cap, piqueté de villas de rêve, où le sentier du littoral invite à prendre le large et le phare de la hauteur. Pour retrouver l'effervescence balnéaire et goûter aux soirées animées, Juan-les-Pins, connu des amateurs de jazz pour son Festival international, sera tout indiqué. Trois facettes qui en font un incontournable entre Cannes et Nice.

Se repérer

72 071 Antibois – Alpes-Maritimes (06)

CARTE D3 (P. 242-243).

Antibes, qui ne forme qu'une seule commune avec Juan-les-Pins, est 11 km à l'est de Cannes et 22 km à l'ouest de Nice par la D 6007. Trajet plus rapide par l'A 8 *(payante)*. La vieille ville se serre contre le rivage, au sud du port. Le boulevard Wilson traverse l'agglomération jusqu'au cœur de Juan-les-Pins, de l'autre côté de la presqu'île.

À ne pas manquer

Le musée Picasso, le cap d'Antibes.

Organiser son temps

Débutez votre journée par une balade dans la vieille ville et le long des remparts où vous découvrirez le musée Picasso. De là, promenez-vous jusqu'au bastion St-André qui abrite le musée d'Archéologie. Poursuivez par la découverte du cap d'Antibes avant de rejoindre les belles plages de Juan-les-Pins.

En famille

Le musée Peynet et du Dessin humoristique ; Marineland.

Carnet pratique p. 301

Nos adresses p. 302

Se promener

★ La vieille ville d'Antibes PLAN II

Circuit tracé sur le plan de ville p. 295.

Une grande partie du vieil Antibes est désormais interdite à la circulation automobile.

Port Vauban CD1

Maupassant faisait escale ici avec son *Bel-Ami*... Devenu l'un des premiers ports de plaisance de la Méditerranée, c'est une forêt de mâts cliquetant. Le contraste ne vous échappera pas entre les embarcations du quai des Pêcheurs et les yachts du quai des Milliardaires ! Accolée aux remparts, l'esplanade du **bastion St-Jaume**, accessible par une courtine, offre un **panorama★★** jusqu'à Nice, avec les Alpes enneigées une partie de l'année en toile de fond. Comme le *Nomade*, sculpture monumentale de Jaume Plensa, vous contemplerez d'un côté le fort Carré dans son écrin de verdure, de l'autre la vieille ville derrière son rempart, et au-delà le cap d'Antibes d'où émerge le phare de la Garoupe.

Le vieil Antibes, place Mariejol.
RossHelen/Getty Images Plus

De retour au port, entrez dans la vieille ville par la **porte marine** (18e s.), puis suivez la rampe des Saleurs *(à gauche).*

Promenade Amiral-de-Grasse D1-2

Elle se déroule sur la seule partie des **remparts** restée intacte depuis le 17e s., et longe en contrebas la cathédrale et le château Grimaldi, devenu le musée Picasso. Au terme de la promenade, la terrasse du **bastion St-André**, qui abrite le musée d'Archéologie, offre une jolie vue sur le cap d'Antibes.

★ Musée d'Archéologie D2

Bastion St-André - ✆ 04 93 95 85 98 - www.antibesjuanlespins.com - ♿ - fév.-oct. : tlj sf lun. 10h-12h30, 14h-18h; reste de l'année : tlj sf dim.-lun. 10h-13h, 14h-17h - horaires sujets à modifications, se renseigner au préalable - possibilité de visite guidée sur demande - 3 € - 10 € billet combiné avec le musée Picasso, le fort Carré et le musée Peynet.

Dans le seul bastion restant sur les quatre des fortifications de Vauban, les deux salles voûtées rassemblent les témoins de l'histoire de la ville, retrouvés sur terre et en mer, à Antibes et dans les environs. Remarquez notamment une copie de la tête de Silène en bronze (original au Musée archéologique de Nice) et un sarcophage en plomb décoré. Arrêtez-vous devant une maquette représentant la ville à la fin du 19e s. Appréciez aussi une statuette en marbre de Dionysos (1er-2e s.), un petit autel en pierre voué au dieu Pipius, des fragments de céramiques attiques, des pièces d'armement romaines issus de différentes fouilles.

Revenir en arrière, sur la promenade Amiral-de-Grasse et prendre la première rue à gauche.

Place du Safranier D2

C'est le centre de la commune libre du Safranier, créée après la Seconde Guerre mondiale. Au no 8 de la rue du Bas Castelet vécut l'écrivain grec Kazantzakis. La plaque rappelle sa philosophie : « Je ne crains rien. Je n'espère rien. Je suis libre. »

Rejoindre la rue de la Tourraque (parallèle aux remparts).

Faites un crochet par la rue du Lavoir *(sur la droite)* pour voir le dernier... lavoir conservé. En montant les marches en face, vous tomberez sur la Tourraque, tour d'angle de l'enceinte médiévale.

En haut de la rue de la Tourraque, sur la droite, un escalier mène à la rue de l'Orme. Puis *prendre à gauche la rue du Bateau.*

★★ Musée Picasso D2

Château Grimaldi - ✆ 04 92 90 54 26 - www.antibesjuanlespins.com - ♿ - de mi-juin à mi-sept. : 10h-18h ; reste de l'année : 10h-13h, 14h-18h - fermé lun. - 3 € (-18 ans gratuit) - 10 € billet combiné avec le musée d'Archéologie, le fort Carré et le musée Peynet.

Ce château fut édifié au 12e s. sur les structures d'un *castrum* romain lui-même bâti sur l'acropole d'Antipolis. Reconstruit au 16e s., il a gardé de l'édifice primitif la tour romaine carrée, un chemin de ronde crénelé et plusieurs fenêtres géminées. Résidence des évêques au Moyen Âge, il fut habité jusqu'au 17e s. par les Grimaldi, puis transformé en résidence royale du gouverneur, hôtel de ville et caserne. En 1925, il devient le musée Grimaldi, puis, le 27 décembre 1966, musée Picasso.

★ **Donation Picasso** – En 1946, le conservateur du musée, Romuald Dor de la Souchère, propose à Pablo Picasso (1881-1973), établi depuis peu sur la Côte d'Azur, d'utiliser une partie du château comme **atelier**. L'artiste, qui cherche alors un lieu capable d'abriter la création de grandes compositions, se révèle enthousiaste : « Je ne vais pas seulement peindre pour moi ici. Je vais vous décorer le musée. » Il va alors produire en une seule saison la plupart des tableaux, dessins et esquisses exposés (23 peintures et 44 dessins), qu'il offrira à la ville en partant. Par la suite, différents dons permettent d'enrichir la collection, avec notamment la dation de Jacqueline Picasso en 1991. La grande composition sur fibrociment (l'un des rares matériaux disponibles avec le contreplaqué dans la pénurie de l'après-guerre, sur le port) intitulée *La Joie de vivre ou Antipolis* est une pastorale souriante, où une femme-plante danse parmi des satyres et des chevreaux exubérants. Les autres **peintures** tirent leur inspiration méditerranéenne de sujets marins ou mythologiques : *Ulysse et les Sirènes, Le Chêne, Satyre, faune et centaure au trident* (triptyque). La *Nature morte au poisson*, l'extraordinaire *Nature morte à la pastèque* sont d'une rigoureuse géométrie. Une imposante collection de **céramiques** est également présentée. Silhouettes de femme, hibou, taureau ou cabri, ces céramiques ont été réalisées à Vallauris en 1948 et 1949. Les dessins et estampes de la suite Vollard, datant des années 1930, sont exposés par rotation.

Collection Nicolas de Staël – Les toiles *Nature morte au chandelier, Le Fort Carré, Le Grand Concert,* présentées dans la salle Dor de la Souchère *(1er étage)*, témoignent du séjour de l'artiste à Antibes, de septembre 1954 à mars 1955. Un premier don consenti par sa veuve a été enrichi par des achats de la ville, en particulier de tableaux de sa dernière période.

Donation Hartung-Bergman – Elle occupe deux salles du rez-de-chaussée et propose un parcours dans l'œuvre de ces deux peintres abstraits.

Antibes, place frontière

À partir de la fin du 14e s., Antibes se trouve à la frontière franco-savoyarde, ce qui lui assigne un important potentiel militaire et stratégique. **Henri IV** ne s'y trompe pas et rachète la ville aux Grimaldi, propriétaires depuis 1386. Les rois suivants s'emploient à fortifier la cité, une œuvre achevée par Vauban. En 1860, le comté de Nice est rattaché à la France : les fortifications deviennent alors inutiles.

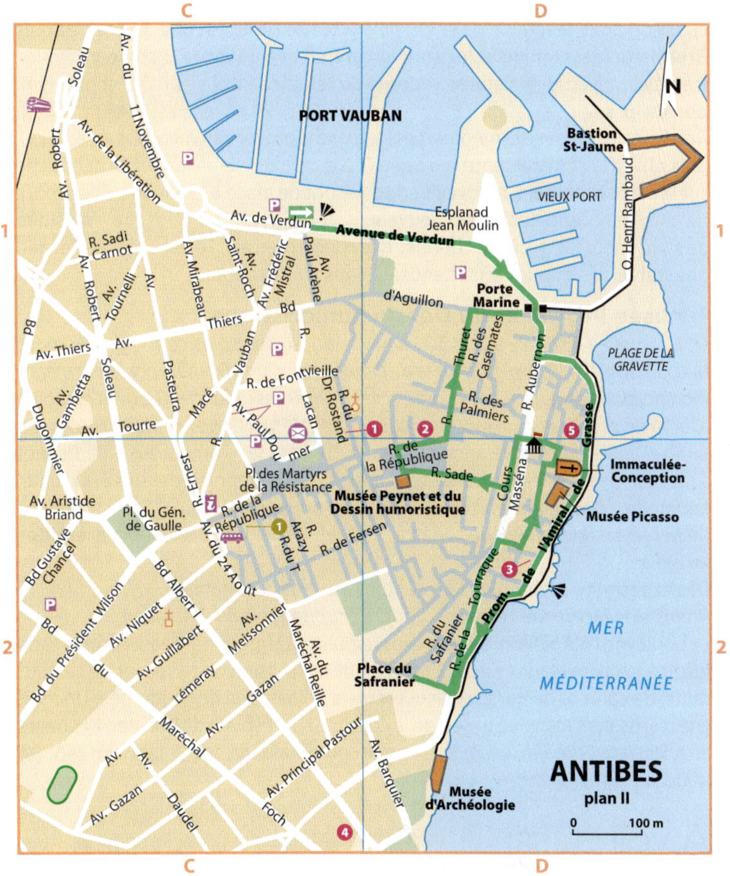

SE RESTAURER		SE LOGER
Le P'tit Cageot 1	Les Vieux Murs 3	Modern Hôtel 1
Nacional Trattoria 2	Le 44 4	
	Le Figuier de St-Esprit 5	

5

Pour en savoir plus sur ce couple, visitez leur Fondation *(voir p. 301)*.

Cour intérieure et terrasse – Dans la cour intérieure, les guitares de la sculpture d'Arman rendent hommage à une peinture de Picasso, *À ma jolie*. Sur la terrasse, les plantes aromatiques alternent avec les sculptures de Germaine Richier, Miró, Pagès, Amado, Spoerri et Poirier.

Prendre l'escalier menant à l'église.

Vous ne manquerez pas de remarquer au passage la haute tour carrée, une ancienne tour de guet (12e s.) qui abrite le clocher de la cathédrale.

Cathédrale de l'Immaculée-Conception D2

Cette église, qui fut cathédrale au Moyen Âge, a été remaniée à plusieurs reprises (seul le chevet est roman) et arbore une façade ocre décorée de stuc. Avant d'entrer, arrêtez-vous devant le portail de bois sculptés (1710).

À l'intérieur, dans le chœur, Christ en croix de 1447 ; dans l'absidiole de droite, autel monolithe probablement sculpté dans un autel païen. Dans la chapelle du croisillon droit, le retable de la *Vierge au rosaire* (1515) est une œuvre de **Louis Brea** : largement retouché, le panneau central est entouré de 13 compartiments, traités comme des miniatures. À droite du retable se trouve un Christ gisant en bois du 16e s.

Rejoignez le cours Masséna, où se tient le **marché provençal** *(voir « Nos adresses »)*, puis suivez la commerçante rue Sade (huile d'olive, chapelier...), qui débouche sur la **place Nationale**, rénovée dans un esprit de place à l'italienne. Elle arbore de nouveaux candélabres, un nouveau décor végétal et un kiosque à musique de style début 20e s. où sont donnés des concerts en été. Face au musée Peynet, une statue des amoureux n'attend que vous pour la photo.

★ Musée Peynet et du Dessin humoristique D2

Pl. Nationale - ✆ 04 92 90 54 30 - www.antibesjuanlespins.com - ♿ - avr.-oct. : tlj sf lun. 10h-12h50, 14h-18h ; reste de l'année : tlj sf lun. 10h-17h - horaires sujets à modifications, se renseigner au préalable - 3 € (-18 ans gratuit) - 10 € billet combiné avec le musée Picasso, le musée Archéologie et le fort Carré - gratuit St-Valentin.

Présentés dans cette ancienne école du 19e s., les « amoureux » de Peynet sont seuls au monde, tendres et souriants, sur lithographies, dessins à la plume, aquarelles, gouaches, en sculptures ou en poupées. Dessinateur, illustrateur de livres et décorateur de théâtre, Peynet (1908-1999) s'installa à Antibes en 1950.

Des expositions temporaires présentent d'autres dessinateurs.

Prendre en face la rue Thuret et prendre à droite sur le bd d'Aguillon.

Le **boulevard d'Aguillon**, qui longe les remparts, forme une agréable promenade jusqu'à la porte Marine : il est bordé d'une succession de terrasses de restaurants, de cafés et de bars, particulièrement animées en fin de journée. Un marché d'artisans s'installe au pied de la courtine sur l'esplanade Pré-des-Pêcheurs en juillet-août *(de 18h à minuit)* et sur le cours Masséna de mi- juin à fin sept *(tlj sf lun., de 15h à minuit)*.

À voir aussi

PLAN I P. 298

Fort Carré B1

Av. du 11-Novembre - ✆ 04 92 90 52 13 - www.antibesjuanlespins.com - mi-juin-mi-sept. : 10h-18h ; reste de l'année : 10h-17h - fermé lun. - horaires sujets à modifications, se renseigner au préalable - 3 € (-18 ans gratuit) - 10 € billet combiné avec le musée Picasso, le musée d'Archéologie et le musée Peynet.

Construite en 1550 sur un rocher isolé, la tour centrale St-Laurent est entourée quinze ans plus tard des quatre bastions « Antibes », « Nice », « France » et « Corse ». Perfectionné par **Vauban**, le fort a résisté, sauf au duc d'Épernon et aux adversaires de Napoléon. Le jardin est planté d'essences méditerranéennes.

Env. 30mn. Le sentier du littoral longe le fort et le chantier naval du port : vue sur la vieille ville à travers les mâts des bateaux.

Circuit conseillé

PLAN I P. 298

★ Le cap d'Antibes B2

Circuit tracé sur le plan p. 298.

L'usage a étendu à toute la presqu'île, qui s'avance au sud d'Antibes et de Juan-les-Pins, le nom de sa pointe extrême. Ici les somptueuses villas s'affichent le

Cap d'Antibes : sentier du Tirepoil.
S. Vinet/Michelin

long de la route en bord de mer ou se dissimulent dans la verdure dans le lacis des rues à l'intérieur.

De la pointe Bacon, **vue★** sur Antibes et le fort Carré, Marina-Baie-des-Anges, Nice et les presqu'îles du cap Ferrat et du cap Martin, et l'arrière-pays niçois.

1h. Le **sentier du littoral** (appelé ici « Tirepoil »), qui part de la minuscule **plage de la Garoupe** (en partie privée en saison) et se termine à hauteur du parc de la villa Eilenroc *(voir plus loin)*, présente un relief découpé.

Sanctuaire de la Garoupe

Chemin du Calvaire - ✆ 04 93 61 35 87 - garoupe.free.fr - 10h-18h - un guide est à disposition gratuitement vend. 14h30-17h..

Les grilles en fer forgé donnent accès à deux chapelles contiguës, unies par deux larges arcades. L'une, décorée d'une fresque moderne de J. Clergues, présente une intéressante **collection d'ex-voto** (le plus ancien remonte à 1779). De part et d'autre du maître-autel, l'icône de Sébastopol, magnifique œuvre russo-byzantine, peut-être du 14e s., et la *plachzanitza* des Woronzoff, splendide soierie peinte, provenant également de Sébastopol. Derrière, le **retable** du début du 18e s. attribué à J. Dolle (qui a sculpté les portes de la cathédrale) a retrouvé sa place après restauration. Dans l'autre nef, outre des fresques d'E. Colin, on peut voir des ex-voto navals et des souvenirs maritimes, ainsi que la statue en bois doré de **N.-D.-de-Bon-Port**. Attenant au sanctuaire, curieux oratoire de Ste-Hélène dont le culte, substitué à un culte païen, remonterait au 5e s.

Une table d'orientation permet d'interpréter le **panorama★** qui s'offre à vous, mais vous pourrez aussi apprécier la vue de la terrasse ombragée du Bistrot du Curé *(tlj sf lun. - www.lebistrotducure.fr)*.

Phare de la Garoupe

Fermé au public. L'un des plus puissants de la côte méditerranéenne. Par temps clair, sa portée nominale est de 52 km pour la marine et de plus de 100 km pour l'aviation. Son radiophare porte à 185 km.

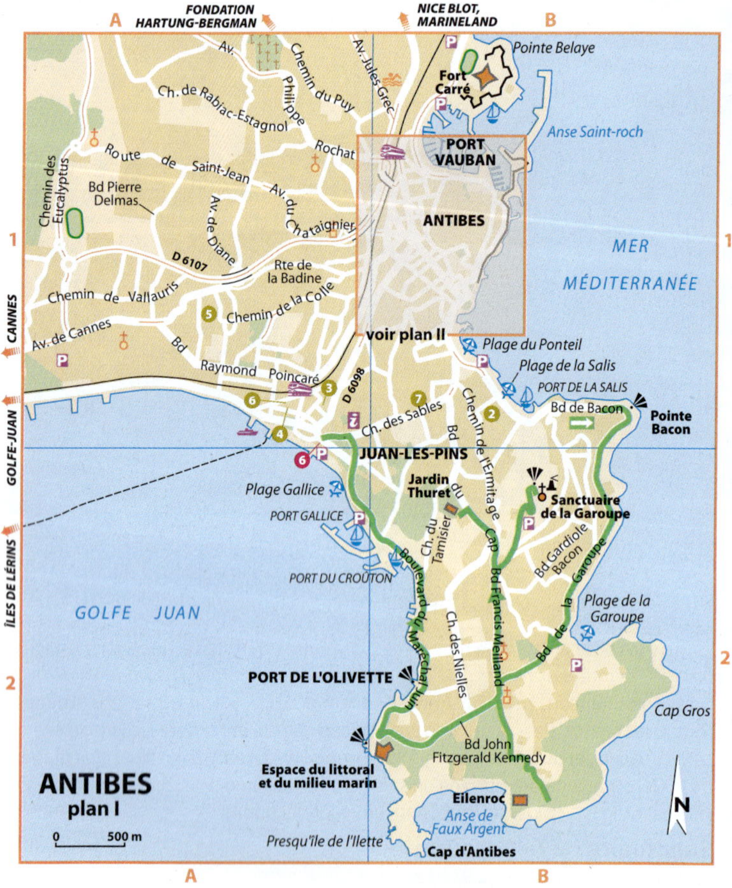

SE RESTAURER
Cap Riviera 6

SE LOGER
Hôtel La Jabotte 2
La Marjolaine.............. 3
Éden Hôtel 4
Chambre d'hôte Villa Plein Soleil 5
Hôtel Cecil 6
Chambre d'hôte La Bastide du Bosquet 7

★ Jardin Thuret

Chemin Raymond - ✆ 04 92 38 64 70 - www6.sophia.inrae.fr/jardin_thuret - avr.-sept. : 8h-18h ; reste de l'année : 8h30-17h30 - fermé w.-end.

L'accès n'est pas évident (manque de signalétique et de parkings alentour), mais une fois trouvé, on s'attarde dans ce lieu paisible, plaisant pour les néophytes, enrichissant pour les initiés et remarquable pour les spécialistes.

Le botaniste **Gustave Thuret** crée ce jardin en 1857 dans le but d'acclimater plantes et arbres des pays chauds, dont les premiers eucalyptus venus d'Australie. « Ce fada de Parisien, qui plante des espèces bizarres qui ne servent à rien », disait-on alors, a ainsi fortement contribué à transformer le paysage azuréen. Aujourd'hui géré par l'Institut national de recherche agronomique (INRA), ce jardin botanique de 3,5 ha présente une belle collection de plantes et arbres exotiques. Palmiers, mimosas, eucalyptus, cyprès sont bien représentés parmi 3 000 espèces de plein air.

Éden roc : un paradis exclusif...

Datant de la Belle Époque, ce palace occupe un promontoire du cap d'Antibes, au cœur d'un domaine de 8 ha. Au printemps 1870, une somptueuse fête donnée par des princes russes annonçait le lancement du Grand Hôtel du Cap. Après une période d'assoupissement, il fut relancé grâce au mécénat de l'Américain **Gordon Bennett**. En 1914 fut créée son annexe, l'Éden-Roc (nom qui a désigné ensuite l'ensemble du palace) et sa plage privée, préfigurant les séjours balnéaires d'été sur la Côte. De nos jours, l'établissement, appelé Le Cap-Eden-Roc, est prisé des stars qui y séjournent pendant le Festival de Cannes.

Villa Eilenroc

460 av. L.-H.-Beaumont - ✆ 04 93 67 74 33 - merc. et sam. 10h-16h30 - 2 € (-12 ans gratuit).

Elle fut construite (1860-1867) sur les plans de **Charles Garnier** à la demande d'un Hollandais. En 1927, elle fut achetée par la famille Beaumont qui la légua ensuite à la ville. L'intérieur est meublé 1930. On doit aussi à cette famille le **jardin** luxuriant qui comprend une **roseraie** et un conservatoire d'**oliviers** dans lequel 54 arbres, tous prénommés, ont été plantés en hommage aux petits Antibois nés en janvier 2000.

Suivre le bd J.-F.-Kennedy en direction de Juan, après une descente, parking à la sortie du virage. Remonter à pied jusqu'au niveau de l'hôtel Éden Roc.

Sur une petite esplanade, entre deux maisons, une **table d'orientation** permet d'apprécier le beau point de vue sur Juan-les-Pins et l'arrière-pays.

Espace du littoral et du milieu marin

Bd J.-F. Kennedy - ✆ 04 93 61 45 32 - www.antibes-juanlespins.com - fermé pour travaux, réouverture probable sept. 2022.

L'ancienne **batterie du Grillon**, où deux répliques d'un canon de bronze d'époque Louis XIV accueillent le visiteur, propose des expositions temporaires qui révèlent la richesse de la Méditerranée et sensibilise à sa préservation. Faites un tour dans la petite pinède à l'arrière qui réserve des échappées sur les îles de Lérins et Juan-les-Pins. Possibilité de randonnées aquatiques en palmes, masque et tuba et en kayak sur demande.

Reprenez la route vers Juan-les Pins et remarquez la villa Aujourd'hui (1938), à la forme courbe, juste avant de passer devant le petit **port des Olivettes**, où sont amarrées quelques embarcations traditionnelles. La route sinueuse entre bord de mer et villas offre un décor de rêve.

★★ Juan-les-Pins

Office du tourisme de Juan-les-Pins – *Voir « S'informer » (p. 301).*

Après le port plaisancier de la Gallice, l'hôtel **Belles-Rives** des années 1930, villa que fréquentèrent Scott et Zelda Fitzgerald, avant qu'elle ne fût transformée en palace, attire le regard... aussitôt détourné par l'imposant hôtel **Le Provençal** (1926). Cet établissement, qui accueillit nombre de célébrités et les premiers jet-skieurs, fermé depuis une trentaine d'années, espère retrouver son prestige en une reconversion en résidence de luxe.

En face, la villa **La Vigie** (1912), à la tour crénelée, est toujours pimpante, tout comme l'hôtel **Juana** (1931) derrière la Pinède, où vous pourrez vous attabler au bistrot Terrasse.

Le haut lieu de la vie nocturne de Juan se situe entre la **Pinède**, zone piétonne, le casino *(voir « Nos adresses »)* et les rues alentour. Les majestueux pins parasols

La fureur du swing

La grande aventure nocturne et musicale de Juan-les-Pins débute dans les années 1920, lors de l'arrivée des premiers touristes américains. Par leur exubérance, ils révolutionnent les valeurs du séjour balnéaire : on bronze sur les plages, on fait du ski nautique et on écoute une étrange musique composée par les Noirs américains, le jazz. Un magnat, **Frank Jay Gould**, fonde le premier casino d'été et la jeunesse dorée passe des nuits blanches à danser sur les airs endiablés de Cole Porter, en compagnie de Douglas Fairbanks, Mary Pickford et Mistinguett. Directement importés de New York ou de La Nouvelle-Orléans, be-bop, hot, boogie-woogie, free-jazz, ragtime, blues firent leurs premiers adeptes européens à Juan-les-Pins. Dès la Libération, les fêtes musicales reprennent grâce à la clientèle de l'US Navy basée sur la Côte. **Sidney Bechet** choisit la station pour y célébrer son mariage, en 1951, dans une ambiance digne du carnaval de La Nouvelle-Orléans. Chaque été jusqu'à sa disparition en 1959, en compagnie de Claude Luter, il transformera Juan-les-Pins en capitale européenne du jazz. Ensuite, le premier festival de jazz vit le jour : la venue d'Armstrong, Count Basie, Duke Ellington, Dizzy Gillespie et Miles Davis lui assura la consécration. Aujourd'hui, le festival **Jazz à Juan** *(voir « Nos adresses »)* s'ouvre au rock, à la musique brésilienne et aux musiques afro-cubaines.

participent à la féerie des nuits étoilées et l'esplanade qui s'ouvre sur la mer offre une scène magnifique pour diverses manifestations, dont celle du festival **Jazz à Juan** au mois de juillet.

Enfin, la **promenade du Soleil** a des allures de mini-Croisette avec ses plages privées qui fleurissent en saison *(de mi-avr. à mi-oct.)*. Les 3 km de sable fin, en pente douce et abrités des vents, comptent tout de même quelques espaces publics.

Parc Exflora – *Accès par la D 6007 en direction de Golfe-Juan - Av. de Cannes - ✆ 04 92 90 50 00 - www.antibes-juanlespins.com - ♿ - juin-août : 9h30-21h30 ; mars-mai : 9h30-19h ; reste de l'année : 9h30-17h - gratuit.* Bordé d'une oliveraie et agrémenté de pièces d'eau, ce jardin public de 5 ha décline les jardins méditerranéens de l'Antiquité au 19e s. Vous traverserez notamment une voie romaine, une palmeraie, un labyrinthe et un jardin d'hiver.

À proximité

CARTE DE MICRORÉGION P. 242-243

Espace Marineland D3

En direction de Nice, 4 km au nord d'Antibes par la D6098.

306 av. Mozart-La-Brague - ✆ 04 93 33 49 49 - www.marineland.fr - ♿ voir ci-après le tarif et les horaires pour chaque parc ; différents billets combinés pour 1 j ou 2 j se rens. sur le site.

Marineland – *Juil.-août : 10h-22h ; reste de l'année : 10h-17h - possibilité de visite guidée - 39,50 € (3-12 ans 32,50 €).* Le parc zoologique marin a connu plusieurs naissances depuis sa création en 1970 (requins gris, manchots, veaux marins...). Dans de grands bassins évoluent dauphins, orques, phoques et otaries. Les représentations et animations pédagogiques programmées tous les jours permettent de comprendre comment vivent ces animaux et de sensibiliser le public à la sauvegarde de la biodiversité. Une évolution nécessaire alors que la loi prévoit la fin des cétacés en captivité à l'horizon 2027.

Le tunnel des requins, boyau vitré de 30 m de long au fond du bassin, permet d'admirer les squales de près. Quant aux aquariums tropicaux, ils sont l'occasion d'observer de nombreuses espèces colorées et parfois insolites.

Kid's Island – *avr.-sept. : 10h-18h ; reste de l'année : 10h-17h - 14 € (-13 ans 11 €).* Un zoo et diverses attractions qui raviront les bambins.

Adventure Golf – *juil.-août : 15h-0h ; mai-juin et sept. : 12h-18h ; reste de l'année : 12h-17h - fermé déc.-fév. - 11,50 € (-12 ans 10 €).* Trois parcours de niveaux de difficulté différents.

Parc Aquasplash – *mi-juin-août : 10h-19h - 29 € (3-12 ans 23 €).* Éclaboussures garanties : piscine géante, toboggans, piscine d'eau de mer à vagues, et piscine tranquille pour les tout-petits.

Fondation Hartung-Bergman D3

73 chemin du Valbosquet - ✆ 04 93 33 45 92 - www.fondationhartungbergman.fr - mai-sept. : merc.-vend. 10h-18h - 10 € (-25 ans gratuit).

La maison, qui se visite, n'est pas un musée : les œuvres sont au musée Picasso. Hans Hartung (1904-1989) et Anna-Eva Bergman (1909-1987), deux artistes grands voyageurs, s'installèrent définitivement sur les hauteurs d'Antibes en 1973. Ils y avaient fait construire, dans les années 1960, une villa et des ateliers : une architecture radicale dessinée par Hartung, aux murs blancs et lignes pures, avec de grandes ouvertures aux dimensions de ses toiles.

Carnet pratique

S'informer

Office du tourisme d'Antibes – PLAN II C2 (P. 295) - *pl. Guynemer - ✆ 04 22 10 60 10 - www.antibesjuanlespins.com.*

Office du tourisme de Juan- les-Pins – PLAN I A1 (P. 298) - *60 chemin des Sables (Palais des Congrès) - ✆ 04 22 10 60 01 - www.antibesjuanlespins.com.*

Visite du vieil Antibes et autres visites thématiques.

Se garer

Entre les parkings gratuits d'entrée de ville (Bouygues et Fort Carré) et la porte Marine, une navette gratuite effectue une rotation et relie le centre-ville (*ttes les 10mn - 7h-19h30, w.-end et j. fériés 9h30-19h30*).

Emplacements payants près du port, avec un parking souterrain, le Pré des Pêcheurs, comptant 600 places. À Juan-les-Pins, visez les abords de la gare ou autour de la Pinède dans le centre-ville ; quelques places le long du littoral et un parking au bout de la rue Dulys, et des parcmètres partout.

Se déplacer

Train – *www.sncf-connect.com/ter-sud-provence-alpes-cote-azur.* La ligne 4 du TER relie Antibes à Juan-les-Pins.

Bus – Gare routière au-dessus de la gare SNCF - *✆ 04 93 34 37 60.* Réseau Envibus (*www.envibus.fr - 1 € le ticket, 1,50 € achat à bord*) pour l'agglomération : la ligne n° 14 dessert les plages d'Antibes, la n° 2 le cap d'Antibes et la ligne n° 6 relie Antibes à Juan-les-Pins. Réseau Zou ! pour les liaisons interurbaines (*zou.maregionsud.fr*) : le bus 200 va à Cannes *via* Antibes et l'aéroport de Nice, le 210 dessert l'aéroport de Nice (*service express - 11 €*).

Agenda

Femin'arte – En mars, concerts, expositions et spectacles sur les femmes, pour les femmes !

Jazz à Juan – *www.jazzajuan.com.* Autour de la mi-juillet, durant 10 jours, dans le beau cadre de la pinède de Juan-les-Pins, avec des artistes prestigieux et de jeunes révélations. Une institution. Durant le festival, concerts gratuits en fin d'après-midi sur des petites scènes montées dans la ville *(pl. Nationale à Antibes, Petite Pinède à Juan)* et parades dans les rues.

Festival d'art sacré – *www.festivalartsacre-antibes.fr.* En septembre. Œuvres du répertoire sacré interprétées dans la cathédrale de l'Immaculée-Conception d'Antibes.

Nos adresses

PLAN I (P. 298) ET PLAN II (P. 295)

Restauration

À Antibes

Budget moyen

1 **Le P'tit Cageot** – PLAN II C1 - *5 Rue du Dr Rostan- ✆ 04 89 68 48 66 - www.restaurantleptitcageot.fr - fermé dim.-lun. - plats env. 22 €, menu 37 €.* Cette adresse lovée dans une rue piétonne du vieil Antibes, non loin du port de plaisance, invite à s'installer sur sa petite terrasse-trottoir. Un jeune couple y concocte une goûteuse cuisine du marché, avec des produits locaux, dans un cadre rustique, au mobilier de bistrot. Carte courte et menu surprise : un régal, à prix doux !

2 **Nacional Trattoria** – PLAN II D1 - *61 pl. Nationale - ✆ 04 93 61 77 30 - fermé lun. - plats 16/22 €.* Les amateurs de saveurs carnées trouveront dans ce restaurant contemporain leur paradis (mais on y propose aussi quelques plats de poisson, des salades, des pizzas et des pâtes). En tartare, en carpaccio ou grillées, les viandes sont de grande qualité - elles sont même idéalement saisies sur un gril à haute température importé des États-Unis !

Pour se faire plaisir

3 **Les Vieux Murs** – PLAN II D2 - *25 prom. Amiral-de-Grasse - ✆ 04 93 34 06 73 - www.lesvieuxmurs.com - 12h-15h, 19h-22h - fermé dim. soir-lun.* - menu 60 €, *plats 28/85 €.* Un chaleureux décor aux tons orangés et une belle terrasse vous attendent dans cette maison située sur les remparts, face à la mer. Cuisine méditerranéenne.

4 **Le 44** – PLAN II C2 - *44 bd Albert-Ier - ✆ 09 73 29 41 85 - www.le44riviera.com - fermé lun.-mar.- plats 39/49 €, menu 35/83 €.* Non loin du musée d'Archéologie, sur un boulevard accédant au front de mer, une cuisine qui met subtilement les produits locaux en valeur, au fil des saisons. Salle climatisée et terrasse dès les premiers rayons.

Une folie

5 **Le Figuier de St-Esprit** – PLAN II D1 - *14 r. St-Esprit ou 7 prom. Am.-de-Grasse (service voiturier) - ✆ 04 26 85 57 93 - www.restaurantfiguiersaintesprit.fr - 19h30-22h30 - fermé lun. midi, mar. et merc. midi - plats 55/92 €, menu 55/148 €.* Dans le vieil Antibes, cette maison de pays embaume la Provence : le chef revisite des recettes classiques, avec de beaux produits locaux : cannelloni de supions et palourdes à l'encre de seiche, jus de coquillages ; selle d'agneau des Alpilles cuite en terre d'argile de Vallauris, jus à la fleur de thym... et dessert à l'unisson.

Saveurs fines, joli patio... Une bonne adresse.

À Juan-les-Pins

Pour se faire plaisir

6 **Cap Riviera** – PLAN I A1 - *13 bd É.-Baudoin - ✆ 04 93 61 22 30 - www.cap-riviera.fr - fermé de déb. nov. à mi-déc. et janv.-fév. - plats 23/35 €, formule déj. 29 €, menu 45 €.* Une cuisine aux accents du Sud, tournée vers la mer, bien parfumée et réalisée avec de bons produits. La véranda offre une vue superbe sur le massif de l'Esterel et la Méditerranée.

Shopping

Marché provençal – Il se tient tous les matins *(tlj sf le lun. hors saison)* le long du cours Masséna. Les producteurs, pour la plupart de la région, vendent fruits et légumes, confitures, épices, olives, fromages de chèvre... sans oublier les fleurs.

Marchés à la brocante – *7h-17h.* Samedi et jeudi pl. Audibert.

En soirée

Anthéa – *260 av. Jules-Grec - ✆ 04 83 76 13 00 - www.anthea-antibes.fr.* Le théâtre de l'agglomération de Sofia Antipolis, à l'architecture de béton audacieuse, propose dans deux salles une programmation non moins contemporaine de théâtre, danse, cirque et arts numériques.

À Juan-les-Pins

Le Crystal – *Av. G.-Gallice, carrefour de la Joie - ✆ 04 93 61 02 51 - www.lecrystaljuanlespins.com - jeu.-dim. 16h30-2h - fermé de déb. nov. à mi-déc.* Créée en 1936, cette brasserie occupe la place d'une ancienne cabane posée au milieu des palmiers, devant laquelle passaient chaque jour des troupeaux de moutons. Aujourd'hui entouré de discothèques, du casino et de bars, le Crystal demeure une adresse incontournable de Juan-les-Pins, réputée pour ses démonstrations de jonglage par le préposé aux cocktails.

Éden Beach Casino – *3 av. Guy de Maupassant - ✆ 04 92 93 71 71 - casino-juanlespins.partouche.com - 10h-3h (4h sam.).* Avec ses jeux traditionnels et ses machines à sous, le casino de Juan-les-Pins vous transmettra la fièvre du jeu à coup sûr. Restaurant.

Activités

À Juan-les-Pins

Le Visiobulle – *Ponton Courbet - ✆ 06 36 65 50 08 - www.visiobulle.com - visite guidée juil.-août : 9h25, 10h40, 11h55, 14h15, 15h30, 16h45 et 18h ; reste de l'année : 11h, 13h30, 15h et 16h30 - fermé oct.-mars - 15 € (2-11 ans 7 €) - 13 € (2-11 ans 6 €) tarif spécial à 9h25. Attention, activité à l'arrêt en 2021 en raison de la Covid, date de reprise probable en 2022, se rens. au préalable.* Grâce à sa coque de verre, ce bateau vous permettra d'observer la faune et la flore (notamment les herbiers de posidonie) des fonds marins du cap d'Antibes.

Hébergement

À Antibes

Premier prix

1 **Modern Hôtel** – PLAN II C2 - *1 r. Fourmilière - ✆ 04 92 90 59 05 - www.modernhotel06.com - fermé de mi-déc. à mi-janv. - Wi-Fi - 17 ch. 68/154 € - petit-déj. 7 €.* Cet hôtel situé dans une rue piétonne de la vieille ville abrite des chambres à la décoration sobre et au mobilier fonctionnel.

Une folie

2 **Hôtel La Jabotte** – PLAN I B1 - *13 av. Max-Maurey - Cap-d'Antibes - ✆ 04 93 61 45 89 - www.jabotte.com - Wi-Fi - P payant - 9 ch. à partir de 164 € - petit-déj. 15 €.* À 60 m de la plage de la Salis, un petit hôtel de charme où vous séjournerez au calme dans d'adorables

5

chambres, personnalisées et ordonnées autour d'un patio. Excellent petit-déjeuner servi dans l'accueillant salon. Sauna, prêt de vélo et de kayak.

À Juan-les-Pins

Budget moyen

3 **La Marjolaine** - PLAN I A1 - *15 av. du Dr-Fabre - ✆ 04 93 61 06 60 - www.hotellamarjolaine.com - fermé nov.-fév. - wifi P payant - 16 ch. à partir de 114 € - ☕ 9 €.* Une belle promesse de séjour que cette demeure du début du 20e s. aux abords agréablement fleuris. Les chambres climatisées ont adopté de chauds coloris.

5 **Chambre d'hôte Villa Plein Soleil** - PLAN I A1 - *44 r. Pierre-Loti - allée perpendiculaire au bd Poincaré - ✆ 06 81 70 05 39 - www.chambres-hotes-antibes.fr - wifi P - 3 ch.70/100 € ☕.* À quelques pas de la plage, cette maison en pierre située dans un quartier pavillonnaire dispose de trois chambres en rez-de-jardin, sobres, élégantes et parfaitement tenues. Salle commune avec jeux et bibliothèque. Terrasse dans le jardin pour profiter agréablement du petit-déjeuner.

Pour se faire plaisir

6 **Hôtel Cecil** - PLAN I A1 - *8 r. Jonnard - ✆ 04 93 61 05 12 - www.hotel-cecil.com - wifi P payant - fermé nov.-fév. - 19 ch. 115/155 € - ☕ 15 €.* Cette belle bâtisse régionale, convertie en hôtel depuis 1920, vaut pour sa situation au cœur de la ville et à proximité du littoral. Chambres toutes différentes, équipées de frigo, bouilloire... et certaines climatisées. Petit-déjeuner en terrasse ou au jardin.

4 **Éden Hôtel** - PLAN I A1 - *16 av. L.-Gallet - ✆ 04 93 61 05 20 - www.edenhoteljuan.com - wifi P payant - mars-oct. - 17 ch. 132/166 € - ☕ 13 €.* Atouts majeurs de cet édifice 1930 : petit-déjeuner en terrasse, proximité de la plage et ambiance conviviale. Chambres simples ; certaines offrent une échappée sur la mer.

Une folie

7 **Chambre d'hôte La Bastide du Bosquet** - PLAN I B1 - *14 chemin des Sables (domaine des Mûriers) - ✆ 06 51 76 72 73 - www.lebosquet06.com - fermé mi-nov.-mars - P - 4 ch. 160/300 € ☕.* Jolie bastide du 18e s. au cœur d'un quartier résidentiel qui garantit la quiétude du séjour. Les chambres provençales sont agréables, climatisées, d'ampleurs et de couleurs variées. Enfin, vous ne manquerez pas de goûter aux plaisirs du jardin et de la terrasse.

Ruelle de Biot.
PK-Photos/Getty Images Plus

Biot ★

Juché sur sa colline, le vieux village est au cœur d'un bouquet de roses, œillets, mimosas et anémones cultivés pour être expédiés en fleurs coupées. Dès l'Antiquité, ses artisans produisent de belles céramiques puis, dans les années 1950, le verre soufflé à bulles assure la renommée de la petite cité. Labellisée « Ville et Métiers d'Art », Biot compte nombre d'ateliers dans lesquels s'expriment différents savoir-faire et sensibilités artistiques. À vous de partir à leur découverte. Et, n'oubliez pas d'aller aussi pousser la porte du musée Fernand-Léger. Ultime recommandation, si vous ne voulez pas passer pour un « Parisien » à Biot, prononcez-en toutes les lettres (le « o » ouvert et le « t » final) !

Se repérer

9772 Biotois – Alpes-Maritimes (06)

CARTE D3 (P. 242-243).

7,5 km au nord d'Antibes par la D 6007, puis la D 4.

À ne pas manquer

Le musée national Fernand-Léger ; l'église de Biot pour son retable de Brea.

Organiser son temps

Consacrez une demi-journée à ce village et ses musées.

En famille

La Verrerie de Biot où observer les souffleurs de verres à l'œuvre.

Carnet pratique p. 309

Nos adresses p. 309

Se promener

Le vieux village

Il a gardé beaucoup d'authenticité. Vous en aurez un bon aperçu en suivant le parcours fléché dans la ville : celui-ci part de l'office de tourisme, passe sous la porte des Migraniers (grenadiers) et la porte de Tines, toutes deux du 16e s., et suit une série de ruelles anciennes. L'itinéraire débouche sur la belle **place des Arcades** dont les galeries s'ouvrent en plein cintre ou en ogive. Vous pourrez compléter la promenade par le tour des remparts.

Église

Le campanile et un joli pavage polychrome vous conduisent à cette église qui semble se cacher au bout de la place des Arcades. Reconstruite au 15e s., elle était décorée de peintures murales que l'évêque de Grasse fit effacer en 1699 pour indécence ! Mais vous ne serez pas déçu car vous verrez un chef-d'œuvre attribué à **Louis Brea** : le **retable du Rosaire★**, une composition équilibrée, dominée de rouge et d'or, dont vous apprécierez la richesse des détails. Avec un visage empreint de noblesse et de dignité, la Vierge de Miséricorde protège les clercs et les laïques de son manteau tenu par de ravissants anges. Un autre beau retable attribué à **Canavesio** (qui avait épousé une Biotoise) représente le **Christ aux plaies**, entouré des instruments de la Passion. Au-dessus du panneau figurent la flagellation, les outrages et la Résurrection.
L'église accueille très régulièrement l'été des expositions d'artistes locaux.

À voir aussi

★★ Musée national Fernand-Léger

Au sud-est du village, un peu à l'écart de la D 4 (fléchage) - Chemin du Val-de-Pôme - ☏ 04 92 91 50 30 - www.musee-fernandleger.fr - ♿ - mai-oct. : 10h-18h ; reste de l'année : 10h-17h - fermé mar. - visites guidées le 1er dim. du mois - 7,50 €.
C'est dans la propriété du mas St-André, achetée par **Fernand Léger** (1881-1955) peu avant sa mort, qu'**Andreï Svetchine** bâtit ce sobre édifice en 1960. Fils d'un général russe et élève aux Arts décoratifs de Nice, l'architecte exerça ses talents dans la création de demeures de la Côte comme la villa de Marc Chagall ou ce

L'histoire de la poterie biotoise

Sur une terre riche en argile, sable, manganèse et cinérite (pierre à four), la poterie biotoise a trouvé depuis longtemps les conditions favorables à son expansion. La fabrication de **jarres** à Biot remonte en effet à l'époque des Phocéens. Au Moyen Âge, Biot se rendit célèbre par sa production de grandes jarres vernissées qui servaient au transport et à la conservation de l'huile. Jouissant d'une grande renommée jusqu'au milieu du 18e s., ces jarres étaient largement exportées par les ports d'Antibes et de Marseille. De nos jours, quelques ateliers en produisent encore, ainsi que des poteries et des grès d'ornement.
Depuis 1956, la réputation de Biot s'est renouvelée grâce à ses verreries et leur célèbre **verre à bulles**. Les bulles sont en fait des dégagements de gaz carbonique qui interviennent quand on saupoudre le verre chaud de carbonate de soude.

musée. Il remania la Colombe d'Or à St-Paul et, à la fin de sa carrière (en 1984), présida à la restauration de la cathédrale orthodoxe de Nice.

Intérieur – Signé par l'architecte Marc Barani, il offre une agréable déambulation dans une belle luminosité. Dans le hall au rez-de-chaussée, un grand vitrail inspiré d'un dessin de Léger a été exécuté par les maîtres verriers Aubert et Pittelou, installés à Lausanne (1990). Au fond, salle d'expositions temporaires.

La **collection** permanente est rassemblée au 1er étage, dans deux grands espaces séparés par une salle biographique (photographies et biographie thématique). Avec plus de 450 œuvres, la plupart léguées à l'État par l'épouse du peintre, Nadia Léger, en 1969, le musée présente les différentes périodes de la vie du peintre. Après des débuts impressionnistes *(Portrait de l'oncle* et *Le Jardin de ma mère)*, Cézanne l'influence de façon déterminante (*Étude pour la femme en bleu* [1912] et *14 Juillet*). Entre les deux guerres, il cultive les constructions géométriques (*Le Grand Remorqueur,* 1923) et les oppositions d'aplats de couleurs pures, comme dans l'insolite *Joconde aux clefs* (1930). L'*Étude pour Adam et Ève* (vers 1934) affirme désormais son indifférence pour les traits des personnages, soumis aux seules exigences de l'ensemble de la composition. Par une nouvelle mutation (1942), Léger libère la couleur du dessin qui la cernait jusqu'alors dans un décalage qui contribue à la rigoureuse composition *(Plongeurs polychromes)*. Après 1945, les œuvres de F. Léger expriment, par leur composition, sa formation d'architecte et, par leurs sujets, ses préoccupations sociales : il dépeint la guerre qui l'a blessé, la civilisation industrielle, la ville, la modernité, la vie *(Campeur, Grande Parade sur fond rouge)*. Son œuvre la plus significative à ce titre est *Les Constructeurs* en 1950. Une collection de dessins complète les diverses époques des peintures et des céramiques de l'artiste.

Façades – Les grandes mosaïques extérieures ont été réalisées d'après des dessins originaux de F. Léger, dont un projet prévu pour la Triennale de Milan (1951) et une reprise des *Oiseaux sur fond jaune*. Celles du parc, en céramique et en bronze, illustrent la variété de ses modes d'expression. La façade principale du bâtiment est recouverte d'une immense **mosaïque** (près de 500 m²) aux couleurs vives, conçue pour le stade de Hanovre, qui célèbre les sports.

La Table du musée – *Mai-oct. : 10h-18h ; reste de l'année : 10h-17h - fermé mar. et nov.-fév. - sandwiches à partir de 4,50 €.* Dans cet espace convivial, exquises tartes et salades, sans compter les délicieux desserts.

Musée d'Histoire locale et de Céramique biotoise

9 r. St-Sébastien - ✆ 04 93 65 54 54 - www.musee-de-biot.fr - juil.-sept. : 10h-18h ; reste de l'année : 14h-18h - fermé lun.-mar. - 4 € (-16 ans gratuit).

Aménagé dans les vestiges de la **chapelle des Pénitents-Blancs**, encore dominée par un clocheton à trois pans, il évoque l'histoire de Biot depuis l'Antiquité. Une cuisine biotoise reconstituée, quelques costumes et objets rappellent la vie d'autrefois. Côté céramique, belle collection de **fontaines d'appartement** du 19e s., caractérisées par leur émail jaune marbré de vert et de brun, une série de jarres frappées des marques des anciens maîtres potiers. Une galerie est réservée aux expositions temporaires.

À proximité

CARTE DE MICRORÉGION P. 242-243

Valbonne C2

8,5 km au nord-ouest de Biot par la D 4.

14 r. de la Fontaine - Valbonne-Sophia-Antipolis - ✆ 04 89 87 73 30 - www.ville-valbonne.fr.

Sophia-Antipolis

Sur ses 2400 ha, ce site, à l'architecture intégrée dans de vastes espaces verts, est conçu sur le modèle des campus américains. Sophia-Antipolis est née d'une association du même nom créée en 1969 par le directeur de l'École des mines, Pierre Laffitte. La proximité de l'autoroute et de l'aéroport international Nice-Côte d'Azur rend la situation privilégiée pour les plus de 1200 entreprises françaises et étrangères qui y sont implantées. Celles-ci appartiennent à quatre grands secteurs d'activité : l'informatique, l'électronique et les télécommunications ; les sciences de la santé et les biotechnologies ; l'enseignement et la recherche ; les sciences de l'environnement.

Visite guidée gratuite du village toute l'année, sur réservation.

La « bonne vallée » (*vallis bona*) fut exploitée dès l'Antiquité. Sur son doux plateau verdoyant, les moines chalaisiens fondèrent une abbaye au 12e s., puis les moines de Lérins installèrent un village au 16e s. La fameuse technopole Sophia-Antipolis fut créée dans les années 1970. Elle est reliée au centre historique par une couronne verte composée de forêts entretenues et protégées.

Le village est dessiné selon un plan en damier, depuis les maisons-remparts jusqu'à la **place des Arcades** (17e s.), qui a très fière allure et que les terrasses de restaurants animent. Témoignages du passé, l'abreuvoir et la fontaine datant du 19e s., les anneaux qui servaient à attacher mules et chevaux, les nombreux cadrans solaires et les bornes de « chasse-roues » qui ralentissaient autrefois les charrettes trop rapides.

Église – Elle fait partie de l'abbaye fondée en 1199 par l'ordre de Chalais, passée ensuite dans l'obédience de Lérins avant de devenir église paroissiale. Malgré de nombreux remaniements, l'édifice en forme de croix latine et à chevet plat a gardé le caractère d'extrême dépouillement des constructions chalaisiennes.

Parc de la Valmasque – Il s'étend sur les communes de Valbonne Sophia-Antipolis et Mougins *(voir p. 286)*, offrant aux marcheurs 20 km de sentiers à travers bois de pins et de chênes. Il intègre le centre d'activités Sophia-Antipolis.

Parc départemental de la Brague – *Biot - 9 km - brochure décrivant les itinéraires à disposition à l'office de tourisme.* Côté est, un sentier a été aménagé le long de la **Brague**, permettant de rejoindre Biot.

Carnet pratique

S'informer

Office de tourisme – *4 Chemin-Neuf - ☏ 04 93 65 78 00 - www.biot-tourisme.com.*

Visite – *Application mobile gratuite Visit Biot.*

Se garer

Parkings gratuits et payants côté nord de la ville où se trouvent en contrebas la Verrerie de Biot et le musée Fernand-Léger.

Agenda

À Valbonne

Fête du Servan/Saint-Blaise – Dernier week-end de janvier. Du nom d'un raisin tardif, importante ressource de la commune autrefois. Marché de producteurs locaux, démonstrations de cuisine, fête foraine et corso fleuri le dimanche.

Nos adresses

Restauration

Budget moyen

Le Café de la Poste – *24 r. St-Sébastien - ☏ 04 89 68 52 47 - www.cafedelapostebiot.com - 9h-19h - fermé lun. - plats 24/67 €.* Une fresque peinte sur faïence, un joli comptoir en bois et quelques peintures humoristiques composent le décor de ce sympathique restaurant aux airs de bistrot fondé en 1885. Ambiance décontractée, service efficace, cuisine traditionnelle et du monde.

Shopping

Biot affiche le label « Ville et métiers d'art », reconnaissant la diversité et la qualité des artisans et artistes qui ont élu domicile dans la ville. Vous pourrez donc faire ici l'acquisition de pièces originales : verrerie, bien sûr, mais aussi bijoux, maroquinerie, sculpture...

La Verrerie de Biot – *Chemin des Combes - ☏ 04 93 65 03 00 - www.verreriebiot.com - ♿ - été : 10h-19h, dim. et j. fériés 10h30-13h30, 14h30-19h ; reste de l'année : 10h-13h, 14h-18h, dim. et j. fériés 10h30-13h30, 14h30-18h - fermé 1er et 15-27 janv., 25 déc. - possibilité de souffler sa pièce de verre (tlj, 20mn, 48 € ou stage de 2 séances de 3h et 4h, 395 €).* Suivez depuis la Halle des verriers *(entrée libre)* les différentes étapes de la fabrication artisanale du verre soufflé et bullé dans cette fabrique implantée à Biot depuis 1956. Également sur place, un écomusée *(mêmes horaires que la verrerie - 3 € ; possibilité de visite guidée juil.-août, 35mn : 11h30 et 16h30 ; reste de l'année : 16h ou 16h30 - 6 €).*

Hébergement

À Valbonne

Pour se faire plaisir

La Bastide de Valbonne – *107 chemin de Font-de-Cuberte, rte de Cannes - ☏ 04 93 12 33 40 - www.bastidedevalbonne.com - 31 ch. à partir de 139 € - 15 €.* La demeure d'inspiration provençale, fleurie et pimpante, avec ses murs jaunes et ses volets bleus. Les chambres, parfaitement tenues, disposent parfois d'une terrasse. Et, pour se détendre, on ne se refuse pas un plongeon dans la piscine. Parfait pour le farniente.

5

Vence ★

Entouré de sa belle nature provençale, baigné de ravins à l'eau pure, Vence s'abrite au pied des baous, reliefs au sommet plat. Postée sur son rocher, la cité regarde la mer de loin, trop occupée à rassembler les villages voisins les jours de marché ou à faire le bonheur des visiteurs, avec sa vieille ville où abondent les galeries d'art moderne et contemporain.

Se repérer

19183 Vençois – Alpes-Maritimes (06)
CARTE D2 (P. 242-243).
10 km au nord de Cagnes-sur-Mer, par la D 36.

À ne pas manquer

La visite de la chapelle du Rosaire après une promenade dans le village.

Organiser son temps

Comptez deux heures pour apprécier le cadre médiéval de cette ville surprenante.

Carnet pratique p. 314

Nos adresses p. 315

Se promener

La vieille ville PLAN DE VILLE

Circuit tracé sur le plan de ville ci-dessous. Partir de la pl. du Grand-Jardin, puis de la pl. du Frêne.

Médiévale à souhait, la vieille ville, entourée d'une enceinte elliptique à cinq portes dont celle du Peyra (1441), abrite un charmant lacis de ruelles animées de marchés, galeries d'art, restaurants et boutiques. Son beau **château** s'élève place du

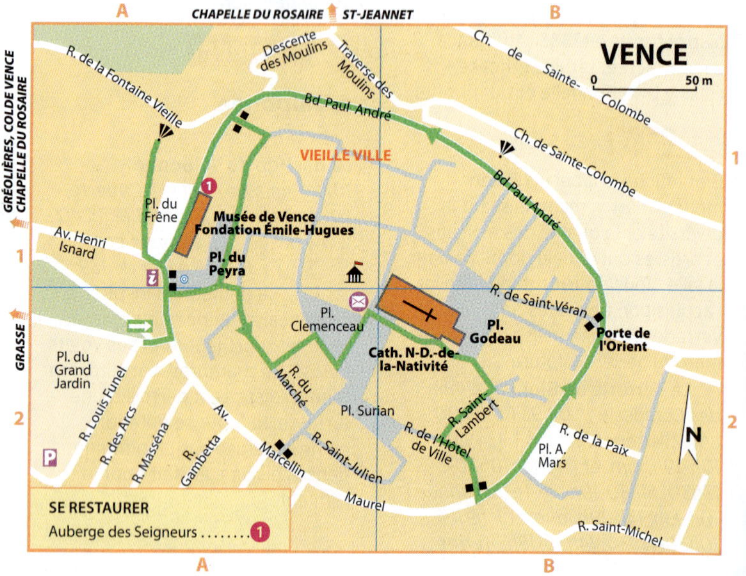

Le centre historique de Vence.
Celli07/Getty Images Plus

Frêne, ombragée par un arbre vénérable planté selon la tradition (apocryphe bien entendu) par François Ier et le pape Paul III en 1538.

Musée de Vence - Fondation Émile-Hugues A1

2 pl. du Frêne - ✆ 04 93 24 24 23 - www.museedevence.fr - 11h-18h - fermé lun. - 6 € (-12 ans gratuit).

Les évêques de Vence durent, de tout temps, disputer le pouvoir aux barons de Villeneuve, coseigneurs de la ville. Cette famille tirait son renom de **Romée de Villeneuve**, l'habile sénéchal d'origine catalane qui, au 13e s., rétablit les affaires du comte de Provence et de Forcalquier. Le comte avait un trésor à sec et quatre filles à marier. Fin diplomate, il parvint à en faire des reines, regonflant du même coup ses finances.

L'ancien château des barons de Villeneuve édifié au 17e s. englobe la tour de garde datant du 13e s. Dans sa belle décoration intérieure ont lieu des expositions temporaires d'art contemporain.

5

★ Place du Peyra A1

Ancien forum de la ville romaine et ancienne place du marché, c'est la plus agréable, avec les eaux chantantes et fraîches de sa jolie fontaine en forme d'urne (1822) et sa tour carrée.

Prendre au sud de la pl. la rue du Marché et tourner à gauche pour atteindre la pl. Clemenceau.

Cathédrale Notre-Dame-de-la-Nativité B2

Construite sur l'emplacement d'un temple de Mars puis d'une église mérovingienne, elle surprend par son caractère hétéroclite : roman, gothique, baroque. L'intérieur est composé de cinq nefs. On peut y voir *(2e chapelle de droite)* la tombe de saint Lambert avec son épitaphe, un sarcophage du 5e s. *(3e chapelle de droite)* dit tombeau de saint Véran ; dans le bas-côté, retable des saints Anges, du 16e s. Dans le chœur, remarquez les deux bustes en cuivre argenté contenant les reliques de saint Véran et saint Lambert et l'autel en marbre polychrome, rouge et blanc, réalisé par le Génois Schaffini en 1768. Dans plusieurs piliers sont encastrées des **pierres carolingiennes** à très beau décor d'entrelacs. Dans le baptistère, une mosaïque de Chagall représente Moïse sauvé des eaux. Notez la **tribune** *(ouverture exceptionnelle)* avec son lutrin et les **stalles★** qui viennent du chœur : montants, accoudoirs et surtout miséricordes ont été traités avec une verve qui frôle parfois la grivoiserie par le sculpteur grassois Jacques Bellot au 15e s.

Vers les remparts B2

En sortant par la porte du chevet de la cathédrale, on débouche sur la **place Godeau**, avec au centre une colonne romaine, d'où l'on voit le clocher carré couronné de merlons, et de vieilles maisons. Vence recèle deux **colonnes romaines** élevées au dieu Mars et données en cadeau par la ville de Marseille en 230 en gage de bonnes relations. La seconde de ces colonnes se dresse sur la place du Grand-Jardin.

Par la rue St-Lambert et la rue de l'Hôtel-de-Ville, gagner la porte de Signadour (13e s.) et tourner à gauche.

Poursuivant vers le nord, on trouve, à gauche, la **porte de l'Orient**, ouverte au 18e s. (la date de 1592 gravée sur une pierre, en haut à gauche, est celle du siège de Lesdiguières).

Le boulevard Paul-André borde des vestiges importants de remparts ; il offre de belles **vues** sur les *baous* et les contreforts des Alpes.

Franchissez le **portail Lévis** (13e s.), à arcature gothique, et suivez la rue du Portail-Lévis (belles maisons anciennes) qui ramène à la place du Peyra.

À voir aussi

PLAN DE VILLE P. 310

★ Chapelle du Rosaire (chapelle Matisse) A1 EN DIRECTION

466 av. Henri-Matisse - ✆ 04 93 58 03 26 - www.chapellematisse.fr - ♿ - mars-oct. : mar., jeu., vend. 10h-11h30, 14h-17h30, merc. et sam. 14h-17h30 ; nov.-fév. : mar., jeu., vend. 10h-11h30, 14h-16h30, merc. et sam. 14h-16h30 - fermé j. fériés - 7 € (-12 ans gratuit).

Exemple unique au monde pour un monument d'art sacré, un artiste, Henri Matisse, a élaboré non seulement les plans de l'édifice mais aussi tous les détails de sa décoration et du culte. Matisse disait de cette chapelle, consacrée en 1951 après quatre ans d'efforts : « Je la considère, malgré toutes ses imperfections, comme mon chef-d'œuvre… un effort qui est le résultat de toute une vie consacrée à la recherche de la vérité. »

Cet édifice très discret se repère à ses tuiles bleues et blanches et à sa croix en fer forgé de 13 m de haut ornée de croissants de lune et de flammes dorées.

À l'intérieur, tout est blanc ; seuls les vitraux hauts et serrés apportent de la couleur. Le mobilier, les objets liturgiques, les vêtements sacerdotaux sont d'une simplicité extrême. L'autel en biais est le trait d'union entre la nef des religieuses et celle des fidèles. Le trait éminemment essentiel de Matisse cerne les grandes figures du mur droit, saint Dominique et la Vierge à l'Enfant, qui remplissent l'espace de leur douceur et de leur présence, telles des ombres humaines. Plus débridé et gestuel est le trait qui dessine le chemin de croix, ascension tragique vers le Calvaire.

Dans la galerie sont réunies les études faites pour la réalisation de la chapelle (d'autres études préparatoires sont présentées au musée Matisse à Nice, complément indispensable à la visite de la chapelle) et quelques modèles de chasubles dessinés eux aussi par le peintre.

Baou de Saint-Jeannet.
Yvan Tessier/Getty Images Plus

Circuit conseillé

CARTE DE MICRORÉGION

★★ La route des crêtes

Circuit tracé en rose sur la carte p. 242-243 – 59 km - compter 1/2 journée. Quitter Vence par le nord-est, route de St-Jeannet.
La D 2210 longe les fiers *baous* des Blancs, des Noirs et de St-Jeannet.

St-Jeannet D2

Dans un **site★** remarquable, ce charmant village est construit sur une terrasse d'éboulis au pied du *baou*, au milieu des vignes (ses vins sont réputés), des orangers et des cultures florales. Derrière l'église, à gauche, la plaque « panorama » indique une petite terrasse avec **vue★** étendue (*baous*, cap d'Antibes, vallée du Var, montagnes alentour).
Baou de St-Jeannet – *2h AR Départ pl. Ste-Barbe (chemin fléché).* C'est un haut lieu d'escalade mais vous pourrez le gravir tranquillement ! Du sommet culminant à 810 m *(table d'orientation)*, vaste **panorama★★**, de l'Esterel aux Alpes françaises et italiennes.

Gattières D2

Perché parmi les vignes et les oliviers, le village regarde la vallée du Var et ses voisins. Sa charmante **église** romano-gothique renferme une sculpture naïve polychrome, saint Nicolas et trois enfants *(à droite du chœur)*, et un beau Christ en terre émaillée *(chœur)*. La porte principale est ouverte et un sas vitré permet de voir à l'intérieur.
À la sortie ouest de Gattières, prendre la D 2209. La route en corniche contourne le rebord des Préalpes de Grasse dominant le Var.

Carros Village D1

Groupé autour de son château (13e-16e s.), le vieux village occupe un **site★** remarquable. En contrebas, un rocher couronné des vestiges d'un vieux moulin permet d'admirer le **panorama★★** (table d'orientation).
Les **vues★** magnifiques se prolongent sur la route de Carros au Broc avec les

5

nombreux villages perchés et le confluent de l'Esteron et du Var.
Poursuivre sur la D 1.

Le Broc D1

Ce village perché est doté d'une jolie place à arcades et à fontaine. L'**église** du 16e s. a été décorée, à l'époque moderne, par le peintre Guillonet.
La route s'encastre dans les contreforts des Alpes du Sud, surplombant le confluent de l'Esteron et du Var, puis le ravin du Bouyon.

Bouyon D1

Ce village est un véritable **belvédère★** donnant sur un paysage découpé entre torrents et montagne. Le Cheiron rocailleux domine à 1778 m.
La D 8, au sud de Bouyon, longe la montagne du Chiers.

Coursegoules C1

Visite guidée gratuite du village toute l'année, sur réserv. - ✆ 04 89 87 73 30.
Dans une nature qui invite à la balade, ce beau village, sis au pied du Cheiron, domine de ses hautes maisons le ravin de la Cagne naissante.
Prendre la route de Vence (D 2).
La route traverse alors un paysage désertique splendide, contrastant avec la Provence de Vence si proche.

★★ Col de Vence C2

4h. Un sentier partant après le col à gauche permet de rejoindre St-Jeannet par le GR 51 qui longe la Cagne, avec vue sur les *baous* : superbe.
Peu après le col (alt. 970 m), la route offre un **panorama★★** spectaculaire : la rive gauche du Var jusqu'au mont Agel ; la côte avec le cap Ferrat, la baie des Anges, le cap d'Antibes, l'île Ste-Marguerite, l'Esterel. À l'arrière, les barres blanches du Cheiron se détachent du ciel. La route descend ensuite au sud des Préalpes de Grasse, dans une garrigue calcaire.

Carnet pratique

S'informer

Office de tourisme – PLAN A1 (P. 310) - *Villa Alexandrine - Pl. du Grand-Jardin - Vence - ✆ 04 93 58 06 38 - vence-tourisme.com.*

Se garer

La ville s'étend bien au-delà de ses remparts, vers l'ouest, où l'on pourra se garer dans l'un des trois parkings.

Agenda

Fêtes de Pâques – Durant le week-end de Pâques, elles commémorent chaque année le siège victorieux que Vence soutint lors des guerres de Religion contre le huguenot Lesdiguières en 1592. Elles sont prétexte à une fête villageoise et provençale de plusieurs jours : musiques et danses folkloriques, messe en plein air, bataille de fleurs...

Festival « Les Nuits du Sud » – *www.nuitsdusud.com* - En juillet. Des têtes d'affiche de la variété internationale et du rock sur la scène du Grand Jardin.

Fête patronale Ste-Élisabeth – 1er week-end d'août. Grande liesse populaire durant trois jours : costumes, danses, messes...

Nos adresses

Restauration

Budget moyen

1 **Auberge des Seigneurs** – PLAN P. 310 A1 - *1 r. du Dr-Binet - 04 93 58 04 24 - www.auberge-seigneurs.fr - fermé dim.-lun. (et à midi de juin à sept.); de mi-déc. à fin-janv. - plats 20/26 €, formule 26/28 €, menu (déj.) 25/37 €- 6 ch. 90/105 € - 12 €.* François Ier, Renoir, Modigliani, etc. Cette auberge historique sise dans une aile du château de Villeneuve peut s'enorgueillir d'avoir accueilli de célèbres convives. Plats provençaux, agneau à la broche.

Pour se faire plaisir

La Farigoule – HORS PLAN - *15 av. Henri-Isnard - 04 93 58 01 27 - www.lafarigoule-vence.fr - fermé lun.-mar. - plats 29/45 €.* La farigoule ? Du côté de Vence, c'est comme cela que l'on appelle le thym, pardi ! À l'image de l'aromate, le restaurant ne manque ni de fraîcheur ni de parfums. On redécouvre la Provence. Joli patio.

Shopping

Marché aux fleurs et de producteurs – Tous les matins sur la place du Grand-Jardin ; le vendredi, le marché s'étend sur les autres places de la vieille ville (avec nombreux produits locaux et bio).

Brocanteurs et bouquinistes – Mercredi, place du Grand-Jardin.

Hébergement

Budget moyen

Diana – HORS PLAN - *79 av. des Poilus - 04 93 58 28 56 - hotel-diana.fr - - 28 ch. à partir de 92 € - 12 €.* Hôtel central aux chambres fraîches et confortables, avec balcon. Préférez celles donnant sur le jardin, un peu plus calmes. Belle véranda pour le petit-déjeuner. Solarium et Jacuzzi sur le toit-terrasse ; fitness.

Pour se faire plaisir

Miramar – HORS PLAN - *167 av. Bougearel - 04 93 58 01 32 - www.hotel-miramar-vence.com - - 18 ch. à partir de 118 € - 12 €.* Jolie maison des années 1920 offrant une échappée sur *baous* et vallée, ainsi qu'une vue sur mer. Communs ornés de peintures murales, chambres coquettement personnalisées, terrasse charmante.

Mas de Vence – HORS PLAN - *539 av. É.-Hugues - 04 93 58 06 16 - www.masdevence.azurline.com - - 41 ch. 116/136 € - 10 € - menu 32 €.* Cette construction récente aux tons ocre surplombe un axe passant. Chambres bien insonorisées, à la tenue impeccable, souvent avec loggia. Hall sous verrière. Vaste salle à manger et terrasse à arcades bordant la piscine. Plats traditionnels et méditerranéens.

Une folie

Villa Roseraie – HORS PLAN - *128 av. Henri-Giraud - 04 93 58 02 20 - www.villaroseraie.com - fermé de déb. nov. à mi-déc. et de déb. janv. à mars - - 9 ch. 154/216 € .* Cette plaisante villa 1900 paresse au milieu d'un jardin conçu comme une oasis. Petites chambres à la décoration provençale.

5

Saint-Paul-de-Vence

★★

Sa silhouette effilée apparaît au loin, entre paisibles collines et riches vallons : comme Trénet ou Montant qui aimaient à le chanter, vous tomberez également sous le charme de ce ravissant village, l'un des plus visités de la Côte d'Azur. St-Paul-de-Vence a su conserver son visage féodal propre aux cités fortifiées qui gardaient la frontière du Var jusqu'en 1870. Depuis 1964, la fondation Maeght en fait un des hauts lieux de l'art moderne.

Se repérer

3 324 Saint-Paulois – Alpes-Maritimes (06)

CARTE D2 (P. 242-243).

4 km au sud de Vence par la D 2.

À ne pas manquer

Le panorama sur la vallée depuis les remparts ; la Fondation Maeght ; la chapelle Folon.

Organiser son temps

En été et le week-end, les visiteurs affluent dans la rue Grande, mais de nombreuses ruelles permettent d'échapper à la foule en restant au frais ! Sinon, visitez plutôt St-Paul-de-Vence hors saison.

Carnet pratique p. 319

Nos adresses p. 319

Se promener

Le village

« Place du Jeu de boules »

Tous les jours, c'est le même rituel. Ici, on a la blague facile mais il y a un sujet avec lequel on ne plaisante pas : les boules ! À l'entrée du village, la place où se déroule le petit marché – officiellement place du Général-de-Gaulle, mais connue de tous comme la « place du Jeu de boules » –, une fois libérée de ses obligations commerciales, se transforme en terrain de championnat, où pression et performances sont de la partie, sous le regard tantôt amusé tantôt concentré des passants. Yves Montand et Lino Ventura s'adonnaient eux aussi, avec leurs amis saint-paulois, à cette passion locale. Ici, on rend hommage aux aînés et on tire, on pointe sous les platanes sans jamais se lasser.

Rue Grande

Cette belle artère qui traverse la ville de bout en bout se découvre tôt le matin, avant que la foule n'arrive et que n'ouvrent les boutiques et les galeries d'art, qui ont investi les belles maisons blasonnées, à arcades et loggias, des 16e et 17e s. L'ensemble témoigne de la prospérité de cette ancienne cité royale, autonome depuis le 13e s. La célèbre **fontaine** de 1850, qui capte toujours les sources du Malvan et de la Font Renaude, et son lavoir voûté donnent beaucoup de cachet à la petite place.

En entrant à droite, la tour carrée à mâchicoulis abrite l'office de tourisme.

Monter la ruelle en escalier, tourner dans la première ruelle à droite et, enfin, dans la première à gauche pour atteindre l'église.

La rue Grande à Saint-Paul-de-Vence.
R. Mattes/hemis.fr

Église

De cet édifice du début du 14e s., situé sur le point le plus haut du village, on a refait les voûtes au 17e s. et le clocher au 18e s. L'intérieur à trois nefs et quatre chapelles renferment de belles œuvres d'art, dont un tableau attribué à Claudio Coello *(au fond de la nef gauche)*. Belles stalles de noyer (17e s.). La **chapelle★** de droite attire l'attention par la richesse de sa décoration, mêlant fresques et stucs : le devant d'autel est un bas-relief qui représenterait le martyre de saint Clément ; au-dessus de l'autel, belle toile de l'école italienne du 17e s. figurant saint Charles Borromée offrant ses œuvres à la Vierge ; à gauche, Assomption de l'école de Murillo. La chapelle suivante est ornée d'une Madone du rosaire de 1588, où l'on reconnaît dans la foule des fidèles le visage de Catherine de Médicis. Situé dans la nef collatérale, **trésor** du 12e au 15e s.

Chapelle des Pénitents-Blancs ou Folon

Pl. de l'Église - ✆ 04 93 32 41 13 - www.saint-pauldevence.com - mai-sept. : 10h-12h30, 14h-18h ; reste de l'année : 10h30-12h30, 14h-16h - fermé nov. - 4 € (-12 ans gratuit), Pass famille 12 €.

Signalée par un clocher à trois faces, la chapelle des Pénitents-Blancs (17e s.) a été transformée en site artistique en 2008. Son décor constitue la dernière réalisation de l'artiste belge Jean-Michel Folon, disparu en 2005. L'intérieur comprend une mosaïque, des vitraux, huit toiles et deux sculptures.

5

Donjon

En face de l'église, le donjon seigneurial, seul vestige de l'ancien château de St-Paul-de-Vence, abrite la mairie. Levez la tête pour apercevoir, au sommet, sa belle cloche fondue en 1443 !

Revenir sur ses pas jusqu'à la rue Grande et pousser jusqu'à la porte du Sud.

★ Remparts

Les remparts n'ont guère subi d'altération depuis François Ier, qui les fit élever comme réplique à la citadelle de Nice de 1537 à 1547. Depuis le bastion sud et vers l'est, la promenade procure un beau **panorama**.

À voir aussi

★ Fondation Maeght

623 chemin des Gardettes - ✆ 04 93 32 81 63 - www.fondation-maeght.com - juil.-sept. : 10h-19h ; reste de l'année : 10h-18h, 24 et 31 déc. 10h-16h - 16 € (10-18 ans 11 €).
Sur la colline des Gardettes, l'architecte **Josep Lluís Sert** (collaborateur de Le Corbusier et successeur de Gropius) a réussi une parfaite intégration de ce temple de l'art moderne dans le paysage méditerranéen, grâce aux matériaux – béton blanc et briques roses – et grandes baies qui ouvrent sur le jardin. La cour Giacometti avec ses troublantes figures sépare le musée en deux.
Comme le souhaitait Aimé Maeght (1906-1981), les œuvres qui animent le parc sont des monuments, tout comme le sont les arbres ou l'édifice : mosaïques de Braque, Tal-Coat, Chagall, mobiles et stabiles géants de Calder, le bronze de Zadkine, le *Pépin géant* d'Arp, la fontaine mobile de Pol Bury et de l'autre côté, les sculptures et céramiques du *Labyrinthe* de Miró ou la *Sirène* de Laurens peuplent l'espace de façon surnaturelle… et toute naturelle tant elles donnent l'impression d'être ici dans leur élément.
La fabuleuse collection de la fondation est présentée par roulement dans la salle de la Mairie, ainsi que dans les cours et jardins. Vous pourrez y trouver, outre les noms déjà cités : Léger, Kandinsky, Bonnard, Soulages, Van Velde, de Staël, Bazaine, Hartung, Tapiès, Alechinsky, Adami, Garache, Messagier, Viallat… et tant d'autres. Très actif, le centre organise trois à quatre grandes expositions par an, qui font souvent événement.

Fondation CAB

5766 chemin des Trious - ✆ 06 82 12 56 44 - www.fondationcab.com - juil.-oct. : 10h-18h ; déc.-juin : sur rdv - 12 € (enf. gratuit).
Petite sœur de la Fondation du même nom à Bruxelles, la Fondation CAB St-Paul-de-Vence est installée dans un bâtiment des années 1950 fraîchement rénové, avec un jardin offrant une belle vue sur le cap d'Antibes. Les expositions permanentes et temporaires mettent en scène les œuvres de la collection par roulement et par thématiques, pour découvrir ou redécouvrir l'art mininal. Le lieu dispose aussi d'un restaurant et de chambres d'hôtes *(voir « Nos adresses »)*.

Carnet pratique

S'informer

Office de tourisme – *2 r. Grande - ☏ 04 93 32 86 95 - www.saint-pauldevence.com.*
Visites guidées et visite en réalité augmentée grâce à une tablette permettant de remonter 1000 ans d'histoire du village *(10 €/pers.)*.

Se garer

Parking payant route des Serres.

Agenda

Festival de musique de chambre – *festivalsaintpauldevence.com.* Fin juillet, place de la Courtine (au pied des remparts).

Fête de la Ste-Claire – Fête patronale organisée le 2e week-end d'août. Deux jours et trois nuits de festivités, procession le vendredi soir, embrasement des remparts et feu d'artifice le dimanche, suivis d'un bal.

Nos adresses

Restauration

Budget moyen

Malabar – *7 Remparts Ouest - ☏ 04 93 32 60 14 - www.restaurantmalabar.com - fermé lun.-merc. - plats 15/24 € - menu 32 €.* Belle surprise que cet établissement, qui à travers une carte courte mais appétissante, joue sur la fraîcheur du produit... Foie gras, tartare de bœuf, crumble aux fruits de saisons sont parfaitement réalisés.

Les Remparts – *72 r. Grande - ☏ 04 22 53 53 85 - www.lesremparts.com - 12h-18h30 - fermé lun. - plats 19/26 €.* Très belle carte de cocktails et de plats pour une cuisine à base de produits frais et de saison. C'est aussi l'une des plus belles vues panoramiques depuis les remparts. À ne pas manquer.

Le Tilleul – *Pl. du Tilleul - www.restaurant-letilleul.com - ☏ 04 93 32 80 36 - 12h-15h, 19h-22h - plats 16/32 €.* Le cadre est magnifique pour cette terrasse sous le bien nommé tilleul. La carte sophistiquée change en fonction de la saison. Vente à emporter aux Gourmandises du Tilleul.

Shopping

Marché paysan – Mercredi matin et vendredi matin de 9h à 14h sur la place du jeu de boules.

Maison de parfums Godet – *98 r. Grande - ☏ 04 92 11 06 79 - www.parfumsgodet.com - 10h-18h.* En véritable maître parfumeur, Sonia Godet a enrichi l'offre de ses aïeux et ajouté à leurs créations six nouveaux parfums de son cru.

En soirée

Café de la Place – *Pl. du Gén.-de-Gaulle - ☏ 04 93 32 80 03 - juil.-août : 7h-0h; reste de l'année : 7h-21h - fermé de déb. nov. à fin déc. - pas de restauration le soir.* Incontournable, ce café l'est par son emplacement central. C'est là que les Paulois boivent un verre entre deux parties de pétanque.

Activités

Pétanque – L'office de tourisme loue des boules *(4 €/pers.)* et propose également une initiation à la pétanque *(durée 1h - 7 €/pers., selon le nombre de participants)*.

Balades – L'office de tourisme propose plusieurs itinéraires disponibles sur demande ou téléchargeables : circuit des fortifications *(30mn)*, circuit par

le vallon du Malvan *(1h)*, circuit de St-Paul-de-Vence à Tourrettes-sur-Loup (*3h30*), etc.
www.saint-pauldevence.com/fiches/randonnees-pedestres

Hébergement

Pour se faire plaisir

Hôtel Les Bastides de St-Paul – *880 chemin Blaquières, D 336 - 04 92 02 08 07 - www.hotelbastides.fr - Î j - 24 ch. 153/191 € - 13 €.* En retrait d'une route passante, demeure colorée abritant des chambres spacieuses et bien insonorisées. Piscine en forme de trêfle.

Une folie

Hostellerie des Messugues – *imp. des Messugues - 2 km par rte Fondation-Maeght - 04 93 32 53 32 - www.hotel-messugues.fr - fermé janv.-fév. - - 16 ch. à partir de 170 € - 32 €.* Cette grande villa provençale à proximité de la fondation Maeght est nichée dans un paisible jardin avec une piscine originale où l'on trouve un îlot planté d'oliviers. Les portes des chambres proviennent d'une prison du 19e s. Restaurant en été.

Fondation CAB – *5766 chemin des Trious - 04 92 11 24 49 - www.fondationcab.com - - 4 ch. 250/750 € - 12 €.* Les chambres d'hôtes ont été redessinées par l'architecte Charles Zana, qui est aussi intervenu sur la salle de bains associée à la maison démontable Jean Prouvé (1901-1984), entièrement rénovée. L'ensemble est décoré dans le style des années 1950.

Cagnes-sur-Mer ★

Cagnes est bâti dans un paysage de collines, plantées d'oliviers, de cyprès, de palmiers, d'agrumes et de cultures florales (œillet, rose, mimosa). La ville haute est la terre d'élection des peintres, attirés par le charme du site et la luminosité de l'atmosphère. Côté mer, les 3,5 km de littoral offrent, outre la baignade, toute une palette d'activités : voile, ski nautique, plongée, pêche, hippisme...

Se repérer

54 842 Cagnois – Alpes-Maritimes (06)

CARTE D2 (P. 242-243).

À 12 km de Nice et 17 km de Cannes.

À ne pas manquer

Le château-musée Grimaldi et, bien sûr, le musée Renoir.

Organiser son temps

La visite de l'ancienne ville médiévale vous prendra 1h. Pour rejoindre le point de vue sur la vallée du Var et l'arrière-pays niçois, comptez 30mn supplémentaires.

En famille

La promenade du bord de mer au Cros-de-Cagnes.

Carnet pratique p. 324

Nos adresses p. 325

Se promener

★ Haut-de-Cagnes PLAN II C1 P. 322

Navette gratuite n° 44 (voir « Carnet pratique ») ou accès à pied, par la montée de la Bourgade (attention, ça grimpe !).

★ Le bourg

Près de la tour de l'Église s'ouvre une porte ogivale, dite **porte de Nice**, datant du 13e s. Entouré de remparts et dominé par le château médiéval, le bourg invite à flâner dans les rues en calades, les escaliers et passages sous voûte. Nombreuses maisons datées du 15e au 17e s. (notamment, près du château, maisons à arcades de la Renaissance).

Église St-Pierre

On y entre curieusement par la tribune. La petite nef, de style gothique primitif, abrite les tombeaux des Grimaldi de Cagnes. Dans l'autre nef plus vaste, ajoutée au 18e s., le maître-autel possède un retable (18e s.) de l'école espagnole : *Saint Pierre recevant les clés du paradis* ; à droite du chœur, jolie statue de Vierge à l'Enfant (même époque). Les habitants du village ont posé pour les 15 tableaux du chemin de croix réalisés à l'occasion du Jubilé 2000.

★ Château-musée Grimaldi

Pl. du Château - ✆ 04 92 02 47 35 - www.cagnes-tourisme.com - juil.-août : 10h-13h, 14h-18h ; avr.-juin et sept. : 10h-12h, 14h-18h ; reste de l'année : 10h-12h, 14h-17h - fermé mar. - 4 € (-26 ans gratuit) - 8 € billet combiné avec le musée Renoir.
Le château fort est élevé en 1310 par **Rainier Grimaldi**, souverain de Monaco, amiral de France et seigneur de Cagnes. En 1620, le bâtiment est transformé par

5

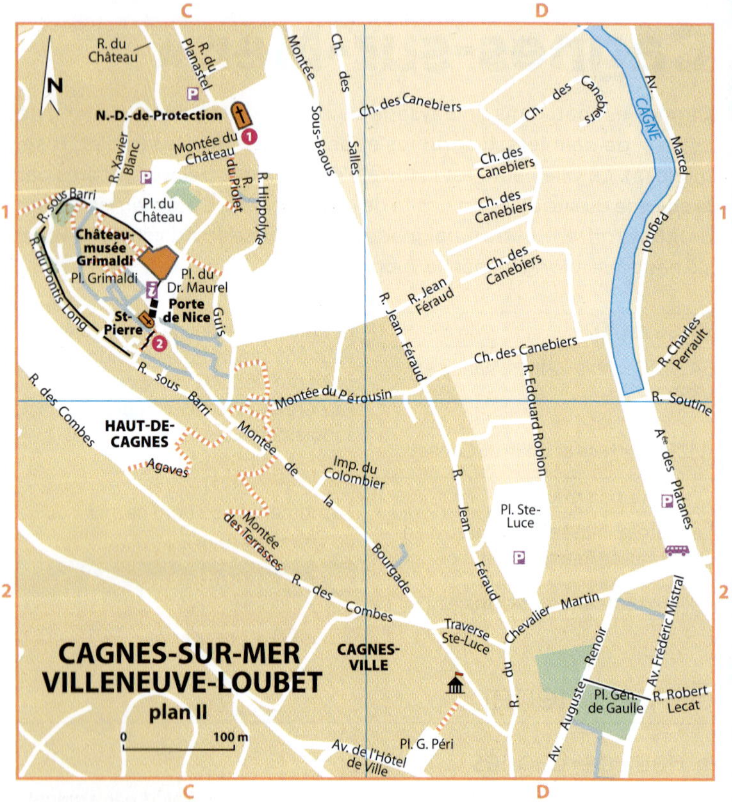

SE RESTAURER

Josy-Jo .... 1 Fleur de Sel.................................... 2

Henri Grimaldi en une demeure superbement décorée. Henri décide son cousin, Honoré II de Monaco, à renoncer au protectorat espagnol et à se mettre sous la protection française (traité de Péronne, 1641). Choyé par Louis XIII et Richelieu, Henri mène à Cagnes une vie fastueuse. Mais à la Révolution, le Grimaldi en place est chassé par les habitants et doit se réfugier à Nice.

Un escalier à double rampe et un portail Louis XIII donnent accès à cette altière forteresse couronnée de mâchicoulis. Au rez-de-chaussée, les salles basses et voûtées du Moyen Âge donnent sur l'élégant **patio★★** Renaissance, entouré de deux étages de galeries ornées d'arabesques et portées par des colonnettes de marbre. Au premier étage, salles de réception (17e s.). Au plafond de l'une d'elles, **La Chute de Phaéton★** (1621-1624) peinte par le Génois Carlone. Du haut de la tour, beau **panorama★** sur les toits du vieux Cagnes, la mer (du cap Ferrat au cap d'Antibes) et les Alpes.

Musée de l'Olivier – *Rez-de-chaussée.* Il présente l'histoire et la culture de l'olivier, l'utilisation de son bois, les moulins et la fabrication de l'huile.

★ **Donation Suzy Solidor** – *1er étage. Ancien boudoir de la marquise de Grimaldi.* Quarante portraits de la célèbre chanteuse, signés par les plus prestigieux peintres du 20e s. (Van Dongen, Cocteau, Foujita...).

Musée d'Art moderne méditerranéen – *2e étage.* Les anciens appartements montrent par roulement *(sauf expositions temporaires)*, des toiles de peintres du 20e s. nés ou ayant habité autour de la Méditerranée, de Dufy à Vasarely.

Chapelle Notre-Dame-de-Protection

Cette chapelle à porche et clocher italianisants a inspiré Renoir. L'abside est couverte de **fresques** (16e s.) attribuées à Andrea de Cella : sur la voûte, les évangélistes, Isaïe, la sibylle ; sur les murs, enfance de Jésus et vie de la Vierge ; au centre N.-D.-de-Protection, Vierge de miséricorde. Dans la chapelle de gauche, *La Vierge au rosaire*, retable du 17e s.

À voir aussi

PLAN I P. 327

★ Musée Renoir B1

Possibilité de monter en bus de ville n° 49. 19 chemin des Collettes - ☏ 04 93 20 61 07 - www.cagnes-tourisme.com - juin-sept. : 10h-13h, 14h-18h (jardin 10h-18h) ; avr.-mai : 10h-12h, 14h-18h ; reste de l'année : 10h-12h, 14h-17h - fermé mar. - 6 € - 8 € billet combiné avec le château-musée Grimaldi.

Tombé sous le charme de ses vénérables oliviers et de son panorama intemporel sur les Hauts-de-Cagnes, **Auguste Renoir** (1841-1919) passa au domaine des Collettes les 12 dernières années de sa vie : la propriété, à l'époque simple fermette, fut rapidement métamorphosée par le peintre en résidence principale, avec la construction d'une confortable maison regardant vers la mer. Ses descendants l'ont habitée jusqu'en 1959 *(date d'acquisition par la ville)*, d'où la conservation du mobilier, d'œuvres et de photographies (reproductions) qui témoignent du quotidien de Renoir. Le rez-de-chaussée et le 1er étage sont occupés par les salons, la cuisine, la lingerie, les chambres et deux ateliers : 12 **toiles**★ y sont présentées, provenant de la dernière période de Renoir, particulièrement sensuelle. Tout est encore à sa place dans le grand atelier de l'étage, comme si l'artiste allait surgir sur sa chaise roulante et se remettre à son chevalet. Une collection de 17 plâtres (Renoir-Guino) occupe le rez-de-jardin.

Dans l'orangeraie fleurie d'agapanthes, vous verrez la grande **Vénus Victrix**★ en bronze, création à quatre mains avec **Richard Guino**. Ce jeune élève de Maillol

Les oliviers remarquable du domaine des Collettes au musée Renoir.
H. Lenain/hemis.fr

5

Renoir à Cagnes

Né à Limoges en 1841, Auguste Renoir découvre à partir de 1882, chez Cézanne, la lumière de la Provence et les paysages méditerranéens. Pour tenter de soigner des rhumatismes articulaires, il gagne le Midi en 1900 avec sa femme et son fils Jean, le futur cinéaste. En 1907, il achète les Collettes, séduit par la vue sur la mer et le vieux village. Malgré le fauteuil roulant et l'arthrose qui paralyse sa main, Renoir poursuit, jusqu'à sa mort en 1919, son travail de création en déclarant : « Je commence à savoir peindre. »

aida l'artiste, perclus de rhumatisme et d'arthrose, à réaliser des sculptures : une collaboration source d'un conflit juridique qui se résolut en 1973 avec la reconnaissance du rôle de coauteur du Catalan.
La **fermette** accueille une salle de projection où vous pourrez voir des scènes de tournage du *Déjeuner sur l'herbe* (1959), réalisé par Jean Renoir, le deuxième fils du peintre, et filmé au milieu des oliviers centenaires de la résidence.

Cros-de-Cagnes PLAN I B1 P. 327

Le Cros, petit village de pêcheurs à l'origine, a gardé ses traditions avec son petit port et sa chapelle des Pêcheurs, qui côtoient les loisirs nautiques praticables toute l'année.
Une **promenade**, piétonne et cyclable *(location de rosalie au niveau de l'hippodrome)*, se déploie sur 3,5 km jusqu'à l'hippodrome, en longeant les **plages** de galet. Crème solaire et chapeaux obligatoires sur ce parcours sans arbre. Haltes possibles aux terrasses qui se succèdent.

Carnet pratique

S'informer

Office de tourisme – PLAN I B1 (P. 327) - *6 bd du Mar.-Juin - Cagnes-sur-Mer - ✆ 04 93 20 61 64 - www.cagnes-tourisme.com.*
Antenne du Cros-de-Cagnes – PLAN I B1 (P. 327) - *99 prom. de la Plage - ✆ 04 93 07 67 08.*
Antenne du Haut-de-Cagnes – PLAN II C1 (P. 322) - *Pl. du Dr-Maurel - ✆ 04 92 02 85 05.*
Visites guidées thématiques.

Se déplacer

Navettes – Deux navettes gratuites circulent à Cagnes-sur-Mer. La n° 44 relie la gare routière au Haut-de-Cagnes *(tlj, ttes les 15mn - 7h-22h30 ; juin-sept. : 6h30-0h30).* La n° 45 longe le bord de mer *(tlj ttes les 30mn en juil.-août uniquement - 10h-20h).*

Agenda

Equita'06 - Salon du cheval – En octobre à l'hippodrome, la plus grande manifestation équestre des Alpes-Maritimes.

Nos adresses

PLAN II P. 322

Restauration

Pour se faire plaisir

1 **Josy-Jo** – C1 - *2 r. du Planastel - Haut de Cagnes - ✆ 04 93 20 68 76 - www.josy-jo.com - 12h-14h, 19h30-22h - fermé dim.-lun. hors juil.-août - plats 27/40 €.* Cette adresse conviviale, quasi une institution locale, propose une savoureuse cuisine de grand-mère (niçoise) : petits farcis et salades d'une grande fraîcheur, des grillades au feu de bois (l'essentiel de la carte), et des desserts maison. Simple et bon, à l'image du décor, dans une maison de village.

2 **Fleur de Sel** – C1 - *85 montée de la Bourgade - ✆ 04 93 20 33 33 - www.restaurant-fleurdesel.com - soir uniquement - fermé merc.-jeu. - plats 25/40 €, menu 48/59 €.* Sympathique petite adresse voisine de l'église. Dans ce charmant restaurant d'esprit très Sud, on savoure une cuisine méditerranéenne fraîche, colorée et généreuse.

Shopping

Cité marchande – *Rue J.-Raymond Giacosa - mar.-dim. 7h30-13h.* Cette halle alimentaire regroupe des producteurs et des artisans de bouche. Vous y trouverez aussi un bar à huîtres, une cabane à lait caillé, des marchands de socca...

Activités

Hippodrome Côte d'Azur – *hippodrome-cotedazur.fr - diurne à partir de 12h, nocturne à partir de 20h - ouv. 2h av. déb. des opérations - ouv. de déb. juil. à fin août et de déb. déc. à mi-mars.* Deuxième champ de courses de province, organise plus de 80 réunions hippiques par an.

Hébergement

PLAN I P. 327

Budget moyen

1 **Bleu Riviera** – B1 - *31 chemin de la Minoterie - ✆ 04 93 20 25 50 - www.bleu-riviera.fr - 18 ch. à partir de 100 € - 12 €.* Villa balnéaire fleurie en saison. Hall et salon possèdent le charme d'une maison de famille. Les chambres, rénovées, sont climatisées, et certaines bénéficient d'un balcon. Deux suites familiales pratiques pour un séjour avec des bambins.

2 **Chambre d'hôte Les Jardins Fragonard** – B1 - *12 r. Fragonard - ✆ 04 93 20 07 72 et 06 83 93 67 93 - www.jardins-fragonard.com - 5 ch. 105/120 €.* Une douce quiétude règne dans cette belle villa de 1925 juchée sur les hauteurs de Cagnes, au milieu d'un parc d'essences méridionales. Chambres égayées de couleurs provençales, certaines avec cuisinette. Selon la saison, le petit-déjeuner est servi en terrasse ou à l'intérieur, sur la grande table d'hôtes.

3 **Tiercé Beach** – B1 - *33 bd J.-F.-Kennedy - ✆ 04 93 20 02 09 - www.hoteltiercebeach.com - 23 ch. 108/114 € - 10 €.* Bâtisse des années 1960 rénovée dans un style contemporain, proche de la plage et de l'hippodrome. Chambres de tailles diverses, dont certaines bénéficient d'une vue sur la mer.

5

Villeneuve-Loubet

Villeneuve désigne une agglomération neuve au Moyen Âge, ici fondée de surcroît par un seigneur qui s'appelait Villeneuve ! Loubet, ancien fief voisin, tire son nom du Loup qui se jette ici dans la mer. Deux villes en une, contenant tous les contrastes de la Côte : d'une part, le château médiéval dominant la vieille ville provençale, d'autre part, la moderne Marina-Baie-des-Anges, symbole de la fin des Trente Glorieuses, au même titre que le Concorde ou la DS 21 Citroën.

Marina Baie des Anges, par l'architecte André Minangoy.
Jana_Janina/Getty Images Plus

Se repérer

16 285 Villeneuvois – Alpes-Maritimes (06)

CARTE D2 (P. 242-243).

À 2 km de Cagnes-sur-mer, 17 km de Cannes à l'ouest et 8 km de Nice à l'est.

À ne pas manquer

Le musée Escoffier ; Marina-Baie-des-Anges.

Organiser son temps

Comptez 1h pour une balade le long des berges du Loup qui vous conduira au cœur du vieux village (visite du musée Escoffier non comprise). De l'embouchure du Loup jusqu'à la croisette de Port Marina-Baie-des-Anges, comptez 30mn supplémentaires.

En famille

Le musée Escoffier de l'art culinaire ; accrobranche, ponts de singe et tyroliennes dans les parcs de loisirs.

Carnet pratique p. 329

Nos adresses p. 329

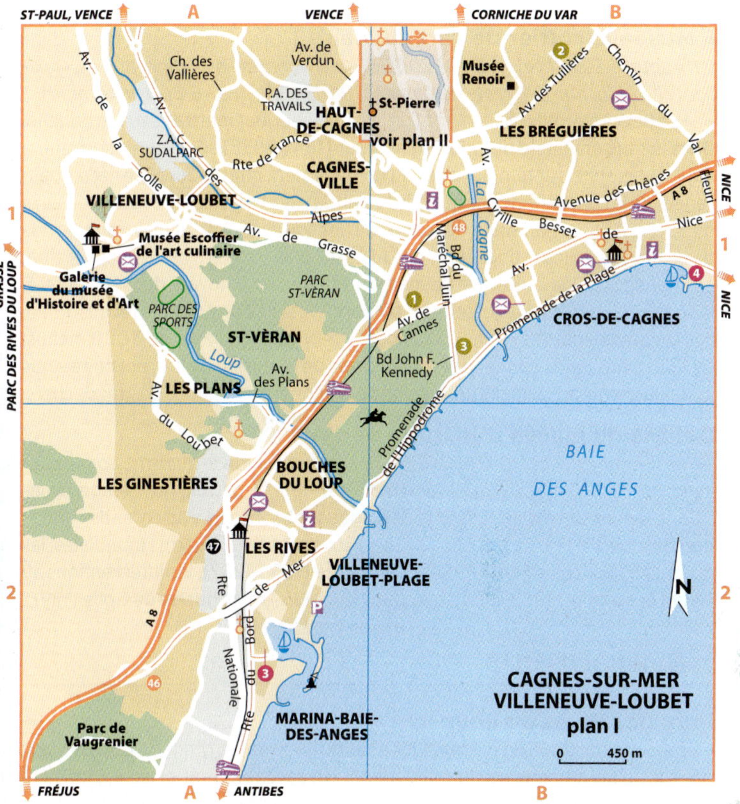

SE RESTAURER
La Flibuste 3
L'arrêt au port 4

SE LOGER
Bleu Riviera 1
Chambre d'hôte
Les Jardins Fragonard 2
Tiercé Beach..................... 3

Se promener

Marina-Baie-des-Anges A2

Conçue par l'architecte André Minangoy, qui en lança la construction en 1968, **Marina-Baie-des-Anges** est l'une des réalisations immobilières les plus prestigieuses de la Côte d'Azur, avec 1600 appartements et un port de plaisance de 540 anneaux... Une réussite ? En tout cas, cette vague en béton se voit de partout ! Elle a été reconnue par le ministère de la Culture « Patrimoine architectural du 20e s. ».

Le vieux village A1

Avec ses placettes, ses calades pentues, ses venelles fleuries, son église paroissiale et ses lavoirs, Villeneuve-Loubet est la quintessence du village provençal. Il est blotti au pied du **château** des Villeneuve, du 13e s., restauré au 19e s. Le haut donjon pentagonal fut en partie édifié au 9e s. C'est dans ce château, où résidait François Ier, que fut signée en 1538 l'éphémère paix de Nice avec Charles Quint (elle ne dura que cinq ans !).

★ Musée Escoffier de l'art culinaire

3 r. Auguste-Escoffier - ✆ 04 93 20 80 51 - www.musee-escoffier.com - ♿ - juil.-août : 10h-13h, 14h-19h ; reste de l'année : 10h-13h, 14h-18h - 6 € (-11 ans gratuit).

Les petits marmitons recevront un livret-jeu qui leur mettra l'eau à la bouche. Dans la maison natale d'Auguste Escoffier (1846-1935) sont réunis souvenirs, objets personnels et témoignages du rayonnement international de cet ambassadeur de la cuisine française qui s'illustra au Savoy et au Carlton de Londres, ainsi qu'au Ritz à Paris. « Cuisinier des rois et roi des cuisiniers », il sut plaire aux grands de ce monde en leur concoctant des plats attitrés (il créa ainsi la pêche Melba, en l'honneur d'une cantatrice du même nom) tout en innovant dans la légèreté, la simplicité et la qualité. Ustensiles d'époque, cuisine provençale reconstituée, collection de voitures miniatures (pour le service en salle) et de 3 000 menus, de 1820 à nos jours, panneau chronologique de la cuisine de la préhistoire à nos jours illustrent l'art culinaire. Possibilité de visionner des recettes de grands chefs.

Galerie du musée d'Histoire et d'Art

Pl. de l'Hôtel-de-Ville - ✆ 04 92 02 60 39 - www.villeneuve-tourisme.com - mar.-vend. 10h-13h, w.-end 10-12h30, 15h-17h30 - fermé lun. - gratuit. Au 1er étage, expositions temporaires d'art. Les 2e et 3e étages sont consacrés aux grands conflits dans lesquels la France a été engagée au 20e s. : les deux guerres mondiales, les guerres d'Indochine (1945-1954) et d'Algérie (1954-1962), les interventions au Tchad et au Zaïre (1969-1984), au Liban (1982-1987) et la guerre du Golfe (1991).

Randonnées

Parc des Rives du Loup HORS PLAN PAR A1

Ce parc naturel de 55 ha préserve les rives du Loup et fait office de poumon vert pour les trois communes dont il dépend. Un agréable sentier de 4,5 km relie l'embouchure du petit fleuve jusqu'aux premières gorges, en amont du village de Villeneuve-Loubet.

Au départ de Villeneuve depuis les parkings à proximité du pont de la D 2085. Deux options s'offrent à vous : soit vous descendez le cours du Loup et passez alors le long du parc St-Véran pour terminer près de l'hippodrome, sur le front de mer ; soit vous remontez le courant dans un environnement plus forestier jusqu'à un espace de prairies *(env. 1 km)* en côtoyant les parcours d'accrobranches du Canyon Forest *(voir « Nos adresses »)*. Aires de pique-niques ombragées.

Parc de Vaugrenier A2

Depuis le centre-bourg, 5 km par la D 2 et la D 6007 (dir. Antibes).

Séparé de la mer par la voie ferrée et la D 6007, il s'étend sur 103 ha partagés entre prairie, bois de pins et de chênes. Cet écrin vert abrite aussi un rare étang naturel d'eau douce, apprécié des oiseaux migrateurs comme sédentaires. Idéal pour un pique-nique ou une promenade bucolique. Pour les enfants : toboggans, balançoires.

Carnet pratique

S'informer

Office de tourisme – PLAN I A2 (P. 327) - *16 av. de la Mer - 04 92 02 66 16 - www.villeneuve-tourisme.com.* Visites guidées.

Se garer

Stationnement gratuit toute l'année (disque bleu sur certaines zones de 2h à 12h). Parking gratuit au Pôle Culturel Auguste Escoffier.

Se déplacer

Train/Bus – TGV Gare SCNF Antibes, correspondance TER ligne 4, ou bus 200 et 23 vers Gare SNCF Villeneuve-Loubet plage/Pôle Marina 7. TGV Gare SNCF Nice, correspondance bus 217 vers Villeneuve-bord de mer.

Navette estivale – Village/marina et bord de mer

Nos adresses

PLAN I P. 327

Restauration

Une folie

3 **La Flibuste** – A2 - *1001 av. de la Batterie - Marina-Baie-des-Anges - 04 93 20 59 02 - www.restaurantlaflibuste.fr - 12h-14h, 19h-21h30 - fermé dim. soir et lun.-mar. - formule déj. 44 €, menu 51/165 €.* L'adresse a été entièrement repensée, depuis le décor (fauteuils modernes, cave à vins vitrée) jusqu'à la cuisine où la jeune chef, Eugénie Béziat, joue une partition gastronomique et contemporaine.

À proximité

Premier prix

4 **L'Arrêt au port** – B1 - *r. du Capitaine-de-frégate-Hippolyte-Vial - Cros de Cagnes - Cagnes sur Mer - 06 10 90 15 78 - été : 8h-23h; hiver : mar.-dim. 8h-18h - plats 15 €.* Situé entre la base nautique et la plage. L'ambiance y est détendue et la vue agréable. À toute heure de la journée, on peut y déguster sandwichs, focaccias ou plat du jour face à la mer.

Activités

Le Golf de la Vanade – *Rte de Grasse - www.golf-vanade.com - 04 92 02 24 61 - 8h30-18h - 31 € les 10 jetons.* 9 trous, practice, location de matériel : idéal pour les visiteurs. Le restaurant propose des produits frais et une terrasse ombragée.

Parcs de loisirs – *2559 rte de Grasse - Bus 500 depuis la gare de Cagnes-sur-Mer - 04 92 02 88 88 - www.canyonforest.com.* Dans le parc des Rives du Loup et s'échelonnant sur 3 km depuis la ville (dir. Grasse), 4 parcs gérés par le même organisme : Canyon Forest, Le Village des Fous, le Bois des lutins et Pitchoun Forest. Ils proposent des parcours vertigineux d'accrobranche qui entraînent enfants et parents d'arbre en arbre. Ponts de singe, tyroliennes, filets à escalader… toute la famille se sent l'âme d'un Tarzan tout en étant solidement harnachée !

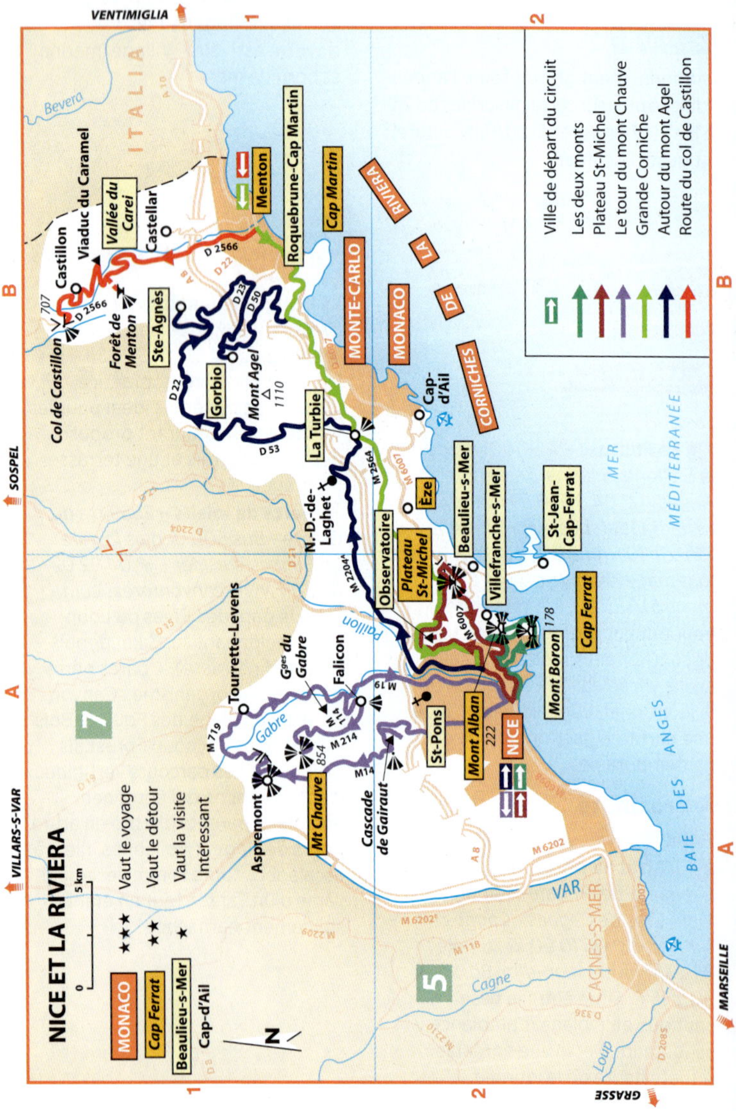
NICE ET LA RIVIERA
MONACO ★★★ Vaut le voyage
Cap Ferrat ★★ Vaut le détour
Beaulieu-s-Mer ★ Vaut la visite
Cap-d'Ail Intéressant
0 5 km
N
Ville de départ du circuit
Les deux monts
Plateau St-Michel
Le tour du mont Chauve
Grande Corniche
Autour du mont Agel
Route du col de Castillon
VILLARS-S-VAR
SOSPEL
VENTIMIGLIA
MARSEILLE
GRASSE
ITALIA
Bevera
Col de Castillon
707
Castillon
Viaduc du Caramel
Vallée du Carei
Castellar
Forêt de Menton
Ste-Agnès
Menton
Roquebrune-Cap Martin
Cap Martin
Gorbio
Mont Agel
1110
La Turbie
MONTE-CARLO
MONACO
Cap-d'Ail
RIVIERA
LA
DE
CORNICHES
N.-D.-de-Laghet
Èze
Beaulieu-s-Mer
Observatoire
Plateau St-Michel
Villefranche-s-Mer
St-Jean-Cap-Ferrat
Cap Ferrat
Mont Boron
178
NICE
Mont Alban
222
St-Pons
Paillon
Tourrette-Levens
Gges du Gabre
Falicon
Gabre
Aspremont
Mt Chauve
854
Cascade de Gairaut
MER
MÉDITERRANÉE
BAIE DES ANGES
VAR
CAGNES-S-MER
Cagne
Loup
7
5
A
B
1
2
D 2566
D 22
D 23
D 50
D 53
M 2204
M 2564
M 6007
M 19
M 214
M 14
M 719
M 6202
M 6202bis
M 2209
M 118
D 336
D 2085
A 8
A 10

6

Nice et la Riviera

CARTE MICHELIN DÉPARTEMENTS 341 – ALPES-MARITIMES (06)

Nice★★★ 332

Entre Nice et Menton :
Corniches de la Riviera★★★ 370

7 km à l'est de Nice :
Villefranche-sur-Mer★ 380

12 km à l'est de Nice :
Saint-Jean-Cap-Ferrat★ 384

8 km à l'est de Nice :
Beaulieu-sur-Mer★ 388

11 km à l'est de Nice :
Èze★★ 391

19 km à l'est de Nice :
Principauté de Monaco★★★ 394

28 km à l'est de Nice :
Roquebrune-Cap-Martin★ 409

32 km à l'est de Nice :
Menton★★ 413

Nice ★★★

Imaginez une anse majestueuse, un amphithéâtre de collines l'abritant des grands vents et un promontoire planté au milieu, sur lequel les anciens Grecs fondèrent Nikaïa. Édifiée sur ce site remarquable, la capitale de la Côte d'Azur s'étire le long de la célèbre promenade des Anglais. La ville se découvre le nez levé pour apprécier les trésors d'architecture aux façades des palaces comme des maisons parées d'ocres rouges et jaunes. Pour saisir l'ambiance, il faut se poser sur les bancs, les fontaines et les murets, comme les Niçois qui tiennent salon dans les jardins et les espaces publics. Cité aux multiples visages, campée sur sa double identité française et transalpine et une histoire à part dans celle de l'Hexagone, elle se montre à la fois festive dans les ruelles de sa vieille ville, bourgeoise dans ses quartiers Belle Époque et populaire à l'arrière de son port. Muse des artistes, sudiste rebelle, Nissa la Bella ne cesse d'enchanter. Signe supplémentaire de reconnaissance de sa notoriété et de son unicité, elle a été inscrite en 2021 au **patrimoine mondial de l'Unesco** au titre de « ville de villégiature d'hiver de la Riviera ».

Se repérer

341934 Niçois – Alpes-Maritimes (06)

CARTE A2 (P. 330).

De l'A 8, au nord de la ville, cinq sorties possibles. Le Paillon divise Nice en deux : à l'ouest, la partie moderne ; à l'est, la vieille ville, la « colline du Château » et le port. Au nord, la colline de Cimiez.

À ne pas manquer

La promenade des Anglais et les grandes places à la turinoise ; flâner dans « le Vieux » ; et arpenter les riches musées du fief culturel niçois.

Avec les enfants

Le parc botanique Phœnix, le muséum d'Histoire naturelle, le musée de Terra Amata ; le Musée national du Sport ; le petit train touristique ; le carnaval de Nice.

Carnet pratique p. 362

Nos adresses p. 364

Se promener

Partir de l'intersection de la promenade des Anglais et du bd Gambetta.

★★★ Promenade des Anglais PLAN I AC3 P. 334-335

Exposée en plein midi, cette magnifique avenue épouse l'immense courbe de la baie des Anges. Cyclistes, piétons, contemplatifs posés sur les chaises bleues, emblématiques du lieu, ou baigneurs en contrebas sur les plages de galets, chacun trouve sa place.

Il fallut la destruction des murailles par l'armée de Louis XIV en 1706 pour ouvrir Nice sur la mer. Jusqu'en 1820, la côte était à cet endroit d'accès difficile, mais la colonie anglaise, nombreuse depuis le 18e s., prit à sa charge la création de la Strada del Littorale, vite surnommée Camin dei Ingles par la population. Les Britanniques, établis pour la plupart le long de la route de France, entre le Magnan et le Paillon, ou dans le quartier de la Buffa, familièrement baptisé « Newborough »

3 jours à Nice	
Jour 1	Flânez sur la promenade des Anglais, avec un stop à la villa Masséna. Montez au Château pour la vue sur la baie des Anges avant de redescendre cours Saleya. Après le déjeuner, visitez le palais Lascaris et la cathédrale Ste-Réparate. Mettez-vous ensuite au vert sur la promenade du Paillon qui mène au musée d'Art moderne et d'Art contemporain. La fin de journée vous retrouvera sur la place Masséna, pour une pause shopping avant de dîner.
Jour 2	Remontez les siècles sur la colline de Cimiez : admirez les œuvres de Brea dans le monastère, visitez les ruines de la cité romaine et son musée. Rendez-vous ensuite au musée Matisse ou au musée Marc Chagall. Déjeunez au port avant d'aller vous prélasser sur la plage de galets et de rejoindre la vieille ville pour faire provision d'herbes et d'olives... Le soir, vous goûterez la douceur du climat à la terrasse d'un restaurant du vieux Nice.
Jour 3	Côté culture, optez pour le musée des Arts asiatiques (fermé le mardi) la ou celui des Beaux-Arts (fermé le lundi). Côté loisirs, le bord de mer sera toujours tentant, les marcheurs longeront la petite portion du sentier du littoral aménagée en direction de Villefranche-sur-Mer.

ou « petite Londres », se plaignaient de ne pas disposer d'une promenade le long du bord de mer, nouvelle pratique destinée à conjuguer l'admiration du paysage et la recherche de salutaires effets médicaux. Grâce à une souscription lancée par le pasteur anglican Lewis Way auprès de ses compatriotes, les travaux sont achevés en 1824, du Paillon à l'actuelle rue Meyerbeer. En 1856, la Promenade arrive à Magnan mais reste dépourvue de trottoirs, et Alphonse Karr de déplorer : « Au bord d'une Méditerranée d'eau, on se promène dans un océan de poussière. » Cependant le mouvement est lancé : la voie, dédiée à la seule promenade oisive, se borde de villas et d'hôtels. Au 19e s., la Promenade élargie et éclairée aux becs de gaz devient le centre de la vie mondaine. L'hiver, moment privilégié de la saison, c'est un incessant va-et-vient de cavaliers, de landaus, de coupés, de victorias. On se promène, ombrelle à la main, entre les haies de lauriers roses. C'est le temps de la **villa Masséna** *(voir p. 356)* au n° 35, des palaces avec l'hôtel **Negresco** (1913) par Édouard-Jean Niermans au n° 37. Dès les années 1920, avec ses nouveaux loisirs balnéaires et ses sports nautiques, la saison d'été se substitue peu à peu à la saison d'hiver. L'Américain Franck Jay Gould finance un nouveau casino : le **Palais de la Méditerranée** au n° 15, chef-d'œuvre du style Art déco des architectes Charles et Marcel Dalmas, ouvert en 1929 (façade restaurée à l'identique en 2004). Cependant, de nombreuses villas commencent à être détruites pour se voir remplacées par des immeubles de rapport. Disparaît aussi la Jetée-Promenade, en 1944. Aujourd'hui réaménagée avec la construction d'une piste cyclable, la plantation de nouveaux palmiers et l'installation de plots reliés par des câbles anti-intrusion – l'attentat à la voiture bélier qui a endeuillé la ville le 14 juillet 2016 reste dans tous les esprits –, la promenade des Anglais, que les Niçois appellent familièrement la Prom', évolue tout en restant l'emblème de la ville.

★ Promenade du Paillon PLAN II P. 334-335 ET PLAN I C3 P. 342

Accès : avr.-sept. 7h-23h (21h le reste de l'année).

La promenade poursuit son extension et devrait, d'ici 2026, compter 8 ha supplémentaires en se prolongeant jusqu'à un nouveau Palais des Expositions et des Congrès.

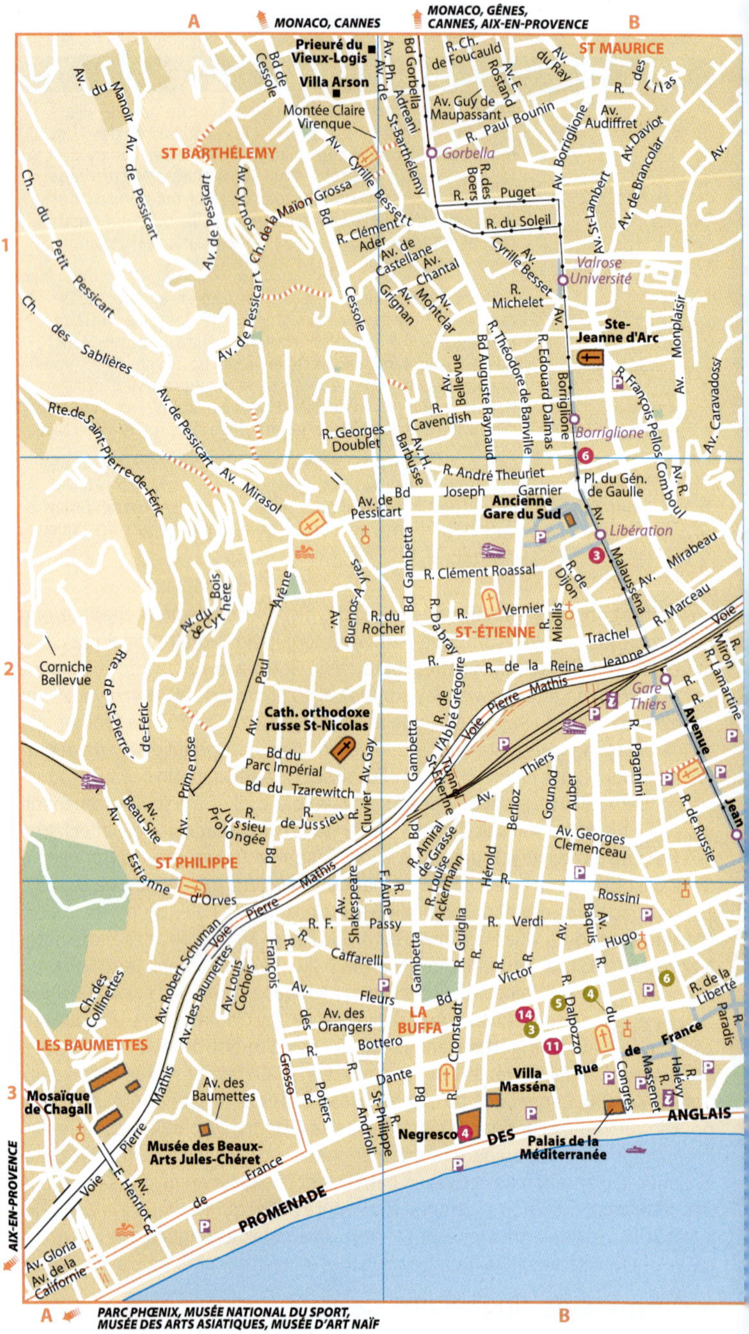

SE RESTAURER

René Socca	1	La Rotonde	4	Nice Art Bistro	8
La Part des Anges	2	Socca Tram	6	Lou Balico	9
Racines	3	21 Paysans	7	Ma Yucca	11

SE LOGER

Le Canon 14	Le Saint-Paul 1	Nice Garden Hôtel 4
Café de Turin 15	Hôtel Nice Étoile 2	Hôtel Windsor 5
L'Âne Rouge 16	The Jay 3	Palm Hotel 6

Foisonnement Art déco

Si la ville est souvent associée à l'architecture Belle Époque, témoignage du séjour des Têtes couronnées durant l'hiver, Nice ne compte pas moins de 600 édifices Art déco, mouvement qui correspond à l'essor des bains de mer estivaux et à la montée en puissance de la bourgeoisie. La population va presque doubler entre 1911 et la veille de la Seconde Guerre mondiale : décors géométriques et béton armé deviennent le maître-mot des architectes. Si le **Palais de la Méditerranée** *(voir p. 333)* et l'**église Ste-Jeanne-d'Arc** *(voir p. 357)* sont les constructions les plus emblématiques, vous apprécierez également la silhouette en brique massive de la Poste centrale (insolite pour le sud de la France), située en face de la gare *(21 av. Thiers)*, les mosaïques florales de l'immeuble La Rotonde *(41 av. Gambetta)*, et, surtout, le **Gloria Mansions** *(125 r. de France)*, avec ses murs pailletés de nacre, ses rapaces perchés au sommet de la façade et son vitrail d'inspiration pointilliste, œuvre de Lassale, dans le hall (visible depuis le trottoir d'en face ou si vous arrivez à vous faufiler dans cette propriété privée...).

Cette **coulée verte** de 12 ha recouvre le fleuve côtier du Paillon, qui chemine sur 35 km et trouve son embouchure sous le jardin Albert-Ier (il réapparaît derrière le Palais des expositions). Défense naturelle, le Paillon faisait tourner les moulins, les tanneries, les corderies. Mais il était surtout le territoire des lavandières. Allié de la cité, il représentait aussi un danger permanent par ses crues soudaines et incontrôlables. On décida à partir de 1867 de recouvrir le cours d'eau. L'espace ainsi gagné jusqu'en 1975 fut aménagé progressivement en jardins, mais pas seulement, s'y greffèrent la gare routière et un parking. L'ensemble réaménagé a laissé place à un cheminement végétal ponctué de **miroirs d'eau★**, dans lesquels se reflètent la ville, le ciel et les collines à l'horizon, et d'où s'échappent des brumes qui ajoutent à la féerie avant de devenir jets d'eau rafraîchissants.
Venant du bord de mer, on traverse d'abord le **jardin Albert-Ier**, qui abrite un kiosque à musique, une immense sculpture en arc de Bernar Venet et un monument du centenaire commémorant le rattachement à la France, pour arriver à la **place Masséna**. C'est le « cœur » du centre-ville, lieu de rassemblements et d'animations (point de départ des chars du Carnaval). L'impressionnant damier noir et blanc (basalte et calcaire) de cette esplanade, où les personnages assis imaginés par le sculpteur Jaume Plensa se tiennent perchés, contraste avec le bel ensemble d'arcades ocre rouge de style turinois qui l'encadre. Au nord de la place s'ouvre l'**avenue Jean-Médecin**, longue et large artère commerçante devenue piétonne avec l'arrivée du tram. À l'ouest, la **rue Masséna**, piétonne, et la **rue de France**, qui la prolonge, également piétonnes, sont bordées de cafés, restaurants et commerces de toutes sortes.
Au terme de la promenade du Paillon, traverser la rue pour ensuite monter les escaliers qui mènent à la Promenade des Arts en surplomb de la chaussée.

Promenade des Arts C2

Le **Théâtre national**, qui a déménagé dans le Vieux Nice en 2022 *(voir p. 343)*, et le **musée d'Art moderne et d'Art contemporain** (MAMAC – *voir p. 352*) furent inaugurés en 1991, dans un environnement de sculptures (Niki de Saint Phalle, Calder...). Le musée, dû aux architectes Yves Bayard et Henri Vidalse, se dresse tel un château moderne. Depuis le jardin à l'arrière *(fermé le lun.)*, appréciez le jeu optique qui lie les tonalités ocre rouge du soubassement aux surfaces lisses

La place Masséna.
rglinsky/Getty Images Plus

en marbre de Carrare des quatre tours carrées aveugles, hautes de 30 m, reliées par des passerelles vitrées.
Depuis 2002, une dernière pièce complète cet ensemble urbanistique culturel très imposant : la bibliothèque municipale Louis-Nucéra, dont les services administratifs se trouvent dans la **Tête carrée**, première sculpture habitable réalisée par l'architecte Yves Bayard et le sculpteur Sosno.

★★ Place Garibaldi PLAN I CD2 P. 334-335

C'est l'une des plus belles places de Nice, avec ses élégantes façades ocre-jaune à arcades, d'une uniformité parfaite – remarquez les **trompe-l'œil★** encadrant les fenêtres –, et ses gracieux arbres à soie (albizia), aux fleurs estivales à l'aspect de plumeaux. Sur le côté sud, la **chapelle du St-Sépulcre** (18e s.), propriété de l'archiconfrérie des Pénitents bleus, présente un décor baroque. Contemporaine de la construction du port de Lympia et de la route royale de Turin, celle qui s'appelait autrefois la place Victor devient un carrefour essentiel de la ville au 18e s. Au 19e s., moins centrale, elle évolue en quartier populaire et s'impose comme le lieu privilégié de l'identité niçoise, renforcée en 1891 par l'érection de la **statue de Garibaldi**, fièrement campé le regard tourné vers l'Italie. Sa rénovation liée au passage du tramway lui a redonné un lustre perdu et a renforcé son rôle de « sas » entre le centre-ville et la vieille ville, à l'abri de l'afflux touristique. Les terrasses des cafés et des restaurants, dont le Café Turin *(voir « Nos adresses »)*, installées sur cette vaste esplanade piétonne, invitent à faire une pause.

★ Le port PLAN I D3 P. 334-335

Abrité entre la colline du Château et le mont Boron, désenclavé par l'arrivée du tramway T2, le port qui a vu naître Giuseppe Garibaldi, joliment éclairé de lampions la nuit, présente une succession de façades alternant l'ocre rouge et jaune. Son histoire est relativement récente : en effet, deux millénaires durant, les bateaux ont accosté au pied du rocher du château, dans l'anse des Ponchettes. La construction du nouveau **port de Lympia**, décidée en 1749 à Turin par le roi Charles-Emmanuel III, va s'échelonner sur un siècle et demi. Sur la plaine de Lympia, on installe *in situ* le bagne pour faire creuser les prisonniers, qui succombent rapidement dans cette zone infestée de malaria. Mais il faut attendre les années 1830, sous la restauration sarde, pour que les projets du 18e s. reprennent et aboutissent. En 1844, on lance le percement de la rue Cassini et la construction des immeubles jumeaux, ocre rouge, de la **place Île-de-Beauté**, et de l'**église N.-D.-du-Port** en son centre (1853). Le creusement du grand bassin est achevé en 1897 par le gouvernement français. Les activités marchandes, la gare maritime et les cimenteries sont installées sur le bassin du Commerce, ouvert en 1912, que l'on peut atteindre en longeant le **quai des Docks** sur la droite, en passant devant l'ancien bagne, seul en son genre à avoir conservé son état d'origine sur le territoire métropolitain. Le bâtiment réhabilité abrite désormais la **Galerie Lympia** qui accueille des expositions temporaires *(galerielympia.departement06.fr)*. Navires de fret, paquebots de croisière, bateaux de pêche et de plaisance, car-ferries pour la Corse entretiennent dans le port une constante activité. Remarquez la **grue Applevage n° 14** (1937/1938), classée aux Monuments historiques en 2000.

Depuis le **quai de Lunel**, vous pourrez faire un saut au **marché aux puces** *(pl. Robilante - tlj sf lun.)*, avant de poursuivre en direction de la Promenade des Anglais. En chemin, remarquez le gigantesque **monument aux Morts** (32 m de hauteur), creusé dans la colline du château et orné de bas-reliefs Art déco signés Alfred Janniot.

★★ Quai Rauba-Capeù CD3

Tel un marin à la proue d'un navire, vous embrasserez ici tout l'infini de la Grande Bleue. Offrant un fascinant **panorama★★**, le bien nommé quai Chapeau vole (« Rauba Capeù » en nissart), bercé par le ressac, a été superbement aménagé (Prix grand public de l'architecture 2004). Aucune palissade ne vient entraver la vue sur la Méditerranée, une allée surbaissée ayant été aménagée en bordure du quai, lui-même légèrement incliné vers la mer. Toute la ville semble se résumer ici, avec ses édifices ocre rouge et jaune, construits contre la colline du Château *(voir p. 344)*, les clochers de la vieille-ville à proximité, les palaces de la ville moderne s'alignant le long de la promenade des Anglais, le port abrité derrière sa digue et, dans le ciel, le ballet des avions qui paraissent décoller ou atterrir sur l'eau. émerveillé par le point de vue sur la baie des Anges, **Raoul Dufy** a peint, depuis sa chambre de l'hôtel Suisse, l'une de ses plus belles toiles, *Fenêtre ouverte à Nice* (vers 1929, propriété du MoMa). À chaque heure du jour, c'est un spectacle lumineux sans cesse renouvelé qui s'offre aux passants, au gré des saisons et de l'humeur du temps. Et quand la nuit vient à tomber, quel contraste saisissant entre les lumières scintillantes de la Prom', toujours vibrante, et le noir silencieux, presque inquiétant, de la mer.

Monumental

Sur le **quai des États-Unis** se dresse une sculpture de 30 m de haut en métal brut d'aspect rouillé. Inaugurée en juin 2010, à l'occasion du 150e anniversaire du rattachement de Nice à la France, l'œuvre de **Bernar Venet**, intitulée *Les Neuf Lignes obliques*, symbolise les neuf vallées qui composent le comté. Elle a fait débat mais son surnom est flatteur : « l'Obélisque de Nice ».

★★ Le Vieux Nice PLAN I P. 334-335 ET PLAN II P. 342

Encore ébloui par le grand large, ses embruns et sa lumière, vous vous laisserez envoûter par le cœur de Nice, blotti au pied de la colline du Château : son dédale de venelles, abrité du vent en hiver, procure une délicieuse sensation de fraîcheur en été. Son charme tout méridional vous séduira à coup sûr, en particulier en levant les yeux : vous apprécierez alors ses façades à persiennes, où sèche parfois le linge, qui déclinent les teintes de l'ocre à l'infini. Mais ne vous fiez pas trop à son nom : le Vieux Nice, en perpétuelle ébullition, ne cesse de se renouveler, avec ses adresses gourmandes florissantes, ses nombreuses galeries d'art et ses bars courus par la jeunesse.

Cours Saleya PLAN II F2

Au 18e s., le cours était une artère élégante et mondaine, comme en témoignent le palais Caïs de Pierla, où Matisse vécut de 1921 à 1938, et la chapelle de la Miséricorde. Aujourd'hui, il est animé par un marché qui rassasie le flâneur d'odeurs et de couleurs du mardi au samedi, tandis que le lundi les chineurs viennent dénicher l'objet insolite. L'animation est accrue par les nombreux restaurants bordant le cours qui rivalisent d'appâts pour attirer le chaland.

À gauche de la chapelle, la place P.-Gautier donne sur l'ancien palais du Gouverneur et des princes de Savoie (actuel palais de la Préfecture, résidence du préfet) du 17e s., tandis qu'apparaît, à l'ouest, la tour de l'Horloge (18e s.).

Rue St-François-de-Paule, remarquez la belle façade beige et bleu et le campanile coloré de l'**église St-François-de-Paule** (18e s.). Elle fait face à l'**opéra** (PLAN II E2) construit selon les plans de l'architecte niçois François Aune en 1885, en pleine « période éclectique ». La décoration se concentre sur la façade nord, avec une colonnade, composée de cinq travées surmontées de quatre Muses. La rotonde ajoute à la majesté de l'édifice. La façade sud (côté mer), d'inspiration néoclassique, est plus sobre.

★ Chapelle de la Miséricorde PLAN II F2

7 Cours Saleya - ✆ 04 92 00 41 90 - mar. 14h30-17h30 ; fermé juill.août - entrée gratuite - possibilité de visite guidée sacristie - 2 € (enf. gratuit).

Petit chef-d'œuvre du **baroque niçois**, cette chapelle appartient à la confrérie des Pénitents noirs. Elle fut édifiée en 1740 par Vittone d'après les plans du célèbre prêtre-architecte italien du 17e s., **Guarini**. L'élégante symétrie de son architecture extérieure est parsemée de volutes et contre-courbes, depuis sa façade ventrue à ses oculi ovoïdes, surmontés de lucarnes enguirlandées.

À l'intérieur, le baroque atteint des sommets avec coupoles et absidioles recouvertes d'anges virevoltants entre les dorures et les faux marbres. Si le riche décor date du 19e s. (voûte peinte par Bistolfi), le volume ample et le plan elliptique sont caractéristiques du baroque piémontais. La sacristie recèle des trésors d'art primitif niçois dont deux **retables**★ qui représentent une Vierge de miséricorde. Si l'œuvre de Jean Miralhet, de 1429, est encore teintée du hiératisme byzantin de l'école siennoise, le panneau central de la seconde Vierge, peinte par **Louis Brea** en 1515, possède la grâce de la Renaissance italienne et fait apparaître peut-être la plus ancienne vue de Nice.

Prendre à gauche la rue de la Poissonnerie.

Église de l'Annonciation PLAN II F2

✆ 04 93 62 13 62 - www.sainte-rita.net - lun.-sam. 7h-12h, 14h30-18h, dim. 8h-12h, 15h-18h.

Anciennement consacrée à saint Giaume, cette église est plus connue des Niçois sous le nom de **Ste-Rita**, car cette patronne italienne des causes désespérées et

surtout des femmes, y reçoit un culte fervent, comme en témoignent les fleurs et les cierges qui entourent son autel *(à gauche en entrant)*.
Bâti au 13e s., entièrement restructuré au 17e s., l'édifice oppose la simplicité de sa façade, caractéristique de l'architecture niçoise, à la profusion baroque de ses **décors★** : balustrades et autels ornés de marqueterie de marbre, retables somptueux, voûtes ornées de peintures et de caissons, belles boiseries, le tout réalisé entre le 17e et le 19e s. Le décor baroque s'épanouit en effet dans un ordre hiérarchique qui lui est propre : dépouillé au niveau des hommes, il s'enrichit en montant vers la voûte, niveau du divin, entourée d'anges, de ciel et de nuages.
Continuer tout droit rue B.-Brunico, puis prendre à droite la rue de la Place-Vieille. Prendre ensuite à gauche dans la rue Droite.

★ Église du Gesù - St Jacques le Majeur PLAN II G2

Pl. du Gesù - ✆ 04 93 92 60 45 - lun.-sam. 9h-12h, 14h-17h.
Les jésuites, pour qui cette chapelle a été édifiée au 17e s. (façade de 1825), se sont inspirés du modèle romain, mais surtout des canons de la Contre-Réforme. D'où une nef unique, large et peu élevée. Ici, les lignes droites, bien plus importantes qu'ailleurs, sont assouplies par le foisonnement majestueux et théâtral des ornements et des dorures : du haut de leur frise, de merveilleux angelots (164 peints et 48 sculptés) vous regardent, comme surpris en plein vol. Remarquez la chaire d'où se faisait le prêche, dotée d'un bras tenant une croix. La **sacristie**, ancienne salle de réunion des religieux, se visite pour son plafond et ses 14 stalles de noyer massif (17e s.) qui abritent le trésor de l'église.
La rue du Jésus (en face en sortant de l'église) vous mène à la rue Ste-Réparate.

Cathédrale Ste-Réparate PLAN II F1

Pl. Rossetti - ✆ 04 93 92 01 35 - www.cathedrale-nice.fr - lun.-vend. 9h-12h, 14h-18h; sam. 9h-12h, 14h-19h30; dim. 9h-13h, 15h-18h.
Point de repère précieux, son superbe dôme polychrome de style génois du 18e s. illumine le cœur de la vieille ville de ses 14 000 tuiles vernissées, tandis que sa belle façade 19e s., équilibrée et colorée dans le goût baroque, participe à l'animation de l'agréable place Rossetti. Construite en 1650 par l'architecte niçois J.-A. Guiberto, la cathédrale est dédiée à la patronne de la ville, jeune martyre dont la mer aurait porté le corps de la Palestine jusqu'aux rivages niçois, dans une barque halée par les anges. Cette légende permettrait d'expliquer le nom de la « baie des Anges », face à la promenade des Anglais, à moins qu'il ne s'agisse d'une allusion au poisson-ange qui abondait dans la mer.
C'est à l'**intérieur★** de la cathédrale que le baroque déploie toute sa fantaisie dans le stuc et le marbre. Remarquez au-dessus du maître-autel, à droite du tableau *La Gloire de sainte Réparate*, une vue de Nice et de son château au 17e s. La frise, armoriée des initiales des ducs de Savoie, et la corniche sont particulièrement pittoresques. Belles boiseries du 17e s. dans la sacristie.
En sortant, prendre en face la rue Rossetti et tourner à la 3e à gauche, rue Droite.

★ Palais Lascaris PLAN II G1

15 r. Droite - ✆ 04 93 62 72 40 - www.nice.fr - juin-oct. : 10h-18h (11h reste de l'année) - fermé mar. - 5 € ou Pass Musées de Nice - accès gratuit avec le French Pass Riviera - possibilité de visite guidée vend. à 15h (6,10 €).
☺ Des concerts de musique de chambre y sont régulièrement organisés ; programme sur place ou sur le site Internet.
Ce palais de style génois, demeure de la famille Lascaris-Vintimille, fut construit en 1665 par Jean-Baptiste Lascaris, neveu de Jean-Paul Lascaris, grand maître de

Marché du cours Saleya.
aprott/Getty Images Plus

l'ordre de Malte. La famille se prévalait d'une alliance antique avec les empereurs byzantins régnant au 13ᵉ s. à Nicée, en Asie Mineure, alors que Constantinople était occupée par les Croisés.
Selon les codes de l'architecture baroque, le palais présente une somptueuse **façade** parée de balcons à balustres sur consoles de marbre sculpté et pilastres avec chapiteaux à guirlandes de fleurs ; un fronton brisé à volutes surmonte la porte. Dès l'entrée, le décor d'un passé fastueux charme ; notez au plafond du hall les armoiries des Lascaris-Vintimille. Un splendide **escalier★** participe de la théâtralité du lieu et conduit par un bel ensemble de voûtes, peintures et arts décoratifs des 17ᵉ et 18ᵉ s., à l'étage noble. Là, œuvres, objets d'art et mobilier restituent le mode de vie d'une famille aristocratique du comté avant la Révolution : tapisseries flamandes d'après des cartons de Rubens, tableaux, fresques en trompe-l'œil du 18ᵉ s., telle *La Chute de Phaéton* sur le plafond du grand salon, proche de celle du château-musée de Cagnes *(voir p. 321)*. Dans la chambre d'apparat, atlantes et cariatides de superbe facture supportent la cloison de stuc ouvrant sur l'alcôve et le lit à baldaquin. Dans l'appartement privé, plafonds du 18ᵉ s., médaillons peints cernés de stuc et boiseries Louis XV incrustées de cuivre argenté et surmontées de trumeaux à paysages. À cet étage, le musée présente son exceptionnel fonds d'**instruments de musique★** anciens couvrant plusieurs siècles.
Continuer la rue Droite, puis la rue St-François.
À l'angle de la rue Droite et de la rue de la Loge, il faut lever les yeux pour voir, fiché dans le mur, un boulet de canon que tira la flotte turque en 1543 ! L'occasion d'évoquer la figure de Catherine Ségurane, héroïque défenseuse de Nice *(voir p. 347)*.

Place St-François PLAN II G1

L'ancien palais communal (hôtel de ville de 1581 à 1792), qui devrait accueillir un musée consacré à l'histoire de Nice à partir de 2023, occupe un pan de cette place qui a fait l'objet d'importants travaux de rénovation achevés en 2018. Un petit **marché aux poissons** s'y tient chaque matin *(sf lun.)*. Derrière, pointe le clocher

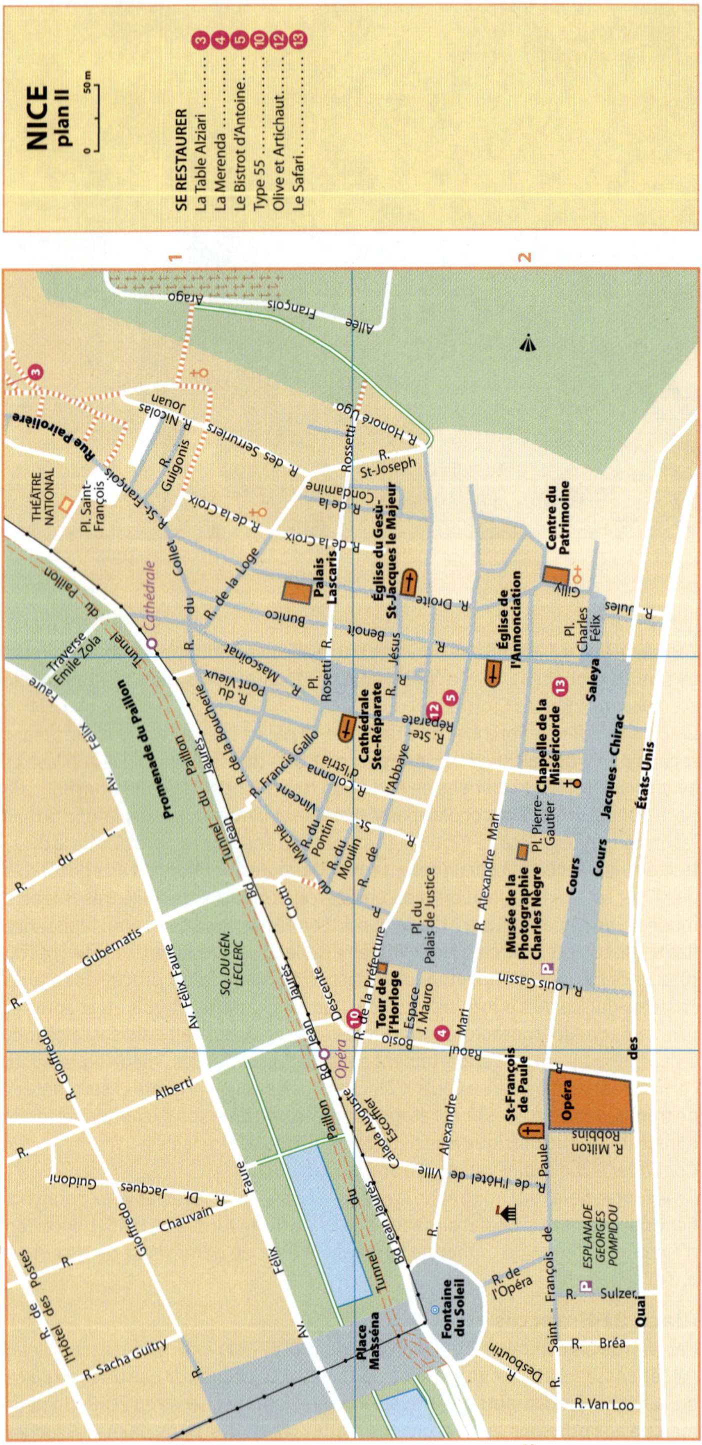
NICE
plan II
0
50 m
SE RESTAURER
La Table Alziari 3
La Merenda 4
Le Bistrot d'Antoine.... 5
Type 55 10
Olive et Artichaut..... 12
Le Safari........ 13
Rue Pairolière
THÉATRE NATIONAL
Pl. Saint-François
Cathédrale
Palais Lascaris
Église du Gesù-St-Jacques le Majeur
Centre du Patrimoine
Église de l'Annonciation
Pl. Charles Félix
Saleya
Cathédrale Ste-Réparate
Chapelle de la Miséricorde
Cours Jacques - Chirac
États-Unis
Promenade du Paillon
SQ. DU GÉN. LECLERC
Av. Félix Faure
Tour de l'Horloge
Pl. du Palais de Justice
Musée de la Photographie Charles Nègre
Pl. Pierre-Gautier
Opéra
St-François de Paule
Fontaine du Soleil
Place Masséna
ESPLANADE GEORGES POMPIDOU
Quai
Bd Jean Jaurès
R. Sacha Guitry
R. Van Loo
R. Bréa
R. Sulzer
R. Alexandre Mari
R. Louis Gassin
R. Milton Robbins
Allée François Arago

Sur les coups de midi... pétante

Chaque jour, un **coup de canon** rappelle aux Niçois l'heure du déjeuner. L'origine de cette coutume remonte à **sir Thomas Coventry**, un de ces Britanniques à la vie réglée comme du papier à musique qui, amoureux de la Riviera, vint à Nice tous les hivers de 1861 à 1866 : las de prendre ses repas à des heures fluctuantes (madame partie en promenade avec ses amies oubliant la ponctualité), il proposa l'achat et l'entretien sur ses deniers d'un canon afin que soit donnée du haut de la **colline du Château**, à midi précise, l'heure du déjeuner à tous les Niçois... car les carillons des églises de la ville n'étaient pas précisément coordonnés. La tradition s'est maintenue, fixée par un arrêté municipal en 1885, mais le canon a été remplacé par une charge d'artificier.

de l'ancien couvent franciscain, transféré à Cimiez *(voir p. 348)*. Entièrement réhabilité, il accueille désormais le **Théâtre national** de Nice.
Continuez par la très vivante **rue Pairolière** où, en cas de « petit creux », vous ne manquerez pas de déguster la socca. Au bout de la rue, admirez la place Garibaldi *(voir p. 337)* et, si vous n'avez pas réservé une visite de la crypte, replongez dans les ruelles par la rue Neuve, jusqu'à l'église St-Martin-St-Augustin.

Crypte archéologique PLAN I C2-3

Pl. Jacques-Toja - ✆ 04 92 00 41 90 - visite guidée sur demande préalable (1h) merc. et w.-end 14h, 15h et 16h - fermé j. fériés - 6 € (-18 ans gratuit) - chaussures plates obligatoires - visite accessible à partir de 7 ans.
Ces vestiges, les plus importants de ce type en France après la crypte du Louvre, ont été découverts sous la place Garibaldi lors des travaux du tramway. Les fouilles ont permis de dégager un ensemble fortifié remarquablement conservé autour de la tour de la porte Pairolière du 14e s. Il s'agit d'un pan de la forteresse médiévale (alors deux fois plus étendue que celle de Carcassonne) construite par la Savoie pour protéger Nice après sa dédition de la Provence.
À 6 m sous terre, la visite éclaire le perfectionnement du système de défense de la cité, du mur de ravelin du 15e s. aux bastions en as de pique construits en 1520 et 1570 pour résister aux boulets de canon apparus dans l'art de la guerre. On voit aussi les restes de l'aqueduc et du pont à double arche enjambant les fossés creusés en 1610 pour parachever l'œuvre de défense. Les soldats de Louis XIV durent ruser pour vaincre la forteresse : ils creusèrent un tunnel en dessous qui les conduisit dans la chapelle St-Sébastien. Maître de la ville, le Roi-Soleil ordonna en 1706 la destruction des fortifications qui disparurent pour trois siècles.

Église St-Martin-St-Augustin PLAN I C3

Pl. St-Augustin - ✆ 04 93 92 60 45 - 9h-11h30, 14h-18h (en dehors des offices) - fermé lun. - gratuit.
C'est la plus ancienne paroisse de Nice (1510). Luther, alors catholique, y aurait célébré une messe et Garibaldi y fut baptisé. L'**intérieur★** forme un bel ensemble baroque. Dans le chœur, à gauche, on peut admirer une pietà au centre du retable de **Louis Brea**.
En sortant de l'église, remarquez de l'autre côté de la rue le **monument de Catherine Ségurane**, *eroïna nissarda*, bas-relief sculpté en 1923. Nice, assiégée en 1543 par les Français et leurs alliés turcs, aurait été défendue par cette femme du peuple qui symbolise depuis lors l'esprit de résistance des Niçois *(voir p. 347)*. Hommage lui est rendu le premier dimanche de septembre.
Par la rue St-Augustin (à droite en sortant de l'église), rejoindre la rue de la Providence pour emprunter les escaliers qui mènent au Château ou prenez

l'ascenseur (au bout du quai des États-Unis, avant l'amorce du virage du quai Rauba Capeù.

Pour une belle promenade, montez en ascenseur et redescendez en ville à pied en passant par les cimetières.

Château PLAN I CD3

R. des Ponchettes - 04 93 85 62 33 - www.nice.fr - parc : avr.-sept. : 8h30-20h, mars-oct. : 8h30-18h - Bellandarium : sam. 10h-13h, 14h-18h - entrée libre.

Deux agréables buvettes en plein air permettent de faire une pause.

On désigne ainsi la **colline**, haute de 92 m, aménagée en promenade ombragée, sur laquelle s'élevait le château fort de Nice détruit en 1706 par les armées de Louis XIV. Le nom est resté et perturbe les touristes intrigués par ce château fantôme. On atteint le sommet en longeant les **cimetières**★, dont celui dit du Château se distingue par la beauté de ses sculptures, ou en coupant par les escaliers à travers le parc. Vers le sud-est de la colline gisent les vestiges de l'**ancienne cathédrale**, dont on a dégagé la base des absides et des absidioles (11e s.), ce qui a permis de mettre en évidence, sous les ruines, un niveau romain et grec. De la vaste plate-forme établie tout en haut, **vue**★★ à peu près circulaire *(table d'orientation)*. Sous la terrasse jaillissent les cascades artificielles alimentées par les eaux de la Vésubie.

Redescendre vers la tour Bellanda par les escaliers à droite des jeux d'enfants.

Tour Bellanda PLAN I C3

Cet imposant bastion circulaire, où Hector Berlioz aurait composé l'ouverture du *Roi Lear,* a été bâti au 19e s. sur une ancienne tour de la citadelle médiévale.

Descendre les escaliers qui mènent au quai des États-Unis, d'où l'on peut rejoindre la promenade des Anglais.

★ Colline de Cimiez : 2 600 ans d'histoire PLAN I C1 P. 334-335

Occupée dès les premiers temps de l'Antiquité, la colline de Cimiez est, avec la colline du Château, le deuxième site historique de Nice. **Cemenelum** la Romaine, rivale de Nikaïa la Grecque, doit son existence à Auguste entre 24 et 14 av. J.-C. À proximité de la voie Julia reliant l'Italie à l'Espagne, la nouvelle cité deviendra, de simple place de garnison, la capitale d'une nouvelle province : les Alpes-Maritimes. Elle connaîtra son heure de gloire au 3e s. avec la construction des thermes et de l'amphithéâtre. En 375, elle perd sa fonction de capitale au profit d'Embrun. Désertée, la ville fantôme, hormis le monastère franciscain fondé au 16e s., est peu à peu recouverte par la végétation, puis par les cultures. À partir du 17e s., avec la mode des « campagnes », des familles aristocratiques font élever des villas au milieu de propriétés agricoles, dont le plus bel exemple est l'actuel musée Matisse, construit en 1680 pour la famille de Gubernatis. Au 19e s., la colline rendue accessible par des voies carrossables se couvre de villas et d'hôtels Belle Époque, bâtis au milieu de parcs somptueux. Cimiez devient le quartier le plus élégant de Nice, consacré par la reine Victoria qui le choisit comme lieu de villégiature. En 1896, l'architecte niçois Sébastien-Marcel Biasini élève le plus grand palace de son temps, le **Regina**, pour accueillir la souveraine et sa suite.

Arènes

Elles forment une ellipse de 67 m sur 56 m et pouvaient recevoir 4 000 spectateurs qui appréciaient les jeux du cirque. On aperçoit quelques vestiges des couloirs d'accès et des consoles de la façade extérieure, destinées à porter les mâts soutenant la toile *(velum)* qui protégeait du soleil.

Thermes de la cité romaine de Cimiez.
CSP_irisphoto5/Fotosearch LBRF/age fotostock

Voisin, le **Jardin des Arènes de Cimiez** *(avr.-sept. : 8h30-20h ; oct.-mars : 8h30-18h - accès libre)* forme une vaste oliveraie où flânent les promeneurs et où se déroulent diverses manifestations traditionnelles comme la fête des Mai. On peut y voir les bustes de certains des artistes ayant participé au célèbre Festival de jazz qui s'est tenu là jusqu'en 2010.

★ Site archéologique gallo-romain

160 av. des Arènes-de-Cimiez - ✆ 04 93 81 59 57 - www.nice.fr - ♿ - mai-oct. : 10h-18h ; reste de l'année : 10h-17h - fermé mar. - possibilité de visite guidée sur demande (1h30 - 6,10 €) - 5 € ou Pass Musées de Nice (-18 ans gratuit).

Le site comprend les restes des thermes et un musée.

L'immense quartier des thermes, de part et d'autre du *decumanus* I (axe est-ouest), reflète le haut degré de technologie atteint par cette brillante civilisation dès le 1er s. apr. J.-C. Au nord se trouvent les thermes réservés au procurateur de la province et aux notables, qui avaient leur piscine d'été en marbre entourée d'un péristyle à chapiteaux corinthiens. À droite, on reconnaît les latrines. Plus au nord s'élève le **frigidarium**, salle des bains froids, vaste et voûtée. Au sud du *decumanus* I, la passerelle franchit des restes d'habitations, puis domine les thermes de l'est : il s'agit de bains populaires, plus modestes dans leur décor, mais semblables aux autres dans leur équipement et la proportion de leurs salles. On arrive ensuite dans le quartier des habitations limité par le *decumanus* II, dallé (boutiques en bordure). Une voie nord-sud *(cardo)* se dirige vers la villa des Arènes. À gauche de cette voie se trouvent les **thermes de l'ouest**, réservés aux femmes, dont le dispositif est assez bien conservé. Réutilisées successivement dès le 5e s. en baptistère paléochrétien, certaines parties de ces thermes conservent les traces des transformations en cathédrale : le chœur se situe dans le *frigidarium*, et dans une rotonde apparaît le **baptistère**.

Musée archéologique – Issus de fouilles et de donations, de riches bronzes et céramiques illustrent les grandes civilisations méditerranéennes. Au rez-de-chaussée,

De Nikaïa à Nissa la Bella

Des Grecs aux Romains

Le sol de Nice a révélé une occupation humaine vieille de 400 millénaires (au Lazaret). Citadelle ligure à l'aube de l'histoire, elle devient un comptoir des Grecs de Marseille vers le 4e s. av. J.-C. Cette petite bourgade, bâtie autour du rocher qui domine le port alors à l'est de l'actuel quai des États-Unis, est éclipsée trois siècles plus tard par les riches Romains qui portent leur effort colonisateur sur la colline de *Cemenelum* (Cimiez), d'où ils assurent une meilleure défense. Revirement de l'histoire, les invasions barbares et sarrasines réduisent Cimiez à peu de chose, et c'est l'ancienne Nikaia (du grec *niké*, « victoire ») qui, à partir du 10e s., redevient importante grâce aux comtes de Provence.

Des Savoyards à Napoléon III

En 1388, Nice choisit son camp au terme d'une guerre civile : à Louis d'Anjou, comte de Provence, elle préfère **Amédée VII**, comte de Savoie, pour qui le port de Nice est un enjeu capital dans sa maîtrise de la route d'Italie. Cette puissante maison, déjà riche de la province du Piémont, va transformer durablement l'identité niçoise : Nice quitte l'habit provençal, avec la Savoie, qui établit sa capitale à Turin au 16e s. et annexe la Sicile, puis la Sardaigne au 18e s.
Sous la Convention (1793), Nice et son arrière-pays deviennent le département des Alpes-Maritimes. À la chute de l'Empire, le roi de Piémont-Sardaigne les récupère (1814). Napoléon III accepte de s'allier à lui et de l'aider à chasser les Autrichiens des provinces du nord de l'Italie, en échange de Nice et de la Savoie. Le **traité de Turin** (1860), entre Napoléon III et le roi de Sardaigne Victor-Emmanuel II, stipule le retour de Nice à la France « sans nulle contrainte de la volonté des habitants ». Le plébiscite est triomphal : 25 743 oui contre

Le carnaval

Célèbre et fort ancienne, la tradition du **carnaval de Nice★★** est déjà mentionnée en 1294 lors du passage du comte de Provence, Charles II. Cette grande fête fut toujours un dérivatif aux tensions de la société et aux difficultés nées des conflits que la situation géographique de Nice ne cessait d'engendrer. Après une longue interruption pendant la Révolution et l'Empire, un premier défilé de chars eut lieu en 1830 pour honorer le retour à la souveraineté sarde. Sa forme moderne date de 1873, ses décors ayant été enrichis par le peintre niçois Alexis Mossa.
De nos jours, l'entrée de Sa Majesté Carnaval a lieu autour de **Mardi gras** ; il est brûlé en effigie, en mer, le dernier soir. Pendant les festivités, le corso carnavalesque, composé de 18 chars et de plus d'une centaine de grosses têtes, défile en soirée ou en journée, accompagné d'une cohorte de danseurs et de musiciens. Chaque année le thème change et, au fil du temps, les chars gagnent en envergure et la technologie s'ajoute au savoir-faire traditionnel des carnavaliers. Quant aux fleurs (près de 100 000 !) lancées aux spectateurs lors des Batailles de Fleurs qui se déroulent l'après-midi, ainsi que celles piquetées sur les 16 chars, elles sont majoritairement produites localement.
☺ Réservez vos billets sur le site *www.nicecarnaval.com* dès que possible ou à l'office de tourisme en janvier.

260 non, parmi lesquels Garibaldi, bien sûr. Tende et La Brigue resteront territoire italien pendant encore 87 ans, jusqu'au traité du 10 février 1947.

Figures niçoises marquantes

Au 16e s., Nice subit les contrecoups de la rivalité des royaumes de France et d'Autriche : François Ier et ses nouveaux alliés turcs entreprennent des opérations contre le comté de Nice, qui appartient à la maison de Savoie, allié de Charles Quint. En 1543, les troupes françaises et les Turcs du redoutable marin Barberousse assiègent Nice : de la mer, quarante galiotes la bombardent sans discontinuer. C'est alors que s'illustre une femme du peuple, **Catherine Ségurane**. Comme elle vient d'apporter à manger à un soldat sur les remparts, l'assaut est donné. La fougueuse bugadière (lavandière) se précipite battoir au poing, rejette dans le fossé plusieurs assaillants et arrache un étendard. Cette action galvanise les Niçois et, du haut des remparts, Catherine en signe de mépris trousse ses jupes face aux Turcs. Elle est devenue une figure mythique de la résistance locale et est fêtée le 25 novembre.

André Masséna (1758-1817), général dès 1793, s'illustre pendant la campagne d'Italie à Rivoli. Bonaparte l'appelle « l'enfant chéri de la victoire ». Il remporte la bataille de Zurich sur les Autrichiens et les Russes, et permet à Bonaparte de gagner celle de Marengo sur les Italiens. Il conquiert le royaume de Naples (1806). Son génie militaire s'accompagne d'une âpreté au gain et d'un opportunisme qui le fait successivement crier au cours de sa carrière : « Vive la nation ! », « Vive l'empereur ! », et « Vive le roi ! ».

Des convictions plus solides ont animé **Giuseppe Garibaldi** (1807-1882), fils de marin génois, qui s'est battu au côté de Mazzini pour l'unité de l'Italie lors de la révolution de 1848 puis celle de 1859. Exilé en Amérique du Sud, il défend les républicains uruguayens et brésiliens. Ce « Che Guevara » niçois a bien mérité son surnom de « héros des deux-mondes ».

Nice aujourd'hui

Nice, au centre d'une aire urbaine d'un million d'habitants, est la cinquième ville de France mais possède le deuxième aéroport international après Paris et se classe également deuxième pour la richesse de ses musées et son incomparable attraction touristique. Ses cinq millions de visiteurs, dont plus de 60 % sont des étrangers, représentent un tiers de la richesse de la ville.

Cette capitale administrative et économique, portée par l'excellence de la technopole **Sophia-Antipolis**, s'impose aussi comme une grande destination de congrès (un cinquième de l'activité touristique). La démographie fait mentir l'image d'une ville aux cheveux blancs, même si les retraités de l'Europe entière affluent pour y passer des hivers doux : la moitié de la population s'avère avoir moins de 40 ans dans cette métropole dynamique, au centre-ville débarrassé des dernières verrues urbanistiques des années 1970, pacifié par une coulée verte de 12 ha, des places et des artères rénovées, et trois lignes de tramway qui parcourent le centre-ville et poussent jusqu'à l'aéroport et la plaine du Var.

En effet, Nissa, redevenue la Bella, parée d'une conscience verte dans l'air du temps, se développe désormais à l'ouest autour d'un stratégique projet d'**écoquartier** constitué notamment du **stade Allianz-Riviera** (dessiné par l'architecte Jean-Michel Wilmotte, voulu comme un modèle de développement durable), du quartier d'affaires international **Grand Arenas**, et d'une nouvelle technopole, **Nice Méridia**.

le monde ligure puis romain de la province des Alpes-Maritimes (14 av. J.-C.) est évoqué : statuette archaïque du guerrier du mont Bégo, matériel des *oppida* (habitats perchés), bornes milliaires de la via Julia Augusta (1er s.), monnaies, maquettes des ensembles thermaux de Cimiez et culte romain. Un magnifique **masque de Silène★** retient l'attention. Les usages funéraires sont expliqués au sous-sol : incinération aux 1er et 2e s. (stèles) et inhumation à partir du 3e s. (sarcophages). Un ensemble paléochrétien (4e-5e s.) termine la visite.

★ Monastère franciscain

Bordée de magnifiques jardins, l'église, bâtie sur un couvent bénédictin du 9e s., a été remaniée par les franciscains qui en assument toujours la charge.
Sur la place du monastère trône une réplique du **calvaire de Cimiez** : l'original est visible à l'intérieur de l'église, une colonne torse en marbre blanc portant une croix tréflée datant de 1477 avec, d'un côté, le séraphin crucifié qui apparut à saint François et imprima sur son corps les stigmates de la Passion, de l'autre, sainte Claire et saint François entourant la Vierge.
À côté s'étend le **cimetière de Cimiez**, où l'on peut voir les tombes de Raoul Dufy, Roger Martin du Gard et Henri Matisse.
Église Ste-Marie-des-Anges – *Pl. Jean-Paul-II - ✆ 04 93 81 00 04 - lun.-jeu. 9h-12h30, 14h-17h ; vend. 9h-12h (en dehors des offices) - gratuit.* Les **trois œuvres maîtresses★★** du célèbre primitif niçois **Louis Brea** *(voir p. 468)* rendent la visite de l'église incontournable.
À droite en entrant, une **pietà** datée de 1475, très siennoise, est une œuvre de jeunesse et pourtant remarquable. À l'intérieur d'une composition horizontale sévèrement marquée par les bras de la croix et le corps raidi du Christ, Marie apparaît seule, en dépit des angelots pleureurs qui voltigent autour d'elle. Un paysage s'esquisse sur un fond d'or guilloché de rinceaux. Le volet de gauche du panneau représente saint Martin, jeune cavalier plein de grâce, partageant son manteau écarlate, dans un mouvement incurvé qui donne une rare élégance à la composition.
Très différente est la Crucifixion, à gauche du chœur (actuellement conservée au musée Masséna, *voir p. 356)*. Plus tardive (1512), elle n'a plus rien de gothique ; le fond doré a fait place à un paysage très fouillé, où la perspective s'affirme. La prédelle offre une savante mise en scène : remarquez, soulignée par les lances, la composition rayonnante de *L'Arrestation de Jésus* et la composition oblique du *Portement de croix*.
La **Déposition** complète la *Crucifixion* et marque également l'assimilation des données picturales de la Renaissance ; ici, la disposition des personnages est oblique, s'alignant sur celle du corps de Jésus, les verticales du paysage rétablissant l'équilibre.
Enfin, un monumental retable de bois sculpté mi-Renaissance mi-baroque, doré à la feuille, sépare le chœur des fidèles de celui des moines, où se trouvent 40 stalles et un lutrin à trois pans, beau travail de noyer du 17e s.
Musée franciscain – *Pl. Jean-Paul-II - ✆ 04 93 81 00 04 - lun.-vend. 10h-12h, 15h-17h30, sam. 10h-12h - fermé dim. - gratuit.* Intéressante évocation du franciscanisme à Nice, du 13e s. à nos jours, et de son message spirituel et social. Entre autres œuvres d'art et documents, remarquez un magnifique antiphonaire (recueil de chants liturgiques) enluminé (17e s.), ainsi que la chapelle des novices et la cellule reconstituées.

★ Jardin du monastère

Au sud du monastère (où se trouvait à l'origine le jardin des moines), il séduit par son calme et sa simplicité : parcelles gazonnées plantées de citronniers, parterres

Cathédrale orthodoxe russe Saint-Nicolas.
bbsferrari/Getty Images Plus

fleuris, pergolas où serpentent des rosiers... Un bosquet de cyprès et de chênes verts marque l'emplacement des anciennes fortifications d'un oppidum ligure. Surplombant la vallée du Paillon, il constitue un **balcon** de rêve sur Nice, le Château et la mer, le mont Boron, l'Observatoire.

Colline du Piol : l'héritage russe PLAN I A2 P. 334-335

Comme nombre de collines irriguées, le Piol, à l'ouest de la plaine de Longchamp, était partagé entre le maraîchage et les séjours estivaux de la noblesse niçoise fuyant la puanteur, la chaleur et la moiteur de la ville. Deux riches familles, les Bermond et les Peillon, firent élever au milieu d'un vaste domaine deux grandes villas réputées paradisiaques. C'est dans ces lieux, faute d'hôtel de son rang dans ces hauteurs rafraîchissantes mais agricoles, que vint s'installer en 1856 l'impératrice douairière de Russie, Alexandra Féodorovna, veuve de Nicolas Ier et mère d'Alexandre II, pour y passer l'hiver. Elle y séjourna régulièrement jusqu'en 1860. À l'hiver 1864-1865, le tsar Alexandre II et son épouse vinrent à leur tour s'installer à la villa Bermond. Mais une tragédie interrompit ce séjour : le décès du tsarévitch Nicolas, foudroyé par une méningite. Fous de douleur, ses parents rachetèrent la villa Bermond, la firent détruire pour élever à la place un oratoire en souvenir de leur enfant ; la cathédrale sera construite par la suite. Le quartier, doté d'une église russe depuis 1856 (dans l'actuelle rue de Longchamp), continua néanmoins d'attirer la villégiature russe à Nice.

★ Cathédrale orthodoxe russe St-Nicolas

Av. Nicolas-II - ✆ 09 81 09 53 45 - www.sobor.fr - lun.-vend. 10-18h, sam. 10h-17h, dim. à partir de 12h (en dehors des offices) - possibilité de visite guidée (35mn-10 €) - gratuit - tenue correcte exigée.

Lancée en 1903 et terminée en 1912, cette cathédrale conçue par l'architecte russe Mikhaïl Preobrajenski est l'un des édifices religieux orthodoxes les plus grands à avoir été construit hors de Russie. Il est retourné en 2011 au patriarcat de Moscou.

Excentricités russes

Afin de recréer un coin de leur patrie avec des architectures qui mêlèrent inspirations slave et méditerranéenne, les « excentriques » (comme on les surnommait) rivalisèrent de prodigalité. Près de la voie ferrée, le **château des Ollières** *(actuellement maison de retraite)* dresse son étonnant donjon encadré de quatre petites tourelles. À proximité, le musée des Beaux-Arts est installé dans les murs du **palais Kotschoubey**. La résidence **Palladium** *(bd Tsarévitch)* a été construite pour un banquier russe. Sans oublier le baron von Dewies, créateur des chemins de fer russes, qui fit élever le gothique **château de Valrose** *(faculté des sciences de Nice, au nord de la ville)*.

Avec ses six coupoles à bulbes dans la tradition architecturale russe et sa façade de briques ocre, elle jette une touche d'exotisme dans le ciel de Nice et symbolise l'importance de la colonie russe sur la Côte d'Azur. La magnificence du tsar Nicolas II s'exprima dans le choix des matériaux : les tuiles vernissées des coupoles et les croix dorées qui les surmontent proviennent d'Italie, les briques, d'Allemagne ; la coupole du clocher est recouverte de feuilles d'or fin et les mosaïques des façades furent réalisées à la main par des artistes russes. L'intérieur a la forme d'une croix grecque et son décor de fresques, de boiseries et d'icônes relevées d'orfèvrerie est d'une richesse extraordinaire, bien qu'il reste inachevé. Le chœur est fermé par une somptueuse **iconostase★**, synthèse des plus belles réussites de l'art religieux russe, empruntée aux églises de Moscou. À droite du chœur, l'icône de N.-D.-de-Kazan, peinte sur bois, est rehaussée d'argent ciselé et de pierreries.

Les musées : art moderne et contemporain PLAN I P. 334-335

★★ Musée des Beaux-Arts Jules-Chéret A3

33 av. des Baumettes - ✆ 04 92 15 28 28 - www.musee-beaux-arts-nice.org - fermé pour travaux jusqu'en 2024.

Cette ravissante demeure, construite en 1878 pour la princesse ukrainienne Kotschoubey dans le style Renaissance des palais génois du 17e s., abrite une riche collection fondée sur un noyau d'œuvres envoyées à Nice par Napoléon III en 1860 pour l'édification du premier musée des Beaux-Arts.

Parmi les chefs-d'œuvre des 17e, 18e et 19e s. européens répartis dans les trois salles attenantes du rez-de-chaussée, remarquez notamment une œuvre de A. Tassi : *Paysage avec Jésus guérissant l'aveugle*, la *Tête de vieillard* de Fragonard, et *Les Gorges d'Ollioules* d'Hubert Robert. Une salle est consacrée à l'importante dynastie des Van Loo, dont le plus illustre représentant, Carle, premier peintre du roi, est né à Nice en 1705 : devant l'immense toile *Thésée, vainqueur du taureau de Marathon* ou le merveilleux *Polichinelle,* on perçoit une touche virtuose qui annonce celle d'un Fragonard. De superbes portraits féminins parent les murs de la grande galerie, ainsi que le beau *Thamar* de Cabanel. Le patio abrite *L'Âge d'airain* de Rodin et le *Triomphe de Flore* de Carpeaux. L'escalier d'honneur, où se donnaient des concerts, conduit à la période fin 19e-début 20e s., introduite par la gaieté des

Don

En 2013, à l'occasion du cinquantenaire du musée Matisse, Claude et Barbara Duthuit, descendants de l'artiste, ont fait don au musée de **La Piscine**. Cette céramique, composée de deux panneaux de 2 m de haut sur 8 de large, a été réalisée d'après des gouaches découpées de 1952 conservées au MoMA à New York.

œuvres de l'inventeur de l'affiche moderne, **Jules Chéret**, mort à Nice en 1932. Les courants académiques, romantique et orientaliste du 19e s. s'illustrent dans la galerie, avec notamment les sculptures de J.-B. Carpeaux. Une salle permet de découvrir **Raoul Dufy** avec *Bois de Boulogne*, *Nature morte* ; une autre **Van Dongen** et ses couleurs fauves : *Chimère pie* (1895), *Tango de l'archange*. À noter aussi la peinture du paysage en France à travers d'intéressantes œuvres de Boudin, Camoin, Lebasque, Monet, Sisley, Bonnard, Marie Laurencin... et petits maîtres du 19e s. regroupés par genres : nus, scènes de genre, paysages. On retrouve le style de Renoir chez Louise Breslau, l'intimisme de Carrière, des portraits de Desboutin et l'univers étrange du symboliste Mossa.

★★ Musée Matisse C1

164 av. des Arènes-de-Cimiez - ✆ 04 93 81 08 08 - www.musee-matisse-nice.org - ♿ - 10h-18h (17h nov.-avr.) - fermé mar. - possibilité de visite guidée (1h-6,10 €) - 10 € ou Pass Musées de Nice (-18 ans gratuit).

Dominant la mer du haut de l'antique site de Cimiez, cette splendide villa du 17e s., de style génois et couleur terre-de-Sienne, se prête merveilleusement à exposer le peintre de *Luxe, calme et volupté*. **Henri Matisse** (1869-1954) avait fait donation de mobilier, d'objets personnels et d'une trentaine de toiles qui l'avaient accompagné toute sa vie, en vue d'abonder les futures collections d'un musée d'art moderne dont l'idée le séduisait. Finalement, son legs a donné naissance en 1963 à ce musée qui lui est entièrement consacré et résume parfaitement son itinéraire. Chemin faisant, on passe d'une palette assez sombre à des toiles éclairées de la lumière méditerranéenne. Sa facture se libère sous l'influence de Cézanne, puis de Signac à St-Tropez. À Collioure, en 1905, ses couleurs posées en aplat et son émotion s'expriment de manière plus violente, alors qu'il est à la tête du **fauvisme**. Après un séjour au Maroc, puis à Nice (1916), la couleur pure se déploie à l'intérieur d'un simple cerne noir de plus en plus virtuose et évocateur *(Portrait de Laurette)*. Une grande sensualité se dégage de ses gouaches, huiles ou dessins, nourrie de ses voyages et de sa vue sur la mer depuis ses ateliers niçois (1921-1938) : *Odalisque au coffret rouge* (1926), *Fenêtre à Tahiti* (1935), *Nu dans un fauteuil* (1937), *Lectrice à la table jaune* (1944), *Nature morte aux grenades* (1947). L'été niçois apparaît chaud et langoureux, dans *Nu renversé au grand feuillage* (1936) et *Figure endormie* (1941), pour celui qui recherchait dès 1908 « un art d'équilibre, de pureté, de tranquillité ». Désormais, le tracé épuré de ses papiers découpés dans la gouache « bleu absolu » traduit avec bonheur la femme, la lumière, la mer : *Nu bleu IV*, *Baigneuse dans les roseaux* (1952). Et encore : *Océanie la mer* et *Océanie le ciel*, célèbres sérigraphies de 1947, *Polynésie*, immense tapisserie de Beauvais. Matisse sculpteur s'illustre dans ses **bronzes** dont *Le Serf* (vers 1900) et la *Serpentine* (1909), d'une extrême élégance. Une forme de plus en plus abstraite transparaît dans la série des *Jeannette* (1910-1913), des *Nus*, des *Henriette* (1925-1929), ou monumentale dans les *Nus de dos* (1913, 1916).

Enfin, deux ensembles sont présentés par roulement : les esquisses et maquettes pour la **chapelle du Rosaire** à Vence *(voir p. 312)* retracent la construction de ce chef-d'œuvre d'un art de l'essentiel (1948-1951) et constituent un complément indispensable à sa visite ; et, d'autre part, 41 études préparatoires (dessins, gouaches découpées, gravures et huiles sur toile) à la *Danse de Merion* (1930-1933).

★★ Musée national Marc-Chagall C2

380 av. Dr-Ménard - ✆ 04 93 53 87 20 - www.musees-nationaux-alpesmaritimes.fr - ♿ - mai-oct. : 10h-18h ; reste de l'année : 10h-12h, 14h-17h - fermé mar. - possibilité de visite guidée (1h) - 10 € (-13 ans gratuit) - gratuit le 1er dim. du mois.

La buvette du musée est ouverte d'avr. à oct. dans le jardin. Petite restauration, bien pratique dans ce quartier où les adresses pour faire une pause sont rares.
Consulter le site Internet pour connaître la programmation de l'auditorium : concerts, conférences, etc.
Suite à la donation de Marc Chagall (1887-1985) de ses 17 grandes toiles du **Message biblique** (1954-1967), ce musée national, mis sur pied par André Malraux en 1973, fut conçu comme une « maison », selon le vœu du peintre qui participa activement à sa création au côté de l'architecte A. Hermant (collaborateur de Le Corbusier). Chagall, grand mélomane, insista pour qu'un auditorium soit intégré à l'édifice et créa trois grands vitraux inspirés de la création du monde, qui inondent la salle d'une lueur bleutée. Le bâtiment est entouré d'un jardin à dominante blanche et bleue, et le prophète Élie, représenté sur une **mosaïque** extérieure (1970), se reflète dans un bassin *(visible de l'intérieur du musée)*. C'est aujourd'hui le seul musée Chagall au monde et le plus visité de Nice.
« Depuis ma première jeunesse, j'ai été captivé par la Bible et il me semble encore que c'est la plus grande source de poésie de tous les temps », déclare Chagall dans son volet IV du *Cantique des cantiques*. Son enfance russe et israélite, puis son rêve de paix pour l'humanité sont à l'origine de cette œuvre qu'une grande poésie inonde d'un même souffle. Dans la grande salle, la gravité des sujets traités, extraits de l'**Ancien Testament** (12 toiles), n'exclut pas la naïve féerie chère à l'artiste et une débauche de couleurs d'un lyrisme puissant. Dans la salle attenante, le **Cantique des cantiques** (5 toiles) est magnifiquement illustré par des créatures de rêve qui voguent au-dessus de villes endormies dans un rougeoiement somptueux. Gouaches de 1931, planches gravées à l'eau-forte pour la Bible éditée par Tériade en 1956 et esquisses finissent de montrer les cheminements de l'artiste.

★★ Musée d'Art moderne et d'Art contemporain (MAMAC) C2

Pl. Yves-Klein - ✆ 04 97 13 42 01 - www.mamac-nice.org - ♿ - mai-oct. : 10h-18h ; nov.-avr. : 11h-18h - fermé lun. - possibilité de visite guidée (1h30 - 6,10 €) - 10 € ou Pass Musées de Nice (-18 ans gratuit).
Le musée fait peu neuve et fermera ses portes courant 2023 pour une durée d'un an minimum.
Il expose les œuvres de l'**école de Nice** et les courants qui en découlent des années 1960 jusqu'à nos jours, et ceux, américains, dont elle émane. Les collections, 1200 œuvres et plus de 300 artistes, sont présentées par roulement sur les deux étages supérieurs (expositions temporaires au 1er).

Le message d'Ulysse

Exécutée au plus fort des mouvements étudiants de mai 1968, la **mosaïque★★** géante de 11 m de long sur 3 m de haut (200 000 pièces), signée **Marc Chagall** et intitulée *Le Message d'Ulysse,* illumine la salle des Pas perdus de la faculté de Droit *(r. Robert-Schuman, près du musée des Beaux-Arts)*. Ordonnée autour d'un portrait en pied de l'illustre héros méditerranéen, elle est composée de neuf scènes, de l'assemblée des Dieux sur l'Olympe *(en haut à gauche)*, à la mort d'Ulysse auprès de sa femme Pénélope et de son fils Télémaque *(en bas à droite)*. Marc Chagall résume sa vision de la destinée humaine dans l'épitaphe posée à proximité de l'œuvre : « *l'amour du foyer et le service de la cité* ».

Au début des années 1960, Nice devient l'un des foyers artistiques les plus exubérants d'Europe avec notamment les **nouveaux réalistes**. Nourris des maîtres qui ont marqué la Côte d'Azur du début du siècle, ils s'en distinguent par des œuvres conçues non plus isolément, mais où vie et art sont mêlés. À l'instar du **Pop Art**, ils tentent d'exprimer la réalité quotidienne de la vie moderne et de la société de consommation. Si le courant américain, Andy Warhol en tête, se réapproprie la culture médiatique (découvrez la *Samarkand* de Rauschenberg, à travers une sérigraphie sur patchwork de tissus), le courant niçois développe une réflexion critique sur les objets industriels en les accumulant ou les cassant (Arman), les compressant (César), les piégeant sous verre (Spoerri), les empaquetant (Christo et Marie-Jeanne)... Une place de choix est réservée à **Yves Klein** (1928-1962), instigateur du mouvement, avec d'une part, ses happenings qui traduisent l'idée d'un art total, et d'autre part, ses monochromes, or et surtout bleus, qui expriment le concept d'un art abstrait épuré. Cette idée d'un art total est reprise par le mouvement néo-dada **Fluxus**, que Filliou définit ainsi : « L'art est ce qui rend la vie plus intéressante que l'art. » **Ben** en est le principal représentant niçois, connu par ses réflexions qui se lisent sur de nombreux supports, notamment dans les stations de la ligne 1 du tramway niçois : « Pas d'art sans vérité », « J'aime pas attendre »...
Les développements de l'abstraction en France sont illustrés par **Supports/Surfaces** qui poursuit les voies ouvertes par l'abstraction américaine (Morris Louis, Frank Stella). Viallat, Pagès, Dezeuze, Dolla... et les Niçois du Groupe 70 réduisent la peinture à sa réalité matérielle en jouant sur le support ou le mode d'application de la couleur. Sur les traces des pliages de Simon Hantaï, la toile hors châssis est découpée, suspendue, pliée.
Issu de l'**art minimal** américain (Sol Le Witt, Richard Serra), le **BMPT** (Buren, Mosset, Parmentier, Toroni) réduit l'œuvre à sa plus simple expression : le support, la couleur et la composition de la matière.
La salle **Niki de Saint Phalle & Jean Tinguely** constitue la plus importante collection de l'artiste en France (et la deuxième en Europe).
Les années 1980 voient le retour à la figuration en référence à la tradition (Gérard Garouste, Jean-Charles Blais) ou à la culture rock et à la bande dessinée chez les artistes de la figuration libre (Robert Combas, Hervé Di Rosa, Blanchard...).
Savourez la beauté classique de l'Italie à travers les interventions au dessin d'**Ernest Pignon-Ernest** sur le crépi vétuste des murs de Naples ; ressentez l'Afrique du Nord avec *Le Tigre de papier* de J.-C. Blais, réalisé à partir d'affiches collées, creusées, déchirées.

★ Villa Arson A1

Tram, ligne 1 : arrêt Le Ray (accès fléché un peu plus loin sur la gauche, par la rue Mellarède) - 20 av. Stephen-Liégeard - ✆ 04 92 07 73 73 - www.villa-arson.fr - ouv. en période d'exposition - tlj sf mar. 14h-18h (19h juil.-août) - gratuit.

Abritant à la fois une école d'art, une résidence d'artistes et un centre d'art contemporain expérimental, cette institution fondée par André Malraux en 1972 est le discret pendant de la villa Médicis de Rome. Vous aurez ainsi l'occasion de découvrir l'exposition en cours guidé par un élève de la villa qui laissera libre cours à son interprétation (♿ *- visite guidée « RDV Point de vue » tlj sf mar. à 15h)* et vous pourrez voir, en été, les œuvres des artistes en résidence et des élèves ayant terminé leur cursus.
La visite vaut également pour l'architecture de **Michel Marot**, ancien élève de Gropius (fondateur du Bahaus) aux États-Unis et grand prix de Rome en 1954. Labellisé Patrimoine du 20ᵉ s., le centre d'art enserre dans une gangue de béton la réplique de la **villa toscane** du 18ᵉ s. de Pierre-Joseph Arson, riche banquier

avignonnais expatrié à Nice à la Révolution française. Sa flamboyante maison au crépi rouge semble prisonnière d'un labyrinthe gris muraille, néanmoins inspiré des villages méditerranéens avec un jeu de patios et de murs à claire-voie qui brouillent le dedans et le dehors. L'ombre joue avec la lumière, les détails rivalisent avec des coffrages sculpturaux, et le béton fait corps avec la végétation. Les façades sont recouvertes de galets qui lui donnent l'aspect d'une peau de lézard. L'architecture épouse les anciennes terrasses à l'italienne, sur lesquelles sont camouflés 17000 m² d'ateliers.

Les **jardins** conceptuels, surélevés d'un étage, occupent désormais les toits. Depuis ce balcon inattendu, **vue★** sur toute la plaine de Longchamp jusqu'à la mer avec, au premier plan, un ange en résine (celui d'origine, en céramique, ayant été pulvérisé par la foudre) virevoltant sur le sommet du clocher de St-Barthélemy.

Le 109 D1

Tram T1 arrêt Vauban puis correspondance bus 14 arrêt Abattoirs ou 10mn à pied. 189 rte de Turin - ✆ 04 97 13 32 56 - le109.nice.fr - ouv. en période d'exposition ou de spectacle.

Cet espace destiné à accueillir des ateliers d'artistes, des expositions d'art contemporain et toutes sortes de manifestations culturelles occupe les anciens abattoirs du quartier St-Roch, à l'est de la ville, fermés en 1988. Les lieux ont repris vie à partir de 2009 et l'installation du collectif La Station, pour devenir un « pôle de cultures contemporaines » qui accueille différentes entités comme, entre autres, le Forum d'urbanisme et d'architecture ou encore la compagnie de danse Antipodes, mais aussi 29 ateliers d'artistes municipaux. Festivals, rencontres avec les artistes, atelier d'éveil sonore, concert en extérieur ou encore vernissage d'exposition... : la programmation est éclectique, pour un lieu qui se positionne comme promoteur de la création locale, nationale et internationale. Buvette et jeux collectifs.

À voir aussi

PLAN I ET PLAN II P. 334-335 ET 342

★ Parc Phœnix PLAN I A3 EN DIRECTION

Tram T2 : arrêt Parc Phœnix ou bus 9 : arrêt Parc Phœnix - 405 prom. des Anglais, face à l'aéroport - ✆ 04 92 29 77 00 - www.parc-phoenix.org - ♿ - visite guidée sur demande préalable (45mn) - 9h30-19h30 (18h oct.-mars) - 5,10 € (-12 ans gratuit).

Doté d'un programme de conservation et de réhabilitation, cet immense parc botanique (7 ha) vous plonge au cœur d'une jungle de 2500 espèces végétales, toutes latitudes confondues. Au milieu du lac, « l'île des temps révolus » remonte à l'origine de la vie à travers des fossiles végétaux vivants : cycas, ginkgos bilobas, fougères arborescentes. À côté, étonnants cratères fleuris.

Plus loin, des **volières** abritent un ensemble fantastique de perroquets et de chouettes (dont un harfang des neiges identique à celui de Harry Potter !). Une chute d'eau rassemble une centaine de tortues de Floride. L'oued-oasis reconstitue l'écosystème saharien. Le jardin du curé, la vigne et le potager sont aussi représentés.

La **serre géante★**, « le diamant vert » (7000 m² sous 25 m de haut), la plus haute d'Europe, fait cohabiter six climats différents. On admire successivement des orchidées et des broméliacées, la serre australe, un vivarium-insectarium souterrain, des plantes carnivores, des fougères du monde entier et, au centre, le grand jardin tropical qui réunit palmiers, bananiers, arbres du voyageur (Madagascar) et cultures vivrières tropicales (arbres à pain, caféiers, papayers...). La fontaine musicale se met en route toutes les demi-heures.

Musée d'Art moderne et d'Art contemporain (MAMAC) par les architectes Yves Bayard et Henri Vidal.
saiko3p/Getty Images Plus

Les plus jeunes apprécieront également le jardin d'enfants et les expositions aussi bien artistiques que pédagogiques, adaptées à leur âge, dans les salles Floréal et Prairial près de l'entrée.

★ Musée des Arts asiatiques PLAN I A3 EN DIRECTION

Dans le parc Phœnix (voir ci-contre) - 405 promenade des Anglais - ✆ 04 89 04 55 20 - maa.departement06.fr - ♿ - tlj sf mar. 10h-17h (18h juil.-août) - gratuit.
Délicatement posé sur le lac du parc Phœnix, cet écrin de marbre blanc recèle des objets d'art sacré et traditionnels d'Asie. Il constitue un remarquable parcours initiatique à travers ces fascinantes civilisations et les subtilités de l'art asiatique, facilité par un excellent audioguidage. L'architecture conçue par le Japonais **Kenzo Tange** (1998) symbolise la cosmogonie extrême-orientale, associant le cercle (le ciel) au carré (la terre) avec ses quatre points cardinaux. Il est à l'image d'un chapeau traditionnel de jeune mariée.
Au rez-de-chaussée, chaque salle est consacrée à une civilisation d'Asie : Chine, Japon et Inde. Une quatrième salle regroupe le Cambodge, le Vietnam du Nord, l'Indonésie et le Népal. D'une grande qualité, sculptures, céramiques ou peintures sont mises en scène dans un dépouillement minimaliste qui suscite la contemplation et l'émotion. Au 1er étage, l'on parcourt les routes du bouddhisme, souvent identiques aux routes de la soie. Remarquez, dans l'une des vitrines, une curieuse bague à deux doigts du Kazakhstan. Les bouddhas en pierre de l'art du Gandhara (2e-4e s.) ou khmer (8e-12e s.) invitent à un voyage spirituel hors du temps et de l'espace. Le sous-sol, plus contemporain, est consacré aux expositions temporaires. Des bornes multimédias « branchées » sur l'Asie présentent les collections des musées d'art asiatique du monde entier.
Salon de thé japonais – Il accueille des cérémonies du thé *(dim. à 15h - 10 €).*

★ Musée d'Art naïf A.-Jakovsky PLAN I A3 EN DIRECTION

Quitter le centre-ville par la promenade des Anglais ou bus 34 : arrêt Deux Cyprès. 23 av. de Fabron - ✆ 04 93 71 78 33 - ♿ -www.nice.fr - tlj sf mar. 10h-12h30,

13h30-18h - possibilité de visite guidée sur demande (1h -6,10 €) - 5 € ou Pass Musées de Nice (-18 ans gratuit).
L'élégant château Ste-Hélène abrite la riche donation d'Anatole Jakovsky. Un fonds de 600 toiles témoigne de la fraîcheur et de l'étonnant pouvoir d'invention des « peintres de l'éternel dimanche ». Une histoire de l'art naïf est retracée depuis le 17e s. à travers le monde.
Les Croates, maîtres du genre, sont à l'honneur : Generalić, Rabuzin, Kovačić, Petrović. La France est abondamment représentée, notamment par Bauchant, Vivin, Vieillard, les Niçois Restivo et Crociani et des peintures plus oniriques de Vercruyce ou Lefranc. Les Suisses comme Luthé et les Belges apportent une large contribution, sans compter les États-Unis (O'Brady) et l'Amérique latine – le Brésil surtout. Une salle est réservée à une série de savoureux portraits d'Anatole Jakovsky !

★ Villa Masséna PLAN I B3

Entrée par le 65 r. de France ou par les jardins, 35 promenade des Anglais - ✆ 04 93 91 19 10 - www.nice.fr - ♿ - mai-oct. : 10h-18h ; nov.-avr. : 11h-18h - fermé mar. - possibilité de visite guidée sur demande (1h30 - 6,10 €) - 15 € (-18 ans gratuit).
La villa Masséna, dessinée par l'un des plus talentueux architectes de la Belle Époque, le Danois Hans-Georg Tersling (1857-1920), a été édifiée sur la promenade des Anglais par le petit-fils du maréchal André Masséna, le prince d'Essling, entre 1898 et 1901. Entourée de ses jardins conçus au 19e s., elle a le charme d'une résidence italienne du premier Empire. Labellisé « musée de France », le musée présente au premier étage l'histoire de Nice de 1860 à la fin des années 1930 à travers une collection de tableaux, de plans, de sculptures et d'objets disposés dans des salles thématiques. Le deuxième étage accueille d'intéressantes expositions thématiques.
On ne manquera pas d'admirer au rez-de-chaussée les riches salons tels qu'ils furent conçus en 1898 pour la famille Masséna. Les éléments décoratifs les plus remarquables proviennent du château de Govone, près de Turin.
En accès libre, les jardins sont un havre de paix. On peut se reposer sur quelques bancs disséminés sous les arbres et voir le Mémorial érigé en souvenir des victimes de l'attentat de 2016.

Musée de la Photographie Charles-Nègre PLAN II F2

1 pl. Pierre-Gautier - ✆ 04 97 13 42 20 - www.museephotographie.nice.fr - ♿ - 10h-18h - fermé lun. - 5 € ou Pass Musées de Nice (-18 ans gratuit).
Le musée propose des expositions temporaires couvrant les débuts de la photographie à nos jours et présente son fond de photographies et sa collection d'appareils anciens.

Museum d'Histoire naturelle

PLAN I C2

60 bd Risso - ✆ 04 97 13 46 80 - www.nice.fr - 10h-12h30, 13h30-18h - fermé lun. - 3,50 € ou Pass Musées de Nice (-18 ans gratuit).
Ce premier musée de Nice créé au milieu du 19e s. par deux naturalistes, Jean-Baptiste Verany et Jean-Baptiste Barla, compte dans ses réserves 1 200 000 spécimens (zoologie, botanique et géologie) du monde entier. Verany a notamment laissé

Socca

Cette galette de farine de pois chiche cuite au four se consomme chaude de préférence. Venue d'Italie au 19e s., on la trouve à Nice sur les marchés (mais aussi aux marchés couverts d'Antibes ou de Menton).

une impressionnante série d'oiseaux exotiques. Barla, qui étudiait la flore locale et les poissons du littoral niçois, est surtout connu pour la création d'un ensemble unique de 6800 aquarelles et de 7000 moulages de champignons.

Musée de Terra Amata PLAN I D3

25 bd Carnot - ✆ 04 93 55 59 93 - www.musee-terra-amata.org - 10h-18h (17h nov.-avr.) - fermé mar. - 5 € ou Pass Musées de Nice (-18 ans gratuit).

Ce musée d'archéologie préhistorique est installé sur le lieu même de la découverte d'un des plus anciens habitats connus en Europe, aménagé voici 400000 ans. Il propose de découvrir de façon ludique et didactique la vie de ces premiers Niçois qui chassaient, dans un climat plus chaud qu'aujourd'hui, les éléphants, les cerfs et les lapins à l'aide d'outils en pierre fabriqués à partir des galets ramassés sur la plage. Le site, rattaché au musée d'Archéologie de Nice, est complémentaire de celui de Cimiez consacré à l'Antiquité.

Prieuré du Vieux-Logis PLAN I A1

59 av. St-Barthélémy - ✆ 04 93 91 19 10 - visite guidée le mar. sur demande préalable (1h) se rens. à la villa Masséna -5 € ou Pass Musées de Nice (-18 ans gratuit).

Le prieuré du Vieux-Logis est un vieux moulin niçois remodelé par un père dominicain, Alfred Lemerre, pour accueillir sa collection d'art religieux, de meubles et d'objets usuels médiévaux dont il était passionné.

Église Ste-Jeanne-d'Arc PLAN I B1

11 r. Grammont - ✆ 04 93 86 33 07 - 10h30-12h, 13h-19h, dim. 10h30-12h - gratuit.

D'une modernité révolutionnaire pour l'époque (1934), l'église Ste-Jeanne-d'Arc, construite en béton, est l'œuvre de l'architecte **Jacques Droz**. Son clocher formé de flammes torsadées (65 m), ses trois coupoles et son porche ellipsoïdal lui confèrent des lignes futuristes.

À l'intérieur, on est frappé par le bel élan des voûtes. Chemin de croix peint à fresque par Klementief.

Ancienne Gare du Sud PLAN I B2

35 av. Malaussena - tlj sf lun. 11h-23h.

Impossible de manquer son parvis surélevé et sa **façade** monumentale parée de briques jaune et rouge, de médaillons en faïence, et surmontée de frontons ornés de bustes. Construite en 1892 par l'architecte **Prosper Bobin** pour le compte de la compagnie des Chemins de fer du Sud de la France (renommée depuis **Chemins de Fer de Provence**, qui exploite la ligne Nice-Digne et dont la gare de voyageurs a été reconstruite à l'arrière), elle est restée en service jusqu'en 1991. Vingt ans d'abandon, une classification aux monuments historiques et quelques années de travaux plus tard, le site a retrouvé sa grande verrière Eiffel et abrite une bibliothèque. Le projet de halle gourmande qui devait s'y installer n'a pas rencontré le succès escompté ; le lieu attend aujourd'hui des repreneurs... et une nouvelle vocation.

Musée national du Sport PLAN I A3 EN DIRECTION

Tramway T3 : arrêt Stade. Bd des Jardiniers - stade Allianz-Riviera - ✆ 04 89 22 44 00 - www.museedusport.fr - ♿ - avr.-sept. : 10h-18h - oct.-mars : 11h-17h, sf lun. - 6 € (-18 ans gratuit).

Niché dans l'enceinte de l'Allianz-Riviera, le musée renferme l'une des plus grandes collections au monde consacrées au sport, avec 45000 objets et 400000 documents.

La collection permanente est gardée par la statue en marbre de Pollux (2e s. ap. J.-C.), mythique pugiliste (ancêtre de la boxe), derrière lequel se trouvent une série de médailles olympiques, ainsi que l'ensemble des torches, affiches et mascottes ayant servi depuis la création des Jeux modernes. Le musée est organisé ensuite en quatre espaces : au Défi sur soi (sports individuels), vous pourrez voir notamment le vélo d'Eddy Merckx et la combinaison de la nageuse Laure Manaudou ; au Défi d'homme à homme (sports de duels), vous retrouverez le short et les gants du boxeur Marcel Cerdan ou encore la raquette avec laquelle Yannick Noah a remporté Roland Garros en 1983 ; au Défi collectif, outre le mur de maillots (Michel Platini, Tony Parker, etc.), trône le ballon de la finale de la coupe du monde de football de 1998 ; et dans la dernière salle, consacrée aux sports extrêmes, observez la Mc Laren de 2007 de Lewis Hamilton.
Expositions temporaires et espace pédago-ludique pour les enfants.

★ Sentier du Cap de Nice PLAN I D3 EN DIRECTION

Au départ du jardin Félix Rainaud - 15mn jusqu'au cap de Nice.
La première partie du sentier, aménagée sur un rivage de rochers, permet de jouir en toute quiétude et dans toute son ampleur de la **vue★★** sur la baie des Anges. En chemin, vous apercevrez quelques belles villas, dont l'insolite Château de l'Anglais, d'inspiration moghole, « folie » rose construite au 19e s. par un colonel britannique ayant vécu en Inde. Les plus sportifs poursuivront le sentier jusqu'à Villefranche, via l'avenue du Cap de Nice et le Boulevard Maurice Maeterlink.

Circuits conseillés

CARTE DE MICRORÉGION

Les collines environnantes offrent l'occasion de belles balades panoramiques au-dessus de la baie des Anges et de la Méditerranée.
Sachez que les Niçois, grands marcheurs, effectuent volontiers à pied, en famille et entre amis, les circuits des Monts et du plateau St-Michel.

★★ Les deux monts A2

Circuit tracé en vert foncé sur la carte p. 330 – 11 km - environ 1h15. Quitter Nice à l'est par la pl. Max-Barel et la Moyenne Corniche (M 6007). Au bout de 2,5 km, au milieu de la montée, tourner à droite à angle aigu dans une route forestière, puis à gauche dans la route menant au fort du mont Alban (itinéraire balisé).

★★ Mont Alban

Alt. 222 m. **Vue★★** splendide sur la côte : à l'est, le cap Ferrat, le cap d'Ail, la pointe de Bordighera et les hauteurs calcaires de la Tête de Chien ; à l'ouest, la baie des Anges et la Garoupe. On peut visiter le fortin à bastions et échauguettes du 16e s. commandé par Emmanuel Philibert, duc de Savoie.
Revenir à la précédente bifurcation et aller tout droit vers le mont Boron.

★ Mont Boron

Alt. 178 m. **Vues★** étendues sur la rade de Villefranche et la côte jusqu'au cap d'Antibes. À l'horizon, les montagnes de Grasse et l'Esterel. La batterie au sommet, réhabilitée par l'architecte Jean Nouvel, devrait accueillir un centre de recherche et de création sur l'architecture.
C'est un autre type d'habitat qu'avaient connu les pentes occidentales du mont dans les temps préhistoriques : des ossements, des outils de pierre, des traces de feu ont permis d'identifier ici l'un des plus anciens habitats connus en Europe :

L'observatoire de la Côte d'Azur.
VV Shots/Getty Images Plus

celui de chasseurs acheuléens (paléolithique inférieur), vieux de 400 millénaires *(voir musée de Terra Amata, p. 357).*

Un **sentier botanique** de 650 m recense plusieurs dizaines d'espèces végétales méditerranéennes, exotiques, aromatiques, médicinales et protégées (panneaux explicatifs). Superbe **panorama**★ sur la baie des Anges.

Rentrer à Nice par la Corniche inférieure.

★★ Plateau St-Michel A2

Circuit tracé en bordeaux sur la carte p. 330 – 19 km - environ 1h. Quitter Nice à l'est par l'av. des Diables-Bleus et la Grande Corniche (M 2564).

La route offre, à l'arrière, des vues sur Nice et la baie des Anges, puis sur le cap d'Antibes, l'Esterel, le bassin du Paillon ; en avant, vue sur le fort de la Drète au premier plan, et sur celui du mont Agel au fond.

★ Observatoire de la Côte d'Azur

À droite de la Grande Corniche se détache la route privée de l'observatoire de Nice. 96 Bd de l'Observatoire - 04 92 00 30 11 - www.oca.eu - - calendrier des visites et réservation indispensable sur le site Internet - 12 € (-6 ans gratuit).

Deux types de visites guidées sont proposées selon que vous ayez un véhicule (durée 1h30) ou que vous veniez en transports en commun (2h).

Classé monument historique et toujours en activité, ce centre international de recherche astronomique réputé réunit les talents de **Charles Garnier** qui édifia 14 des bâtiments d'origine et de **Gustave Eiffel**, concepteur de la structure métallique de sa grande coupole (26 m de diamètre). La lunette dite « grand équatorial », de 18 m de long et de 76 cm de diamètre optique, fut un temps le plus grand instrument de cette catégorie au monde. C'est dans ce bâtiment qu'a été aménagé un remarquable **Universarium**★, où l'on pourra voir de nombreux instruments anciens, acquérir des notions d'astronomie, vivre plusieurs expériences interactives pour tenter de comprendre par exemple d'où nous venons et quelle est notre place dans l'univers.

L'observatoire est entouré d'un **parc** de 35 ha où fleurit notamment une orchidée endémique protégée (*parcours de 1,5 km - prévoir des chaussures confortables*). Après le col des Quatre-Chemins, on voit se dégager la presqu'île du cap Ferrat, puis la rade de Villefranche-sur-Mer.

Reprendre la M 2564 en direction d'Èze sur 1,5 km puis la M 34 à droite; 500 m plus loin, laisser la voiture à une plate-forme de stationnement.

★★ Point de vue du plateau St-Michel

Une table d'orientation permet de situer tous les points où porte la vue, du cap de Ste-Hospice à Nice en passant par le cap Ferrat.

À gauche de l'aire de stationnement, dans un environnement de pins et de chênes verts, empruntez le petit **sentier botanique** long de 750 m.

La M 34 rejoint la Moyenne Corniche (M 6007) qu'on prend à gauche. Peu après un long tunnel, **vue★** merveilleuse sur Beaulieu, le cap Ferrat, Villefranche-sur-Mer, Nice et le cap d'Antibes. La route contourne la rade de Villefranche. Passé le col de Villefranche, le regard se porte sur Nice avec la colline du Château, le port et la baie des Anges; à l'horizon se profilent l'Esterel et les montagnes calcaires de Grasse.

Rentrer à Nice par la pl. Max-Barel.

★ Le tour du mont Chauve

Circuit tracé en violet sur la carte p. 330 – 51 km - 1/2 journée. Quitter Nice au nord par le bd de Cessole, l'av. St-Sylvestre et l'av. du Ray puis, à gauche à angle aigu, l'av. de Gairaut (M 14). 1 km après être passé sous l'autoroute, continuer à droite sur la M 14 et prendre à gauche la route signalisée.

Cascade de Gairaut A2

Ses deux ressauts font dévaler ses eaux dans une belle piscine naturelle, eaux venant du canal de la Vésubie alimentant Nice. Continuez jusqu'à l'esplanade de l'église d'où l'on a une belle **vue★** sur la ville.

Revenir à la M 14.

Peu après, beau paysage sur la gauche vers Nice avec le mont Boron, le cap d'Antibes. Puis la route s'élève vers Aspremont, et l'horizon s'étend sur les *baous*, la vallée du Var, les montagnes du haut pays.

Aspremont A1

Le village, joliment perché à 550 m d'altitude sur les contreforts des monts Cima et Chauve, est bâti suivant un plan concentrique. L'**église** a une nef gothique, peinte à fresque, retombant sur de solides chapiteaux cubiques. Jolie Vierge à l'Enfant en bois polychrome. Contournez l'église et montez jusqu'à la terrasse de l'ancien château (rasé) : le **panorama★** s'étend sur le cours inférieur du Var avec le pays de Vence, le cap d'Antibes, les collines niçoises, le mont Chauve et le mont Cima.

À la sortie du village, une petite route sur la gauche, signalée « Mont Cima », mène à une bergerie (*laissez la voiture pl. des Selettes*). De là, belle vue sur Aspremont et la vallée du Var.

Revenir sur ses pas et poursuivre sur la M 719, qui franchit le petit col d'Aspremont entre le mont Chauve et le mont Cima et mène au riche bassin de Tourrette-Levens.

Tourrette-Levens A1

Encerclé de montagnes, ce village de la route du sel s'accroche à son rocher, en forme de lame de couteau. La petite **église** du 18e s. abrite, derrière le maître-autel, un beau retable de bois sculpté de même époque.

Musée des Métiers traditionnels – *171 montée du Château - ✆ 04 97 20 54 60 - recreanice.fr - tlj sf lun. 14h-18h - entrée libre.* Installé dans la Maison des remparts, entre l'église et la tour du château, il présente 6 000 outils mis en scène sous forme d'ateliers des métiers d'antan.

Musée de la Préhistoire – *Montée du Château - ✆ 04 97 20 54 60 - recreanice.fr - tlj sf lun. 14h-18h (17h30 hiver) - gratuit.* Le château abrite une collection de papillons exotiques et un diorama des animaux du monde entier. Le donjon offre une vue panoramique sur les sommets voisins (mont Chauve, Férion) et les vallées du Gabre et du Rio Sec.

Rejoindre la M 19 que l'on prend à gauche, descendant la vallée du Gabre.

Les **gorges du Gabre** sont taillées dans des parois calcaires.

Prendre à droite la très sinueuse M 114 vers Falicon.

Falicon A1

Les lecteurs de **Jules Romains** (1885-1972) connaissent ce petit village niçois typique, serré sur son rocher et entouré de figuiers et d'oliviers : l'écrivain l'a choisi pour cadre d'un épisode des amours de Jallez et de la petite marchande de journaux niçoise dans son roman *La Douceur de la vie*. L'auberge où ils dînèrent *(le Bellevue)* existe toujours, avec sa terrasse panoramique ; quelques souvenirs de l'auteur y sont exposés.

Le village reçut d'autres hôtes illustres séduits par l'agrément du site. La reine Victoria venait en voisine de Cimiez y savourer le thé, comme le clame fièrement l'enseigne : Au Thé de la Reine. Vous aussi vous apprécierez les maisons anciennes blotties les unes contre les autres (les *giaïnes*), le rempart percé de portes fortifiées, les ruelles tortueuses et étroites, les placettes pavées reliées par des passages voûtés. L'**église**, fondée par les bénédictins de St-Pons, présente un clocher carré et une façade en trompe-l'œil.

Prendre à gauche de l'église un large escalier, puis tourner à droite dans le sentier qui s'élève jusqu'à une terrasse d'où la **vue★** porte sur Nice et la mer, les collines niçoises et le mont Agel.

Rejoindre la M 114 à gauche. À la chapelle St-Sébastien se détache, à droite, la M 214, étroite et dangereuse, vers le mont Chauve. Laisser la voiture au terminus de la route.

Mont Chauve d'Aspremont A1

30mn AR. Comme son nom l'indique, son sommet (854 m) est pelé, à l'exception de la silhouette du fort désaffecté. De là, magnifique **panorama★★**, au nord sur les Alpes aux cimes enneigées, au midi sur Nice, ses collines et tout le littoral de Menton au cap Ferrat. Par temps (très) clair, on aperçoit la Corse.

Revenir à la M 114 et tourner à gauche ; après 2 km, prendre à droite à angle aigu dans la M 19. Passer sous l'autoroute ; 1 km plus loin se détache à droite une rampe qui monte vers St-Pons.

★ Église St-Pons A2

L'abbaye bénédictine de St-Pons, fondée à l'époque de Charlemagne, a joué un rôle important dans l'histoire locale durant un millénaire. Reconstruite au début du 18e s. sur un piton dominant la vallée du Paillon, l'église déploie de tous côtés sa gracieuse silhouette et l'un des plus jolis campaniles génois de la région. Ce charmant édifice baroque dresse une haute façade à courbes et contre-courbes précédée d'un péristyle qui épouse la forme ondulante de l'ensemble. L'intérieur est formé d'un grand vaisseau elliptique, précédé d'un vestibule et prolongé par un chœur en hémicycle. Il est étayé de chapelles rayonnantes entre de hauts et puissants piliers et est richement décoré de stuc.

Carnet pratique

S'informer

Office du tourisme de Nice Promenade – PLAN I B3 (P. 334-335) - *5 prom. des Anglais - Nice - ✆ 04 92 14 46 14 - www.explorenicecotedazur.com.*

Antenne Gare de Nice – PLAN I B2 (P. 334-335) - *Av. Thiers - parvis - ✆ 04 92 14 46 14.*

Antennes Aéroport Nice Côte d'Azur.

Visite guidée – L'office de tourisme organise des visites guidées.

Centre du patrimoine – PLAN II G2 (P. 342) - *14 r. Jules-Jilly - ✆ 04 92 00 41 90 - www.nice.fr/fr/culture/vos-rendez-vous-patrimoine* - ♿ - Visites guidées thématiques.

Pass touristique

French Riviera Pass – *Rens. et achat à l'office de tourisme et ses antennes ou sur www.frenchrivierapass.com - validité : 24h, 48h ou 72h (26/38/56 € - transports en option 4 €).* La « city card » permet l'utilisation illimitée du bus à impériale Nice Open Tour et aux trains touristiques, et donne accès à de prestigieux sites touristiques à Nice et aux alentours (musée océanographique de Monaco, promenades côtières en bateau, villa et jardins Ephrussi-de-Rothschild...), ainsi que des visites guidées et des avantages dans une sélection de restaurants et boutiques.

Pass Musées de Nice – *billetterie-museesnice.tickeasy.com - 15 €, valable 72h.* À acheter dans les musées participants, il donne accès aux musées municipaux qui sont également gratuits pour les moins de 18 ans.

Pass Côte d'Azur – *www.cotedazur-card.com - à partir de 45 € (enf. 35 €) selon le nombre d'activités choisies.* Cette carte proposée par le comité du tourisme est intéressante si vous envisagez de sillonner le département.

Visiter

Nice Le Grand Tour – *✆ 04 92 29 17 00 - www.nicelegrandtour.com - horaires variables selon la saison - 23 € (-11 ans 8 €)/1 j, 26 € (-11 ans 8 €)/2 j - gratuit avec le French Riviera Pass. Achat des billets auprès du chauffeur.* Circuit commenté en bus à impériale au départ de la Promenade des Anglais (devant l'hôtel Albert 1er). Douze arrêts qui mènent jusqu'à Villefranche-sur-Mer permettent de moduler la visite de la ville.

Petits trains touristiques – *✆ 06 08 55 08 30 - www.francevoguette.com - horaires variables selon la saison - fermé janv. - 10 € (-13 ans 5 €) - dép. de ces petits trains électriques au croisement Promenade des Anglais-Monument du Centenaire.* Visite commentée (1h) avec un arrêt de 15mn au Château.

En bateau - Trans Côte d'Azur – *Quai Lunel - ✆ 04 92 00 42 30 - www.trans-cote-azur.com* - ♿ - *avr.-nov. : 11h et 15h - 19 € (-13 ans 15 €) - gratuit avec la Côte d'Azur Card.* Promenade côtière commentée (1h) dans la baie des Anges, la rade de Villefranche et le long du cap Ferrat. La compagnie propose aussi des excursions vers les îles de Lérins, Cannes, St-Tropez, Monaco.

Se garer

Difficile de se déplacer en voiture à Nice ! Garez votre véhicule dans l'un des nombreux parkings payants ou parkings relais gratuits de la ville, lesquels donnent droit à un tarif préférentiel sur les transports en commun (*www.lignesdazur.com/parc-relais*) et découvrez tranquillement la cité à pied, en bus, tramway, ou même profitez des vélos et voitures en libre-service *(voir « Nos adresses »)*.

Arriver/partir

L'avion est un moyen avantageux pour les courts séjours. Il est aisé de rejoindre ensuite le centre-ville *(voir p. 522)*.

TER – *Gare SNCF - av. Thiers - 0 800 11 40 23 (service gratuit - 7h-21h30) - www.sncf-connect.com/ter-sud-provence-alpes-cote-azur.* Le train express régional permet de rejoindre nombre de villes - Draguignan, Fréjus, St-Raphaël, Cannes, Grasse, Antibes, Menton, Monaco, Vintimille, etc.

Se déplacer

Lignes d'Azur – *08 1006 1006 - www.lignesdazur.com - ticket à l'unité « solo » 1,50 € (correspondance autorisée dans un délai de 74mn), ticket 10 trajets « multi » 10 €, « Pass » 1 j. (5 €) et 7 j. (15 €). En vente à l'Espace Mobilités, 33 bd Dubouchage et dans les distributeurs automatiques sur les quais du tramway (mais pas à bord), au distributeur de la gare de Nice-Ville. Plan du réseau en téléchargement sur le site Internet et disponible à l'office de tourisme.* 80 lignes de **bus** circulent dans Nice en journée, 6 lignes (Noctambus) la nuit.

Deux lignes de **tramway** assurent une liaison du nord à l'est (T1) et d'ouest en est, depuis l'aéroport jusqu'au port Lympia (T2), toutes deux *via* le centre-ville. Une troisième ligne (T3) relie l'aéroport et le centre commercial Nice-Lingostière, le plus grand du département, *via* le stade.

Vélos bleus – *04 93 72 06 06 - www.velobleu.org.* Un parc de vélos en location et en libre-service dans 161 stations réparties entre Nice, St-Laurent et Cagnes-sur-mer. Modalités et tarifs sur le site Internet. Le réseau de pistes cyclables niçois couvre actuellement 155 km et continue à s'étendre.

Mobilize Share – *share.mobilize.fr.* Des véhicules électriques disponibles 24h/24, toute l'année, grâce à un service de géolocalisation fonctionnant avec une application *(prix variable, à partir de 7 €/h)*.

Mise en garde

Le « **vol à la portière** » est un fléau à Nice et sur la Côte (même si l'installation de caméras de surveillance a endigué le phénomène)... Le mode opératoire est simple : vous êtes arrêté à un feu rouge lorsqu'un quidam ouvre soudain la portière côté passager pour s'emparer des vestes et sacs qui pourraient s'y trouver avant de s'enfuir en scooter. Prenez donc la précaution de verrouiller vos portières lorsque vous circulez en ville.

Agenda

Carnaval de Nice – *www.nicecarnaval.com.* Il attire chaque année plus d'un million de spectateurs enchantés par les batailles de fleurs. Les réjouissances ont lieu autour de Mardi gras, pendant 2 semaines *(voir p. 346)*.

Lu mai/Les Mai – Les dimanches et jours fériés du mois de mai, dans le parc des Arènes de Cimiez. Journées découvertes de la culture nissarde : spectacles et jeux traditionnels, dégustations de socca.

Festa de Sant Peire – Week-end fin juin, sur le quai des États-Unis et au port. Les pêcheurs fêtent la Saint-Pierre : procession de pêcheurs, évolution de barques fleuries, animations...

Nice Jazz Festival – *www.nicejazzfestival.fr.* Deuxième semaine de juillet, dans le jardin

Albert-Ier et au théâtre de verdure. Il accueille les plus grandes vedettes de la scène internationale.
Festival de Cimiez – *niceclassiclive.com*. De mi-juillet à mi-août, dans le cloître du monastère de Cimiez, se succèdent solistes et orchestres de musique de chambre de renommée internationale.
Fiera de la San Bertoumiéu – Week-end en septembre. Grande foire avec vente de produits du terroir, artisanat, animations... dans le vieux Nice.
Festival Crossover – *www.festival-crossover.com*. En septembre, trois jours de concerts dédiés à la musique contemporaine dans le cadre du théâtre de Verdure.
Festival OVNi – *www.ovni-festival.fr*. En novembre. Une plateforme innovante et originale de promotion de l'art vidéo à travers différents parcours qui incluent, musées, sites culturels, lieux insolites et même des hôtels.
Calèna - Lou Presèpi – Semaine de Noël, place Rossetti. Pour les fêtes de Noël (« Calèna » en nissart), crèche vivante (« Lou Presèpi ») mais les figurants ont été remplacés par des automates.

Nos adresses

PLAN I (P. 334-335) ET PLAN II (P. 342)

Restauration

Les restaurants « touristiques » se concentrent dans les rues Masséna et de France. Les plages privées déploient leurs terrasses au bord de l'eau.

Certains établissements portent la mention « labellisé cuisine nissarde », signe qu'ils ont été reconnus pour leur authenticité.

Premier prix

1 **René Socca** – PLAN I C3 - *1 r. Pairoline - fermé lun. - 04 93 85 95 67- plats 10/15 €.* L'adresse « nissarde » la plus populaire de toute la ville : suivez la file, faites votre commande et installez-vous sur une table avec vos plats. À ne pas manquer, la socca cuite dans un grand four à bois traditionnel, mais aussi beignets de cébettes et de fleurs de courge, pissaladière...

6 **Socca Tram** – PLAN I B3 - *6 bis av. Borriglione - 04 93 52 54 84 - fermé dim. soir en sais., le soir hors sais. et lun. - 10/15 €.* À deux pas des étals du plus grand marché de Nice, une joyeuse équipe vous régalera avec ses spécialités nissardes, dont une pissaladière relevée d'herbes de Provence et l'incontournable socca. À déguster sur les tables en terrasse, rapidement prises d'assaut, au rythme du ballet des tramways.

Budget moyen

4 **La Rotonde** – PLAN I B3 - *Hôtel Negresco, 37 prom. des Anglais - 04 93 16 64 00 - www.hotel-negresco-nice.com - fermé dim. et lun. - formule déj. en sem. 28 € - menu soir 55 € - réserv. conseillée.* À défaut de prendre une chambre dans le palace, vous pourrez goûter l'excellence de son service et de sa cuisine à l'occasion d'un déjeuner qui offre un très bon rapport qualité-prix.

10 **Type 55** – PLAN II F1-2 - *1 r. de la Préfecture - 09 73 60 49 82 - fermé dim. et lun. - réserv. recommandée - pizza 15 €.* Des pizzas comme vous n'en verrez pas ailleurs : c'est la pari réussi d'Armand Crespo dans son nouveau restaurant. Chaque jour, 7 pizzas inspirées des péchés capitaux sont à la carte, avec quelques entrées et plats. Cuites dans un four à sole rotative, toutes à base de T55, farine blanche et bio, sans levures, les pizzas sont aussi bonnes qu'originales (et

changent régulièrement), arrivent prédécoupées donc idéales à partager. La salle au décor néo-industriel est très agréable, tout comme l'accueil. Belle carte de cocktails.

7 **21 Paysans** - PLAN I C2 - *2 r. Valperga - 09 85 02 05 72 - 21paysans.com - fermé sam. soir et dim. - carte env. 30 €.* « Notre cuisine est saine, elle s'inspire du vivant, des saisons qui passent, des propositions des paysans. » Le ton est donné dans cette épicerie bio qui se double d'un agréable restaurant doté d'une terrasse. Vous l'aurez compris, la carte change très régulièrement, elle est courte mais il y en a pour tous les goûts, amateurs de viande comme végétariens. Belles planches de fromages et de charcuteries.

2 **La Part des Anges** - PLAN I C3 - *17 r. Gubernatis - 04 93 62 69 80 - www.lapartdesanges-nice.com - fermé dim. et j. fériés - plats 15/20 €.* Cette cave à vins dresse le couvert à midi et certains soirs autour de plats du jour et d'assiettes de charcuterie ou de fromage.

3 **La Table Alziari** - PLAN II G1 - *4 r. François-Zanin - 04 93 80 34 03 - fermé dim.-lun. - plats 11/19 €.* Le charme d'une petite adresse familiale dans une ruelle de la vieille ville : spécialités niçoises et provençales sont suggérées sur l'ardoise du jour et servies dans un cadre sans chichi. La poche de veau (poitrine farcie) compte parmi les classiques de la maison. Menue terrasse. Labellisé cuisine nissarde.

5 **Le Bistrot d'Antoine** - PLAN II F2 - *27 r. de la Préfecture - 04 93 85 29 57 - fermé dim. et lun. - plats 15/23 €.* Traditionnelle mais néanmoins au goût du jour, cette cuisine bistrotière et canaille, aux beaux accents méridionaux, enchante les gourmands. Réservez.

8 **Nice Art Bistro** - PLAN I C2 - *16 bis r. Delille - 04 93 91 57 98 - www.nice-artbistro.fr - fermé dim.-lun. - plats 21/31 €, formule déj. 16,50 €, menu 32 €.* Signalé par ses chaises noir et blanc et sa façade bleu sombre, le restaurant du chef Marc Laville plonge ses hôtes dans un univers de raffinement et de créativité, où les produits sont sélectionnés avec le plus grand soin.

9 **Lou Balico** - PLAN I C2 - *20-22 av. St-Jean-Baptiste - 04 93 85 93 71 - www.loubalico.com - fermé dim. soir et lun. soir - plats 15/26 €.* Non loin du MAMAC, trois générations d'une même famille œuvrent côte à côte dans ce restaurant restituant bien l'âme de la cuisine nissarde. Salle à manger de mise simple, ambiance au beau fixe et réputation dépassant les frontières du pays niçois. Labellisé cuisine nissarde.

11 **Ma Yucca** - PLAN I B3 - *26 r. de la Buffa - 04 93 88 39 84 - www.mayucca.fr - fermé dim. et lun. - menu déj. 18/23/30 € - réserv. conseillée.* Cette table franco-japonaise d'une rare délicatesse, où l'on ne sert ni sushis ni plats à emporter, vous surprendra par l'originalité de ses préparations parfumées, telle la crème brûlée au yuzu.

12 **Olive et Artichaut** - PLAN II F2 - *6 r. Sainte-Réparate - 04 89 14 97 51 - www.oliveartichaut.com - fermé dim.-lun. - plats 20/30 €, menu 30 €.* Originaire de Nice, le jeune chef est revenu s'installer dans la région avec son épouse, bretonne, après plusieurs expériences à l'étranger. Soucieux d'élaborer une cuisine proche et respectueuse de la nature, il met les produits locaux et de saison à l'honneur dans des plats « entre mer et montagne ».

13 **Le Safari** - PLAN II F2 - *1 cours Saleya - 04 93 80 18 44 - www.restaurantsafari.fr - plats 19/32 €,*

menu 29/52 €. Sa terrasse sur le cours Saleya garantit l'animation. Comme son nom ne l'indique pas, elle propose des spécialités locales qu'on ne trouve presque plus ailleurs (calamars aux artichauts, risotto de saint-jacques) et une généreuse carte de poissons. Labellisé cuisine nissarde.

Pour se faire plaisir

4 **La Merenda** – PLAN II F2 - *4 r. Raoul-Bosio - www.lamerenda.net - - fermé w.-end - réserv. sur place recommandée - plats 17/24 €*. Ici, pas de téléphone ni de règlement par carte bancaire mais une salle comble tous les jours. C'est que Dominique Le Stanc, ancien élève d'Alain Senderens, sait magnifier comme personne le patrimoine culinaire niçois (tripes, daubes, ratatouilles, pâtes au pistou...) avec des produits choisis auprès des marchands du cours Saleya tout proche. Attention, le nombre de couverts est volontairement restreint.

14 **Le Canon** – PLAN I B3 - *23 r. Meyerbeer - 04 93 79 09 24 - www.lecanon.fr - fermé w.-end - plats 23/28 €*. À quelques pas du front de mer, un bistrot gourmand qui s'autorise des associations malignes à partir de produits savoureux : rougets de roche, agneau du Mercantour, asperges des Alpilles... Pas de menu, mais une ardoise qui évolue au fil des saisons et privilégie les producteurs de la région et les poissons du pêcheur local, Steve Molinari. Carte de vins bio et nature intéressante (laissez-vous guider). Façade vintage en carrelage aux couleurs acidulées, cadre dépouillé (murs blancs, tables en formica, chaises dépareillées). Une adresse coup de cœur.

15 **Café de Turin** – PLAN I C2 - *5 pl. Garibaldi - 04 93 62 29 52 - www.cafedeturin.fr - plats 24/48 €*. Institution depuis plus de 200 ans, ce grand café propose, dans un cadre simple et convivial, une carte de fruits de mer à prix attractif. La générosité et la fraîcheur des plateaux, l'ambiance animée en font un lieu attachant. Service en continu jusqu'à 22h.

16 **L'Âne Rouge** – PLAN I D3 - *7 quai Deux-Emmanuel - 04 93 89 49 63 - www.anerougerestaurantnice.com - fermé mar.-merc. et jeu. midi - menu 39/48 €*. Le chef travaille en direct avec de petits pêcheurs locaux et réalise une cuisine régionale d'une belle finesse. L'été, on se régale sur la terrasse ensoleillée. Chic, frais et bon !

3 **Racines** – PLAN I B2 - *3 r. Clément Roassal - 04 93 76 86 17 - www.hostellerie-jerome.com/racines-nice - fermé merc. et dim. - formule déj. 19 €, menu 32/45 €*. « On ne veut pas faire fortune, mais se faire plaisir et régaler nos clients ! » : telle est la philosophie généreuse de Bruno Cirino, formé chez Jo Rostang, Roger Vergé, Jacques Maximin et Alain Ducasse. Il élabore ainsi « une cuisine potagère » (ni viande, ni poisson), travaillée en circuits très courts avec de petits producteurs exigeants. Associée en tout à cette démarche, son épouse, sommelière passionnée, propose des accords mets et vins des plus pointus.

Petite pause

Fenocchio – *2 pl. Rossetti - 04 93 80 72 52 - www.fenocchio.fr - 9h-0h*. Près d'une centaine de parfums de glaces et de sorbets, des plus classiques aux plus originaux (thym, violette, tomate-basilic...) chez ce glacier qui est une institution depuis 1966. Autre adresse : *6 r. de la Poissonnerie*.

Emilie's Cookies – *1 r. de la Préfecture - 04 93 79 88 40 - www.emiliescookies.com - 9h-18h30, dim. 10h-18h30*. Une petite chaîne très dynamique qui se fait l'apôtre de plaisirs sucrés sans conservateurs, ni additifs. Dans ses trois établissements niçois, conçus comme des intérieurs d'appartement, on savoure des pauses *cookies-chocolat* ou *café-cinamon rolls*.

La Popotte d'Ondine – *2 r. de Blacas- ✆ 06 52 41 15 59 - lapopotedondine.fr - 9h-18h.* Petit-déjeuner, lunch, goûter, il y a toujours une bonne raison de s'arrêter dans ce salon de thé où l'on se régale de jus pressés, thés choisis, salades fraîches, bagels, pancakes et pâtisseries maison. Seul problème, en particulier pour le brunch dominical, tous ceux qui auront eu la même idée que vous, d'autant qu'il est impossible de réserver.

Le Country Store – *10, av. Félix-Faure - ✆ 07 49 29 30 38 - www.lecountrystore.com - lun.-sam. 8h30-18h, dim. 9h-16h.* Un coffee-shop qui propose tout un choix de boissons délicieuses (tchaï, golden latte, macha, cafés variés, smoothies...), des gâteaux, scones et autres brownies ainsi que quelques en-cas salés. Tout est savoureux, bio et fait maison, il y a aussi du choix pour ceux qui mangent sans gluten. Et si l'envie vous en prend, vous pourrez aussi vous faire faire un tatouage sur place !

Cave de la Tour – *3 r. de la Tour - ✆ 04 93 80 03 31 - www.cavedelatour.com - 8h-21h, dim. 8h-20h30 - fermé lun.* Une cave à vin qui fait honneur aux productions des Alpes-Maritimes (Bellet, Villar, Saint-Jeannet, Tourrettes...), à découvrir à l'heure de l'apéro. On peut aussi s'y attarder le midi et y manger très honnêtement : *stockfish* en saison, daube...

En soirée

Pensez aussi à consulter les programmes des spectacles et manifestations du **109** (*voir p. 354*), du **Théâtre national de Nice,** qui a fait peau neuve *(voir p. 343)* et de l'**Opéra** *(voir p. 339)*.

Beaucoup d'animation, bars et restaurants autour de la place du Pin, dans le quartier Bonaparte, considéré comme le « petit Marais » de Nice.

Casino Barrière Ruhl – *1 prom. des Anglais - ✆ 04 97 03 12 22 - www.groupebarriere.com - 9h-4h.* Machines à sous, roulettes française et anglaise, black jack, stud poker. Bar américain.

Negresco Bar – *37 prom. des Anglais - ✆ 04 93 16 64 12 - www.hotel-negresco-nice.com - 10h30-1h.* Les boiseries en noyer de ce bar somptueux ont été créées en 1913 pour l'ouverture de l'hôtel Negresco. Vous boirez du champagne entouré d'œuvres d'art : tapisserie de Bruxelles (1683), peintures du 18e s.... Concert live à 19h30.

Shopping

Marchés du vieux Nice – Sur le cours Saleya, fruits, fleurs, légumes, tous les jours sauf lundi, jour des antiquaires. Marché aux poissons place Toja.

Rues commerçantes – Autour de la cathédrale Ste-Réparate, vous trouverez des tissus provençaux, de l'artisanat et des santons. Dans le quartier du port Lympia, les antiquaires sont organisés au sein d'un véritable village. Grands magasins avenue Jean-Médecin, boutiques de créateurs aux abords des rues piétonnes *(r. Masséna, r. Liberté, r. de France)*.

Confiserie Auer – *7 r. St-François-de-Paule - ✆ 04 93 85 77 98 - www.maison-auer.com - 9h30-13h30, 14h-18h - fermé dim.* Près du cours Saleya, jolie boutique au cadre un peu « rétro » où se procurer des fruits confits de fabrication artisanale et de tout premier choix. La même famille de confiseurs – d'origine suisse – perpétue depuis 1820 ce savoir-faire représentatif de la gastronomie provençale.

Florian – *14 quai Papacino - ✆ 04 93 55 43 50 - www.confiserieflorian.com - 9h-13h, 14h-18h30, dim. et j. fériés 10h-13h, 14h-18h.* Visite guidée et gratuite des ateliers de fabrication artisanale des produits de la confiserie : confits de fleurs, sirops de fleurs, fruits confits, confitures d'agrumes, fleurs cristallisées, orangettes au chocolat, bonbons acidulés, chocolats maison, etc. Dégustation et salon de vente.

Alziari – *14 r. St-François-de-Paule - ✆ 04 93 85 76 92 - www.alziari.com.fr - lun.-vend. 9h-12h30, 14h-18h.* La maison Nicolas Alziari produit des grands crus d'huiles d'olive depuis 1868, des huiles en AOP Nice et des huiles cultivées en agriculture biologique.

Cave Bianchi – *7 r. Raoul-Bosio - ✆ 04 93 85 65 79 - 9h30-19h30 (22h30 vend. et sam.) - www.cave-bianchi.fr.* Une institution depuis 1860 où des cavistes passionnés vous feront découvrir et goûter les productions locales *(tlj 18h30 - 7 € - inscription nécessaire sur le site Internet ou à la boutique).*

Molinard – *20 r. St-François-de-Paule - ✆ 04 93 62 90 50 - www.molinard.com - 9h30-18h30 (19h en juill.-août).* Fondée à Grasse en 1848, la marque est l'une des enseignes de parfumerie les plus anciennes en France et elle continue à être dirigée par la même famille. On retrouve dans la boutique ses classiques, dont le célèbre Habanita, des savons et autres produits parfumés, mais on peut aussi prendre part à un atelier de création de parfum *(à partir de 45 €)* et créer sa propre senteur !

Activités

Cours de cuisine – L'atelier cuisine niçoise *–2 r. de l'Ancien Sénat - ✆ 04 97 13 44 56 - www.lateliercuisinenicoise.fr.* Envie d'en savoir plus sur les classiques de la table niçoise et surtout envie d'apprendre à les préparer ? Pourquoi ne pas prendre un cours dans les règles de l'art *(à partir de 52 €)* ? Tout proche du marché du cours Saleya, ce lieu, situé au rez-de-chaussée de l'ancien Sénat, organise aussi des concours culinaires, des expositions et des présentations de produits.

Plages – Immenses plages de galets sur 7 km surveillées et publiques... en dehors des 15 plages privées où fleurissent matelas et parasols payants d'avril à octobre.

Ski – La proximité des stations de ski d'Auron et Isola 2000 *(voir p. 532)* – à une ou deux heures par la route – est un des attraits de Nice l'hiver. Des navettes au départ de Nice, desservant la gare SNCF et l'aéroport, relient les 2 stations quotidiennement. Achat des billets en ligne sur www.lignesdazur.com *(AR 8 €)* ou directement au départ du bus *(AR 12 €).*

Randonnées

☺ Les collines niçoises sont terre de randonnée. De nombreux circuits faciles d'accès sont largement balisés. Le conseil départemental a mis en ligne de nombreux parcours commentés, téléchargeables sur le site *randoxygene.departement06.fr* ou sur *www.nice.fr/fr/sports-a-nice/les-randonnees-pedestres.*

Maison de l'environnement – *31 av. Castellane - ✆ 04 97 07 24 60 - www.nice.fr - mar.-vend. 9h-17h30, sam. 9h-13h.* Elle propose un guide de 9 boucles découverte plutôt urbaines de 3 à 5 km (Cimiez, Carabacel, mont Boron...).

Club alpin français – *14 av. Mirabeau - ✆ 04 93 62 59 99 - www.cafnice.ffcam.fr - fermé merc., w.-end et j. fériés.* Il organise des randonnées pédestres à la découverte du Parc national du Mercantour.

Hébergement

Budget moyen

2 Hôtel Nice Étoile – PLAN I C2 - *14 r. Biscarra - ✆ 04 93 85 19 03 - www.hotelleniceetoile.com - fermé de mi-nov. à fin déc. - 24 ch. 69/109 € - ☕ 8 €.* Petites chambres sobres et propres, certaines dotées d'un balcon. Adresse assez simple, centrale et à prix plutôt doux.

Pour se faire plaisir

1 Le Saint-Paul – PLAN I D3 - *29 bd Franck-Pilatte - ✆ 04 93 89 39 57 - lesaintpaul-hotel.fr - P - 67 ch. 152/383 €- ☕ 12 € - ✕ menus 24/32 €.* Planté face à la mer, ce bâtiment qui accueillit longtemps un séminaire, est aujourd'hui un hôtel de charme tout confort. Une partie des chambres (qui pour les plus grandes peuvent loger jusqu'à 4 personnes) donnent sur la Grande Bleue, une autre sur un beau jardin et un patio. Le restaurant, avec sa grande terrasse qui surplombe les flots, mérite aussi une visite.

6 Palm Hotel – PLAN I B3 - *8 r. Maccarani - ✆ 04 97 20 27 80 - www.palm-hotel.com - 16 ch. 118/358 €- ☕ 12 €.* Un bel emplacement et un très bon accueil, des chambres tout confort, dont trois, parmi lesquelles la suite familiale qui peut accueillir deux adultes et deux enfants, possèdent une immense terrasse privative équipée de transats et d'un parasol où il fait bon se détendre après une journée passée à avoir arpenté la ville.

4 Nice Garden Hôtel – PLAN I B3 - *11 r. du Congrès - ✆ 04 93 87 35 62 - www.nicegardenhotel.com - 9 ch. 120/140 € - ☕ 12 €.* Ce petit établissement central dissimule un beau jardin planté d'orangers, de rosiers, de jasmins, de lierre couvrant le muret... À l'intérieur, décoration d'inspiration *british*, avec chambres parquetées et salles de bains modernes : l'une d'elles (la n° 4) a conservé des restes de fresque aux murs et un joli sol en mosaïque.

Une folie

3 The Jay – PLAN I B3 - *21 r. Meyerbeer - ✆ 04 92 26 71 90 - www.hotel-jay.com - Î - 38 ch. 204/510 € - ☕ 14 €.* Remarquablement situé à proximité de la Promenade des Anglais, The Jay opte pour l'élégant esprit Art déco, décliné du lounge jusqu'aux chambres, impeccables, habillées de couleurs audacieuses et pour certaines dotées d'un balcon. Elles sont également toutes équipées d'une kitchenette, s'apparentant ainsi à des petits studios. Service souriant et attentionné, petits-déjeuners goûteux et, dans l'ensemble, excellent rapport qualité-prix. L'établissement fait partie de la chaîne Happy Culture *(www.happyculture.com)* qui gère huit hôtels dans la ville, dont qui gère plusieurs hôtels dans la ville, dont Le Grimaldi, 15 r. Grimaldi, et le Deck, 12 r. Maccarani, tous deux très proches et hautement recommandables.

Chambre d'hôte Castel Enchanté – HORS PLAN - *61 rte St-Pierre-de-Féric - ✆ 04 93 97 02 08 - www.castel-enchante.eu - 5 ch. 150/220 € ☕.* Accessible par un étroit chemin escarpé, belle maison du 19e s. précédée d'une large terrasse verdoyante dominant un vallon. Une quiétude bien agréable règne dans les trois spacieuses chambres.

5 Hôtel Windsor – PLAN I B3 - *11 r. Dalpozzo - ✆ 04 93 88 59 35 - www.hotelwindsornice.com - 57 ch. 216/238 € - ☕ 10/16 € - 1/2 P 38 € - f menu dîner 34 €.* À deux pas de la promenade des Anglais, un hôtel-galerie d'art où la décoration d'une bonne partie des chambres a été confiée à des artistes contemporains dont Ben ou François Morellet. Nuits arty garanties. Splendide jardin, petite piscine pour se rafraîchir, installations éphémères d'œuvres d'art dans le hall et le parc, sauna, hammam.

Corniches de la Riviera ★★★

Plongeant brusquement dans la mer, les montagnes entre Nice et Menton sont sillonnées par trois routes mythiques qui surplombent le littoral, la Grande, la Moyenne et la Basse Corniche. La plus haute multiplie les panoramas saisissants, la deuxième, les perspectives sublimes, tandis que celle du bas arpente les stations élégantes de la Côte.

Se repérer

Alpes-Maritimes (06)

CARTE AB1-2 (P. 330).

La Grande Corniche correspond à la M 2564, la Moyenne Corniche à la M 6007 et la Corniche inférieure à la M 6098. Prudence au volant !

À ne pas manquer

Le parc départemental de la Grande Corniche ; le village perché d'Èze sur la Moyenne Corniche ; les stations balnéaires de la Corniche inférieure.

Organiser son temps

Si vous n'avez que quelques heures devant vous, privilégiez la Grande Corniche (le lever du jour est fabuleux) ; si vous disposez d'une journée, rejoignez la Corniche inférieure pour une baignade.

En famille

L'Astrorama les distraira de la route sinueuse de la Grande Corniche.

Carnet pratique p. 378

Nos adresses p. 379

Circuits conseillés

★★★ Grande corniche CARTE CORNICHES DE LA RIVIERA

Circuit tracé en vert clair sur la carte p. 372-373 – 33 km de Menton à Nice.

La Grande Corniche, la plus élevée, suit en partie le tracé de l'ancienne voie romaine, **via Julia Augusta**, et fut construite sur ordre de Napoléon Ier, faute de mieux... Il la jugeait en effet dangereuse et aurait préféré une route le long de la côte.

Quitter Menton par les av. Carnot et de la Madone (M 6007).

Laissant à gauche la Moyenne Corniche, la route (M 2564) s'élève au-dessus de la ville et du cap Martin. 400 m après la plaque de Roquebrune-Cap-Martin, à droite, à angle aigu, une petite route mène au village perché.

Un trophée chahuté

Vénéré pendant l'Antiquité, puis mutilé et dépouillé de son décor, il fut converti en ouvrage fortifié à l'époque féodale, d'où une relative conservation. Louis XIV le fit miner, sans parvenir à une totale destruction. Exploité ensuite comme carrière, notamment pour l'église de La Turbie, il n'était plus qu'une tour ruinée entourée de décombres, avant la restauration menée de 1929 à 1933 par l'architecte Jules Formigé et financée par le mécène américain Edward Tuck.

Roquebrune-Cap-Martin.
Natalia SERDYUK/Getty Images Plus

★ Roquebrune-Cap-Martin *(voir p. 409)*

Revenir à la M 2564.

★★ Le Vistaëro

À hauteur de l'hôtel du même nom, à 300 m au-dessus de la mer. Merveilleuse **vue★★** sur la pointe de Bordighera, le cap Mortola, Menton, le cap Martin, Roquebrune et, en contrebas, Monte-Carlo Beach ; à droite, Monaco, Beausoleil dominés par la Tête de Chien et La Turbie et son Trophée.

★ La Turbie

2 pl. Detras - ✆ 04 83 93 95 31 - www.ville-la-turbie.fr.

La Turbie est avant tout l'endroit où s'élève l'un des deux seuls trophées romains qu'ait conservés le monde moderne. Mais sa position sur la Grande Corniche, à 480 m d'altitude, en fait aussi un point de vue splendide et imprenable sur la côte, surtout le soir, quand s'illuminent Monaco et Monte-Carlo.

À la **fontaine** de l'avenue Charles-de-Gaulle, construite au 19e s., aboutit l'aqueduc romain remis en service à la même époque. En bas, au sud-ouest de la **place Neuve**, belle **vue★** sur tout le littoral jusqu'aux Maures. La **rue Comte-de-Cessole**, ancienne **via Julia Augusta**, passe sous le portail de l'ouest, entre deux rangs de demeures médiévales. À droite, gravés sur une pierre d'angle de maison, les vers que Dante consacra à La Turbie. Une autre inscription précise que la ville figurait sur l'itinéraire d'Antonin : liste de villes-étapes (avec distances intermédiaires) sur les grandes routes de l'Empire romain. En haut de la montée, jetez un coup d'œil sur le Trophée avant de redescendre vers la **rue Droite** qui emprunte aussi le tracé de la via Julia vers l'Italie, avant de franchir le portail est. Des **terrasses**, splendide **panorama★★★** sur la principauté de Monaco, la côte italienne, le cap Martin, Èze, le cap Ferrat, l'Esterel, les hauteurs de la corniche, le vallon du Laghet, le mont Agel.

★ **Trophée des Alpes** – *Cours Albert-1er - ✆ 04 93 41 20 84 - www.trophee-auguste.fr - ♿ - de mi-mai à fin sept. : 9h30-13h, 14h30-18h30 ; reste de l'année : 10h-13h30, 14h30-17h - fermé lun. - 6 € (-18 ans gratuit).* Une grande partie de la ruine a été

6

laissée intacte ; les arcatures aveugles au sommet datent du Moyen Âge. Des escaliers accèdent à tous les niveaux. Construit surtout en belle pierre blanche de La Turbie, le trophée mesurait 50 m de haut (35 m aujourd'hui) et 38 m de long. Le soubassement carré portait un petit étage en retrait, puis une colonnade dorique circulaire, avec des niches abritant les statues des généraux ayant pris

part aux campagnes. Une face du soubassement portait une immense dédicace à Auguste et l'énumération des 44 peuples soumis. Elle a été reconstituée grâce à une citation de Pline. C'est la plus longue inscription lapidaire connue de l'Antiquité romaine. Une coupole conique à degrés servait de piédestal à une colossale statue d'Auguste, peut-être flanquée de deux captifs.

Dans le **musée**, plans, dessins, photos, film retracent l'histoire du Trophée et de sa restauration (maquette). Également des bornes milliaires, inscriptions, fragments du Trophée, moulages, documents sur les autres monuments romains en Europe.
Église St-Michel-Archange – Bel exemple de baroque niçois : façade légèrement concave à deux étages, clocher à coupole en tuiles vernissées et plan ellipsoïdal. À l'**intérieur★**, la nef et les chapelles, voûtées en berceau sur de hauts pilastres, sont couvertes de fresques et de stucs. Table de communion (17e s.) en onyx et agate, maître-autel en marbre polychrome provenant de l'abbaye de St-Pons près de Nice *(voir p. 361)*, où il servit, sous la Révolution, au culte de la Raison. L'église est décorée de nombreux tableaux, dont *Saint Marc écrivant l'Évangile* (attribué à Véronèse).
Après La Turbie, la Grande Corniche révèle de jolies **vues** sur le cap Ferrat, puis sur le village d'Èze. On atteint le point le plus élevé de la route (près de 550 m). Au lieu-dit Pical, la croix de pierre, à gauche, rappelle le passage du pape Pie VII de retour d'exil en 1814.

Col d'Èze

Alt. 512 m. **Vue** au nord sur les montagnes des hautes vallées de la Vésubie et du Var. À gauche, le mont Bastide fut un oppidum celto-ligure.
À la sortie du col d'Èze, direction Nice, prendre à droite la route sinueuse en montée signalisée « Astrorama » (2,5 km, passer une première barrière avant d'atteindre le parking).

Astrorama

Rte de la Revère - Parc de la Grande Corniche - Rte de la Revère - ✆ 04 93 85 85 58 - www.astrorama.net - animations et soirées thématiques en avr.-oct. : 19h-23h ; reste de l'année : 18h-22h - 11 € (-6 ans gratuit).
L'ancienne **batterie des Feuillerins**, élément du système défensif de Séré de Rivières, entre les forts de la Drète et de la Revère, abrite un centre d'initiation à l'observation astronomique. Épargné par la pollution lumineuse, l'endroit permet l'utilisation encadrée de matériels sophistiqués.
Après Astrorama, continuer jusqu'au parking du fort de la Revère.

★ Parc départemental de la Grande Corniche

Parkings sur les principaux points d'accès, au plateau de la Justice et au fort de la Revère.
Maison de la nature – *Fort de la Revère - ✆ 04 89 04 54 80 - 9h30-12h30, 13h30-17h - fermé lun.-mar.*
Les 660 ha du parc s'étendent sur les communes de La Trinité, Villefranche-sur-Mer, Èze et La Turbie. Superbe **panorama★★** sur la côte jusqu'à l'Italie et les cimes bleues ou blanches du Mercantour. Vous trouverez des plans du site à la Maison de la nature pour vous rendre à la **table d'orientation★** au sommet de la tour génoise, à l'aire d'observation ornithologique, au parcours santé ou vous promener au pied du fort de la Revère. L'ancienne route militaire stratégique de la **Forna★** surplombe le littoral sur d'imposants murs de soutènement, protégée par des parapets en pierre de taille caractéristiques de l'architecture militaire *(parcours spectaculaire accessible aux personnes à mobilité réduite).*
Trois **sentiers** à thème (historique, géologique et botanique) présentent les caractéristiques de ce site. On recense dans le parc 450 espèces de végétaux, dont certaines protégées au plan national (le caroubier, l'ophrys de Bertoloni, la lavatère maritime et la nivéole de Nice). L'avifaune y est aussi à son aise, grands rapaces profitant des courants ascendants du relief côtier, sangliers,

lapins, blaireaux, renards. C'est également l'un des seuls abris en Europe du lézard ocellé.
Revenir au col et à la M 2564.

Belvédère d'Èze

1200 m après le col, virage à droite, à hauteur d'une buvette : **vue★★** panoramique sur la Tête de Chien, Èze et la « mer d'Èze », le cap Ferrat, le mont Boron, le cap d'Antibes, les îles de Lérins, l'Esterel, le cap Roux et les Alpes françaises et italiennes.

Col des Quatre-Chemins

Alt. 327 m. Peu après le col, par l'échancrure de la vallée du Paillon, on découvre les Alpes. Depuis la route en forte descente, **vues★** sur les Préalpes, Nice et la colline du Château, le port, la baie des Anges, le cap d'Antibes, l'Esterel. De nuit, le paysage illuminé ajoute une note féerique.
On pénètre à Nice par l'est, av. des Diables-Bleus.

★★ Moyenne corniche CARTE CORNICHES DE LA RIVIERA

Circuit tracé en rose sur la carte p. 372-373 – 31 km de Nice à Menton.
La Moyenne Corniche a été construite à mi-pente de 1910 à 1928. C'est une belle et large route, moins sinueuse et plus courte que la Grande Corniche.
Quitter Nice à l'est par la pl. Max-Barel et la M 6007. Un parapet masque beaucoup de vues côté mer, mais des parkings sont prévus pour les admirer.
Au départ, le regard porte sur la ville, la colline de l'ancien château, le port et la baie des Anges ; à l'horizon, l'Esterel et les montagnes calcaires de Grasse.

Col de Villefranche

Alt. 149 m. Dans un coude de la route, peu après le col, vue sur la rade de Villefranche-sur-Mer et le cap Ferrat.
Juste avant un tunnel long de 180 m, **vue★★** sur Beaulieu, le cap Ferrat, Villefranche-sur-Mer, Nice et le cap d'Antibes. À la sortie apparaît le vieux village d'Èze, perché sur son rocher. Légèrement à droite, le promontoire massif de la Tête de Chien.
Après le tunnel, prendre à droite l'étroite M 34. Se garer à 2 km (plate-forme).
De la table d'orientation (alt. 731 m), **vue★★** du cap d'Ail jusqu'à l'Esterel.

★★ Èze *(voir p. 391)*

Au-delà d'Èze, la route contourne la Tête de Chien et offre de nouveaux horizons vers le cap Martin et Bordighera. En contrebas, la principauté de Monaco. À l'entrée de Monaco, la route de gauche (D 6007) contourne la Principauté : **vues★** sur Monaco, le cap Martin, la côte italienne, les montagnes du littoral.

Beausoleil

Bien que située en territoire français, la station ne forme avec Monte-Carlo qu'une seule agglomération. Véritable balcon sur la mer, elle étage maisons et rues en escaliers sur les pentes du mont des Mules.

★ Mont des Mules

30mn AR - sentier signalisé - accès par la D 53. Du sommet, beau **panorama★** (table d'orientation). Passant sous le belvédère du Vistaëro, la route rejoint à Cabbé la Corniche inférieure.

★★ Cap Martin *(voir p. 411)*

★★ Corniche inférieure CARTE CORNICHES DE LA RIVIERA

6

Circuit tracé en bordeaux sur la carte p. 372-373 – 33 km de Nice à Menton - environ 1h mais prévoyez la journée si vous souhaitez vous arrêter dans une ou deux stations.

Esquissés au 18e s. par un prince de Monaco, les travaux de la Basse Corniche furent inaugurés en 1857 par l'impératrice de Russie et achevés en 1881. Suivant les contours du littoral, au pied des pentes, la Corniche inférieure dessert toutes les stations de la Riviera.

Quitter Nice au sud-est par le bd Carnot (M 6098).

Contournant la base du mont Boron, la route révèle de jolies **vues★**, sur la baie des Anges, l'extrémité du cap Ferrat, la rade de Villefranche-sur-Mer, Èze et la Tête de Chien.

★ Villefranche-sur-Mer *(voir p. 380)*

★★ St-Jean-Cap-Ferrat *(voir p. 384)*

★ Beaulieu-sur-Mer *(voir p. 388)*

La route contourne le **cap Roux** : vues sur la « mer d'Èze » et le cap d'Ail.

Èze-Bord-de-Mer

Station abritée par de hautes falaises et le nid d'aigle d'Èze. La route serre la côte rocheuse ; vues sur le cap d'Ail.

Cap-d'Ail

87 bis av. du 3-Septembre - ☎ 04 93 78 02 33 - www.cap-dail.com.

C'est le **baron de Pauville**, magnat controversé de la Bourse, fondateur du *Petit Niçois* et amoureux du site, qui lui donnera, en 1879, un premier essor. Les ouvertures successives de la ligne de chemin de fer et de la route nationale à la fin du 19e s. prolongèrent son développement. La station balnéaire vit le jour en 1908, et les charmes d'un cadre de vie particulièrement favorisé perdurent.

Dominé par l'escarpement de la Tête de Chien (500 m), dont elle occupe les dernières pentes, le Cap-d'Ail étage jusqu'à la mer ses propriétés fleuries (parmi elles, plus de 70 villas début 20e s.), noyées de palmiers, cyprès et pins. Nombre de célébrités y résidèrent : Sacha Guitry (villa les Funambules), Greta Garbo (villa le Rock), les sœurs Carita (villa le Chien Bleu dite aussi « la cabane bambou »), les frères Lumière qui chacun y possédaient une résidence... Toute une belle époque ! Ses six parcs et jardins embaument de leurs effluves méditerranéens les rues du village (parc Sacha-Guitry, le jardin des Oliviers) et offrent de somptueux panoramas sur la mer et le petit port (le Balcon des Salines). La **pointe des douaniers**, tout droit surgie d'un site volcanique sauvage, attire les promeneurs par sa flore atypique et sa vue imprenable sur la grande bleue.

Côté baignades, la **plage Marquet**, proche du port, est accessible à tous. Les plages **Mala**, nichée dans la roche, et **Les Pissarelles**, bordée de rochers, malgré leur difficile accès attirent les amoureux de cadres exceptionnels.

Villa Les Camélias – *17 av. Raymond-Gramaglia - ☎ 04 93 98 36 57 - www.villalescamelias.com - ♿ - avr.-oct. : 9h30-12h30, 14h-18h, dim. 11h-18h - nov.-mars : 9h30-12h, 13h30-16h30, dim. 10h-16h - fermé lun. et sam. - 9 € (12-18 ans 5 €).* Entre histoire de la commune, collection d'œuvres du peintre basque Ramiro Arrue et le jardin luxuriant, la villa est une pause Belle Époque qui témoigne du passé des lieux.

★ **Sentier touristique du Cap-d'Ail** – *1h30 AR.* Long de 3,5 km, le sentier du littoral, doté d'une remarquable flore méditerranéenne et ponctué de panneaux explicatifs, longe le bord de mer de la plage Marquet à la plage Mala. Belles vues sur les jardins et les façades des villas Belle Époque. À l'horizon, Beaulieu, le cap Ferrat.

Vue de Saint-Jean-Cap-Ferrat.
M. Vachal/Allphoto-LBRF/age fotostock

★★★ **Principauté de Monaco** *(voir p. 394)*
Près de la plage de Cabbé, la route rejoint la Moyenne Corniche.

★★ **Cap Martin** *(voir p. 411)*

★★ Autour du mont Agel CARTE DE MICRORÉGION

Circuit tracé en bleu nuit sur la carte p. 330 – 80 km au départ de Nice - environ 1/2 journée. Quitter Nice au nord-est par la rte de Turin (M 2204) et à La Trinité tourner à droite sur la M 2204^A, direction « Laghet ».

Notre-Dame-de-Laghet B1

Son cadre sylvestre au charme italien est connu de nombreux pèlerins qui y viennent, de Nice ou d'Italie, célébrer la Vierge en mémoire de ses miracles de 1652. Dans l'église on ne peut plus baroque, la statue de la Madone de Laghet apparaît au maître-autel, dans sa robe de bois sculpté.
Musée – *Pl. du Sanctuaire - ✆ 04 93 41 50 50 - www.sanctuaire-laghet.cef.fr - ♿ - 7h-21h30 (lun. 20h30) - possibilité de visite guidée sur demande (30mn) - gratuit.* Là sont exposés les plus beaux **ex-voto**, par ailleurs innombrables dans le cloître et l'église.
Continuer sur la M 2204^A et la D 2564 jusqu'à La Turbie.

★ **La Turbie** *(voir p. 371)* B1
À la sortie du village, tourner à gauche sur la D 53, direction « Peille ». Continuer au-delà de St-Martin-de-Peille sur plusieurs kilomètres et prendre à droite la D 22, direction « Ste-Agnès ».
La petite route serpente au pied du **mont Agel** et offre de très belles vues sur Peille en contrebas, et sur l'ensemble du moyen pays, avec Berre-les-Alpes que l'on peut distinguer au loin. Au **col de la Madone** (927 m), on est déjà dans un paysage d'altitude, à quelques kilomètres à vol d'oiseau de la mer, que l'on voit au loin.

3h AR. Du col de la Madone, un sentier mène à la **cime de Baudon** (1266 m), qui offre un panorama époustouflant, à 360°.

★ Ste-Agnès B1

Connu pour être le plus haut village de littoral d'Europe, Ste-Agnès s'accroche sur une falaise de calcaire gris que le soleil couchant enflamme de superbes teintes roses. Petites rues étroites, voûtées, pavées de galets et bordées de boutiques d'artisans (rue Longue, rue des Comtes-Léotardi). Près du cimetière, un chemin mi-caillouteux, mi-maçonné conduit aux ruines du château : jardin médiéval, table d'orientation et vaste **panorama★★**.

Fort Maginot de Ste-Agnès – *Parking sud (à droite à l'entrée du village). Même en été, prévoir un vêtement chaud. Pl. du Fort - ☏ 04 93 35 84 58 - juil.-sept. : visites guidées mar.-dim. à 10h30, 14h30 et 16h ; reste de l'année : visites guidées w.-end à 14h30 et 16h - fermé de mi-déc. à déb. janv. - 6 € (-14 ans 3 €).* Dissimulé par le décrochement naturel des rochers, le fort fut construit de 1931 à 1938 pour renforcer le secteur alpin de la **ligne Maginot** et protéger les approches de la baie de Menton, au sud-est. Outre canons et mortiers, la visite, agrémentée d'animations et de scénographies, fait découvrir l'organisation de ce fort creusé profondément dans la falaise, ainsi que le quotidien spartiate de la garnison.

De la plate-forme en contrebas du fort, **vue★★** sur la côte de Bordighera au cap Martin ; à droite, le mont Agel.

Suivre la direction de Menton sur la D 22, prendre à droite la C 17, direction Gorbio et tourner encore à droite dans la D 23, étroite et tortueuse.

★ Gorbio B1

Le val de Gorbio, très fleuri, bordé d'oliviers, de pins et de luxueuses résidences, précède Gorbio, perché dans un **site★** rocheux et sauvage. Ruelles pavées de galets, fontaine Malaussène dans une rue voûtée et orme planté en 1713, sont à découvrir dans cette cité médiévale. En contournant l'église, beau **point de vue** sur la mer vers la pointe de Bordighera.

Prendre la D 50 jusqu'à la Grande Corniche (D 2564) et revenir jusqu'à Nice.

Carnet pratique

Agenda

À La Turbie

Soupe au pistou et retraite aux flambeaux – Le 13 juillet sur la place Neuve, à partir de 20h.

Les Musicales du Trophée – *www.musicalesdutrophee.fr.* En juillet. Concerts classiques en l'église Saint-Michel et au Trophée.

À Gorbio

La procession des limaces – Le jeudi qui suit le dimanche de la Fête-Dieu (juin), des coquilles d'escargot posées sur les fenêtres sont remplies d'huile et garnies d'une mèche allumée.

Nos adresses

Restauration

Budget moyen

Le Righi – *1 pl. du Fort - Ste-Agnès - ✆ 04 92 10 90 88 - www.restaurant-lerighi.fr - fermé merc. et mi-déc.-janv. - plats 13/20 €.* Une adresse conviviale pour goûter à la cuisine locale. Tout est bien travaillé, des tourtes maison à la succulente tarte au citron en passant par un fameux cochon de lait grillé au feu de bois… Vaste terrasse ménageant vue panoramique sur la côte.

Café de la Fontaine – *4 av. du Gén.-de-Gaulle - La Turbie - ✆ 04 93 28 52 79 - fermé jeu. - plats 15/24 €.* Pas de malentendu ici : cuisine du marché aux jolies nuances provençales, atmosphère très conviviale, ardoise savoureuse et généreuse pour ce café qui sert aussi bien des sandwichs aux ouvriers que du homard aux touristes.

Shopping

Champsoleil – *2 chemin de Sembola - La Trinité - ✆ 04 93 54 02 98 - www.champ-soleil.fr - vente à la ferme uniquement sur RDV.* Une exploitation qui travaille en agriculture biologique et dont les produits célèbrent le terroir méditerranéen : olives, huile d'olive et toutes sortes de condiments parmi lesquels tapenade, pistou, tomates séchées, etc.

Hébergement

Budget moyen

Hôtel Miramar – *126 av. du 3-Septembre - Cap-d'Ail - à 1,5 km de Monaco - ✆ 04 93 78 06 60 - www.miramarhotel.fr - 📶 - fermé de mi-déc. à mi-janv. - 25 ch. 116/136 € - ☕ 12 €.* Dans une petite localité balnéaire voisine de Monaco, hôtel familial dont la façade ne paie pas de mine mais dont les chambres, pas trop chères et plutôt agréables à vivre, offrent un niveau de confort très valable. Six d'entre elles, à l'arrière, s'agrémentent d'une terrasse avec vue sur mer.

Hôtel Napoléon – *7 av. de la Victoire - La Turbie - ✆ 04 93 51 62 66 - www.hotel-napoleon.com - 📶 🍴 - 24 ch. 105/135 € - ☕ 9 €.* Au centre de La Turbie, un petit hôtel aux chambres propres, sobres et fonctionnelles, à défaut de dégager beaucoup de charme. Pratique pour les familles. Service de restauration.

Une folie

Hostellerie Jérôme – *20 r. Comte-de-Cessole - La Turbie - ✆ 04 92 41 51 51 - www.hostellerie-jerome.com - 📶 - 3 ch. 180/220 € - ☕ en sus - 🍴 menu 139/185 €.* Une noble hostellerie mêlant caractère des vieilles pierres (celles d'un réfectoire cistercien du 13e s.), accueil délicat et chambres de charme. Sans oublier une savoureuse cuisine méditerranéenne, signée par un chef épris des produits de la région. Son épouse, autodidacte passionnée, a constitué une cave de plus de 35 000 bouteilles !

Villefranche-sur-Mer ★

La station balnéaire de Villefranche est connue pour sa rade, encadrée de pentes boisées, l'une des plus belles de la Méditerranée. En été, les bateaux de plaisance sont nombreux à mouiller dans la baie abritée entre la presqu'île du cap Ferrat et les hauteurs du mont Boron. Fondée au 13e s., la ville tient son nom des « franchises » commerciales accordées par le comte de Provence Charles II d'Anjou, neveu de Saint Louis. Avec ses couleurs, ses ruelles imbriquées et sa citadelle, ce joli port a gardé tout son charme.

Se repérer

4 992 Villefranchois – Alpes-Maritimes (06)

CARTE A2 (P. 330).

6 km à l'est de Nice par la Corniche inférieure *(voir « Corniches de la Riviera », p. 370)*. La rade est signalée par un phare et un sémaphore.

Organiser son temps

Prévoir 2h pour faire le tour de cette charmante cité.

Carnet pratique p. 383

Nos adresses p. 383

Découvrir

★ La vieille ville PLAN DE VILLE CI-CONTRE

La vieille ville s'ouvre sur le charmant port de pêche par un front de hautes façades colorées.

La **rue du Poilu** forme l'artère principale de ce bel enchevêtrement de ruelles, parfois en escalier ou voûtées, comme la curieuse **rue Obscure**, dont les fondations remontent au 13e s. ; elle longeait à l'origine les remparts médiévaux.

Villefranche-sur-Mer.
xbrchx/Getty Images Plus

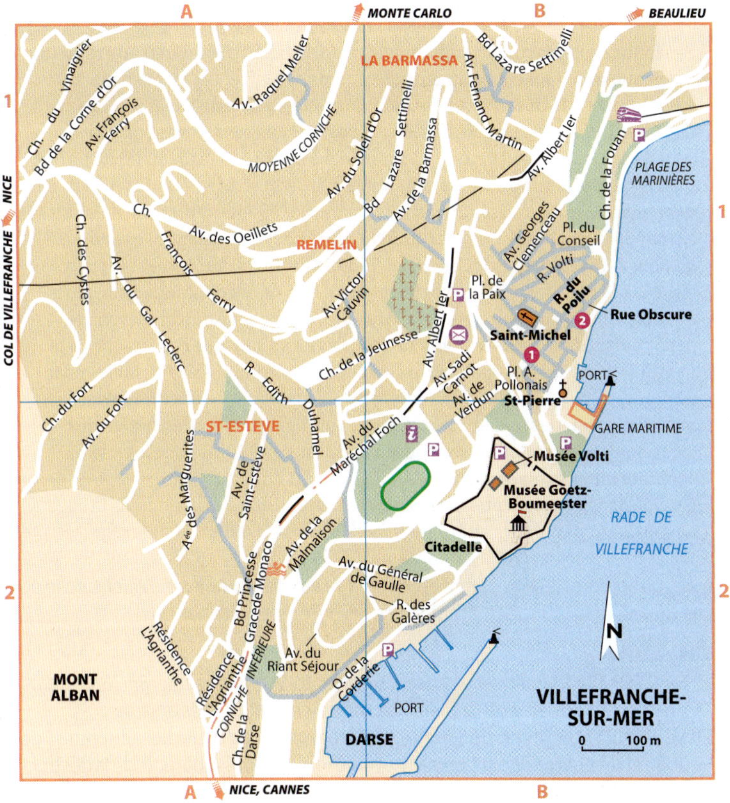

SE RESTAURER
La Grignotière 1
L'Oursin Bleu 2

Couverte sur 130 m, elle permettait aussi aux habitants de trouver en refuge en cas de bombardements.

Église St-Michel B1

Discrètement baroque, l'église St-Michel abrite des retables du 18e s. et des statues en bois polychrome du 16e s., saint Roch et son chien *(à gauche, contre un pilier)*, et un Christ gisant du 17e s., sculpté par un galérien dans un tronc de figuier, d'un réalisme impressionnant *(croisillon gauche)*. À la tribune, orgue typiquement français de 1790, œuvre des frères Grinda, facteurs niçois de grande réputation.

★ Chapelle St-Pierre B1

Quai de l'Am.-Courbet - ✆ 04 93 76 90 70 - - 9h30-12h30, 14h-18h - fermé lun.-mar. et de mi-nov. à mi-déc. - 3 € (-15 ans gratuit). **Jean Cocteau** (1889-1963), qui découvrit Villefranche dès 1924, décora la chapelle en 1957. De part et d'autre de la porte peinte intérieurement, les flammes des chandeliers de l'Apocalypse (traités en céramique) sont des yeux grands ouverts. Les fresques affirment la primauté du dessin, ample et précis, qui cerne des images figuratives et populaires : elles racontent la vie de saint Pierre, patron des pêcheurs, mais traitent

La rade de Villefranche

Ses fonds sous-marins atteignant jusqu'à 60 m ont attiré les bateaux romains avant que n'y relâchent bâtiments de guerre russes, yachts ou paquebots. « Port de toute la Côte d'Azur » selon P. Morand, la rade de Villefranche fut, du 14e au 18e s., le grand port de l'État savoyard puis sarde, avant que Nice n'ait le sien. La présence russe à Villefranche remonte à la fin du 18e s. et a fait preuve depuis d'une originale constance. L'intérêt stratégique du site n'avait pas échappé aux autorités maritimes russes de l'époque qui y mouillaient à chaque conflit avec l'Empire ottoman. Il leur devient essentiel quand, au lendemain de la guerre de Crimée en 1856, la flotte militaire russe est privée d'accès à la Méditerranée par le Bosphore : le roi de Sardaigne accepte alors de céder à la Russie le lazaret et la darse de Villefranche qui lui servent de dépôt à vivres et à combustibles. La rade devient alors le port d'attache de la noblesse impériale en villégiature sur la Côte, et ce, malgré le rattachement du comté de Nice. En 1893, une équipe de scientifiques de Kiev remplace les militaires pour des recherches océanographiques. Ces études, malgré les aléas politiques, se poursuivent jusqu'aux années 1930, lorsque les locaux sont repris par l'université de Paris qui y établit une station de zoologie marine de réputation internationale. De 1945 à 1962, c'est au tour de la base navale américaine de prendre ses quartiers dans la rade.

aussi de sujets profanes comme l'*Hommage aux demoiselles de Villefranche* ou *Les Gitans*. Un décor géométrique relie les différentes scènes.

Citadelle B2

✆ 04 93 01 73 68 - www.villefranche-sur-mer.fr - ♿ - juin.-sept. : 8h-18h30, dim. 15h-18h30 (17h30 reste de l'année) - fermé w.-ends et j. fériés en nov.
Élevée en 1557 par le duc de Savoie pour protéger la rade, elle fit l'admiration de Vauban et fut épargnée par Louis XIV avec le fort du mont Alban lors de la destruction des défenses du comté de Nice. Elle abrite l'hôtel de ville, l'ancienne **chapelle St-Elme**, qui accueille des expositions temporaires, un auditorium, un théâtre de verdure, trois musées *(voir ci-dessous)* et une salle-souvenir du 24e bataillon des chasseurs alpins (dernier corps d'armée ayant occupé les lieux).

★ **Musée Volti** – La grande cour de la citadelle et le dédale de casemates voûtées mettent admirablement en valeur les corps voluptueux d'**Antoniucci Volti** (1915-1989), sculpteur de Villefranche que l'on sent formé à l'art de Maillol. L'humour n'est pas exclu, comme dans les *Cavaliers du ciel*, véritables hommes-cheminées en cuivre martelé *(dans la cour)*. Mais Volti excelle surtout dans la représentation inlassable de la femme, dressée avec la suprême élégance des Parisiennes, couchée avec grâce *(Nikaïa)*, noblement assise *(Maternité de Cachan)* ou enroulée comme un œuf *(Lotus)*. Certaines des œuvres les plus récentes atteignent à une majesté monumentale *(La Reine, Minerve...)*. De très belles sanguines accompagnent, çà et là, les sculptures.

Musée Goetz-Boumeester – Le musée rassemble une centaine d'œuvres représentant cinquante ans de recherches picturales, du figuratif à l'abstrait, parmi lesquelles celles du peintre-graveur **Henri Goetz** (1909-1989), et de son épouse Christine Boumeester (1904-1971) qui donnèrent leur collection à la ville. Également des œuvres-souvenirs signées Picasso, Miró, Hartung, Picabia, etc.

Collection Roux – Figurines de céramique évoquant des scènes de la vie quotidienne au Moyen Âge et à la Renaissance, réalisées d'après des traités et ouvrages datant de cette époque.

Darse AB2
C'est l'ancien port militaire où se construisaient les galères et où embarquaient les forçats ; aujourd'hui y mouillent yachts et canots de plaisance.
Pour admirer la rade d'en haut, monter sur la colline superbement boisée des monts Alban et Boron *(voir p. 358)*.

Carnet pratique

S'informer

Office de tourisme – PLAN B2 - *Jardin François-Binon - ☎ 04 93 01 73 68 - www.tourisme-villefranche-sur-mer.com.*
Visite guidée – Visite de la citadelle et de la vieille ville sur demande à l'office de tourisme.

Se garer

Parkings payants tous les jours de la semaine, sauf jours fériés.

Agenda

Combat naval fleuri, défilé de pointus et bataille de fleurs – Lundi gras au port de la Santé.
La Crème Festival – *lacremefestival.com* - En juin, trois jours de festivités et de concerts autour de la Citadelle.

Nos adresses

PLAN P. 381

Restauration

Budget moyen
1 **La Grignotière** – B1 - *3 r. du Poilu - ☎ 04 93 76 79 83 - www.la-grignotiere-restaurant-villefranche-sur-mer.com - 15h-21h30 - plats 13/27, menu midi 21,50 €.* L'enseigne peut induire en erreur, les assiettes gargantuesques vous rassureront. On vient ici pour la qualité des produits, 100 % frais, et les portions généreuses..

Pour se faire plaisir
2 **L'Oursin Bleu** – B1 - *11 quai Courbet - ☎ 04 93 01 90 12 - www.restaurant-oursin- bleu.com - 12h-14h, 19h-22h - plats 25/40 €.* Aquarium, hublots, jeux d'eau, fresques et belle terrasse sur les quais, face au port : la mer célébrée dans le décor autant que dans l'assiette, fine et actuelle.

Hébergement

Budget moyen
Hôtel Patricia – HORS PLAN - *310 av. de l'Ange-Gardien - ☎ 04 93 01 06 70 - www.hotel-patricia.riviera.fr - P payant - 9 ch. 102/160 € - 12 €.* La voie ferrée passe tout près, mais cet hôtel affichant l'écolabel se trouve à 5mn de la plage. Les petites chambres sont aménagées avec goût. On préférera celles de l'étage, qui offrent une vue sur la mer. Bon accueil.
Hôtel St-Michel – HORS PLAN - *2000 av. Olivula - ☎ 04 93 01 80 42 - www.hotel-saint-michel.com - P - 20 ch. 100/130 € et 5 appart. (2-5 pers.) 220/350 € - 12 €.* Installé sur les hauteurs de la ville, cet hôtel bénéficie du calme paisible d'un quartier résidentiel. Grand jardin..

Saint-Jean-Cap-Ferrat ★

C'est une tête (sens du mot provençal « cap ») au corps ferrugineux (sens de « ferrum » ou « ferraria » en latin). Au-delà de l'étymologie, c'est la presqu'île la plus prestigieuse de la Côte, recouverte d'une splendide végétation et parsemée de luxueuses résidences, parmi lesquelles la ravissante villa Ephrussi. Masquées par les façades de ces maisons, les vues sur la côte se contemplent depuis le sentier du littoral, les rues de St-Jean et la pointe St-Hospice à l'est.

Se repérer

1319 Saint-Jeannois – Alpes-Maritimes (06)

CARTE DE RMICRORÉGION A2 (P. 330).

À 6 km Nice et 11 km Monaco, par la Corniche inférieure *(voir « Corniches de la Riviera », p. 370)*, le cap Ferrat semble une île, tant la route qui sépare le cap de la côte est étroite.

Organiser son temps

Compte tenu de l'étendue des richesses de Saint-Jean-Cap-Ferrat, une demi-journée ne sera pas de trop. Consacrez 2h à la villa Ephrussi et 3h à faire le tour du cap. Si vous manquez de temps cantonnez-vous au sentier touristique qui s'effectue en 1h.

En famille

La chasse au trésor à la villa Ephrussi-de-Rothschild ; le musée des Coquillages ; SOS Grand Bleu.

Carnet pratique p. 387

Nos adresses p. 387

Découvrir

★★ Villa Ephrussi-de-Rothschild A1

1 av. Ephrussi-de-Rothschild - 04 93 01 33 09 - www.villa-ephrussi.com - juil.-août : 10h-19h ; fév.-juin et sept.-oct. : 10h-18h ; reste de l'année : 14h-18h, w.-end et vac. scol. 10h-18h - 16 € (7-25 ans 12 €) - 45 € billet famille (2 adultes + 2 enf.).

Les 7-12 ans sont conviés à une chasse au trésor culturelle et remplissent un questionnaire. Et, pour les vainqueurs, un petit cadeau à la clé !

En été, la villa est exceptionnellement ouverte en nocturne les lundis et mardis pour un spectacle dans les jardins. Le restaurant est aussi ouvert et propose des paniers gourmands à emporter pour dîner dehors ou un repas à table.

Dans un **site★★★** incomparable, ce palais rose à l'italienne fut conçu par Béatrice Ephrussi de Rothschild, en 1905, pour abriter ses collections riches de plus de 5000 œuvres d'art. Elle légua sa villa en 1935 à l'Institut de France pour l'Académie des beaux-arts. Encadrée de neuf magnifiques jardins, la villa domine la mer depuis le sommet du Cap-Ferrat, dévoilant de part et d'autre les rades de Villefranche et de Beaulieu.

La visite audioguidée narre l'histoire de cette baronne hors norme à travers ses salons et appartements privés, où se côtoient porcelaines des manufactures royales de Sèvres, tapisseries des Gobelins, tableaux de maîtres et pièces de mobilier rares. Nombre des panneaux peints au 18e s. qui ornent les murs proviennent

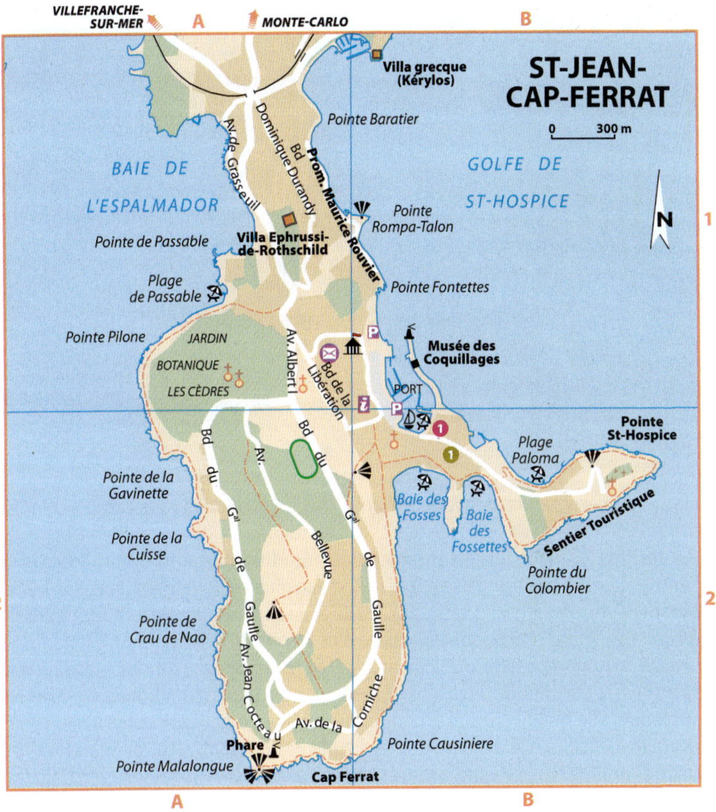

SE RESTAURER	SE LOGER
Capitaine Cook 1	Hôtel Brise Marine 1

d'hôtels particuliers parisiens détruits lors des travaux d'Haussmann. Les architectes ont dû sans cesse adapter leur construction aux dimensions des panneaux… et aux exigences de la dame. Celles-ci étaient telles que pas moins de 15 architectes se succédèrent en sept ans sur le chantier.

Dès l'entrée, un patio couvert, au parterre en mosaïques entouré de colonnes de marbre rose provenant d'un palais de Vérone, présente des meubles et des peintures du Moyen Âge et de la Renaissance, dont un retable du 15e s. (sainte Brigitte d'Irlande) et un tableau de Carpaccio (condottiere vénitien). De là se découvrent deux salons : Louis XVI avec son immense tapis de la Savonnerie du 18e s. et Louis XV avec ses tapisseries des Gobelins. La chambre de Mme Ephrussi, son cabinet de toilette et son boudoir nous invitent dans l'intimité de la baronne. Enfin, la salle à manger de Sèvres rassemble des porcelaines rares.

★★ **Musée Île-de-France** – Au premier étage, les exceptionnelles collections de porcelaine de Vincennes, de Sèvres et de Saxe ajoutent à l'éclat de l'ensemble. Le curieux « salon des Singes » évoque le thème animalier cher à la baronne Ephrussi avec un étonnant orchestre de primates en porcelaine de Meissen. Dans un curieux décor gothique, le salon d'art d'Extrême-Orient s'ouvre par deux vantaux de

Le jardin de la villa Ephrussi.
SurkovDimitri/Getty Images Plus

laque chinois : grands paravents en laque de Coromandel, vases et tapis chinois et, dans un cabinet annexe, costumes de mandarin.

★★ **Jardins** – 7 ha de jardins thématiques paradisiaques entourent la villa. Au centre, le **jardin à la française** et ses jeux d'eau musicaux mènent dans une belle perspective à un escalier d'eau, une rocaille et un petit temple de l'Amour, réplique de celui du Trianon. Étiré sur la partie la plus étroite du cap, ce jardin est comparable à un pont de navire, dont la proue serait le temple de l'Amour. Installée sur sa loggia, la baronne pouvait ainsi s'imaginer à bord du paquebot *Île-de-France* sur lequel elle fit une croisière mémorable au point d'en baptiser sa villa... pour parfaire l'illusion, elle exigeait des jardiniers qu'ils soient vêtus en matelots. En bas des grandes marches, le **jardin espagnol**, d'allure très andalouse, est fraîchement ombré d'arums, de papyrus, de grenadiers et de daturas. Plus loin, le **jardin florentin** est habité d'un gracieux éphèbe de marbre parmi les cyprès. Fontaines, chapiteaux, gargouilles et bas-reliefs (Moyen Âge et Renaissance) ornent un **jardin lapidaire** des plus romantiques. Auprès d'un délicieux **jardin japonais**, un **jardin exotique** offre sa végétation étonnante. Enfin, la **roseraie** rassemble une grande variété d'espèces de la fleur de prédilection de la baronne Ephrussi.

★ St-Jean-Cap-Ferrat B1-2

Cet ancien village de pêcheurs est devenu une station balnéaire et hivernale privilégiée, recherchée pour son calme. Quelques vieilles maisons entourent le **port**, largement aménagé pour la plaisance. Depuis la rue en escalier au sud du boulevard de la Libération, belle **vue**★ sur la montagne de la Tête de Chien, Èze, le mont Agel et les Alpes franco-italiennes au loin.

Musée des Coquillages – *Quai du Vieux-Port - ☎ 04 93 76 17 61 - www. saintjeancapferrat-tourisme.fr - ♿ - 9h-12h, 14h-16h30 (17h vend.)- fermé w.-end et j. fériés - gratuit.* Sympathique musée municipal où admirer en famille plus de 4 000 coquillages, venus de Méditerranée bien sûr, mais aussi de mers lointaines. La collection comprend notamment les spécimens marins de la Station de zoologie de Villefranche-sur-Mer, recueillis autour de Cap-Ferrat entre 1930 et 1960.

Promenade Maurice-Rouvier – *2,3 km - 1h AR - départ du port.* Cette belle promenade vous conduit à la baie de Beaulieu-sur-Mer *(voir p. 388)* avec vue sur Èze et la Tête de Chien. Entièrement goudronné, sans escalier, le parcours est accessible aux poussettes et aux personnes à mobilité réduite.

Pointe St-Hospice – La montée à la pointe St-Hospice, entre les propriétés, offre de jolies vues sur Beaulieu et la côte vers le cap d'Ail. Elle longe une tour, construite au 18e s. pour servir de prison, aboutit à la chapelle du 19e s. remplaçant un ancien oratoire qui était dédié à l'ermite niçois saint Hospice. Des abords de cette chapelle, on a une bonne **vue★** sur la côte et l'arrière-pays, de Beaulieu au cap Martin. *3 km - 1h AR.* Un **sentier★** fait le tour de la pointe St-Hospice, entre la **plage de la Paloma** et la baie des Fossettes.

Randonnée

★★ Tour du cap Ferrat

7 km - 1h30 - départ de la plage de Passable. Un sentier touristique le long du rivage permet de faire le tour du cap entre criques, falaises et végétation aux essences enivrantes. Du phare, **vue★** sur Nice et l'Esterel par temps clair. Quelques marches à franchir ici et là mais parcours très abordable.

Carnet pratique

S'informer

Office de tourisme – PLAN B1 - *5 av. Denis-Séméria - ✆ 04 93 76 08 90 - www.saintjeancapferrat-tourisme.fr.* Visites guidées et sorties en mer.

Se garer

Plusieurs parkings payants en ville dont place du Centenaire et plage du Passable.

Nos adresses

PLAN P. 385

Restauration

Budget moyen

1 **Capitaine Cook** – B2 - *11 av. Jean-Mermoz - ✆ 04 93 76 02 66 - fermé de mi-nov. à fin déc., merc.-jeu. - plats 19/39 €, menu 30/34 €.* Discrètement situé entre le port de plaisance et la plage de la Paloma, restaurant familial où l'on mange à touche-touche une cuisine traditionnelle privilégiant les produits de la mer.

Activités

Baignade - Plusieurs plages de galets : plages de Passable, de la Paloma, du Cro des Pins (près du port), des Fosses et Fossettes.

SOS Grand Bleu – *Quai Lindbergh - ✆ 04 93 76 17 61 - www.sosgrandbleu.asso.fr - avr.-nov. : à partir de 30 €.* Plusieurs types de sorties en mer pour observer notamment les cétacés du Sanctuaire Pelagos à bord d'un caïque magnifique.

Hébergement

Une folie

1 **Hôtel Brise Marine** – B2 - *58 av. Jean-Mermoz - ✆ 04 93 76 04 36 - www.hotel-brisemarine.com - fermé nov.-mars - - 16 ch. 219/224 € -2 nuits mini - 17 €.* Un beau jardin entoure cette jolie demeure bâtie en 1878. Les chambres, sobrement aménagées, ouvrent sur le cap, le golfe ou un petit patio. Agréable terrasse où l'on sert les petits-déjeuners.

6

Beaulieu-sur-Mer ★

Bien à l'abri au pied de sa ceinture de collines, cette station balnéaire est appréciée depuis l'Antiquité pour la douceur de son climat, l'un des plus chauds de la Côte d'Azur. Déjà appelé Bello Loco au 12e s., Beaulieu enchante par sa baie des Fourmis, verte et fleurie, et son boulevard Alsace-Lorraine, au cœur d'un quartier que sa végétation exotique a fait surnommer la « Petite Afrique ».

Se repérer

3 685 Berlugans - Alpes-Maritimes (06)

CARTE A2 (P. 330).

Situé 6 km à l'est de Nice, Beaulieu-sur-Mer, commune indépendante de Villefranche depuis 1891, s'aborde idéalement par la Corniche inférieure *(voir « Corniches de la Riviera », p. 370).*

À ne pas manquer

La villa grecque Kérylos ; le sentier du plateau St-Michel et la promenade Maurice-Rouvier.

Organiser son temps

Entre une halte obligatoire sur le sable blond, la visite de la villa Kérylos et une rapide balade dans le village, comptez 3h.

Carnet pratique p. 390

Nos adresses p. 390

Se promener

★ Promenade Maurice-Rouvier

2,3 km - 1h AR. Cette superbe promenade longe le rivage jusqu'à **St-Jean-Cap-Ferrat** *(voir p. 382)*, entre les villas et la mer. Belles vues sur la Riviera et la presqu'île de la pointe St-Hospice. Entièrement goudronné, sans escaliers, le parcours est accessible aux poussettes et aux personnes à mobilité réduite.

★★ Villa grecque Kérylos

Imp. Gustave-Eiffel - ✆ 04 93 01 01 44 - www.villakerylos.fr - mai-août : 10h-18h ; reste de l'année : 10h-17h - 11,50 € (-18 ans gratuit) - 14 € billet combiné avec le Trophée d'Auguste.

Dans un **site★** qui rappelle les rivages de la mer Égée, cette villa est un pastiche d'une maison de la Grèce antique, conçue par et pour un archéologue fou amoureux de cette civilisation, **Théodore Reinach**. Édifiée en 1902 par l'architecte Pontremoli, elle a été léguée en 1928 à l'Institut de France.

Les matériaux les plus précieux ont été utilisés : marbre de Carrare, albâtre, bois exotiques et citronnier. La villa est décorée, au détail près, d'éléments qui faisaient le confort grec, complétés discrètement de ceux qui faisaient, cette fois, le confort Belle Époque de son auteur qui ne dédaignait pas d'y évoluer revêtu d'une toge, et, peut-on supposer, en déclamant des tirades de ses auteurs préférés !

Des pièces authentiques, comme des mosaïques, amphores, vases, lampes, statuettes de Tanagra, côtoient des meubles en bois incrustés d'ivoire, de bronze et de cuir, réalisés d'après les illustrations des vases et des mosaïques anciennes. Les fresques sont des reproductions. Partout, les fenêtres offrent des vues merveilleuses sur la mer, la baie des Fourmis et le cap Ferrat, Èze et le cap d'Ail.

La villa grecque Kérylos par l'architecte Emmanuel Pontrémoli.
J.-P. Lescourret/hemis.fr

Dans les soubassements de la villa, sur trois côtés, a été aménagée une **galerie des Antiques** ouvrant directement sur les flots. Vous y retrouverez l'Apollon du Belvédère et la Vénus de Milo... Des copies certes, mais qui, dans ce cadre, ont un charme fou.

Randonnée

★★ Sentier du plateau St-Michel

Environ 2h AR - forte montée. Au nord du boulevard Édouard-VII, le sentier gravit l'escarpement de la Riviera jusqu'au plateau St-Michel *(voir p. 358)* où, à la table d'orientation, une très belle **vue** vous attend, de la pointe du cap d'Ail à l'Esterel.

Quand on aime, on ne compte pas...

L'hiver à Beaulieu, oasis de calme et de douceur, fut déjà fort apprécié par Gustave Eiffel ou l'Américain **Gordon Bennett**. Ce dernier, grand patron de presse américain, découvrit en 1891 le petit port, alors dépourvu d'embarcadère. Il proposa d'en financer un, mais les pêcheurs du cru refusèrent. À défaut, la **route en corniche** reliant Beaulieu à Villefranche fut tracée à ses frais. Elle porte aujourd'hui son nom. Les personnalités qui s'attachèrent à Beaulieu sont à l'origine de **belles demeures** encore visibles aujourd'hui : le kiosque à musique Marinoni, le Casino, la Rotonde, le Bristol, la villa grecque Kérylos et le palais des Anglais.

Carnet pratique

S'informer

Office de tourisme – *Pl. Georges-Clemenceau - ✆ 04 93 01 02 21 - www.otbeaulieusurmer.com.*

Se garer

Les parkings les plus commodes sont en direction du port de plaisance, derrière l'hôtel de ville. Et pour aborder la promenade Maurice-Rouvier, il est conseillé de laisser sa voiture le long de l'avenue Blundell-Maple.

Agenda

Les Nuits Guitares – *www.lesnuitsguitares.com.* Fin juillet. Concerts dans les jardins de l'Oliveraie.

Beaulieu Festival Classic – *www.beaulieuclassicfestival.com.* Mi-septembre. Festival de musique classique qui accueille des concertistes renommés dans diverses salles et églises de la ville.

Nos adresses

Restauration

Budget moyen

La Maison de Beaulieu – *Au port de plaisance - ✆ 04 93 01 06 50 - www.restaurant-la-maison-de-beaulieu.com - tlj 11h-23h - plats 17/29 €.* Cuisine vouée à la Méditerranée : poissons, salades rafraîchissantes, mais aussi filet de bœuf et magret de canard. Le tout servi dans une salle à manger-véranda lumineuse de style baroque ou sur la terrasse face au port de plaisance.

Activités

Baignade – Petites plages bien protégées des vents : plage de la baie des Fourmis et plage de la Petite Afrique.

Hébergement

Budget moyen

Hôtel Le Sélect – *1 r. André-Cane - ✆ 04 93 01 05 42 - www.hotelselect-beaulieu.com - wifi - fermé janv. - 19 ch. 97/112 €.* Un bel immeuble ancien abrite cet hôtel moderne. Chambres impeccables, doubles vitrages et climatisation.

Le village d'Èze.
Faabi/Getty Images Plus

Èze ★★

Accroché sur un piton rocheux surplombant la mer (429 m), ce village fait littéralement corps avec la montagne. Malgré la robustesse de sa forteresse médiévale, Èze n'a pas résisté au tourisme qui remplace dorénavant la culture de l'œillet et de la mandarine !

Se repérer

2 150 Ézasques – Alpes-Maritimes (06)

CARTE B2 (P. 330).

Entre Nice, à 11 km, et Monaco, à 7 km, vous y accéderez par la Moyenne Corniche *(voir « Corniches de la Riviera », p. 370)*.

À ne pas manquer

Le point de vue sur la mer et les îles, depuis le jardin exotique.

Organiser son temps

Une heure suffit pour flâner dans le vieil Èze.

Carnet pratique p. 393

Nos adresses p. 393

Se promener

PLAN DE VILLE P. 392

★ Le vieux village

Une double porte fortifiée du 14e s. avec mâchicoulis et chemin de ronde vous introduit d'emblée dans une ambiance moyenâgeuse où maisons et roche se confondent dans une même couleur de pierre ancienne. Les venelles étroites, couvertes de voûtes ou coupées d'escaliers, abritent des maisons bien restaurées, animées de feuillage et de fleurs quand ce ne sont pas de boutiques d'artisanat

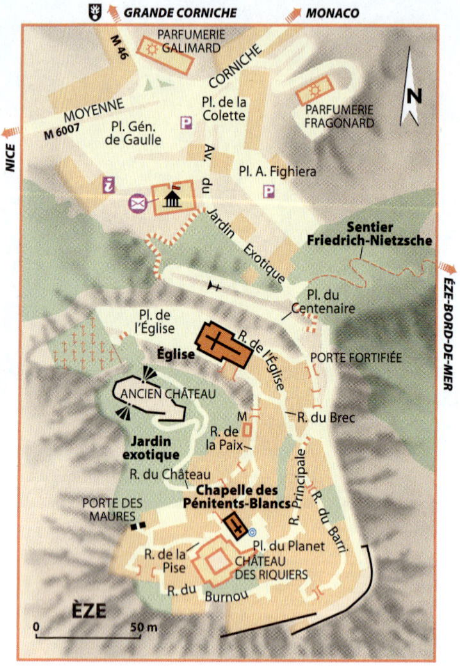

ou de souvenirs. De belles échappées lumineuses éclairent la montagne ou la mer.

Église

Reconstruite au 18e s., elle présente une façade classique et un clocher carré à deux étages. L'intérieur, de style baroque, renferme une remarquable statue de l'Assomption (18e s.), attribuée à Muerto, et des fonts baptismaux armoriés.

Chapelle des Pénitents-Blancs

D'un extérieur modeste avec ses panneaux émaillés, cet édifice du 14e s. est richement décoré. À l'intérieur, une *Crucifixion* attribuée à l'atelier de Ludovic Brea et un curieux crucifix catalan de 1258 à la tête droite et souriante. Ce crucifix est entouré d'un ciborium du 16e s. en acajou et d'une *Madone des forêts* du 14e s., ainsi appelée car Jésus tient une pomme de pin dans sa main. Sur un pilastre de la tribune, crucifix en bois du 16e s.

Jardin exotique d'Èze

R. du Château - ✆ 04 93 41 10 30 - www.jardinexotique-eze.fr - juil.-sept. : 9h-19h30 ; avr.-mai, juin et oct. : 9h-18h30 ; reste de l'année : 9h-16h30 - fermé 1 sem. av. Noël - 6 € (-17 ans 3,50 €) - 18 € billet combiné avec la villa Ephrussi-de-Rothschild.

Il propose d'abord le plus beau **panorama★★★** qui soit, sur la mer, la Riviera et même la Corse, depuis sa terrasse couronnée des vestiges du château (table d'orientation). C'est aussi un éden luxuriant de plantes succulentes que vous découvrirez en parcourant un lacis d'allées d'où surgissent 15 sculptures de femmes de Jean-Philippe Richard. Miroirs d'eau, petite cascade et brumisateurs ajoutent un brin de fraîcheur. Piquez-y donc votre curiosité !

★ Sentier Friedrich-Nietzsche

45mn en descendant (1h30 en remontant, 400 m de dénivelé, ou retour en bus 83).

L'office de tourisme organise en été des promenades théâtralisées gratuites (voir le site Internet).

Inspiré par Èze, Nietzsche y écrivit une partie du lyrique *Ainsi parlait Zarathoustra* et laissa son nom à ce sentier qui conduit, entre pins et oliviers, à la station d'**Èze-Bord-de-Mer** où se trouvent la gare et la plage.

Carnet pratique

S'informer

Office de tourisme – *Pl. du Gén.-de-Gaulle - 04 93 41 26 00 - www.eze-tourisme.com.* Visites guidées.

Se garer

Deux parkings où on laisse la voiture avant de grimper. Celui de la place Fighiera est gratuit, mais souvent complet... En saison, venir tôt le matin.

Nos adresses

Shopping

Parfumeries

Parfumerie Fragonard – *158 av. de Verdun - 04 93 41 05 05 - www.fragonard.com - - visite guidée (30mn) 9h30-17h30.*

Parfumerie Galimard – *Pl. du Gén.-de-Gaulle - 04 93 41 10 70 - www.galimard.com - - visites guidées 45mn - à partir de 9h - gratuit.*

Hébergement

Une folie

Hôtel de l'Hermitage du Col d'Èze – HORS PLAN - *1951 av. des Diables Bleus - 04 93 41 00 68 - www.ezehermitage.com - - 24 ch. à partir de 165 € .*
Cet hôtel jouit d'un point de vue agréable, d'un côté sur l mer, de l'autre sur les Alpes du Sud. Petites chambres correctement équipées; salle à manger provençale. Jardin, terrasses et piscine.

Principauté de Monaco ★★★

Monaco exerce un pouvoir de fascination inversement proportionnel à sa très modeste taille, incarné notamment par sa famille princière, ses palaces et ses casinos rococo… Mais au-delà des clichés, si Monaco séduit, c'est parce qu'elle se réinvente, tout en restant fidèle aux éléments qui constituent son ADN. Havre pour milliardaires et symbole du luxe certes, mais aussi pôle économique, ville de tourisme d'affaires, d'évènements sportifs et culturels prestigieux. L'exiguïté même de son territoire est un défi à son dynamisme et son développement qu'elle a su surmonter. Laboratoire d'architecture et d'urbanisme, Monaco tente de conjuguer modernité, art de vivre et environnement… toujours avec glamour. Le territoire compte notamment 20 % d'espaces verts.

Se repérer

39150 habitants

CARTE B1-2 (P. 330).

L'État souverain sur ses 2,2 km^2 comprend : Monaco-Ville (« le Rocher », vieille ville) et Monte-Carlo (ville créée en 1860), réunis par la Condamine (le port), Fontvieille à l'ouest (l'industrie en site propre et quartier résidentiel) et le Larvotto à l'est (la plage). Visitez la ville à pied, en bus ou à vélo électrique… car y circuler en voiture et se garer n'est pas forcément évident. Pour visiter la vieille ville et le palais princier, suivre « Palais - Vieille ville » et entrez dans le parking du « chemin des pêcheurs ».

À ne pas manquer

Le Musée océanographique ; les grands appartements du Palais ; les jardins exotique et japonais. Les remparts de la vieille ville vous offriront un autre visage de la Principauté.

Organiser son temps

Pour profiter du Rocher sans vous presser, votre visite mérite au minimum deux jours.

En famille

Le Musée océanographique ; la relève de la garde place du Palais ; la collection de voitures anciennes ; le Jardin animalier ; les plages du Larvotto ; le petit train Monaco Tours.

Carnet pratique p. 406

Nos adresses p. 407

Se promener

PLAN DE VILLE

★★ Monaco-Ville (Le rocher de Monaco)

Circuit tracé sur le plan p. 402-403. Ascenseur au parking « Chemin des Pêcheurs ».

Le promontoire, couronné des **remparts** de la vieille ville et surplombant la mer, se dresse tel un décor de théâtre, avec de jolies maisons des 16e-18e s. d'un impeccable rose saumon, serrées dans un lacis de ruelles engageantes. Des policiers souriants mais fermes veillent à votre bon plaisir autant qu'à la tranquillité publique à tous les coins de rue.

★★ Musée océanographique C3

Av. St-Martin - ✆ (00377) 93 15 36 00 - www.oceano.org - ♿ - janv.-mars : 10h-18h ; juil.-août : 9h30-20h ; sept. : 10h-19h ; reste de l'année : 10h-18h - fermé w.-end du Grand Prix de Formule 1 - 18 € (4-17 ans 12 €) - 23,50 € billet combiné avec la collection de voitures du Prince de Monaco.

Les enfants sont comme des poissons dans l'eau dans ce musée. Outre l'impressionnant aquarium, ils apprécient particulièrement le **bassin tactile** *(38 € forfait famille, 6 pers. max)* mais aussi l'Escape Game qui les fait embarquer pour une mission à bord d'une des navires d'Albert Ier. Quant à l'**île aux tortues**, à côté d'un parc de jeux pour petits pirates, elle est incontournable car elle se situe sur la terrasse : à 85 m au-dessus des flots, tout le monde s'extasie devant le **panorama★★**, de l'Esterel à la Riviera italienne, et sur la Principauté.

Créé en 1910 par le **prince Albert Ier**, grand explorateur des océans et également à l'origine de la fondation de la Maison de l'océan à Paris, le Musée océanographique propose une plongée éblouissante sous les mers dans un impressionnant bâtiment à la gloire du monde marin, construit à flanc de rocher. Tout à sa passion, le trisaïeul de SAS le prince Albert II de Monaco mena 28 campagnes océanographiques de 1885 à 1915. Celui qu'on avait surnommé le « Prince des mers » fut notamment le premier à découvrir les créatures abyssales... dans l'estomac d'un cachalot. Dirigé de 1957 à 1988 par le commandant Jacques-Yves Cousteau, le musée n'a cessé depuis sa fondation d'être un lieu d'innovation, à la pointe de la médiation environnementale.

L'Aquarium★★, au sous-sol, est l'un des plus remarquables au monde avec 6 000 spécimens évoluant dans leur milieu naturel fidèlement reconstitué. Dans le **Lagon aux requins★**, aquarium géant de 6 m de profondeur, cohabitent autour d'un récif corallien bien vivant des requins, une tortue, des murènes et une raie guitare. Sans palmes ni bouteilles, dans un demi-jour abyssal, vous voici comme immergé au cœur d'une vie foisonnante : en haut, le feu d'artifice de centaines d'espèces tropicales ; en bas, le frisson des grands prédateurs. L'observation des **mers chaudes** se poursuit par une succession de petits aquariums, peuplés d'espèces plus colorées que des joyaux, parées de nageoires en dentelle... Admirez le barbier-mauve, les poissons-clowns cachés dans les anémones, les palpitations de la méduse-cassiopée et quelques espèces dangereuses qui mordent, piquent, coupent ou empoisonnent. La section **méditerranéenne** dévoile les trésors insoupçonnés de la Grande Bleue. On croit connaître les rougets, pageots, sars, dorades, dentis, loups, mulets, homards et crustacés qui atterrissent dans nos assiettes, mais la visite devient passionnante si l'on prend le temps de lire les cartouches qui nous parlent de protection de l'environnement et des intrigues sous-marines, comme ces poissons qui changent de sexe au cours de leur vie. Un passage permet d'accéder à l'extérieur à **L'Odyssée des tortues marines**, bassin extérieur où les tortues réhabilitées font un dernier séjour avant de retrouver la liberté.

La **partie muséale★** se révèle au premier étage à travers les actions menées par les trois derniers princes de Monaco. On découvre de nombreux objets personnels ayant appartenu à Albert Ier, dont on peut entendre, émouvante, la voix numérisée, ou encore visiter le laboratoire qu'il avait installé à bord de son navire « Hirondelle ». Dans la partie consacrée à Rainier III, on traverse un tunnel immersif pour apprendre quel type de faune vit dans les différentes profondeurs marines. Albert II est pour sa part, urgence oblige, porté sur les aspects de protection des mers : lutte contre le plastique, espèces en danger, pêche responsable... Retrouvez le Cabinet de curiosités réalisé par l'artiste Mark Dion, le plus grand du monde en son genre, qui a plongé dans les réserves pour installer cette œuvre géante,

Océanomania, alliance des sciences naturelles et de l'art. Incontournable, la **Tortue de Bushnell**, tout premier sous-marin conçu par un Américain en 1774, vous ouvre ses portes un peu plus loin. Enfin, tous les deux ans, une grande exposition thématique prend possession du Musée océanographique : depuis le mois de juin 2022, partez en « Mission polaire » à travers 5 espaces thématiques à la découverte de l'Arctique et de l'Antarctique, dont une salle immersive offre près de 650 m² de projection.
Suivre l'av. St-Martin sur la gauche, en direction de la cathédrale.

★ Jardins St-Martin BC3

La végétation méditerranéenne sème ses effluves au travers des allées ombragées, offrant de belles échappées sur la mer. On y rencontre la statue en bronze d'Albert Ier (par François Cogné, 1951).

Cathédrale C3

Édifiée de 1875 à 1911, dans un style roman-byzantin alors en vogue, elle vaut surtout pour son bel ensemble de **primitifs niçois★★**. Remarquez trois retables des Brea : le **retable de Saint Nicolas**, par Louis Brea, comprend 18 compartiments, aux couleurs rutilantes, qui entourent saint Nicolas sur son trône épiscopal. Les personnages sont, pour la plupart, nommés : en bas à gauche, sainte Dévote, patronne de Monaco ; à droite, l'admirable sainte Madeleine ; en haut à droite, sainte Anne portant curieusement la Vierge enfant et Jésus. Sur le retable dit **Pietà du curé Teste** (du nom du donateur, 1505), par Louis Brea encore, se distingue le paysage de Monaco. Enfin, vous regarderez le retable des Pénitents blancs par François Brea (1530).
Trois autres panneaux de l'école ligure du 16e s. retiennent l'attention dans le déambulatoire : saint Roch, saint Antoine et le Rosaire.
Le maître-autel est en marbre blanc incrusté de mosaïques et de cuivre. Dans la chapelle, bel autel de style Renaissance espagnole (1662).
Longer la cathédrale à gauche par la rue de l'Église. Tourner à droite dans la rue Émile-de-Loth et poursuivre jusqu'à la place de la Mairie, à gauche.

Chapelle de la Miséricorde C2

Édifiée de 1639 à 1646 par la confrérie des Pénitents noirs dans le style baroque. Remarquez l'autel de marbre polychrome et sa Vierge (18e s.), les statues de saint Honoré et de sainte Dévote. Son beau **Christ gisant** *(niche de droite)*, du Monégasque Bosio, est porté solennellement le Vendredi saint dans les rues de la vieille ville.
En sortant, prendre à droite la rue Basse.

★ Place du Palais BC2-3

Sur la place, une rangée de canons des 17e-18e s., avec quelques boulets, semblent protéger le palais princier dont la façade fait penser à un château de carton-pâte tant les créneaux semblent trop beaux pour être vrais. Le nord-est de la place, délimité par un parapet offre une **vue** étendue sur le port et la Condamine, le plateau de Monte-Carlo et la pointe de Bordighera en Italie. Sur le côté sud-ouest, la promenade Ste-Barbe, au-dessus du port de Fontvieille, donne sur le cap d'Ail.
Ne manquez pas le spectacle de la **relève de la garde**, vêtue de noir en hiver et de blanc en été, réglée comme du papier à musique *(tlj 11h55 précises)*.

★ Palais princier B2-3

✆ (00 377) 93 25 18 31 - www.visitepalaisdemonaco.com - juil.-août : 10h-18h15 ; sept.-mi-oct. : 10h-17h15 - fermé mi-oct.-juin - 10 € (6-17 ans 5 €).

Du haut de son rocher, Monaco domine la mer.
OSTILL/Getty Images Plus

Construit sur l'ancienne forteresse génoise du 13e s. soudée au rocher à pic, ce somptueux palais (du moins à l'intérieur), précédé d'un portail aux armes des Grimaldi, date des 16e-17e s. De la galerie d'Hercule, entièrement décorée de fresques anciennes, on admire la très belle **cour d'honneur** ornée de 3 millions de galets ; le marbre blanc habille l'escalier à double révolution. La galerie des Glaces mène aux grands appartements, meublés précieusement, au salon Bleu et à la salle du trône au plafond peint attribué à Orazio Ferrari (17e s.), où ont lieu les réceptions officielles. Au passage, d'intéressants portraits signés Rigaud, Champaigne, J.-B. Van Loo.

Rampe Major BC2

Passer sous la voûte, à droite du palais. Sous de vieilles portes datant des 16e, 17e et 18e s., elle descend vers la **place d'Armes** de la Condamine, où se tient un marché tous les matins. Belle vue sur le port et la Tête de Chien.
En bas de la rampe, prendre à droite l'av. du Port qui conduit au quartier de La Condamine.

La Condamine

Ce terme désignait, au Moyen Âge, les terres du seigneur cultivées à son profit exclusif au pied d'un village ou d'un château. C'est maintenant le **quartier commerçant** entre Monaco-Ville et Monte-Carlo.

Port Hercule C2

Après les vaisseaux phéniciens, massaliotes, romains et génois, les yachts les plus luxueux s'amarrent dans l'ancienne baie d'Hercule, aménagée en port par le prince Albert Ier. Le très exclusif **Yacht-Club** de Monaco y a son siège sur le quai Louis-II dans un bâtiment de l'architecte Norman Foster, aussi effilé que les liners du début du 20e s. Il rassemble les plus prestigieux yachts privés au monde et 1200 membres triés sur le volet, obéissant à un *dress code* réglementé selon la saison et l'heure de la journée. Admirez le navire amiral du YCM, *Tuiga*, un côtre aurique de 28 m construit en 1909 en Écosse.

Brève histoire de Monaco

Les Grimaldi

Habité dès la préhistoire, fondation phénicienne, phocéenne puis romaine, c'est avec la dynastie des Grimaldi que Monaco naît dans l'histoire. Cette famille compte de nombreuses branches : à Antibes, à Cagnes et à Beuil, à Gênes et à Naples. En 1330, 96 chefs de famille mâles sont recensés. Dans le cadre de la lutte des Guelfes contre les Gibelins, **François Grimaldi**, expulsé de Gênes, s'empare de Monaco en 1297, déguisé en moine ainsi que ses hommes (d'où les deux moines armés qui figurent sur le blason des Grimaldi), sans pouvoir s'y maintenir. Le véritable fondateur de la dynastie est **Charles dit Ier** (1331-1357) qui s'installe à Monaco en 1331. Mais l'agitation se poursuit : au 16e s., Jean II est tué par son frère Lucien ; celui-ci est à son tour assassiné par son neveu Barthélemy Doria. En 1604, le corps d'Hercule Ier est jeté à la mer par ses sujets. Monaco passe de main en main : protectorat espagnol (1524-1641), protection française (1641-1793), protectorat de la Sardaigne (1815-1861), et retour sous protection de la France. Menton et Roquebrune, qui appartiennent en propre aux Grimaldi, sont cédés par traité à la France en 1861, sous Napoléon III. Depuis le décès de Rainier III (1923-2005), son fils, Albert II, règne sur la Principauté.

Monte-Carlo

En 1856, le prince de Monaco **Charles III** autorise l'ouverture d'une maison de jeux afin de se créer des ressources. Celle-ci s'installe chichement sur le rocher de Monaco, unique ville de la Principauté. En 1862, une autre bâtisse est élevée sur l'ancien plateau des Spélugues ou Monte-Carlo. Sans grand succès. Quand **François Blanc**, le directeur du casino de Bad Homburg (ville d'eaux de la Hesse) en devient concessionnaire, la notoriété s'installe et le plateau se couvre de constructions somptueuses ; la fameuse **Société des bains de mer** (SBM), créée en 1863, en est en grande partie propriétaire. Toute l'aristocratie d'Europe en villégiature défile dans les palaces, le casino et l'opéra de Monte-Carlo. En 1933, autorisation est donnée en France et en l'Italie d'ouvrir des casinos, Monaco perd son monopole mais pas son aura. La Principauté trouve d'autres ressorts pour attirer les riches oisifs d'Europe, notamment le sport automobile. Dès 1898, les premières voitures sans chevaux défilent dans des concours d'élégance, avant la création en 1911 du prestigieux **rallye de Monte-Carlo**. Depuis 1929, le **Grand Prix de Monaco** est l'une des épreuves les plus célèbres du championnat du monde de Formule 1 avec sa spectaculaire « course dans la cité ».

Une économie florissante

Attirant sur son sol de nombreuses sociétés étrangères en quête de privilèges fiscaux, le petit État s'appuie sur le tourisme d'affaires, croissant depuis la construction du centre de congrès (Grimaldi Forum). La capacité hôtelière a été augmentée de 34 % depuis le début des années 2000. Monaco mène aussi une politique active de programmation d'événements sportifs et culturels pour susciter l'intérêt des visiteurs déjà avivé par la curiosité envers une famille princière très médiatisée. La Principauté constitue un bassin d'emploi de 42 000 salariés pour Monaco et les communes françaises voisines (industries de transformation, secteur tertiaire, commerce, surtout à Fontvieille).

Le port de Fontvieille.
alxpin/Getty Images Plus

Un urbanisme audacieux

L'exiguïté du territoire monégasque (150 ha sur 3 km de long) se prêtait mal à l'explosion économique du milieu des années 1960, d'où les premiers grands projets d'urbanisme. Les tours ont poussé anarchiquement sous le règne de Rainier, surnommé le « prince bâtisseur ». Jusqu'à la fin des années 1970, une dizaine d'immeubles de grande hauteur (IGH), supérieurs à 30 étages, ont vu le jour et consacré le paysage vertical « américain », traduction architecturale du développement économique monégasque. Monaco n'a de cesse de se construire... jusqu'à occuper tout l'espace disponible. Qu'à cela ne tienne ! On décide de remblayer la mer : près de 25 % du territoire actuel ont été gagnés sur l'eau, au Larvotto ou à Fontvieille. Dans les années 1980, une autre option est choisie pour satisfaire l'extension des besoins résidentiels et de services : le développement immobilier de la ville s'effectue... dans ses sous-sols ! Les nouveaux accès routiers directs sont reliés au réseau français par de profonds tunnels. Les communications entre chaque quartier sont facilitées par des batteries d'ascenseurs automatiques ou d'escalators. Les façades de certains fastueux hôtels de Monte-Carlo dissimulent des rampes d'accès à de vastes parkings publics s'enfonçant dans le roc.
À l'aube du 21e s., toujours à l'étroit dans ses habits princiers, Monaco décide de relancer la construction d'une presqu'île de 5 à 6 ha, au niveau du Grimaldi Forum, le nouveau éco-quartier de Mareterra, n'excluant pas d'autres projets d'extension en mer, malgré les coûts faramineux de ce type d'opération. Albert II, qui met son image et sa célébrité au service des causes environnementales depuis de nombreuses années, promet un chantier et un résultat écologiques. La Principauté se fait le héraut de l'architecture à haute qualité environnementale. Les constructions de l'ère de Rainier sont aujourd'hui détruites pour laisser place à des immeubles plus « verts » et plus hauts, telle la tour Odéon, premier gratte-ciel de la Principauté (fin 2014), qui culmine à 170 m sur 49 étages. Afin de séduire investisseurs et millionnaires, Monaco joue aussi la carte des grands noms de l'architecture : Norman Foster a signé le club-house du Yacht-Club et Richard Rogers s'est vu confier la réalisation de nouveaux immeubles sur la place du Casino.

Le vallon qui sépare la Condamine de Monte-Carlo abrite, sous un viaduc, l'église Ste-Dévote.
Pour y accéder, longer le quai puis emprunter le passage souterrain.

Église Ste-Dévote C1-2

Elle remplace depuis 1870 une très ancienne chapelle dédiée à sainte Dévote, construite sur le lieu de sa sépulture. À l'intérieur, bel autel de marbre, tableaux du 18e s. et la châsse des saintes reliques. **Claude Gautier**, peintre monégasque, a fait don de deux tableaux sur le martyre de la sainte, patronne de la Principauté, où la religion catholique est religion d'État.

★ Collection des voitures anciennes de SAS le Prince de Monaco C2

54 route de la Piscine - ✆ (00 377) 92 05 28 56 - www.mtcc.mc - ♿ - 10h-18h - 10 € (6-17 ans 5 €). Amateur et fin connaisseur en matière de belles cylindrées, le Prince Rainier III a constitué pendant plus de quarante ans une collection, oeuvre aujourd'hui poursuivie par son fils Albert II. Selon ses propres termes, il n'a pas voulu constituer « un musée d'automobiles mais une collection personnelle de voitures anciennes de tous âges et de tous pays. Populaires ou de prestige, elles ont marqué leur époque et elles m'ont plu ». On y découvrira sur deux niveaux quelque 70 véhicules, parmi lesquels les plus personnels de la famille princière : la Rolls-Royce Silver Cloud offerte par les commerçants monégasques au prince Rainier pour son mariage en 1956, et le taxi londonien Austin 1952, aménagé pour la princesse Grace. L'histoire de l'automobile est retracée par les véhicules à chenillettes Citroën de la Croisière jaune, des tractions avant, plusieurs Rolls Royce et de « belles italiennes », dont une Lamborghini Countach 5000 de 1986 aux lignes futuristes. Tradition oblige, les voitures de course qui ont marqué le Rallye de Monte-Carlo et les F1 du Grand Prix de Monaco figurent en bonne place dans l'exposition.

★★★ Monte-Carlo

Ce nom, célèbre dans le monde entier, évoque le jeu, les caprices de la fortune, le rallye automobile, le Bal de la Rose, le Gala de la Croix-Rouge, les palaces et les boutiques de luxe. Cette légende n'existerait pas sans la **Société des bains de mer**, véritable machine à rêve et à cash de la Principauté, créée en 1863. Détenue à 69,5 % par l'État monégasque, elle possède trois casinos (Monte-Carlo, Café de Paris, Monte-Carlo Bay) mais également quatre palaces, dont le fabuleux hôtel de Paris (1864), une vingtaine de restaurants, des salles de spectacles, des discothèques, des spas... Le plateau des **Spélugues** est son royaume.

★★ Casino de Monte-Carlo C1

✆ (00 377) 98 06 23 00 - www.casinomontecarlo.com - 14h-4h (18 ans mini) - pièce d'identité exigée - 2 restaurants.
Il comprend plusieurs corps de bâtiments. **Charles Garnier** a construit en 1878 la façade côté mer et, à l'intérieur, en face du vaste hall central, **le théâtre-opéra★**, scène rouge et or des fameux **Ballets russes**. Cette compagnie fut fondée en 1909 à St-Pétersbourg par Diaghilev qui, après 1917, l'installa à Monte-Carlo. Elle prit son essor grâce à Nijinski. Elle devint alors le carrefour de l'avant-garde, attirant les plus grands chorégraphes, danseurs, peintres et musiciens. Les Ballets russes de Monte-Carlo continuèrent sous l'égide d'autres directeurs illustres jusqu'en 1962. Avant de faire ou défaire votre fortune, admirez dans le **hall★**, entouré de 28 colonnes ioniques en onyx, la belle fresque *La Cueillette des olives* (Jundt) et, en vous aventurant dans les **Salons de jeux★**, la somptueuse décoration de

sculptures, peintures allégoriques et vitraux réalisés par les artistes en vogue fin 19e-début 20e s. Tout d'abord, les salles publiques : salon de style Renaissance, grand salon de l'Europe, salle des Amériques, salon des Grâces. Puis les salles du Cercle privé : les deux salles Touzet et la vaste et riche salle François-Médecin. La **terrasse★★** du casino, magnifique oasis de palmiers dominant la mer, offre une vue de Monaco à Bordighera. Les jardins, ornés d'une œuvre de Vasarely en lave émaillée, *Hexa Grace*, sont installés sur les toitures du complexe immobilier des **Spélugues**.

Larvotto

Au nord-est de la Principauté, le boulevard du Larvotto a été créé en 1956 en remplacement de la voie de chemin de fer. L'ensemble du quartier a fait peau neuve en 2021 et présente aujourd'hui un superbe visage. Les luxueuses installations balnéaires de cette zone gagnée sur la mer déploient leurs **plages artificielles** publiques et privées de gravillons, leurs palaces et leurs complexes ultramodernes. Au pied des grandes tours, flânez au-dessus de l'eau sur les terrasses du translucide **Grimaldi Forum**, centre de congrès conçu par les architectes monégasques Fabrice Notari et Frédéric Genin. Poursuivez la promenade le long de l'avenue Princesse-Grace et ses jardins.

★ Jardin japonais D1

Accès par le bd Louis-II - ✆ (00 377) 98 98 83 36 - ♿ - avr.-oct. : 9h-18h45 ; nov.-mars : 9h-17h45 - gratuit.

Réalisation, par l'architecte paysagiste nippon **Yasuo Beppu**, d'un vœu de la princesse Grace. Ce jardin est une oasis de verdure et de calme, apportant une touche spirituelle dans le luxueux **quartier du Larvotto**, à deux pas du casino. Tout est symbole dans cet espace de 7 000 m² régi par des principes shintoïstes. Véritable bonsaï du monde, chaque élément s'y retrouve, mais à une échelle miniaturisée. Le **pont cintré** rouge (couleur du bonheur) illustre le passage vers les dieux, représentés par les îles centrales : celle ornée de deux pins présente la forme d'une tortue, symbole de longévité ; la petite, tout en hauteur, plantée d'un seul pin, représente une grue qui nidifie, autre symbole de longévité. À proximité de la maison de thé, le **jardin zen** invite à la méditation avec son paysage délimité par sept pierres du cap Corse, dans une mer de graviers ratissés en ellipse, symbole du mouvement perpétuel de l'univers.

Nouveau musée national de Monaco (NMNM) B2 ET D1 EN DIRECTION

Villa Paloma - 56 bd du Jardin-Exotique - ✆ (00 377) 98 98 48 60 ; villa Sauber - 17 av. Princesse-Grace - ✆ (00 377) 98 98 91 26 - www.nmnm.mc - oct.-mai : 10h-18h ; juin-sept. : 11h-19h - fermé 4 j. du Grand Prix, 19 nov. et périodes de montage d'exposition - billet combiné 6 € (-26 ans gratuit) - gratuit le dim.

Répartie sur deux sites, la **villa Paloma** (1913) et la **villa Sauber** (villa Belle Époque attribuée à Charles Garnier), ce musée présente des expositions temporaires. Son important fonds patrimonial (poupées et automates, décors et costumes des ballets de Monte-Carlo, peintures de Van Dongen, etc.) est exposé par roulement et les œuvres sont mises en scène par des artistes contemporains invités.

Fondation Francis-Bacon D1 EN DIRECTION

21 bd d'Italie - ✆ (00 377) 93 30 30 33 - www.mbartfoundation.com - visites guidées gratuites sur réserv. les mar. et 1er s. sam. du mois.

La visite invite à un voyage dans l'œuvre, la vie et les méthodes de travail peintre britannique Francis Bacon (1909-1992), avec une attention particulière pour la période durant laquelle il vécut et travailla à Monaco et en France, à travers une

6

SE RESTAURER

Polpetta.................... 1 Les Perles de Monte-Carlo ... 2 Castelroc.................... 3

SE LOGER

Beefbar Monaco 4
Hôtel de France 1
Columbus Hotel 2

centaine de pièces (tableaux, œuvres graphiques, photographies, objets provenant de ses ateliers, lettres, documents de travail...). L'accrochage comprend également des œuvres d'artistes ayant côtoyé Bacon ou ayant été influencés par son travail.

Fontvieille

À l'ouest, Fontvieille est un quartier d'affaires et d'habitations de 22 ha tout entier gagné sur la mer. Il héberge, eu égard à son caractère technologique, des entreprises high-tech et non polluantes. Il accueille aussi le stade Louis-II et se laisse volontiers parcourir à travers le **chemin des Sculptures** (*1h,* comptant une centaine d'œuvres contemporaines, dont de très belles pièces monumentales signées Arman, Blake, Botero, Calder, César...) et l'**esplanade Rainier-III**, où sont concentrés d'intéressants musées.

Musée naval B3

Terrasse de Fontvieille - (00 377) 92 05 28 48 - 10h-18h - 4 € (8-18 ans 2,50 €).
Il regroupe quelque 180 maquettes de navires célèbres, des grands paquebots transatlantiques, comme le *Titanic* ou le *Normandie*, aux navires d'exploration tels le *Pourquoi pas* du commandant Charcot, la *Calypso* et l'*Alcyon* du commandant Cousteau ou l'*Antartica* du docteur Jean-Louis Étienne. Les plus anciennes ont été construites par le « Prince des mers » Albert Ier en 1874.

Musée des Timbres et des Monnaies B3

Terrasses de Fontvieille - (00 377) 98 98 41 50 - www.mtm-monaco.mc - - juil.-août : 9h30-18h ; reste de l'année : 9h30-17h - 3 € (12-18 ans 1,50 €).
Dans un cadre très moderne, il présente une intéressante rétrospective des collections princières. Le premier timbre à l'effigie d'un souverain monégasque a été émis en 1885 sous le règne de Charles III. Auparavant, l'affranchissement du courrier s'effectuait avec des timbres sardes. À partir du Second Empire (1860), ils sont surchargés de la mention « Monaco ». La salle des timbres rares enchantera les philatélistes.

Le jardin japonais.
Elenathewise/Getty Images Plus

Jardin animalier B2

Terrasse de Fontvieille - ✆ (00 377) 93 50 40 30 - ♿ - juin-sept. : 9h-12h, 14h-19h ; mars-mai : 10h-12h, 14h-18h ; reste de l'année : 10h-12h, 14h-17h - 6 € (6-17 ans 3 €).
Perroquets et perruches à l'insurpassable vert font l'animation de ce superbe enclos fleuri, par ailleurs habité de macaques, pythons et autres jaguars… qui savourent, depuis leur terrasse accrochée au Rocher, leur belle vue sur le port de Fontvieille.

Parc paysager B3

Laisser la voiture dans le parking situé sous le stade Louis-II.
Un magnifique parc de 4 ha réunit des végétaux du monde entier. Dans la **roseraie Princesse Grace** attenante, créée par le prince Rainier III du vivant de son épouse pour lui rendre hommage, prospèrent 6 000 plants de 315 variétés différentes. La statue de la princesse a été réalisée à la suite de sa disparition par Kees Verkade en 1983.

À voir aussi

PLAN DE VILLE P. 402-403

★★ Jardin exotique B2

52 bd du Jardin-Exotique - ✆ (00 377) 93 15 29 80 - www.jardin-exotique.mc - fermé pour travaux, réouverture prévue en 2023. Accès à la grotte de l'Observatoire et au musée d'Anthropologie préhistorique.
Dépaysement garanti dans cette insolite collection de cactées qui apprécient – certaines depuis plus de cent ans – le microclimat exceptionnel de ce jardin suspendu le long de la falaise. Depuis les allées, **panorama★** grandiose sur la Principauté, le cap Martin et la Riviera italienne. Les couleurs du Mexique et de l'Afrique australe éclatent à travers 900 variétés de la flore semi-désertique : cactus et autres plantes « succulentes » telles que les espèces arborescentes (euphorbes en forme de candélabres, aloès géants, « coussins de belle-mère » ou figuiers de Barbarie).
Le centre botanique – *Mar-sam. 8h30-15h30 – accès libre et gratuit.* Les serres, situées en dehors de l'enceinte du jardin et accessibles durant les travaux, renferment les plus importantes collections de cactées et plantes succulentes au monde (au total 10 500 variétés). Initialement implantées à quelques dizaines de mètres de l'entrée du Jardin exotique, ces serres ont déménagé en 2017 vers des locaux flambant neufs face à ce même Jardin.
★ **Grotte de l'Observatoire** – *Visite guidée 30mn.* Elle est creusée dans le calcaire de la Tête de Chien. En bas des 279 marches, une magnifique forêt de stalactites, stalagmites et concrétions délicates pare des salles superposées sur 40 m. Dans la salle d'entrée, des fouilles ont révélé la présence de l'homme il y a environ 200 000 ans, et livré des ossements d'animaux préhistoriques : ces objets sont exposés à côté, dans le musée d'Anthropologie préhistorique.
★ **Musée d'Anthropologie préhistorique** B2 – *56 bis bd du Jardin-Exotique - ✆ (00 377) 98 98 80 06 - www.map-mc.org - 9h-18h - 1 € (-5 ans gratuit).*
Par sa richesse, sa diversité et une présentation particulièrement soignée, ce musée intéressera même les profanes. Les collections régionales permettent de constater que la Côte d'Azur a été fréquentée, selon les variations climatiques, par le renne, le renard polaire, l'ours des cavernes, aussi bien que par l'hippopotame ou l'éléphant. Batterie impressionnante de squelettes d'*Homo sapiens* : négroïdes de Grimaldi, Grand Cro-Magnon, et leur sépulture collective.

Carnet pratique

S'informer

Office de tourisme – PLAN C1 (P. 402-403) - *Bd des Moulins 2A - ✆ (00 377) 92 16 61 16 - www.visitmonaco.com.*

Visiter

Monaco Tours – *monacotours.mc - été : 10h30-17h ; hiver : 11h-17h - fermé de mi-nov. à fin janv. - 11 € (2-8 ans 5 €).* Circuit touristique commenté sans arrêt (30-40mn) en petit train, départ face au Musée océanographique.

Monaco Le Grand Tour – *www.monacolegrandtour.com - avr.-oct. : 10h-17h45 ; nov.-mars : 10h-17h30 - pass 1 j. 23 € (4-8 ans 8 €) - premier dép. 10h quai Kennedy.* Circuit commenté en bus cabriolet avec audioguide, 12 arrêts modulables. Passage toutes les 15mn en été et 30mn en hiver.

Monacair – *monacair.mc - 390 €/6 pers., env. 10mn de vol.* Pour découvrir la Principauté et la région depuis un hélicoptère !

Se déplacer

Voitures – L'accès au Rocher est réservé aux véhicules immatriculés Monaco ou Alpes-Maritimes. Parkings publics et payants.

Ascenseurs – Des ascenseurs de grande capacité permettent de traverser à la verticale certains quartiers. Principaux axes :
- pl. Ste-Dévote vers le bd de Belgique (trajet le plus long),
- plages du Larvotto (et Musée national) vers la pl. des Moulins,
- av. Hector-Otto vers le bd de Belgique,
- auditorium Rainier-III *(bd Louis-II)* vers les terrasses du casino,
- parking des Pêcheurs vers le Musée océanographique,
- av. de Grande-Bretagne vers l'av. des Citronniers,
- centre commercial de Fontvieille vers la pl. d'Armes,
- port de Monaco vers l'av. de la Costa.

Taxi – *✆ (00 377) 93 15 01 01 - www.taximonaco.com - 15 € par course dans la Principauté.*

Bus – *www.cam.mc - plan du réseau en téléchargement sur le site Internet - ticket 2 € (à bord du bus)/1,50 € (au distributeur), Pass 1 j. 5,50 €.* 7 lignes et deux bus de nuit. Également une ligne de bateau bus qui traverse le port.

Vélos électriques – *monabike.mc – 1 € (30mn), 3 € (24h).* 42 stations ; une façon pratique et ludique de visiter Monaco.

Adresses utiles

Poste – L'affranchissement du courrier se fait avec des timbres de Monaco et son dépôt dans les boîtes aux lettres rouges et blanches.

Téléphone – Les appels téléphoniques à destination de la Principauté débutent par **00 377**, suivis du n° du correspondant, et ceux vers la France doivent être précédés du **00 33**.

Urgences – Composer le 17 ou le 18.

Agenda

Festival international du cirque – *www.montecarlofestival.mc.* En janvier. Sous chapiteau, une des plus importantes manifestations du genre, créée en 1974 par le prince Rainier.

Rallye automobile de Monte-Carlo – *acm.mc.* Cette célèbre manifestation sportive automobile a lieu fin janvier depuis 1911. Une édition « historique » met en compétition des voitures des années 1960-1970.

Fête de Ste-Dévote – *www.saintedevotemonaco.com.* La sainte patronne de Monaco est fêtée les 26 et 27 janvier (messes et processions).

Printemps des arts – *www.printempsdesarts.com.* En mars-avr., un festival de musique où le classique a rendez-vous avec l'avant-garde.

Rolex Monte-Carlo Masters – *montecarlotennismasters.com.* En avril, l'un des principaux tournois de tennis (terre battue).

Grand Prix automobile de Monaco – *acm.mc.* Fin mai, dans les rues de la Principauté, les pilotes de F1 s'affrontent sur un circuit sinueux de 3,340 km.

Fête de la St-Jean – Avec la participation de groupes folkloriques, le 23 juin à Monaco-Ville, le 24 juin au quartier des Moulins.

Concerts d'été du palais princier – *www.opmc.mc.* En juillet-août. Dans la cour d'honneur du palais princier, depuis 1959.

Concours international de feux d'artifice pyromélodiques – *www.monaco-feuxdartifice.mc.* En juillet-août, spectacles de 25mn, tirés depuis la Grande digue du Port Hercule.

Monaco Classic Week – *monacoclassicweek.com.* En septembre, les années impaires. Régates de voiliers anciens

Fête nationale monégasque – 19 novembre. Journée fériée à éviter pour les touristes.

Nos adresses

PLAN P. 402-403

Quelques spécialités locales à ne pas manquer : la fougasse, sablé sucré parsemé de grains d'anis rouges et blancs aux couleurs de Monaco ; le barbagiuan, sorte de feuilleté frit farci de blettes, de ricotta et de riz ; des huîtres locales (*voir ci-contre Les Perles de Monte Carlo*) ; la liqueur d'orange amère et la liqueur de caroube de la distillerie de Monaco (*voir Shopping, p. 406*).

Restauration

Bon marché

En bas de la Rampa Major, le **marché de La Condamine**, en partie couvert, propose quelques tables et comptoirs où manger des spécialités locales et des plats à base de produits de qualité.

Budget moyen

1 **Polpetta** – C1 - *2 r. Paradis - (00 377) 93 50 67 84 - www.restaurantpolpetta.com - 12h-14h, 19h30-23h - plats 16/32 €.* Ce petit restaurant italien vous propose trois cadres différents pour apprécier sa cuisine : la véranda côté rue ; la salle à manger rustique ; un espace plus cossu à l'arrière. Cuisine transalpine, pâtes maison et produits de saison.

La Note Bleue – HORS PLAN PAR D1 - *Plage du Larvotto - av. Princesse-Grace - (00 377) 93 50 05 02 - lanotebleue.mc - 9h-0h - plats 23/50 €.* Un « restaurant de plage » à la fois chic et décontracté à fréquenter quelle que soit l'heure, du petit au dîner (musique live). Carte d'inspiration asiatique et italienne.

Pour se faire plaisir

3 **Castelroc** – B3 - *1 pl. du Palais - (00 377) 93 30 36 68 - www.castelrocmonaco.com - tlj au déjeuner (ouv. le soir de mai à sept.) - plats 23/35 €, menu 48/59 €.* Cette adresse vaut surtout pour sa belle terrasse, où vous pourrez vous adonner au farniente sous les arbres de la place du Palais.

2 **Les Perles de Monte-Carlo** – C3 - *quai Jean-Charles-Rey - (00 377) 97 77 84 31 - www.perlesdemontecarlo.com - lun.-sam. 12h-14h30 et merc.-vend. 19h-22h - réserv. obligatoire - plats*

6

24/30 €. À emporter ou à déguster sur place, uniquement en terrasse avec vue sur le port de Fontvieille, des produits de la mer, dont des huîtres élevées localement, des langoustines, des oursins, du caviar…

4 **Beefbar Monaco** – C3 - *42 quai Jean-Charles-Rey - ✆ (00 377) 97 77 09 29 - beefbar.com - lun.-jeu. et dim. 12h-14h30, 19h30-22h30, vend.-sam. 12h-14h30, 20h-23h30 - formule déj. (en sem.) 26/39 €, plats 38/95 €.* Comme son nom l'indique, cet établissement au décor contemporain plaira aux amateurs de viande, qui se régaleront de diverses préparations, du tartare au kebab en passant par le chateaubriand avec de succulentes frites ou de la purée maison.

Shopping

Les grandes marques de luxe sont représentées à Monte-Carlo, notamment autour du One Monte-Carlo, complexe commercial proche du casino. Les boutiques de souvenirs sont regroupées dans les ruelles du Rocher, face au palais. La Boutique du Rocher *(1 av. de la Madone - lun.-sam. 10h-19h)* est l'institution monégasque de la confection traditionnelle.

La Distillerie de Monaco – *9 r. de La Turbie - ✆ (00 377) 99 90 43 38 - www.orangerie.mc - lun.-vend. 9h30-18h30.* La seule distillerie de la Principauté produit des liqueurs avec des fruits récoltés localement.

La Chocolaterie de Monaco – *pl. de la Visitation - ✆ (00 377) 97 97 88 88 - www.chocolateriedemonaco.com - lun.-sam. 9h30-18h30.* Depuis 1920, les fournisseurs officiels de la cour de Monaco. Également salon de thé.

En soirée

Pensez aussi aux bars des palaces… à défaut d'y séjourner, on peut y prendre un verre !

Buddha Bar – *pl. du Casino - ✆ (00 377) 98 06 19 19 - www.buddhabar.com - mar.-jeu. 19h30-23h30, vend.-sam. 0h.* Un bar-lounge avec DJ où l'Orient rencontre l'Occident dans un décor spectaculaire, avec terrasse et vue mer, doublé d'un très bon restaurant aux accents asiatiques.

Le Jimmy'z – *26 av. Princesse-Grace - ✆ (00 377) 98 06 70 68 - www.montecarlosbm.com - jeu.-sam. 23h30-6h - réserv. conseillée.* C'est un sacrilège de quitter Monaco sans avoir goûté à l'atmosphère de la célèbre discothèque. Costume-cravate exigés dans ce sanctuaire de la jet-set. C'est tout petit mais grandiose, unique, magique !

Les Ballets de Monte-Carlo – *www.balletsdemontecarlo.com.* La compagnie, héritière des Ballets russes, se produit dans différents lieux, dont la salle Garnier du Casino.

Hébergement

Les palaces sont légion sur le Rocher ! Hôtel de Paris, Hermitage, Métropole, Monte Carlo Bay… tous ont leur style et des prestations à la hauteur de leur standing.

Budget moyen

1 **Hôtel de France** – B2 - *6 r. de la Turbie ✆ (00 377) 93 30 24 64 - www.hoteldefrance.mc - 26 ch. 105/170 € - ☕ 10 €.* Proche de la gare, un petit hôtel aux chambres modernes et bien insonorisées.

Une folie

2 **Columbus Hotel** – B3 - *23 av. des Papalins - ✆ (00 377) 92 05 90 00- www.columbushotels.com - 🏊 - 181 ch. - 242/527 € - ☕ 25 €.* Dans le quartier de Fontvieille, un hôtel « chic et cool » au calme, dans un environnement superbe ; une bonne partie des chambres ont une terrasse. Restaurant avec terrasse, bar à cocktail, salle de fitness.

Roquebrune-Cap-Martin ★

Connue pour son cap parsemé de villas Belle Époque, cette vaste commune littorale, située entre Monaco et Menton, est couronnée par le village perché de Roquebrune et le donjon de son château. Ce dernier représente le seul vestige en France de château carolingien, embryon de ceux qui, deux siècles plus tard, marquèrent l'apogée de la féodalité. Sublime, la vue du haut du donjon plonge sur la mer, les toits rouges et les cyprès !

Se repérer

12 822 habitants – Alpes-Maritimes (06)

CARTE B1 (P. 330).

Roquebrune surplombe la Grande Corniche *(voir « Corniches de la Riviera », p. 370)* et au-dessous, le tissu urbain continu que forment Menton et Roquebrune-Cap-Martin.

À ne pas manquer

La visite du village perché avec son donjon offrant un magnifique panorama. Pour les amoureux de nature, la presqu'île du cap Martin et son sentier du littoral.

Organiser son temps

Comptez une bonne journée pour découvrir Roquebrune en commençant par la vue du haut de la terrasse du donjon et en poursuivant par le village. Et si le courage vous en dit, consacrez un après-midi entier au cap Martin.

Carnet pratique p. 412

Nos adresses p. 412

Découvrir

★ Le village perché

Le **château** fut édifié à la fin du 10e s. par Conrad Ier, comte de Vintimille, pour résister aux Sarrasins. Comme celui de Menton, il appartint plusieurs siècles aux Grimaldi *(voir p. 396)* qui renforcèrent sa défense. À l'origine, le donjon et le village étaient réunis dans l'enceinte du château, percée de six portes fortifiées. Au

Cortèges traditionnels

Depuis plus de cinq siècles a lieu, dans l'après-midi du 5 août, une procession évoquant les principales scènes de la **Passion**. Elle est exécutée telle qu'elle fut conçue à son origine par les auteurs du vœu prononcé en 1467 durant une épidémie de peste.
Dans la nuit du Vendredi saint, à 21h, a lieu la **procession du Christ mort★**, représentant la mise au tombeau, instituée par la confrérie des Pénitents blancs, aujourd'hui disparue. Un cortège composé d'une soixantaine de personnages parcourt les rues du village ornées de motifs lumineux rappelant les symboles de la Passion et éclairées par une multitude de lumignons formés de coquillages et de coquilles d'escargot.

15e s., le donjon prenait la dénomination de **château** et le reste de la forteresse devint le village qui, jusqu'à aujourd'hui, a conservé intact son caractère médiéval. Le charme si italien du village perché de Roquebrune se saisit en flânant dans le dense lacis des ruelles, couvertes, en pente raide ou en escalier. Ces dernières ont conservé leur physionomie ancienne malgré les boutiques touristiques qui investissent les vieilles maisons à tuiles rouges ou en pierre.

★ Donjon

Pl. William-Ingram - ✆ 04 93 35 07 22 - www.roquebrune-cap-martin.fr - déb. mai - fin-sept. : 10h30-18h30 ; déb. oct.-fin avr. : 10h-17h - fermé jeu.-vend. du 10 oct. au 31 janv. - 5 € (enf. 3 €).

Puissant et austère du haut de ses 26 m, il se découvre après avoir traversé l'« enceinte fleurie ». Les murailles du donjon, de 2 à 4 m d'épaisseur, sont dotées de tous les éléments de défense : mâchicoulis, créneaux, meurtrières, archières... Vingt marches montent à la salle des Cérémonies féodales ; au 1er étage, la fenêtre à meneaux (15e s.) remplace les regards de 20 cm de côté qui donnaient jour. En contrebas, le magasin aux vivres, creusé dans le roc. Au 2e étage, on traverse la petite salle des Gardes ; à droite, une prison ; plus loin, le dortoir des Archers. Au 3e étage se trouve la demeure seigneuriale, meublée : salle des armes, salle à manger, cuisine avec four à pain.

Enfin, on accède à la terrasse et au chemin de ronde. La plate-forme supérieure d'artillerie procure un fabuleux **panorama★★** sur les toits du village, la mer, le cap Martin, Monaco, le mont Agel (base militaire aérienne).

★ Rue Moncollet

Taillée dans la roche, elle est surprenante avec ses longs passages voûtés, étroits et coupés d'escaliers, ses demeures médiévales aux fenêtres à barreaux, où résidaient jadis les invités de la cour seigneuriale.

Olivier millénaire

Sur le chemin de Menton *(200 m après la sortie du village, par la place du Capitaine-Vincent)* se trouve un olivier qui passe pour l'un des plus vieux au monde. Classé « Arbre remarquable de France », il a probablement été planté par les Romains vers l'an 400.

En revenant, prenez à droite le chemin de St-Pancrace pour rejoindre le **cimetière** où repose Le Corbusier, dans une tombe conçue par lui-même *(carré J, n° 3)*.

Trois zones marines protégées

Les côtes de Vallauris-Golfe-Juan, Beaulieu-sur-Mer et Roquebrune-Cap-Martin font l'objet de mesures de protection (interdiction du mouillage, du dragage, de la plongée et de la pêche sous toutes ses formes), afin de permettre à la biodiversité de se reconstituer. Dans ces zones, herbiers de posidonie et gorgones sont surveillés, et des récifs artificiels sont mis en place. La pollution de la Grande Bleue est au cœur des préoccupations environnementales locales. Pour protéger les eaux de baignade et les milieux marins, les mesures de contrôle et de protection se multiplient : prélèvements d'eau quotidiens en haute saison, amélioration de la qualité des eaux *via* les stations d'épuration, surveillance aérienne du littoral et répression sévère des bateaux pollueurs.

Église Ste-Marguerite

Baroque, elle recouvre, avec sa jolie façade sobre et pastel, une construction du 12e s. L'intérieur, décoré de stucs polychromes, abrite une Crucifixion *(2e autel)* et une Pietà *(au-dessus de la porte)* du 17e s. attribuée au peintre roquebrunois **Marc-Antoine Otto**.

★★ Le cap Martin

Destination aristocratique, la presqu'île du cap Martin a conservé intact son visage Belle Époque, avec ses somptueuses résidences cachées dans la luxuriante végétation. Des routes odorantes la traversent, ombrées de pinèdes et d'olivettes, de bouquets de cyprès et de massifs de mimosa. Au milieu se dresse la tour à l'allure féodale du **sémaphore**, devenu relais de TDF. À ses pieds, les ruines du prieuré et de la basilique St-Martin (11e s.), détruits par les pirates vers 1400.

De la rive est du cap Martin, vous découvrirez une **vue**★★ merveilleuse sur Menton, son cadre de montagnes et la rive italienne jusqu'à Bordighera. Dominée par le vieux village, la **station balnéaire** compte plusieurs plages, notamment celle de Carnolès, dans le prolongement de celle de Menton.

Grotte du Vallonnet

Roquebrune-Cap-Martin abrite l'un des plus anciens sites préhistoriques d'Europe qui témoigne d'une histoire riche d'un million d'années. La grotte du Vallonnet, (alt. 110 m), a été découverte en 1958. Elle est fouillée depuis le début des années 1960 et dévoile ainsi les secrets de l'*Homo erectus*. Elle ne se visite pas.

Cap Moderne : « Cabanon » et Unités Étoile de mer Le Corbusier, villa E-1027 d'Eileen Gray

Laisser la voiture au parking de la gare SNCF Cap-Martin-Roquebrune. Près d'un restaurant s'amorce le sentier signalisé : promenade Le Corbusier.

✆ 04 92 15 01 41 - www.capmoderne.com - visite guidée sur réservation en ligne, 12 pers. maxi - départ de la gare - mai à sept. : 9h30-12h30, 13h30-17h30 - oct. : tlj sauf lun. 9h30-12h30, 13h30-17h - fermé nov.-mars - 18 € (enf. 10 €).

Bâti en 1952, il est magnifiquement situé en contrebas du sentier **Le Corbusier**, qui longe le bord de mer entre le cap Martin et Cabbé. L'architecte vécut chaque été (jusqu'à sa mort en 1965) dans cette construction à l'aspect faussement banal. Constitué d'une simple pièce de 16 m² et d'un couloir orné d'une fresque, il s'agit en fait d'un exemplaire unique, appliquant au cabanon marseillais traditionnel des dimensions calculées selon son système de **modulor**. Cet outil de mesure à échelle humaine fut conçu par l'architecte comme référence pour réaliser ses unités d'habitation modulaire (Cité radieuse à Marseille). Donnant vue sur la baie, les fenêtres aux volets articulés apportent clarté et ventilation latérale. Le mobilier dépouillé est multifonctionnel. Les couleurs sont lumineuses. Cette construction demeure un élément de référence pour les écoles d'architectes.

En 1956, en échange de la parcelle de terrain du Cabanon, Le Corbusier fit construire pour son propriétaire cinq **Unités de camping**, conçues comme un prototype d'habitat de loisir. L'intérieur reprend certains principes du Cabanon. Autre modèle d'une modernité architecturale radicale et d'une réflexion sur le fonctionnalisme du mobilier, la **villa E-1027** de la célèbre designer irlandaise **Eileen Gray** (1878-1976), construite entre 1926 et 1927 avec l'architecte Jean Badovici.

Randonnée

CARTE AUTOUR DE MENTON

★★ Sentier touristique

Voir carte p. 419. 5 km - 5h AR - du cap Martin au Monte-Carlo Beach. On profite du parfum de la végétation méditerranéenne, dense et sauvage, au cœur de laquelle serpente ce sentier qui ménage de belles perspectives sur la mer et les villas du début du 20e s. Du haut de certains rochers culminants, tout l'amphithéâtre de Monaco se découvre peu à peu, avec la pointe du cap Ferrat, la Tête de Chien, le mont Agel, La Turbie, le vieux village de Roquebrune et son château. *Un escalier, à droite, franchit la voie ferrée et permet d'abréger la promenade en regagnant, par la mairie, la plage de Carnolès (boucle d'1h).*

Le sentier côtoie ensuite la voie ferrée, surplombant la mer par un à-pic impressionnant, et gagne la gare de Cap-Martin-Roquebrune. Longeant les belles plages de Cabbé et les rochers de Bon Voyage, on continue en direction de Monte-Carlo, puis on passe derrière la pointe de la Veille et on débouche, par un escalier, près du Monte-Carlo Beach Hotel.

Carnet pratique

S'informer

Office de tourisme – *218 av. Aristide-Briand - ☏ 04 93 35 62 87 - roquebrune-cap-martin.fr.*

Se garer

Parking à l'entrée du village.

Nos adresses

Restauration

Pour se faire plaisir

La Roquebrunoise – *12 av. Raymond-Poincaré (au vieux village) - ☏ 04 93 35 02 19 - www.laroquebrunoise.com - fermé lun. et jeu. - plats 28/32 €, menu midi 39 €, soir 49 €.* Cette maison à l'entrée du village est une petite halte sympathique. La salle à manger campagnarde est décorée de tableaux. Cuisine simple et goûteuse, à savourer aussi en terrasse avec vue sur la mer et le château.

L'Hippocampe – *44 av. W.-Churchill - ☏ 04 93 35 81 91 - www.hippocampe-restaurant.com - fermé de mi-nov. à déb. déc. et lun. - plats 23/50 €, menu 29/48 €.* Cet établissement familial « les pieds dans l'eau » réserve à midi l'une de ses terrasses aux baigneurs. Spécialité de filet de sole en brioche et marmite du pêcheur sur commande.

Hébergement

Pour se faire plaisir

Hôtel Alexandra – *93 av. W. Churchill - ☏ 04 93 35 65 45 - www.hotelalexandra-capmartin.com - 40 ch. 122/140 €.* Dans cette construction balnéaire à balcons, typique des années 1960-1970, demandez les chambres avec vue sur la grande bleue.

Menton ★★

Son climat passe pour être le plus chaud de la Côte d'Azur. La végétation abondante, palmiers et citronniers en tête, fait qu'on ose à peine parler d'hiver dans cette ville balnéaire au merveilleux cadre montagneux. La vieille ville offre un enchevêtrement de ruelles en escaliers profondément enfoncées entre les maisons qui semblent s'appuyer les unes sur les autres par-dessus des arches de pierre. Le géographe Élisée Reclus, tomba sous son charme comme l'Impératrice Eugénie, Auguste Rodin, Franz Liszt ou bien Jean Cocteau, qui l'avait surnommée « Perle de la France ». De nos jours encore, festivités, promenades et plages raviront les visiteurs quelle que soit la saison.

Se repérer

31 717 Mentonnais – Alpes-Maritimes (06)

CARTE B1 (P. 330).

Environ 30 km à l'est de Nice par l'une des trois corniches *(voir « Corniches de la Riviera », p. 370)*. Ceux qui veulent y accéder rapidement (à 35mn de Nice) sans regarder le paysage défiler prendront l'A 8.

À ne pas manquer

La promenade du Soleil, le long de la mer ; l'esplanade des Sablettes ; la visite d'un jardin.

Organiser son temps

Aux heures fraîches de la journée, accordez-vous 2h pour visiter la vieille ville et longer le bord de mer.

En famille

Le musée de Préhistoire régionale, les jardins Serre de la Madone et l'oliveraie du Pian.

Carnet pratique p. 423

Nos adresses p. 423

Se promener

PLAN DE VILLE

★★ La vieille ville

Circuit tracé sur le plan de ville p. 415 – Compter 1h.

Rue St-Michel BC1

Les boutiques de confitures et les glaciers de cette rue piétonne attirent les touristes. Elle traverse trois agréables places colonisées par les terrasses de restaurant et conduit au cœur du vieux Menton. Au n° 24 se trouve le palais d'Adhémar de Lantagnac, qui abrite l'Espace patrimoine *(voir « Visiter », p. 423)*.

Place du Cap, monter la rue des Logettes.

Celle-ci se transforme bientôt en **rue Longue**, ex-artère principale de la ville et ancienne via Julia Augusta.

★★ Parvis St-Michel C1

Accès par les rampes du Chanoine-Gouget.

Dans ce décor à l'italienne, vous apprécierez la vue sur la mer et la ville. Pavé d'une belle mosaïque de galets gris et blancs dessinant les armes des Grimaldi, le parvis est encadré par les façades baroques de deux églises et par de vieilles demeures mentonnaises.

6

Fête du citron

Durant trois semaines, de mi-février à début mars : expositions de sculptures d'agrumes dans le jardin Biovès, salon de l'artisanat, corsos tous les dimanches à 14h30 et deux jeudis soirs à 20h30 (25/12 €, -14 ans 10/6 €)... Réservez au moins 2 mois à l'avance car l'événement, couplé avec le Festival des orchidées, attire quelque 200 000 visiteurs.
www.fete-du-citron.com.

★ Basilique St-Michel-Archange C1

La plus belle et la plus vaste **église baroque** de la région. Façade jaune et vert pâle à deux étages, flanquée, à gauche, de la tour (15e s.) d'une église antérieure coiffée d'un campanile à tuiles vernissées (17e s.), et, à droite, du grand campanile (53 m) d'allure génoise ajouté au début du 18e s. Les statues au-dessus des portes figurent saint Michel entouré de saint Maurice et de saint Roch. L'intérieur en croix latine, inspiré de l'Annunziata de Gênes, brille de mille éclats. Les chapelles latérales, au décor dû en partie à des artistes mentonnais comme Puppo et Vento, sont les chapelles funéraires de notables mentonnais et monégasques. Dans le chœur, **buffet d'orgue** (17e s.), stalles du 18e s. surmontées de *Saint Michel* (1569) de Manchello, maître-autel au baroque exubérant. À droite du chœur, la chapelle des princes de Monaco : un tableau y représente sainte Dévote, patronne de la principauté, devant le Rocher (17e s.). Lors de son mariage, en 1757, Honoré III de Monaco offrit à la basilique des tentures en damas amarante, visibles tous les cinq ans dans le chœur et la nef.

Façade de la chapelle de la Conception C1

Chapelle des Pénitents-Blancs (1689), très restaurée au 19e s. : guirlandes de fleurs en stuc, fronton en anse de panier surmonté des statues des trois Vertus théologales.
Une rampe en escalier accède à la rue du Vieux-Château, qui aboutit au cimetière.

Cimetière du Vieux-Château B1

Ses terrasses superposées occupent l'emplacement de l'ancien château médiéval. Chaque niveau accueille une religion ou une nationalité différente, celles notamment des riches hivernants du Menton du 19e s. Parmi eux : le révérend Webb Ellis, prétendu inventeur du rugby, les oncle et tante (Delano) du président américain Roosevelt, des princes russes (Troubetzkoy, Volkonsky, Ouroussof) et l'architecte danois Hans-Georg Tersling, concepteur de nombreux palaces et résidences sur la Côte.
À la pointe sud du cimetière anglais, belle **vue★** sur la vieille ville, la mer et la côte, de la pointe Mortola en Italie jusqu'au cap Martin.
Descendre la montée du Souvenir, qui ramène au parvis.

Le bord de mer

★★ Promenade du Soleil AB2

Env. 2 km. D'un côté, la mer et une longue plage de galets gris ; de l'autre, la vieille ville et les Alpes, puis la façade littorale de la ville moderne. Tout le long, des terrasses de cafés et de restaurants invitent à contempler la Méditerranée.

Vieux port C1

Utilisé par les pêcheurs et les plaisanciers, il est encadré par le **quai Napoléon-III**, le long de la jetée du phare, et par la **jetée Impératrice-Eugénie**. De son extrémité, près de la sculpture de Volti, *Saint Michel à la mer*, **vue★** sur le vieux Menton

SE RESTAURER

- La Table d'Oc 1
- Trattoria La Mamma 2
- Pecora Negra 3
- Les Sablettes Beach 4
- Le Petit Port 5
- Le Bistrot des Jardins 6

SE LOGER

- Palm Garavan 1
- Princess et Richmond 2
- Hôtel de Londres 3

soutenu par des arcades ; au fond, sur les montagnes de l'arrière-pays et la côte du cap Martin à Bordighera (le cap Mortola cache Vintimille).

Plage des Sablettes C1

Cette plage de sable dédiée à la baignade (planches à voile et jet-skis interdits) est surplombée par le **quai Bonaparte**.
Pour prendre le pouls de la ville, il faut déambuler sur l'**esplanade des Sablettes**, espace convivial de 17 000 m², où les Mentonnais aiment se retrouver et profiter des fontaines, pergolas, brumisateurs et wifi en accès libre.

Garavan C1 EN DIRECTION

Autrefois isolée de Menton, à côté de la frontière italienne, Garavan en est devenu un luxueux quartier résidentiel, où vous découvrirez des témoignages de l'architecture Belle Époque comme la fondation Barriquand-Alphand, d'Abel Gléna *(bd de Garavan)*. La petite **chapelle St-Jacques**, édifice baroque du 17e s., abrite des expositions municipales.

À voir aussi

PLAN DE VILLE P. 415

★ Musée Jean-Cocteau - Collection Séverin Wunderman B1-2

2 quai de Monléon - ✆ 04 93 18 82 61 - www.museecocteaumenton.fr - fermé pour travaux jusqu'à nouvel ordre.
Ce musée, le deuxième consacré à Cocteau dans la ville de Menton, est né en 2011 d'une donation exceptionnelle : celle du collectionneur américain Séverin Wunderman (1938-2008), qui avait accumulé au cours de sa vie des œuvres de Cocteau et d'autres maîtres de l'art moderne proches de lui, tels Picasso, Modigliani, De Chirico, Miró, Foujita, ainsi qu'un fonds lié à sa première muse, Sarah Bernhardt. De grandes expositions annuelles dévoilent par thèmes une fraction de cette immense collection dans l'espace modulable qui accueille aussi des expositions temporaires d'art contemporain.
Construit en bord de mer, au pied de la vieille ville, le bâtiment horizontal conçu par Rudy Riciotti est cerné d'une façade entrecoupée aux formes blanches et molles, particulièrement spectaculaire avec les éclairages de nuit. Sur le parvis se chauffe au soleil une reproduction géante du lézard du Bastion *(voir ci-après)*, symbole de la douce paresse méditerranéenne et de l'éternité.
À l'intérieur, les trouées de la structure laissent voir le flux des voitures et des passants, interférences qui peuvent s'avérer perturbantes pour la visite au ras de la chaussée, mais font mentir l'expression « s'enfermer au musée ».
Poursuivre la visite au Bastion de l'autre côté de la route.

Le citron de Menton

Les citrons, spécialités de l'agriculture locale, règnent sur Menton depuis la première exposition d'agrumes (1929). La production autochtone, limitée et précieuse, est réservée aux confituriers et grands chefs. Elle s'est néanmoins élargie ces dernières années et plus d'une trentaine de producteurs cultivent désormais le citron de Menton. L'Association pour la promotion du citron de Menton a obtenu la labellisation IGP du fruit d'or en 2015. Les 120 t de citrons, oranges, pamplemousses, kumquats, nécessaires à la décoration des chars qui paradent lors de la Fête du citron sont en grande partie importés d'Espagne ou du Maroc.

Maisons colorées de Menton.
rglinsky/Getty Images Plus

Musée du Bastion - Jean Cocteau C1-2

Quai Napoléon-III - ✆ 04 93 18 82 61 - www.museecocteaumenton.fr - ♿ - merc.-lun. 10h-12h30, 14h-18h - 3 € (-18 ans gratuit) - billet donnant accès au musée Jean-Cocteau - Collection Séverin Wunderman.

C'est l'historique musée Cocteau : un petit fortin du 17e s. pris dans la digue, restauré et transformé sous la direction de l'artiste entre 1958 et 1963 pour accueillir notamment sa romantique série de pastels *Les Innamoratis*, donnée à Menton, dont lui-même était tombé… amoureux. Dans ce petit cocon de bois et de pierre, œuvre à part entière de l'artiste, éclatent les couleurs de deux douzaines de baisers et d'embrassades tendres. On y voit aussi la série des animaux fantastiques et des poteries réalisées dans l'atelier Madeline-Jolly. À l'extérieur, remarquez les mosaïques en galets conçues dans la tradition mentonnaise par Cocteau. L'entrée est ornée au sol de l'emblème méditerranéen, le lézard.

Hôtel de ville B1

17 r. de la République - ✆ 04 92 10 50 00 - www.menton.fr - ♿ - lun.-vend. 8h30-12h, 14h-16h30 - 2 € (-18 ans gratuit).

Ce bel édifice inspiré du style italien abrite une **salle des mariages★** décorée par **Jean Cocteau** en 1956 : histoire d'Orphée et Eurydice et une noce imaginaire. Un pêcheur à l'œil en forme de poisson porte l'ancien bonnet des marins de Menton, une jeune fille est coiffée d'un chapeau niçois. Au plafond, la Poésie chevauche Pégase, la Science jongle avec les planètes et l'Amour n'est plus aveugle. Cocteau a choisi le mobilier lui-même : les candélabres en forme de palmier, les chaises de type espagnol, la peau de panthère face à la table. Il a également dessiné les deux Marianne gravées sur les miroirs de l'entrée.

Musée de Préhistoire régionale B1

R. Lorédan-Larchey - ✆ 04 93 35 84 64 - www.menton.fr - merc.-lun. 10h-12h, 14h-18h -3 € (-18 ans gratuit).

Joli bâtiment (1909) construit spécialement par l'architecte Adrien Rey. Les fouilles de Bonfils, naturaliste mentonnais du 19ᵉ s., dans les grottes de Grimaldi ont fourni le noyau des collections de préhistoire régionale *(rez-de-chaussée)*, dont on suit les grandes étapes de 1 million d'années à 1500 ans av. J.-C. *(salle de projection, bornes interactives)*. L'histoire et les traditions mentonnaises plus récentes sont retracées à travers des reconstitutions d'intérieurs (cuisine et chambre), des objets traditionnels de la culture du citron, des olives et de la pêche.

★ Musée des Beaux-Arts (palais Carnolès) CARTE AUTOUR DE MENTON

3 av. de la Madone - ✆ 04 93 35 49 71 - fermé pour travaux jusqu'à nouvel ordre.
Le bâtiment, ancienne résidence d'été des princes de Monaco, fut construit au 17ᵉ s. dans l'esprit du Grand Trianon. Il accueillit le gotha avant d'être acheté au 19ᵉ s. par l'Américain Allis, célèbre ichtyologiste (qui étudie les poissons), qui le fit restaurer et redécorer à profusion par l'architecte danois Tersling et l'Allemand Matthiessen. Ce dernier réalisa un superbe décor de fresques à la mode antique. Le grand salon de musique Antoine Iᵉʳ et le salon Bleu ont conservé leurs stucs et leurs dorures. Remarquez l'escalier en fer forgé.
Au 1ᵉʳ étage se trouve la collection permanente (peintures du 13ᵉ au 20ᵉ s.). Les expositions temporaires *(rez-de-chaussée)* de **peinture moderne et contemporaine** puisent dans la collection Wakefield Mori (Picabia, Forain, Dufy...), les apports des biennales et les dons des artistes (Gleizes, Desnoyers, Delvaux...).
À la sortie, en hiver, les arbres du **jardin d'agrumes** (plus de 400 d'une cinquantaine d'espèces) seront chargés de fruits ; en toute saison, vous apprécierez les sculptures modernes bordant les allées.

Église orthodoxe russe CARTE AUTOUR DE MENTON

14 r. Paul-Morillot - ne se visite pas.
Œuvre de l'architecte danois **Hans-Georg Tersling** (1892). Ses dimensions modestes sont plutôt celles d'une chapelle. Intérieur richement décoré de peintures murales réalisées par le prince Gagarine et de nombreuses icônes.

★ L'Annonciade CARTE AUTOUR DE MENTON

6 km au nord-est. Quitter Menton par les av. de Verdun et de Sospel et tourner à gauche dans une petite route (signalisée) en forte montée et très sinueuse.
La **chapelle** (17ᵉ s.) est un centre de pèlerinage marial depuis le 11ᵉ s. L'endroit vaut surtout par le **panorama★** depuis la terrasse, côté mer (de la pointe de Bordighera au cap Martin) et côté terre (montagnes autour de Menton).

★ Les jardins de Menton CARTE AUTOUR DE MENTON

Voir carte ci-contre. Menton, où fleurit l'oranger, ressemble dès la fin du 18ᵉ s. à une vaste serre à ciel ouvert. Les Anglais qui s'y pressent l'hiver y créent de véritables jardins d'acclimatation, en important leur goût légendaire pour la botanique et une harmonie végétale incontestable.

★ Jardins Serre de la Madone

74 Val-de-Gorbio - ✆ 04 93 57 73 90 - www.menton-riviera-merveilles.fr - 10h-18h - fermé lun., nov.-déc. - 10 € (-18 ans 5 €).
Ce grand jardin en pente, créé entre les années 1924 et 1939 par le « gentleman jardinier » **Lawrence Johnston**, père également du Hidcote Manor en Angleterre, est monument historique depuis 1990 et propriété du Conservatoire du littoral depuis 1999. Son histoire tumultueuse en a fait un lieu d'exception : à son apogée, en 1935, des variétés sont alors importées par container du monde entier,

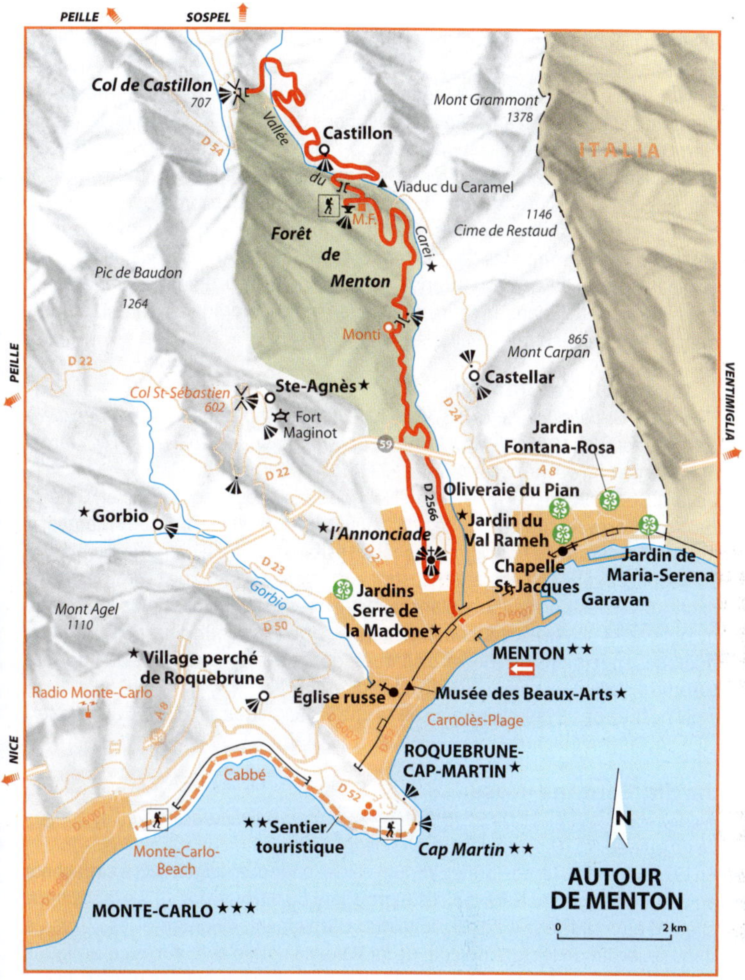

L'âge d'or de Menton

En 1860, Menton est rattaché à la France, juste avant l'invasion de la Côte d'Azur par l'aristocratie européenne. Jusqu'en 1914, cette dernière vient à Menton soigner sa tuberculose ou simplement passer un hiver douillet. Palaces et autres bâtiments somptueux fleurissent, tandis que les Mentonnais cultivent avec succès les olives et surtout les citrons.
Parmi les architectes qui s'illustrèrent à Menton à la Belle Époque, outre **Charles Garnier** qui y résida (et dessina les plans de deux villas) et le Danois **Hans-Georg Tersling**, citons le Mentonnais **Adrien Rey** qui a laissé, entre autres, l'agréable marché couvert du quai de Monléon (1898), décoré de céramiques colorées dues à la fabrique locale des Saïssi. Dans un tout autre art, **Émile Zola** écrivit à Menton *La Faute de l'abbé Mouret*, dans la villa Le Paradou, et la Néo-Zélandaise **Katherine Mansfield** (1888-1923), *L'Étranger, La Femme de chambre, La Jeune Fille.*

avant qu'il soit réduit à néant pendant la Seconde Guerre mondiale. Il fut laissé à l'abandon durant vingt-quatre ans, puis sauvé de la spéculation immobilière par ses voisins. Aujourd'hui, il règne dans ce jardin botanique une atmosphère apaisante et rafraîchissante. Se succèdent des petits jardins variés en terrasses (serre froide, jardin des collections, hispano-mauresque, aride, le boulingrin, etc.), réorganisés selon le milieu d'origine. De grands arbres font écran aux environs et cachent une jolie villa et de grands bassins. Là se mêlent arbres locaux (cyprès, chênes verts, pins parasols mais point de palmier) et essences exotiques, dont certaines variétés uniques dans la région (le plus gros *Afro carpus* du pays, un original pseudo *Panax ferox*, le rarissime *hakea cucullata* originaire du sud-ouest de l'Australie, etc.), dans un cadre dont l'intérêt ornithologique est aussi très prononcé (40 espèces sont répertoriées).

★ Jardin du Val Rameh

Chemin de St-Jacques - ✆ 04 93 35 86 72 - www.jardinbotaniquevalrahmeh menton.fr - avr.-sept. : 9h30-12h30, 14h-18h ; oct.-mars : 9h30-12h30, 14h-17h - fermé mar., les w.-end de mi-nov. à mi-déc. - 7 € (-25 ans 5 €).

Ce jardin botanique touffu est au meilleur de ses couleurs en juin-juillet. Créé en 1905 par **Percy Racliff** autour de la villa Val Rameh, il est, depuis 1966, l'antenne méditerranéenne du Muséum national d'Histoire naturelle. Il regroupe plus de 700 espèces végétales venant d'Australie, d'Asie et d'Amérique : agrumes, fruits exotiques (passiflore, sapote blanche, goyave, avocat), un bassin de lotus et de nymphéas. Le climat exceptionnel mentonnais a permis d'introduire et d'entretenir quelques spécimens d'espèces disparues, dont un rare exemplaire du **Sophora toromiro**, l'arbre mythique de l'île de Pâques.

☺ N'hésitez pas à réserver pour suivre une visite guidée (*1h30 - 11 € avec le service du patrimoine : lun. 15h*).

Jardin Fontana-Rosa

Av. Blasco-Ibañez - ✆ 04 92 10 97 10 - www.menton-riviera-merveilles.fr - ♿ - visite guidée (1h30) vend. (et lun. en saison) à 10h - 6 €.

En 1922, **Vicente Blasco-Ibáñez**, républicain espagnol engagé et écrivain, achète au cœur de l'agreste Garavan cette propriété où il trouve ce qu'il a longtemps cherché au cours de sa vie d'exil : le calme et l'isolement. À Fontana-Rosa, il recrée dans ce jardin de lecture un coin de sa Valence natale avec force céramiques colorées, kiosques, bancs, pergolas et bassins, et le peuple des bustes de ses écrivains préférés.

Jardin Maria-Serena

21 prom. Reine-Astrid - ✆ 04 92 10 97 10 - www.menton-riviera-merveilles.fr - visite guidée (1h30) mar. 10h et vend. 14h30 - fermé j. fériés - 10 € (-18 ans 5 €).

Construite (suppose-t-on) par Charles Garnier, l'architecte de l'Opéra de Paris, la villa Maria Serena, à proximité de la frontière italienne, est entourée du jardin réputé le plus tempéré de France, qui lui valut le surnom de « petite Afrique ». Le thermomètre ne descend jamais en dessous de 5 °C. Collection de palmiers, cycas et plantes tropicales ; vue sur Menton et la vieille ville.

Oliveraie du Pian

Bd de Garavan - escalier d'accès depuis le jardin du Val Rameh - www.menton-riviera-merveilles.fr.

Plus de 530 oliviers centenaires dans ce jardin public prisé des familles pour la promenade ou le pique-nique du dimanche. Minigolf et buvette.

Nano/age fotostock

Les jardins Serre de la Madone.

C. Moirenc/hemis.fr

Le jardin Fontana-Rosa.

C. Moirenc/hemis.fr

Le jardin botanique du Val Rameh.

À proximité

CARTE AUTOUR DE MENTON

Castellar

Voir carte p. 419. 5,5 km au nord de Menton. Quitter la ville par les av. de Verdun et de Sospel.

Agréable village perché, aux vieilles rues reliées par des passages voûtés. Place Clemenceau, vue sur la mer et les sommets environnants. À l'intersection des GR 51 et 52, c'est également un centre d'excursions pédestres.

Au retour, au bout de 2,5 km, prendre le sinueux « chemin du Mont-Gros ».

Belles vues sur la côte et l'arrière-pays.

Le réseau de bus *(voir ci-contre)* permet de visiter les villages perchés du Pays mentonnais : Ste-Agnès, Gorbio, Castellar et Castillon.

Circuit conseillé

CARTE AUTOUR DE MENTON

Route du col de Castillon (vers Sospel)

Circuit tracé en rouge sur la carte p. 419 - 13 km – environ 1h30. Quitter Menton par les av. de Verdun et de Sospel et prendre la D 2566.

La route du col, dite aussi route de la Garde, relie le pays mentonnais au bassin de Sospel grâce aux vallées du Carei et du Merlanson, torrent affluent de la Bévéra. La D 2566 remonte la **vallée du Carei★**. La rive gauche est dominée par les crêtes de la frontière franco-italienne. Aux citronniers succèdent oliviers et pins. Au-delà du hameau de Monti, jolie vue sur Menton, la mer et le village de Castellar, alors que la route longe la forêt de Menton.

Forêt de Menton

Belle forêt d'essences variées, aménagée de petits sentiers, indiqués par des panneaux de bois. Près d'une maison forestière, un chemin, à gauche, mène à une table d'orientation (*1h AR*) : **vue★** sur la côte.

La route passe ensuite près du beau **viaduc** courbe du Caramel, emprunté jadis par le tramway Menton-Sospel.

Castillon

Le village a été reconstruit deux fois, après un tremblement de terre (1887) et des bombardements (1944). Le quartier des artisans d'art (vitrail, peinture, sculpture...) domine le nouveau village, modèle d'urbanisme rural, bâti à mi-pente en style provençal. Du sommet, **vue** sur la vallée du Carei et la mer.

Après le village, à gauche : accès direct à la vallée de Sospel, par des tunnels suivant l'ancien tracé du tramway (D 2566[a]). La route de droite (D 2566) monte au col.

Col de Castillon

Alt. 707 m. **Vue** sur la vallée de la Bévéra avec, au loin, les cimes de Peïra-Cava et de l'Authion *(voir forêt de Turini, p. 453)*. À gauche, la D 54 monte vers le col St-Jean.

Vous pouvez prolonger ce circuit jusqu'à Sospel, en suivant la D 2566 (7 km).

Carnet pratique

S'informer

Office de tourisme – PLAN A2 (P. 415) - *8 av. Boyer - ✆ 04 83 93 70 20 - www.menton-riviera-merveilles.fr.*

Visiter

Maison du Patrimoine – *5 r. Ciapetta - ✆ 04 89 81 52 72 - www.menton-riviera-merveilles.fr - billeterie en ligne.* Dans le cadre du label Ville d'art et d'histoire, la Maison du patrimoine organise des visites découverte, animées par des guides conférenciers agréés par le ministère de la Culture et de la Communication. Elle propose aussi des expositions temporaires (gratuit).

La Citronneraie – *Mas Flofaro - 69 corniche André-Tardieu - ✆ 06 80 26 52 24 - www.lacitronneraie.fr - visite guidée sur demande préalable (1h15) - 6 € (-21 ans gratuit) - visites sur réserv. auprès du service du Patrimoine de la ville de Menton au ✆ 04 92 10 33 66.* Vous pourrez découvrir le citron de Menton côté agricole, chez un producteur passionné dans un verger d'exception. Le domaine abrite aussi des orangers, des pamplemoussiers, des kumquatiers, mandariniers, cédratiers, bigaradiers...

Se garer

Nombreux parkings près du port.

Se déplacer

Train – *✆ 0800 11 40 23 - www.ter.sncf.com/paca.* La ligne TER Nice-Vintimille dessert Menton.

Bus – *Gare routière - av. de Sospel - ✆ 04 93 35 93 60 - www.zestbus.fr.* Ticket à l'unité *(1,50 €)* et carnet de 10 *(12,50 €)* en vente par les conducteurs. Une quinzaine de lignes desservent Menton et ses environs (villages perchés).

Agenda

Fête du citron – *fév.-mars - voir p. 414.*

Festival de musique classique – *www.festival-musique-menton.fr.* De fin juillet à mi-août, concerts donnés sur le parvis de la basilique St-Michel. Solistes et chefs d'orchestre prestigieux ont bâti sa réputation internationale.

Nos adresses

PLAN P. 415

Restauration

Budget moyen

1 La Table d'Oc – B1 - *2 r. du Vieux-Collège - ✆ 04 92 15 14 57 - fermé lun. et dim. soir - plats 15/26 €, menu 23 €.* Cette cuisine française offre un des meilleurs rapports quantité-qualité-prix de la ville, dans une ambiance familiale.

2 Trattoria La Mamma – B1 - *1 r. de la Marne - ✆ 04 93 78 72 09 - www.trattorialamamma.com - 11h45-14h15, 18h45-21h15 - fermé mar. - plat du jour 15,50 €.* Ici vous aurez déjà un pied en Italie ! Cette trattoria concocte de généreux plats de moules, poissons frais grillés et bons plats de pâtes. Salle quelconque mais terrasse agréable. Les serveurs (très) démonstratifs vont feront (peut-être) passer la pilule d'une attente souvent interminable...

3 Pecora Negra – C1 - *quai Gordon-Bennet - ✆ 04 93 96 30 38 - www.pecoranegra.fr - 12h15-14h, 19h-22h - fermé mar.-merc. - pizza 11/16 €.* Troisième restaurant à Menton du chef argentin triplement étoilé Mauro Colagreco, qui s'adonne ici à un exercice apparemment plus simple : la pizza. Mais c'est bien connu, faire simple relève du grand art : les pizzas de Colagreco sont légères, gonflées, craquantes... Un instant de plénitude que l'on savoure face à la plage des Sablettes.

4 **Les Sablettes Beach** – C1 - *2 prom. de la Mer - ✆ 07 76 14 18 32 - www.sablettesbeach.com - 9h-0h - fermé nov.-mars - plats 18/29 €.* Restaurant de plage, pour une salade, des pâtes, une pizza ou une grillade les pieds dans le sable, un petit plaisir qui ne se refuse pas.

Pour se faire plaisir

5 **Le Petit Port** – C1 - *4 r. du Jonquier - ✆ 04 93 35 82 62 - 12h-14h, 19h30-22h - fermé mar.-merc. - plats 25/30 €.* Le chef vous régale d'une cuisine méditerranéenne créative et du sourire qui va avec, à proximité du musée Cocteau.

6 **Le Bistrot des Jardins** – A1 - *14 av. Boyer - ✆ 04 93 28 28 09 - www.le-bistrot-des-jardins.com - fermé de déb.-déc. à mi-janv., dim. soir-lun. - plats 25/34 €, menu 37/48 €.* « Ma ville est un jardin, mon restaurant est un jardin », revendique le chef, plus de quarante ans aux fourneaux... Nul doute, cet homme de métier sait cuisiner les produits – et l'esprit – du terroir méditerranéen ! Le repas est d'autant plus convivial en terrasse, aux airs de jardin en ville.

Une folie

Casa Fuego – HORS PLAN - *80 bis bd de Garavan - ✆ 04 93 17 13 15 - www.casafuego.fr - fermé lun. et mar.-merc. midi - plats 26/74 €.* Mauro Colagreco, trois étoiles Michelin 2021 au restaurant Mirazur voisin, s'est associé à Claudio Battaglino, chef italien renommé de la gastronomie mentonnaise, pour créer ce restaurant chaleureux, offrant une belle vue sur Menton et la mer. Dans l'assiette, c'est le mariage de l'Argentine et de l'Italie : *ojo de bife* (faux-filet de bœuf) aux oignons rouges, pistache et sauce chimichurri, tagliolini aux palourdes, citron et poutargue, ou encore les fameux couteaux à la sauce persillée, grillés sur la braise...

Petite pause

Le Tutti-Frutti – *24 r. St-Michel - ✆ 04 93 35 26 97 - 12h-23h - fermé de mi-nov. à mi-fév. sf fêtes de Noël.* Ce glacier artisanal vend ses délicieux parfums en toute saison.

La Pause glacée - *2 av. Thiers - ✆ 04 92 01 05 78 - mar.-dim. 9h30-18h30.* Des glaces 100 % artisanales concoctées par une jeune pâtissière mentonnaise qui s'est spécialisée dans les *gelati* à Bologne. Parmi ses spécialités, la glace à la pavlova, au tiramisu...

Shopping

Marché – Marché couvert quai de Monléon le matin.

L'Arche des Confitures – *2 r. du Vieux-Collège - ✆ 04 93 57 20 29 - www.confitures-herbin.com - ♿ - 9h30-12h30, 14h-19h, dim. 10h-12h30, 15h-18h - fermé 1er janv. et 25 déc. - possibilité de visite guidée (45mn) en sem. (se rens.) sf j. fériés.* La maison Herbin produit un nombre impressionnant de confitures, fruits confits, pâte de fruits, mais aussi des confits, des moutardes, des vinaigres, des liqueurs d'agrumes et des miels aux saveurs variées.

Au pays du citron – *24 r. St-Michel - ✆ 04 92 09 22 85 - www.aupaysducitron.fr - 10h-0h (19h hors saison).* Recettes ancestrales, créations gourmandes et déclinaisons cosmétiques, tout tourne ici autour du citron.

La maison du citron - *2970 Rte de Super-Garavan - ✆ 06 68 74 38 85 - www.lamaisonducitron.com - tlj sf. dim. 10h-12h, 14h-17h - possibilité de visite guidée sur* *réserv.* Producteurs d'agrumes bio depuis 30 ans, notamment du citron de Menton IGP, Laurent Gannac et son fils Adrien ont désormais une boutique d'épicerie fine sur leur exploitation, sur les hauteurs de Menton avec vue sur la mer. Pour la visite de l'agrumeraie, se rens. sur le site Internet.

Huilerie Saint-Michel – *5 r. du Bréa - ✆ 04 93 35 71 04 - www.huilerie-saint-michel.com - 9h-12h, 15h-19h, sam. 9h-12h, 15h30-18h30 - fermé dim.* Cette huilerie créée en 1896 propose une gamme riche et créative dont des huiles élaborées avec des chefs locaux de renoms, dont la fameuse huile au citron de Menton élaborée avec le chef étoilé Mauro Colagreco.

En soirée

Théâtre Francis Palmero/Palais de l'Europe – *8 av. Boyer - ✆ 04 83 93 70 20 - www.menton.fr - billetterie à l'office de tourisme.* Dans ce beau palais sont programmés ballets, opéras, théâtre et concerts de musique classique.

Casino Barrière de Menton – *2 bis av. Félix-Faure - ✆ 04 92 10 16 16 - www.casinobarriere.com - à partir de 10h.* Jeux traditionnels et machines à sous, discothèque, salle de spectacles.

Activités

Certaines activités peuvent être réservées sur le site *www.menton-riviera-merveilles.fr.*

Balades en mer – *Vieux-Port - quai Napoléon-III - ✆ 06 09 60 11 72 - www.balade-en-mer-menton.fr - mars-oct. : plusieurs balades quotidiennes vers Monaco, Vintimille, en nocturne... à partir de 25 €.* Location de bateau avec skipper.

Hébergement

Budget moyen

1 **Palm Garavan** – C1 - *3 porte de France - ✆ 04 93 78 80 67 - www.hotelpalm.fr - wifi - 19 ch. à partir de 109 € - petit-déj. 8,50/12 €.* Hôtel moderne très agréable sur le front de mer, proche du vieux Menton. Chambres claires fort bien tenues.

3 **Hôtel de Londres** – A2 - *15 av. Carnot - ✆ 04 93 35 74 62 - www.hotel-de-londres.com - wifi, accès handicapés - P payant - fermé de déb. janv. à mi-fév. - 27 ch. 112/122 € - petit-déj. 12 €.* Hôtel accueillant situé à deux pas du front de mer. Chambres climatisées, bien insonorisées et meublées dans un style moderne. Agréable terrasse.

Une folie

Best Western Plus Hôtel Prince de Galles – HORS PLAN - *4 av. Gén. de-Gaulle - ✆ 04 93 28 21 21 - www.princedegalles.com - wifi, restaurant, P, accès handicapés - 63 ch. 191/224 € - petit-déj. 19 €.* Claude Monet aurait séjourné dans cet hôtel occupant les murs d'une caserne de carabiniers des princes de Monaco (1860). Chambres fonctionnelles, à choisir face à la mer avec accès à la plage privée *(30 €)*. Restaurant Le Petit Prince proposant une cuisine traditionnelle.

2 **Princess et Richmond** – A2 - *617 prom. du Soleil - ✆ 04 93 35 80 20 - www.princess-richmond.com - wifi, P - fermé de déb. nov. à mi-déc. - 45 ch. à partir de 150 € - petit-déj. 13 €.* Plage de galets au pied de l'hôtel, salon façon paquebot, toit-solarium et Jacuzzi, chambres confortables dont certaines avec vue sur la mer.

6

Notre-Dame-de-l'Assomption dans la ville de Tende.
RolfSt/Getty Images Plus

7

Les Alpes niçoises

CARTE MICHELIN DÉPARTEMENTS 341 – ALPES-MARITIMES (06)

Arrière-pays niçois★★ 430

Au nord de Nice :

Lucéram★ 440

Vallée de la Vésubie★★ 442

Saint-Martin-Vésubie★ 447

Forêt de Turini★★ 453

Au nord-est de Nice :

Sospel★ 457

Saorge★★ 462

Tende★ 466

Vallée des Merveilles★★ 471

A
B
1
2
3
ITALIA
Lac de Terre Rouge
Parc national du
Le Boréon
Parc Alpha
Madone de Fenestre
Baus de la Frema 2250
St-Martin-Vésubie
Rimplas
La Bolline
St-Sauveur-sur-Tinée
GR 5
M 66
M 2565
La Colmiane
St-Dalmas-sur-Valdeblore
Berthemont-les-Bains
Venanson
Vallon de la Gordolasque
Pic de La Colmiane 1795
Vallée de la Vésubie
Vésubie
Cade du Ray
Forêt de
Mont Tournairet 2085
Roquebillière
Belvédère
La Bollène-Vésubie
St-Honorat
Lantosque
Vallon de Ste-Élisabeth
M 70
M 2566
Peïra-Cava
Pierre Plate 1481
Utelle
M 32
MADONE D'UTELLE 1174
Arrière-
D 21
Saut des Français
Duranus
Tinée
VAR
D 6202
Pont de la Mescla
Mont Vial 1549
Défilé du Chaudan
GORGES DE LA VÉSUBIE
Lucéram
Vieux-Pierrefeu
Coaraze
Bonson
Touët-de-l'Escarène
Levens
Plan-du-Var
Pays
L'Escarène
M 17
D 17
Gilette
Esteron
Berre-les-Alpes
Paillon de Contes
5
Basse Vallée du Var
Contes
Châteauneuf-Villevieille
D 815
Niçois
Ruines de Châteauneuf
Gabre
Paillon
NICE
M 6098
M 6202
M 2209
M 19
D 2204
D 15
D 615
M 2205
M 30
M 89
M 94
M 72
M 171
A 8
Ville de départ du circuit
Les deux Paillon
Vallées du Var et de l'Esteron
De Plan-du-Var à St-Martin-Vésubie
Route de Valdeblore
L'Authion
Vallon de Ste-Élisabeth
Route du col de Braus
Route du col de Brouis
Gorges de Saorge et de Bergue
DIGNE-LES-BAINS
MARSEILLE, GRASSE

TORINO
Col de Tende/
Colle di Tenda
Tunnel fermé
à la circulation
N
Cime du Gélas
3059
Cade del'Estrech
Fontanalbe
Vallée des
Merveilles
Tende
La
Brigue
St-Dalmas-
de-Tende
N.-D.-DES-FONTAINES
Levense
Roya
Granile
Mercantour
Gorges de Bergue
L'Authion
Pnte des
3-Communes
2082
1889
Saorge
Gorges
de Saorge
Mont aux morts
Col de Turini
1607
Turini
Vallée
de
la
Bévéra
La Giandola
Breil-s-Roya
Moulinet
879
N.-D.-de-
la-Menour
Col de Brouis
Col du
Perus
654
Piène-Haute
Gorges du
Piaon
Col de
Braus
1002
St-Roch
Sospel
Fort Suchet
847
642
Col St-Jean
Clue de Braus
Col de
Castillon
Col des
Banquettes
744
Gorges du
Paillon
Peille
Peillon
6
MENTON
MONACO
ITALIA
Nervia
Roia
GENOVA
GENOVA
MER MÉDITERRANÉE
LES ALPES NIÇOISES
0
5 km
MADONE
D'UTELLE
★★★
Vaut le voyage
Pierre Plate
★★
Vaut le détour
Sospel
★
Vaut la visite
Lantosque
Intéressant

Arrière-pays niçois ★★

Voici le berceau de la culture « nissarde ». Bien qu'aux portes de la grande métropole, l'arrière-pays niçois vit loin du rythme de sa célèbre voisine, dans un attachant décor de montagne : vallées déclinées en multiples vallons, cimes dénudées flirtant avec les 1000 m d'altitude, versants alternant verts de restanques et de pinèdes... Le long de belles routes en lacets, vous apercevrez les villages perchés, ourlés de champs d'oliviers et de cyprès. Certains, tels Peillon ou Bonson, semblent tenir à peine en équilibre. Leur dédale de venelles recèle un patrimoine religieux signé par les plus grands artistes et artisans du comté de Nice : les facteurs d'orgue Grinda, l'architecte Guibert, les primitifs niçois...

Se repérer

Alpes-Maritimes (06)

CARTE DE MICRORÉGION BC3 (P. 428-429). L'arrière-pays est alimenté par les fleuves du Var et du Paillon, qui débouchent sur Nice, et par leurs affluents (Esteron, Paillon de Contes...).

À ne pas manquer

Les villages perchés de Peillon et de Bonson ; les panoramas de Berre-les-Alpes et des ruines de Châteauneuf-Villevieille ; le défilé du Chaudan.

Organiser son temps

Comptez une journée entière pour découvrir les vallées du Paillon et leurs beaux villages perchés, et une demi-journée supplémentaire pour la vallée méconnue de l'Esteron.

En famille

Le musée Lou Ferouil à Gilette.

Nos adresses p. 438

Circuits conseillés

CARTE DE MICRORÉGION

★ Les deux Paillon

Circuit tracé en vert foncé sur la carte p. 428-469 – 86 km au départ de Nice - compter une journée.

Le **Paillon** principal ou Paillon de l'Escarène prend sa source au nord-est du col St-Roch, le Paillon de Contes descend de la cime de Rocca Seira, au nord-ouest du même col ; ils se rejoignent à Pont-de-Peille pour déboucher à Nice.

Quitter Nice au nord par le bd J.-B.-Vérany (voir Nice plan I D1-2, p. 334-335), puis la route de Turin (D 2204). À Plan-de-Peille, au bout du pont qui traverse le Paillon, prendre la D 21 à droite, et quelques kilomètres plus loin, prendre à nouveau à droite.

★ Peillon C3

4 r. Carriera-Centrale - Peillon - 06 24 97 42 25 - www.peillon.fr.

Ce village, juché en nid d'aigle sur un rocher étroit et abrupt, est l'un des plus spectaculaires de la Côte d'Azur. Une rigoureuse unité architecturale, imposée par le site et les nécessités de la défense, en compose harmonieusement les formes jusqu'au sommet occupé par l'église. Il a gardé son aspect médiéval. Partout, des escaliers en calade qui serpentent parmi les maisons fleuries, et de nombreux passages voûtés. À l'entrée (derrière les monuments aux morts) subsistent les vestiges d'une partie de **tour carrée**. C'est le « portail », l'ancienne porte d'accès à la forteresse. Dans le prolongement sud, trônant sur la place Arnulf, à l'ombre des platanes, une fontaine datée de 1800. Les maisons les plus basses en pierre grise sont accrochées les unes aux autres par des « pountins » et font corps avec la roche pour dessiner un rempart. D'autres les surmontent et se superposent à flanc de montagne jusqu'au clocher qui domine le village tout entier. En vous promenant, vous noterez également que les noms de rue, gravés sur des morceaux de pierre, sont écrits uniquement en nissart.

Église St-Sauveur – Dominant le ravin et très austère, elle fut construite au début du 16e s., incluant l'abside et une autre église romane du 12e s. Sa façade est de style classique, tandis que l'intérieur affiche un goût baroque (ses colonnes et ses trompe-l'œil).

De la plaça dei Gleia (place de l'Église), **panorama★** (table d'orientation) sur le massif de l'Esterel, le mont Massourda, les vallons de St-Martin et de Longa.

Chapelle des Pénitents-Blancs – *Minuterie extérieure permettant de voir les fresques à travers la grille. Au syndicat d'initiative - 2 € - 5 € billet combiné avec le village, l'église de La Transfiguration, l'ancienne école, le four communal et l'Histoire du Village.* L'intérêt de cette chapelle réside dans les **fresques★** de **Jean Canavesio**, datées de la fin du 15e s. Au fond, la Crucifixion, avec les portraits de saint Antoine et de sainte Pétronille. Sur les murs et les voûtes sont peintes des scènes de la Passion, remarquables par la vigueur de leur mouvement (voir notamment la flagellation et le baiser de Judas) et le goût de l'anecdote. La parenté avec les fresques de N.-D.-des-Fontaines *(voir p. 468)* est évidente. Sur l'autel, remarquez une belle pietà de bois polychrome.

Les moulins à huile et à farine – Au confluent de la Launa et du Paillon s'étend le petit hameau des Moulins qui, comme son nom l'indique, possède l'intérêt de recenser sur son territoire deux moulins du 19e s. parfaitement conservés et toujours en activité. Moulins à huile et à farine (seul moulin à grain de la vallée du Paillon) utilisent la même roue à canon pour fonctionner.

Par la D 21 que l'on reprend à droite, on remonte la vallée du Paillon. Passé la cimenterie, prendre à droite après le pont, sur la D 53 en direction de Peille.

★ Peille C3

Pl. Carnot - Peille - 04 93 91 71 71 - www.peille.fr

Pilia, son nom d'origine ligure signifiant « hauteur nue et herbeuse », est en parfait accord avec sa situation. Ce bourg médiéval de caractère s'étage dans un site exceptionnel, à la fois désolé avec ses montagnes escarpées, vert avec ses oliveraies, et sauvage, surplombant le profond ravin du Faquin.

Tout respire le calme dans ce village dont les vénérables habitants parlent encore un dialecte à eux, le « pelhasque », à mi-chemin entre nissart et gavouot du haut-pays. Depuis la **place de la Tour** (13e s.) en bordure de la D 53, les marches descendent la rue de la Sauterie, rocailleuse, entrecoupée d'escaliers et de passages voûtés ; la rue dégringole ensuite vers la place A.-Laugier. À droite, la rue Centrale mène à la mairie sise dans l'ancienne **chapelle St-Sébastien** (13e s.), couronnée d'un dôme. En tournant deux fois à gauche, on tombe sur la rue St-Sébastien : à gauche se dresse l'ancien hôtel de la Gabelle, restauré après les tremblements de terre de 1909. Sur la place A.-Laugier, admirez l'ancien hôtel des Consuls ou « palais du juge Mage » avec ses portails et ses fenêtres géminées. Derrière une fontaine gothique, sous une maison, deux demi-arches s'appuient sur un pilier roman. Celle de droite conduit à la rue Lascaris, puis vers le monument aux morts, d'où le point de vue est superbe. Celle de gauche ouvre sur l'**Arma**, le plus vieux quartier qui présente encore l'ancien portail d'entrée du village lorsque celui-ci était ceinturé d'un solide rempart.

Église – Flanquée d'un élégant clocher lombard pyramidal, l'église (12e-13e s.) est formée de deux chapelles accolées. À gauche en entrant, un retable à 15 compartiments (1579) d'Honoré Bertone décore un autel. À droite, Peille est représenté tel qu'il était au Moyen Âge. Sainte Anne, la Vierge et l'Enfant figurent sur une fresque du 14e s.

Suivre la direction « Route des Banquettes », petite route panoramique et ombragée.

Col des Banquettes C3

4h AR. Au départ du col (744 m), randonnée jusqu'à la pointe Siricocca, ancienne tour de guet perchée au-dessus de Ste-Agnès, avec vue imprenable sur la Riviera mentonnaise.

Revenir à Peille, descendre jusqu'à la vallée du Paillon et tourner à droite sur la D 21.

★ Gorges du Paillon C3

Beaux défilés, frais et verdoyants, entre des murailles boisées.

L'Escarène B3

26 pl. Carnot - L'Escarène - 04 93 79 62 93 - www.escarene.fr.

Bâti à la croisée de l'accès à la station de Peïra-Cava *(voir p. 455)* et à l'amorce des lacets du col de Braus, ce gros bourg s'étend au fond d'une vallée parcourue par le Paillon. Dès 1591 et jusqu'au 19e s., il est un important relais muletier sur l'ancienne route de Nice à Turin, appelée la **route du sel** *(voir encadré p. 459)*. L'ancien pont à arche unique et la place de la Gabelle en conservent le témoignage. Du pont de l'Armée-des-Alpes, qui enjambe le Paillon, le vieux village se profile élégamment. Flanquée de deux chapelles de Pénitents blancs et noirs, l'**église St-Pierre★** (17e s.) est l'œuvre de l'architecte niçois Guibert, concepteur de la cathédrale de Nice. Elle est parée d'une intéressante façade baroque très ouvragée. L'intérieur, remarquablement grand, présente un décor de la même époque. À droite du vestibule, le bénitier est creusé dans un antique autel gallo-romain surmonté d'une statuette dorée du 17e s. L'orgue de 1791 est signé des **frères Grinda**, célèbres facteurs d'orgues niçois.

Monter au col de Nice par la D 2204 puis tourner à droite sur la D 125 qui mène à Berre-les-Alpes par de belles vues renouvelées sur le village.

Berre-les-Alpes B3

6 pl. Bellevue - Berre-les-Alpes - 04 93 91 88 36 - www.berrelesalpes.fr.

Ce village perché (675 m) est un charmant belvédère naturel dans un très joli site. Aux abords du cimetière, **panorama★** sur les Préalpes de Nice et la mer.

Son **église**, remaniée à différentes reprises depuis le 14e s., conjugue plusieurs styles : décoration intérieure baroque, façade néo-Renaissance et vitraux contemporains.

Pendant la Révolution, la sœur de Mirabeau se réfugia dans le **château** de Berre avant de fuir en Italie. Aujourd'hui, seuls les remparts, les échauguettes et les cours d'honneur sont toujours accessibles et visibles en arpentant le lacis de ruelles pavées disposées tels des gradins.

Redescendre par la même route et prendre à droite la D 615.

Le village perché de Peillon.
V. Trillaud/age fotostock

La route sinueuse qui mène à Contes est un enchantement. Les châtaigniers alternent avec les pins d'Alep, les cyprès, les mimosas, les oliviers et les cultures en terrasses pour composer un paysage typique de l'arrière-pays niçois.

Contes B3

Pl. Albert-Ollivier - Contes - ✆ 04 93 79 13 99 - www.ville-contes.net.
Les Romains l'ont bâti comme ses voisins sur un rocher formant, ici, une proue surplombant la vallée du Paillon de Contes. À l'époque carolingienne, le village était séparé en deux parties : le *villum* dans la plaine et le *castrum*, les bases de la ville d'aujourd'hui. Après une crue terrible du Paillon en 1530, la population se replia sur le castrum.
L'**église** renferme un retable de sainte Madeleine *(chapelle de droite)* de l'**école niçoise** (1525), remarquable pour sa **prédelle★** qui raconte la vie de la sainte en cinq petits tableaux, et un retable de Canavesio daté de 1632. Remarquez les belles boiseries du 17e s. À voir aussi dans le village, une élégante fontaine à deux étages de 1587.
Site des moulins – *D 15, en direction de Coaraze - Quartier du Martinet - ✆ 04 93 79 19 17 - www.ville-contes.net - visite guidée sur demande préalable (1h) - 2 € (-18 ans gratuit).* En bordure du Paillon, il comprend le moulin à huile (13e s.) du village toujours en activité *(déc.-mars)* et le moulin à fer (14e s.) où l'on fabriqua des outils agricoles jusqu'en 1958. Outre l'atelier du forgeron, vous verrez au 1er étage une cuisine paysanne de 1900.
Prendre la D 715, puis traverser le Paillon à la Grave, et suivre la D 815 parmi les pins et les oliviers.

Châteauneuf-Villevieille B3

Ce fief dominant la vallée du Paillon est occupé depuis longtemps, comme en témoigne le magnifique paysage de ruines de la ville médiévale, située 2 km plus loin *(30mn)*, d'où se dégage un vaste **panorama★**, du mont Chauve et du Férion (ouest) aux Alpes (nord-est).
Dans le village actuel, réinvesti au 18e s., la présence romaine se lit dans l'inscription encastrée de la façade de l'**église**, la « Madone de Villevieille ». Cette dernière est du 11e s., comme l'attestent ses festons et ses bandes lombardes. Elle a été rhabillée au 17e s. par une voûte à fresque et un beau retable en stuc qui entoure une Vierge à l'Enfant du 15e s. De la place partent les ruelles ombragées et tranquilles. Certaines maisons, construites tels des à-pics au-dessus du vide, vous donneront le vertige.
Revenir à la D 15, qui, de Contes, ramène à Nice par la vallée du Paillon.

Vallées du Var et de l'Esteron

Circuit tracé en violet sur la carte p. 428-429 – 66 km au départ de Nice - compter 1/2 journée.
Voie de passage, le **Var** a toujours été, aux confins de la Provence et du comté de Nice, l'une des deux grandes voies de pénétration vers les Alpes-de-Haute-Provence ; l'autre étant la route Napoléon *(voir p. 270)*. Large dans son cours inférieur et en voie d'industrialisation et d'urbanisation poussées, sa vallée se prête à une intense circulation. Son charme augmente à mesure que l'on remonte son cours qui se resserre en amont du confluent de la Vésubie.
Quitter Nice en direction de l'aéroport pour rejoindre la D 6007 et prendre à droite vers Plan-du-Var.
La D 6202 qui longe le Var permet un accès rapide dans l'arrière-pays niçois. Dans un décor de cultures florales et potagères, de vignobles et d'oliveraies

apparaissent tour à tour les villages perchés de l'arrière-pays niçois et vençois. À gauche, au pied des *baous*, Gattières, puis Carros et Le Broc, à droite, Aspremont et Castagniers au pied du mont Chauve, St-Martin-du-Var, La Roquette-sur-Var... À l'horizon, la **vue★** se porte sur les cimes enneigées des Alpes. À St-Martin-du-Var, l'Esteron se jette dans le Var.
Gagner la rive droite du Var par le pont Charles-Albert et prendre la D 17 en direction de Gilette.
On aperçoit, à droite, le site de Bonson, village qui couronne un à-pic vertigineux au-dessus de la rivière, et bientôt, le curieux site de Gilette, bâti dans une brèche.

Gilette B3

1 pl. René-Morani - Gilette - ✆ 04 93 08 57 19 - www.gilette.fr.
Accroché au-dessus d'un ravin, Gilette garde sa réputation d'accès difficile, comme la plupart de ses voisins perchés. De la place de la Mairie, suivez le parcours fléché qui monte aux ruines du château (12e s.), d'où le **panorama★** porte sur d'impressionnantes routes en corniche, la vallée du Var, son confluent avec l'Esteron et les Préalpes.
Une agréable allée, bordée de platanes et d'acacias, passe sous le château, livrant de belles vues sur les villages perchés de Bonson et de Tourette-du-Château ainsi que sur les Grandes Alpes, au nord.
★ **Musée Lou Ferouil** – *4 km avant le village. ✆ 04 92 08 96 04 - ♿ - 10-17h30 - fermé lun. et j. fériés - possibilité de visite guidée (1h30) - 4 € (-12 ans 1,50 €).*
Passionné d'anciens outils, Pierre-Guy Martelly les remet en état et en situation en recréant des ateliers (menuiserie, ferronnerie, mécanique, etc.). Il vous fera découvrir les métiers d'autrefois et partager sa passion pour le travail du métal, car le collectionneur-conteur est également sculpteur (gigantesque reproduction de la vallée de l'Esteron, façon forgeron). Belle collection d'automobiles également.
Reprendre la D 17 au nord de Gilette, qui remonte la vallée de l'Esteron, puis, 2 km après Vescous, prendre à droite la petite route qui monte à Vieux-Pierrefeu.

Vieux-Pierrefeu A2-3

Ancien poste romain du nom de Petra Ignaria, Vieux-Pierrefeu était le maillon de la longue chaîne qui s'étirait entre le Mur d'Hadrien (frontière entre l'Écosse et l'Angleterre) et Rome, servant à transmettre des messages optiques.
Austère et fier, ce beau village perché (618 m), vêtu de ses vieilles pierres bien restaurées, invite à s'y attarder. L'Esteron tout proche, avec son lit escarpé et son eau turquoise, réjouit les amateurs de canyoning.
En redescendant par la superbe D 17, vous apercevrez la vallée du Var et les villages rocheux de Bonson et de La Roquette.

★ Bonson B3

Bâti dans un site remarquable, au bord d'un éperon sur le Var, le village de Bonson offre de la terrasse de l'église une **vue★★** exceptionnelle sur le confluent du Var et de la Vésubie, le défilé du Chaudan, les gorges de la Vésubie ; en bas coule le Var, au pied de nombreux villages perchés. Le cadre sylvestre réputé de Bonson a malheureusement subi les ravages d'un terrible incendie en août 1994.
Église – *Pl. de l'Église - www.bonson.org - visites guidées sur demande préalable à mairie ✆ 04 93 08 58 39 ou mairie@village-bonson06.fr.* Elle renferme trois œuvres de **primitifs niçois**, qui expriment une touchante dévotion populaire à une époque de peurs, d'épidémies et de guerres. Au revers de la façade, le retable de saint Antoine, où l'on reconnaît sainte Gertrude (invoquée contre la peste) aux rats qui l'escaladent. Sur le bas-côté droit, le retable de saint Jean-Baptiste, attribué

à Antoine Brea (repeints fâcheux au centre). Au maître-autel, enchâssé dans un cadre Renaissance, le **retable de saint Benoît★**, émouvant par son style naïf et direct, avec sainte Agathe retenant ses seins coupés, sainte Catherine armée d'un glaive, saint Sébastien au corps transpercé de flèches, traité à la manière byzantine.
Quitter le village à l'ouest par la D 27 en direction de Puget-Théniers.
La route serpente à flanc du relief et offre de belles échappées sur Gilette. Après Tourette-du-Château, prendre à droite la route en forte déclivité qui sinue jusqu'à la crête du **mont Vial★** avant d'atteindre le sommet (1549 m). Un **panorama★★** impressionnant récompense les conducteurs courageux. Par beau temps, la vue s'étend sur le cours du Var depuis Puget-Théniers jusqu'à l'embouchure.
Revenir à Bonson.
De grands lacets réservant de belles **vues★** descendent sur le Var qu'on atteint au pont Charles-Albert. À gauche, la D 6102 conduit à **Plan-du-Var**, où l'on franchit la Vésubie à son confluent avec le Var.

★★ Défilé du Chaudan B2-3

Jusqu'à proximité du pont de la Mescla, le Var développe ses méandres au fond d'une gorge étroite aux superbes parois verticales. La route, serrée de près par le fleuve, contourne ces méandres dans un spectacle éblouissant.
Au **pont de la Mescla**, la Tinée se jette dans le Var.
Revenir à Nice par la D 6102.

À voir aussi

CARTE DE MICRORÉGION P. 428-429

★ Coaraze B2-3

10 km au nord de Contes par la D 15.
7 pl. A.-Mari - Coaraze - 04 93 79 37 47 - www.coaraze.fr.
En montant vers le col St-Roch (990 m), la ravissante « route du soleil » passe, entre montagnes et rivière, par une colline d'oliviers. Un vieux village restauré avec goût, repeuplé d'artistes (Jean Cocteau) et d'artisans dans les années 1950, couronne le tout.
Le charmant bourg médiéval, avec ses **vieilles rues★**, ses longs passages voûtés, ses placettes et ses fontaines, invite à la flânerie. Parmi ses cyprès, le jardin en

Coaraze.
afishman64/Getty Images Plus

Douze cadrans d'artistes

Dans Coaraze, réputé le plus ensoleillé des plus beaux villages de France, vous découvrirez 12 cadrans solaires. Dans les années 1960, le maire invita des artistes à mettre le bourg à l'heure des arts. Ainsi six cadrans ont été réalisés par : Cocteau (Les Lézards), Mona Christie (La Chevauchée du temps), Gilbert Valentin (Les Tournesols), Douking (Les Animaux fabuleux), Henri Goetz (Le Piton et sa couronne en vert et or) et Ponce de Léon (Blue Time d'Angel). Son projet s'est poursuivi dans les années 2000 avec les œuvres de Patrick Moya sur le mur de l'école, de Ben et de Sacha Sosno sur le parvis de l'église, de Fabienne Barre sur le mur de la mairie, Henri Maccheroni, place du Portal, et Henri Pagès sur la crèche municipale.

terrasse surplombe une belle vue sur le fond de la vallée et la cime de Rocca-Seira. On accède à l'église St-Jean-Baptiste par le vieux cimetière. À l'intérieur, le décor baroque contraste avec l'aspect très sobre de son clocher carré et de sa façade. L'église ne compte pas moins de 118 anges et angelots en stuc.
N.-D.-de-la-Pitié – *Rejoindre la D 15 vers le nord et, aussitôt, prendre à gauche. Route de la Chapelle-Bleue.* Cet ancien oratoire à la Vierge se nomme aussi Notre-Dame « des-Sept-Douleurs », ou « chapelle bleue » car la vie du Christ y est peinte en camaïeu bleu (Ponce de Léon, 1962). De la terrasse, jolie vue sur le village.
Chapelle St-Sébastien – *Prendre la D 15 vers le sud, à 2 km tourner à droite vers la Gardiola. Route des Jouncas.* Nichée dans la campagne, sur la route de Nice, elle est dédiée au saint protecteur des épidémies de peste. Des fresques (de 1530 avec repeints au 19ᵉ s.) d'une grande élégance la décorent.

Levens B3

18 km au nord-ouest de Châteauneuf-Villevieille par les D 815 et D 19.
1 pl. V.-Masseglia - Levens - 09 62 66 85 84 - www.levens.fr.
Il existe de nombreuses possibilités de randonnées à vélo dans la région ; consulter le guide édité par l'office de tourisme, disponible en ligne.
Perché à environ 600 m d'altitude, le village médiéval de Levens invite à la promenade, avec ses vieilles maisons (dont celle de la famille Masséna, de 1722) et ses fontaines murmurantes. Sur la place de la République, la **chapelle des Pénitents-Blancs**, édifiée en 1755 dans le style baroque, vaut le coup d'œil pour son superbe retable en gypserie polychrome du 18ᵉ s. et sa toile de Malagavazzo datant de 1570. Face à elle, la **chapelle des Pénitents-Noirs**, baroque elle aussi, construite au 16ᵉ s., possède un magnifique chemin de croix et des stalles en bois. Trésor d'orfèvrerie religieuse exposé dans la crypte. Arrivé place de la Liberté, un passage voûté mène à l'église, très restaurée. À gauche, un chemin contourne le village jusqu'au sommet. De là, **vue★** sereine et grandiose sur le cadre de montagnes, du Cheiron au Mercantour, et, en bas, sur le confluent du Var et de la Vésubie.
Galerie du Portal – *1 pl. Victor-Masseglia - 04 93 79 85 84 - 9h-13h, 14h-17h - fermé dim. et j. fériés.* Cette jolie demeure du 17ᵉ s. se trouve en remontant la rue Masséna, adossée à l'une des portes médiévales. Elle présente 140 sculptures de **Jean-Pierre Augier** et accueille des expositions temporaires, ainsi que des animations culturelles.

Duranus B2

8 km au nord de Levens par la D 19.
La route en corniche regarde de haut les gorges de la Vésubie, mais est elle-même dominée, au loin, par la Madone d'Utelle. Le village, dispersé parmi les vignes et

les vergers, a été fondé au 17e s. par les habitants du village de Rocca-Sparviera dont il ne subsiste que des ruines au col St-Michel.
Col St-Michel – *3h AR - départ de la fontaine après l'aqueduc.* Un sentier balisé permet d'aller sur les traces de l'ancien village. Au 17e s., un tremblement de terre a contraint tous ses habitants à descendre vivre à Duranus et l'Engarvin. Remarquez l'ancienne mine d'arsenic en pleine barre rocheuse : elle servait autrefois à concevoir deux sulfures, le réalgar et l'orpiment.
De retour à Duranus, l'**aqueduc** traversant la route menant au Saut des Français ne vous aura pas échappé. Construit en 1880, long de 1880 m, il servait jadis à l'arrosage des cultures maraîchères.

★ Saut des Français B2

Peu après la sortie de Duranus -Chalet d'Accueil - ✆ 04 93 08 76 31 - ♿ - juil.-sept. : 10h-19h - informations touristiques sur le canton de Levens, les itinéraires de randonnée et vente de produits artisanaux.
À-pic d'une profondeur vertigineuse de 240 m (le vrai Saut était encore plus haut : levez les yeux depuis le panorama, c'est bien celui situé loin au-dessus de vos têtes, à 650 m d'altitude !), d'autant plus impressionnant que, dit-on, des « barbets » (sorte de chouans du comté de Nice) y précipitèrent des soldats républicains en 1793 au son de « *Sauta Francès, Sauta* ». C'est de cette triste histoire que vient le nom du belvédère offrant cette vue abrupte, surplombant la vallée de la Vésubie.

Nos adresses

Restauration

Premier prix

La Voûte – *42 r. centrale - Peille - ✆ 04 93 04 56 85 - 9h-20h - fermé merc. - formule 16,50 €.* Au cœur de la vieille ville, l'entrée de cette crêperie se loge sous une voûte de la rue principale : la petite salle rustique, chauffée en hiver par la cheminée, s'ouvre sur l'hôtel du Consul et la fontaine gothique attenante. Spécialité de la maison : la crêpe-pizza... À tester !

Budget moyen

La Capeline – *Toudon - à 9 km de Gilette par D 17 - ✆ 04 93 08 58 06 - www.restaurant-lacapeline.fr - vend.-sam. 12h-16h, dim. 12h-17h - menu 20/35 € - réserv. recommandée.* Poussez la porte de cette petite maison dans la vallée de l'Esteron, vous ne le regretterez pas ! Le patron mitonne chaque jour un menu aux saveurs régionales à base de produits du jardin et d'huile d'olive maison. Décor rustique simple et terrasse ombragée de canisses. Établissement labellisé cuisine nissarde.

Le Mas Fleuri – *1585 av. du Gén.-de-Gaulle (près du stade) - Levens - ✆ 04 93 79 70 35 - www.masfleuri.com - horaires variables, se rens. - plats 15/20 €, menu 24/30 €.* Entre la salle à manger, parée de blanc des murs aux nappes, et l'agréable terrasse sous sa pergola, on appréciera la fraîcheur de cet établissement pimpant. Le chef, champion de France du dessert, signe une carte traditionnelle aux saveurs niçoises.

Une folie

La Fleur de Thym – *3 av. Charles-Alunni - Contes - ✆ 04 93 79 47 33 - fermé de fin déc. à déb. janv., dim. et lun.-mar. midi - plats 23/30 €.* Fleurs fraîches et grande cheminée agrémentent la charmante salle colorée au décor d'esprit bistro contemporain.

Cuisine suivant le marché et les saisons. Service souriant.

Hébergement

Premier prix

Hôtel La Vigneraie – *82 rte St-Blaise - Levens - ✆ 04 93 79 77 60 - www.lavigneraielevens.com - ᯤ P ✕ - fermé oct.-mars - 18 ch. à partir de 77 € - ☕ en sus - possibilité 1/2 P.* Ambiance familiale et table généreuse pour les pensionnaires caractérisent cette maison aux abords verdoyants. Chambres campagnardes, certaines avec balcon. Larges baies dans la salle à manger.

Chambre d'hôte Les Lys – *288 chemin des Meingarde - Berre-les-Alpes - accès par la D 215 dir. L'Escarène - ✆ 04 93 91 81 09 - ᯤ P 🚭 - 3 ch. à partir de 69 € ☕.* Les trois chambres sont situées dans une annexe d'une grande propriété, qui s'ouvre sur le beau panorama des montagnes environnantes. Cuisine et salon en commun et aussi un gîte pour quatre personnes. Vaste jardin où l'on peut faire son barbecue.

Budget moyen

Auberge de la Madone – *3 pl. Auguste-Arnulf - Peillon - à l'entrée du village - ✆ 04 93 79 91 17 - fermé de janv. à mi-fév. - P - 16 ch. 79/112 € - ☕ 20 € - ✕ menu 25 €.* Au milieu de vergers et d'oliviers, l'annexe de l'Auberge de la Madone est une maison ancienne pleine de charme : murs chaulés, voûtes ou hauts plafonds et mobilier campagnard. Petit-déjeuner et restauration à l'auberge.

Chambre d'hôte Les Cyprès – *289 rte de Châteauneuf - Contes - ✆ 06 46 27 54 95 - www.lescypres.fr - ᯤ 🚭 - 3 ch. 85/90 € ☕ - repas 25 €.* Cette maison niçoise des années 1920 compte 3 chambres, en rez-de-chaussée, donnant chacune sur l'extérieur. Décoration à la fois sobre et raffinée. Petit-déjeuner servi sous la pergola ou sous la treille.

Lucéram ★

En descendant depuis Peïra-Cava, le hasard des tournants offre des vues sur ce village aux trois clochers de tuiles colorées, niché au creux d'un ravin. Étape incontournable de la Route du baroque et de la Route des Brea, Lucéram est le petit bijou du comté de Nice. Ses atouts : la beauté de son site, le charme de ses ruelles et la richesse de son patrimoine d'art religieux.

Se repérer

1288 Lucéramois – Alpes-Maritimes (06)

CARTE B2 (P. 428-429).

21,5 km au nord-est de Nice.

À ne pas manquer

La visite guidée du village et des musées *(sur réserv. à l'office de tourisme)*; les fresques des chapelles St-Grat et N.-D.-de-Bon-Cœur.

Organiser son temps

Prévoyez une demi-journée pour découvrir tous les secrets de ce village. 2h suffiront à ceux qui veulent seulement flâner dans ses ruelles.

En famille

Le musée des Vieux Outils, pour son aspect pédagogique; le musée de la Crèche pour plonger dans la magie de Noël.

Se promener

★ Le vieux village

6 pl. Adrien-Barralis - 04 93 79 46 50 - www.luceram.fr.

Se garer dans les parkings aux deux extrémités du village. Venant de Nice : 2 parkings, à gauche après la caserne des pompiers, ou plus loin sur la droite, juste avant la poste. Venant de Peïra-Cava, à droite au niveau des premières rues.

Départ pl. Adrien-Barralis. Suivre les panneaux indiquant le chemin de l'église.

Maisons aux belles fenêtres géminées du 18ᵉ s., arches et passages voûtés, portes en ogives, petits escaliers inattendus, portes basses coincées dans un creux de la chaussée : un véritable petit labyrinthe médiéval ! Des fontaines, souvent agrémentées d'un petit lavoir, coule une fraîche eau de source.

Église Ste-Marguerite

Pl. de l'Église - 04 93 79 46 50 - www.luceram.com - visite guidée (1h) 10h-12h, 14h-18h - fermé lun.-mar. - 3 € (-12 ans gratuit) - visite libre et gratuite pdt le « Circuit des crèches » (déc.).

Remanié au 18ᵉ s., l'édifice n'a plus grand-chose de médiéval : façade classicisante, gracieux clocher et, à l'intérieur, stucs rococo. Vous y découvrirez le plus important ensemble de **retables★★** niçois (15ᵉ s.), à fond d'or ou de paysage : au-dessus du maître-autel, le retable de Ste-Marguerite, chef-d'œuvre de **Louis Brea**; dans le bras droit du transept, le retable de St-Antoine de Padoue par **Jean Canavesio**, encadré d'une boiserie gothique flamboyant. Dans le **trésor★**, belle statuette en or, argent et vermeil de sainte Marguerite au dragon (1500).

En sortant de l'église, descendez l'escalier à droite et gagnez la montée du Terron qui conduit aux **remparts** (15ᵉ s.), dont il reste un angle et une tour défensive.

Un ancien village médiéval

Lucéram a été conçu en deux parties : le village supérieur, bâti sur un escarpement rocheux entre deux ravins, et le village inférieur, ancien lieu de passage, sur la **route du sel**. Par sa situation défensive hors du commun, Lucéram a vu se succéder sur son rocher bon nombre de peuples en 3 000 ans. Les Ligures, d'abord, les Celtes, les Romains et les Francs ensuite y ont construit plusieurs demeures et places fortes. Les comtes d'Anjou, plus tard, ont édifié le **château** dont les vestiges du 13e s. sont encore bien conservés au sud du village. Autre particularité de Lucéram : le nombre considérable de chapelles de confréries. Fief de l'ordre de Malte et des Templiers, Lucéram en a compté jusqu'à sept, à l'extérieur du village ! Il n'en reste que deux aujourd'hui : la chapelle St-Grat et la chapelle N.-D.-de-Bon-Cœur.

★ Musée des Vieux Outils

04 93 79 46 50 - visite guidée (20mn) se rens. à la Maison de Pays -2 € (-12 ans gratuit).

Dans le cadre de la chapelle St-Jean, sont présentés les outils d'antan liés au travail de la terre, du bois, de l'orpiment et de l'arsenic, du fer, de la viticulture, de l'olive... Le tout sous le regard en noir et blanc des aînés du village dont on retrace en photo la vie et les labeurs.

★ Musée de la Crèche

Pl. Adrien-Barralis - 04 93 79 46 50 - www.luceram.fr - - tlj pdt le « Circuit des crèches » en déc.-janv., sinon se rens. sur www.maisondepaysdeluceram.fr - gratuit.

Entre 150 et 200 œuvres sont exposées, toutes conçues et offertes par des habitants. La plus ancienne date de 1948. La plus impressionnante a été réalisée à l'aide de 33 000 allumettes. Dans un univers magique, vous passerez en revue les crèches du monde. Et pour les santons, tous les matériaux sont représentés : terre cuite, porcelaine, allumettes, verre, bois, laine, tissus, fil de fer et même en chocolat !

Chapelle St-Grat

1 km au sud par la D 2566, sur la gauche en sortant du village, avant le tunnel. Intérieur de la chapelle visible à travers les grilles.

Fresques attribuées à **Jean Baleison**. La Vierge et l'Enfant sont assis sous un triple baldaquin gothique. Saint Grat porte la tête de saint Jean-Baptiste qu'il aurait découverte en Palestine près d'un puits. Saint Sébastien, patron des archers, tient une flèche à la main.

Chapelle N.-D.-de-Bon-Cœur

2 km à l'ouest par la D 2566. Se garer (à gauche) quand apparaît un terre-plein des deux côtés de la route. Un petit sentier conduit à la chapelle.

Fresques restaurées également attribuées à **Jean Baleison**, avec quelques repeints. Sous le porche, *La Bonne et la Mauvaise Prière* (inscription latine : « Si ce n'est pas le cœur qui prie, la langue travaille en vain »), et à nouveau saint Sébastien, en martyr. Au fond, scènes du Nouveau Testament (vie de la Vierge, Nativité).

Vallée de la Vésubie

★★

Alimentée par les neiges des derniers hauts massifs alpins, la Vésubie, l'une des plus belles vallées de l'arrière-pays niçois, présente des aspects très variés. Dans son cours inférieur, à partir de Plan-du-Var, le torrent a taillé des gorges aux parois verticales pour rejoindre le Var. Le paysage est méditerranéen entre St-Jean-la-Rivière et Lantosque : les versants les moins abrupts et les mieux exposés de la vallée moyenne se couvrent de cultures en terrasses, de vignes et d'oliviers. La haute vallée est, elle, résolument alpestre, faisant alterner pâturages verdoyants, forêts de sapins, cascades et hauts sommets.

Se repérer

Alpes-Maritimes (06)

CARTE B1-3 (P. 428-429).

La Vésubie, affluent de la rive gauche du Var, est formée de deux torrents : la Madone de Fenestre et le Boréon, nés près de la frontière italienne.

À ne pas manquer

Le panorama depuis la Madone d'Utelle ; la randonnée à la cascade de l'Estrech ; le village de St-Martin-Vésubie *(voir p. 447)*.

Organiser son temps

Consacrez une pleine journée à la découverte de la vallée de la Vésubie.

Carnet pratique p. 446

Nos adresses p. 446

Circuit conseillé

CARTE DE MICRORÉGION

De Plan-du-Var à St-Martin-Vésubie B1-3

Circuit tracé en vert clair sur la carte p. 428-429 – 122 km - environ 1 journée.
La D 2565 suit le fond des **gorges de la Vésubie**★★★, étroites, sinueuses, abruptes, sauvages. Les parois de ces roches sont stratifiées de couleurs changeantes. À **St-Jean-la-Rivière**, prendre à gauche la D 32 qui monte vers Utelle. Les terrasses d'oliviers et la vue, de plus en plus belle, vous font presque (car il vous faut rester vigilant) oublier les 9 km de lacets de la route.

★ Utelle B2

Stationnez à l'entrée du village. Loin de tout, ce fut pourtant un véritable chef-lieu entre la Tinée et la Vésubie, comme en témoignent ses fortifications. Il fait bon arpenter les ruelles de ce village paré de superbes façades en trompe-l'œil, de linteaux sur des portes sculptées dans la pierre.

★ **Église St-Véran** – Bâtie au 14e s. sur un plan basilical et remaniée au 17e s., elle offre à l'intérieur un contraste entre l'architecture sobre de montagne (voûtes d'arêtes ou en plein cintre sur des colonnes et chapiteaux romans) et l'abondante décoration baroque (beaux stucs jusque sur les arcs). Saint Véran, le saint patron de l'église, figure dès la porte d'entrée sous l'élégant porche gothique. Douze superbes vantaux sculptés du 16e s. racontent la légende de la vie de ce moine, vainqueur du dragon du mal… et réputé très efficace lors des épidémies de peste.

Les trois vallées martyres de la tempête Alex

Dans la nuit du 2 au 3 octobre 2020, la tempête Alex balaie la France, entraînant des dégâts considérables. Il s'agit d'**une tempête à caractère explosif** qui, en se déplaçant vers le sud-est, provoque un épisode méditerranéen exceptionnel. Un déluge s'abat sur les trois vallées des Alpes-Maritimes, celles de la Roya, de la Tinée et de la Vésubie.
Il tombe jusqu'à 500,2 millimètres d'eau cumulés par mètre carré à St-Martin-Vésubie ! Des pans entiers de montagne s'effondrent, des torrents de boue et de débris détruisent tout, ponts, voitures, routes, ils éventrent les maisons...
Le bilan humain est lourd : 18 victimes, 10 morts, dont 2 pompiers, et 8 disparus. Un berger de la commune de la Roya est emporté alors qu'il tentait de sauver ses bêtes. Dans les 70 communes des Alpes-Maritimes classées en état de catastrophe naturelle, on dénombre 180 maisons détruites, 420 rendues inhabitables, 85 kilomètres de routes et une cinquantaine de ponts détruits, deux cimetières dévastés – on retrouvera certaines dépouilles dans la baie des Anges et sur les côtes italiennes.
Selon les experts, c'est la catastrophe naturelle qui a provoqué le plus de dégâts en France métropolitaine depuis la Seconde Guerre mondiale.

Derrière le maître-autel, la statue du saint se détache sur un grand **retable en bois sculpté★** (16e s.) représentant des scènes de la Passion. Sur l'autel du bas-côté gauche, un intéressant retable de l'Annonciation, de l'**école niçoise**. Sous l'autel du bas-côté droit, un Christ gisant (13e s.) en bois polychrome. On remarquera enfin les belles boiseries du 17e s. (chœur, chaire), les fonts baptismaux de pierre et de bois sculptés (16e s.) et, dans la sacristie, les ornements sacerdotaux en velours de Gênes et soie, les plats à offrandes en cuivre (fin 16e s.) et une belle croix paroissiale.
Chapelle des Pénitents-Blancs – Près de l'église, elle abrite un retable en bois sculpté reproduisant la Descente de croix de Rubens et six grands tableaux du 18e s.
Poursuivre sur la D 132 (6 km sinueux).

Le village d'Utelle.
V. Trillaud/age fotostock

7

La réintroduction du casseur d'os

Peut-être aurez-vous la chance d'apercevoir dans le ciel de la vallée un **gypaète barbu**. Ce majestueux vautour de 2,80 m d'envergure est l'une des espèces menacées d'Europe. Le plus grand oiseau alpin a un mode de vie bien particulier : alternant vol planant et périlleuses acrobaties, il survole les versants escarpés des pâturages pour se nourrir des charognes de chamois ou de brebis, dont il détache les gros os (jusqu'à 3 kg). Il les lâche ensuite sur les rochers afin de les briser. Il était considéré autrefois comme l'auxiliaire naturel du berger.
Décimé au 19e s. dans les Alpes, il a subsisté dans les Pyrénées et en Corse. Dans le cadre d'un programme international de réintroduction, des lâchers dans les Alpes et dans le **Parc national du Mercantour** *(voir p. 474)* sont organisés depuis une vingtaine d'années.

Madone d'Utelle B2

Lieu de pèlerinage, le sanctuaire de N.-D.-des-Miracles, reconstruit en 1806, fut fondé en 850 par des marins espagnols ou portugais qui remercièrent ainsi la Vierge de les avoir sauvés d'un naufrage en les guidant par une étoile. Ensuite, des guérisons miraculeuses s'y produisirent, la première mentionnée étant celle du comte de Tende, George Lascaris, au 16e s. L'intérieur contient les ex-voto des pèlerins reconnaissants. Les étoiles à cinq branches qui couronnent la Madone sont des fossiles d'animaux marins (proches des oursins) retrouvés sur le site.
À peu de distance, sous un dôme, une table d'orientation (alt. 1174 m), décrit le **panorama★★★** sur l'ensemble des Alpes-Maritimes.
Revenir à St-Jean-la-Rivière et reprendre à gauche la D 2565.
La vallée se serre entre des barres rocheuses, ne s'élargissant qu'au Suquet, dominée alors par le Brec d'Utelle (1606 m) sur la gauche.

Lantosque B2

Ce village apparaît curieusement perché sur une arête de calcaire, entre le Rio et la Vésubie. Il a survécu comme par miracle à de nombreux tremblements de terre depuis le 17e s. Vous arpenterez le dédale de ruelles pour découvrir de belles portes sculptées, des passages voûtés et une fontaine de 1866. Petit arrêt mérité au sommet du village, sur le parvis de l'église St-Sulpice intéressante par sa porte sculptée (17e s.), d'où vous aurez une vue sur les toits du village. Ses mélèzes marquent le seuil de la haute montagne.

Roquebillière B2

ℹ 26 av. Corniglion Molinier - ✆ 04 93 03 51 60.
À six reprises depuis le 6e s., Roquebillière a été détruit par des éboulements ou des inondations. Et six fois, les habitants l'ont reconstruit au même endroit. Sauf la dernière, après le glissement de terrain de 1926 : la majeure partie des habitants a quitté les hautes maisons sévères du vieux village pour la rive droite, où se trouvait déjà une église du 15e s.
Entre le vieux et le nouveau village, l'**église St-Michel-du-Gast** est un exemple de prolongement tardif d'éléments romans (clocher à flèche de pierre et piliers trapus à l'intérieur) associés à du gothique (trois nefs). Remarquez un retable de l'école niçoise, voué à saint Antoine. La cuve baptismale en pierre volcanique, sculptée d'une croix de Malte, atteste l'origine hospitalière de l'église.
À la sortie de Roquebillière-Vieux, prendre à droite la D 171.

Cette route remonte le **vallon de la Gordolasque★★**, qui s'insinue sauvagement entre les cimes minérales du Diable et de la Valette.

Belvédère B2

51 r. Victor-Maurel - 04 93 03 51 66 - www.mairie-belvedere.fr.
Ce charmant village, dont le site domine à la fois la Vésubie et la Gordolasque, constitue l'une des portes d'entrée de la vallée des Merveilles *(voir p. 471)*. De la terrasse derrière la mairie, on a un excellent **point de vue★** sur l'aval de la Vésubie avec le mont Férion, la forêt de Turini *(voir p. 453)* à gauche, le Tournairet à droite et Roquebillière-Vieux à ses pieds.
La D 171 s'élève parmi les roches grandioses et les jolies cascades, dont la **cascade du Ray★**, qui s'écoule abondamment en deux branches.
La route continue de monter parallèlement à la vallée des Merveilles *(voir p. 471)* dont elle est séparée par la cime du Diable. Plus loin se profilent les rochers découpés du Grand Capelet.

★ Cascade de l'Estrech C1

1h - parking au pont de Countet. La route se perd en un sentier qui longe le torrent de la belle cascade de l'Estrech dévalant un **cirque★★** de hautes montagnes enneigées. Ici règnent la nigritelle, orchidée des montagnes herbeuses de couleur rose à pourpre, le passereau nommé accenteur, l'aigle royal, le chocard à bec jaune et le bouquetin. À plus de 3000 m dominent la cime du Gélas et le mont Clapier.
Redescendre à la D 2565 et la poursuivre jusqu'à la D 72 sur la droite.

Berthemont-les-Bains B1

Autre porte d'entrée de la vallée des Merveilles *(voir p. 471)*, la principale **station thermale** de la Côte d'Azur qui se dresse dans un site ombragé était déjà connue des Romains. Son eau sulfureuse radioactive à 30 °C soigne les affections respiratoires, la rhumatologie et les troubles articulaires.
L'église présente un clocher carré coiffé d'une coupole et un porche à colonnes. À l'intérieur, remarquez deux panneaux de l'école de Brea et le maître-autel en bois sculpté (17e s.).
La D 2565 remonte la vallée qui change de caractère à mesure qu'on s'élève : châtaigniers, sapins et verts pâturages justifient l'appellation de « Suisse niçoise » qu'on a donnée à la région de St-Martin-Vésubie. À gauche, on aperçoit le village perché de Venanson.

★ St-Martin-Vésubie *(voir p. 447)*

On vous emmène dans les potagers de la Vésubie...

Savoir cultiver ses plantes, ses fruits et légumes n'est pas sorcier mais ça s'apprend. Pour savoir respecter les saisons, les plants et les pousses et s'adapter au mieux à l'environnement et au temps qu'il fait. L'association Les Potagers de la Vésubie a beaucoup à vous transmettre et organise des ateliers accessibles au public. Formation greffe ou pierre sèche, gestion de l'eau, initiation à la permaculture, vous pouvez choisir votre sujet de prédilection et passer un moment avec les paysans sur leur terrain pour découvrir leur passion, leur agriculture, leur état d'esprit... et leur poser toutes vos questions. L'association a pour but de favoriser les productions locales et de renouer avec les savoir-faire traditionnels. Et c'est aussi grâce à vous qu'elle va se développer.
Plus d'infos : *www.lespotagersdelavesubie.fr*

Carnet pratique

S'informer

Pôle touristique Vésubie Mercantour Val de Blore – *www.vesubie-mercantour.com*

Office du tourisme de St-Martin-Vésubie – *Voir p. 451.*

Office du tourisme de la Bollène-Vésubie – *Voir p. 455.*

Agenda

Fête de la Polenta – En mars, le mercredi des Cendres, Belvédère accueille un grand festin sur la place des Tilleuls où l'on peut déguster cette spécialité, une galette à base de maïs, servie en daube.

Nos adresses

Voir aussi « Nos adresses à St-Martin-Vésubie », p. 452.

Hébergement-restauration

Premier prix

Auberge du Bon Puits – *Le Suquet - Lantosque - 5,5 km au sud de Lantosque dir. Nice - 04 93 03 17 65 -* - *8 ch. 68 € - 9/15 €.* L'auberge, construite en pierres du pays, borde la route qui longe les gorges de la Vésubie. L'hiver, une cheminée réchauffe la grande salle à manger rustique coiffée de poutres massives ; cuisine d'inspiration régionale. Chambres traditionnelles.

Budget moyen

Le Bellevue Martinon – *Rte de la Madone - Utelle - 04 93 03 17 19 - www.lebellevue-martinon.com - fermé de déb. janv. à mi-fév., le soir et merc. - menu 25/43 € - 6 appart. 2/6 pers. à partir de 92 € - 12 €.* À la sortie d'Utelle, ce restaurant familial séduira les amoureux de la montagne. À table, des recettes régionales. Chambres proprettes. Piscine avec vue panoramique sur les sommets.

L'Aubergerie Del Campo – *Rte d'Utelle - St-Jean-la-Rivière - 5 km à l'est d'Utelle par D 132 - 06 22 20 86 95 - - midi et soir - menu 25/30 € - réserv. conseillée le soir.* Ambiance bohème dans cette petite auberge bâtie sur les ruines d'une ancienne bergerie. Salle simple éclairée par de minuscules fenêtres et terrasse surplombant les gorges de la Vésubie. Cuisine provençale maison.

Activités

Via ferrata de Lantosque – *Lieu-dit La Coucourdier, route de Branca - Lantosque - 04 93 02 05 51 - via-ferrata-lantosque.fr - réserv. obligatoire - loc. de matériel sur place.* Considérée comme l'une des plus belles de France, la **via ferrata de Lantosque** comporte trois parties indépendantes dont la difficulté se fait progressive dans des canyons à l'atmosphère tropicale (3h30 au total). Falaises, ponts de singe, tyrolienne et surtout une passerelle finale de 100 m de long : tous les éléments d'un parcours spectaculaire sont au rendez-vous !

Saint-Martin-Vésubie

★

Bâti à la fraîche entre les eaux du Boréon et de la Madone de Fenestre, ce village est situé dans un cadre magnifique de forêts et de montagnes, que l'on a même qualifié de « Suisse niçoise » avec ses châlets construits à la Belle Époque! Les sportifs n'auront que l'embarras du choix entre alpinisme, via ferrata, randonnées, canyoning, vol libre, équitation...

Se repérer

1427 Saint-Martinois – Alpes-Maritimes (06)

CARTE B1 (P. 428-429).

En venant de Nice, 71 km au sud, par la D 2565, vous arriverez à la pointe de la vieille ville.

À ne pas manquer

La vue depuis le nid d'aigle de Venanson ; le parc Alpha au Boréon.

Organiser son temps

Entre la balade dans le village et la vue vertigineuse sur St-Martin-Vésubie depuis Venanson, prévoyez 2h. Comptez 2h30 pour le parc Alpha.

En famille

Le parc Alpha pour apprendre à mieux connaître les loups ; Vesúbia Mountain Park, pour découvrir les activités sportives de montagne.

Carnet pratique p. 451

Nos adresses p. 452

Se promener

Le village

De la place Félix-Faure, ombragée de platanes, on s'enfonce au sud dans le cœur de la cité médiévale.

Rue du Dr-Cagnoli

Regardant paisiblement couler le canal Beal qui les sépare, de jolies maisons gothiques habillées de porches et de linteaux longent cette étroite ruelle pentue. Arrêtez-vous devant la maison du Coiffeur datant du 14e s. Plusieurs maisons de même style ont miraculeusement résisté au terrible incendie de 1487 qui a ravagé presque tout le village.

Chapelle des Pénitents-Blancs

Elle présente un clocher à bulbe et une façade ornée de bas-reliefs. Elle abrite un beau tableau représentant la Descente de croix signé Rocca, célèbre peintre niçois du 17e s.

Palais des Gubernatis

En descendant la rue jusqu'en bas, on trouve, au n° 25, la maison à arcades des comtes de Gubernatis.

Place de la Frairie

La rue du Plan mène à cette place en terrasse, ornée d'un lavoir, avec **vue** sur l'abondante rivière de la Madone et les montagnes voisines (cime de la Palu, cime du Piagu). Dès le 16e s. se tenaient ici les réunions importantes du village.

Église

Cet édifice roman, orné d'une belle décoration 17e s., renferme deux panneaux de retable attribués à **Louis Brea** *(2e chapelle du bas-côté gauche)* : à gauche saint Pierre et saint Martin, à droite saint Jean et sainte Pétronille. À droite du chœur une statue de N.-D.-de-Fenestre assise en bois polychrome (12e s.). Elle est transportée en procession chaque année, le dernier samedi de juin, dans son sanctuaire montagnard. Elle y passe l'été jusqu'au 2e dimanche de septembre, puis regagne ses quartiers d'hiver.

De la terrasse devant l'église, **vue** partielle sur la vallée du Boréon et le village de Venanson dominé par la Tête du Siruol, ronde et boisée.

À proximité

CARTE DE MICRORÉGION P. 428-429

★ Venanson B1

À 4,5 km. Quitter St-Martin-Vésubie au nord-ouest par le pont sur le Boréon et la D 31.

Depuis la place de ce village bâti sur un piton rocheux triangulaire, belle **vue★** sur St-Martin, la vallée de Vésubie et son cadre de montagnes.

Chapelle St-Sébastien – *Pl. St-Jean - www.venanson.fr - 9h-12h, demander la clé à la mairie (✆ 04 93 03 23 05) - fermé w.-end.* Cette chapelle du 15e s., couverte des **fresques★** de **Baleison**, remarquablement composées, est l'un des ensembles les plus achevés de l'art niçois. La vie de saint Sébastien, invoqué contre la peste, y est narrée avec la simplicité d'un conte d'enfant. Vous serez saisis par le réalisme des personnages, les marques du supplice du saint, et son visage, aux traits si gracieux. Cette fresque est l'une des mieux conservées du comté, avec celles de N.-D.-des-Fontaines *(voir p. 468)*.

Église paroissiale – En entrant, à gauche, un triptyque représente une Vierge à l'Enfant, entourée de saint Jean-Baptiste et de sainte Pétronille. Au maître-autel, dans un retable baroque, une grande toile de 1645 évoque le couronnement de la Vierge où figure le donateur. À droite, retable du Rosaire.

★★ Le Boréon B1

À 8 km. Quitter St-Martin-Vésubie au nord par la D 2565, sur la rive droite du Boréon.

À la limite du Parc national du Mercantour *(voir p. 474)*, cette petite station occupe à 1500 m d'altitude un site superbe où tombe, sur 40 m de haut, la **cascade★** du Boréon dans une gorge étroite. Un petit lac de retenue attire, de mars à octobre, les pêcheurs de truites fario, saumonées ou arc-en-ciel. Le cadre verdoyant de pâturages et de bois incite à se lancer sur les nombreux sentiers, à l'assaut des sommets et des lacs de montagne.

★ **Parc Alpha** – *Chalet d'Accueil du Boréon - ✆ 04 93 02 33 69 - www.puremontagne.fr - tlj pdt les vac. scolaires et les w.-ends le reste de l'année - fermé de déb. nov. à mi-déc. - possibilité de visite guidée (2h) sur réserv. préalable - 12 €).* Au sein du Parc national du Mercantour, ce lieu a été conçu dans un but pédagogique. Après la traversée du « Pas du Loup », grandiose et rafraîchissant, entouré de mélèzes, sapins et épicéas, vous franchissez le Boréon, pour accéder au « Temps des hommes », dédié au débat sur la réintroduction du loup dans la région. Puis vous rejoindrez le parc de 12 ha (« Le Temps du loup »), dont la moitié est réservée à trois meutes vivant en semi-liberté dans de vastes enclos. Depuis les chalets d'observation, vous patienterez pour les voir. À l'heure du nourrissage *(se rens.*

Chapelle de la Sainte-Croix, St-Martin-Vésubie.
M. Cavalier/hemis.fr

avant par téléphone), vous les regarderez guetter leur butin, puis s'en rapprocher avant de se régaler d'impressionnantes pièces de bœuf, poulets, poissons et de rongeurs. Chaque année, les naissances prouvent l'adaptation réussie de ces mammifères dans le parc. Une équipe de soigneurs veille sur leur santé *(possibilité d'une sortie accompagnée sur réserv. - 150 €/pers)* et des scientifiques étudient leur comportement.
On peut poursuivre en voiture ou à pied *(30mn)*, à l'est, jusqu'à la **vacherie du Boréon** *(2,5 km)*, où se détache la silhouette si particulière de la Cougourde. À l'ouest, longeant le parc, une route permet de remonter sur 4 km le **vallon de Salèse**.

Le retour naturel du loup

Les deux premiers loups furent observés en 1992. Au printemps 1995, la présence de 8 loups évoluant en meute et, probablement, d'un couple isolé était confirmée. Provenant par migrations successives de la chaîne des Apennins (plus de 500 individus en Italie centrale), le loup cherche constamment de nouveaux territoires. Dans le Parc national du Mercantour, on en dénombrait 19 en 2000, une cinquantaine en 2019. Une politique active de sensibilisation auprès des bergers, exposés à cette délicate cohabitation, est gérée au niveau national. C'est que le loup n'a pas bonne presse ! La solution ? Après les mesures de précaution (parcage des troupeaux la nuit, introduction de chiens de protection), qui n'ont pas suffi à limiter les attaques, un arrêté autorise désormais le prélèvement d'un nombre défini de loups (une trentaine en 2019 dans les Alpes Maritimes). Les tensions perdurent entre éleveurs et défenseurs des animaux, et le loup continue d'alimenter le débat.

Vallon de la Madone de Fenestre B1

12 km à l'est. Quitter St-Martin par l'av. de Saravalle.

La D 94 suit le vallon de la Madone en s'élevant rapidement entre les cimes du Piagu et de la Palu, traversant plusieurs fois le torrent. On parcourt une admirable forêt de sapins et de mélèzes, et de beaux sous-bois. Puis on arrive dans un site pittoresque d'alpages et de haute montagne.

La route se perd dans un **cirque★★** sauvage, très apprécié des alpinistes. Tout près, à l'est, se dresse le Caïre de la Madone (2532 m), massif et pointu; vers le nord-est, dominant la frontière, la cime du Gélas (3143 m), aux pentes couvertes de névés, ferme l'horizon. **Victor de Cessole**, qui dirigea pendant quarante ans le Club alpin français, eut son premier contact avec l'alpinisme dans cette vallée. Il y aménagea un refuge dès 1901. Le musée Masséna à Nice conserve sa remarquable bibliothèque.

La **chapelle de la Madone de Fenestre** est un lieu de pèlerinage, derrière lequel partent de nombreux sentiers de randonnée.

Circuit conseillé

CARTE DE MICRORÉGION

★★ Route de Valdeblore AB1

Circuit tracé en bordeaux sur la carte p. 428-429 – 29 km - environ 2h. Quitter St-Martin au nord par la D 256.

Les noms géographiques des rivières de la région se réfèrent au souvenir d'un des seigneurs du Valdeblore, sorte de Barbe-Bleue. Les gémissements des épouses du monstre, enfermées et mourant de faim, ont donné naissance à Valdeblore (« val des pleurs ») et à Bramafan (« crie la faim »).

Valdeblore est une commune éclatée en quatre hameaux le long de la route : La Colmiane, Saint-Dalmas, La Roche et La Bolline. Immense territoire qui fait communiquer les vallées de la Vésubie et de la Tinée, elle est couverte de pâturages verdoyants et de hautes montagnes boisées.

La route s'élève en laissant derrière elle la vallée et les villages de St-Martin et de Venanson. Juste avant le tunnel, la **vue★** est particulièrement belle, à gauche, sur la Vésubie, St-Martin, le vallon de la Madone et, à l'extrême gauche, sur le cirque de montagnes du Boréon.

La Colmiane B1

La Colmiane - Valdeblore - ✆ 04 93 23 25 90 - www.colmiane.com.

L'office de tourisme propose toute l'année sur demande des visites guidées de l'église de Ste-Croix, du musée du Terroir et du village médiéval de St-Dalmas *(45mn, 4 €, enf. 2 €).*

Les Chemins de Valdeblore – *1 à 2h, facile.* L'office de tourisme vend un livret *(3 €)* détaillant trois circuits thématiques patrimoniaux.

Dispersés au milieu des mélèzes et des sapins, chalets et hôtels font du **col St-Martin** (alt. 1500 m) une station de sports multiples d'hiver et d'été, et le théâtre d'un jardin extraordinaire au printemps où se côtoient plus de 2000 espèces végétales.

Au col de St-Martin prendre à gauche la petite route qui mène au télésiège remontant le pic de La Colmiane.

★★ Pic de La Colmiane B1

La Colmiane - 06240 Valdeblore - ✆ 04 93 23 25 90 - www.colmiane.com - télésiège juil.-août et déc.-mars : tlj ; juin et sept. : w.-end - fermé certains j. fériés - 5 € (-12 ans 3,50 €) AR.

Du sommet, on découvre un immense **panorama★★** : au sud, sur le Tournairet et, au-delà de la Vésubie, sur les hauteurs de la forêt de Turini ; à l'est, sur la chaîne du Mercantour ; au nord et à l'ouest, du Baus de la Frema jusqu'au mont Mounier avec tout le Valdeblore au premier plan.
Après le col St-Martin, on débouche sur une cuvette verdoyante, partie haute du Valdeblore.

St-Dalmas-de-Valdeblore B1

Arpentez les ruelles de cet ancien village fortifié, avant de visiter l'**église Ste-Croix**. D'époque romane, elle est magnifique avec son haut clocher alpin en forme de « pointe de diamant », ses puissants contreforts et les bandes lombardes de son chevet. De plan basilical, elle a été construite sur une crypte préromane ; l'intérieur a été voûté au 17e s. Dans l'abside de droite, les fresques du 14e s. (histoire de saint Jean-Baptiste) sont cachées par un retable du Rosaire (17e s.). Sur la voûte, Christ en majesté. Au-dessus du maître-autel, on remarque un polyptyque du 16e s., à fronton et à prédelle, de G. Planeta : les évangélistes, saint Roch et **saint Dalmas**. Le culte de ce dernier, un soldat romain martyrisé, s'est répandu dans les Alpes grâce à la communauté piémontaise. Dans le bas-côté gauche, retable de saint François, attribué à A. de Cella.
La route domine le **vallon de Bramafan** et traverse le village de La Roche, au pied d'un éperon gris.

La Bolline A1

Centre administratif de la commune de Valdeblore, c'est une agréable station d'été au cœur d'une claire châtaigneraie qui contraste avec le bois noir du versant opposé.
Après La Bolline, prendre à droite la D 66.

Rimplas A1

Le village frappe par son **site★** très curieux sur une arête rocheuse à 1000 m d'altitude. Au pied du fort, à l'extrémité de l'arête, les abords de la chapelle de la Madeleine offrent une **vue** étendue sur la vallée de la Tinée, le vallon de Bramafan, les villages du Valdeblore.
2h AR. Une promenade agréable et facile permet de descendre sur **St-Sauveur-sur-Tinée** *(voir* Le Guide Vert Alpes du Sud*)* par le GR 5 au nord-ouest du village.
Par la route, on longe le Valdeblore par la D 2565, puis la Tinée par la D 2205, à droite pour St-Sauveur, à gauche pour Nice.

Carnet pratique

S'informer

Office de tourisme – *Pl. du Gén.-de-Gaulle - ✆ 04 93 03 21 28 - www.saintmartinvesubie.fr.*

Se garer

Trois parkings au nord-ouest, deux aires de stationnement autour du groupe scolaire et un parking sur la place Frairie.

Nos adresses

Restauration

Budget moyen

La Treille – *68 r. Cagnoli - ☏ 04 93 03 30 85 - midi et soir - fermé lun. - plats 16,50/25 €, menu 34 €.* Les deux terrasses de cette petite table vous séduiront avec leur belle vue sur la montagne. Mais difficile de relever le nez de l'assiette quand on vous sert une délicieuse cuisine de grand-mère.

Shopping

Marchés – Samedi et dimanche, d'avril à octobre, les producteurs locaux prennent place au centre du village. De début mai à mi-septembre, le jeudi, marché montagnard à partir de 16h.

Bière du Comté – *Route de la Colmiane - ☏ 06 23 04 30 17 - www.brasserieducomte.fr - visite guidée gratuite sur réserv. à l'office de tourisme.* Cette brasserie artisanale propose de savoureuses bières bio (blonde, blanche et ambrée), réalisées à partir des eaux limpides de la montagne et avec brassage sur place, sans filtrage ni stérilisation. Vous pourrez acheter aussi les bières dans l'ensemble du Comté de Nice.

Activités

Escapade – *Pl. du Marché - ☏ 06 07 58 61 82 ou 06 08 53 10 86 - www.guidescapade.com.* Ces guides et accompagnateurs de haute montagne sont implantés de longue date à St-Martin-Vésubie. L'été : canyoning, aquarando, escalade, randonnée... L'hiver : ski de randonnée, randonnée en raquettes...

À La Colmiane

Via ferrata du Baus de la Frema – *La Colmiane - 8 km à l'ouest, au col St-Martin, route à droite face au minigolf - ☏ 04 93 02 83 54 - www.colmiane.com - loc. matériel dans les magasins de sport de la station - droit d'accès 5,50 €/trajet ; 44 €/10 trajets - taille mini : 1,45 m - encadrement sur réserv. - fermé nov.-mars.* Cet aménagement permet de s'initier à l'escalade et de tester sa maîtrise du vertige. Le parcours, où se succèdent passerelle, pont de singe et passages aériens, s'effectue en 4h30 environ jusqu'à la cime du Baus de la Frema. Plusieurs sorties (ou échappatoires) rassureront les moins endurants.

Vesúbia Mountain Park – *Allée du Dr-Fulconis - ☏ 04 93 23 20 30 - www.vesubia-mountain-park.fr - ♿ - horaires et tarifs des activités sur le site Internet.* Au pied du village, un superbe complexe, au toit végétalisé se fondant dans le paysage, dédié aux activités de montagne en *indoor* : escalade, canyon et spéléo, mais aussi piscine et remise en forme. Des installations ludiques et sportives.

Hébergement

À St-Dalmas-Valdeblore

Budget moyenr

Les Murès du Mercantour – *Rte du col St-Martin - ☏ 04 93 23 24 60 - www.chambres-hotes-les-mures-mercantour.com - wifi - 4 ch. 93/117 € ☕ - ✂ table d'hôte (sur réserv.) 25 €.* Cette bâtisse aux allures de chalet offre une jolie vue sur la montagne depuis les balcons des chambres. Dans la salle à manger en pierres et aux poutres apparentes, on déguste une cuisine traditionnelle et de saison. L'été, l'agréable terrasse fait face aux sommets.

La forêt de Turini.
R. Manin/hemis.fr

Forêt de Turini ★★

Son nom évoque fraîcheur et dépaysement pour les habitants de la Côte. Depuis les pins maritimes et les chênes au sud, on monte parmi les hêtres, les châtaigniers et les érables, et surtout, les magnifiques sapins et épicéas grands de plus de 35 m au nord. Entre 1500 et 2000 m règne le mélèze. L'ensemble représente une forêt de 3500 ha entre les vallées de la Vésubie et de la Bévéra.

Se repérer

Alpes-Maritimes (06)
CARTE BC2 (P. 428-429). Du col de Turini, plusieurs routes invitent à rayonner dans la région, point incontournable pour passer de la vallée de la Bévéra à la vallée de la Vésubie *(voir p. 442)*.

À ne pas manquer

La route de l'Authion et ses panoramas magiques ; la route du col de Braus, ses stations de caractère en altitude et ses gorges du Païon, vertigineuses.

Organiser son temps

La forêt de Turini vous dévoilera ses secrets en 45mn vers l'Authion et sa vraie magie en une journée, si vous sillonnez la route du col de Braus. Les marcheurs profiteront des sentiers fabuleux en choisissant entre deux randonnées, de 2h30 ou de 3h30.

Circuits conseillés

CARTE DE MICRORÉGION

★★ L'Authion C2

Circuit tracé en bleu sur la carte p. 428-429 – 18 km au départ du col de Turini - environ 45mn.

Depuis le col de Turini, la route de l'Authion (D 68), au milieu des sapins et des mélèzes, parcourt un paysage de montagnes de plus en plus grandiose à mesure qu'on s'élève. À 4 km du col, un monument aux morts fait face à un **panorama★** étendu.

Monument aux morts

Le massif de l'Authion fut à deux reprises le théâtre d'opérations militaires. En 1793, les troupes de la Convention se battirent contre les Austro-Sardes. En avril 1945, la 1re DFL livra de durs combats avant de déloger les Allemands de cette partie stratégique de la **ligne Maginot**.

Près de là se rejoignent les extrémités de la boucle formée par la D 68, prendre à droite.

Après les Cabanes Vieilles, casernes endommagées en 1945, on traverse les alpages des Vacheries révélant de très belles **vues★** sur la vallée de la Roya.

À la hauteur d'un monument, emprunter à droite une piste qui mène en 500 m à une plate-forme où l'on peut faire demi-tour.

★★ Pointe des Trois-Communes

Un merveilleux **panorama★★** se découvre du haut de ses 2082 m, sur les cimes du Mercantour et des Préalpes de Nice.

Revenir à la D 68, et, au monument aux morts, reprendre la route de l'aller.

★ Vallon de Ste-Élisabeth BC2

Circuit tracé en rose sur la carte p. 428-429 – 18 km au départ du col de Turini - environ 1h.

La D 70 s'insinue entre la cime de la Calmette et la tête du Scoubayoun, surplombant le profond vallon où coule la Ste-Élisabeth, affluent de la Vésubie.

Gorges de Ste-Élisabeth

Elles sont creusées dans des roches aux plis violemment redressés.

Peu après un tunnel, dans un coude de la route, s'arrêter près de la chapelle.

★ Point de vue de la chapelle St-Honorat

De la terrasse, se distingue le village perché de La Bollène ; au-delà, la vallée de la Vésubie, de Lantosque à Roquebillière ; au nord, les cimes du Mercantour.

Vallée de l'Authion.
V. Trillaud/age fotostock

La Bollène-Vésubie

Pl. du Gén.-de-Gaulle - 04 93 03 60 54 - www.vesubian.com.
Ce village de montagne, qui a conservé sa tradition pastorale, domine agréablement une forêt de châtaigniers, au pied de la cime des Vallières. Ses rues concentriques montent vers l'église, serrées de demeures du 18e s. En hiver, la **station Turini Camp-d'Argent** (alt. 1700 m) permet de découvrir la forêt de Turini à ski ou en raquettes.
Par de nombreux lacets, on descend vers la vallée de la Vésubie et la D 2565 qui rejoint Nice, offrant des vues plongeantes.

Course

En hiver, les concurrents du **rallye Monte-Carlo** s'affrontent dans l'une des épreuves chronométrées les plus difficiles, passant par la forêt de Turini. Même sans neige, vous comprendrez pourquoi !

On pourra y découvrir le petit **musée des Papillons** *(à côté de l'église - juil.-août : w.-end 9h-12h, 14h-18h - sur rdv après de l'office de tourisme le reste de l'année - gratuit)* dont le contenu couvre en réalité toutes sortes d'insectes du monde entier.

★★ Route du col de Braus

Circuit tracé en orange sur la carte p. 428-429 – 76 km au départ du col de Turini - compter la journée.
Jusqu'à Peïra-Cava, la D 2566 traverse la partie la plus dense et la plus verte de la forêt de Turini. À flanc de pente, elle offre de belles **vues** sur la vallée de la Vésubie et son cadre de montagnes.

★ Peïra-Cava B2

Charmante station d'été et d'hiver (randonnées à ski ou en raquettes) boisée de conifères. Ce véritable belvédère (1450 m) se situe sur une arête étroite entre les vallées de la Vésubie et de la Bévéra, d'où l'on a une vue quasi aérienne sur la région.
À la sortie de la station, une route à droite (à angle aigu) mène à une plate-forme de stationnement. De là, faire 50 m à pied jusqu'à un escalier, à gauche.

★★ Pierre Plate B2

Après la pierre creuse *(cava)*, la pierre plate ! Mais qu'importe, puisque le **panorama★★** y est tout aussi splendide (table d'orientation).
Revenir à la D 2566, toujours en forêt, et prendre la D 21 à la Cabanette.
La route de Lucéram, qui descend en lacets très serrés, offre de magnifiques **vues★** de tous côtés. Soudain, changement de décor : on quitte la forêt de sapins pour un paysage d'oliviers, laissant sur la gauche la route pittoresque qui rejoint le col de Braus par le col de l'Orme.

★ Lucéram *(voir p. 440)*

À partir de Lucéram, la D 2566 descend la vallée du Paillon jusqu'à L'Escarène.
Peu avant L'Escarène *(voir p. 432)*, un imposant **mausolée dédié à la 1re DFL**, inauguré en 1964 par le général de Gaulle, rappelle les sacrifices et les combats de la Libération sur la route du col de Turini (D 2566).
La D 2204 au nord de L'Escarène remonte le torrent de Braus. Jusqu'à Sospel, elle n'est qu'une étonnante suite de lacets escaladant les Préalpes niçoises. Cette route, qui relie les vallées du Paillon et de la Bévéra, est un tronçon de l'ancienne route du Piémont, de Nice à Turin. On traverse **Touët-de-l'Escarène**, coquet petit village abritant une église baroque. Quittant les oliviers, le paysage se dénude et fait place à une garrigue de genêts.

Clue de Braus C3

Courte mais impressionnante, elle s'ouvre après le village de Touët. Du hameau de St-Laurent, on peut accéder à la cascade de Braus (*15mn AR*), avant d'attaquer les 16 lacets répartis sur 3 km.

Tandis que l'on s'élève, la **vue★** s'étend progressivement à l'observatoire de Nice dont on aperçoit la coupole blanche au sommet du mont Gros et jusqu'à la mer dans laquelle se découpent le cap d'Antibes et le massif de l'Esterel.

Col de Braus C2

Alt. 1002 m. Quel soulagement de voir les lacets tourmentés qu'on vient de parcourir ! Mais sachez qu'il en reste 18 à négocier avant d'atteindre Sospel...

Le col franchi, on descend en parcourant du regard les **vues★★** étendues sur les montagnes du bassin de la Bévéra, notamment l'Authion et la cime du Diable. La route contourne le **mont Barbonnet** couronné des fortifications du fort Suchet.

Randonnées

La forêt de Turini ravit les marcheurs. Deux randonnées faciles, « Crêtes de l'Arpiha » (2h30) et « Tour de la Calmette » (3h30) sont présentées dans le Guide Randoxygène « Haut Pays » disponible dans les offices de tourisme ou consultable sur *www.randoxygene.org*.

Col St-Jean C2-3

À gauche, entre les habitations, se détache l'ancienne route militaire qui donne accès au porche d'entrée du fort.

Fort Suchet – *Col St-Jean - Sospel - ✆ 04 83 93 95 70 - www.menton-riviera-merveilles.fr - visite guidée (1h30) juil.-août : sam. 14h30 - 10 €.* Dit du **Barbonnet**, il fut construit de 1883 à 1886, puis modernisé dans les années 1930. On remarque notamment sur le sommet les deux imposantes tourelles.

Après le col St-Jean, la route se rapproche de la vallée du Merlanson, puis atteint Sospel. À la hauteur des casemates du fort St-Roch (*voir Sospel*), belle vue sur le village.

★ Sospel (*voir ci-contre*)

Les oliviers font leur réapparition dans le large bassin de Sospel. Puis la D 2566 remonte, en forêt, la **vallée de la Bévéra★**. La rivière a creusé de profonds méandres très serrés dominés par de hautes arêtes rocheuses et boisées. Jolie **cascade**, à droite.

★★ Gorges du Piaon C2

En corniche et parfois sous un toit rocheux, la route surplombe de façon impressionnante le lit du torrent, chamboulé par d'énormes blocs de rochers.

Chapelle Notre-Dame-de-la-Menour C2

Du chemin qui y mène à droite (petit oratoire à l'entrée), on bénéficie d'un aperçu vertigineux de la vallée et des gorges. Un escalier monumental donne accès à la chapelle ornée d'une façade Renaissance à deux étages.

La route traverse **Moulinet**, charmant village établi dans un petit bassin frais et verdoyant, puis regagne le col de Turini à travers la forêt.

Le vieux pont de Sospel.
L. Decoudin/Michelin

Sospel ★

Cette petite cité chargée d'histoire regarde aujourd'hui paisiblement la Bévéra couler face aux montagnes qui la cernent. Son site verdoyant d'oliviers fut un lieu de passage obligé sur la route du sel qui reliait le littoral à Turin, alors capitale du royaume de Piémont-Sardaigne. Il en reste de nombreux sentiers de muletiers et routes en corniche qui feront la joie des randonneurs.

Se repérer

3818 Sospellois – Alpes-Maritimes (06)
CARTE C2 (P. 428-429).
19 km au nord de Menton par la D 2566. Un vieux pont relie les deux rives qui composent la ville.

À ne pas manquer

Une balade dans le vieux village ; le fort St-Roch, le village perché de Piène-Haute.

Organiser son temps

Accordez à Sospel une demi-journée dont 1h pour le fort St-Roch et 1h pour la route du col de Brouis.

Carnet pratique p. 461

Nos adresses p. 461

Se promener

★ Le vieux village

Rive droite

La charmante **place St-Michel** compose, avec l'église et les maisons gothiques, un ensemble très agréable. La plus vieille maison (palais Ricci), à droite de l'église, accueillit Pie VII en 1809 : chassé par Napoléon des États pontificaux annexés à l'Empire, il se vengea en excommuniant l'Empereur. Parmi les **fontaines** sculptées qui attestent le passé commercial de la cité, la plus imposante est celle de la place de la Cabraïa, à deux niveaux.

Église St-Michel

Romane (clocher, bandes lombardes), elle fut rebâtie au 17e s. dans le goût baroque, comme le montrent sa belle façade et la richesse de sa décoration intérieure : autel, fresques, dorures. Parmi les retables, une des œuvres les plus remarquables de **François Brea** de 1520, la **Vierge immaculée★**, nimbée d'angelots et dominant un superbe paysage de mer et montagne.
Patron du village, l'archange saint Michel « peseur d'âmes » trône au-dessus du porche de l'ancienne cathédrale. Depuis le parvis, partez à la découverte des ruines d'un couvent de carmélites *(en haut des escaliers)*, de fortifications (tour d'angle du 15e s.) puis, après une porte d'enceinte et un escalier, dans la **rue St-Pierre**, où arcades, placette, jolie fontaine et linteaux armoriés (nos 3, 20 et 29) ponctuent la promenade. Au no 30, intéressante façade en bel appareil ornée de deux fenêtres Renaissance et rez-de-chaussée gothique avec fenêtre et porte en ogive.

★ Vieux pont

Trait d'union entre les deux rives depuis le 11e s., ce passage sur la route du sel aurait été le lieu idéal pour installer un péage dans sa tour, ce qu'aucun document n'atteste. On sait en revanche qu'elle fut habitée. Elle a été reconstituée après la guerre de 1939-1945.

Rive gauche

On y admire la **place St-Nicolas**, avec ses maisons anciennes et son pavement de galets colorés (calades). Sous les arcades de l'ancienne maison communale, rénovée et ornée d'un agneau pascal en bas-relief, belle **fontaine** du 18e s.. À droite, la **rue de la République**, bordée de linteaux (nos 14, 15, 23, 51), était animée de nombreux négoces ; elle abrite de vastes caves qui servaient d'entrepôts pour les commerçants de passage. Après le no 51, dans un renfoncement à droite, élégante fontaine provençale du 17e s.. En prenant la pittoresque et étroite rue des Tisserands, vous découvrirez la chapelle Ste-Croix (17e s.).

À proximité

CARTE DE MICRORÉGION P. 428-429

★ Fort St-Roch C2

À 1 km du centre du village, sur la route de Nice. À droite après le cimetière, prendre une ancienne route militaire signalée. ✆ 04 93 04 14 41 - www.menton-riviera-merveilles.fr - ; - ♿ - juil.-août : tlj sf lun. 13h30-18h ; mai-juin : w.-end 13h30-18h - 9 € (5-16 ans 6 €).

Véritable ville souterraine à 50 m de profondeur, le fort faisait partie de la **ligne Maginot** des Alpes construite pendant les années 1930. Il a été conçu pour verrouiller la vallée de la Bévéra, couvrir le col de Brouis et la sortie du tunnel ferroviaire de Breil. Pouvant tenir un siège de trois mois, le fort abritait dans ses 2 km de galeries tout le nécessaire vital (cuisine, bloc opératoire, etc.), et même le superflu : une salle de cinéma ! Un funiculaire menait au poste de tir et aux salles d'artillerie. Visite sonorisée, scénographies au niveau de la chambre du commandant du fort, de la salle des officiers et séquence de réglage de tir de mortier dans la salle du commandant de l'artillerie. Outre un musée de l'artillerie, une

Église Saint-Michel, à Sospel.
L. Decoudin/Michelin

rétrospective de l'armée des Alpes de 1939-1945 est aussi proposée. Enfin, des périscopes permettent d'avoir une vue intéressante des environs.

★ Piène-Haute (par le col Vescavo) C2

9 km au nord-est. Quitter Sospel à l'est par la D 2204. Après 2 km, une route se détache à droite, signalée « Piène-Olivetta ». Après 4 km, la D 93 atteint le col de Vescavo (478 m), qui domine le versant italien de la Bévéra. Elle descend ensuite en Italie sur le village d'Olivetta, entouré d'oliviers. Prendre à gauche la D 193.
On atteint le charmant village de **Piène-Haute** isolé à 613 m d'altitude. Stationnez à l'entrée du village sur l'esplanade. Avant de s'engager à pied dans la descente, belle **vue★** sur les vieilles maisons serrées et dominées par les ruines du château. De petites rues fleuries conduisent à la pittoresque placette de la mairie. L'église, située en hauteur, est accolée d'un beau clocher sculpté et abrite un curieux retable en marbre rouge. Au-dessus, les ruines du château offrent des vues impressionnantes sur la vallée de la Roya et le hameau de Piène-Basse, poste-frontière.

La route du sel

Elle reliait la vallée de la Bévéra à celle de la Roya jusqu'à la frontière italienne. Par son rôle économique primordial pour la conservation des viandes et le tannage des peaux, le sel a présenté de tout temps un intérêt stratégique. Depuis le Moyen Âge, les salines provençales, situées dans le royaume de France, approvisionnaient le royaume du Piémont, *via* la mer jusqu'à Nice, puis à dos de mulet jusqu'à Turin, en passant par Sospel et Saorge. Au retour, les caravanes étaient chargées de riz piémontais, de chanvre et de tissus. Cet intense trafic (plus de 5 000 t par an) d'environ 15 000 mulets à la fin du 18e s. obligea les autorités à rendre cette route royale carrossable et à concevoir les plans d'un tunnel sous le col de Tende, achevé seulement en 1883. Ce trajet demeure l'axe principal de la Côte d'Azur aux cités piémontaises.

Circuit conseillé

CARTE DE MICRORÉGION

Route du col de Brouis C2

Circuit tracé en rouge sur la carte p. 428-429 – 21 km - environ 1h. Quitter Sospel à l'est par la D 2204.
C'est l'ancienne « **route du sel** » du col de Braus *(voir Forêt de Turini, p. 453)* à Turin. En gagnant de la hauteur, belle vue en arrière sur Sospel et le fort du Mont-Barbonnet qui la commande.

Col du Pérus

Alt. 654 m. La route y domine le profond ravin de la Bassera.

★ Col de Brouis

Alt. 879 m. Le brouis est un buisson de bruyère particulièrement abondant en ces lieux. Au-dessus du parking, un monument commémore la dernière offensive française en 1945 contre les forces allemandes repliées dans les vallées.
À l'amorce de la descente du col, belle **vue★** sur les crêtes de la rive gauche de la Roya. Une pente raide puis sinueuse conduit à la vallée encaissée de la Roya et au hameau de La Giandola.

La Giandola

Rural et plaisant à souhait dans son beau paysage de montagne, ce village possède un clocher Renaissance.
Revenir par le même itinéraire : possibilité de faire un détour par Breil-sur-Roya (voir p. 463) ou de remonter la vallée de la Roya, Saorge est à 5 km.

Randonnées

Sentier botanique

Quitter Sospel au nord-est par la D 2204, puis suivre la D 93 en direction du poste-frontière d'Olivetta. Descendre à droite vers la voie de chemin de fer, puis à gauche sous le pont. Le sentier est annoncé près d'une ruine.
1h15 AR. Agréable et pédagogique, ce parcours traverse une forêt de chênes, un bosquet d'aulnes qui apprécient l'humidité régnante, une garrigue qui a colonisé les anciennes cultures et une autre forêt de chênes.

Mont Agaisen

7 km en voiture. Quitter Sospel par la route qui longe le bâtiment des Postes et remonte la rive gauche de la Bévéra. Après 1,5 km, tourner à droite et monter en direction des serres de Bérins. La route serpente à flanc de collines, au milieu des vergers, avec de belles échappées sur la vallée. À Bérins, prendre la route à droite qui s'engage vers le sud. Après une traversée sous bois, l'ancienne route militaire atteint les premiers fortins de l'ensemble fortifié du mont Agaisen (visite uniquement juil.-août : 2e et 4e dim. à 10h et 15h).
1h AR. Le sentier atteint le sommet (alt. 745 m), parsemé de casemates et de tourelles de tir. Le rebord du sommet se trouve plein sud, près d'une grande croix métallique. De là, belle vue sur le village, la vallée de la Bévéra et le mont Barbonnet reconnaissable aux glacis fortifiés. Un peu plus loin, d'autres points de vue sur le col de Brouis, et au nord, la vallée encaissée, dominée par le sommet dénudé du mont Mangiabo (1801 m).

Carnet pratique

S'informer

Office de tourisme – *1 pl. St-Pierre - ✆ 04 83 93 95 70 - www.menton-riviera-merveilles.fr.*

Agenda

Les BaroQuiales – *www.facebook.com/LesBaroquialesSospel.* Première quinzaine de juillet. Sospel accueille des concerts de musique baroque, animations de rue...

Nos adresses

Restauration

Premier prix

Le St-Donat – *373 rte du Paraïs - quartier La Vasta - 3 km au nord-ouest par la rte du col de Turini - ✆ 04 93 04 14 94 - www.camping-mas-fleuri.com - fermé oct. à fin mai - plats 5/17 €.* Situé dans le camping du Mas Fleuri, ce restaurant est ouvert à tous : salades, pizzas et spécialités régionales maison.

Sousper – *17 av. Jean-Médecin – ✆ 04 93 54 70 72 - fermé dim. soir et lun. - plats 15/23 €.* Au cœur de Sospel avec, en saison, une agréable terrasse au bord de la rivière, ce restaurant et pizzeria sert des assiettes bien travaillées à base de produits locaux. Quelques plats végétariens à la carte.

Shopping

Marchés – Marché le jeudi matin sur la place des Platanes. Marché de produits régionaux le dimanche matin sur la place du Marché : fromages de chèvre, huile d'olive et miel.

Activités

Itinéraires des sentiers pédestres et de VTT au départ du village disponibles auprès du bureau d'information. Possibilité de canyoning, parapente...

Écuries de la Nieya – *Quartier Cuni - ✆ 06 65 70 15 61.* Ici, on pratique une équitation éthologique avec le souci de vous sensibiliser au comportement des chevaux. Promenades à poney.

ABC d'Air – *✆ 04 93 21 11 39 ou 06 81 09 80 52 - sur réserv. - baptême 90 €.* Le sommet du mont Agaisen est une bonne base de parapente et l'occasion de découvrir la vallée d'en haut. Baptêmes de parapente avec moniteur *(20mn)*. D'octobre à avril, départ au-dessus de Monaco, avec atterrissage sur la plage.

Sospel Vol Libre – *✆ 06 38 14 40 65 – www.sospelvollibre.com.* Cours et baptême de parapente.

Hébergement

Budget moyen

Chambre d'hôte Le Domaine du Paraïs – *1210 rte du Paraïs - La Vasta Supérieure - ✆ 04 93 04 15 78 - domaineduparais.monsite-orange.fr - 3 ch. 75/95 €.* Un peu sur les hauteurs de Sospel, cette grosse maison de maître a gardé beaucoup de charme. Dans l'ancienne cuisine se trouvent encore l'évier et son égouttoir d'origine, en pierre de Tende.

Chapelle Saint-Gervais – *Quartier St-Gervais - 20 rte de Piene Haute - La Nieya - ✆ 04 93 04 16 49/06 17 26 51 69 - www.lachapellesaintgervais.com - 3 ch. à partir de 100 €.* Chambres d'hôtes dans une ancienne ferme templière dans un décor champêtre. Possibilité de table d'hôtes mettant à l'honneur produits locaux de saison et producteurs travaillant en bio et biodynamie. Vins bios inclus *(29 €)*.

Saorge ★★

À la sortie de ses admirables gorges, le village apparaît entre deux falaises. Bâti en amphithéâtre comme les autres cités de la haute vallée de la Roya, Saorge a conservé intacte son architecture médiévale. L'importance stratégique de cette ancienne ville ligure, puis romaine, en fit une place forte invincible. Saorge céda tout de même aux Français commandés par Masséna en 1794, puis au cours des opérations d'avril 1945.

Se repérer

459 Saorgins – Alpes-Maritimes (06)

CARTE C2 (P. 428-429).

En venant de Breil-sur-Roya, 11,5 km au sud, dépassez Saorge et prenez à droite dans le centre de Fontan. Parking à l'entrée du village.

À ne pas manquer

La vue imprenable depuis la terrasse du couvent des franciscains.

Organiser son temps

Débutez votre journée en accordant 2h à la visite du vieux village et de son couvent. Puis, en voiture, partez admirer les gorges alentour.

En famille

L'écomusée du Haut-Pays et des transports à Breil-sur-Roya.

Carnet pratique p. 464

Nos adresses p. 465

Se promener

★ Le vieux village

Le village est construit sur trois niveaux : à chacun sa fontaine et sa place. Ses ruelles en dédale, presque toujours en escalier, souvent voûtées, sont amusantes à parcourir. On y découvre des maisons du 15e s. abritées de lauzes et des portes aux linteaux sculptés. Les fiers clochers des trois chapelles des Pénitents (l'une d'elles abrite la bibliothèque) dominent le village.

Église St-Sauveur

Construite au 16e s. et revoûtée au 18e, elle est composée de trois nefs, séparées par des colonnes à chapiteaux corinthiens dorés. Outre ses retables, on remarque un beau tabernacle Renaissance, une Vierge en bois doré avec baldaquin (1708), des fonts baptismaux du 15e s., et un primitif du 16e s. sur l'autel de l'Annonciation. L'**orgue** de l'église, fabriqué en 1847 par les Lingiardi, facteurs à Pavie, fut transporté du port de Nice à Saorge à dos de mulet, après un voyage par mer de Gênes à Nice.
Traverser le village vers le sud. À une bifurcation, prendre le chemin de droite.

Madone del Poggio

Propriété privée. Exemple de l'architecture romane primitive de la région, il s'agirait de son plus vieil édifice religieux. Remarquable clocher élancé à six étages de bandes lombardes.
Le chemin de retour offre un beau point de vue sur Saorge et ses terrasses plantées d'oliviers.
À la bifurcation, prendre à droite à angle aigu vers le monastère.

Saorge.
RolfSt/Getty Images Plus

Couvent des franciscains

Monastère de Saorge - ✆ 04 93 04 55 55 - www.monastere-saorge.fr - juin-sept. : tlj 10h-12h30, 14h30-18h30 ; fév.-mai et oct. : tlj sf mar. 10h-12h30, 14h30-17h30 - fermé nov.-janv. - 5 € (-18 ans gratuit).

Dans un bel environnement d'oliviers, il domine au sud le village. L'église du 17e s., de style baroque italien, possède un porche surmonté de balustres et un clocher à bulbe couvert de tuiles polychromes. On visite également le réfectoire orné de fresques du 17e s., ainsi qu'un petit cloître décoré de jolies peintures pieuses et rustiques. De la terrasse, la **vue★★** porte sur Saorge, la Roya et ses gorges.

Circuit conseillé

CARTE DE MICRORÉGION

Gorges de Saorge et de Bergue C2

Circuit tracé en bleu foncé sur la carte p. 427 – 39 km - environ 4h.

Breil-sur-Roya

17 pl. Biancheri - ✆ 04 83 93 98 35 - www.breil-sur-roya.fr.

Blotti entre le sommet de l'Arpette (1610 m) et la rivière, ce bourg n'est qu'à deux sauts de cabri de l'Italie, dont il a la couleur, le parfum et l'animation. Ses charmantes ruelles serrées de demeures anciennes, colorées parfois de fresques en trompe-l'œil, sa place à arcades, le clocher polychrome de l'église paroissiale et la façade Renaissance de la chapelle Ste-Catherine (qui accueille des expositions temporaires) dénotent l'ancienne appartenance italienne de la ville, autrefois étape de la route Vintimille-Turin. À voir également, les vestiges de remparts et la porte de Gênes.

Église Sancta-Maria-in-Albis – Ce magnifique édifice baroque du 18e s. s'ouvre par de beaux vantaux sculptés. On peut y admirer les fresques qui ornent les voûtes (Assomption de la Vierge), un magnifique buffet d'orgue en bois sculpté et doré (17e s.) et, à gauche du chœur, un retable primitif (1500) consacré à saint Pierre, représenté en pape coiffé d'une triple tiare.

« A stacada d'breil »

Cette manifestation se déroule à Breil-sur-Roya tous les 4 ans, le 3e ou 4e dimanche de juillet pour commémorer l'abolition du droit de cuissage par la révolte des habitants de Breil soumis à un tyran local au 14e s. Une partie de la population, parée de costumes médiévaux, traverse la cité. L'arrivée à l'improviste du seigneur permet à la population de demander réparation. Après des courses-poursuites dans les ruelles entre la garde turque du seigneur et les notables, ces derniers sont capturés et enchaînés, c'est-à-dire *a stacada*. La journée s'achève par un grand bal populaire. Prochaine édition en 2023.

Écomusée du Haut-Pays et des transports – *Gare de Breil - ✆ 04 93 04 42 75 - www.menton-riviera-merveilles.fr - mai-sept. : tlj sf lun. 14h-17h30 - 5 €.*
Transformée en musée, la gare de Breil abrite une originale exposition de véhicules ferroviaires : une locomotive à vapeur, un tramway, des maquettes animées, un locotracteur, un trolleybus.
Quitter Breil-sur-Roya au nord par la D 6204.
On laisse à gauche la route du col de Brouis. Après **La Giandola** *(voir p. 460)*, la route remonte la vallée de la Roya, qui se resserre de plus en plus.

★★ Gorges de Saorge

La route longe le torrent, puis surplombe, en corniche étroite sous les rochers, les gorges parmi les plus belles de la région avec celles de Bergue. La voie ferrée de Nice à Cuneo a réussi aussi à s'y frayer un passage au prix de nombreux ouvrages d'art. Ces premières gorges s'interrompent par le fantastique tableau que compose Saorge parmi ses oliviers.

★ Gorges de Bergue

Après Saorge et Fontan, les gorges apparaissent, grandioses, creusées dans un défilé de schistes feuilletés et colorés de rouge. On peut rejoindre le mignon hameau de **Granile** *(voir p. 469)* par un joli sentier. La vallée s'élargit ensuite dans le bassin de St-Dalmas-de-Tende.

Carnet pratique

S'informer

Mairie – *Av. du Dr-Joseph-Davéo - ✆ 04 93 04 51 23 - www.saorge.fr.1*

Se déplacer

En train – Les lignes française (TER) et italienne (FS) de Nice/Breil-sur-Roya/Cuneo desservent les gares de Peille, Sospel, Saorge, La Brigue et Tende.
En été, optez pour le « train des Merveilles » *(voir p. 535)*.

Agenda

La Vallée de Noël – De mi-déc. à mi-janvier, les habitants de Piene Haute installent des crèches à l'extérieur de leur maison. À Breil, c'est dans la salle Ste-Catherine.

Festival international la route royale des orgues – *www.larouteroyaledesorgues.com.* En août. Les vallées de la Roya et de la Bévéra possèdent un patrimoine organistique exceptionnel avec six instruments historiques, œuvres de facteurs italiens du 19e s. (Sospel, Breil-sur-Roya, Fontan, Tende, Saorge et La Brigue).

Nos adresses

Restauration

Premier prix

La Petite Épicerie – *68 r. Lt-Jean-Revelli - ✆ 04 93 82 10 83 - 12h-14h30, w.-end 19h-21h30 - plats 5/15 €.* Une épicerie-restaurant, adepte du mieux manger, qui sert toute l'année une cuisine bio et locale. La carte change tous les jours : focaccia, daube, tourte saorgienne...

Shopping

Biscuiterie Val Roya – *R. Virgile-Barrel - ✆ 06 10 33 15 72 - 9h-13h, 15h-18h - fermé lun.-mar. hors saison.* Cette petite boutique propose de délicieuses tourtes traditionnelles de Saorge, verte (blettes) et rouge (tomates), des pissaladières, de savoureux biscuits cuits dans l'ancien four communal (navettes, croquants...). Tout est fait à base d'ingrédients issus de l'agriculture biologique.

Activités

Les gorges de Saorge peuvent se découvrir en kayak ou en raft.

AET Nature – *392 chemin du Foussa - Breil-sur-Roya - ✆ 04 93 04 47 64 - www.aetcanyoning.com - tte l'année sur réserv. - 8h-21h.* Spécialiste des eaux vives, canyoning et rafting, mais aussi randonnées pédestres, via ferrata, raquettes, VTT. Un concentré d'aventure, jusqu'aux nuits dans les yourtes.

Roya Évasion – *11 bd Rouvier - Breil-sur-Roya - ✆ 06 78 75 16 64 - www.royaevasion.com - tte l'année sur réserv.* Au programme : kayak, canyoning, rafting, randonnées pédestres, VTT, raquettes, via ferrata, etc. Location de matériel et accompagnement par des guides diplômés d'État.

Mat & Eau – *31 av. des Combattants-en-Afn - Breil-sur-Roya - ✆ 06 83 18 48 74 - www.nicecanyoning.com - fermé nov.-mars - réserv. en ligne.* Rafting, canyoning, hydrospeed, via ferrata, spéléologie... Avec guides.

Hébergement

Budget moyen

Chambre d'hôte Ca'Da'Barrera – *1 r. du Prés.-Doumergue - ✆ 06 16 44 08 26 - www.chambresdhotes-saorge.fr - -5 ch. 90 €.* Au cœur du village, cette demeure magnifiquement restaurée occupe le site de l'ancienne école communale. Chambres au charme discret de grand confort et balcon avec panorama sur la vallée.

À proximité

Premier prix

Chambre d'hôte Le Berghon – *Hameau de Berghe Inférieur - à 5,5 km de Fontan par la D 42 - ✆ 06 70 48 46 91 ou 06 74 53 34 46 - www.leberghon.com - - 3 ch. 65 € - 7 € - repas 20 €.* Masqué par les châtaigniers, ce minuscule hameau perché est accessible par une étroite route qui offre de superbes panoramas. Trois chambres simples.

La Bonne Auberge – *52 r. Pasteur - Breil-sur-Roya - ✆ 04 93 04 41 50 - www.labonneaubergebreil.fr - 7 ch. 71 € - poss. de demi-pension et pension complète - plat du jour 10 €.* Un petit hôtel-restaurant traditionnel avec des chambres modernes et confortables pouvant accueillir jusqu'à 3 personnes. Bon restaurant avec cuisine maison. Loue également des gîtes.

Tende ★

Sévère avec ses hautes maisons aux toits de lauze, entre montagne (816 m) et rivière (la Roya), Tende compose un site surprenant. Commandant le principal col avec l'Italie, la petite ville ne devint française qu'en 1947, avec La Brigue. Comme St-Dalmas, c'est le point de départ des excursions pour la vallée des Merveilles, dont elle introduit la visite avec un musée fort intéressant.

Se repérer

2179 Tendasques – Alpes-Maritimes (06)

CARTE C1 (P. 428-429).

En montant à Tende au départ de Sospel et Breil-sur-Roya, on passe d'un paysage de rocaille et d'oliviers à celui de prairies et de pommiers, en traversant la belle forêt de châtaigniers de St-Dalmas-de-Tende. Tende, en lacet jusqu'à son col, était l'ancienne route du sel pour Cuneo et Turin.

À ne pas manquer

Après une visite du musée des Merveilles et une promenade dans la vieille ville qui s'étage sous les ruines de son château sur la rive gauche de la Roya, profitez pleinement, été comme hiver, de la montagne.

Organiser son temps

Une journée ne sera pas de trop pour profiter de la ville et de son cadre oxygénant. Les rues grimpent et le pavage est inégal, prévoyez donc des chaussures confortables.

En famille

Le musée des Merveilles.

Carnet pratique p. 469

Nos adresses p. 469

Découvrir

★ Village

Les demeures, dont certaines datent du 15e s., sont souvent habillées des schistes verts et violets de la haute vallée de la Roya. Balcons à tous les étages pour profiter du soleil, larges toits débordants contre les chutes de neige, l'architecture est définie par le climat alpin. Dans le lacis des rues étroites ponctué de passages voûtés, de nombreux **linteaux** armoriés ou historiés rappellent un passé glorieux. Derrière la collégiale, on voit, au passage, les clochers Renaissance des chapelles des Pénitents-Noirs et des Pénitents-Blancs. En haut de la ville, un pan de mur aigu de 20 m est le dernier vestige de la grandeur des Lascaris, comtes souverains de Vintimille-Lascaris dont Tende était le chef-lieu (jusqu'en 1575, passant à la Savoie ensuite). Le **château** fut démantelé par les Français au cours de la guerre de la ligue d'Augsbourg (1692). Près des ruines, un curieux **cimetière** étagé ajoute une note d'étrangeté. De là-haut, belle **vue★** sur clochers et lauzes.

Collégiale Notre-Dame-de-l'Assomption

Elle date du début du 15e s., à l'exception d'une tour lombarde romane à coupole. Le magnifique **portail** Renaissance est constitué de deux colonnes doriques reposant sur deux lions d'inspiration romane ; l'entablement, orné des statuettes du Christ et des apôtres, est couronné par un tympan semi-circulaire où l'Assomption se détache en bas-relief. L'intérieur, qui conserve les tombes des Lascaris,

Tende.
Tinieder/Getty Images Plus

est divisé en trois nefs par de grosses colonnes en schiste. Bel **orgue** des facteurs lombards Serrassi.

★ Musée des Merveilles

Av. du 16-Septembre-1947 - ✆ 04 89 04 57 00 - www.museedesmerveilles.com - ♿ - de mi-juin à mi-sept. : 10h-18h ; reste de l'année : 10h-17h - fermé mar., 1er janv., 1er Mai, 13-25 nov., 25 déc. - possibilité de visite guidée sur demande (1h) - gratuit.
Il est incontournable, avec les 12 colonnes de sa façade moderne et son parvis tapissé de motifs rupestres, mais surtout car c'est le complément précieux de la randonnée autour du **mont Bégo** *(voir vallée des Merveilles)*.
Le contexte géologique régional est présenté à l'appui de maquettes en relief et de tables d'animation. La section archéologique évoque les croyances et explique la vie quotidienne des populations des Alpes méridionales à l'âge du cuivre et à l'âge du bronze ancien, notamment à partir de la stèle originale dite du « **Chef de tribu** », de dioramas et des vitrines d'objets. La partie des arts et traditions populaires de la vallée de la Roya décrit la vie économique de la région, aux activités pastorales continues depuis cinq mille ans.

À proximité

CARTE DE MICRORÉGION P. 428-429

St-Dalmas-de-Tende C1

5 km au sud. Agréable petite station de séjour pour rayonner à pied, à cheval, à vélo ou à ski, notamment jusqu'à la **vallée des Merveilles** *(voir p. 471)*. La gare, avec son immense et luxueuse façade, rappelle qu'elle fut dans les années 1930 l'important poste-frontière de la ligne Nice-Cuneo.

★ La Brigue D1

6,5 km au sud-est.
Pl. St-Martin - ✆ 04 83 93 95 50 - www.labrigue.fr.
En venant de St-Dalmas-de-Tende, traversez le pont roman qui enjambe le torrent. Vous arrivez dans La Brigue et bénéficiez alors de la plus belle vue sur le

mont Bégo. 1h. Vous pourrez venir à pied en suivant le chemin des Oratoires *(dépliant dans les offices de tourisme).*
Au pied des ruines du château (14e s.) et de la tour, de nombreuses maisons médiévales en pierre verte ou schiste noir de la Roya présentent de remarquables **linteaux** armoriés ou historiés *(notamment rue de la République)*. Sous les arcades de la place Vieille se déroulaient autrefois foires et marchés. De part et d'autre de l'église paroissiale, deux chapelles de pénitents du 18e s. : à droite, la **chapelle de l'Assomption** dresse une façade baroque flanquée d'un gracile clocher génois. Elle abrite le trésor de la collégiale. À gauche, la **chapelle de l'Annonciation**, de plan hexagonal, abrite un musée d'art religieux.
★ **Collégiale St-Martin** – Cette église paroissiale, ornée de bandes lombardes, est dominée par un beau clocher carré de la fin du 15e s. Le portail, surmonté d'un encadrement et d'un linteau du 16e s., ouvre sur une nef somptueusement décorée d'or à l'italienne. Outre le buffet d'orgue du 17e s. (réhabilité au 19e s. par des facteurs d'orgues italiens) et les fonts baptismaux de marbre blanc, le très bel ensemble de **peintures de primitifs niçois**★ éblouit. En entrant dans le bas-côté droit : une Crucifixion dans le style de celle de Louis Brea à Cimiez, le retable de Ste-Marthe, le martyre de saint Érasme ; un peu plus loin, le beau retable de Louis Brea l'**Adoration de l'Enfant**, et enfin le panneau central d'un triptyque de la même école représentant l'Assomption de la Vierge. Dans la première chapelle de gauche, admirez le triptyque de 1507 de l'Italien Fuseri, **N.-D.-des-Neiges**, inséré dans une superbe boiserie baroque du 18e s.

★★★ Fresques de la chapelle Notre-Dame-des-Fontaines D1

4 km à l'est de La Brigue par la D 43. ✆ 04 83 93 95 50 - www.labrigue.fr - ♿ - mai-sept. : tlj sf jeu. 10h-12h30, 14h-17h30 ; reste de l'année : sur demande préalable - 4 € (-12 ans gratuit).
1h30. Un sentier d'interprétation permet de rejoindre la chapelle à partir de La Brigue (dépliant disponible à l'office de tourisme).
N.-D.-des-Fontaines est isolée dans le vallon du Mont-Noir, non loin du fascinant mont Bégo, et domine l'un des nombreux torrents de la région. Ce lieu miraculeux était déjà fréquenté au 2e ou au 3e s. comme l'atteste un premier sanctuaire des eaux, remplacé par une chapelle (dont il reste le chœur du 12e s.), à laquelle succéda celle de N.-D.-des-Fontaines (14e s.). Elle matérialise la réalisation du vœu des Brigasques de voir les sources, alors taries, couler à nouveau. Elle fait toujours l'objet d'un pèlerinage très suivi dans la région. Avant sa surélévation au 18e s. qui la dota de sept fenêtres hautes, elle fut agrandie au 15e s. pour recevoir en 1492 une extraordinaire décoration picturale : on a en effet le souffle coupé devant la beauté et la profusion des fresques qui ornent entièrement la chapelle. Ces images devaient raviver la foi dans ces contrées excentrées, d'où le style burlesque, macabre ou poétique de ces scènes pleines de vie et d'anecdotes précieuses sur l'époque.
★★★ **Les fresques** – **Jean Baleison**, meilleur artiste représentatif du gothique dans cette région des Alpes, a peint le chœur, consacré à la gloire de la Vierge. La voûte est revêtue des quatre évangélistes. Son style se reconnaît à la délicatesse, la légèreté et la grâce de ses personnages, comparables à ceux des fresques de Venanson *(voir St-Martin-Vésubie, p. 447)*. À travers la Passion *(nef)* et le Jugement dernier *(revers de la façade)*, le grand talent du primitif renaissant **Jean Canavesio** s'exprime d'une manière tout autre : dramatique, sombre et réaliste. Son art exubérant, s'il est encore d'inspiration gothique, s'affirme dans un dessin plus nerveux et un meilleur sens de l'espace.

Granile C1

10 km au sud. Prendre la direction Castérino (D 91), après 1 km, tourner à gauche. La route serpente sur 5 km au milieu de châtaigniers et de pins sylvestres avant de se terminer en cul-de-sac (garer la voiture avant les premières maisons).
Ce charmant hameau, encerclé de montagnes, présente une belle unité de style montagnard, avec ses habitations ornées de balcons de bois, recouvertes de dalles de lauze. Impressionnante vue sur les gorges de la Roya et à l'est sur la crête des cimes frontalières.

Carnet pratique

S'informer

Office de tourisme/Maison du Parc national du Mercantour – *103 av. du 16-Sept.-1947 - ✆ 04 83 93 98 82 - www.menton-riviera-merveilles.fr.*

Se déplacer

Si vous souhaitez pousser jusqu'en Italie, le tunnel du col de Tende est inaccessible suite à la tempête Alex. Vous devrez empreinter le col et ses nombreux lacets en tête d'épingle.

Train des Neiges – *Réserv. obligatoire - sur www.menton-riviera-merveilles.fr/mercantour-roya-bevera/train-des-merveilles - de fin janv. à fin mars : le w.-end et tlj pdt les vac. scol. d'hiver - AR 15 € (4-12 ans 6,50 €), transfert en bus inclus - dép. 9h23, retour 16h30.* Le Centre nordique de Castérino (station de ski de fond et chiens de traîneau) et la SNCF proposent un service au départ de Nice pour rejoindre la vallée enneigée. Le reste de l'année, le Train des Merveilles relie Nice à Tende.

Agenda

Fête de la St-Éloi – 2e week-end de juillet. Bien que les muletiers aient cessé leur activité, ils sont encore honorés à la St-Éloi : ils défilent avec leurs mulets richement caparaçonnés. Feux de la St-Éloi, animations folkloriques.

Fête des bergers de la St-Roch et fête paysanne – Autour du 15 août. Cette foire aux produits locaux rassemble tous les producteurs de la Roya, de la Bévéra et du Piémont italien. Dégustations, ateliers de démonstration et de fabrication de fromage, préparation de pâtes fraîches *(sugelli)*, de bougies en cire d'abeille, de distillation de lavande, intermèdes musicaux, et, le dim., un troupeau de moutons traverse le village.

La Vallée de Noël – De mi-déc. à mi-janv., de Breil à Tende en passant par Fontan, Saorge et La Brigue, les ruelles, églises et places se décorent de crèches et de compositions traditionnelles de Noël.

Nos adresses

La tempête Alex a coupé l'accès au hameau de **Casterino**. Fin 2021, une grande partie de la D 91 était reconstruite, à l'exception des derniers kilomètres. Le hameau n'est accessible qu'en 4X4 par une piste assez difficile. Le retour à une circulation normale est prévu à l'automne 2022. Se renseigner au préalable pour accéder aux établissements sur : www.departement06.fr/

7

point-de-situation-en-temps-reel-37588.html

Restauration

À proximité

Budget moyen

Hôtel Restaurant Les Mélèzes – *Hameau de Casterino - à 18 km à l'ouest de Tende par D 6204 et D 91 - ✆ 04 93 04 95 95 - menu 29/36 €.* Voilà l'adresse idéale pour déguster des plats traditionnels du Mercantour, élaborés en fonction des saisons. Dispose de 10 chambres au calme.

Le Chamois d'Or – *Hameau de Casterino - à 18 km à l'ouest de Tende par D 6204 et D 91 - ✆ 04 93 04 66 66 - www.hotelchamoisdor.net - fermé temporairement suite à la tempête Alex, au moment de la mise à jour de ce guide; se rens. au préalable - menus 25/30 € - plats 16/40 €.* À la frontière italienne, une auberge de montagne chaleureuse installée dans un chalet, qui abrite aussi un bel hôtel, avec une salle lambrissée et une terrasse pour une pause gourmande. Bonne cuisine influencée par le pays voisin : pâtes, polenta, charcuteries mais aussi viandes, salades, truites bien préparées. Très bon accueil.

Activités

Randonnée, canyoning, via ferrata, escalade, ski... Renseignements au **Bureau des guides du Mercantour** - *✆ 04 39 04 67 88 - www.mercantour-roya.com.*

Ski – Les amateurs de ski de piste se rendront en Italie, à la station de Limone Piemonte *(accessible en train)* qui offre 80 km de pistes. Ceux qui préfèrent le ski de fond ou les raquettes iront à Casterino qui réunit 15 km de pistes.

Via ferrata Les Hérétiques – *Se rens. à l'office de tourisme - www.menton-riviera-merveilles.fr - gratuit.* Le parcours est assez sportif *(2h)*, mais il ménage en retour de belles vues sur les toits de lauze du village et offre un passage dans une grotte qui servit de lieu de culte et de refuge aux calvinistes du 16ᵉ s. Équipement à se procurer chez Stella Alpina *(✆ 04 93 04 66 34 ou 06 38 34 41 50).*

Vous pouvez également réserver votre via ferrata avec un guide sur *www.menton-riviera-merveilles.fr*

Lucien Bérenger – *✆ 04 93 04 67 88 ou 06 85 42 57 45 - www.berengeraventures.com.* Ce guide de haute montagne depuis 1981 fait partager sa passion de l'aventure et met à disposition son expérience pour proposer des activités de montagne : canyoning, escalade, ski, alpinisme, randonnée...

Hébergement

À proximité

Premier prix

Hôtel Mirval – *3 r. St-Vincent-Ferrier - La Brigue - 6,5 km au sud-est de Tende par D 6204 et D 43 - ✆ 04 93 04 63 71 - www.lemirval.com - fermé de déb. nov. à mi-avr. - 18 ch. 53/67 € - 9 € - 1/2 P possible.* Une rivière poissonneuse coule au pied de cette accueillante auberge de montagne construite à la fin du 19ᵉ s. Chambres fonctionnelles. Véranda tournée vers les sommets.

Budget moyen

Hôtel Le Prieuré – *31 r. Jean-Médecin - St-Dalmas-de-Tende - 4 km au sud de Tende par D 6204 - ✆ 04 93 04 75 70 - www.leprieure.org - 27 ch. 89 €.* Cet ancien prieuré, transformé avec goût dans un style actuel, accueille un centre d'aide par le travail. Petites chambres dotées de meubles rustiques. Salle à manger voûtée donnant sur un agréable patio; terrasse sous la treille. Cuisine traditionnelle.

Vallée des Merveilles

★★

À l'ouest de Tende, non loin de la frontière italienne, dans un spectacle grandiose, cirques, vallées, lacs glaciaires et moraines cernent le mont Bégo (alt. 2872 m) de leur allure minérale façonnée par les glaciations du quaternaire. Ce site du Parc national du Mercantour est réputé pour ses gravures rupestres, dont la plupart datent de l'âge du bronze ancien, entre 2800 et 1300 ans av. J.-C. Ces « merveilles » constituent le plus riche ensemble du genre connu en Europe.

Vallée des Merveilles, parsemée de milliers de gravures rupestres.
B. Rieger/hemis.fr

Se repérer

Alpes-Maritimes (06)

CARTE C1 (P. 428-429).

On atteint le site de la vallée des Merveilles par la vallée de la Roya.

Organiser son temps

Les gravures s'admirent de juin à septembre, après 2h à 3h de marches d'approche, auxquelles il faut ajouter le temps de visite. Prévoyez une bonne journée ainsi qu'une nuit en refuge *(voir « Nos adresses »)* pour couper l'effort.

Carnet pratique p. 475

Nos adresses p. 475

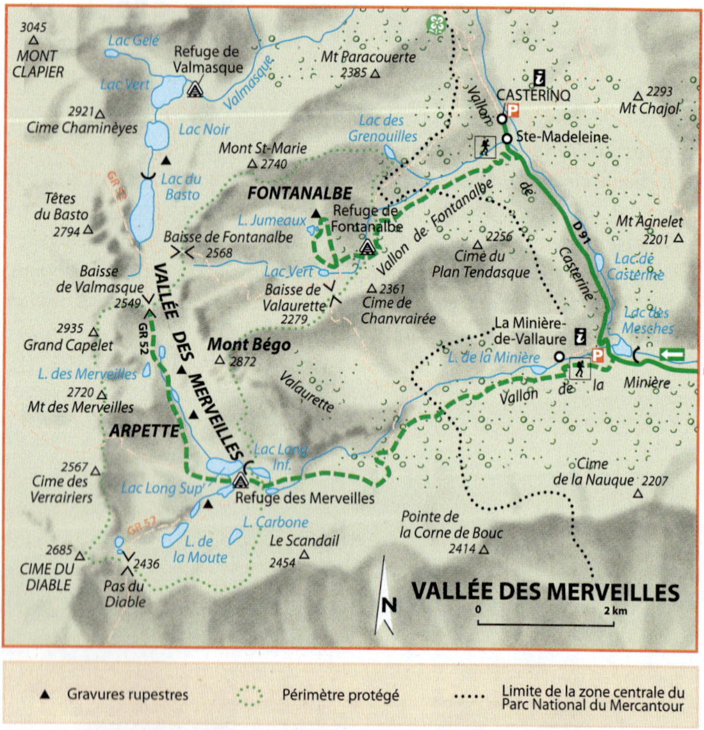

Signalétique spécifique à la vallée des Merveilles :

1 - Défense de marcher sur les gravures
2 - Défense de toucher aux gravures
3 - Défense d'utiliser des bâtons ferrés

Randonnées

CARTE VALLÉE DES MERVEILLES CI-DESSUS

La vallée des Merveilles fut ainsi nommée par le savant britannique **Clarence Bicknell** qui, le premier, étudia ses gravures au 19e s. Son site est composé de sept secteurs distincts rayonnant autour du mont Bégo : la **vallée des Merveilles** elle-même, logée entre le Grand Capelet et le mont Bégo, est la plus vaste et regroupe plus de la moitié des gravures ; la **vallée de Fontanalbe**, moins étendue, rassemble près de 40 % des 36 000 gravures ; enfin, les secteurs de Valmasque, Valaurette, du lac Ste-Marie, du col du Sabion et du lac Vei del Bouc ne détiennent que de rares gravures dispersées.

Fontanalbe

À 12 km de St-Dalmas-de-Tende. Suivre la D 91, puis rejoindre, par la vallée de la Minière, le hameau de Castérino. Suite à la tempête Alex, l'accès au hameau de Casterino a été coupé, la route D91 ayant été détruite. Le retour à une circulation normale est prévu à l'été 2022, se renseigner au préalable sur : www.departement06.fr/point-de-situation-en-temps-reel-37588.html

5 à 6h AR - randonnée recommandée aux familles. Avant les premières constructions, empruntez à gauche la piste sous bois signalée Fontanalbe avec un panneau d'information et suivez-la jusqu'au refuge *(1h30)*. Là, contournez le bâtiment par la gauche et poursuivez jusqu'au **lac Vert** *(30mn)*, point de départ du sentier de découverte *(1h30 AR)* en visite libre. Pour les visites guidées des gravures *(2h30)*, continuez le sentier bordant le lac jusqu'à la maison des gardes aux **lacs Jumeaux** *(30mn)*. En passant la nuit au refuge de Fontanalbe *(réserver)*, vous pourrez le lendemain vous engager sur les contreforts du mont Bégo jusqu'à la **Baisse de Fontanalbe** (alt. 2 568 m) qui offre de superbes échappées sur les trois lacs de la vallée de la Valmasque.

Vallée des Merveilles

À 10 km de St-Dalmas-de-Tende. Par la D 91, se rendre au lac des Mesches.

8h AR environ - pour les bons marcheurs. Gagnez par la piste balisée le refuge des Merveilles *(3h)*, départ des visites guidées *(3h)* et du GR pour la visite libre. Possibilité de passer la nuit au refuge *(réserver)* et, le lendemain, de parcourir la vallée des Merveilles jusqu'à la **Baisse de Valmasque** *(2h30)*.

Découvrir

Les gravures

Pour avoir accès aux gravures situées loin des sentiers, il est obligatoire d'utiliser les services des visites guidées organisées à heures fixes et emmenées par les accompagnateurs agréés par le Parc national du Mercantour.
Possibilité d'accès au site par les chemins autorisés et sans guide.

Les environs du **mont Bégo** (*be* signifie en langage pré-indo-européen « montagne sacrée » et *go*, « habitée par le dieu-taureau ») constituent un musée préhistorique en pleine nature : plus de 40 000 gravures y ont été recensées. Relevées et identifiées depuis la fin du 17e s., elles ne furent étudiées qu'à partir de 1897 par le Britannique Clarence Bicknell, puis par le sculpteur Carlo Conti de 1927 à 1942. Le rattachement de la région à la France en 1947 a permis une intensification des recherches.

Les gravures sont inscrites sur de grandes dalles de schiste ou de grès polis, les chiappes, pans de roches lissées il y a 10 000 ans par l'érosion glaciaire. La technique est celle du piquetage : les contours et les surfaces sont obtenus par juxtaposition de petites cupules de 1 à 5 mm de diamètre creusées à l'aide d'outils de silex ou de quartz. Elles témoignent des croyances des peuplades ligures des basses vallées qui auraient divinisé le mont Bégo et en auraient fait un lieu de pèlerinage. Ce dernier serait une puissance à la fois tutélaire en raison des eaux qui en descendent et redoutable par ses orages fréquents et violents. Le thème le plus important est le culte du taureau, associé, ici comme ailleurs, à celui de la montagne : les dessins de bovidés, les symboles cornus se retrouvent dans les trois quarts des gravures. La présence d'araires ou de herses attelées aux animaux atteste la pratique de l'agriculture ; des dessins réticulés évoquent des enclos ou des parcelles de champs. Par ailleurs, les armes (poignards, haches et sagaies), représentées en nombre, sont proches de celles de sites archéologiques contemporains. Les figures anthropomorphes sont peu nombreuses, d'autres, plus énigmatiques, autorisent toutes les interprétations. Certains originaux des gravures se trouvent au **musée des Merveilles** à Tende *(voir p. 467)*.

Le parc national du Mercantour

Créé en 1979, le Parc national du Mercantour s'étend sur une superficie de 68 500 ha dans les Alpes-Maritimes (22 communes) et les Alpes-de-Haute-Provence (6). Au milieu du 19e s., cette vaste région montagneuse appartenait au royaume de Piémont-Sardaigne, dont le souverain, Vittorio Emmanuele II, surnommé « le roi chasseur », fut le premier à se préoccuper de la sauvegarde des territoires. S'apercevant que les effectifs de chamois ne cessaient de décroître et que le bouquetin avait été éliminé, il décida de créer en 1859 une « Réserve royale de chasse » sur les massifs du Mercantour et de l'Argentera. Aujourd'hui, le Parc national est jumelé avec le **Parco Naturale delle Alpi Marittime** avec lequel il possède 33 km de frontière commune. Il abrite plusieurs centaines d'espèces. Il est le seul massif européen à accueillir les trois ongulés montagnards : **chamois**, **mouflons** et **bouquetins** des Alpes. Les milieux boisés de moyenne altitude abritent le cerf et le chevreuil, ou le lièvre, l'hermine et la marmotte. Les volatiles comprennent le tétras-lyre, la perdrix des neiges ou lagopède, et un bel échantillon de rapaces : circaète, aigle royal. La réintroduction du **gypaète** barbu s'y est effectuée avec succès *(voir p. 444)*, et pour la première fois en France depuis 1942, des **loups** sont arrivés – non sans controverse – d'Italie où ils sont protégés *(voir p. 449)*. Mais pour croiser ces habitants farouches, il vous faudra être patient, attentif et discret.

Carnet pratique

S'informer

Maison du Parc national du Mercantour – *Voir p. 469.*

Réglementation des sites rupestres – Le site des gravures rupestres du Mont Bégo (Merveilles et Fontanalbe) est classé Monument Historique et situé en zone cœur du Parc national du Mercantour : une réglementation spécifique est en vigueur sur le site. La libre circulation des visiteurs est uniquement autorisée sur le GR 52, le sentier de découverte de Fontanalbe, les sentiers qui rejoignent le Pas de l'Arpette et le refuge de Fontanalbe, dont il est interdit de s'écarter. Graffitis ou toutes dégradations de roches sont passibles de fortes amendes.

Visites des gravures – *Tende - ✆ 06 86 03 90 13 - www.vallee-merveilles.com - vallée des Merveilles, dép. du refuge CAF des Merveilles de mi-juil. à fin août : 8h, 11h, 13h et 15h; de mi-juin à mi-juil. et sept. : 8h et 13h - vallée de Fontanalbe, dép. Lacs Jumeaux de mi-juil. à fin août : 8h, 11h, 13h et 15h; de mi-juin à mi-juil. et sept. jeu.-dim. : 8h et 13h - les guides se tiennent aux points de départ vêtus d'un polo rouge - réserv. conseillée - 15 € (enf. 5 €).* La vallée de Fontanalbe, d'accès facile, permet une première approche des gravures ne nécessitant pas d'effort soutenu.

Nos adresses

Randonnées

☺ La découverte du Parc national du Mercantour est facilitée par ses 600 km de sentiers aménagés, dont le GR 5, le GR 52A qui constitue le sentier panoramique du Mercantour et traverse la vallée des Merveilles, ainsi que par des sentiers de découverte à l'Authion, le Boréon et à la Madone de Fenestre *(voir vallée de la Vésubie p. 442 et forêt de Turini p. 453)*. Il est important de garder à l'esprit que les visites et les randonnées décrites s'effectuent en haute montagne (entre 1600 et 2500 m). Un minimum de précautions est nécessaire : bonne condition physique, chaussures de montagne et surtout vêtements chauds et imperméables. Les orages étant fréquents et parfois très violents, il faut au préalable s'informer des conditions météorologiques. Pour étudier l'itinéraire à emprunter, il est conseillé de se référer aux cartes au 1/25 000.

Randonnée accompagnée d'un guide – Réserv. sur le site *www.menton-riviera-merveilles.fr.*

Application smartphone Parc national du Mercantour et du Parco Alpi – Des circuits commentés, répartis dans tout le Parc, les actus, la réglementation... : une mine d'informations. Cela permet de découvrir toutes les richesses naturelles du Mercantour, de la faune à la flore, mais aussi les villages et les sites.

Hébergement

Premier prix

Refuge des Merveilles – *✆ 04 93 04 64 64 - sur réserv. seult sur le site refugedesmerveilles.ffcam.fr - de mai à déb. oct.* 79 places, hébergement et 1/2 P possible *(nuit 21,50 € - repas 20 €).*

Refuge de Fontanalbe – *✆ 04 93 04 89 19 - www.refugedefontanalbe.com - ⊭ - sur réserv. uniquement par tél. - de mi-juin à fin sept.* 35 places, hébergement et demi-pension possible *(nuit 20 € - repas 19 €).*

7

Port Grimaud.
Aleh Varanishcha/Getty Images Plus

COMPRENDRE LA CÔTE D'AZUR

Bienvenue sur la Côte d'Azur 478
Saveurs locales 480
Histoire 484
Arts et culture 492
Traditions et art de vivre 508
Nature et paysages 512

Bienvenue sur la Côte d'Azur

Chacun peut trouver une bonne raison de séjourner sur la Côte d'Azur et d'en revenir émerveillé. Que vous soyez amateur de soleil et de far-niente, d'art sous toutes ses formes, d'histoire et de patrimoine, de bonne chère, de grand air et d'activités sportives, la région, entre mer et montagne, ne manque pas d'atouts pour séduire !

Ambiance nature

Grâce à un taux d'ensoleillement exceptionnel et un climat privilégié, la Côte d'Azur attire de longue date les visiteurs à la recherche de douceur. Les eaux de la Grande Bleue se prêtent à la baignade, à la plongée et autres activités marines ; celles des rivières et torrents de l'arrière-pays au canyoning. Les marcheurs ont le choix entre 9 chemins de grande randonnée (GR), les cyclistes, de nombreuses pistes de difficulté variable. En hiver, les skieurs pourront goûter aux joies de la glisse à moins de deux heures du littoral. La région compte 2 parcs naturels nationaux : le Mercantour et Port-Cros.

Ambiance culture

Musées et fondations, demeures historiques et jardins remarquables, galeries d'art et ateliers... la Côte d'Azur a séduit les artistes et les mécènes qui y ont laissé leur marque. Des gravures rupestres de la vallée des Merveilles aux tenants de l'école de Nice et leurs successeurs en passant par tous les peintres inspirés par les lieux (Cézanne, Renoir, Matisse, Picasso, Chagall...), l'art est omniprésent.
La région est aussi synonyme de festivals : grand messe du cinéma à Cannes, du jazz à Antibes-Juan-les-Pins, mais aussi au cœur des villes et des villages, en particulier durant la période estivale.

Bien vivre et bien manger

Sur la Côte inondée de lumière, on se baigne, on profite des terrasses, on regarde scintiller les reflets de la mer, où glissent yachts et voiliers. Le soir, on tente sa chance au casino, on sirote des cocktails sur les rooftops, on fait la fête jusqu'au petit matin... Mais il n'y a pas que les strass et les paillettes ! Parties de pétanque, réunions sur les places des villages, convivialité font aussi partie du bien vivre d'une région où l'on sait prendre son temps.
La gastronomie est un des grands plaisirs de la vie et ici ce n'est pas un vain mot. La région est riche de ses productions agricoles méditerranéennes. Dans le Var, plus d'un quart de la superficie agricole est cultivée en bio, une tendance qui ne cesse de se généraliser sur tout le territoire localement. La qualité est au rendez-vous pour une cuisine généreuse et préservée par des savoir-faire transmis de génération en génération que renforcent labels et appellations.

8 CHOSES À SAVOIR

Départements

La région Côte d'Azur se compose de 2 départements : le Var et sa préfecture Toulon compte 1 095 600 habitants ; les Alpes-Maritimes avec Nice comme préfecture recense 1 103 600 habitants

2e région

TOURISTIQUE DE FRANCE

La Côte d'Azur (et Monaco) demeure la région qui attire le plus de touristes en France après Paris malgré la Covid. En 2021, environ 13 millions s'y sont rendus, parmi lesquels 53 % d'étrangers

Nice

DESTINATION ARTISTIQUE

La 5e ville de France (341 934 hab.) fait preuve d'un dynamisme culturel hors pair avec sa dizaine de musées, ses galeries d'art et ateliers d'artistes, ses festivals... Signe supplémentaire de reconnaissance de son unicité, elle a été inscrite en 2021 au patrimoine mondial de l'Unesco au titre de « ville de villégiature d'hiver de la Riviera »

Toulon

PRÉFECTURE MARITIME

de la Méditerranée et première base navale française, ville natale de Raimu, première ville du département avec ses 178 745 habitants, séduit avec ses nombreuses facettes : un cœur historique restauré, une rade exceptionnelle, un surprenant téléphérique

Sophia-Antipolis

La première technopole européenne, est aujourd'hui une véritable référence mondiale en matière d'innovation et de recherche et développement dans des domaines clés comme l'intelligence artificielle, les biotechnologies, le véhicule autonome et connecté...

Monaco

À la fois fidèle à son image et surprenante par ses capacités d'innovation en matière d'environnement, la Principauté attire une foule bigarrée : jet-setteurs, groupies de la très médiatisée famille princière, familles...

2 800h

d'ensoleillement par an, ce qui en fait la région la plus ensoleillée de l'Hexagone...

Le jardin

de la Méditerranée

Palmiers et agaves, aloès et figuiers de Barbarie, oliviers, orangers et citronniers, mimosa, roses, jasmin et œillets... exotisme et luxuriance végétale témoignent du climat exceptionnel.

Saveurs locales

Généreuse, conviviale, ensoleillée et parfumée, la cuisine provençale est bien à l'image de la région qui l'a vue naître. Ici, l'huile d'olive remplace le beurre dans tous ses emplois septentrionaux. Comme le dit un proverbe local : Un poisson vit dans l'eau et meurt dans l'huile » ! L'ail, « truffe de la Provence », est omniprésent tout comme les aromates qui embaument les marchés traditionnels. Les fruits et légumes qui poussent ici sont synonymes de cuisine saine et fraîche. Les traditions sont fortes, l'amour et le respect du produit aussi, en témoignent la multiplication des établissements qui se fournissent directement auprès de petits producteurs.

Un bouquet de saveurs

Cultivées ou poussant naturellement sur les pentes ensoleillées, les plantes aromatiques, sous l'appellation générique d'**herbes de Provence**, jouent, selon le génie culinaire de chacun, un rôle essentiel. Elles regroupent : la sarriette (ou pèbre d'ase - poivre d'âne - en provençal), qui parfume les fromages de chèvre et de brebis ; le thym (ou farigoule), qui se mêle à la plupart des légumes et relève les grillades ; le basilic, la sauge, le serpolet, le romarin (qui a des vertus digestives), l'estragon, le genièvre (pour accompagner les gibiers), la marjolaine et le fenouil, dont le goût anisé fait merveille avec un « loup » grillé, fignolé d'un filet d'huile d'olive.

L'olive dans tous ses états

Dans les Alpes-Maritimes, c'est la petite olive noire de Nice qu'il faut goûter. Très savoureuse, la **cailletier** ou caillette est laissée six mois en saumure avant d'être consommée. L'huile d'olive de Nice bénéficie d'une AOP.

Dans le Var, la variété de table se nomme la **belgentiéroise** et s'épanouit dans la vallée du Gapeau, près de Toulon.

Douce, légère, ardente ou amère, aux arômes de fruits ou de végétaux, l'**huile d'olive** se cuisine avec une grande simplicité et peut s'utiliser de l'entrée au dessert. Elle sert à toutes les cuissons, au même titre que le beurre, mais on réserve les plus fines pour une utilisation à cru, pour ne pas dénaturer leurs parfums : un trait versé au dernier moment, à la fois aromatique et exhausteur de goût avivé par la chaleur des aliments.

La **fruité vert**, récoltée précocement, dégage de nets arômes d'artichaut, d'amande fraîche et d'herbe coupée qui relèvent les crudités, les pâtes et les légumes à la vapeur. L'huile tardive, ou **fruité mûr**, moins ardente, évolue vers des arômes plus doux d'avocat, kiwi, noix, agrumes, vanille, cacao et fleur de genêt.

Pissaladière.
frederique wacquier/Getty Images Plus

Elle s'accorde élégamment avec les poissons et les desserts.
L'huile d'olive est l'ingrédient principal de certaines préparations locales : l'**aïoli**, mayonnaise à l'huile d'olive, fortement parfumée d'ail pilé, et l'**anchoïade**, mélange d'huile d'olive et d'anchois.
L'olive entre dans la composition de la **tapenade**, délicieuse pâte à tartiner à base de câpres, d'olives noires et d'anchois qui se déguste à l'apéritif sur des tranches de pain grillé. La salade niçoise, la pissaladière et la fougasse sont aussi constellées de petites olives !

Les préparations varoises

La **bouillabaisse** classique doit comporter les « cinq poissons » : rascasse (indispensable), vive, rouget grondin, congre et baudroie (lotte). L'assaisonnement est tout aussi important : oignon, tomate, safran, ail, thym, laurier, sauge, fenouil, peau d'orange; parfois un verre de vin blanc ou de cognac aromatise le bouillon, que l'on verse finalement sur d'épaisses tranches de pain. Ce qui fait la qualité d'une bouillabaisse, c'est une véritable huile d'olive et de l'excellent safran.
L'un des meilleurs poissons de la Méditerranée est le **rouget**, que les gourmets mettent à cuire non écaillé et non vidé. Le **loup** (nom local du bar), grillé au fenouil ou aux sarments de vigne, est délicieux. La **brandade de morue** est une crème onctueuse de morue pilée préparée avec de l'huile d'olive, du lait, de l'ail et des truffes.
La tradition provençale du dessert de Noël consiste à présenter aux convives **treize desserts** représentant le Christ et les douze apôtres : raisins secs, figues sèches, noix, noisettes, amandes, raisins secs, pommes, poires, nougat noir, fougasse, pruneaux farcis à la pâte d'amandes, melons conservés dans la paille et gâteaux secs parfumés à la fleur d'oranger.
Pour l'Épiphanie, la galette des Rois se présente sous la forme d'une couronne briochée recouverte de grains de sucre, de fruits confits et renferme un sujet en porcelaine.

Les produits stars du Var

La truffe a fait du haut pays sa 3e terre de prédilection en France. Le marché d'Aups attire les connaisseurs tous les jeudis, de novembre à mars.

950 ha du massif des Maures produisent chaque automne 300 à 400 t de **marrons** et châtaignes.

Le **miel** se parfume à la lavande, au romarin, à la bruyère, à la châtaigne et sert de base au nougat noir de Noël, comme au nougat blanc produit à St-Tropez.

La **figue** pousse sur le sol rocailleux de Solliès-Pont. La « violette de Solliès », cueillie de mi-août aux premiers frimas, et l'estivale « boule d'or », idéale pour les confitures, sont très prisées.

Les spécialités du comté de Nice

Expression bien vivante du particularisme du comté de Nice, la « **cuisine nissarde** » s'inspire à la fois des traditions culinaires de la Provence et de la Ligurie, entre lesquelles elle assure la transition.

La **pissaladière**, tourte aux oignons garnie de pissala (sauce épaisse à base d'anchois) et d'olives noires niçoises, et la **salade niçoise** *(voir encadré Recette ci-contre)*, sont deux symboles de la cuisine niçoise. Mais elles ne sauraient faire de l'ombre au **pan-bagnat** (« pain mouillé » d'huile d'olive, de forme ronde, garni d'anchois, tomates...) qui cale un petit creux tout comme la **socca**, grande crêpe à base de farine de pois chiche qui se déguste sur le pouce, débitée en portions, bien poivrée et arrosée d'un « pointu » (petit verre de vin de pays).

La **poutine** (marinade d'alevins pêchés par autorisation locale pendant le mois de février entre Antibes et Menton) se déguste en salade, en omelette ou en soupe. En dehors de cette période, le gourmet se consolera avec la **soupe aux poissons** de roche mélangée de *favouilles* (petits crabes), ou d'un plus familial **pistou**, soupe de légumes relevée d'une onctueuse pommade faite de basilic, d'ail, de tomates et d'huile d'olive.

Le menu sera complété par une tranche de **porchetta**, cochon de lait farci, accompagnée de **mesclun** (« mélange » en niçois), association de quatorze variétés de jeunes plants de salades cueillis dans l'arrière-pays.

Parmi les autres préparations qui méritent d'être savourées : les **fleurs de courgette farcies** (mais les autres farcis niçois sont aussi délicieux !), la **ratatouille** (ragoût de tomates, aubergines, poivrons et courgettes revenus doucement à l'huile), les **gnocchis** (coquilles de farine de blé et de pommes de terre assaisonnées d'une sauce de daube) ou les **raviolis** (ceux de Nice sont fourrés de daube de bœuf), les *barbajouans* (« oncle Jean » : beignets de pâte renfermant une farce à base de riz, courge, ail, oignon et fromage).

L'**estocaficada**, version niçoise du « stockfish » marseillais est un plat de fête qui s'accompagne d'un gouleyant vin du Bellet. Les filets de stockfish (morue séchée), réduits en lambeaux, doucement rissolés et arrosés d'eau-de-vie (la brande), cuisent à l'étouffée pendant trois à quatre heures au milieu des légumes (tomates, oignons, poivrons, pommes de terre nouvelles) et des bouquets d'aromates (fenouil, marjolaine, persil, thym, laurier, sarriette), pointés de petites olives noires de Nice.

La **tourte de blettes**, tarte sucrée garnie de feuilles de blettes hachées, de pignons de pin et de raisins de Corinthe, fera office de dessert. À la mi-Carême, les **ganses**, oreillettes sucrées, monopolisent les devantures des pâtissiers. La **fougasse**, galette parfumée à la fleur d'oranger, se

La véritable salade niçoise

6 tomates mûres et fermes

1 petit poivron vert

3 cébettes (ou 1 oignon blanc)

2 poignées de roquette ou de mesclun

3 œufs durs

1 grosse boîte de thon au naturel

12 filets d'anchois dessalés

1 poignée d'olives noires AOC de Nice

Et selon la saison :

3 petits artichauts violets dits poivrade

300 g de févettes du pays

10 feuilles de basilic

1. Faites durcir les œufs puis plongez-les dans l'eau froide, écalez-les.

2. Dans un saladier, préparez la vinaigrette et ajoutez les cébettes finement émincées. Nettoyez les artichauts, émincez-les finement et mettez-les dans le saladier. Écossez les févettes. Coupez les tomates en quartiers, ajoutez-les

3. Émincez le petit poivron en petits cercles. Réservez.

4. Lavez rapidement la roquette ou le mesclun, essorez et répartissez sur les tomates.

5. Décorez avec le thon émietté, les œufs durs coupés en rondelles ou en quartiers, les cercles de poivrons, les filets d'anchois, les olives noires.

6. Ciselez les feuilles de basilic.

7. Mélangez-la au tout dernier moment et servez.

vend toute l'année ; à Monaco, elle est décorée de grains d'anis blanc et rouge *(fenuglieti)*, les couleurs nationales.
Enfin, on combattra les heures de canicule en dégustant à l'ombre un verre de *gratta queca*, glace granulée arrosée de menthe.

Le label cuisine nissarde distingue les restaurants fidèles aux traditions culinaires locales. Retrouvez-les dans les carnets d'adresses de ce guide.

Les vins

Les vins de l'appellation **côtes-de-provence** (80 % du vignoble provençal) se sont améliorés par l'utilisation de cépages inconnus auparavant dans la région (cabernet-sauvignon). Les collines de schiste des Maures donnent des vins blancs et des rosés subtils, tandis que les plateaux calcaires du haut pays varois produisent des blancs et des rouges remarquables. Les trois quarts des vins produits dans ce vignoble sont des rosés, dont 75 % bénéficient de l'AOP.

Le **coteaux-varois**, cultivé essentiellement de façon biologique, affiche les trois couleurs, mais le rosé prédomine.

Le **bandol**, issu du cépage mourvèdre, est un vin de garde (dix à quinze ans) à la robe rouge sombre ; sa charpente et sa rondeur s'accompagnent d'arômes de framboise, de vanille, de sous-bois, d'épices.

Le minuscule (50 ha) et très ancien (3e s. av. J.-C.) **vignoble du Bellet** s'étage en terrasses sur les pentes d'éboulis calcaires qui dominent la plaine du Var et donne des vins rouges, rosés et blancs (les meilleurs, aux arômes de tilleul et de miel, mais chers).

Voir aussi « Vins » *(voir p. 536)*.

Histoire

Invention de l'écrivain, poète et sous-préfet Stéphen Liégeard, originaire de la Côte d'Or, la Côte d'Azur (titre de son ouvrage publié en 1887) doit la fondation de ses cités littorales aux Grecs de Massilia, les Romains créant Fréjus et la province des Alpes-Maritimes. Au début du Moyen Âge apparaît la Provence, mais à peine Nice y est-elle intégrée qu'elle tombe sous les mains de la Maison de Savoie. Dès lors, la région est divisée en deux pendant près d'un demi-millénaire, sujet régulier des conflits entre les deux maîtres du territoire, la France et le Piémont. Il faut attendre 1860 pour voir l'actuelle Côte d'Azur enfin réunifiée, l'arrivée du train cinq ans après la propulsant en tête d'affiche des destinations prisées par l'élite et les artistes. L'Entre-deux-guerres donnera son visage actuel à la région, avec l'apparition de la saison estivale et la création du festival de Cannes, en 1939.

Quelques faits historiques

Voici les jalons pour mesurer une construction lente et complexe, teintée d'une extrême singularité.

De la préhistoire aux anciens grecs

- **Paléolithique inférieur** – La Côte d'Azur a, de bonne heure, attiré l'homme, comme l'atteste, notamment, le site de **Terra Amata** à Nice (400 000 av. J.-C.).
- **1800-1500 av. J.-C.** – Gravures de la vallée des Merveilles.
- **900-600 av. J.-C.** – Les Ligures occupent le littoral méditerranéen.
- **600 av. J.-C.** – Fondation de **Massalia** (Marseille) par les Phocéens. Ils importent l'olivier, le figuier, la culture de la vigne et substituent, dans les échanges, la monnaie au troc.
- **5e-4e s. av. J.-C.** – Les colons grecs de Marseille (Massaliotes) établissent des comptoirs commerciaux : Hyères, St-Tropez, Antibes, Nice, Monaco. Les Celtes envahissent la Provence et se mêlent aux Ligures.

Provence gallo-romaine et province des Alpes-Maritimes

- **2e s. av. J.-C.** – Rome intervient pour protéger Marseille et ses comptoirs des Celtes (défaits en 124), des Cimbres et des Teutons (écrasés par Marius près d'Aix en 102). La province de la Narbonnaise fait la jonction entre l'Espagne et l'Italie.
- **58-51** – Conquête de la Gaule par Jules César, qui fonde **Fréjus** en 49.
- **6** – La pacification des peuples des Alpes est commémorée par le trophée d'Auguste à **La Turbie**.
- **1er-3e s.** – L'agriculture et les villes s'épanouissent sous l'Empire. Les Romains organisent le négoce du vin dans toute la Gaule. La

voie Aurélienne est l'artère du pays. Fréjus (colonie de vétérans), Cemenelum (Cimiez), la capitale de la province des Alpes-Maritimes, et Antibes se parent de monuments.

- **4e-5e s.** – En 410, **saint Honorat** s'installe dans les îles de Lérins, centre rayonnant du monachisme. Le christianisme se diffuse des villes du littoral vers l'intérieur.
- **5e-6e s.** – Vandales, Wisigoths, Burgondes, Ostrogoths, Francs envahissent tour à tour la Provence, jusque-là relativement épargnée.
- **8e s.** – La Provence est une province périphérique de l'Empire carolingien.

Le comté de Provence

- **843** – Le **traité de Verdun** règle le partage de l'empire de Charlemagne. La Provence, qui échoit à Lothaire en même temps que la Bourgogne et la Lorraine, est érigée en royaume en 855.
- **883** – Les **Sarrasins** s'installent dans les Maures (Fraxinetum) et restent, un siècle durant, la terreur du pays.
- **974** – Le comte d'Arles, Guillaume « le Libérateur », chasse les Sarrasins.
- **10e-11e s.** – La Provence, passant de main en main, est finalement rattachée au **Saint Empire romain germanique**, mais jouit d'une indépendance de fait.
- **12e s.** – Les comtes de Provence tiennent à Aix une cour raffinée, mais leur autorité est limitée par l'autonomie communale. Les villes, enrichies par le commerce, se dotent de consuls.
- **1229** – **Raymond Bérenger V**, de la dynastie catalane, s'inquiète de l'expansion génoise sur le littoral (fortification de Monaco en 1215). Nice est contraint de se soumettre.
- **1246** – **Charles d'Anjou**, frère de Saint Louis, succède à Raymond Bérenger V. Sous l'administration des Angevins, **Nice** est pleinement intégré à la Provence.
- **1254** – Débarquement à Hyères de **Saint Louis**, de retour de la VIIe croisade.
- **1260-1265** – Les liens avec l'Italie du Nord sont renforcés par l'occupation d'une partie du Piémont et de Vintimille. En 1265, **Charles Ier** devient roi de Sicile. Les ambitions angevines dans le sud de l'Italie favorisent les intérêts des marchands et des armateurs niçois, mais vont se réaliser aux dépens de la Provence.
- **1295** – Charles II fonde **Villefranche** dans une rade bien abritée.
- **1308** – La seigneurie de **Monaco** est achetée aux Génois par un membre de la famille Grimaldi.

Les dates à retenir

- **5e-4e s. av. J.-C.** – Fondation d'Hyères, St-Tropez, Antibes, Nice et Monaco par les Massaliotes.
- **49 av. J.-C.** – Jules César fonde Fréjus.
- **5e s.** – La Provence est envahie par des Barbares : Vandales, Wisigoths, Burgondes, Ostrogoths et Francs.
- **855** – La Provence devient un royaume.
- **1246** – Nice est intégré à la Provence.
- **1388-1419** – Nice est cédé à la Savoie.
- **1486** – La Provence devient française.
- **1790** – Les Bouches-du-Rhône, le Var et les Basses-Alpes composent la Provence.
- **1860** – Nice et le duché de Savoie reviennent à la France.
- **1865** – Réunion de Roquebrune et Menton à la France.
- **1939** – Création du Festival du cinéma de Cannes.

- **1343-1382** – Règne de la reine Jeanne Ire. Celle-ci laisse un souvenir populaire, car, à court d'argent, elle est obligée de revendre des droits aux communautés urbaines. Les bandes armées dévastent la Provence, atteinte par la **peste** (1347) et frappée par les mauvaises récoltes. À la fin de ce siècle difficile, la Provence a perdu la moitié de ses habitants.

Entre couronne de France et maison de Savoie

- **1388** – Sédition de Nice, qui est officiellement cédé au **duc de Savoie** en 1419.
- **1436-1480** – René d'Anjou, le « bon roi René », ne réside que les dix dernières années de son règne à Aix, où il laisse le souvenir d'un mécène fastueux, dans un contexte de renouveau économique.
- **1481** – Charles du Maine, neveu de René d'Anjou, lègue la Provence à Louis XI. Floraison artistique en pays niçois.
- **1486** – La réunion de la Provence à la France est ratifiée par les **États de Provence** (assemblée des représentants des trois ordres).
- **1489** – L'**indépendance de Monaco** est reconnue, mais restera « protégée » par les puissances. Pour se repeupler, la Provence et le comté de Nice font appel à l'immigration.
- **1501** – Institution du parlement d'Aix (ou parlement de Provence), cour souveraine de justice qui s'arroge par la suite certaines prérogatives politiques.
- **Début 16e s.** – Lors des guerres qui opposent François Ier à Charles Quint, la Provence est envahie par les impériaux, que commande le connétable de Bourbon en 1524, puis en 1536. La trêve de Villefranche met fin à ces déprédations en 1538.
- **1539 – Édit de Villers-Cotterêts** : l'usage du français est imposé pour les actes administratifs.
- **1543** – Nice est assiégé par les Français alliés aux Turcs. La défense menée par Catherine Ségurane oblige à lever le siège.
- **1589-1610** – Les guerres de Religion prolongent l'insécurité. Sous le règne d'Henri IV, la première darse du port de guerre de Toulon est aménagée.
- **1639** – Richelieu crée une **marine militaire**, armée à Toulon pour la flotte du Levant.
- **1643-1715** – L'avènement de Louis XIV engendre la fin du particularisme provençal. Pendant les guerres qui marquèrent la fin du règne, Nice est occupé de 1691 à 1696, puis de 1707 à 1713. En 1707, la Provence est envahie par le prince Eugène de Savoie (siège de Toulon, qui résiste victorieusement).

Napoléon au siège de Toulon, 1793.
Universal History Arc/age fotostock

- **1718** – Le duché de Savoie, dont dépend le comté de Nice, devient le royaume de Sardaigne.
- **1720-1721** – La dernière **grande peste** d'Occident décime les populations provençales.
- **1746** – L'offensive austro-sarde est brisée devant Antibes (guerre de succession d'Autriche).

Révolution, Empire et hivernants britanniques

- **1763-1765** – Le romancier écossais Tobias Smollett (1721-1771) séjourne à Nice. Il publie un récit de voyage qui va attirer les premiers aristocrates britanniques dans la région durant la saison d'hiver.
- **1787** – Réunion des États de Provence.
- **1790** – La Provence est divisée en **trois départements** : Bouches-du-Rhône, Var, Basses-Alpes. Les nobles émigrés affluent dans le comté de Nice.
- **1793** – **Bonaparte** se distingue au siège de Toulon, rebaptisé « Port-la-Montagne » pour s'être livré aux Anglais. **Nice** est réuni à la France. Les « barbets » ultraroyalistes sèment la terreur dans les hautes vallées.
- **1799-1814** – Revenant d'Égypte le 9 octobre, **Bonaparte** débarque à St-Raphaël. Les préfets nommés par Napoléon restaurent l'ordre en Provence, mais le blocus continental ruine son économie. La **route de la Grande Corniche** est réalisée jusqu'à Menton.
- **1814** – Napoléon abdique le 6 avril à Fontainebleau et s'embarque le 28 à St-Raphaël pour l'île d'Elbe. Le comté de Nice est rendu au roi de Sardaigne par le **traité de Paris**.
- **1er mars 1815** – Débarquement de **Napoléon** à Golfe-Juan, début des « Cent-Jours ». Évitant Marseille et la vallée du Rhône, qu'il sait hostiles, Napoléon gagne Grenoble, où l'opinion lui est favorable. Il traverse les Alpes en un temps record et surprend la monarchie restaurée de Louis XVIII.

Rattachement de Nice et développement du tourisme

- **1860** – Retour du comté de **Nice** à la France en échange de l'aide apportée aux débuts de l'unité italienne par Napoléon III (1852-1870). Le département du **Var** conserve sa dénomination, mais perd le territoire qui borde le fleuve : l'arrondissement de Grasse. Ce dernier, avec l'ancien comté de Nice, forme le département des **Alpes-Maritimes**.
- **1865** – Les droits sur les villes de Roquebrune et de Menton, qui avaient proclamé leur autonomie lors de la révolution de 1848, sont rachetés au prince de Monaco.

Napoléon sur la Côte d'Azur : étapes marquantes d'une destinée

Né en Corse en 1769 et mort en exil sur l'île de Ste-Hélène en 1821, Napoléon Bonaparte a connu une destinée hors du commun. Militaire de carrière, il gagne ses galons pendant les guerres de la Révolution avant d'entamer une carrière politique qui fera de lui, entre autres, le Premier Consul, le roi d'Italie, le protecteur de la confédération du Rhin, le prince souverain de l'île d'Elbe, et, à deux reprises, l'empereur des Français. Plusieurs épisodes de son épopée se déroulent sur la Côte d'Azur.

1793 : le siège de Toulon

Le 27 août 1793, Toulon est livré par les royalistes à une flotte anglo-espagnole. Une armée républicaine accourt. L'artillerie est sous les ordres d'un petit capitaine dénommé Napoléon Bonaparte. Entre La Seyne et Tamaris, les Anglais construisent un ouvrage si puissant qu'on lui donne le nom de « petit Gibraltar », et où s'élève aujourd'hui le fort Carré ou Napoléon. Une batterie est installée face au fort anglais. Elle subit un feu terrible et ses servants fléchissent. Le jeune militaire fait planter un écriteau sur lequel on peut lire « Batterie des hommes sans peur ». Aussitôt, les volontaires affluent. Bonaparte donne l'exemple : il pointe et manie l'écouvillon. Le petit Gibraltar est pris le 17 décembre. La flotte étrangère s'enfuit après avoir incendié les navires français, l'arsenal, les magasins de vivres et embarqué une partie de la population. Tandis que Bonaparte est fait général de brigade, Toulon frise la destruction. La Convention débaptise la ville en signe d'opprobre : pour un temps, elle s'appellera « Port-la-Montagne ».

1796 : la première campagne d'Italie

Nommé général en chef de l'armée d'Italie en mai 1796, Bonaparte se rend dans le sud de la France. C'est à Nice qu'il prend la tête de ses troupes, remplaçant le général Shérer, avant de se rendre à Villefranche-sur-Mer, puis Menton d'où il part livrer bataille aux Autrichiens. En l'espace d'un an, malgré des effectifs et des ressources limitées, il vainc sept armées différentes, révélant ses exceptionnelles capacités de meneur d'hommes. En octobre 1797, le **traité de Campo-Formio** met fin à la guerre déclarée à la France en 1792 par la maison d'Autriche.

> « Vous n'avez ni souliers, ni habits, ni chemises, presque pas de pain, et nos magasins sont vides ; ceux de l'ennemi regorgent de tout. C'est à vous de les conquérir. Vous le voulez, vous le pouvez, partons ! »
> Napoléon Bonaparte à ses soldats, Toulon, 29 mars 1796, campagne d'Italie

1799 : le retour d'Égypte

En 1799, le général Bonaparte quitte les bords du Nil où il est parti de Toulon plus d'un an auparavant, avec l'idée de mener campagne contre les

Anglais auxquels le Directoire espère couper la route des Indes. Après la victoire de la **bataille des Pyramides** (21 juillet 1798), l'expédition tourne au cauchemar et les Français tentent d'échapper à la flotte anglaise, omniprésente en Méditerranée. Après 48 jours de traversée périlleuse, la frégate *La Muiron* atteint finalement une plage de Saint-Raphaël. Accueilli par le maître du port le 9 octobre, Napoléon peut regagner Paris et conquérir le pouvoir, d'**un coup d'État**, à peine un mois plus tard. Doublée d'une expédition scientifique, la campagne d'Égypte marque le début d'une nouvelle passion française : l'**égyptomanie**.

À St-Raphaël, un obélisque situé à l'angle nord-est du port commémore l'événement.

1814 : le départ pour l'île d'Elbe

En 1814, le 28 avril, St-Raphaël revoit Napoléon. La veille, il a passé la nuit à Fréjus. Vaincu, l'empereur déchu a dû abdiquer et embarque à bord de la frégate anglaise *The Undaunted*. Contraint à l'exil, il doit rejoindre l'île d'Elbe, au large de la Toscane, son nouvel et minuscule « empire », en vertu du **traité de Fontainebleau**. Dès son arrivée, le souverain échafaude plans et stratagèmes pour échapper à la surveillance des nombreux espions présents sur place et regagner la France…

1815 : les Cent-Jours

C'est sur la plage de Golfe-Juan que Napoléon et son armée de 1100 hommes débarquent de l'île d'Elbe avec le brick L'Inconstant et quelques voiliers, le 1er mars 1815. Il n'y a alors qu'une auberge sur le bord de la route ; Napoléon s'y repose avant de partir vers Cannes où ils arrivent tard et d'où ils repartent tôt le lendemain. Voulant éviter la voie du Rhône qu'il sait hostile, Napoléon fait prendre la route de Grasse pour gagner, par les Alpes, la vallée de la Durance. Au-delà de Grasse, la colonne s'engage dans de mauvais chemins muletiers : St-Vallier, Escragnolles, Séranon d'où, après une nuit de repos, elle gagne Castellane, puis Barrême. À l'arrivée, ils sont 20 000 ! Napoléon dira 40 000… Le 20 mars 1815, au milieu d'une foule enthousiaste, il entre aux Tuileries et reprend le pouvoir… pour cent jours.

Sur le quai du port à Golfe-Juan, une **mosaïque** commémore l'événement et une reconstitution du débarquement a lieu tous les ans le 1er week-end de mars.

La **Route Napoléon** (*N 85, déclassée en départementale en grande partie, D 6085 dans les Alpes-Maritimes*) a été inaugurée en 1932. Elle permet de suivre les traces du souverain lors de son retour d'Elbe en 1815, de Golfe-Juan à Grenoble, *via* Grasse. *www.route-napoleon.com*

- **1878-1879** – Le casino de Monte-Carlo est rebâti par Charles Garnier. Développement du tourisme d'hiver sur la « Côte d'Azur ».
- **Fin 19e s.** – Paul Signac s'installe à St-Tropez et y attire un grand nombre de peintres.

Du 20e s. à nos jours

- **1940** – Occupation de Menton par les Italiens. Le Midi, en zone libre, est relativement épargné.
- **1942** – Invasion de la zone libre par les Allemands. Sabordage de la flotte de Toulon (27 novembre).
- **1944-1945** – La 7e armée américaine du général Patch, composée principalement de la 1re armée française, débarque le **15 août 1944** sur la côte des Maures (opération « Dragon »). En moins de quinze jours, la Provence est libérée. Les Américains, épaulés par la Résistance, refoulent les Allemands vers les Alpes italiennes; mais le **massif de l'Authion**, transformé en camp retranché, est conquis par la 1re division française libre après huit mois de très durs combats (13 avril). Tende n'est libéré que le 5 mai 1945, trois jours avant l'armistice.
- **Depuis 1946** – Reprise du Festival de Cannes (créé en 1939). Développement du tourisme d'été sur la Côte d'Azur.
- **1947** – Rattachement à la France de la haute vallée de la Roya avec Tende.
- **1960-1963** – L'art moderne connaît un rayonnement international sur la Côte d'Azur avec le « nouveau réalisme » et l'école de Nice.
- **1963** – Création du Parc national de Port-Cros, le premier du genre avec la Vanoise.
- **1965** – Création de l'université de Nice.
- **1969** – Fondation de la technopole de Sophia-Antipolis.
- **1980** – La région est désenclavée par l'autoroute « la Provençale », qui relie le réseau du Rhône au réseau italien.
- **1991-1998** – **Nice**, capitale historique de la Côte d'Azur et porte d'entrée du tourisme international, confirme son rôle culturel en inaugurant le musée d'Art moderne et d'Art contemporain et le musée des Arts asiatiques.
- **2011** – Organisation du sommet du G20 à Nice.
- **2016** – Attentat du 14 juillet sur la promenade des Anglais à Nice faisant 86 morts et 458 blessés.
- **2020** – Dans la nuit du 2 au 3 octobre, la tempête Alex ravage les vallées de la Roya, de la Tinée et de la Vésubie. C'est la catastrophe naturelle ayant provoqué le plus de dégâts en France métropolitaine depuis la Seconde Guerre mondiale.
- **2021** – Nice est inscrite au **patrimoine mondial de l'Unesco** au titre de « ville de villégiature d'hiver de la Riviera ».

Cannes la villa La Californie où vécu Pablo Picasso, aujourd'hui renommé le Pavillon de Flore.
B. Rieger/hemis.fr

Art et culture

Est-ce cette lumière incomparable ou une ambiance particulière qui stimule la création, attirants de longue date les artistes quelle que soit leur discipline ? Toujours est-il que la Côte d'Azur possède les expressions les plus anciennes et les plus modernes de l'art, de l'âge de bronze aux représentations contemporaines.

L'architecture

Les villes balnéaires et l'arrière-pays sont le théâtre d'un patrimoine d'exception. En flânant dans les ruelles des villages pittoresques, vous saurez apprécier les nombreuses réalisations issues des principaux courants architecturaux.

ABC d'architecture *(voir p. 502).*

Antiquité gallo-romaine

La réutilisation ultérieure des matériaux n'a laissé que des traces fragmentaires de la prospérité que connut la Provence gallo-romaine. **Cimiez** a conservé d'importantes ruines romaines, **La Turbie**, son trophée, témoignage presque unique de ce type de monument, **Fréjus**, ses arènes et des vestiges de ses installations portuaires. Dans les cantons de Fayence, Fréjus et St-Raphaël, les ouvrages d'adduction d'eau romains sont encore utilisés.

Art roman

Des périodes mérovingienne et carolingienne subsistent d'intéressants monuments comme le baptistère de **Fréjus**, la chapelle **N.-D.-de-Pépiole** aux alentours de Six-Fours ou la Trinité de Saint-Honorat de **Lérins**.

Au 12e s., la Provence connaît une véritable renaissance architecturale qui conduit à l'éclosion d'**églises**, dont l'appareil de pierres régulièrement taillées et liées par un mince mortier est remarquable. La façade est souvent pauvre. De puissants contreforts rompent la monotonie des flancs. Le clocher carré et le chevet sont décorés d'arcatures plaquées, dites « bandes lombardes », qui témoignent de l'influence de l'Italie du Nord. Lorsque l'on pénètre à l'intérieur, on est frappé par la simplicité et l'austérité du vaisseau, qui comporte le plus souvent une nef unique et un transept peu saillant. Si l'édifice comprend des bas-côtés, l'abside se termine par un hémicycle flanqué de deux absidioles.

Le « gothique provençal »

L'art gothique n'a laissé que peu d'édifices dans la région. Le « gothique provençal » est un art de transition, qui s'affirme avec les puissantes voûtes aux robustes ogives de **Fréjus** ou de **Grasse**. Dès la fin du 15e s., le roi René attira en Provence de nombreux artisans italiens. La Renaissance a influé sur la peinture provençale, mais eut peu de prise sur son architecture.

Les villages perchés

Du 11e au 15e s., les paysans regroupent leurs habitations et leur église sur une hauteur, site défensif de premier ordre. Semblable prudence n'était pas superflue aux temps des razzias des pirates et des méfaits des gens de guerre du Moyen Âge et de la Renaissance. Toutefois, la sécurité recoupait la volonté des seigneurs féodaux de rassembler la population sous leur autorité et le souci des paysans de préserver les terroirs. La multiplication des villages perchés aux 12e et 13e s. est aussi la conséquence de la croissance démographique.

Bâtis avec la pierre de la colline, parfois au bord d'un piton rocheux, ils se confondent presque avec elle. Le dédale des rues et des ruelles (calades) sinueuses, dallées ou caillouteuses, en pente et coupées d'escaliers tortueux, ne peut être suivi qu'à pied. Parfois, des arcades au rez-de-chaussée des maisons mettent le passant à l'abri du soleil et de la pluie. De vieilles portes aux clous en pointe de diamant, des pentures de fer forgé, des heurtoirs de bronze signalent les habitations bourgeoises. Certains de ces petits bourgs sont ceints de remparts et on y pénètre par une porte fortifiée.

L'amélioration des communications et l'évolution agricole au 19e s. parvint à rompre l'isolement : les villages se développèrent en plaine, se dédoublant parfois. Le paysan vivant au milieu de ses terres y bâtit sa maison. Gourdon, Èze, Utelle, Peille et bien d'autres bourgs témoignent encore de l'ancienne économie de type provençal.

À la frontière du baroque et du classicisme

Les modèles romains, piémontais ou génois marquent surtout les édifices religieux du comté de Nice. Les façades d'église s'ornent de frontons, de niches, de statues,

mais se distinguent par une ordonnance équilibrée. À l'intérieur, les innombrables retables, les lambris et les baldaquins sont d'une grande richesse. La façade du **palais Lascaris** (1648-1680) et l'ordre colossal (élévation des pilastres ou des colonnes sur plusieurs étages) de l'ancien Sénat de Nice exaltent le pouvoir, comme l'urbanisme régulier à portiques, qui fixe (place Garibaldi, 1782-1792), sur le modèle des voies de Turin, les grandes lignes de l'extension de Nice.

Le triomphe de l'éclectisme

L'édification à Cannes, en 1835, du château Éléonore par le promoteur de la station, **lord Brougham**, lance la mode de l'éclectisme. Chaque villégiature a son urbaniste : Chapoulard marque Hyères, Pierre Audié, St-Raphaël, où il introduit le romano-byzantin ; le Niçois Charles Delmas et le Danois Hans-Georg Tersling dressent les plans de nombreux palaces à Nice et à Menton (où œuvra également Charles Garnier) et de villas qui parsèment les caps.
Prolongeant l'intérêt des romantiques pour l'Orient, les architectes inventent des villas dites « mauresques », caractérisées par l'abondance de carreaux de faïence, d'arcs outrepassés et de tours-minarets. L'engouement pour le style néomédiéval ou troubadour fait fleurir merlons et créneaux (château Scott, Cannes, 1868-1872). Parfois, les styles se mélangent en une synthèse originale dans des villas habitées par d'anciens administrateurs des colonies françaises ou britanniques, telle la « folie » du colonel Smith à Nice, dit « château de l'Anglais » (1856-1858). Les nobles et industriels russes reconstituent des « petites Russies » dans les vastes domaines acquis, où l'influence méditerranéenne, en particulier dans le choix des matériaux, se mêle à l'art slave.
De nombreuses façades de Nice et Menton sont peintes pour masquer la pauvreté des matériaux. Cette mode, qui s'étend de 1850 à 1920, dénote l'influence des **maçons piémontais**, conséquence d'une forte immigration italienne. Le décor se réduit à des couleurs nuancées et à des motifs architecturaux en trompe-l'œil. L'Art nouveau s'empare des frises, dont le dessin de fleurs stylisées est tracé à l'aide d'un pochoir.

Urbanisation et tourisme balnéaire (1920-1935)

L'**Art déco** soumet l'ornementation aux lignes géométriques de l'architecture. Mais les bâtiments les plus intéressants des années 1920 et 1930 se caractérisent par la maîtrise du béton armé : l'église Ste-Jeanne-d'Arc, « Notre-Dame-des-Œufs » (1932), bâtie par **Jacques Droz** à Nice, en est le meilleur exemple. Les immeubles paquebots déploient la pureté et la blancheur de leurs volumes, parcourus de coursives, le long de la Méditerranée : l'hôtel Latitude 43 (1931-1933, reconverti en copropriété), construit par **Georges-Henri Pingusson** à la sortie de St-Tropez, et les courbes dynamiques de l'escalier de l'immeuble Gloria Mansions (1930), à Nice, sont les chefs-d'œuvre de cette période. Par le jeu des lignes pures et son adaptation au site, l'**architecture fonctionnaliste** (Le Corbusier) trouve une application dans la réalisation de villas luxueuses, ou plus radicales comme la villa E-1027 d'**Eileen Gray** et le Cabanon de **Le Corbusier** à Roquebrune Cap-Martin. Le projet initial de la villa de Noailles (1924), construite par **Mallet-Stevens** à Hyères, a été modifié, mais le vitrail compartimenté du plafond du grand salon donne une idée de l'inspiration originale.

L'évolution contemporaine

Dans les années 1950, **Jean de Mailly** œuvre à la reconstruction de Toulon avec de grands ensembles. À la transformation brutale des sites, qui a laissé quelques exemples déplorables, succèdent la recherche de la transparence et la volonté de se fondre dans le paysage. Si les ports de Bormes et de Monte-Carlo illustrent l'intense spéculation immobilière, le laboratoire IBM de La Gaude (1963, Marcel Breuer), l'ensemble de Marina-Baie-des-Anges (1970, André Minagoy) à Villeneuve-Loubet, le village lacustre de Port-Grimaud (1966, François Spoerry), la marina de Cogolin témoignent d'une réflexion sur l'intégration de l'architecture au site. La lumière méditerranéenne rehausse la polychromie de la Fondation Maeght (1963-1964, Josep Lluís Sert) à St-Paul ; elle est ménagée dans le musée Chagall (1972, André Hermant) à Nice.

Les années 1980 sont marquées par le gigantisme (Palais des Festivals et des Congrès de Cannes, surnommé « le bunker », 1982), mais d'audacieux mélanges de matières (brique, acier, verre, béton clair) rendent la masse architecturale plus souple (musée d'Art moderne et d'Art contemporain à Nice ou Forum Grimaldi à Monte-Carlo).

Les années 2000 sont synonymes de grands travaux d'aménagement alliant fonctionnalité et écologie.

Nice a profité de l'arrivée du tramway pour repenser tout son paysage urbain : création de zones piétonnes, de pistes cyclables et d'espaces verts. La modification des voies de circulation a permis à la ville de faire valoir ses atouts commerciaux et son patrimoine. La place Garibaldi et l'avenue Jean-Médecin ont été transfigurées et la révolution douce continue le long de la promenade du Paillon, une coulée verte de 22 ha qui continue de s'agrandir. Même l'ancienne gare du Sud, monument historique emblématique occupant 2 ha en centre-ville, abandonné depuis 1991 et menacé de destruction, a finalement entamé sa mue. Sa halle métallique reprend vie avec la médiathèque ouverte en 2014, suivie bientôt par des logements et un cinéma.

Le **Rocher monégasque** continue de gagner sur la mer, dans le quartier du Larvotto, par exemple, ou encore dans le nouveau projet d'écoquartier Mareterra, tandis que l'agrandissement du port Hercule, sur une digue semi-flottante, et l'aménagement de 4 ha de terrain libérés par la mise en sous-sol de la voie ferrée ont permis de nouvelles infrastructures (logements, espaces verts, bureaux).

Toulon respire enfin avec l'ouverture du deuxième tunnel (ouest-est) qui raccorde en souterrain les autoroutes A 50 et A 57. Pour achever l'œuvre de délestage du centre-ville, un transport en site propre est également en projet.

À **St-Raphaël**, l'espace Bonaparte a donné un nouveau souffle au centre-ville et à la mer. Lieu de stationnement et de promenade, cet édifice des temps modernes, qui s'inscrit dans le paysage littoral raphaëlois, est posé sur une presqu'île, entre centre et port.

L'art pictural

L'inspiration n'a jamais manqué sur la Côte. Tous les courants artistiques y ont laissé des traces et des œuvres splendides. Son indéniable dynamisme en la matière, son cadre idyllique et son évidente douceur de vivre en ont fait le pôle de création le plus important en France, après Paris.

Âge de bronze

Les gravures rupestres qui ont donné son nom à la **vallée des Merveilles** n'ont pas encore livré tous leurs secrets. Les représentations de bovidés, d'armes et d'outils, de figures anthropomorphes ou géométriques datent toutes du bronze ancien (1800-1500 av. J.-C.) et ont été dessinées par des bergers.

Les « primitifs niçois »

Du milieu du 15e s. au milieu du 16e s., une école de peinture d'abord gothique, puis inspirée de la Renaissance italienne, fleurit dans le comté de Nice. Elle est illustrée par la dynastie des **Brea** et Jacques Durandi. Ces peintres travaillent surtout pour les confréries de pénitents, ce qui explique la dissémination de leurs tableaux en de nombreuses églises et chapelles de pèlerinage. On en voit à Antibes, Le Bar-sur-Loup, La Brigue, Grasse, Lucéram, Nice, Monaco, Sospel. Au même moment, dans l'arrière-pays niçois, des artistes souvent itinérants, d'origine piémontaise, ornent, du 14e au 16e s., les plus humbles sanctuaires de peintures murales très vivantes, aux coloris remarquablement préservés. Les saints intercesseurs sont souvent représentés, en particulier saint Sébastien, des plus utiles en cas d'épidémie de peste. Ces chapelles ont essaimé dans les vallées de la Roya, du Paillon et de la basse Tinée : Coaraze, Lucéram, Peillon, Venanson, et surtout La Brigue, à la chapelle N.-D.-des-Fontaines, où **Jean Canavesio** (1420-début du 16e s.), à côté de **Jean Baleison**, son élève, a laissé une œuvre exceptionnelle.

Classicisme

Aux 17e et 18e s., les Parrocel, les Van Loo, Joseph Vernet, Hubert Robert ont laissé de fort belles toiles, mais c'est surtout **Jean-Honoré Fragonard** (1732-1806) qui est l'orgueil de la région. Les paysages baignés de lumière et les jardins de Grasse, sa ville natale, sont les sources où il a souvent puisé le décor des scènes libertines qu'il peignit.

Le zénith de l'art moderne

Autrefois isolée, mal desservie, la Côte d'Azur fut d'abord perçue comme une contrée pittoresque que l'on découvre par la mer, mais où se révèle l'éblouissement de la lumière méditerranéenne. Source d'inspiration pour un Paul Huet, un Félix Ziem ou un Dunoyer de Segonzac, dessinateur inlassable du pays de St-Tropez, elle a conduit les peintres de la modernité à de nouvelles recherches picturales. En cela, et parce qu'elle a donné naissance à une génération d'artistes, la Côte d'Azur peut être considérée comme l'un des grands rivages civilisateurs du 20e s.

Impressionnisme, fauvisme...

Le retour de **Cézanne** en Provence (1881) est déterminant pour les impressionnistes, adeptes de la peinture de plein air. Monet et Renoir lui rendent visite et poussent plus loin le long du littoral azuréen. Les œuvres de **Monet** réalisées à Antibes marquent l'apparition de la Côte d'Azur dans la peinture. Elles amorcent un tournant dans la carrière du peintre, qui se consacre, à partir de cette période, aux « séries », enregistrant les variations de la lumière sur un même sujet.
Renoir s'installe à Cagnes, où il passe les dernières années de sa vie, peignant sans cesse les oliviers de son domaine des Colettes.
Signac, continuateur de Seurat, s'établit à St-Tropez en 1892, où il attire quelques amis, dont Manguin, Bonnard, l'« ermite » du Cannet, et **Matisse** (*Luxe, calme et volupté*, 1904, Paris, musée d'Orsay), qui aborde la Côte d'Azur par des intérieurs épurés, ouverts sur la mer, puis suggère le rivage niçois à travers le tamis des fenêtres, des

persiennes. À Nice, **Dufy** dépeint la scène côtière en spectateur après avoir acquis à Vence son style pictural original. Le passage de **Picasso** à St-Raphaël pendant l'été 1919 ouvre le cubisme sur le grand large et débouche sur les géométries lumineuses de Juan-les-Pins à partir de 1920. **Soutine**, qui séjourne sur la Côte d'Azur entre 1918 et 1921, décèle, dans la lumière et le jeu des ombres, un « pathétique intense » qui se déploie dans des formes en torche.

Au mythe édénique de Matisse, Bonnard et Dufy succèdent (à partir de 1927-1928) le cycle du Minotaure, les faunes et les centaures de Picasso, repris dans les céramiques qu'il crée à Vallauris.

Marcel Duchamp, André Masson (tableaux de sable à Sanary en 1926, sable également employé par Kandinsky, hôte de La Napoule), Jean Cocteau, Francis Picabia (qui s'installe à Mougins), pratiquent le détournement de l'objet et les assemblages.

Nicolas de Staël ne résida pas, hélas, très longtemps à Antibes mais son passage laissa des traces inoubliables dans sa peinture.

Cubisme, surréalisme...

Pendant les années de guerre, Jean Arp, sa compagne, Sophie Taeuber, ainsi que Sonia Delaunay, désemparée après la mort de son époux, Robert Delaunay, en 1941, trouvent refuge dans la villa qu'**Alberto Magnelli** possède à Grasse. Travaillant avec des matériaux de fortune, le « **groupe de Grasse** » engendre des œuvres d'une grande liberté d'inspiration. Arp et Taeuber rencontrent Max Ernst, qui s'est enfui du camp des Milles, près d'Aix, où étaient internés tous les ressortissants allemands.

Alors que le monde de l'art s'internationalise et que les artistes européens sont revenus de leur exil américain après la guerre, nombre de peintres s'installent dans l'arrière-pays : Picasso à Mougins, Braque au Cannet, **Fernand Léger** à Biot, Dubuffet à Vence. Il n'y aurait peut-être pas eu *La Guerre et la Paix* (1952) de Picasso à Vallauris sans la chapelle du Rosaire (1951), œuvre d'art totale que Matisse réalisa à Vence. Le rapport à l'architecture entraîne une interpénétration des disciplines. **Marc Chagall**, établi à partir de 1950 à Vence, étend son art à de nombreuses techniques : lithographie, vitrail, sculpture, céramique et mosaïque.

Création contemporaine

Une nouvelle génération d'artistes voit le jour : Yves Klein et Arman en 1928 à Nice, Martial Raysse en 1936 à Golfe-Juan. Arman et Klein développent le concept d'« actions » ou « happenings » à partir de 1953. Le **nouveau réalisme**, qui regroupe Arman, César, Dufrêne, Hains, Klein, Raysse, Rotella, Spoerri, Tinguely et Villeglé, auxquels se joignirent ensuite Niki de Saint Phalle, Deschamps et Christo, naît à Nice en 1960. Les nouveaux réalistes réagissent à l'abstraction dominante des années d'après-guerre et travaillent sur le « réel perçu en soi » du monde moderne, industriel et médiatique.

À côté d'eux, l'**école de Nice** voit s'épanouir les recherches très différentes de **Ben**, qui acclimate à Nice le mouvement « Fluxus ». Ben, alias Benjamin Vautier, « nissart » d'adoption, est une figure emblématique de l'art français. Tout le monde connaît ses « slogans-revendications », manuscrits en blanc sur fond noir, qui s'affichent sur toutes sortes de supports, dont des toiles. Car Ben est avant tout peintre de son état et de son temps. Contestataire ludique, lié au mouvement Fluxus, à l'ethnisme, descendant aussi des dadaïstes, il arbore un art nouveau qui propose *via* l'écriture un style de peinture à part entière. On retrouve ses slogans

Galeries d'art

Preuves vivantes de la créativité contemporaine, les galeries foisonnent sur la Côte. Elles sont certainement un peu trop nombreuses à St-Paul-de-Vence pour être toutes de qualité, mais celle de Catherine Issert *(www.galerie-issert.com)* est de réputation internationale. À Nice, La Marine, la galerie municipale *(www.nice.fr)*, est une plate-forme de création et d'exposition atypique pour les jeunes créateurs. Dans le Var, citons le Jas de la Rimade *(www.rimade.com)* à Carcès, l'Espace Castillon *(www.espace castillon.fr)* ainsi que la galerie Michel Estadès *(www.estades.com)* à Toulon.

sur le parcours du tramway de Nice. Parmi les autres artistes de l'école de Nice, citons Bernard Venet, Sacha Sosno ou encore Bernard Pagès et Claude Viallat, dont les travaux sur l'art conceptuel mèneront à la création du groupe « Supports/Surfaces » dans les années 1970.

Depuis, la Riviera n'a pas failli à sa réputation. La prestigieuse « école de Nice » perdure. **Jean Mas**, membre atypique, s'inscrit dans la mouvance niçoise depuis 1973. Il s'illustre à cette époque par la production de Cages à Mouches, objet autour duquel il organise toute sa démarche artistique. Instigateur du Festival du *P...* à Bonson en juillet 2003, il décline à l'infini depuis 1989 *Le Peu*, phonème de la lettre « p » qu'il découpe dans de l'aggloméré. Il fait appel à différentes techniques (collages, peinture, assemblages divers) pour nous offrir un « Peu de miroir », un « Peu de dame », un « Peu d'échec ».

Nice tient parfaitement son rôle de ville d'art, la deuxième après Paris. Elle fait preuve d'un dynamisme culturel hors pair avec sa dizaine de musées, ses galeries et ateliers d'artistes. Pour preuve, la **villa Arson**, située sur les hauteurs de la ville, qui fait office de galerie d'exposition, de résidence d'artistes du monde entier et d'école.

De leur côté, les nombreuses galeries situées au cœur du vieux Nice promeuvent la jeune création, de même que le **109**, laboratoire de création contemporaine, installé dans d'anciens abattoirs du quartier St-Esprit.

L'exemple le plus marquant de l'art contemporain dans la ville se dresse sur la grande bibliothèque Louis-Nucéra, inaugurée en juillet 2002. Ses 10 000 m² dédiés à la culture sont surveillés par la « Tête carrée », prouesse architecturale de **Sacha Sosno**.

Autre haut lieu de référence de la Côte, l'**Espace de l'art concret** à Mouans-Sartoux. Inauguré en 1990, dans un château du 16e s., ce lieu dévolu à l'art contemporain (abstraction géométrique, minimalisme et art design) fut créé dans un but de sensibilisation à l'art

Galeries d'art

Preuves vivantes de la créativité contemporaine, les galeries foisonnent sur la Côte. Elles sont certainement un peu trop nombreuses à St-Paul-de-Vence pour être toutes de qualité, mais celle de Catherine Issert *(www. galerie-issert.com)* est de réputation internationale. À Nice, La Marine, la galerie municipale *(www.nice.fr)*, est une plate-forme de création et d'exposition atypique pour les jeunes créateurs. Dans le Var, citons le Jas de la Rimade *(www.rimade.com)* à Carcès, l'Espace Castillon *(www.espace castillon.fr)* ainsi que la galerie Michel Estadès *(www.estades.com)* à Toulon.

d'aujourd'hui. Un nouvel espace a été édifié au cœur du parc afin de mettre en valeur les expositions, qui incitent à une réflexion sur l'art et la société et suscitent des confrontations entre tous les Arts.

La littérature

Tout comme les peintres les écrivains furent parmi les premiers à succomber aux charmes de cette nouvelle Arcadie. **Maupassant** évoqua dans *Sur l'eau* les beautés de la Côte ; Gaston Leroux s'en enthousiasma dans *Le Parfum de la dame en noir* ; Guillaume Apollinaire y fut attaché dès l'enfance. Gide, Roger Martin du Gard (prix Nobel en 1937), les surréalistes, dont Paul Éluard, très lié à Picasso, s'y retrouvèrent, tandis que **Colette** se retira dans sa villa de St-Tropez entre 1925 et 1938.

Les Anglo-Saxons vinrent y respirer un air plus pur et frivole comme la Néo-Zélandaise **Katherine Mansfield**, qui laissa dans son *Journal* une vision enchanteresse de Menton. **Édith Wharton** écrivit à Hyères *Le Temps de l'innocence*, Aldous Huxley rédigea *Le Meilleur des mondes* à Sanary en 1931. David-Herbert Lawrence, l'auteur de *L'Amant de lady Chatterley*, mourut à Vence en 1930. Les Américains de la « génération perdue », Miller, Fitzgerald, Hemingway, animèrent la plage de Juan-les-Pins et le cap d'Antibes.

Mais les nuages s'amoncelèrent, avec le début de la Seconde Guerre mondiale et Sanary-sur-Mer devint le refuge d'**écrivains allemands** fuyant le nazisme. Heinrich Mann se mariera à Nice avant de s'exiler aux États-Unis en 1940, Klaus Mann se suicidera à Cannes en 1949.

Plus tard, **Jules Romains** mettra Nice à l'honneur, y poursuivant jusqu'en 1947 la rédaction des *Hommes de bonne volonté*. Chantée par **Louis Nucéra** (1928-2000) et par Max Gallo (1932-), la ville continue d'enfanter des écrivains de talent comme Jean-Marie Gustave Le Clézio (1940-) ou Didier van Cauwelaert (1960-).

Bibliographie *(voir p. 540)*.

Photographie

Jacques Henri Lartigues (1894-1986) fut notamment familier de l'Hôtel du Cap d'Antibes, séjournant fréquemment sur la Côte d'Azur dans les années 1920 avec sa première épouse, « Bibi ». En 1960, avec sa troisième épouse Florette, il s'installa à Opio, dans l'arrière-pays grassois, et il mourut à Nice. Il est l'auteur d'inoubliables clichés de la Côte d'Azur conçue comme un art de vivre. En passionné de cinéma, il photographia des tournages et couvrit aussi chaque Festival de Cannes. À feuilleter pour les clichés noir et blanc : *La Côte d'Azur de Jacques-Henri Lartigue* de Marianne Blume (Flammarion, 1997) ; et pour les photos en couleur, moins connues : *Lartigue, la vie en couleur* de Martine d'Astier et Martine Ravache (Seuil, 2015).

Lumière sur le cinéma

Depuis La Côte d'Azur vue d'un train (1903) des frères Lumière, la Riviera a joué un rôle déterminant dans l'industrie cinématographique et dans l'imaginaire tant français qu'international. D'une part, l'omniprésence de la lumière était indispensable au cinéma à ses débuts. D'autre part, les studios de la Victorine à Nice ont activement participé à l'essor du 7e art sur la Côte.

Très vite, celui-ci puise son inspiration dans la tradition locale. **André Hugon**, réalisateur du premier film parlant français, campe les personnages typiques de la Provence adaptés des romans de Jean Aicard : *Maurin des Maures* (1932), *L'Illustre Maurin et Gaspard de Besse* (1936). Le vieux village du Castellet sert de décor à *La Femme du boulanger* (1938). Durant la Seconde Guerre mondiale, le repli de toute une frange du cinéma français est à l'origine du dernier âge d'or des studios : **Marcel Carné** tourne *Les Visiteurs du soir* (1942), puis *Les Enfants du paradis* (1944). Hommage à une époque révolue, François Truffaut placera un tournage dans les studios de la Victorine au cœur de *La Nuit américaine* (1972).

Diverses approches

Les années 1950 sonnent le glas d'une certaine image de la Côte d'Azur. Villefranche-sur-Mer accueille, dans l'intimité de sa pittoresque « rue Obscure », *Le Testament d'Orphée* (1960) de **Jean Cocteau**. Le cadre médiéval de Sospel se prête au *Masque de fer* (1962) d'Henri Decoin, dans lequel Jean Marais endosse un de ses rôles de cape et d'épée.
Avec le tournage mythique, en 1956, de *Et Dieu créa la femme*, **Roger Vadim** lance sur les écrans à la fois Brigitte Bardot et St-Tropez. La Nouvelle Vague déferle et Jean-Paul Belmondo incarne *Pierrot le Fou* (1965) de **Jean-Luc Godard**, dans l'île de Porquerolles. Mais plusieurs films prennent le contre-pied d'une vision trop attendue : *La Collectionneuse* (1967), un des Six contes moraux d'Éric Rohmer ; *La Piscine* (1969) de Jacques Deray, au climat étouffant dans une villa sur les hauteurs de St-Tropez, avec le mémorable couple Alain Delon-Romy Schneider ; *Les Biches* (1968) de Claude Chabrol, où Stéphane Audran évolue parmi la faune superficielle et fortunée d'un St-Tropez hivernal. Par ailleurs, tourisme de masse et comique grand public vont de pair dans les six épisodes, tournés entre 1964 et 1982, de la série du *Gendarme de Saint-Tropez* de Jean Girault, avec Louis de Funès.

Une atmosphère

La principauté de Monaco est un gigantesque décor qui, depuis le passage de **Max Linder** (*Max à Monaco*, 1913), fascine les cinéastes. Les tables de jeu inspirent d'une façon plus profonde le *Roman d'un tricheur* (1936) de **Sacha Guitry** et *Vingt-Quatre Heures de la vie d'une femme*, livre de Stefan Zweig adapté en 1967 par Dominique Delouche, puis en 2003 par Laurent Bouhnik. **Jacques Demy** mêle les passions et l'enfer du jeu sous les traits de Jeanne Moreau dans *La Baie des Anges* (1962).
La Riviera dessine une frontière entre le bien et le mal qu'incarne le personnage d'Alain Delon dans *Les Félins*, de **René Clément** (1963). Les amateurs de thrillers seront captivés par le tandem Jean Gabin-Alain Delon et par le dénouement inoubliable avec le casse du casino du Palm Beach, à Cannes, dans *Mélodie en sous-sol* (1962) d'**Henri Verneuil**.

Vivement dimanche ! (1983), le dernier long-métrage de **François Truffaut** (tourné à Hyères), est un hommage à ce genre non dénué d'humour. La même année, James Bond, *alias* Sean Connery, revient dans *Jamais plus jamais* et affronte une redoutable (et ravissante) tueuse jusqu'aux abords de Monte-Carlo. Dans un registre plus réaliste, **Yves Montand** incarne un excellent « Papet » dans Jean de Florette et Manon des sources (1985-1986), que Claude Berri tourne autour de Riboux, dans le Var.

Ça tourne toujours

Sur la Côte d'Azur, longtemps surnommée l'Hollywood français, le 7e art semble être un éternel recommencement, servant de toile de fond aux styles les plus divers. *La Cité de la peur* (1994) d'Alain Berbérian dresse une parodie du Festival de Cannes. *Le Fils préféré* de Nicole Garcia, peinture délicate d'un trio masculin (1994), a pour cadre Nice, Menton et Grasse. *Blanche* (2001) de Bernie Bonvoisin, tourné au fort Napoléon à La Seyne-sur-Mer, renouvelle le genre du film de cape et d'épée. En 2005, l'intrigue d'*Anthony Zimmer* conduit le couple Sophie Marceau-Yvan Attal sur la Riviera pour un thriller haletant. La même année, *La Californie*, peinture d'une chute collective avec Nathalie Baye, ayant pour cadre les hauteurs de Cannes, est réalisé par le grand scénariste français Jacques Fieschi. Histoire d'amour dans un registre dramatique, **Marion Cotillard** est dresseuse d'orques rendue paraplégique dans le film de Jacques Audiard *De rouille et d'os* (2012), tourné entre Antibes et Cannes. Olivier Dahan s'essaie à la biographie avec *Grace of Monaco* (2014) interprétée par Nicole Kidman.

Comédies et faits divers

Ces deux styles reviennent souvent dans les films tournés ces dernières années sur la Côte d'Azur. Devenu culte dès sa sortie en 2005, le très populaire *Brice de Nice* se déroule... à Nice, sur la plage de la Réserve où l'aspirant surfeur attend la vague. En 2007, Jean-Paul Rouve tourne, également à Nice, *Sans arme, ni haine, ni violence*, inspiré par un fait réel, le « casse du siècle » d'Albert Spaggiari. Anne Fontaine créée, en 2005, une comédie pétillante avec *La Fille de Monaco* (Louise Bourgouin accompagnée de Fabrice Luchini), ayant pour cadre le prestigieux Hôtel de Paris. Le même palace monégasque est visible dans le film de Pierre Salvadori *Hors de Prix* (2006), emmené par le duo hilarant Gad Elmaleh et Audrey Tautou. *L'Italien* (2010), touchante comédie tournée à Nice, décrit les atermoiements d'un vendeur de voitures (Kad Merad) sommé par son père de suivre le ramadan, alors que ses proches le croient italien. *L'Arnacœur* (2010) noue une jolie comédie romantique entre Vanessa Paradis et Romain Duris, filmée dans les palaces et casinos de la région. **Woody Allen** n'a pas échappé au charme de la région qu'il a choisie comme décor pour *Magic in the Moonlight* (2014), intrigue qui réunit dans le Var Emma Stone et Colin Firth durant les Années folles. **André Téchiné** dans son film *L'Homme qu'on aimait trop* (2014) relate la disparition, en 1977, de l'héritière du casino niçois du Palais de la Méditerranée, Agnès Le Roux, interprétée par Adèle Haenel, avec aussi à l'affiche Catherine Deneuve et **Guillaume Canet**. Celui-ci, également réalisateur, a tourné sa dernière comédie *Rock'n'roll* (2017) à Cannes. Et même les héros de *Dowton Abbey* ont succombé à la magie de la Riviera, plus précisément dans la région de Toulon, où se déroule le deuxième film de la série : *Dowton Abbey, une nouvelle ère* (2022).

ABC d'architecture

Architecture antique

LA TURBIE – Trophée des Alpes (1er s. avant J.-C.)

Grandiose construction élevée à la gloire d'Auguste (27 av. J.-C.) vainqueur des campagnes des Alpes, ce monument est un des rares trophées hérités du monde romain. Il a connu mille vicissitudes avant d'être restauré par l'architecte Formigé dans les années 1930.

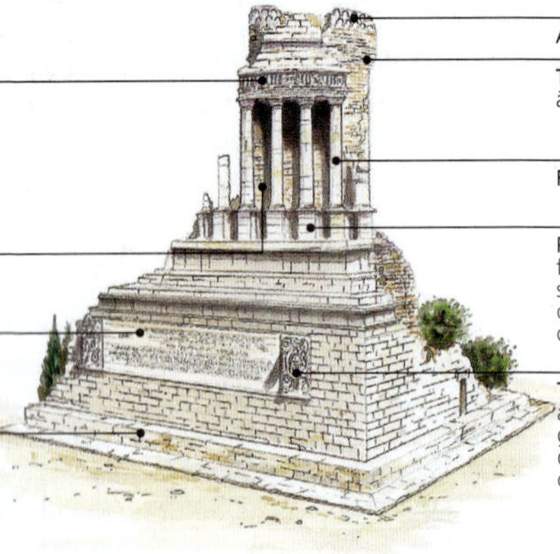

Architecture religieuse

FRÉJUS – Intérieur du baptistère (5e s.)

Cet édifice paléochrétien se présente sous l'aspect d'un bâtiment carré de 11 m environ de côté. À l'intérieur, s'inscrit un octogone dont les côtés comportent de petites niches séparées par des colonnes de granit noir. Certains éléments antiques proviennent de bâtiments romains. Une restauration, au début du 20e s., lui a rendu son aspect d'origine.

LE THORONET – Plan de l'église abbatiale (11e s.)

Le large transept et l'absence de décoration caractérisent les édifices élevés par les moines de l'ordre de Cîteaux. Ces derniers privilégiaient le chevet plat, mais la voûte en berceau brisé et l'abside semi-circulaire reflètent la manière de bâtir des maîtres d'œuvre locaux. N'ayant pas de vocation paroissiale, l'église ne possède pas de portail central.

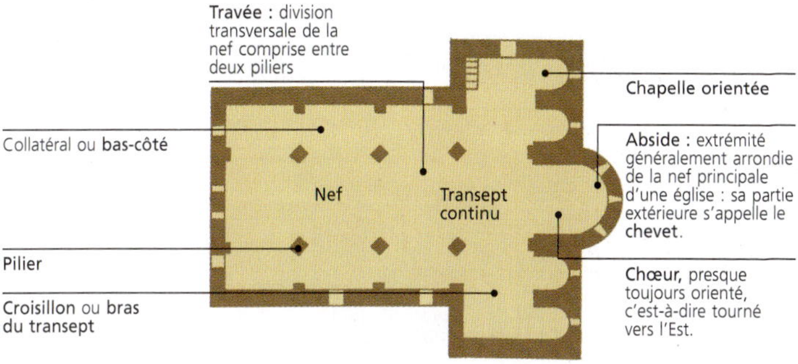

Coupe en élévation d'une église romane provençale

Nous proposons deux variantes de l'église romane provençale telle qu'on la rencontre le plus souvent.

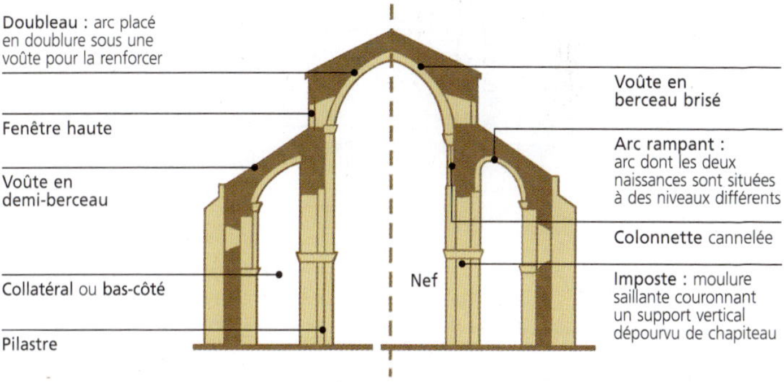

GRASSE – Portail de la chapelle de l'Oratoire (14e s.)

La porte ainsi que la fenêtre gothiques de cette chapelle ont été récupérées sur l'ancienne église des Franciscains. Elles furent intégrées en 1851 à la façade de l'Oratoire.

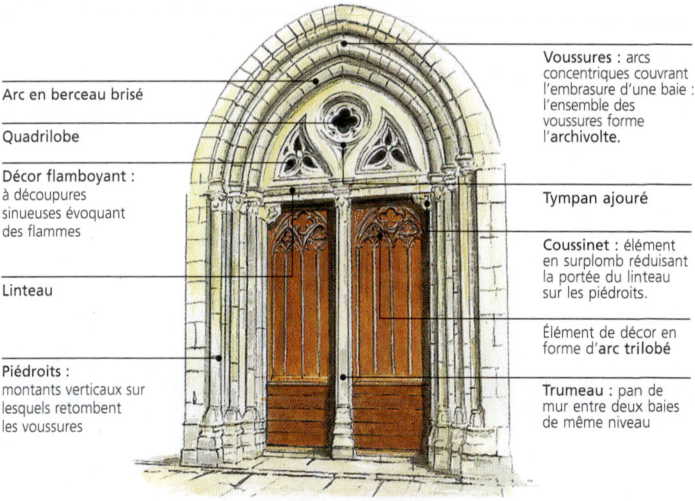

NICE – Cathédrale Sainte-Réparate (17e s.)

À l'origine, Sainte-Réparate était une chapelle, construite au 13e s. Sa façade et son plan actuels, de style baroque, sont l'œuvre de l'architecte niçois Jean-André Guibert. La façade répond à un schéma traditionnel : deux étages divisés en trois sections par des pilastres conduisent à une recherche sobre du mouvement. La composition reste claire et respecte une certaine rigueur des lignes.

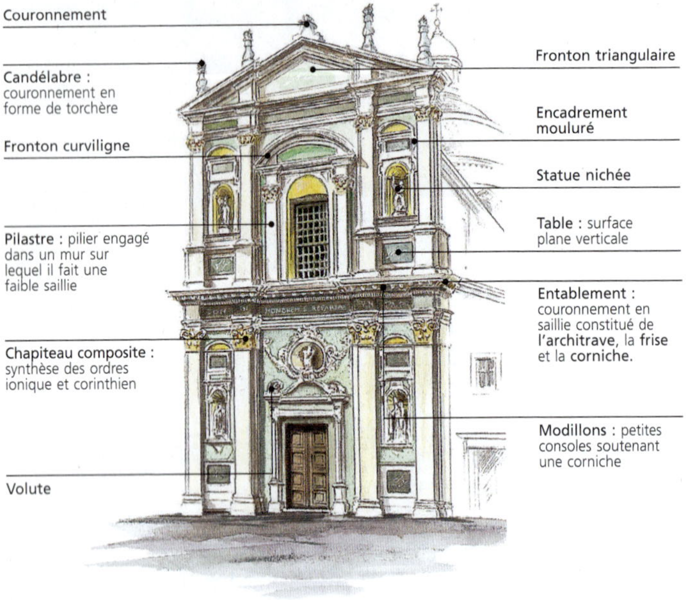

LES ARCS – Retable de la chapelle Sainte-Roseline (début du 16e s.)

En fait de retables baroques, Nice et sa région privilégient les marbres de couleur et les stucs ; le bois doré domine de l'autre côté du Var.

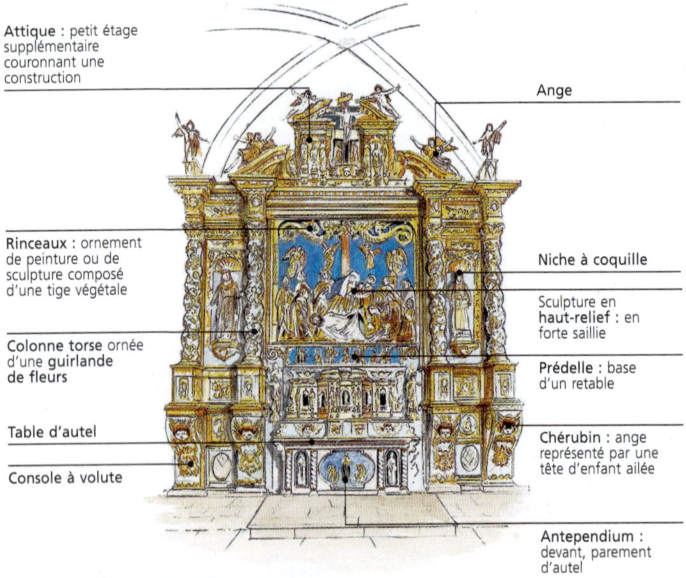

Architecture traditionnelle

SAINT-TROPEZ – Maisons sur le port

Étroites et hautes, les petites maisons serrées les unes contre les autres et les teintes vives des façades caractérisent les ports de la Côte d'Azur.

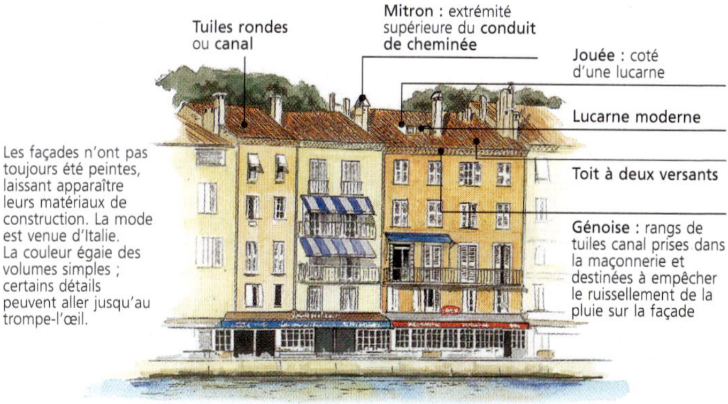

LE VIEUX-CANNET – Campanile

Les campaniles apparurent au 16e s. au sommet des clochers et beffrois. Leur complexité et leurs dimensions sont très variables.

LORGUES – Fontaine de la Noix (1771)

Chaque ville ou village possède sa ou ses fontaines, du modeste filet d'eau au monument sculpté et souvent daté.

Architecture balnéaire

HYÈRES – Villa « tunisienne » (1884)

Les villas des stations balnéaires du 19e s., elles-mêmes créées de toutes pièces, sont un résumé des architectures du monde et un hymne à l'extravagance, bien que l'intérieur conserve une distribution conforme au mode de vie bourgeois. Cette architecture aujourd'hui réhabilitée est volontiers orientaliste. Chapoulart, architecte d'une villa « mauresque » à Hyères, construisit pour lui-même cette variante avec patio, dite « algérienne », puis « tunisienne ».

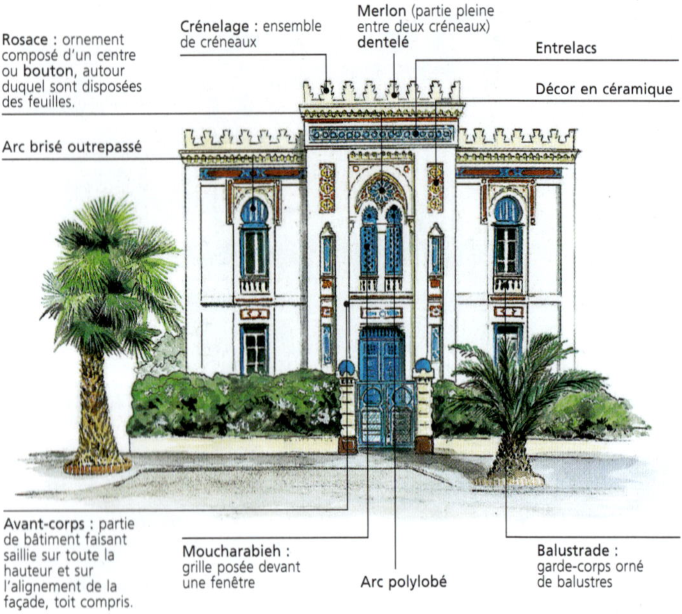

MONTE-CARLO – Salle du casino (2e moitié du 19e s.)

Monte-Carlo s'est construit autour du casino, caractéristique du style éclectique qui fleurit sur le littoral à la fin du 19e s. La luxueuse décoration intérieure fait écho à celle du dehors.

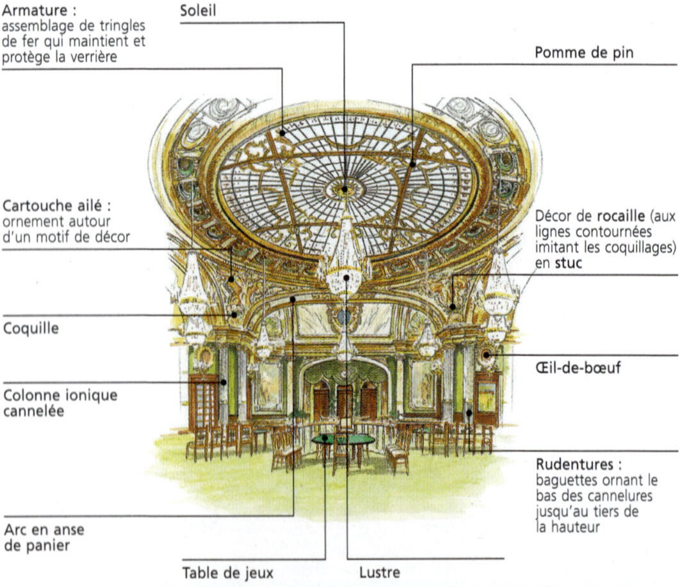

Architecture militaire

ANTIBES – Fort Carré (16e s.)

Les remparts d'Antibes ont été démolis en 1895. En subsiste ce fort, terminé en 1585 et dont le plan bastionné préfigure les étoiles du système défensif de Vauban au siècle suivant.

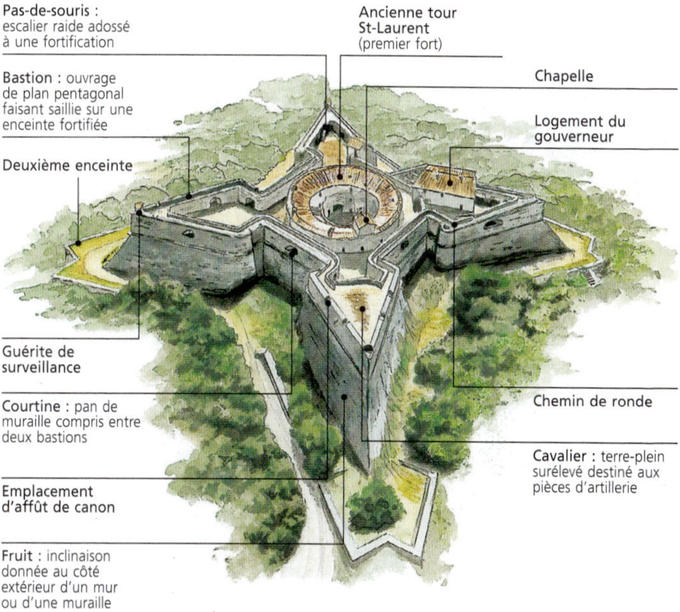

Architecture contemporaine

SOPHIA-ANTIPOLIS – Bâtiment d'entreprise (1978)

Les bâtiments de la technopole de Valbonne ont été construits à partir du milieu des années 1970. La déclivité du terrain est utilisée pour éviter toute monotonie et intégrer discrètement l'architecture au paysage. Les baies vitrées et les patios permettent un éclairage important. Le mélange des matériaux et la recherche de la transparence dessinent une structure légère et « high-tech » qui mêle prestige et modernité.

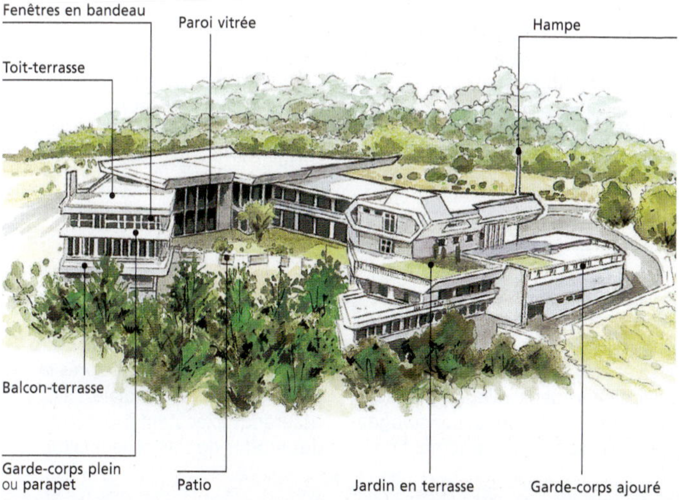

Traditions et art de vivre

Mélange original d'esprit cosmopolite et d'attachement indéfectible à ses racines, la Côte d'Azur, élue par l'aristocratie à la fin du 19e s. et par les grands peintres au 20e s., reste fidèle à son identité : le provençal et le nissart sont enseignés aux enfants du pays, l'arrière-pays se fait le gardien des traditions et le lieu de ressourcement des vieilles familles locales, qui s'y réfugient pendant les chaleurs estivales. Outre la douceur du climat, c'est un art de vivre chargé de saveurs, de couleurs et de lumière qui attire les visiteurs.

Les hauts lieux de l'artisanat

Dans les villages de l'arrière-pays, de nombreux artisans se sont installés, permettant de faire revivre des métiers traditionnels parfois séculaires. Sept villes et villages de Côte d'Azur se distinguent par le label « **Ville et Métiers d'art** », dont la vocation est de promouvoir la diversité et la qualité des ateliers implantés : Ollioules et Fréjus dans le Var ; Biot, Cagnes-sur-Mer, Le Cannet, Vallauris et Mougins dans les Alpes-Maritimes.

La céramique

La présence de bancs d'argile d'excellente qualité explique que la poterie ait été une activité importante. La fabrication de jarres à **Biot** remonte à l'époque des Phocéens et la céramique se développa à **Vallauris** dès le 11e s. La production fut relancée au 15e s. par l'arrivée de potiers italiens venus repeupler les deux villages décimés par la peste. Biot connut son apogée au 18e s. avec le développement de la poterie d'art ; le village comptait alors 32 fabriques. À la fin du siècle, les potiers de Vallauris ajoutèrent aux traditionnels ustensiles de cuisine en argile vernissée une fine vaisselle Louis XV et l'emportèrent sur ceux de Biot au cours du 19e s. Vallauris connut une renommée internationale au lendemain de la Seconde Guerre mondiale, lorsque Picasso vint y travailler en 1946, attirant nombre d'artistes, comme Fernand Léger, qui s'installa à Biot à partir de 1951, ou encore Jean Cocteau. De nombreux ateliers ont depuis fermé, faute de savoir se renouveler pour séduire la nouvelle génération des visiteurs.
Côté Var, depuis quelques années, certains artisans, à Salernes notamment, se sont lancés, avec succès, dans la voie du design et de l'art contemporain.

Les tissus

Centre important de tissage au Moyen Âge, **Tourrettes-sur-Loup** a retrouvé cette activité après la Seconde Guerre mondiale. Les tisserands exécutent à la main des étoffes de très belle qualité, mais en petite quantité. Plusieurs échoppes, installées dans des ruelles tortueuses, proposent une gamme variée de tissus (reproductions d'anciennes étoffes provençales, tissus aux couleurs chatoyantes destinés à la haute couture ou à l'ameublement).

Le verre soufflé

Depuis la fondation en 1956 de la Verrerie de **Biot**, la réputation du village s'est accrue grâce à ses objets artisanaux.

À l'ombre des platanes

Terrasses prises d'assaut à chaque fin de journée, apéritif sacralisé et discussions sans fin, invectives amicales fusant entre compères... Comme partout autour de la Méditerranée, on vit hors de la maison, maintenue obscure, et on aime la vie de société et la conversation. Le cœur du village, c'est la petite place ou le « cours », ombragé de platanes et décoré d'une fontaine. C'est là que se tiennent les marchés et que l'on se réunit dans les cafés, autour d'un verre de pastis ou d'une partie de cartes.

Jeu de boules

Le jeu de boules est la distraction populaire par excellence, mais à prendre au sérieux. Les parties se font par équipes de trois (triplettes) ou de quatre (quadrettes). Les « **pointeurs** » lancent leurs boules le plus près possible du cochonnet (ou bouchon), envoyé au bout du terrain de jeu; les « **tireurs** » doivent déloger les boules de l'autre équipe en les « décanillant » avec les leurs. Les plus adroits réussissent le coup en prenant exactement la place de la boule adverse : ils ont alors « fait un carreau ». Deux types de jeux se distinguent. La **pétanque**, du provençal « pieds tanqués » (c'est-à-dire pieds joints et immobiles), se joue sur des distances entre 6 m et 10 m. Les joueurs se placent dans un cercle tracé au sol qu'ils ne doivent pas franchir. La **longue**, se joue sur un terrain d'au moins 25 m de long : les pointeurs font un pas hors du cercle, se tiennent en équilibre sur la jambe gauche (pour les droitiers) et lèvent le pied en appui à l'instant d'envoyer la boule; les tireurs font trois pas sautés hors du cercle avant de lancer leur boule.

« Avé l'assent » ou sans

Aux cours des visites de vieux quartiers, la curiosité peut être attirée par les plaques indicatrices de rues et des inscriptions commémoratives écrites en français et en **provençal**. Les pays de la rive droite du Var possèdent une expression provençale commune. Il n'en est pas de même à l'intérieur du comté de Nice, où l'extraordinaire complexité des parlers reste bien présente. Le **nissart**, dont les premiers écrits datent du 16e s., a été reconnu langue régionale de France en 2000 (un an auparavant, un département de langue et culture régionales s'est ouvert à l'université de Nice). Les travaux d'érudits (André Compan), le théâtre de Francis Gag (avec la figure légendaire de Tanta Viturina) ont accompagné son renouveau dans les années 1950, relayé par la presse d'expression nissarde *(Lou Sourgentin)*. Les racines ligures, et particulièrement génoises, du **monégasque**, enseigné comme langue nationale dans les écoles de la principauté, se retrouvent dans les termes relatifs à la mer et à la navigation, dans les expressions proverbiales et la gastronomie.

Un bouquet de parfums

À Grasse, capitale de la parfumerie de renommée mondiale, les pétales de fleurs – roses de mai, jasmin, fleurs d'oranger et lilas – forment la matière première de précieuses essences. Les bouquets fleurissent aussi au Bar-sur-Loup, Golfe-Juan, au Cannet, Vallauris et Seillans, centres importants de fabrication de matières premières aromatiques naturelles.

Des gants aux parfums

Installée dans une plaine riche et fertile, Grasse tient peut-être son nom de Crassus, riche propriétaire terrien. L'arrière-pays était plutôt une région d'élevage et rien, dans la tannerie qui fit la fortune de la ville à l'origine, ne laissait supposer l'essor des parfums (du provençal *perfum* et du latin *fumare* : « fumer ») au 16e s. Or, le gant, signe de noblesse, va tout changer. La mode des gants parfumés vient d'Italie et Catherine de Médicis en est une adepte. Masquer l'odeur forte du cuir s'accorde bien au savoir-faire local et le microclimat dont bénéficie la ville permet de cultiver les fleurs les plus délicates : l'industrie du parfum est lancée. Les **gantiers-parfumeurs** grassois se constituent en un corps doté de statuts propres au début du 18e s., siècle au cours duquel apparaît l'art du flaconnage. Mais au début du 19e s., la concurrence des maisons parisiennes, récemment créées, oblige les parfumeurs grassois à abandonner le commerce des produits finis et à se tourner vers celui des matières premières. En 1850 apparaissent les essences de fleurs, dont Grasse devient le plus important producteur mondial avant l'apparition des parfums de synthèse. Cette industrie de luxe compte actuellement une trentaine d'usines spécialisées dans la production d'ingrédients aromatiques.
Cette filière très concentrée représente 70 % du chiffre d'affaires national et 8 % du chiffre d'affaires mondial de l'industrie du parfum. Elle travaille beaucoup pour l'étranger, les principaux clients étant les États-Unis, le Japon, l'Allemagne et la Grande-Bretagne. Mais le secteur des fleurs à parfum est en nette régression, dépassé par l'industrie des parfums de synthèse et des arômes alimentaires.

Les fleurs de Grasse

Les deux cultures dominantes sont la rose et le jasmin. La **rose de mai** à fleurs simples est la même que celle qui se cultive en Orient, mais elle donne des produits plus fins.
Le **jasmin** est la variété à grande fleur, greffée sur du jasmin officinal. C'est une culture très coûteuse (330 kg de fleurs sont nécessaires pour obtenir 1 kg d'essence absolue) et délicate.
Puis vient l'**oranger**. C'est l'arbre à fruits amers, le « bigaradier », qui donne ses fleurs à la parfumerie. L'eau de fleur d'oranger provient directement de la distillation de la fleur. La feuille seule de la **violette** est utilisée pour la parfumerie ; Tourrettes-sur-Loup en est la capitale.
Le laurier-cerise, l'eucalyptus, le cyprès sont distillés pour l'essence ou pour l'eau. Les **mimosas** servent à faire des essences par extraction. Le basilic, la sauge sclarée, l'estragon, la mélisse, la verveine, le réséda, le géranium donnent des produits employés en parfumerie, en confiserie et en pharmacie. Les plantes odoriférantes – lavande, aspic, thym, romarin, sauge, etc. – font l'objet d'une production importante, ainsi que de nombreuses plantes médicinales.

L'alchimie du parfum

On connaissait bien le principe de la distillation en Provence

Rosessences, cueillette de la rose de mai.
C. Moirenc/hemis.fr

au Moyen Âge, mais les huiles essentielles étaient considérées comme des sous-produits indésirables. Cette tradition des « eaux parfumées » étaya la théorie du médecin suisse Paracelse (1493-1541), qui fit de la *quinta essentia* (quintessence) la partie efficace de chaque drogue et le but de la pharmacopée.

La **distillation** est donc le plus ancien des procédés. L'eau et les fleurs sont portées à ébullition dans un alambic à vapeur. L'eau et l'essence condensée s'écoulent dans la bouteille dite « florentine », où leur différence de densité et leur insolubilité les séparent.

Au 18e s. fut inventé l'**enfleurage à froid**. Ce procédé utilise la propriété qu'ont les graisses de se charger en matières odoriférantes. On dispose, à plusieurs reprises, les pétales des fleurs fraîches les plus fragiles (jasmin, jacinthe) sur une couche de graisse, autrefois étalée sur un châssis de verre. Par un lavage à l'alcool éthylique, les matières odoriférantes sont séparées des graisses : on obtient l'« absolu de pommade ». Cet alcool est ensuite distillé sous vide. Peu de firmes utilisent aujourd'hui ce procédé, qui nécessite une main-d'œuvre importante.

Le procédé le plus récent est l'**extraction**, qui permet de prélever le parfum des fleurs avec un maximum de concentration et de puissance. Les fleurs sont mises en contact avec un solvant qui est ensuite évaporé. Il en résulte l'essence de « concrète » qui renferme de la cire (inodore) et des constituants odorants. Il faut 1 t de fleurs de jasmin de Grasse pour obtenir 3 kg de « concrète ». Puis la cire est éliminée au moyen d'alcool éthylique et les 40 % restants constituent l'essence « absolue de concrète », le parfum concentré à l'état pur.

Nature et paysages

Contrastée, la Côte d'Azur l'est dans son climat, sa végétation et son relief. La tiédeur hivernale de la côte niçoise tranche avec l'air glacé des champs de ski de Valdeblore, les hêtres et les sapins de la forêt de Turini se distinguent des chênes-lièges et des pins typiquement méridionaux de l'Esterel. Et l'isolement des villages perchés rompt avec la cohue des stations balnéaires...

Une terre de contrastes

Entre mer et montagne, la Côte d'Azur présente un relief subaérien complexe, fruit d'une évolution naturelle et due à l'homme.

Les chaînons provençaux

Ils constituent un ensemble de courtes chaînes calcaires, hautes de 400 à 1150 m, accidentées et arides. Les chaînons les plus méridionaux sont ceux du **Gros Cerveau** (429 m), entaillés par les gorges d'Ollioules, et du **mont Faron** (542 m), qui domine la ville de Toulon. Entre eux se nichent des bassins fertiles où s'associent les trois cultures classiques : le blé, la vigne et l'olivier. La côte toulonnaise, très découpée, offre d'excellents abris pour les ports : baie de Bandol, baie de Sanary, et surtout la merveilleuse rade de Toulon. De Cannes à Nice, nouveau changement d'aspect. La côte d'Antibes s'aplanit et s'ouvre en larges baies où la presqu'île du cap d'Antibes constitue la seule saillie.

Les Maures et l'Esterel

Deux systèmes montagneux ont constitué la Provence : l'un, très ancien, Maures et Esterel ; l'autre, beaucoup plus jeune : chaînons provençaux et Préalpes.

Les **Maures** sont un massif cristallin de faible altitude (point culminant : la Sauvette, 779 m), baignant dans la mer au sud et limité au nord par une longue dépression. Le rivage dessine entre Hyères et St-Raphaël de grosses saillies (cap Bénat et presqu'île de St-Tropez), des caps effilés (cap Nègre, cap des Sardinaux), de larges baies (rade de Bormes ou golfe de St-Tropez). La presqu'île de Giens est rattachée à la terre ferme par deux isthmes de sable ; elle est voisine des îles d'Hyères, couvertes d'une magnifique végétation. La plaine de Fréjus est, quant à elle, un ancien golfe comblé par les alluvions de l'Argens.

Découpé par de profonds ravins, l'**Esterel**, séparé des Maures par la vallée inférieure de l'Argens, est également raboté par l'érosion : le point culminant, le mont Vinaigre, n'atteint que 618 m. Abrupts et chaotiques, les porphyres rouges de la côte contrastent avec la mer bleue. La montagne lance des promontoires puissants encadrant des **calanques** ou des baies minuscules. En avant de la côte pointent des milliers de rochers, d'îlots, que les lichens teintent parfois de vert ; des récifs transparaissent sous l'eau limpide, dessinant sur la surface turquoise des taches plus foncées qu'on

Massif de l'Esterel et vue sur Saint-Raphaël.
F. Chaput/hemis.fr

appelle ici des « silaques ». Stations et points de vue font la réputation universelle de la **corniche d'Or**.

Les plans de Provence

Du **plan de Canjuers** (haut Var) au col de Vence, les Préalpes sont ourlées d'un glacis de plateaux calcaires accidentés, véritables « causses », où les eaux s'infiltrent, disparaissent dans les avens et vont alimenter des résurgences comme celle de la Siagne. Le Loup y a découpé des gorges très pittoresques.
En contrebas s'étire une zone de dépression, le « pays d'en bas », que jalonnent Vence, Grasse, Draguignan. À partir de l'Argens, cette dépression s'étend vers Fréjus d'une part, Brignoles de l'autre, mais son axe principal s'oriente vers Toulon au pied du versant septentrional des Maures.

Les Préalpes

Entre le Verdon et le Var, une série de chaînons parallèles dont l'altitude varie entre 1100 et 1600 m, forment les **Préalpes de Grasse**, parfois coupées par des gorges étroites et sauvages. Les **Préalpes de Nice**, du confluent de l'Esteron à la Roya, étagent, depuis la côte jusqu'à plus de 1000 m d'altitude, des sites riches en contrastes de l'arrière-pays niçois et mentonnais. De Nice à Menton, les Préalpes plongent brusquement dans les eaux et ouvrent la **Riviera** sur la Méditerranée. Les presqu'îles du cap Ferrat et du cap Martin forment les deux promontoires principaux du rivage.

Les cimes du Mercantour

Au nord-est, l'horizon est barré par l'épaisse masse montagneuse des Alpes méditerranéennes (altitude : 1500 à 2900 m), compartimentée par les hautes vallées du Var, de la Tinée, de la Vésubie et de la Roya. Elle vient buter, à la frontière italienne, contre l'important massif cristallin du Mercantour-Argentera, dont les sommets dépassent 3000 m (cime du Gélas, 3143 m).

Le jardin de la Méditerranée

Palmiers et agaves, aloès et figuiers de Barbarie, oliviers, orangers et citronniers, mimosas et jasmins, roses et œillets : ils symbolisent l'exotisme et la luxuriance végétale de la Côte et témoignent d'un climat exceptionnel : les fleurs poussent au printemps, repoussent en automne, restent épanouies en hiver, et ne se reposent qu'en été.

Le pays de l'olivier

La culture de l'olive marque traditionnellement la limite septentrionale du Midi. Importé en Provence par les **Grecs** il y a 2500 ans, l'olivier compte plus de 60 variétés et pousse facilement partout.

La production oléicole régionale représente plus des deux tiers de celle du pays et demeure bien implantée dans le Var et dans les vallées de la Bévéra et de la Roya. La récolte débute, selon les régions, à partir de la fin août; les olives sont cueillies à la main lorsqu'elles sont destinées à la table, ou gaulées et ramassées dans des filets pour être envoyées au moulin. En pays niçois, le gaulage est l'unique technique employée.

Pins, cyprès...

Les trois types de pins rencontrés sur la Côte d'Azur se distinguent par leurs silhouettes : le **pin maritime**, au feuillage sombre et bleuté et à l'écorce rouge violacé; le **pin parasol**, souvent isolé et à la forme facilement reconnaissable; le **pin d'Alep**, au tronc fréquemment tordu et à l'écorce grise, qui se plaît sur le littoral.

Les **platanes** et les **micocouliers** ombragent les « cours » et les places des villages. La silhouette effilée du noir **cyprès** marque le paysage méditerranéen. L'**amandier** commun, très répandu, présente une superbe floraison blanche très précoce. Dans les Maures se trouvent de puissants **châtaigniers**, dans les Alpes, des sapins et des **mélèzes** de haute montagne.

La garrigue et le maquis

Il est des terrains calcaires si pierreux que les broussailles n'ont pu s'y installer que par endroits, laissant largement apparaître la roche nue : c'est le royaume de la **garrigue**, qui doit son nom au « garric », le chêne kermès qui en a fait son royaume. Propre aux sols siliceux, le **maquis** forme un tapis végétal dense, souvent impénétrable. En mai-juin, la floraison des cistes sur l'Esterel offre un merveilleux spectacle. Le **chêne-liège** se reconnaît à son écorce crevassée. Le prélèvement, sur le tronc, de sa couche de liège laisse apparaître un bois de couleur brun-rouge. Parmi les autres arbustes, on observe le lentisque, le pistachier, le térébinthe et le chardon en boule.

Une région qui fleure bon

La région Provence-Alpes-Côte d'Azur, avec en tête le Var, est la première productrice de fleurs coupées en France. Leur culture, ainsi que celle du mimosa, s'est prodigieusement développée et se concentre dans des noyaux agricoles aux exploitations modernes : Hyères, Fréjus, plaine d'Ollioules, Antibes.

Top 5 des fleurs coupées

- **Œillets** : dans la région niçoise (moitié de la production française)
- **Roses** : à Antibes et dans la région de Grasse (20 % de la production nationale)
- **Pivoines** : dans le Var (2/3 du chiffre d'affaires de printemps de la filière Fleurs Coupées dans le Var)
- **Mimosa** s : sur le massif cristallin du Tanneron (60 % de la production nationale)
- **Violettes :** à Tourrettes-sur-Loup, capitale de la violette

La plupart des fleurs coupées sont encore cueillies manuellement. Représentant des milliers d'emplois directs et induits dans le Var, le secteur horticole est aujourd'hui concurrencé par d'autres pays (Pays-Bas, Italie ou Afrique du Sud) et 85 % des fleurs coupées achetées en France sont actuellement importées : afin de mieux résister à cette tendance, le label « Fleurs de France » a été lancé en 2015.

Un « paysage importé »

Les falaises maritimes entre Nice et Menton constituent un remarquable coupe-vent qui en fait l'aire la plus chaude de France. Les Anglais l'ont bien compris en acclimatant des essences tropicales dans de superbes jardins à Menton et à Nice à partir de 1830, tandis que les cactées ont trouvé refuge dans la principauté de Monaco.

L'**eucalyptus**, originaire d'Australie, s'est fort bien acclimaté dans tout le Midi. Le **palmier** règne sur la région d'Hyères ; deux espèces sont répandues sur la Côte d'Azur. Enfin, **orangers** et **citronniers**, présents depuis la fin du Moyen Âge, apparaissent de Cannes à Antibes, de Monaco à Menton (d'où proviennent. 70 % des citrons cultivés en France). Quant aux **plantes grasses**, elles poussent en pleine terre, tels le cactus, l'aloès, le figuier de Barbarie, originaire d'Amérique centrale, l'agave. Les ficoïdes, aux larges fleurs roses et blanches, envahissent les vieux murs.

En direct de la mer

De Bandol à Menton s'étendent 300 km de littoral d'une incomparable beauté. Sa couleur bleu cobalt provient de la très grande limpidité de l'eau, dont la température, variable en surface sous l'influence du soleil, est constante en profondeur : 13 °C de 200 m à 4000 m de profondeur. Pour admirer la faune marine sans se mouiller, il suffit de monter à bord d'un bateau à fond de verre.

Mérous et méduses...

La Méditerranée est la moins poissonneuse des mers bordant le littoral français, mais les poissons de roche y pullulent et les bancs de sardines, anchois, daurades, loups et thons passent en nombre au large. La vie animale y ressemble à une étrange cohabitation d'êtres dotés de caractéristiques parfois peu banales.

Touché par le vedettariat après le film *Le Monde du silence*, le **mérou** s'était fait très rare en Méditerranée. Le jeune mérou est une candide femelle qui, fréquentant les fonds rocheux à moins de 10 m de profondeur, devient une proie facile pour les prédateurs. Si elle a survécu, vers l'âge de 9 ans, lorsque son poids atteint 10 kg, elle se transforme en un mâle taciturne. Pendant le reste de sa longue vie (environ cinquante ans), le mérou habite des cavités rocheuses à plus de 50 m de profondeur. Ce redoutable carnivore, que sa position à l'extrémité de la chaîne alimentaire marine garantit contre les gêneurs, peut atteindre la taille de 1,20 m pour 30, voire 40 kg. Un moratoire interdit la capture du mérou et l'animal bénéficie d'un périmètre de protection autour de l'île de Port-Cros.

La présence saisonnière des **méduses** sur le littoral entraîne périodiquement des désagréments pour les baigneurs. L'espèce la plus commune, la pélagie, possède des cellules urticantes sur ses bras buccaux, ses tentacules et son ombrelle. La toxine, destinée à immobiliser les proies, provoque rougeurs et brûlures sur la peau. Leur prolifération suit un cycle d'environ douze ans, conditionné par les modifications climatiques ; leur arrivée est généralement précédée d'un printemps très sec.

... Et prairies sous la mer

Les **herbiers de posidonies**, plantes à fleurs constituées de bouquets aux longues feuilles vert foncé, jouent un rôle primordial dans les biotopes méditerranéens. La croissance lente des rhizomes permet à la posidonie de fixer les sédiments du littoral et de créer un biotope riche en oxygène, favorable au développement de nombreuses espèces animales. Quand les posidonies meurent, les espèces animales qui y avaient trouvé domicile disparaissent ou migrent.

Une promenade au-dessus du monde bigarré des herbiers offrira au plongeur d'étonnantes rencontres. Le **concombre de mer**, ou holothurie, éboueur des fonds sableux, se reproduit uniquement dans les herbiers. Une limace de mer, la **doris maculée**, endémique en Méditerranée, est un mollusque blanc tacheté de marron, tranchant sur le rouge des éponges. La **vive rayée** habite les fonds sableux proches des herbiers; enfouie dans le sable, elle ne laisse dépasser que la tête. L'épine de sa nageoire dorsale est très venimeuse et sa piqûre peut avoir des conséquences graves. Enfin, l'**hippocampe** aime se nicher à proximité du **poisson-aiguille**, ou syngnathe, dont l'étonnante morphologie filiforme, avec une bouche en trompette, lui permet de se dissimuler par mimétisme.

Un milieu menacé

Les constructions côtières et les travaux portuaires ont provoqué une grande sédimentation et une pollution mettant en péril ce fragile biotope.

Selon le Medam, organisme spécialisé dans l'inventaire et l'impact des aménagements sur la côte, 10 % des petits fonds auraient disparu, du fait de l'avancée artificielle de la terre sur la mer. Cette pollution irréversible menace tragiquement la vie des milieux et de leurs espèces. Les surfaces agricoles ne cessent de diminuer, au profit d'une « consommation foncière » toujours plus importante. Pour contenir l'hémorragie et le dépaysement, le **Conservatoire du littoral**, organisme environnemental public, a acquis plusieurs milliers d'hectares qu'il protège de ce type de pollution.

En outre, la taxifolia, algue d'origine tropicale, prolifère rapidement, grignotant petit à petit la flore et réduisant la biodiversité d'origine. Un vrai dilemme qui a trouvé peu de solutions efficaces à ce jour.

Une pêche réglementée

Pour ne pas accentuer les déséquilibres d'un écosystème déjà fragilisé, la pêche professionnelle est très réglementée dans la région mais elle est concurrencée par la pêche de plaisance, difficile à contrôler et tout aussi dangereuse pour l'équilibre de l'écosystème.

Des zones marines protégées

Les côtes de Vallauris-Golfe-Juan, Beaulieu-sur-Mer et Roquebrune-Cap-Martin font l'objet de mesures de protection (interdiction du mouillage, du dragage, de la plongée et de la pêche sous toutes ses formes), afin de permettre à la biodiversité de se reconstituer. Dans ces zones, herbiers de posidonie et gorgones sont surveillés, et des récifs artificiels sont mis en place.

Pour protéger les eaux de baignade et les milieux marins, les mesures de contrôle et de protection se multiplient : prélèvements quotidiens en haute saison, amélioration de la qualité des eaux rejetées en mer via les stations d'épuration, surveillance aérienne du littoral et répression sévère des pollueurs. L'opération « Ports propres » vise à lutter contre toutes les pollutions maritimes et terrestres des ports.

cristianoalessandro/Getty Images Plus

L'Arc de Tortisse, arche de calcaire naturel.

L. Decoudin/Michelin

Village perché de Peille.

Jessica Belliere/Getty Images Plus

Littoral.

Saint-Raphaël, route de la Corniche de l'Estérel.
R. Mattes/hemis.fr

ORGANISER SON VOYAGE

Venir sur la Côte d'Azur 522
Avant de partir 526
Sur place de A à Z 528
Mémo 538

Types de séjour

Culture	
Musées et chapelles des grands peintres	Collection Max Ernst, Dorothea Tanning et Stan Appenzeller à Seillans *(p. 235)*, musée Bonnard au Cannet *(p. 250)*, musée Fragonard à Grasse *(p. 266)*, musée Picasso à Antibes *(p. 294)*, musée Fernand-Léger à Biot *(p. 306)*, musée Renoir à Cagnes-sur-Mer *(p. 323)*, musée Matisse *(p. 350)* et musée national Marc-Chagall *(p. 351)* à Nice, musée Cocteau à Menton *(p. 416)*. Chapelle St-Sauveur par Tobiasse au Cannet *(p. 250)*, chapelle du Rosaire par Matisse à Vence *(p. 312)*, chapelle Ste-Roseline près de Draguignan *(p. 189)*, les chapelles de Villefranche-sur-Mer *(p. 379)* et de Fréjus *(p. 209)* par Cocteau, musée national La Guerre et la Paix par Picasso *(p. 289)*. Pour les amateurs d'art moderne et contemporain : Fondation Maeght à St-Paul-de-Vence *(p. 318)*, Espace de l'art concret à Mouans-Sartoux *(p. 269)*, MAMAC à Nice *(p. 352)*.
Sites religieux	Monastère de la Verne *(p. 118)*, abbaye royale de La Celle *(p. 155)*, abbaye du Thoronet *(p. 181)*, groupe épiscopal de Fréjus *(p. 205)*, île de St-Honorat *(p. 257)*, cathédrale russe St-Nicolas à Nice *(p. 349)*.
Sites préhistoriques et archéologiques	Tauroentum à St-Cyr-sur-Mer *(p. 60)*, Olbia à Hyères *(p. 90)*, les vestiges romains de Fréjus *(p. 202)* ; à Nice : le site et le musée de Cimiez *(p. 344)*, la crypte *(p. 343)* et Terra Amata *(p. 357)* ; la vallée des Merveilles dans le Parc national du Mercantour *(p. 471)*.
Nature	
Les espaces naturels	Deux parcs nationaux : Port-Cros *(p. 105)* et le Mercantour *(p. 474)*. Des espaces naturels exceptionnels dans les massifs des Maures *(p. 117)* et de l'Esterel *(p. 224)*, et sur l'île des Embiez *(p. 75)*. De nombreuses zones protégées : salin de la presqu'île de Giens à Hyères *(p. 93)* ; les parcs naturels départementaux dans les Alpes-Maritimes, comme celui de la Grande Corniche entre Èze et La Turbie *(p. 374)* ou de la Croix des Gardes à Cannes *(p. 249)*.
Grottes et sites souterrains	Dans les Alpes-Maritimes, les grottes à St-Cézaire *(p. 270)* et celle de la Baume Obscure à St-Vallier-de-Thiey *(p. 272)*. Dans le Var, les grottes de Villecroze près de Draguignan *(p. 173)*, et deux mines : Cap-Garonne au Pradet *(p. 80)* et musée des Gueules rouges à Tourves *(p. 155)*.
Activités	
Marcher	Les plus belles portions du sentier du littoral sont à : St-Cyr-sur-Mer *(p. 61)*, Porquerolles *(p. 101)* et Port-Cros *(p. 105)*, sur la presqu'île de St-Tropez *(p. 139)*, à St-Raphaël *(p. 218)*, au cap d'Antibes *(p. 296)*, au cap Ferrat *(p. 387)* et au cap Martin *(p. 411)*. Et nombre d'espaces de randonnées dans les massifs de l'Esterel et du Mercantour.
Plonger et sentiers marins	Plusieurs centres : Sanary *(p. 73)*, Six-Fours *(p. 79)*, Hyères *(p. 99)*, Le Lavandou *(p. 116)*, Fréjus *(p. 211)*, St-Raphaël *(p. 222)*... Sentiers sous-marins à : St-Cyr-sur-Mer *(p. 60)*, La Londe-les-Maures *(p. 95)*, Port-Cros *(p. 105)*, Théoules-sur-Mer *(p. 232)*. Et une belle exploration sans se mouiller à Monaco au Musée océanographique *(p. 395)* !

Venir sur la Côte d'Azur

Par la route

Les grands axes

A 6 et A 7 (Paris-Aix-en-Provence *via* Lyon).
A 62 et A 61 (depuis Bordeaux *via* Toulouse).
A 8 (Aix-en-Provence-Monaco).
www.autoroutes.fr

Préparer son itinéraire

www.viamichelin.fr – Site d'aide à la mobilité avec calcul d'itinéraires, cartes, info trafic, météo...

Les cartes Michelin

Carte de France 721.
Carte Région 527 (PACA).
Cartes Départementales
340 (Bouches-du-Rhône, Var),
341 (Alpes-Maritimes).
Cartes Zoom, utiles pour se déplacer dans une zone à forte densité géographique ou touristique : n° **114** pour le pays varois et n° **115** pour la Côte d'Azur et le massif de l'Esterel.
S vous passez la frontière, la carte Région n° **561** vous sera utile pour parcourir le nord de l'Italie.

En train

Le réseau grandes lignes

Le TGV Paris-Nice (à partir de 5h40) dessert Toulon, Les Arcs-Draguignan, St-Raphaël-Valescure, Cannes et Antibes, tout comme l'Intercité Paris-Nice qui circule jour et nuit (13h).
Le réseau Intercités permet également de rejoindre la région depuis Bordeaux, Toulouse, Lyon et Strasbourg.
36 35 (0,40 €/mn) - www.sncf-connect.com

En avion

Les aéroports de la région

Aéroport international Nice-Côte d'Azur – *0820 423 333 (0,12 €/mn) - www.nice.aeroport.fr*
Deuxième aéroport après ceux de Paris, Nice est relié à une vingtaine de villes françaises, une soixantaine de villes européennes et une vingtaine de destinations internationales.
Pour rejoindre le centre-ville :
Tram ligne 2 *(1,50 €), env. 30mn.*

DISTANCES	Menton	Nice	Toulon
Bordeaux	836	811	711
Lille	1183	1158	1057
Lyon	505	480	379
Marseille	236	211	66
Paris	965	940	840
Strasbourg	765	787	869
Toulouse	596	571	471

DISTANCES	Antibes	Cannes	Draguignan	Fréjus	Monaco	Nice	Toulon
Antibes	-	13	73	49	45	30	132
Cannes	13	-	61	37	57	41	120
Draguignan	73	61	-	31	112	97	79
Fréjus	49	37	31	-	88	73	90
Monaco	45	57	112	88	-	20	172
Nice	30	41	97	73	20	-	157
Toulon	132	120	79	90	172	157	-

Aéroport Toulon-Hyères – *✆ 0825 018 387 (0,15 €/mn) - www.toulon-hyeres.aeroport.fr.* Petit aéroport intermédiaire entre Marseille et Nice.
Vols en provenance de Paris, Nantes, Ajaccio, Bastia, Brest, Luxembourg, Genève et Bruxelles.
Navettes à l'année vers Hyères (n° 63) et Toulon (n° 102) *(1,40 €)*, navettes saisonnières (n° 7803) vers La Londe-les-Maures, Bormes-les-Mimosas, Le Lavandou, Le Rayol-Canadel, Cavalaire- sur-Mer, La Croix-Valmer, St-Tropez avec le réseau Zou (3 €).

Les compagnies aériennes

Air France/Hop – *✆ 36 54 (0,35 €/mn) - www.airfrance.fr/ www.hop.fr.* Navette Paris-Nice, et jusqu'à 6 vols quotidiens pour Toulon.
Une vingtaine de compagnies **low-cost** desservent Nice.
Toulon est desservi par Transavia, Air Corsica,Flybe, Easy Jet, Tuifly, Luxair, L'odysssey.
Easyjet – www.easyjet.com
Tuifly – www.tuifly.fr
Transavia – www.transavia.com
Volotea – www.volotea.com
Flybe – www.flybe.com
Air Corsica – www.aircorsica.com
Luxair – www.luxair.lu
L'odyssey – lodyssey.ch

Dans la région

Les principaux axes

L'A 8 irrigue toute la région, d'Aix-en-Provence à Monaco, avec une extension pour Toulon (l'A 57).
Mais vous ne couperez pas aux routes encombrées pour découvrir la côte : la D 559 de Bormes-les-Mimosas à Cannes, puis la D 6007 jusqu'en Italie, avec ses variantes en corniche.
En été, certains axes sont particulièrement empruntés : la D 98 et la D 25, qui vont toutes deux à Ste-Maxime et St-Tropez, ainsi que la D 6185 et la D 2085 qui vont à Grasse.
Les petites routes de l'intérieur sont beaucoup moins fréquentées mais elles sont étroites et sinueuses.
☺ Depuis septembre 2018, la Région Sud Provence-Alpes-Côte d'Azur a rassemblé ses réseaux de transports sous une bannière unique : la marque ZOU ! Elle s'étend à l'ensemble des bus et trains du réseau de transport régional et remplace progressivement les anciennes marques : TER, LER, Chemins de Fer de Provence, Cartreize, Varlib, TransVaucluse, Hautes-Alpes en car et Lignes d'Azur... des marques que, ceci dit, on trouve encore largement à travers la région, sans que cela ne change quoique ce soit pour les usagers.

Les trains express régionaux

De Fréjus à Menton, le TER s'arrête avec une grande régularité dans toutes les stations de la Côte sans risque d'embouteillage, excepté la corniche des Maures et la presqu'île de St-Tropez privées d'une desserte ferroviaire. Le TER permet également d'accéder très facilement à Grasse et à l'arrière-pays niçois.

Informations et réservations – *0 800 11 40 23 - www. ter.sncf.com/ sud-provence-alpes-cote-d-azur*

« Trains touristiques » *(voir p. 533).*

Les autocars/bus

Dans le Var

Le réseau très dense du département permet d'accéder à toutes les stations de la Côte et aux villes de l'intérieur, avec des rotations renforcées aux heures de pointe et des lignes rapides par autoroute, pour un tarif unique de 3 €. Quelques lignes interdépartementales également vers Grasse et Cannes (LR 600, LR 610 - 4 €), ou Nice Aéroport depuis St-Raphaël (20 €).

Dans les Alpes-Maritimes

Le réseau, que l'on retrouve souvent encore sous le nom Lignes d'Azur, sillonne tout le département. Le ticket « solo » à 1,50 € permet d'effectuer n'importe quel voyage sur une centaine de lignes avec une correspondance sur les réseaux urbains associés (Nice, Sophia-Antipolis, Monaco, Grasse...). Trois grandes lignes assurent aussi un service Noctam'bus (les jeudis, vendredis et samedis, ainsi que les veilles de jours fériés) :

- **LR100N** : Nice Aéroport - Monaco Larvotto - Menton Bastion ;
- **LR200N** : Nice Aéroport - Cannes Gare routière ;
- **LR500N** : Nice Aéroport - Grasse Gare routière.

Liaisons maritimes

PORT D'EMBARQUEMENT	DESTINATIONS
Bandol	Île de Bendor
Le Brusc/Six Fours	Île des Embiez
Toulon	La Seyne-sur-Mer, Les Sablettes, Tamaris, St-Mandrier (navettes) Porquerolles
Le Lavandou	Îles d'Or (Porquerolles, Port-Cros et Levant) St-Tropez
Saint-Tropez	Îles d'Hyères Ste-Maxime (navettes) Les Issambres (navettes) Port-Grimaud (navettes) Baie des Canoubiers (navettes)
Cannes	Îles de Lérins (Ste-Marguerite et St-Honorat) Monaco St-Tropez
Saint-Raphaël	St-Tropez (navettes) Îles de Lérins (Ste-Marguerite) Porquerolles
Nice	St-Tropez Monaco Cannes Île de Lérins (Ste-Marguerite)
Hyères	Îles d'Or (Porquerolles, Port-Cros et Levant)

Avant de partir

Le bon moment pour partir

Été – Tempérée par la brise qui souffle pendant la journée, la chaleur reste supportable. Plages et criques sont prises d'assaut. Plus vous aimez le frais, plus vous monterez. Avant de partir en randonnée, consultez la météo afin de ne pas être surpris par un orage.

Automne – C'est la saison des violents orages, après lesquels le soleil reparaît mais les belles journées ne manquent pas.

Hiver – La douceur est au rendez-vous. Dès janvier, il faut sillonner la « route du mimosa » et en février, vivre au rythme des corsos fleuris ou fruités. Dans l'arrière-pays, le froid est plus vif et la neige couvre les massifs. Le ciel souvent pur offre un climat rêvé pour les sports d'hiver.

Printemps – Période de la pleine floraison, cette saison ravit tous les sens. Les beaux jours s'affirment, malgré le passage de fortes pluies. C'est aussi à ce moment que le **mistral** souffle le plus fréquemment, surtout à l'ouest de Toulon.

Afin de lutter contre les incendies dans certaines zones l'**accès aux massifs est réglementé** par arrêté préfectoral, notamment dans le **Var**. La préfecture émet quotidiennement, du 21 juin au 30 septembre, une carte matérialisant le niveau de risque. À consulter tlj à partir de 19h sur : *www.var.gouv.fr*.

Adresses utiles

Institutions

Conseils départementaux

www.departement06.fr et **www.var.fr** – Sites des Alpes-Maritimes et du Var, pour tout savoir sur ces deux départements, côté mer et côté terre (musées, sports et loisirs...).

Comités de tourisme

Ils représentent tous les offices de tourisme de leur région et regroupent les informations utiles à la préparation de vos vacances, tant pratiques (hébergements, agendas) que thématiques ou culturelles.

Comité régional de tourisme Provence-Alpes-Côte d'Azur – provence-alpes-cotedazur.com

Comité régional de tourisme Côte d'Azur France – www.cotedazurfrance.com

Comité départemental du tourisme du Var – www.visitvar.fr

Direction du tourisme et des congrès de la principauté de Monaco – www.visitmonaco.com

Pays touristiques

www.provenceverdon.fr – Regroupe des infos randonnées autour de Varages et Tavernes.

www.golfe-saint-tropez-information.com – Une mine d'informations pratiques sur le golfe et la presqu'île de St-Tropez.

www.tourisme-dracenie.com – Un large éventail des activités et des intérêts aux alentours de Draguignan (23 villages).

www.paysdefayence.com – Il réunit 9 villages perchés à l'arrière de l'Esterel.

Offices de tourisme

Les principaux se trouvent dans la rubrique « S'informer » de chaque ville ou site dans la partie « Découvrir ».

www.tourisme.fr – Site de la Fédération nationale des offices de tourisme et syndicats d'initiative.

Tourisme des personnes handicapées

Dans ce guide, le symbole ♿ signale les sites accessibles aux personnes à mobilité réduite.

Accessibilité des infrastructures touristiques

Les sites labellisés **« Tourisme et Handicap »** sont référencés sur *www.tourisme-handicaps.org*

Accessibilité des transports

Train – *Guide Mobilité réduite* disponible gratuitement dans les gares et boutiques SNCF ou téléchargeable sur le site *www.accessibilite.sncf.com*

Le service gratuit **Accès Plus** (*✆ 3635 puis #4 – 0,12 €/mn*) facilite le voyage des personnes handicapées, disponible sur réservation 48h avant le départ.

Avion – Air France propose aux personnes handicapées le service d'assistance **Saphir** (*✆ 09 69 36 72 77*).

Hébergement

Les comités régionaux et départementaux de tourisme *(voir ci-contre)*, voire certains offices de tourisme, proposent un service de réservation en ligne, et parfois des formules de courts séjours et des offres promotionnelles.

Notre sélection

Retrouvez notre sélection d'hébergements dans « Nos adresses à... » dans la partie « Découvrir » de ce guide. Les établissements sont classés par catégories de prix *(voir le tableau ci-dessous)*. Les tarifs communiqués, prix minimal et maximal pour une chambre double, sont ceux pratiqués en haute saison.

Sur la Côte, les prix sont plus proches de ceux des grandes villes que de ceux normalement constatés en province.

Pour un choix plus étoffé d'hôtels, procurez-vous le *Guide Michelin France.*

Hébergement rural

Stations vertes et Villages de neige –*www.stationverte.com*. Dans les Alpes-Maritimes : St-Martin-Vésubie, Breil-sur-Roya, Valdeblore/La Colmiane, et St-Étienne-de-Tinée-sur-Auron ; dans le Var : Le Castellet, La Garde-Freinet, Montauroux et Salernes.

Gîtes de France – *www.gites-de-france.com*

Refuges – *www.gites-refuges.com*

Camping

Dotés de piscines, de vastes terrains de jeux et autres aménagements de loisirs, avec moins de tentes et davantage de mobile-homes ou de chalets, le camping est devenu une alternative à la location saisonnière. Le nombre d'emplacements réservé aux campeurs de passage est souvent limité.

Consultez le *Guide Camping et Hôtellerie de plein air France* qui propose une sélection de terrains.

Nos catégories de prix

	Hébergement	Restauration
Premier prix	jusqu'à 80 €	jusqu'à 20 €
Budget moyen	de 80 € à 120 €	de 20 € à 40 €
Pour se faire plaisir	de 120 € à 160 €	de 40 € à 60 €
Une folie	plus de 160 €	plus de 60 €

Sur place de A à Z

Cyclotourisme et VTT

Cyclotourisme

Dans les Alpes-Maritimes – Boucles sportives, Boucles touristiques ou Balades famille, le Département édite 3 dépliants, disponibles dans les offices de tourisme, comprenant une carte de présentation des 8 itinéraires dans chaque catégorie. Chacun des **24 circuits** est décrit dans une fiche technique en téléchargement sur www.departement06.fr

La **piste littorale** EV8 reliera à terme Menton à Théoule-sur-Mer, soit 73 km. Pour l'instant, seules les portions Nice-Villeneuve-Loubet (15 km) et Villeneuve-Loubet-Antibes (6 km) sont sécurisées.

Dans le Var – Le CDT du Var publie une brochure, *Le Var à vélo*, disponible dans les offices de tourisme du département. Elle est également en téléchargement sur son site Internet *www.visitvar.fr*

Le **parcours du littoral** suit le tracé de l'ancienne voie de chemin de fer de Provence. À ce jour, 92 km sont aménagés sur les 120 km qui séparent Six-Fours de St-Raphaël.

Consultez aussi le site *veloenfrance.fr* pour trouver un circuit ou un club.

VTT

Les loueurs de vélos proposent souvent des circuits guidés avec GPS pour faciliter les excursions.

Dans les Alpes-Maritimes – Le département édite un guide *Randoxygène VTT* proposant 35 itinéraires. Disponible gratuitement dans les offices de tourisme et consultable sur *randoxygene.departement06.fr*

Les VTOPO 06 (*www.vtopo.fr*) proposent quant à eux une centaine de parcours différents.

Dans le Var – Le site Internet du CDT du Var *(voir p. 524)* recense 6 circuits dans le cœur du Var, 4 sur l'île de Porquerolles et 8 sur le plateau de Sioux-Blanc. Des fiches ou topoguides peuvent être téléchargés sur le site Internet.

Escalade

Les **Alpes-Maritimes** sont un beau terrain de jeu pour grimpeurs. Quelques sites d'escalade réputés : le Rocher de Junic à St-Dalmas-le-Selvage, St-Martin-de-Vésubie, Roquebillière, Lantosque et Roubion (le Belvédère).

S'informer

La pratique de l'escalade nécessite pour la plupart des gens un encadrement spécifique.

Comité départemental montagne escalade des Alpes-Maritimes – ✆ *09 77 45 20 92 - cd06ffme.fr*

Comité territorial montagne et escalade du Var – ✆ *06 09 87 56 71 - www.ctffme83.com*

Bureau des guides du Mercantour/ Escapade – *Pl. du Marché - St-Martin-Vésubie -* ✆ *04 93 03 31 32 - www.guidescapade.com*

Via ferrata

À mi-chemin entre l'escalade, l'alpinisme et la randonnée, cette pratique constitue une découverte du monde vertical de l'escalade sans l'astreinte d'un long entraînement. Le conseil général des Alpes-Maritimes édite le guide *Randoxygène Via Ferrata*, disponible dans les offices de tourisme et consultable sur *randoxygene.departement06.fr*

Pass touristiques

French Riviera Pass – *www.frenchrivierapass.com - 24h, 48h*

ou 72h (26/38/56 € - transports en option 4 €). Il permet d'accéder à de nombreux sites et musées niçois et des alentours avec des avantages dans les transports et certains magasins. *Voir « Visiter » p. 362.*

Pass Côte d'Azur – *www.cotedazur-card.com - pack 3 activités : 45 € (35 € enf.), pack 5 activités : 65 € (55 € enf.)*. Il donne accès gratuitement à plusieurs sites et activités (musées, excursions, parcs à thème...)..

Pêche

Au large

Le CDT du Var *(voir p. 524)* a mis en place l'activité « Pesca Tourisme » qui consiste à accompagner un patron pêcheur durant une matinée.

En rivière

Adressez-vous à la Fédération départementale pour la pêche et la protection du milieu aquatique pour connaître la législation locale.

Var – 04 94 48 81 02 - www.pechevar.fr

Alpes-Maritimes – 04 93 72 06 04 - www.peche06.fr

Sous-marine

Renseignez-vous auprès de la **Délégation à la mer et au littoral**.

Var – 244 av. de l'Infanterie-de-Marine - Toulon - 04 94 46 83 83.

Alpes-Maritimes – 22 quai Lunel - Nice - 04 93 72 72 72.

Randonnée équestre

Dans les Alpes-Maritimes

Le conseil général des Alpes-Maritimes édite un guide *Randoxygène Équitation* comprenant 44 itinéraires. Disponible dans les offices de tourisme et consultable sur randoxygene.departement06.fr

Dans le Var

Le CDT du Var *(voir p. 524)* propose des itinéraires balisés « **Equi'Découvertes** » - www.facebook.com/EquiDecouvertes

Voir aussi le site du **comité régional de tourisme équestre région sud PACA** *(www.crte-region-sud.fr)*.

Randonnée pédestre

Renseignez-vous avant le départ auprès des offices de tourisme sur les conditions météorologiques et les éventuelles alertes incendie dans les massifs sensibles.

Sentiers du littoral

Plusieurs tronçons du chemin qui longeait l'ensemble du littoral azuréen, avant l'expansion immobilière, ont été préservés grâce aux aménagements du Conservatoire du littoral.
www.conservatoire-du-littoral.fr

Parcs naturels

Les sites des **parcs nationaux** du Mercantour et de Port-Cros informent sur les randonnées - *www.mercantour.eu* ; *www.portcros-parcnational.fr*

Le **Parc naturel régional des Préalpes d'Azur**, qui a vu le jour autour de Grasse, Vence et la vallée du Loup, édite un guide rassemblant 7 circuits de découvertes - *www.parc-prealpesdazur.fr*

Alpes-Maritimes – 20 parcs naturels départementaux - *www.departement06.fr*

Var – voir la liste des parcs naturels sur *www.visitvar.fr*

Randoxygène

Le conseil départemental des Alpes-Maritimes diffuse trois guides de randonnées « **Randoxygène** » intitulés *Haut Pays, Moyen Pays et Pays côtier*, regroupant des itinéraires et des renseignements pratiques. Ces guides sont disponibles auprès des principaux offices de tourisme. On peut également se les procurer par courrier au Conseil départemental des Alpes-Maritimes (Direction

Circuits de Grandes Randonnées	
GR 5	Le plus ancien et le plus majestueux. Il aboutit à Nice après une traversée de l'Europe. La dernière section va de Nice à St-Dalmas-Valdeblore.
GR 52	De St-Dalmas-Valdeblore à Menton par le Boréon, la vallée des Merveilles, la forêt de Turini, Sospel.
GR 52A	Il contourne par les cimes le Parc national du Mercantour dans sa partie orientale depuis le col de Tende.
GR 4	Au départ de Grasse, il rejoint les gorges du Verdon par Gréolières.
GR 51	Surnommé « le balcon de la Méditerranée », il domine la côte depuis la première ligne de crêtes.
GR 653A	Dit aussi « de Compostelle », de Menton à Arles, il est commun au GR 51 jusqu'à Gattières, puis file sur Vence, Roquefort-les-Pins et Mouans-Sartoux.
GR 510	Entièrement dans les Alpes-Maritimes, une intéressante variante transversale, de vallée en vallée de Breil-sur-Roya à St-Cézaire-sur-Siagne.
GR 9	Il traverse le Var d'est en ouest, de St-Zacharie à Grimaud, en passant par le massif des Maures.
GR 99	Il relie Le Revest-les-Eaux aux gorges du Verdon en traversant le pays brignolais.
GR 90	Le plus petit ! Il traverse les Maures depuis Le Lavandou jusqu'à N.-D.-des-Anges.

de la communication et de l'événementiel - rte de Grenoble - BP 3007 - 06201 Nice Cedex 3), ou encore les consulter sur *randoxygene.departement06.fr*

S'informer autrement

Fédération française de la randonnée pédestre (Comité national des sentiers de grande randonnée) - ✆ 01 44 89 93 90 - www.ffrandonnee.fr

Comité départemental de randonnée pédestre des Alpes-Maritimes - ✆ 04 93 20 74 73 - alpes-maritimes.ffrandonnee.fr

Comité départemental de randonnée pédestre du Var - ✆ 04 94 42 15 01 - var.ffrandonnee.fr

Restauration

Retrouvez notre sélection de restaurants dans « Nos adresses à... » dans la partie « Découvrir ». Les établissements sont listés par catégories de prix *(voir tableau p. 525)*, sur la base d'un menu tarif mini/maxi en haute saison. La destination est chère en général et sur le littoral en particulier. Le prix ne sera pas forcément gage de qualité et l'agrément du cadre pourra se retrouver dans l'addition.

Rendez-vous sur le site **restaurant.michelin.fr** pour une offre plus étendue.

Cuisine nissarde

Ce label décerne les restaurants qui mettent particulièrement à l'honneur la cuisine de Nice et de sa région - *www.facebook.com/LabelCuisineNissarde.*

Bistrots de Pays

Situés dans des petits villages, ces établissements sont des ambassadeurs de leur terroir, à la fois relais multiservices et lieux de vie culturelle et d'animation. Il y en a 6 dans le Var et autant dans les Alpes-Maritimes.

www.bistrotdepays.com

Fermes-auberges

Les agriculteurs vous accueillent à la ferme pour vous faire découvrir leurs produits, dans une boutique, ou autour d'une activité, ou encore à table, ou même pour des séjours complets.

www.bienvenue-a-la-ferme.com

Routes historiques

Via Julia Augusta – *www.menton-riviera-merveilles.fr.* Pour découvrir l'une des plus belles parties de la grande voie romaine qui reliait Plaisance à la Provence, à travers 8 étapes entre La Turbie et Vintimille, en Italie.

La Route Napoléon – - *www.route-napoleon.com.* Pour aller sur les traces de Napoléon en 1815, au retour de l'île d'Elbe, de Golfe-Juan à Grenoble, *via* Grasse notamment.

Routes touristiques

Route du Baroque nisso-ligure – www.departement06.fr. L'ancien comté de Nice et l'actuelle province de Vintimille recèlent un patrimoine religieux exceptionnel. À découvrir en voiture ou à bord du train des Merveilles.

Route du Mimosa – *routedumimosa.com.* Un itinéraire de 130 km, entre Bormes-les-Mimosas et Grasse à effectuer entre janvier et mars, quand les massifs des Maures et du Tanneron s'illuminent de jaune.

Art et gastronomie au cœur du Var – *www.routedesvinsdeprovence.com* Plusieurs itinéraires à travers le Var, mêlant histoire et convivialité de vallons en coteaux, de criques en pinèdes et de chapelles en châteaux.

La Côte d'Azur des peintres – *provence-alpes-cotedazur.com.* Une centaine de lutrins représentant les paysages peints par Claude Monet, Raymond Peynet, Auguste Renoir, Chaïm Soutine, Raoul Dufy, Pierre Bonnard, Marc Chagall, Jean Cocteau, Pablo Picasso... On trouvera ces belles reproductions de tableaux sur les points de vue choisis par les grands maîtres pour poser leurs chevalets, à Antibes - Juan-les-Pins, Cagnes-sur-Mer, Cannes, Grasse, Le Cannet, Menton, Mougins, Nice, St-Paul-de-Vence, Vence, Villefranche-sur-Mer, Villeneuve-Loubet.

Ski

Ski de piste

À moins de deux heures de route de la Côte, les deux grandes stations d'Auron et d'Isola 2000 sont desservies par des navettes de bus quotidiennes.

Auron – *www.auron.com.* 135 km de pistes, 46 pistes et 19 remontées, snowpark.

Isola 2000 – *www.isola2000.com.* 120 km de pistes, 45 pistes et 20 remontées, snowpark.

Autres stations :

Roubion – *www.roubion.com.* 30 km de pistes, 20 pistes et 6 remontées. 12 km pour le ski de fond.

Gréolières-les neiges –*www.stations-greolieres-audibergue.com.* 30 km de pistes, 22 pistes et 11 remontées. Ski de fond. La plus méridionale des stations de sport d'hiver.

Colmiane-Valdeblore – *www.colmiane.com.* 30 km de pistes, et 7 remontées. Snowpark. 34 km d'itinéraires de randonnées en raquettes.

L'Audibergue – *www.stations-greolieres-audibergue.com.* Station à moins d'une heure de Grasse et Draguignan. 29 km de pistes (7 remontées) en balcon sur la Côte d'Azur. 30 km de pistes, de fond dans la plaine de Caille.

Dans la haute Roya, la station italienne de **Limone-Piemonte**

Attention aux vipères !

Dans les garrigues et sur les causses, les pierres, la rocaille et les broussailles sont autant d'abris pour les vipères. Lorsqu'elles se sentent menacées, elles peuvent mordre celui qui vient de les déranger.
Pour éviter la diffusion du venin, il faut tout d'abord calmer le blessé et l'allonger. Mieux vaut ne pas poser un garrot, inciser la plaie ou aspirer le venin par la bouche ; d'autre part, il faut savoir que l'Aspivenin n'est pas efficace à 100 %. La meilleure chose à faire est de transporter le blessé à l'hôpital dans les plus brefs délais ; c'est là que le sérum antivenimeux sera administré.

(80 km de pistes) est aisément accessible par navette ferroviaire.

Ski de fond

Casterino-Mercantour – www.tendemerveilles.com. En lisière du Parc national du Mercantour, 17 km de pistes. Raquettes et chiens de traîneau. De janvier à mars, tous les week-ends, le **train des Neiges** permet de rejoindre le centre de Tende-Castérino au départ de Nice, pour une journée de ski de fond ou une balade à thème.

Le Boréon-St-Martin-Vésubie – *www.saintmartinvesubie.fr.* L'un des grands centres nordiques (ski de fond, raquettes, ski de rando) du sud de la France.

Le conseil départemental des Alpes-Maritimes édite un guide *Randoxygène Raquettes à neige*, disponible dans les offices de tourisme et consultable sur *randoxygene.departement06.fr*

Souvenirs

Retrouvez notre sélection dans « Nos adresses à... » dans la partie « Découvrir ». Pensez aussi aux marchés, si typiques en Provence.

Épicerie fine

Vous rapporterez des bocaux d'olives vertes ou noires, marinées aux piments ou aux herbes, de la **tapenade**, de l'**anchoïade**, de l'**aïoli** voire de la **rouille** pour accompagner les soupes de poisson. Mais également de l'huile d'olive et de la pâte d'olive AOC de Nice.

Pour l'**huile d'olive vierge**, rendez-vous de préférence dans les moulins à huile encore en activité à Aups, Opio *(voir Grasse)*, Cadière-d'Azur *(voir Bandol)* ou encore à Flayosc *(voir Draguignan)*, haut lieu de l'oléiculture varoise.

Autre produit emblématique de la région : **le citron de Menton IGP**.

Gourmandises

Entre les **marrons** – marron glacé, crème de marrons et marron au naturel – de Collobrières, la **violette** (violettes en sucre parfumées) de Tourrettes-sur-Loup, le **chocolat** de Roquebrune-sur-Argens, les spécialités de **fruits confits** et de **pâtes de fruits** dans les confiseries niçoises, mais aussi au Pont-du-Loup, les becs sucrés se régaleront ! En outre, la région compte nombre d'apiculteurs et on trouve toujours du **miel** sur les marchés.

Liqueurs et vins

Liqueur de Lérina – Aux îles de Lérins, les moines de l'abbaye St-Honorat élaborent cette célèbre liqueur.

Liqueur à la violette – Spécialité de Tourrettes-sur-Loup.

Liqueur d'orange amère et liqueur de caroube – Spécialités de Monaco.

Vins – *Voir p. 483.*

Parfums et fleurs

Toute la Côte d'Azur propose des variétés superbes de bouquets de fleurs dont les plus remarquables sont les **mimosas** (de janvier à mars) et les **œillets**. À noter, outre Ollioules *(voir Sanary-sur-Mer)*, les marchés d'Antibes et du cours Saleya à Nice dont certains commerçants assurent l'expédition en paquets conditionnés.

À **Grasse**, vous ne pourrez pas éviter de tomber sur une parfumerie, ainsi qu'à Èze et Gourdon. À **Tourrettes-sur-Loup**, les préparations entent bon la violette. Partout ou presque : savons, produits pour le bain, sachets de lavande, bougies parfumées, parfums d'ambiance, etc.

Santons

Plusieurs foires spécialisées ponctuent la fin de l'année.

Fréjus – La semaine précédant Noël.

La Garde-Freinet – De la semaine qui précède Noël à début janvier.

Bormes-les-Mimosas – 1er w.-end de décembre.

Le Lavandou – 1er w.-end de décembre.

Draguignan – En novembre.

Linge de maison

Nappes et sets, torchons, maniques et gants de cuisine : l'engouement pour les **tissus provençaux** se retrouve à table et en cuisine.

Poteries et verreries

Outre les innombrables artisans qui peuplent les villages perchés à forte fréquentation touristique et chez qui le pire côtoie le meilleur, les **poteries** sont incontournables à Vallauris. Salernes *(voir Aups)* est réputé pour ses poteries, ses carreaux de faïence et surtout ses **tomettes**. Une quinzaine d'artisans y perpétue la tradition. Varages *(voir Barjols)* est connu pour ses **faïences**. Quant à Biot, qui pendant longtemps fabriqua des jarres, c'est le haut lieu de la **verrerie** depuis les années 1960, avec son verre « bullé ».

Sports aquatiques

Baignade

Météo des plages – www.meteofrance.com.

Qualité des eaux de baignade : effectués chaque mois à partir de juin pour toutes les plages du littoral – baignades.sante.gouv.fr.

Lac de St-Cassien – Le plus vaste plan d'eau de l'Esterel, avec une superficie de 430 ha.

Canoë-kayak

Dans les Alpes-Maritimes, les secteurs de la **Roya** (classe 2 à 4) et de la **Tinée** (classe 3) disposent de structures d'encadrement et d'accueil. Base kayaks à Breil-sur-Roya.

L'**Argens**, dans le Var, est aussi un beau site, moins sportif, notamment le vallon Sourn, autour du Thoronet ou du rocher de Roquebrune.

Comité régional de canoë-kayak PACA – www.canoe-paca.fr

Canyoning

Les sites de canyoning – On recense 200 canyons et clues dans les Alpes-Maritimes. Les parcours les plus attrayants sont situés dans le périmètre du Parc national du Mercantour et de St-Martin-Vésubie. La **vallée de la haute Roya** dispose de deux sites remarquables près de Saorge : la **Maglia** et la **Bendola**. La pratique du canyoning est strictement interdite dans la zone centrale du Parc national du Mercantour.

De St-Martin-Vésubie au confluent avec le Var, la **Vésubie** offre des canyons très variés : Duranus, le site plaisant de l'Imberguet, la Bollène et le canyon très technique de Gourgas.

Sur la rive gauche du Var, un autre affluent, l'**Esteron**, propose des parcours classiques dans des sites exceptionnels s'étageant de Roquesteron à St-Auban. Pour le niveau initiation et découverte, les gorges du **Destel**, du **Caramy** à Carcès, le cours inférieur du **Jabron** (en aval de Trigance), l'Artuby, affluent du Verdon, dans sa partie amont et les gorges de **Pennafort** sont parfaits.

Randoxygène « Clues et canyons » – Édité par le département des Alpes-Maritimes, il répertorie les sites praticables avec de judicieux conseils. Disponible dans les offices de tourisme du département et sur *randoxygene.departement06.fr*

Nautisme

Label « Station nautique » – *www.station-nautique.com*. Il distingue des lieux qui s'engagent à offrir les meilleures conditions pour pratiquer l'ensemble des activités nautiques. Dans ce guide, plusieurs stations sont labellisées : Saint-Cyr-sur-Mer, Fréjus, Saint-Raphaël, La Ciotat, Cavalaire-sur-Mer, Sanary-sur-Mer.

Voile – La plupart des stations balnéaires possèdent une École française de voile qui propose des stages.

Fédération française de voile – *www.ffvoile.fr*

Plaisance

Label « Pavillon bleu » – Ce label, décerné chaque année par la Fondation pour l'éducation à l'environnement en Europe, récompense les ports de plaisance et les communes répondant à un certain nombre de critères écologiques dans leur gestion - *www.pavillonbleu.org*

Plongée

Les principaux centres d'activités subaquatiques se situent sur l'**île de Bendor** (ce centre est l'un des plus importants d'Europe – *cipbendor.com*), au Pradet (plage de la Garonne), à Giens (la Tour Fondue), Sanary, Bormes-les-Mimosas (1er site labellisé Qualité Plongée en France), Cavalaire, Ramatuelle (l'Escalet), St-Tropez, Ste-Maxime, St-Raphaël, La Napoule, Cannes et Villefranche.

Le **Centre du Rayol-Canadel** et le **Parc national de Port-Cros** *(voir ces noms)* proposent des découvertes initiatiques de la faune et de la flore méditerranéennes.

Comité régional des sports sous-marins de la Côte d'Azur – www.ffessm-paca.fr

Plongée « archéologique »

La fréquence du trafic maritime au cours des siècles a transformé les fonds en véritable musée d'épaves ; une centaine de bateaux et près de 20 avions ont été dénombrés au large du littoral azuréen. La plupart reposent par des profondeurs supérieures à 20 m, accessibles uniquement à des plongeurs chevronnés. En revanche, certaines épaves, situées à moins de 20 m de profondeur, peuvent être aisément repérées et « visitées » par des débutants.

Sentiers sous-marins

Il suffit d'un masque, d'un tuba et de palmes pour découvrir la faune et la flore depuis la surface, dans des criques ou plages protégées des courants et du vent. Le Var s'en est fait une spécialité : Port-Cros (plage de la Palud), domaine du Rayol, La Londe-les-Maures, Sanary-sur-Mer (Portissol), Le Pradet, St-Cyr-sur-Mer (Port d'Alon). Dans les Alpes-Maritimes, un sentier a été aménagé à Théoule-sur-Mer.

Trains touristiques

Train des Pignes

Le célèbre « train des Pignes » (l'appellation proviendrait des pignes, pommes de pin, utilisées comme combustible de la chaudière des locomotives) va de **Nice** à **Digne-les-Bains**. Il parcourt l'arrière-pays niçois et la haute Provence sur 151 km.

À la sortie de chacune des gares, des panneaux permettent aux randonneurs d'organiser leur itinéraire pour le reprendre en fin de journée à un autre arrêt.
www.traindespignes.fr

Train des Merveilles

Ce train touristique circule entre **Nice** et **Tende**, traversant les vallées du Paillon et de la Roya-Bévéra. Les passionnés du rail choisiront les voyages animés par un **guide conférencier**, tous les jours entre juin et septembre, les week-ends et les jours fériés en mai et en octobre.

En hiver, il se nomme « train des Neiges » et circule de fin janv. à fin mars : w.-end (tlj pendant les vac. scol. de la zone).
www.menton-riviera-merveilles.fr

Villes et pays d'art et d'histoire

Ce réseau propose des visites conduites par des guides-conférenciers agréés par le ministère de la Culture. Visites-découverte et ateliers du patrimoine pour les enfants.

Dans le Var : Fréjus, Hyères, la Provence verte.

Dans les Alpes Maritimes : Grasse, Menton, Nice.

Vins

www.vinsdeprovence.com; *www.coteauxvaroisenprovence.com;* www.bellet.fr

Côtes-de-provence

Entre la Méditerranée et les Alpes, la plus importante AOC de la région PACA (plus de 20000 ha) s'étend de l'arrière-pays aixois à l'Esterel et de la côte provençale aux contreforts des gorges du Verdon. Elle couvre les départements du Var (jusque sur les îles d'Hyères et des Embiez), des Bouches-du-Rhône et, dans une moindre mesure, les Alpes-Maritimes. Côtes-de-provence fréjus et côtes-de-provence la londe-les-maures bénéficient d'une dénomination de terroir.
Maison des vins *(voir p. 195)*

Coteaux Varois en Provence

Ce vignoble AOC de 2700 ha s'étend sur 28 communes autour de Brignoles, des contreforts de la Ste-Baume aux Bessillons.
Maison des vins *(voir p. 159)*

Bandol

Ce petit terroir maritime de 400 ha se compose de 64 domaines AOC.
Maison des vins *(voir p. 65)*

Bellet

Les collines niçoises abritent le cru de Bellet AOC, réputé et rare, dont le vignoble, intégralement situé sur la commune de Nice, s'étend sur 50 ha.

Autres

Il existe aussi trois **IGP Vins de Pays**, essentiellement en rouge et en rosé : vins de pays des Alpes-Maritimes, du Var (Grimaud, golfe de St-Tropez) et des Maures.

Mémo

Agenda

Voir aussi « Carnet pratique » dans la partie « Découvrir ».

Janvier

Monaco – Fête de la Ste-Dévote le 26 et 27.
Festival international du cirque - *www.montecarlofestival.mc*

Février

Bormes-les-Mimosas – Corso fleuri.
Mandelieu – Fête du mimosa, une semaine de corsos fleuris.
Menton – Fête du citron, corso des Fruits d'or *(voir encadré p. 414)*.
Nice – Carnaval, corsos carnavalesques et batailles de fleurs *(voir encadré p. 346)*.

Mars

Golfe-Juan – Reconstitution du débarquement de Napoléon à Golfe-Juan *(voir p. 489)*.
Tourrettes-sur-Loup – Fête des violettes.

Avril

Fréjus – Bravade St-François le 3e dimanche après Pâques, fêtes traditionnelles en costume.
Hyères – Festival international de mode, de photographie et d'accessoires de mode - *villanoailles.com*

Mai

Cannes – Festival international du film (uniquement pour les professionnels).
Monaco – Grand Prix automobile de Formule 1 - *www.formula1.com*
Nice – Fête des Ma - *fetedesmai.nice.fr*. Tous les dimanches et jours fériés : animations folkloriques.
St-Tropez – Bravades du 16 au 18, fêtes traditionnelles en costume *(voir encadré p. 138)*.

Juin

St-Tropez – Bravade des Espagnols le 15.
Toulon – Festival de musique - *festivalmusiquetoulon.com*. Concerts de musique classique.

Juillet

Abbaye du Thoronet – Rencontres internationales de musique médiévale - *www.le-thoronet.fr*
Sospel – Les BaroQuiales - *www.facebook.com/LesBaroquialesSospel*. Festival d'art baroque.
Cannes – Nuits musicales du Suquet. Concerts de musique classique.
Porquerolles – **Festival de** jazz - *www.jazzaporquerolles.org*
Juan-les-Pins – Jazz à Juan - *www.jazzajuan.com*
Nice – Nice Jazz Festival - *www.nicejazzfestival.fr*
St-Paul- de-Vence – Festival de musique de chambre - *festivalsaintpauldevence.com*
Toulon – Jazz à Toulon - *www.jazzatoulon.com*
Vallauris – Biennale internationale, création internationale et céramique - années paires.

Juillet - août

Cannes – Festival d'art pyrotechnique - *www.festival-pyrotechnique-cannes.com*
Fréjus – Les Nuits de Port-Fréjus, feux d'artifice.
Abbaye de La Celle – Soirées musicales - *soireesmusicales-lacelle.com*. Concerts classiques
Monaco – Concerts au Palais princier - *www.opmc.mc*
Menton – Festival de musique - *www.festival-musique-menton.fr*. Concerts de musique classique.
Domaine du Rayol – Soirées Romantiques - *www.*

domainedurayol.org. Musique classique dans les jardins.

Août

Vallée de la Roya-Bévéra – Festival international des orgues historiques.
Cannes – Festival d'art russe.
St-Tropez – Nuits du château de la Moutte - *lesnuitsduchateaudelamoutte.com*. Festival de musique classique.

Septembre

Beaulieu-sur-Mer – Beaulieu Festival Classic - *www.beaulieuclassicfestival.com*
St-Tropez – Les Voiles de St-Tropez - *www.lesvoilesdesaint-tropez.fr*
Le Castellet - Bol d'Or - *www.circuitpaulricard.com*. Course de moto au circuit Paul Ricard.
Pays de Fayence - Festival de quatuor à cordes - quatuors-fayence.com

Décembre

Bandol – Fête du Millésime - *www.fetedumillesime.com*
Nice – Calèna - Lou Presèpi, crèche vivante la semaine de Noël.

Bibliographie

Romans

AICARD, Jean, *Maurin des Maures* (1908) Histoire romancée d'un forestier. Cet ouvrage a été adapté en série télévisée dans les années 1970.
BALLARD, James Graham, *Super-Cannes* (2000). Plongée au-delà des apparences dans le microcosme privilégié d'une résidence de luxe.
CONRAD, Joseph, *Le Frère-de-la-côte* (1923). Étude d'un vieux marin provençal.
FITZGERALD, Francis Scott, *Tendre est la nuit (1934).* L'histoire, largement autobiographique, d'une maladie d'amour, dans les fastes années de la Riviera entre les deux guerres. Un récit écrit à Antibes, quand Fitzgerald habitait avec Zelda à la villa Bellerive.
GALLO, Max, *La Baie des anges* (1976). Une série de quatre ouvrages sur Nice, de la Belle Époque à nos jours.
KERR, Philipp, *Les Pièges de l'exil* (2016). Bernie Gunther, héros de la Trilogie berlinoise, se retrouve concierge au Grand Hôtel du Cap-Ferrat en 1956. Une histoire d'espionnage.
LE CLÉZIO, Jean-Marie Gustave, *Le Procès-Verbal* (1963). L'écrivain évoque sa ville natale à travers les faits et gestes d'un marginal.
LIVROZET, Serge, *Nice Baie d'aisance* (1998). Où est passé l'or dérobé lors du casse de la Société Générale de Nice ? Une enquête du « Poulpe ».
MODIANO, Patrick, *Dimanches d'août* (1986). La cavale d'un couple qui se planque dans une chambre meublée minable de Nice.
NUCÉRA, Luis, *Chemin de la Lanterne* (1981) ; *Avenue des Diables-Bleus* (1992) ; *Le Ruban rouge* (1997). Plusieurs quartiers populaires de Nice, dans l'entre-deux-guerres, servent de cadre à une fresque de la vie des Niçois et des émigrés italiens.
OLMI, Véronique, *La Promenade des Russes* (2008). La vie de Sonia, qui vit à Nice avec sa grand-mère russe.
RAYNAL, Patrick, *Nice 42e rue* (1997). Le défi ? Faire passer un milliard de francs en liquide, entre Nice et New York, sous la surveillance conjuguée des truands et des flics.
ROMAINS, Jules, *La Douceur de la vie* (1939 ; tome III de la série *Les Hommes de bonne volonté*). L'action se passe à Nice et dans l'arrière-pays dans les années 1920.

Filmographie

Voir « Lumière sur le cinéma », p. 500.

Nice : villes, curiosités et régions touristiques.
Matisse, Henri : noms historiques ou termes faisant l'objet d'une explication.
Les sites isolés (châteaux, abbayes, grottes...) sont répertoriés à leur propre nom.
Nous indiquons par son numéro, entre parenthèses, le département auquel appartient chaque ville ou site. Pour rappel :
06 : Alpes-Maritimes
83 : Var

A

Achats.................533
Adrets, auberge (83).................228
Aéroports.................522
Agaisen, mont (06).................460
Agay (83).................224
Agel, mont (06).................377
Agenda.................538
Agricola.................203
Aicard, Jean.................46, 118
Aiguebelle (83).................114
Aiguille, pointe (83).................225
Aiguilles, barre (83).................70
Alban, mont (06).................358
Alpes-Maritimes (06).................487
Amédée VII.................346
Ampus (83).................192
Anthéor (83).................225
Antibes (06).................292
Antibes, cap (06).................296
Architecture.................492
Les Arcs-sur-Argens (83).................189
Arrière-pays niçois.................430
Artisanat.................508
Art moderne.................496
Aspremont (06).................360
Astrorama (06).................374
Aublé, Pierre.................219
Augier, Jean-Pierre.................437
Aups (83).................171
Aurélienne, voie.................228
Auribeau-sur-Siagne (06).................262
Auron (06).................532
Authion (06).................453

B

Babaou, col (83).................118
Bagnols-en-Forêt (83).................234
Baignade.................534
Balaguier, fort (83).................47
Baleison, Jean.................496, 448, 468, 441
Bandol (83).................54
Bandol, vins.................483
Banquettes, col (06).................432
Baou Mourine, belvédère (06).................272
Barbonnet, fort (06).................456
Bargème (83).................192
Bargemon (83).................193
Barjols (83).................167
Le Bar-sur-Loup (06).................280
Baume Obscure, Souterroscope (06).................271
Bazaine, maréchal.................256
Beaulieu-sur-Mer (06).................388
Beausoleil (06).................375
Le Beausset (83).................56
Bechet, Sydney.................300
Bégo, mont (06).................473
Bel Homme, col (83).................193
Bellet, vin.................483
Belvédère (06).................445
Ben.................497
Bendor, île (83).................56
Bennett, Gordon.................389
Beppu, Yasuo.................401
Bergue, gorges (06).................464
Berre-les-Alpes (06).................432
Berthemont-les-Bains (06).................445
Besse, Gaspard de.................70, 228
Bévéra, vallée (06).................456
Bibliographie.................539
Bicknell, Clarence.................472
Biot (06).................305
La Bollène-Vésubie (06).................455
La Bolline (06).................451
Bonaparte, Napoléon.................271
Bonnard, Pierre.................250
Bonson (06).................435
Le Boréon (06).................448
Bormes-les-Mimosas (83).................109

Boron, mont (06) 358
Bouillabaisse 481
Boules, jeu 509
Bouyon (06) 314
Brague, Parc départemental (06) 308
Braus, clue (06) 456
Braus, col (06) 456
Bravades 138
Brea, famille 496, 189, 396
Brea, François 458
Brea, Louis 75, 189, 281, 296, 306, 339, 343, 348, 440, 448
Brégançon, fort (83) 95
Breil-sur-Roya (06) 463
Brignoles (83) 154
La Brigue (06) 467
Le Broc (06) 314
Brougham, lord 494, 248
Brouis, col (06) 460
Brun, cap (83) 42
Le Brusc (83) 77

C

Cabasse (83) 158
Cabris (06) 270
Cade 72
La Cadière-d'Azur (83) 64
Cadrans solaires 437
Cagnes-sur-Mer (06) 321
Caguo-Ven, col (83) 117
Caille (06) 276
Cailletier 480
Calanques 512
Calern, plateau (06) 273
Callas (83) 194, 234
Callian (83) 236
Camarat, phare (83) 139
Camos, Honoré 193
Canadel, col (83) 120
Canavesio, Jean 496, 440, 468, 306, 431
Canjuers, plans (83) 513
Cannes (06) 244
Le Cannet (06) 250
Le Cannet-des-Maures (83) 184
Canoë-kayak 534
Canon, coup 343
Canyoning 534
Cap-d'Ail (06) 376
Cap d'Ail, sentier touristique (06) 376
Cap Ferrat, sentier touristique (06) 387
Cap Martin (06) 411
Cap-Roux, pic (83) 230
Caramy, chutes (83) 157
Carcès (83) 157
Carei, vallée (06) 422
Carnaval, Nice (06) 346
Carros (06) 313
Castellar (06) 422
Le Castellet (83) 63
Castillon (06) 422
Castillon, col (06) 422
Caume, mont (83) 71
Caussols, plateau (06) 272
Cavalaire-sur-Mer (83) 131
Cavalière (83) 114
Cazin, Jean-Charles 110
La Celle, abbaye (83) 155
Céramique 508
Cessole, Victor de 450
Cézanne, Paul 496
Chagall, Marc 352
Chaînons provençaux 512
Château, colline 343
Châteaudouble (83) 192
Châteaudouble, gorges (83) 192
Châteauneuf-Grasse (06) 269
Châteauneuf-Villevieille (06) 434
Chaudan, défilé (06) 436
Chauve, mont (06) 361
Chemins de Fer de Provence 357
Chêne-liège 514, 120
Chéret, Jules 351
Citron 414, 416
Clews, Henry 261
Le Coudon (83) 48
Coaraze (06) 436
Cocteau, Jean 209, 381, 417
Cogolin (83) 119
Col des Quatre-Chemins (06) 375
Colette 499
Colle-sur-Loup (La) (06) 281
Collobrières (83) 118
Colmiane (La) (06) 450
Colmiane, pic (06) 450

Comités de tourisme 526
Compagnies aériennes 523
Comps-sur-Artuby (83) 192
Conseils départementaux 526
Conservatoire botanique national méditerranéen, Porquerolles (83) 102
Conservatoire du littoral 516
Constantin 131
Contes (06) 434
Corniche, grande (06) 370
Corniche inférieure (06) 375
Corniche, moyenne (06) 375
Correns (83) 158
Coteaux varois 483
Côte d'Azur Card 362
Côtes-de-provence 483
Cotignac (83) 178
Courmes, cascade (06) 280
Coursegoules (06) 314
Coventry, sir Thomas 343
Création contemporaine 497
Croix des Gardes (06) 249
La Croix-Valmer (83) 131
Cyclotourisme 528

D

Débarquement de Provence 127
Demoiselles, cascade (06) 280
Design Parade 44
Draguignan (83) 186
Dramont, sémaphore (83) 227
Droz, Jacques 494, 357
Dufy, Raoul 497
Duranus (06) 437

E

École de Nice 497, 352
École de Paris 172
Eiffel, Gustave 359
Embiez, île (83) 75
Entrecasteaux (83) 173
Ephrussi de Rothschild, Béatrice 384
Ephrussi-de-Rothschild, villa (06) 384
Équitation 529
Ernst, Max 235
Escalade 528
L'Escalet (83) 140
L'Escarène (06) 432
Escoffier, Auguste 328
Espace de l'art concret, Mouans-Sartoux (06) 269
Esquillon, pointe (83) 227
Esterel, massif (83) 224
Esteron, vallée (06) 434
Estocaficada 482
Estrech, cascade (06) 445
Évenos (83) 71
Èze (06) 391
Èze, belvédère (06) 375
Èze, col (06) 374

F

Faïence 168
Falicon (06) 361
Faune marine 516
Fauvisme 496
Fayence (83) 233
Faye, pas (06) 272
Fée, pierre (83) 192
Fenouillet, sommet (83) 94
Fernand-Léger, musée national (06) 306
Figue 482
Figueirette, anse (83) 225
Flassans-sur-Issole (83) 158
Flayosc (83) 190
Flore 514
Fluxus 353
Fontanalbe (06) 473
Fontanalbe, vallée (06) 472
Fontana Rosa, jardin (06) 420
Fontmerle, étang (06) 286
Fort Maginot, Sainte-Agnès (06) 378
Fougasse 482
Fragonard, Jean-Honoré 496, 266
Français, saut (06) 438
Freinet, ruines du fort (83) 122
Fréjus (83) 202

G

Gabre, gorges (06) 361
Gairaut, cascade (06) 360
La Galère (06) 227
Galères 40

Galeries d'art.......498
Gantiers-parfumeurs.......510
Gaou, grand (83).......77
Gaou, petit (83).......77
La Garde (83).......45
La Garde-Freinet (83).......122
Garibaldi, Giuseppe.......347
Garnier, Charles.......299, 359, 400, 419
Garoupe, sanctuaire (06).......297
Garrigue.......514
Gassin (83).......129
Gattières (06).......313
Géologie.......512
La Giandola (06).......460
Giens (83).......93
Giens, presqu'île (83).......93
Gilette (06).......435
Giscle, vallée (83).......119
Goetz, Henri.......382
Golfe-Juan (06).......290
Gonfaron (83).......121
Gorbio (06).......378
Gordolasque, vallon (06).......445
Gould, Frank Jay.......300
Gourdon (06).......273
Grand Duc, forêt (06).......263
Grande Corniche,
parc départemental (06).......374
Granile (06).......469
Grasse (06).......265
Grasse, Amiral de.......280
Gratteloup, arboretum (83).......118
Gray, Eileen.......411
Gréolières (06).......281
Gréolières, clue (06).......282
Grimaldi, famille.......398
Grimaldi, Rainier.......321
Grimaud (83).......144
Gros Cerveau (83).......69
Grottes.......513
Guerres en Indochine,
mémorial (83).......207
Gueules rouges, musée (83).......155
Gué, vallon (83).......178
Gypaète barbu.......444

H

Handicapés.......527
Henri IV.......294
Herbes de Provence.......480
Herbiers de posidonie.......516
Hông Hiên,
pagode bouddhique (83).......207
Hyères (83).......86
Hyères, îles (83).......101

I

Impressionnisme.......496
Institut océanographique
Paul-Ricard (83).......76
Isola 2000 (06).......532
Les Issambres (83).......215

J

Janas, forêt (83).......78
Johnston, Lawrence.......418
Juan-les-Pins (06).......299
Julia Augusta, via (06).......370
Jumeaux, lacs (06).......473

K

Kérylos,
villa grecque (06).......388
Klein, Yves.......353

L

Lachens, mont (83).......193
Lantosque (06).......444
Lardier, cap (83).......141
Lartigues,
Jacques-Henri.......499
Le Lavandou (83).......113
Le Corbusier.......411
Léger, Fernand.......306
Lérins, îles (06).......255
Levant, île (83).......106
Levens (06).......437
La Londe-les-Maures (83).......94
Longue.......509
Lorgues (83).......190
Loube, montagne (83).......156
Lou Ferouil, musée (06).......435
Loup.......449
Loup, gorges (06).......279
Loup, vallée (06).......278
Le Luc-en-Provence (83).......183
Lucéram (06).......440

M

Madone, col (06)................................ 377
Madone de Fenestre,
vallon (06)..450
Madone d'Utelle (06)........................ 444
Maeght, Fondation (06)..................... 318
Magagnosc (06) 268
Magaud, anse (83) 42
Maginot, ligne 454, 458
Magnelli, Alberto 288
Mailly, Jean de..................................... 495
Mal Infernet, ravin (83) 230
Mallet-Stevens, Robert..............494, 88
Malmont,
table d'orientation (83)................188
Malpasset, barrage (83)....................209
Mandelieu-La-Napoule (06)..........260
Mansfield, Katherine..........................499
Maquis 514
Marais, Jean..290
Marais salant.. 93
Marchés
Place Saint-François 341
Marchés provençaux 533
Marina-Baie-des-Anges (06)..........327
Marineland (06) 300
Marrons 482
Mas, Jean... 498
Masque de Fer 256
Masséna, André................................... 347
Matisse, Henri..............................496, 312
Maupassant, Guy de 499
Maures, massif (83)...................... 512, 117
Maurin des Maures 118
Mayol, Félix 37
Méditerranée, parc (83) 77
Méduse.. 515
Méjean, anse (83) 42
Menton (06) 413
Menton, forêt (06)............................. 422
Mercantour, Parc national (06)....... 474
Mérimée, Prosper 182
Mérou... 515, 106
Merveilles, vallée (06)...................... 471
Mescla, pont (06) 436
Micocouliers 514
Miel 482
Mimosa.. 262
Mine de Cap-Garonne,
musée (83).. 80
Missiri, mosquée (83)....................... 207
Monaco, principauté.......................... 394
Monastère de la Verne (83)............... 118
Monet, Claude......................................496
Mons (83) 235
Montauroux (83)................................. 237
Monte-Carlo, rallye 398, 455
Montfort-sur-Argens (83) 158
Montmeyan (83)..................................169
Mouans-Sartoux (06) 268
Mougins (06)....................................... 284
Moulinet (06) 456
Mules, mont (06) 375
Le Muy (83)...190

N

Napoléon Bonaparte........................... 488
Nautisme 535
Nègre, cap...78
Nice (06).. 332
Ancienne Gare du Sud.................... 357
Arènes 344
Avenue Jean-Médecin 336
Cap de Nice, sentier 358
Cathédrale orthodoxe russe
St-Nicolas.. 349
Cathédrale Sainte-Réparate 340
Chapelle de la Miséricorde............ 339
Chapelle du St-Sépulcre 337
Château... 344
Colline de Cimiez.............................. 344
Colline du Piol.................................... 349
Cours Saleya....................................... 339
Crypte archéologique 343
Église de l'Annonciation 339
Église Notre-Dame du Port 338
Église Sainte-Jeanne-d'Arc........... 357
Église Sainte-Marie-des-Anges .. 348
Église Saint-François-de-Paule.... 339
Église Saint-Jacques ou Gesù 340
Église Saint-Martin-
Saint-Augustin 343
Jardin Albert-Ier 336
Jardin du monastère........................ 348
Le 109.. 354
Monastère franciscain 348
Monument aux Morts....................... 338

Monument de Catherine Ségurane *343*
Musée archéologique *345*
Musée d'Art moderne et d'Art contemporain *352*
Musée d'Art naïf A.-Jakovsky *355*
Musée des Arts asiatiques *355*
Musée des Beaux-Arts Jules-Chéret *350*
Musée de Terra Amata *357*
Musée franciscain *348*
Musée Marc-Chagall *351*
Musée Matisse *351*
Musée national du Sport *357*
Muséum d'Histoire naturelle *356*
Negresco *333*
Opéra *339*
Palais de la Méditerranée *333*
Palais Lascaris-Musée de la Musique *340*
Parc Phœnix *354*
Place Garibaldi *337*
Place Île-de-Beauté *338*
Place Masséna *336*
Place Saint-François *341*
Port *337*
Prieuré du Vieux-Logis *357*
Promenade des Anglais *332*
Promenade du Paillon *333*
Quai de Lunel *338*
Quai des Docks *338*
Quai Rauba-Capeù *338*
Rue de France *336*
Rue Masséna *336*
Site archéologique gallo-romain *345*
Théâtre de la Photographie et de l'Image *356*
Tour Bellanda *344*
Villa Arson *353*
Villa Masséna *333, 356*
Nice L'Open Tour 362
Notre-Dame-de-Bon-Cœur, chapelle (06) 441
Notre-Dame-de-Consolation, chapelle (83) 90
Notre-Dame-de-Grâces (83) 179
Notre-Dame-de-Jérusalem, chapelle (83) 209
Notre-Dame-de-Laghet (06) 377
Notre-Dame-de-la-Menour, chapelle (06) 456
Notre-Dame-de-Pépiole, chapelle (83) 75
Notre-Dame-de-Peygros, chapelle (06) 262
Notre-Dame-de-Pitié, chapelle (83) 215
Notre-Dame-des-Anges (83) 121
Notre-Dame-des-Cyprès, chapelle (83) 234
Notre-Dame-des-Fontaines, chapelle (06) 468
Notre-Dame-de-Vie, ermitage (06) 285
Notre-Dame du Beausset-Vieux, chapelle (83) 56
Notre-Dame-du-Mai, chapelle (83) 77
Nouveau réalisme 497
Nucéra, Louis 499

O

Observatoire de la Côte d'Azur (06) 359
Observatoire de la Côte d'Azur (06) 272
Observatoire, pointe (83) 227
Olbia, site archéologique (83) 91
Olives 480, 514
Ollioules (83) 70
Ollioules, gorges (83) 70
Or, île (83) 227
Oursin 76
Ours, pic (83) 230

P

Pacha, Michel 47, 66
Paillas, moulins (83) 129
Paillon (06) 430
Palmiers 91
Pampelonne, plage (83) 129, 139
Pan-bagnat 482
Parc Alpha, Le Boréon (06) 448
Parcs forestiers départementaux 529
Parfums 510
Pass touristiques 528

Pauville, baron 376
Pays touristiques 526
Pêche 516
Peille (06) 431
Peillon (06) 430
Peïra-Cava (06) 455
Perthus, ravin (83) 231
Pérus, col (06) 460
Pesquiers, salin (83) 93
Pétanque 509
Petits trains 362
Peynet, Raymond 296
Piaon, gorges (06) 456
Picasso, Pablo 497, 294, 289
Piène-Haute (06) 459
Pierre Plate (06) 455
Pignon-Ernest, Ernest 353
Pilon, col (06) 272
Pingusson, Georges-Henri 494
Pins 514
Pissaladière 482
Plaisance 535
Plan-d'Aups (83) 161
Plan-du-Var (06) 436
Plans de Provence 513
Plongée 535
Pont-du-Loup (06) 279
Porquerolles, île (83) 101
Port-Cros, île (83) 105
Port d'Alon, calanque (83) 61
Port-Grimaud (83) 145
Le Pradet (83) 80
Pramousquier (83) 114
Préalpes de Grasse (06) 513, 269
Préalpes de Nice (06) 513
Primitifs niçois 435, 468

Q-R

Quatre-Chemins, col (06) 375
Racliff, Percy 420
Raimu 37
Ramatuelle (83) 129
Randonnée pédestre 529
Raviolis 482
Ray, cascade (06) 445
Rayol-Canadel-sur-Mer (83) 127
Rayol, domaine (83) 126
Reinach, Théodore 388
Renoir, Auguste 496, 323
Réseau ferroviaire 522
Le Revest-les-Eaux (83) 48
Ricard, Paul 56, 75
Rimplas (06) 451
Riviera, Corniches (06) 370
Roches Blanches, panorama (83) 122
Romains, Jules 361, 499
Roman, art 492
Roquebillière (06) 444
Roquebrune-Cap-Martin (06) 409
Roquebrune, rocher (83) 215
Roquebrune-sur-Argens (83) 213
Rosaire, chapelle (06) 312
Route du sel (06) 441, 459
Routes historiques 532
Routes touristiques 530, 532
Rubens, Pierre Paul 266
Rugby Club Toulonnais 41

S

Les Sablettes (83) 46
Saint-Aygulf (83) 208
Saint-Cassien, lac (83) 237
Saint-Cézaire, grottes (06) 270
Saint-Cézaire-sur-Siagne (06) 270
Saint-Clair (83) 114
Saint-Cyr-sur-Mer (83) 59
Saint-Dalmas-de-Tende (06) 467
Saint-Dalmas-de-Valdeblore (06) 451
Saint-Donat, parc (83) 149
Saint-Grat, chapelle (06) 441
Saint-Honorat, chapelle (06) 454
Saint-Honorat, île (06) 257
Saint-Jean-Cap-Ferrat (06) 384, 386
Saint-Jean, col (06) 456
Saint-Jeannet (06) 313
Saint-Mandrier, presqu'île (83) 47
Saint-Martin, col (06) 450
Saint-Martin-Vésubie (06) 447
Saint-Maximin-la-Sainte-Baume (83) 164
Saint-Michel, plateau (06) 360, 389
Saint-Paul (06) 316
Saint-Pilon (13) 163
Saint-Pons, église (06) 361

Saint-Raphaël (83) 217
Saint-Roch, fort (06) 458
Saint-Sauveur-sur-Tinée (06) 451
Saint-Tropez (83) 134
Saint-Vallier-de-Thiey (06) 271
Saint-Cassien, lac (83) 534
Sainte-Baume, grotte (83) 230
Sainte-Marie-Madeleine, grotte (83) 162
Sainte-Agnès (06) 378
Sainte-Baume, massif (13,83) 161
Sainte-Élisabeth, gorges (06) 454
Sainte-Marguerite, île (06) 255
Sainte-Maxime (83) 147
Sainte-Roseline, chapelle (83) 189
Salernes (83) 190
Salèse, vallon (06) 449
Sanary-sur-Mer (83) 66
Saorge (06) 462
Saorge, gorges (06) 464
Sarrasins 122
La Sauvette (83) 121
Saveurs locales 480
Sébastien 60
Ségurane, Catherine 347
Seillans (83) 234
Sentier des vignes 61
Sentier du littoral 61, 78, 529
Sentier sous-marin 105, 127
Serre de la Madone, jardins (06) 418
Sert, Josep Lluís 318
La Seyne-sur-Mer (83) 46
Siagne, gorges (06) 271
Siagnole, sources (06) 271
Sicié, cap (83) 78
Signac, Paul 496
Sillans, cascade (83) 191
Sillans-la-Cascade (83) 191
Six-Fours-les-Plages (83) 74
Ski 532
Socca 356
Solliès-Ville (83) 45
Sophia-Antipolis 308
Sosno, Sacha 498
Sospel (06) 457
Soupault, Raphaël 279
Sourn, vallon (83) 158
Soutine, Chaïm 497
Spoerry, François 145
Staël, Nicolas de 497
Suchet, fort (06) 456
Supports/Surfaces 353
Svetchine, Andreï 306

T

Taillat, cap (83) 141
Taillude, col (83) 119
Tamaris (83) 47
Tange, Kenzo 355
Tanneron, massif (06, 83) 261
Tapenade 481
Tauroentum, musée gallo-romain (83) 60
Tavernes (83) 169
Tende (06) 466
Terra Amata (06) 484
Terra Rossa, Maison de la céramique architecturale (83) 191
Tersling, Georg 418
Théoule-sur-Mer (83) 225
Thoronet, abbaye (83) 181
Thuret, Gustave 298
Tissus 508
Tobiasse 250
Tombolo 93, 141
Tortue d'Hermann 122
Touët-de-l'Escarène (06) 455
Toulon (83) 34
Mémorial du Débarquement de Provence 44
Mont Faron 42
Mourillon 42
Port 40
Vieille ville 34
Fondue, tour (83) 93
Tourrette-Levens (06) 360
Tourrettes (83) 237
Tourrettes-sur-Loup (06) 279
Tourte de blettes 482
Tourtour (83) 176
Tourves (83) 155
Train des Merveilles 536
Train des Neiges 533
Train des Pignes 535
Trains touristiques 535
Traité de Turin 346

Traité de Verdun....485
Trans-en-Provence (83)....188
Transports....522
Le Trayas (83)....225
Treize desserts....481
Tripettes, fête....168
Trois-Communes, pointe (06)....454
Trophée des Alpes....371
Truffe....482
La Turbie (06)....371
Turini, forêt (06)....453

U

Unesco....332, 490
Urbanisme....494
Utelle (06)....442

V

Le Val (83)....156
Valbonne (06)....307
Valdeblore (06)....450
Vallauris (06)....288
Valmasque, baisse (06)....473
Valmasque, parc départemental (06)....308
Val Rameh, jardin (06)....420
Var (83)....487
Varages (83)....168
Var, vallée (06)....434
Vauban....255, 296
Vélos bleus....363
Venanson (06)....448
Vence (06)....310
Vence, col (06)....314
La Verdière (83)....169
Verne, monastère (83)....118
Verre soufflé....306, 509
Vésubie, gorges (06)....442
Vésubie, vallée (06)....442
Via ferrata....528
Via ferrata, Baus de la Frema (06)....452
Vial, mont (06)....436
Vieux-Pierrefeu (06)....435
Village de tortues, Carnoules (83)....122
Villages perchés....493
Villecroze (83)....172
Villefranche, col (06)....375
Villefranche-sur-Mer (06)....380
Villeneuve-Loubet (06)....326
Villeneuve, Romée de....311
Villepey, étang (83)....209
Villes et Pays d'art et d'histoire....536
Vinaigre, mont (83)....228
Vins....55, 536, 483
Vipères....533
Le Vistaëro (06)....371
VTT....528

W-Z

Wharton, Édith....499
Zay, Jean....246
Zones marines protégées....410, 516
Zoo, Sanary-Bandol (83)....55

Carte générale

Premier rabat de couverture

Cartes des régions

1 Toulon et ses environs.......32
2 Hyères, le massif des Maures et Saint-Tropez.......84-85
3 La Provence intérieure.......152
4 Fréjus et le massif de l'Esterel.......200-201
5 Cannes et le pays grassois.......242-243
6 Nice et la Riviera.......330
7 Les Alpes niçoises.......426-427

Plans de ville

Antibes.......295 et 298
Cagnes-sur-Mer – Villeneuve-Loubet.......322 et 327
Cannes.......247 et 249
Draguignan.......187
Èze.......392
Fréjus.......203
Fréjus - Saint-Raphaël.......206
Grasse.......267
Hyères-Giens.......88 et 92
Menton.......415
Monaco - Monte-Carlo.......402-403
Nice.......334-335 et 342
Saint-Jean-Cap-Ferrat.......385
Saint-Raphaël.......219
Saint-Tropez.......136
Sanary-sur-Mer.......68
Toulon.......38-39
Vence.......310
Villefranche-sur-Mer.......381

Plan de monument

Basilique de Saint-Maximin-la-Sainte-Baume.......164

Carte thématique

Villages perchés.......493

Cartes des itinéraires

Autour de Brignoles.......156
Autour de Menton.......419
Autour de Toulon.......43
Corniches de la Riviera.......372-373
Environs de Sanary-sur-Mer.......71
Île de Porquerolles.......102
Île de Port-Cros.......105
Massif de la Sainte-Baume.......162
Pays de Bandol.......56
Presqu'île de Saint-Tropez.......139
Vallée des Merveilles.......472

LÉGENDE DES CARTES ET PLANS

Curiosités et repères

- Itinéraire décrit, départ de la visite
- Église
- Mosquée
- Synagogue
- Temple
- Temple : bouddhique - hindou
- Bâtiment
- Monastère - Phare
- Fontaine
- Point de vue
- Château - Ruine ou site archéologique
- Barrage - Grotte
- Monument mégalithique
- Tour génoise - Moulin
- Temple - Vestiges gréco-romains
- Autre lieu d'intérêt, sommet
- Distillerie
- Palais, villa, habitation
- Cimetière : chrétien - musulman - israélite
- Oliveraie - Orangeraie
- Mangrove
- Auberge de jeunesse
- Gravure rupestre
- Pierre runique
- Église en bois
- Église en bois debout
- Parc ou réserve national
- Bastide

Sports et loisirs

- Piscine : de plein air - couverte
- Plage - Stade
- Port de plaisance - Voile
- Plongée - Surf
- Refuge - Promenade à pied
- Randonnée équestre
- Golf - Base de loisirs
- Parc d'attractions
- Parc animalier, zoo
- Parc floral, arboretum
- Parc ornithologique réserve d'oiseaux
- Planche à voile, kitesurf
- Pêche en mer ou sportive
- Canyoning, rafting
- Aire de camping - Auberge
- Arènes
- Base de loisirs, base nautique ou canoë-kayak
- Canoë-kayak
- Promenade en bateau

Informations pratiques

- Information touristique
- Parking - Parking - relais
- Gare : ferroviaire - routière
- Voie ferrée
- Ligne de tramway
- Départ de fiacre
- Métro - RER - Tramway
- Station de métro (Calgary, ...) (Montréal)
- Téléphérique, télécabine
- Funiculaire, voie à crémaillère
- Chemin de fer touristique
- Transport de voitures et passagers
- Transport de passagers
- File d'attente
- Observatoire
- Station-service - Magasin
- Poste - Téléphone
- Internet
- H Hôtel de ville
- B Banque, bureau de change
- J POL. Palais de justice - Police
- GNR Gendarmerie
- T M Théâtre - Musée
- U Université
- Musée de plein air
- Hôpital
- Marché couvert
- Aéroport
- Parador, Pousada (Établissement hôtelier géré par l'État)
- A Chambre d'agriculture
- D Conseil provincial
- G Gouvernement du district, Délégation du Gouvernement Police cantonale
- L Gouvernement provincial (Landhaus)
- P Chef-lieu de province
- Station thermale
- Source thermale

Axes routiers, voirie

- Autoroute ou assimilée
- Échangeur : complet - partiel
- Route
- Rue piétonne
- Escalier - Sentier, piste

Topographie, limites

- Volcan actif - Récif corallien
- Marais - Désert
- Frontière - Parc naturel